Guilford/Hoepfner · Analyse der Intelligenz

J. P. Guilford/Ralph Hoepfner

Analyse der Intelligenz

Aus dem Amerikanischen übertragen von Ralf Horn

Beltz Verlag · Weinheim und Basel 1976

Aus dem Amerikanischen übertragen von Ralf Horn
Titel der Originalausgabe:
The Analysis of Intelligence
© 1971 by McGraw Hill, Inc. New York, London
ISBN 07-025137-1

© 1976 Beltz Verlag · Weinheim und Basel
Gesamtherstellung: Beltz, Offsetdruck, 6944 Hemsbach über Weinheim
Printed in Germany

ISBN 3 407 54510 X

Vorwort

Dieses Buch ist ein Bericht über das Programm zur Untersuchung intellektueller Fähigkeiten, das auch zu einer Untersuchung der grundlegenden intellektuellen Funktionen und Prozesse wurde. Es wurde über 20 Jahre, von 1949 bis 1969, im Rahmen des Aptitudes Research Project (ARP) an der University of Southern California durchgeführt. Das Buch ist sowohl eine Zusammenfassung von 41 Berichten des Psychologischen Laboratoriums dieser Universität als auch darüber hinaus eine Strukturierung dieser Berichte. Es entstand unter einheitlicher Sicht der Experimente, ihrer Ergebnisse und Implikationen.

Das Buch zeigt die grundlegenden Ansätze der Untersuchungsmethoden und demonstriert wie einige unorthodoxe Anwendungen der multiplen Faktorenanalyse zu vielfältigen Ergebnissen für psychologische Begriffe und die psychologische Theorie führen. Wie deutlich gezeigt wird, kann man entdecken, wie Individuen sich in ihren geistigen Funktionen ähneln, indem die Unterschiede zwischen ihnen aufgedeckt werden. Eine Forderung wurde aufgegeben - die einer Taxonomie intellektueller Funktionen mit Fähigkeitsbegriffen -, die über deutliche Veränderungen der analytischen Testbatterien und mäßige Unterschiede der Population invariant sind. In dieser Hinsicht wurde der wissenschaftlichen Forderung nach Replikation der Ergebnisse Rechnung getragen.

Jahre der Erfahrung bei der Anwendung der Faktorenanalyse haben gezeigt, daß keine analytische Methode der Achsenrotation, die auf einer mathematischen Definition der „Einfachstruktur" basiert, einen akzeptablen Grad an Invarianz liefern kann. Die Schwierigkeit besteht darin, daß die „Einfachstruktur" weder einen sicheren noch einen zureichenden Hinweis für die Achsenrotation liefert. Es scheint irgendwie paradox, daß eine Einfachstruktur wahrscheinlich erreicht wird, wenn Rotationen zu invarianten Komplexen führen; aber die Umkehrung dieses Satzes läßt sich nicht halten. Jedoch wird genau definiert, daß Rotation zu einer Einfachstruktur aber nicht notwendigerweise zu invarianten Faktoren führt. Die Gründe werden in den Kapiteln 3, 4 und 11 diskutiert.

Einen wichtigen und einheitlichen Bezugsrahmen bildete die Strukturtheorie der Intelligenz und das entsprechende Modell. Diese Modellvorstellung der Intelligenz, eine dreidimensionale Klassifikation von 120 hypothetischen Fähigkeiten oder Funktionen, wurde während der ersten 10 Jahre des Untersuchungsprogrammes entwickelt und danach benutzt um neue Dimensionen vorherzusagen. Die Geschwindigkeit, mit der neue Fähigkeiten aufgefunden wurden, nahm dadurch zu. Am Ende der zweiten 10 Jahre konnten 98 dieser Fähigkeiten nachgewiesen werden und die Aussichten, die übrigen 22 durch die gleichen Techniken nachzuweisen, sind günstig. Die Struktur der Intelligenz wird im Kapitel 2 und einige der Folgerungen werden dort und im Kapitel 11 besprochen.

Die allgemeine Forschungsstrategie bei der Anwendung der Faktorenanalyse im Rahmen des ARP legte einiges Gewicht auf die rationale Voraussage von zu erwartenden speziellen Fertigkeiten. Zusätzliche Kategorien wurden von traditionellen taxonomischen Konzepten auf dem Gebiet des Denkens, Problemlösens, kreativen Denkens, Planens, der Beurteilung oder Evaluation übernommen. Frühere Ergebnisse, davon wurde die Strukturtheorie der Intelligenz abgeleitet, führten zur Aufstellung einer anderen Liste operationaler Kategorien - Kognition, Gedächtnis, divergente Produktion, konvergente Produktion und Evaluation.

Untersuchungen über Denken und Problemlösen führten zu Fähigkeiten, die beim Strukturmodell in die Kategorien Kognition und konvergente Produktion einzuordnen sind, wobei sie ihrem Wesen nach sowohl induktiv als auch deduktiv sind. Diese Studien bilden den Inhalt von Kapitel 5. Die Untersuchungen des kreativen Denkens führten zu Fähigkeiten der Operationskategorie der divergenten Produktion (Flüssigkeit beim Suchen) und der Produktkategorie der Transformation (intellektuelle Flexibilität), die sich im Modell überschneiden. In Kapitel 6 werden diese Untersuchungen dargestellt.

Kapitel 7 berichtet über eine Evaluationsstudie, die durchgeführt wurde, bevor die Strukturtheorie entwickelt war. Dabei stellte sich heraus, daß es eine besondere Operationskategorie mit dem Namen „Evaluation" gab. Drei Analysen nach der Entwicklung der Theorie zeigten, daß 18 der 24 Evaluationsfähigkeiten des Modells bereits untersucht waren. Die Studien der Gedächtnisfähigkeiten, über die in Kapitel 8 berichtet wird, wurden nach der Erstellung des Modells durchgeführt und alle 18 Fähigkeiten, die im Modell vorgesehen waren, wurden ermittelt.

Einer der neuen Aspekte des Strukturmodells ist der, daß es Raum bot, für das, was E.L. THORNDIKE als „soziale Intelligenz" bezeichnete, indem es eine besondere Kategorie der Information (unter vier Inhaltskategorien) als „Verhaltenskategorie" hypothetisch vorwegnahm. Nur sechs der hypothetischen Verhalten - Kognitions - Kategorien und sechs der hypothetischen - divergenten Produktions-Kategorien des Verhaltens wurden untersucht, aber alle 12 konnten, wie Kapitel 9 zeigt, nachgewiesen werden.

Von Zeit zu Zeit wurden Fragen laut, mehr außerhalb des Projekts als innerhalb, die die „Validität" der intellektuellen Fähigkeiten, die nachgewiesen wurden, und ihre Beziehungen zu anderen Merkmalen der Persönlichkeit betrafen. Eine kleine Zahl dieser Studien wurde durchgeführt und beiläufige Informationen zur Validität ergaben sich bei einigen primär faktorenanalytischen Untersuchungen. Die Ergebnisse stehen in Verbindung mit Kapitel 10.

Ein derartig extensives Untersuchungsprogramm ist notwendigerweise das Ergebnis der Arbeit vieler Hände und Köpfe. Es wäre sehr undankbar und unfair nicht wenigstens dem Namen nach diejenigen zu erwähnen, die als Untersuchungsleiter fungierten. Jeder von ihnen trug die Verantwortung für eine oder mehrere Hauptuntersuchungen. In alphabetischer Reihenfolge waren es MYRON S. ALLEN, RAYMOND M. BERGER, PAUL A. BRADLEY, STEPHEN W. BROWN, PAUL R. CHRISTENSEN, ANNA B. COX, JACK L. DUNHAM, JAMES W. FRICK, SHELDON F. GARDNER, ARTHUR GERSHON, MOANA HENDRICKS, ALFRED F. HERTZKA, JOHN R. HILLS, RALPH HOEPFNER, KAAREN I. HOFFMAN, NORMAN W. KETTNER, ALVIN MARKS, PHILIP R. MERRIFIELD, KAZUO NIHIRA, MAUREEN O'SULLIVAN, HUGH PETERSEN, MARY L. TENOPYR und ROBERT C. WILSON. Besonders erwähnt werden sollten PAUL R. CHRISTENSEN, PHILIP MERRIFIELD und RALPH HOEPFNER, die der Reihe nach als stellvertretende Direktoren des Programms wirkten. Prof. GUILFORD war der verantwortliche Leiter der Untersuchungen und Direktor für das gesamte Programm.

In Anerkennung der finanziellen Unterstützung, die das Untersuchungsprogramm erst ermöglichte, kann nicht zu viel gesagt werden. Der Personal- und Trainingsstab der Psychological Sciences Division des U.S. Office of Naval Research sorgte durch die Unterstützung über 20 Jahre für Kontinuität. Die persönlichen Interessen von Dr. JOHN T. WILSON, Dr. DENZEL D. SMITH, Dr. GLENN L. BRYAN, Dr. JOHN NAGAY und Dr. VICTOR FIELDS sind sehr geschätzt worden. Von Zeit zu Zeit kam andere finanzielle Unterstützung mit wesentlichen Beiträgen zum Gesamtbetrag vom U.S. Department of Health, Education und Welfare's Office of Education und der National Science Foundation.

Anerkennung verdienen auch die Dienststellen des Department of Defense, die wesentliche Beiträge durch die Durchführung der Testbatterien in den Anfangsjahren leisteten. Eine dieser Organisationen war das Personnel Research Laboratory der U.S. Air Force in Lackland Air Force Base Texas. In Verbindung mit dieser Organisation müssen Dr. JOHN T. DALIEY, Dr. LLOYD G. HUNPHREYS, Dr. J.W. BOWLES und Dr. WILLIAM B. LECZNER genannt werden. Dr. MALCOLM J. WILLIAMS ermöglichte die Durchführung von zwei Testbatterien bei der Akademie der U.S. Coast Guard in New London, Connecticut. Eine Anzahl der Tests wurde mit den Kadetten der U.S. Naval Air Station, Pensacola, Florida durch die Großzügigkeit von Dr. WILSE B. WEBB, Dr. HENRY A. IMUS und Dr. ROSALIE AMBLER durchgeführt. Einer Validitätsstudie dienten Offiziere des U.S. Marine Corps in Camp Pendleton, Kalifornien, als Versuchspersonen.

Die meisten der späteren Analysen wurden mit Versuchspersonen aus Public High Schools in Los Angeles, Claremont, Burbank, Pasadena, Manhatten Beach, La Puente, Riverside, Lakewood und Fullerton, Kalifornien, durchgeführt. Eine Testbatterie wurde bei Architekturstudenten der Universitäten von Illinois, Chicago Circle Campus angewendet. Zahlreiche Versuchspersonen für Vortests kamen aus Psychologiekursen und anderen akademischen Fächern der Universität von Southern California und anderen lokalen Institutionen. Wir sind vielen Personen verpflichtet, die zu zahlreich sind, um sie alle zu erwähnen, die zum Fortschreiten des Forschungsprogrammes beitrugen. Wir hoffen zuversichtlich, daß sie und die Tausende von Versuchspersonen, die ihre Zeit zur Durchführung der Tests zur Verfügung stellten, einigen Nutzen aus dieser Erfahrung zogen. Vielen Schülern der High Schools wurden Informationen darüber, wie gut sie abgeschnitten hatten, zugänglich gemacht. Alle Versuchspersonen, militärische oder zivile, verdienen unseren Dank. Wir hoffen nur, daß sie oder ihre Kinder aus den psychologischen Ergebnissen Nutzen ziehen werden.

J.P. GUILFORD
RALPH HOEPFNER

Inhaltsverzeichnis

Kapitel 1
Hintergrund des Apitudes Research Projektes

Obwohl dieses Buch sich in erster Linie mit den wichtigen Ergebnissen von annähernd 20 Jahren Forschung über intellektuelle Fähigkeiten durch das Aptitudes Research Projekt an der University of Southern California beschäftigt, müssen wir einige Aufmerksamkeit auf die Methoden und Verfahren, die eingesetzt wurden, verwenden. Das ist notwendig, weil die Ergebnisse überall am besten unter dem Aspekt der Methoden interpretiert werden, durch die sie zustande kommen. Ausserdem werden in diesem Buch häufig Hinweise auf diese Methoden gegeben. Die meisten Informationen über die Methode der Faktorenanalyse und über die besonderen Arten der Anwendung wie sie bei Untersuchungen des Projekts eingesetzt wurden, finden sich in späteren Kapiteln. In diesem Kapitel werden wir auf die Ursprünge der Faktorenanalyse, ihre Anwendung auf die Untersuchung der intellektuellen Fähigkeiten vor unserem Projekt und die allgemeinen Pläne und Hypothesen, die im Aptitudes Research Project vorherrschten, eingehen.

Ursprünge der Faktorenanalyse und Faktoren

Die Erfindung der Faktorenanalyse

Obwohl CHARLES SPEARMAN als Vater der Faktorenanalyse bezeichnet wird, und diese Bezeichnung, soweit sie sich auf die Faktorenanalyse in der Psychologie bezieht, gerechtfertigt ist, hatte KARL PEARSON (1901) vorher die mathematische Basis für diese Art der Datenreduktion gefunden. SPEARMAN (1904) ist weit bekannt für den Vorschlag einer Zweifaktorentheorie der Intelligenz oder genauer gesagt, einer Zweifaktorentheorie der Intelligenztests. Er nahm an, daß alle Testverfahren intellektuellen Charakters eine Variable gemeinsam haben, nämlich eine Komponente „g". Jeder Test kognitiver Leistungen mißt zu einem gewissen Grad individuelle Unterschiede in „g". Einige sind dabei strengere oder reinere Maßstäbe als andere. Das Vorhandensein eines g-Faktors in Tests kognitiver Leistungen impliziert positive Korrelationen zwischen diesen Verfahren, Nullkorrelationen und negative Korrelationen können nur zufällig auftreten. Die andere Komponente oder Variable, die mit jedem Test gemessen wird, ist wie SPEARMAN ursprünglich annahm, eine spezifische Komponente, die für einen bestimmten Test charakteristisch ist. Kein anderer Test hat die gleiche Komponente (mit Ausnahme einer Parallelform des gleichen Tests) und sie trägt nichts zu den Interkorrelationen bei.

Es dauerte jedoch nicht lange bis Erfahrungen mit Interkorrelationen zwischen Tests zeigten, daß einige Gruppen von Tests stärker interkorrelierten als auf der Basis der Stärke oder der Ladungen von „g" in diesen Tests erwartet werden konnte. Die Tests einer Gruppe hatten daher etwas anderes als „g" gemeinsam und diese Variable wurde im allgemeinen „Gruppenfaktor" genannt, wenn sie sich auf eine bestimmte Gruppe von Tests bezog. Beispiele solcher Gruppen von Tests waren solche, die räumliche Probleme, Kenntnisse von Wörtern und Operationen mit Zahlen enthielten. Die Gruppenfaktoren unterscheiden daher gewöhnlich Sätze von Tests in Übereinstimmung mit der Art der Information, die sie enthalten. In späteren Kapiteln werden wir sehen, daß solche Unterscheidungen wichtig sind im Hinblick auf eine allgemeine Theorie der Intelligenz, und daß Unterscheidungen der Fähigkeiten sehr viel weiter gehen. SPEARMAN und seine Nachfolger waren geneigt die Bedeutung ihrer Gruppenfaktoren herabzusetzen und die Zahl dieser anerkannten Faktoren klein zu halten. Andererseits hoben sie die Bedeutung von „g" hervor. Das gilt besonders für CYRIL BURT, PHILIP E. VERNON und RAYMOND B. CATTELL.

Multiple Faktorentheorie und Methoden

Andere Forscher kehrten die relative Bedeutung von „g" und den Gruppenfaktoren um. Unter ihnen waren MAXWELL GARNETT, T. L. KELLEY und L. L. THURSTONE. GARNETT (1919) war vielleicht der erste, der mit der vorherrschenden Doktrin von „g" und den Methoden der Analyse brach, nach denen die Größe von „g" in verschiedenen Tests über ihre Interkorrelationen bestimmt wurde. Indem sie die Aufmerksamkeit auf die „Gruppenfaktoren" richteten und eine Reihe von möglichen Hypothesen ohne „g" aufstellten, entwickelten diese Forscher neue Methoden der Faktorenextraktion aus Korrelationsmatrizen (Interkorrelationstabellen). Die erfolgreichste dieser Methoden, ursprünglich bekannt als „Hauptkomponentenmethode" wurde von HOTELLING (1933) entwickelt. HOTELLINGS Verfahren der Faktorenextraktion wurde vor der Möglichkeit elektronische Computer zu benutzen, nicht häufig angewendet. Heute ist sie, mit einigen Änderungen als „Hauptfaktorenmethode" bekannt und das am häufigsten benutzte Verfahren.

L. L. THURSTONE popularisierte die multiple Faktorentheorie und die entscheidenden Verfahren in der Psychologie. Geometrisch ist das Modell multipler Faktoren eine Anzahl Dimensionen oder Vektoren, die von einem gemeinsamen Ursprung ausgehen, und bei dem jeder Vektor einen Faktor repräsentiert. Die Dimensionen werden oft als orthogonal betrachtet (sie stehen rechtwinklig zu einander), aber sie müssen es nicht sein. Bei anderen Winkeln werden sie als „schief" bezeichnet. Eine Anzahl von Faktorenvektoren setzt einen Bezugsrahmen in einen n-dimensionalen allgemeinen Faktorenraum. Jede experimentelle Testvariable wird durch einen eigenen Faktor repräsentiert, der in mathematischer Beziehung zu den Faktorenvektoren innerhalb des allgemeinen Faktorenraums steht.

Je näher an einem bestimmten Faktorenvektor ein Testvektor liegt, desto größer ist der Anteil dieses Tests an diesem Faktor, desto größer ist seine „Ladung" auf diesem Faktor. Eine Faktorenladung ist daher eine Korrelation zwischen einem Test (einer empirischen Variable) und dem Faktor (einer theoretischen Variable). Die Zahl von erwarteten gemeinsamen Faktoren ist kleiner als die Zahl der Tests; daher sollte der Gebrauch von Faktorenwerten zu beträchtlichen Vorteilen bei der quantitativen Beschreibung von Individuen führen. Das ist einer von einer größeren Zahl von Vorteilen beim Gebrauch von Faktorenvariablen.

Eine Anzahl Tests und ihre gemeinsamen Faktoren, mit den Beziehungen zwischen Tests und ihren Faktoren, wie sie durch Faktorenladungen angezeigt werden, konstituieren eine „Faktorenstruktur". Die Faktorenstruktur ist zum großen Teil durch die Interkorrelationen zwischen den Tests festgelegt. Die Interkorrelationen sind die empirischen Daten, die beobachteten Tatsachen. Mit Ausnahme der Stichprobenfehler bei den Korrelationskoeffizienten, enthält die Tabelle der Faktorenladungen (bekannt als „Faktorenmatrix"), wenn alle gemeinsamen Faktoren berücksichtigt wurden, die wesentliche Information aus der Korrelationsmatrix. Wenn die gerade erwähnten Fehler berücksichtigt werden, kann die Korrelationsmatrix aus der Faktorenmatrix reproduziert werden.

Aber die Erstellung der Faktorenmatrix aus der Korrelationsmatrix ist nicht so leicht. Um die Rechenschritte in praktikablen Grenzen zu halten, bevor Hochgeschwindigkeitsrechner zur Verfügung standen, entwickelte THURSTONE seine „Zentroidmethode" zur Extraktion von Faktoren aus der Korrelationsmatrix. BURT schlug im wesentlichen die gleiche Methode vor, die er „Summationsmethode" nannte. Durch welche Methode auch die Faktoren extrahiert werden, einschließlich HOTELLINGs Hauptfaktorenmethode, die erhaltenen Faktoren sind rein mathematischer Natur und möglicherweise repräsentiert keiner genau eine psychologische Variable. Es ist möglich den durch die Faktorenvektoren gegebenen Bezugsrahmen in Positionen zu bringen, die den psychologischen Faktoren ziemlich gut entsprechen. Dieser Prozeß wird als „Achsenrotation" bezeichnet. Die Interkorrelationen beschreiben eine Konfiguration von Testvektoren bei der jeder Vektor mehr oder weniger nahe allen anderen in dieser Richtung vom Ursprung ist. Die mathematischen Faktorenvektoren haben denselben Ursprung, und Rotation um diesen Punkt als Drehpunkt kann sie in Position bringen, die sie psychologisch verständlich erscheinen läßt. Unglücklicherweise gibt es eine unendliche Anzahl möglicher Positionen für die Faktorenvektoren, eine Tatsache die Ursache endloser Schwierigkeiten in der Faktorenanalyse war. Kein vollständig zufriedenstellendes mathematisches Kriterium ist bislang entwickelt worden, das genau sagt, wie die Achsen rotiert werden sollten, damit eine

„richtige" Lösung entsteht. Bei der Behandlung von Fähigkeitstests sind zwei Richtlinien benutzt worden. Das Kriterium der „positiven Vielfalt" bedeutet, daß Faktorenladungen positiv oder null sein sollten, nur durch Zufall negativ. Die zugrundeliegende Logik für diese Annahme ist, daß eine wirkliche negative Ladung bedeuten würde, daß je mehr ein Individuum von einer Fähigkeit besitzt, desto schlechter schneidet es bei diesem Test ab. Es ist vernünftig anzunehmen, daß; wenn die Fähigkeiten überhaupt etwas beitragen, sie positiv mit dem Erfolg bei Tests zusammenhängen.

Als anderes Kriterium für die Rotation schlug THURSTONE die „Einfachstruktur" vor. Bei einer Einfachstruktur sind die Achsen so festgelegt, daß im allgemeinen ein Maximum an Nulladungen entsteht. Dieses Kriterium der Einfachstruktur bedeutet auch, daß jeder Test bedeutsame Ladungen auf so wenigen Faktoren wie möglich aufweist. Bei der Anwendung dieses Kriteriums können Ladungen zwischen -.10 und +.10 als Null angesehen werden. Bei der Untersuchung der Zahl der Faktoren, bei denen bei einem Test wesentliche Ladungen vorliegen, werden nur Ladungen über .30 als signifikant angesehen. Ladungen zwischen .10 und .30 liegen in einer Zone der Unsicherheit.

Zahlreiche Versuche sind unternommen worden der Einfachstruktur mathematische Spezifikationen zu geben; Rotationsmethoden wie Quartimax, Varimax und Equamax basieren auf derartigen Spezifikationen. Aber nach der Erfahrung der Autoren und anderer gibt keine Methode eine Lösung, die vom Standpunkt der psychologischen Interpretation zufriedenstellend ist (1). Mehr zu diesem Punkt wird in Kapitel 4 gesagt.

Um die Möglichkeiten eine Einfachstruktur bei Rotationen zu erhalten und zu verbessern, schlug THURSTONE den Einsatz von „schiefen Rotationen" vor. Damit ist gemeint, daß die Achsen von der Orthogonalität abweichen können. Bei der Rotation jeder Achse nach einem eigenen Winkel wird eine bessere Anpassung an die Testvektoren erwartet, die zu einer größeren Zahl von Nulladungen führen sollte. Weiterhin wird nach schiefwinkligen Rotationen, jede Primärachse als Repräsentant eines psychologischen Faktors angesehen. Da Achsen bei anderen Winkeln als 90 Grad miteinander korreliert sind (der Korrelationskoeffizient zwischen zwei Faktoren entspricht dem Kosinus des dazwischen liegenden Winkels), kann eine Interkorrelationsmatrix der Primärfaktoren, die für „Faktoren erster Ordnung" steht, faktoriert werden um Faktoren zweiter Ordnung oder Faktoren von Faktoren zu finden.

THURSTONE nahm an, daß SPEARMAN's „g" als Faktor zweiter Ordnung auftreten könnte. Unglücklicherweise ergeben sich in der Analyse gewöhnlich mehrere Faktoren zweiter Ordnung, was bedeutet, daß einer mehr oder weniger willkürlich als Repräsentant von „g" ausgewählt würde und dann wäre dieser Faktor nicht allgemein. Man kann schiefwinklige Rotationen auch bei Faktoren zweiter Ordnung, bei Faktoren dritter Ordnung usw. machen, bis nur noch ein Faktor höch-

---

1 GUILFORD und HOEPFNER (1969).

ster Ordnung übrig bleibt. Aber das wird man wahrscheinlich nicht erreichen, wenn ursprünglich Null-Korrelationen irgendwo in der Korrelationsmatrix auftreten, wie es häufig vorkommt (2).

Die psychologische Validität von schiefwinkligen Rotationen kann sehr in Frage gestellt werden, so daß der Begriff einer Superstruktur von Faktoren höherer Ordnung der Grundlage entbehrt. Wenn zwei Sätze von Tests, die zwei Faktoren repräsentieren, nicht zu einer Null-Korrelation tendieren, wissen wir nicht ob dieses Ergebnis auf fehlerhafte Testkonstruktion zurückgeht; fehlerhaft insofern als der eine Faktor versehentlich Teile des anderen Faktors enthält. Die beiden Faktoren können tatsächlich von einander unabhängig sein, aber experimentelle Kontrollen in Verbindung mit den Tests sind nicht angemessen um diese Vermischungen zu vermeiden. Wenn es solche Möglichkeiten eine schiefwinklige Struktur zu erhalten gibt, können wir nicht viel Vertrauen in Schätzungen von Korrelationen zwischen Faktoren haben, die auf schiefwinkligen Rotationen beruhen. Ohne andere Grundlagen für die Schätzung der Faktoreninterkorrelationen haben die Autoren sich für rechtwinklige Lösungen entschieden. Mit orthogonalen Strukturen kann man einfacher umgehen und darüber reflektieren. Außerdem sind sie jeder schiefwinkligen Struktur, wenn darüber mehr bekannt ist, angenähert.

Frühe Untersuchungen intellektueller Faktoren

Vor dem Beginn des Aptitude Research Projekts kam die meiste Information über intellektuelle Fähigkeiten, die durch multiple Faktorenanalyse entdeckt wurden, aus einigen wenigen Quellen. Eine waren die Untersuchungen von THURSTONE, seinen Mitarbeitern und Studenten, an der Universität von Chicago. Eine andere war das Untersuchungsprogramm der US Luftwaffe während des 2. Weltkriegs über psychologische Voraussetzungen bei Piloten, dabei besonders die Beiträge der Psychologischen Forschungseinheit 3 am Santa Ana Luftstützpunkt, die von GUILFORD geleitet wurde. Dieser Einheit war die Verantwortung für die Entwicklung von Fähigkeitstests für das fliegende Personal auf dem Gebiet der Intelligenz, der Beurteilung und Information, um die Terminologie des Projekts zu benutzen, übertragen.

Analysen von THURSTONE und Mitarbeitern. THURSTONEs erste große Faktorenanalyse begann, wie es bei einem derartigen Projekt sein sollte, mit der Aufstellung von Hypothesen über die verschiedenen Fähigkeiten, die im betreffenden Untersuchungsfeld zu erwarten waren (THURSTONE, 1938). Eine Anzahl Tests wurde, in Übereinstimmung mit den hypothetischen Fähigkeiten adaptiert oder konstruiert. Aus den Ergebnissen dieser klassischen Untersuchung folgerte

---

2 GUILFORD (1964) konnte zeigen, daß 18% der Korrelationen zwischen Tests intellektueller Fähigkeiten als Null angesehen werden können. Vgl. auch Kapitel 4.

THURSTONE, daß die folgenden Fähigkeiten voneinander unterschieden werden können (3).

Räumliches Vorstellungvermögen	Gedächtnis
Wahrnehmungsgeschwindigkeit	Induktion
Fähigkeit mit Zahlen umzugehen	Wortflüssigkeit
Sprachverständnis	Deduktion
Allgemeine Denkfähigkeit	

Vier dieser „Primärfaktoren der Intelligenz", wie sie THURSTONE, nannte, sind als einheitliche Variablen in zahlreichen Folgeanalysen aufgetreten, aber fünf von ihnen zeigten sich beim Aptitude Research Projekt als zusammengesetzte Variable, von denen sich jede aus zwei oder mehr Fähigkeiten wie räumliches Vorstellungsvermögen, Fähigkeit mit Zahlen umzugehen, Gedächtnis, Induktion und Deduktion zusammenfügen. Die faktoriellen Komponenten dieser Variablen werden in späteren Kapiteln besprochen.

THURSTONEs klassische Studie der Primärfaktoren wurde mit College-Schülern als freiwilligen Versuchspersonen durchgeführt. Es folgte eine andere Analyse einer sehr ähnlichen Batterie von Tests, die in Klasse 8 durchgeführt wurde (L.L. und T.G. THURSTONE, 1941), mit im allgemeinen bestätigenden Ergebnissen. Die THURSTONES empfanden ausreichendes Vertrauen in sechs der Primärfaktoren um die Publikation der Tests für Primärfaktoren (PMA) für drei Altersgruppen zu rechtfertigen (THURSTONE und THURSTONE, 1954). Bei einer Analyse von Wahrnehmungstests entdeckte L.L. THURSTONE (1944) ein zusätzliches Paar von Fähigkeiten, die jetzt als intellektuelle Fähigkeiten angesehen werden. Eine wurde von FRENCH (1951) „Gestaltwahrnehmung", die andere „Gestaltflexibilität" genannt. THURSTONE bezeichnete sie als „Geschwindigkeit und Stärke von Zusammenschlüssen" und „Flexibilität von Zusammenschlüssen".

In den Jahren, die den Analysen der Primärfaktoren durch THURSTONE folgten, lieferten eine Anzahl seiner Schüler einige Beiträge zur Bestätigung von THURSTONEs Fähigkeiten und fügten neue hinzu. COOMBS (1941) richtete seine Aufmerksamkeit auf den Zahlenfaktor. KARLIN (1941, 1942) wandte sich dem Gebiet der Laute zu (Sprache und Musik) und entdeckte einige kognitive und Gedächtnisfähigkeiten, die mit der Aufnahme von Lauten zusammenhängen. Unglücklicherweise sind die Arbeiten von KARLIN nicht systematisch weiter verfolgt worden. TAYLOR (1947) widmete sich dem Gebiet der Wahrnehmungsgeschwindigkeit. Aufgrund des Vorteils heutiger Informationen läßt sich sagen, daß seine Testbatterie ein sehr viel größeres Potential für die Entdeckung neuer Evaluationsfähigkeiten bot als später bekannt wurden. RIMOLDI (1951) beschäftigte sich mit dem Auffinden eines g-Faktors bei Faktoren zweiter Ordnung, aber natürlich arbeitete er

---

3 Die Bezeichnung der Faktoren weicht von der THURSTONEs in einigen Fällen ab und hält sich an die häufiger benutzte Terminologie.

auch mit Faktoren erster Ordnung des THURSTONE-Typs. BOTZUM (1951) richtete seine Aufmerksamkeit auf die Gestaltfaktoren und die Denkfähigkeit, während ADKINS und LYERLY (1951) sich auf Fähigkeiten des Denkens konzentrierten. Weiterhin wurden die Gestaltfaktoren zur gleichen Zeit von PEMBERTON (1951) untersucht. Über die letzten drei Untersuchungen wurde während der Anfänge des Aptitude Research Projekts berichtet.

Es gibt wenige erwähnenswerte faktorenanalytische Studien, die offensichtlich nicht von THURSTONEs Schülern durchgeführt wurden, die aber zweifelsohne durch die Anstrengungen der Gruppe in Chicago inspiriert wurden. BLAKEY (1941) konzentrierte sich auf einige Denkfähigkeiten. WOODROW (1939) analysierte eine große, heterogene Testbatterie, die Teile des Tests für Soziale Intelligenz der George Washington Universität einschloß, ohne jedoch einen getrennten Faktor für soziale Intelligenz in diesen Tests zu finden. CARROLL (1941) studierte verbale Fähigkeiten mit Betonung der Flüssigkeitsfaktoren, die durch die oben erwähnte Untersuchung von TAYLOR (1947) gestützt wurden.

Analysen im Rahmen des Forschungsprogramms der US Luftwaffe.

Dem Forschungsprogramm der US Luftwaffe war während des zweiten Weltkriegs die alleinige Verantwortung für die Entwicklung von Methoden der Selektion und Klassifikation des fliegenden Personals übertragen worden. Unter den Rekruten für das Flugtraining mußten verschiedene Gruppen als Piloten, Bombenschützen, Navigatoren, Flugingenieure oder Abwehrschützen ausgebildet werden. Vier Forschungseinheiten wurden eingerichtet, von denen die Psychologische Forschungseinheit 3 die Verantwortung für die Entwicklung intellektueller Tests hatte. Nachdem eine allgemeine Übersicht über die Frage angefertigt war, warum Absolventen der Primarschule beim Pilotentraining versagten, wurde die folgende Teilzusammenstellung psychologischer Konstrukte vorgenommen:

1. Urteilsfähigkeit
2. Gedächtnis
4. Verständnis
5. Visualisation (des Kurses des Flugzeugs)
6. Orientierung (im Raum)
7. Koordination (Integration von Information)

Diese Fähigkeiten wurden, unter Einschluß der Denkfähigkeit, systematisch durch die Psychologische Forschungseinheit 3 mit Hilfe der Faktorenanalyse untersucht. Das Ergebnis dieser Studien ist in dem von GUILFORD und LACEY (1947) herausgegebenen Band zu finden.

Die wichtigsten Fortschritte, die bei diesem Programm erreicht wurden, schlossen das Auffinden eines Urteilsfaktors ein, der zwar nicht sehr gut definiert war, aber zeigte, daß es Varianten in Tests für Alltagsbeurteilungen gab, die nicht anderen bekannten Faktoren zuzuschreiben waren. Diese Situation verlangte nach der Untersuchung der Evaluationsfähigkeiten in verschiedenen Analysen des Aptitudes Research Projektes.

Analysen auf dem Gebiet der Planung und Voraussicht führten nur zu einer einzigen neuen Fähigkeit, die als „Planung" bezeichnet wurde. Sie wurde durch visuell-figurale Tests charakterisiert. Diese Repräsentanz einer Fähigkeit wurde beim Projekt häufiger gewählt. Parallele Fähigkeiten wurden mit Tests anderer Informationsarten - symbolisch, semantisch, und Verhalten - nachgewiesen und eine allgemeinere Bezeichnung für Planung wäre „Fähigkeiten der Voraussicht". Planung impliziert einige produktive Aktivitäten, die über bloßes Verständnis hinausgehen.

THURSTONE's „Gedächtnisfähigkeit" fand offensichtlich einige Unterstützung durch einen Faktor, dessen charakteristische Tests aus Paar-Assoziationen bei Gedächtnisaufgaben bestanden. Es gab einige Hinweise auf einen zweiten Faktor dieser Art, bei denen ein Begriff mit einer geographischen Bezeichnung oder mit einem Bestimmungshafen eines Schiffs zu verbinden war. Diese Untersuchung legt nahe, daß verschiedene Tests für assoziatives Gedächtnis auf zwei oder mehr Fähigkeiten des assoziativen Gedächtnisses zurückgehen, die mit der Art der Information, die erinnert oder wiedererkannt werden soll, und der gegebenen Information zusammenhängen. Eine davon getrennte Fähigkeit des visuellen Gedächtnisses wurde durchgängig von den beiden Fähigkeiten des assoziativen Gedächtnisses unterschieden.

Die Kategorie „Verständnis", soweit sie auf das Versagen beim Flugtraining angewendet wird, bezieht sich auf das Verstehen von Instruktionen in mündlicher oder schriftlicher Form. Diese Definition wird für eine bekannte Fähigkeit des verbalen Verständnisses vorgeschlagen, ein oft beschriebener Faktor. Keine einzige andere Fähigkeit wurde in diesem Bereich erwartet und daher wurde auch keine spezielle Untersuchung in diesem Bereich unternommen. Die Fähigkeit „Verbales Verständnis" wurde als Faktor in Wortschatztests und Tests für verständiges Lesen von Zeit zu Zeit gefunden. Viel vom Verständnis beim Flugtraining hing jedoch davon ab, wieviel mechanisches Wissen vorhanden war. Ein entsprechender Faktor wurde einige Male gefunden, aber er kann kaum als intellektuelle Fähigkeit klassifiziert werden. Tests, die mechanisches Verständnis erfassen sollten, weisen auch eine gewisse Varianz durch die Fähigkeit zu visualisieren auf, die als intellektuelle Fähigkeit angesehen wird.

Auf dem Gebiet der Raumvorstellungen wurden zwei Fähigkeiten unterschieden, Raumorientierung und räumliche Vorstellung, die andeuteten, daß THURSTONEs Faktor „Space" eine Zusammensetzung aus diesen Faktoren sei, da zwei Arten repräsentativer Tests zusammen auf diesen Faktor geladen waren. Es gab auch einige Hinweise für eine begrenzte Fähigkeit räumlicher Orientierung in bezug auf Rechts-Links-Unterscheidungen, die auf kinästhetische Informationen zurückgehen. Die Unterscheidung, die weiter oben zwischen Kategorien 5 und 6 gemacht wurde, war die Vorwegnahme der „Aufteilung" von THURSTONEs Raumfaktor.

Eine ausgedehnte Analyse von Tests, die dem Begriff der „Koordination" (Integration) gewidmet waren, zeigte drei Faktoren, die mangels besserer psychologischer Interpretation als „Integration I, II und III" bezeichnet wurden. Integration I könnte eine Gedächtnisfähigkeit gewesen sein, eine Fähigkeit die Schritte, die in Instruktionen gegeben sind, zu behalten. Die anderen beiden Integrationsfaktoren könnten Mischungen aus zwei oder mehr Fähigkeiten gewesen sein, da sie kein Gegenstück beim Aptitude Research Projekt fanden.

Analysen der Denkfähigkeit, die zur ursprünglichen Liste der zu untersuchenden Bereiche hinzukamen, zeigten interessante Ergebnisse. Das am meisten bestätigte Ergebnis war, daß die hervorstechendste Fähigkeit in Tests für mathematisches Verständnis diejenige war, die als „allgemeine Denkfähigkeit" bekannt wurde. Ihr wurde dieser Name gegeben, weil sie als sekundäre Komponente in so unterschiedlichen Tests wie Technisches Verständnis, Leseverständnis und Bildintegration zu finden war. Sehr viel Aufmerksamkeit wurde dieser Fähigkeit beim Aptitude Research Projekt geschenkt, um möglicherweise die Natur dieser Fähigkeit aufzudecken (GUILFORD, KETTNER & CHRISTENSEN, 1956). THURSTONE (1938) hatte vielleicht den gleichen Faktor gefunden, denn der Test „Arithmetisches Denken" rangierte in seiner Liste vorn. Aber er identifizierte diesen Faktor nicht als Denkfähigkeit, möglicherweise deswegen weil er andere Faktoren wie „Induktion" und „Deduktion" gefunden hatte. Er dachte, daß der gemeinsame Zug dieser Tests das Denken unter ganz bestimmten Einschränkungen sei. Aus irgendeinem Grund identifizierte FRENCH (1951) diesen Faktor als „Deduktion" ungeachtet der Tatsache, daß THURSTONE den Begriff der Deduktion für einen anderen Faktor, der diese Bezeichnung eher verdiente, benutzt hatte.

Von zwei anderen Faktoren wurde bei der Untersuchung der Luftwaffe angenommen sie würden Denkfähigkeiten repräsentieren, zumindest deswegen, weil sie bei Tests gefunden wurden, die als Tests für Denkfähigkeit angesehen werden. Ein Faktor wurde durch Tests wie Figurenanalogien charakterisiert, und in frühen Untersuchungen des Projekts wurde er als „Entwicklung figuraler Beziehungen" bekannt, aus Ehrerbietung vor SPEARMANs Begriff der Beziehungen. Ein anderer Faktor wurde als „Reasoning III" bezeichnet, aber vom heutigen Standpunkt aus war dieser Faktor möglicherweise eine schwache Zusammenstellung.

Einige Nachkriegsanalysen

Zwei andere große Faktorenanalysen waren angefangen als der Krieg endete. Die Tests waren durchgeführt und teilweise ausgewertet, sogar die Interkorrelationen für eine der Analysen lagen vor. GUILFORD, FRUCHTER und ZIMMERMAN (1952) vervollständigten eine Analyse und berichteten über die Ergebnisse. Nicht sehr viel wurde zu dem, was bereits bekannt war, hinzugefügt. ROFF (1952) analysierte die zweite Testbatterie, die mit zahlreichen Tests der Wahrnehmung bestückt war, und einige neue Entdeckungen wurden für diesen Bereich gemacht.

Zwei andere Forscher benutzten die Klassifikationsbatterie der Luftwaffe für fliegendes Personal an besonderen Populationen. Die Testbatterie war wiederholt an männlichen Flugschülern als Versuchspersonen analysiert worden. In einer Gruppe von weiblichen Pilotenanwärtern fand DUDEK (1948, 1949) den einzigen deutlichen Unterschied in der Faktorenstruktur in der Abwesenheit einer mechanischen Fähigkeit bezw. der entsprechenden Kenntnisse in der weiblichen Gruppe, die der niedrigen Varianz der Gruppe in dieser Hinsicht entsprach. Die festgestellten intellektuellen Fähigkeiten waren im Wesentlichen die gleichen. MICHAEL (1949) verglich die Faktorenstruktur der gleichen Klassifikationsbatterie bei Populationen von Flugschülern, die aus Negern und Weißen bestanden. Die Strukturen waren im Wesentlichen gleich mit der Ausnahme, daß die Gruppe der Neger einen Faktor zeigte, der als „kinästhetische Sensitivität" interpretiert wurde, da er sich am deutlichsten bei einem motorischen Test zeigte.

Zwei andere Analysen bezogen die Überarbeitung der Daten von THURSTONE über die Primärfaktoren mit ein. Mit ausgewählten Testvariablen untersuchte FRUCHTER (1948) die Möglichkeit, daß es Flüssigkeitsfaktoren zusätzlich zu THURSTONE's Wortflüssigkeitsfaktor gebe. Er fand einige Bestätigung dafür, daß es einen Faktor der „Assoziationsflüssigkeit" gibt, und möglicherweise einen versteckten dritten Faktor in den Daten von THURSTONE. ZIMMERMAN (1953) reanalysierte die vollständige Testbatterie von THURSTONE. Die Analyse von ZIMMERMAN brachte die erhaltenen Faktoren aus den Tests der Primärfaktoren mehr in die Nähe von Faktorenvorstellungen, die später beim Aptitude Research Projekt gefunden wurden. Er entdeckte die Trennung der beiden Raumfaktoren (Räumliche Orientierung und räumliche Vorstellung) anstelle von THURSTONE's einem Raumfaktor. Er fand einen Assoziationsflüssigkeitsfaktor zusätzlich zum Wortflüssigkeitsfaktor. Er fand eine zweite Gedächtnisfähigkeit, die er „Gedächtnis für beobachtete Beziehungen" nannte. Diese Fähigkeit bezog sich auf sinnvolle Informationen im Gegensatz zu der nicht verbalen Information der reinen Gedächtnistests. Er fand einen als „Klassifikation" identifizierten Faktor, der eine Anzahl derartiger Faktoren im Projekt vorwegnahm; aber er fand THURSTONE's Faktor der Induktion nicht. Möglicherweise entdeckte er als teilweise Ergänzung den Faktor „Entwicklung von Beziehungen", ähnlich dem Faktor, zu dessen Auffinden er bei einer der ersten Analysen des Projekts beitrug. (Berichte 1 und 3; GREEN, GUILFORD, CHRISTENSEN & COMREY, 1953) (4). Er stimmte mit THURSTONE im Hinblick auf einen „Deduktionsfaktor" und die Ergebnisse über verbale und numerische Faktoren überein. Einen Faktor, ähnlich dem schlecht definierten Faktor von THURSTONE, identifizierte ZIMMERMAN als „allgemeinen Denkfaktor" in Übereinstimmung mit den Untersuchungen der Luftwaffe und des Aptitude

---

4 Eine Zusammenstellung der Berichte finden sich im Anhang.

Research Projekts. Der Test der die beiden miteinander verband, war „Arithmetisches Denken", ein Markierungstest für diese Fähigkeit.
Die Inspektion der Ergebnisse von ZIMMERMAN, die auf eine ungewöhnlich große Zahl von Tests zurückgingen, zeigte, daß einige Tests manchmal von veränderter Form, auf jeden Faktor luden. Die Einsicht aufgrund heutiger Informationen bezüglich der intellektuellen Fähigkeit deutet darauf hin, daß es noch unentdeckte Fähigkeiten in THURSTONEs Batterie gibt.

Allgemeine Pläne

Das Forschungsprogramm des Aptitude Research Projekts kann nicht als Fortsetzung des Psychologischen Forschungsprogramms der Luftwaffe angesehen werden, obwohl das spätere viel mit den ersten Anfängen zu tun hatte und die zugrunde liegende Phiolosophie und Methodologie im allgemeinen gleich waren. Die Aufzählung der Bereiche der intellektuellen Fähigkeiten, auf die in der Folge einzugehen ist, wird einige Unterschiede zwischen den beiden Programmen aufzeigen.

Bereiche, die für die Analyse ausgewählt wurden

Am unmittelbarsten wurde der Transfer der Ergebnisse der Luftwaffenuntersuchungen bei einigen Anfangsanalysen gezeigt, die auf Denkfähigkeiten abzielten. Dabei wurde der Versuch gemacht die Unterscheidungen zwischen den drei Fähigkeiten, die in früheren Untersuchungen gefunden wurden, abzuklären. Zusammen wurden vier Analysen in diesem Bereich vorgenommen und eine weitere Analyse über Problemlösungsverhalten kann als dem gleichen Bereich zugehörig angesehen werden. Fähigkeiten des Denkens sind nebenbei auch Gegenstand einiger anderer Untersuchungen gewesen. Das Ergebnis war die Entdeckung einer Reihe von Fähigkeiten, die ihrem Wesen nach als induktiv oder deduktiv angesehen werden können. Aber mit klaren Interpretationen und eindeutigeren Definitionen für diese Fähigkeiten und deren etwas heterogenem Wesen, kann die Psychologie heute mit dem Begriff „Denkfähigkeit" als technischem oder systematischem Begriff umgehen.
Der Bereich der intellektuellen Fähigkeiten, denen im Projekt die meiste Aufmerksamkeit zugewandt wurde, war der der Kreativität oder der Fähigkeiten des kreativen Denkens. Dieses ungewöhnliche Interesse reflektierte GUILFORDs Überzeugung, daß die Vernachlässigung der kreativen Fähigkeiten ein schwerwiegender historischer Fehler war, der korrigiert werden sollte. Das Interesse hatte zu einigen Versuchen in der Richtung dieser Fähigkeiten während des Krieges bei der Forschung für die Luftwaffe geführt, als Probleme der Führerschaft gegen Ende des Krieges untersucht wurden. Nach dem Krieg waren während zweier Semester Seminare dem Thema der kreativen

Fähigkeiten und anderer Dimensionen gewidmet, gerade vor dem Beginn des Aptitude Research Projekts. Aus diesen Überlegungen ergaben sich einige Hypothesen über die kreative Veranlagung. Während des Projekts wurden sieben Analysen speziell auf die Fähigkeiten des kreativen Denkens angesetzt und eine andere Studie beschäftigte sich mit Planungsfähigkeiten, die in eine ähnliche Kategorie gehören. Fast alle der Anfangshypothesen wurden durch Faktorenanalysen bestätigt und zahlreiche der aufgedeckten Fähigkeiten wurden kategorisiert als „Flüssigkeit", „Flexibilität", „Elaboration" und „Redefinition". Sie können angesehen werden als diejenigen, die eine besondere Beziehung zu den „kreativen Fähigkeiten" haben.

Die Analysen des Projekts im Bereich der Evaluationsfähigkeiten wurden zunächst inspiriert durch den rätselhaften Faktor „Urteilen" der Luftwaffenuntersuchung. Die erste von vier Analysen in diesem Bereich zeigte eine Reihe von neuen Fähigkeiten dieser Art auf, aber keine von ihnen war eine klare Bestätigung für den Urteilsfaktor. Die drei neueren Analysen waren jedoch direkte Ergebnisse der Entwicklung des Strukturmodells der Intelligenz, das 24 Evaluationsfähigkeiten voraussagt. Diese Studien gaben zusätzliche Hinweise für 18 der Evaluationsfähigkeiten. Der Urteilsfaktor der Luftwaffenuntersuchung blieb immer noch ein Rätsel.

Für eine Anzahl von Jahren bestand beim Projekt kein Interesse, den Bereich der Gedächtnisfähigkeiten zu untersuchen. Zwei andere Forscher, CHRISTAL (1958) und. H.P. KELLEY (1964) hatten die Möglichkeit von Gedächtnisfähigkeiten außerhalb der Luftwaffenuntersuchung und anderen früheren Untersuchungen aufgezeigt. Das Strukturmodell der Intelligenz sagte 24 Gedächtnisfähigkeiten voraus. Die drei Analysen des Projekts haben 18 dieser Fähigkeiten gezeigt und die verbleibenden 6 sind die Belohnung für zukünftige Forschungen in diesem Bereich.

Ein vollkommen neues Gebiet für faktorenanalytische Untersuchungen ist das der „Fähigkeiten des Verhaltens". Das ist der Bereich, der von E.L. THORNDIKE als „Soziale Intelligenz" bezeichnet wurde und für den es zumindest ein vorläufiges Meßinstrument gab, den „George Washington University Test of Social Intelligence". Die Strukturtheorie der Intelligenz erwartet 30 Fähigkeiten in diesem Bereich, analog der 30 in jeder anderen der inhaltlichen Kategorien: figural, symbolisch und semantisch. Die ersten Untersuchungen des Projekts waren auf sechs hypothetische Kognitionsfähigkeiten angesetzt und sie zeigten sechs solcher Faktoren auf. Obwohl der Konstruktion dieser Tests viele Hindernisse entgegenstanden war es möglich Hinweise zu finden, daß die üblichen sechs Arten divergenter Produktionsfähigkeiten unterschieden werden können.

An den folgenden Abschnitten wird deutlich, daß, nachdem die Strukturtheorie der Intelligenz entwickelt war, beim Projekt üblicherweise die sechs hypothetischen Fähigkeiten innerhalb einer Reihe des Modells untersucht wurden (5). Bei dieser Strategie wird die Art des

---

5 Die Strukturtheorie und das Modell werden ausführlich in Kapitel 2 behandelt.

Inhaltes und der Operation konstant gehalten, während das Ergebnis variiert wird. Diese Strategie hat sich als recht günstig erwiesen, da es sich im allgemeinen als schwierig herausgestellt hat Fähigkeiten zu trennen, die sich nur hinsichtlich des Produkts unterscheiden. Es ist gewöhnlich einfacher Fähigkeiten bei der Faktorenanalyse zu trennen, wenn sie sich im Inhalt oder in der Operation unterscheiden. Aber die Strategie hat den Nachteil, daß, wenn sie streng befolgt wird, sie keinen Hinweis auf die Bedeutung der Fähigkeiten gibt die sich in Inhalt oder Operation unterscheiden. Es gibt einige Beispiele für die zweite Art der Trennungen bei früheren Untersuchungen, wo Inhalt und Operation variierten, aber in einer mehr oder weniger zufälligen Weise. Es gibt einige Beweise bei den neueren Studien mit sechs Faktoren aufgrund der Tatsache, daß Markierungstests üblicherweise für Fähigkeiten in anderen Kategorien des Inhaltes oder der Operationen benutzt werden, z.B. Tests für parallele Fähigkeiten der Kognition, wenn das Hauptinteresse auf Evaluations- oder Gedächtnisfähigkeiten lag.

Zahlreichere Informationen dieser Art ergeben sich aus der Anwendung einer anderen Strategie, die Produkte konstant zu halten und die Inhalte und Operationen zu variieren sucht. Eine Analyse zielte auf Fähigkeiten, die Klassen betrafen, eine andere auf Fähigkeiten, die mit dem Ergebnis von Tranformationen zusammenhängen. Mehr Untersuchungen, die diese Strategie benutzen, werden gebraucht um das Bild von vielen Fähigkeiten deutlicher werden zu lassen. Die Erfahrung abgeschlossener Untersuchungen gibt beträchtliches Vertrauen dafür, daß positive Ergebnisse gefunden werden. In Kapitel 4 werden Informationen darüber gegeben wie häufig Faktorenpaare in den ähnlichen Untersuchungen getrennt werden konnten.

Es gibt einige verstreute Faktorenanalysen, üblicherweise in Verbindung mit irgendeiner Art Validitätsstudien. Bei der Akademie der US Küstenwache bestand Interesse daran mit neuen Tests intellektueller Fähigkeiten zu experimentieren, in der Absicht die Voraussagen der Leistungen der Studenten an der Akademie zu verbessern. Bei zwei Gelegenheiten wurden Batterien ausgewählter Tests in Anfangsklassen durchgeführt, gefolgt von Faktorenanalysen und späterer Korrelation mit den Noten der Beurteilung der Leistungen. Die faktorenanalytischen Ergebnisse, die auf diese Weise gewonnen wurden, waren im wesentlichen bestätigend (Berichte 13 und 14). Die Ergebnisse der Validierung werden in Kapitel 10 besprochen.

Bei anderer Gelegenheit wählte ein graduierter Student und Reserveoffizier der US Marine zur Untersuchung die Korrelationen zwischen Tests für einige intellektuelle Fähigkeitsfaktoren und Beurteilungen des Führungsverhaltens von Marineoffizieren aus. (Bericht 21). Jeder Faktor war mindestens durch zwei Markierungstests vertreten. Eine Faktorenanalyse bestätigte die erwartete Faktorenstruktur in Übereinstimmung mit der Theorie und früheren Ergebnissen.

Gegen Ende der Fünfziger Jahre wurde eine Untersuchung der Beziehung bestimmter intellektueller Fähigkeiten zur Leistung in Mathematik der neunten Klasse aus zwei Gründen begonnen. Ein Grund bestand darin, daß eine Anzahl neuer Primärfaktoren entdeckt worden

war, von denen möglicherweise keiner in den üblichen Schulleistungs-
testbatterien zu finden war, aber die Eigenschaften zu besitzen schienen, die in Verbindung zur Mathematik standen. Der andere Grund war,
daß erkannt wurde, daß Erfolg in den meisten Schulfächern durch gewichtete Kombination intellektueller Faktoren erfaßt werden kann. Die
Untersuchung von Mathematikleistungen in der neunten Klasse repräsentiert die Art Untersuchung, die für jedes Fach durchgeführt werden
müßte, wenn wir wissen wollen welche intellektuellen Fähigkeiten benötigt werden und in welchem Maße. Bei der Untersuchung waren vier
verschiedene Niveaus der Mathematik beteiligt, einschließlich zweier
in allgemeiner Mathematik und zweier in Algebra. Der Erfolg wurde
durch besondere Leistungstests ermittelt (Bericht 31; GUILFORD,
HOEPFNER und PETERSEN, 1965). Zwei Faktorenanalysen wurden
durchgeführt, eine für die Schüler mit allgemeiner Mathematik und
eine für die Schüler in Algebra um zu bestimmen welche Tests in jedem Fall benutzt werden sollten um Faktorenwerte zu erhalten. Auf
diese Weise konnte eine Anzahl Faktoren, die vorher nur bei jüngeren
Erwachsenen nachgewiesen waren auch für Populationen mit niedrige-
rem Alter nachgewiesen werden.

Eine Untersuchung anderer Art, bei der faktorielle Tests in Verbindung mit pädagogischen Problemen verwendet wurden, versuchte
festzustellen, welche von einigen hypothetischen Fähigkeiten eine Rolle
beim Erlernen von Begriffen spielen (Bericht 39; DUNHAM, GUILFORD
und HOEPFNER, 1968). Es wurde angenommen, daß die bedeutendsten
Fähigkeiten mit dem Ergebnis von Kategorisierungen zusammenhängen
würden. Daher schloß die Studie über Begriffsbildung eine Faktorenanalyse der Fähigkeiten, mit Kategorien umzugehen, ein. Eine Faktorenstruktur der Tests wurde ermittelt und dann bestimmt wieviel der
Ladung auf jeden Faktor notwendig war, um die Korrelation zwischen
Testwert und dem Lernstatus bei unterschiedlicher Übung zu erklären.
Die Ergebnisse zeigten, daß einige Faktoren von Bedeutung sind und
andere nicht und daß sich das relative Gewicht der verschiedenen Faktoren häufig systematisch mit der Übung verschiebt. Durch derartige
Methoden sollte es möglich sein zu bestimmen, wo das Lernen bei verschiedenen Arten von Aufgaben von bestimmten intellektuellen Fähigkeiten abhängt. Auf der Grundlage dieser Information könnten Lehr-
methoden vorgeschlagen werden, die in Rechnung stellen, welche Arten von Operationen und Informationen bei bestimmten Lernprozessen
beachtet werden müssen.

Die Entwicklung von Hypothesen

Der letzte Abschnitt gab, in etwa in chronologischer Reihenfolge, einen
Überblick über die Bereiche intellektueller Fähigkeiten, die im Rahmen des Projekts, bei besonderen Analysen und bei damit verbundenen
Validitätsstudien, untersucht wurden. Als nächstes werden wir die
typische analytische Untersuchung besprechen, um möglichst viel an
psychologischer Bedeutung herauszuziehen. Manchmal wird gesagt:

„Bei Faktorenanalysen bekommt man heraus, was man vorher hineingesteckt hat." Diese Aussage ist im höchsten Maß doppeldeutig und kann benutzt werden, um zwei völlig verschiedene Standpunkte zu beschreiben. Spaßhaft formuliert bedeutet es manchmal, daß, wenn der Untersucher genau weiß was er im Hinblick auf Fähigkeitsdimensionen oder Persönlichkeitszüge zeigen möchte, er das erreichen kann, indem er in die analysierende Batterie von Variablen die hineinsteckt, die er braucht um sein Ziel zu erreichen. Die Autoren haben niemanden kennengelernt, der so viel psychologische Einsicht im Voraus bewiesen hätte (ohne die Hilfe einer Theorie wie der Intelligenzstrukturtheorie) und es ist zweifelhaft, daß es, ohne eine derartige Hilfe, allwissende Untersucher gibt.

Es gibt noch eine andere Interpretation dieser Aussage, die große Bedeutung hat. Wenn man nicht mindestens zwei verschiedene Meßinstrumente in analysierten Batterien für den gleichen Faktor hat, kann nicht erwartet werden, daß der Faktor durch die üblichen Schritte der Analyse nachgewiesen werden kann. Eine erfolgreiche Faktorenanalyse einer Anzahl experimentell-psychologischer Variablen hängt von der adäquaten Repräsentation aller beteiligten psychologischen Faktoren ab.

THURSTONE und andere haben wiederholt davor gewarnt jede Korrelationsmatrix, die sich ergibt, zu analysieren. Obwohl die Faktorenanalyse sehr empfindlich gegenüber den zugrundeliegenden Variablen ist, wenn sie ausreichend vertreten sind, kann sie keine Wunder vollbringen. Es kann nicht erwartet werden, daß sich eine gute psychologische Deutung ergibt, wenn zufällig ausgelesene Variablen verwendet werden. Wie bereits angedeutet, begann THURSTONE (1938) bei seiner ersten wichtigen Analyse mit bestimmten Vorstellungen hinsichtlich der unterschiedlichen intellektuellen Variablen, die als Ergebnis der Faktorenanalyse zu erwarten waren. Er achtete darauf, daß jeder der hypothetischen Faktoren durch drei oder mehr Tests repräsentiert war, von denen erwartet wurde, daß sie mit den Faktoren zusammenhingen. Von diesem Punkt an ließ THURSTONE das übliche Vorgehen beim Extrahieren der Faktoren und der Achsenrotation die endgültige Lösung bestimmen. Er erwartete, indem er den rationalen Schritten folgte, welche die Achsen so plazierten, daß sie dem Kriterium der positiven Vielfalt oder der Einfachstruktur entsprachen, daß sich psychologisch sinnvolle Positionen für die rotierten Achsen ergeben würden. Die implizite Annahme war dabei, daß die Tests, die für die erwarteten Faktoren konstruiert wurden, bei der Analyse dem Modell der Einfachstruktur entsprechen würden, was, nach Ansicht der Autoren, gewöhnlich nicht allein sinnvolle Positionen für die rotierten Achsen geliefert hat. Es kann immer in Frage gestellt werden, ob ein bestimmter Satz analysierter Variablen, wenn sie angemessen durch Vektoren im Faktorenraum repräsentiert sind, einer Einfachstruktur oder irgend einer anderen, allgemein festgelegten Form entspricht. Rationale Methoden die auf verschiedene mathematische Modelle zurückgehen und die entwickelt wurden um die Bedingung der THURSTONE'schen Einfachstruktur zu erfüllen, können versagen wo psychologische Bedeutung verlangt wird, da das vorgeschriebene Modell nicht mit der Bedeutung eines bestimmten Satzes von Variablen übereinstimmt.

Fragen, die alternative Methoden der Rotation betreffen, werden ausführlicher in späteren Kapiteln diskutiert. Der Kernpunkt der Diskussion dieses Themas hier ist, daß bei der Bestimmung, wie die Achsen zu rotieren sind, um eine möglichst sinnvolle Anzahl von Dimensionen zu erhalten, die Notwendigkeit deutlich wird, bis zu einem gewissen Grad von vorher festgelegten Modellen abzuweichen. Spätere Kapitel werden zeigen, auf welche Art und Weise die Unabhängigkeit von vorher festgelegten Modellen erreicht werden kann. Dabei verliert man den Vorteil z w i n g e n d e r faktorieller Lösung und muß sich mit z u l ä s s i g e n Lösungen zufrieden geben. Aus dieser Art von Analysen kann gefolgert werden, daß vorgefertigte Hypothesen hinsichtlich psychologischer Faktoren toleriert werden können oder auch nicht, abhängig von einem rein intuitiven Urteil. Wir können nicht sehr überzeugt bestimmte Hypothesen zurückweisen, aber wir können häufig entscheiden welche alternativen Hypothesen mehr Unterstützung haben.

Nachdem die Strukturtheorie der Intelligenz und das Modell entwickelt waren, wurden beide sehr schnell die Quelle für hypothetische, aber noch nicht nachgewiesene, primäre intellektuelle Fähigkeiten, die zur Untersuchung aufforderten. Jede Zelle des Modells bestimmt eine einzigartige Kombination von Eigenschaften für eine besondere Fähigkeit, wobei die Art der Operation, des Inhalts und des Produkts festgelegt sind. Das Verfolgen dieser Hinweise führte zu Ideen für Tests, die sich gegenseitig unterstützen um einen gemeinsamen Faktor zu bestimmen. Diese Strategie bei der Konstruktion von Tests für einen Faktor versagte beim Nachweis der Faktoren nur zwei- oder dreimal völlig, bei zahlreichen Erfolgen. Bestimmte Tests zeigten keine signifikante Ladung bei ihren hypothetischen Faktoren, indem sie entweder höhere Ladungen bei anderen Faktoren hatten oder überhaupt keine signifikanten Ladungen. Diese Fehlschläge bei bestimmten Tests täuschen zu einem gewissen Maß über die früher zitierte Aussage „Bei Faktorenanalysen bekommt man heraus, was man vorher hineingesteckt hat". Man kann das nicht immer tun, auch wenn die Bedingungen vorteilhaft erscheinen. Solche Fehler lehren uns häufig etwas über Testkonstruktion und wie gewisse eingebaute experimentelle Kontrollen versagen. Sie legen manchmal Veränderungen der Vorstellungen von Faktoren oder von Begriffen im Zusammenhang mit der Theorie nahe.

Der Erfolg bei der Benutzung des Strukturmodells führte uns dazu, darauf zu bestehen, daß eine umfassende und systematische Theorie bei der faktorenanalytischen Untersuchung eines bestimmten psychologischen Bereichs, so früh wie möglich, aufgestellt wird. Sogar wenn eine Theorie großer Reichweite fehlt, kann sehr viel bei der Aufstellung von logisch abgeleiteten Hypothesen getan werden. Das war der Fall bei den früheren Studien des Projekts. In einer derartigen Situation sind die Ergebnisse früherer Analysen die besten Quellen für Hypothesen. Einige Beispiele folgen.

Am Beginn der Untersuchungen der Denkfähigkeiten durch das Aptitude Research Projekt, die auf früheren Ergebnissen und Spekula-

tionen über Denkfähigkeiten beruhten, wurden vier hypothetische Denkfähigkeiten angenommen, mit alternativen Vorstellungen hinsichtlich
der Natur jeder Fähigkeit. (Bericht 1; GREEN, GUILFORD, CHRI-
STENSEN & COMREY, 1953). Diese Hypothesen und ihre Veränderungen und die Art wie sie benutzt wurden, werden ausführlich in Kapitel
5 dargestellt.

Hypothesen über Fähigkeiten, die im Bereich des kreativen Denkens
zu erwarten waren, ergaben sich, wie früher angedeutet, aus rationa-
ler Betrachtung der geistigen Operationen, die kreative Menschen, bewältigen müssen. Fähigkeiten, die sich auf Flüssigkeit, Flexibilität
und Originalität beziehen, wurden mit mehr als einer möglichen Fähigkeit in jeder Kategorie vorausgesagt. Vorkehrungen wurden für
Tests getroffen, die die zugrunde liegenden intellektuellen Variablen
aufzeigen konnten. Mehr Informationen über diesen Bereich finden
sich in Kapitel 6.

Ein drittes Beispiel für die Benutzung von Hypothesen ist der Bereich der Evaluation. Am Anfang einer analytischen Untersuchung dieses Bereiches standen zwei rivalisierende Definitionen von Evaluation.
Eine Vorstellung definierte Evaluation im wesentlichen als Sensitivität
gegenüber Fehlern. Die andere definierte sie als das Treffen von Entscheidungen bei Ungewißheit. In Übereinstimmung mit den beiden Vorstellungen gab es zwei Arten von Tests. Die erste Vorstellung favorisierte die Konstruktion von Items mit zwei Wahlmöglichkeiten; die
Versuchsperson (Vp) muß sagen, ob etwas richtig oder falsch ist. Die
zweite bevorzugte Mehrfachwahlaufgaben bei denen die beste (oder die
schlechteste) Antwort auszuwählen ist. Die beiden Arten von Tests
funktionierten bei der Messung der erhaltenen Evaluationsfaktoren
etwa gleich gut, daher erwies sich der Ansatz von diesem Standpunkt
aus als irrelevant.

Beteiligte an den Untersuchungen (Versuchspersonen)

Versuchspersonen. Zu Beginn der Untersuchungen beim Aptitude Research Projekt waren die bevorzugten Versuchspersonen junge Männer
im Militärdienst. Diese Versuchspersonen waren aus mehreren Gründen optimal. Für die meisten kann im Altersbereich von 18 bis 25
Jahren angenommen werden, daß die intellektuellen Fähigkeiten voll
entwickelt sind. Für faktorenanalytische Untersuchungen ist es wünschenswert, daß der Entwicklungsstand bei den Versuchspersonen
annährend gleich ist. Bei Jüngeren, wenn das chronologische Alter
streut, verbessern sich die Fähigkeiten im allgemeinen mit dem Alter,
und die Tests korrelieren wahrscheinlich nicht miteinander, weil sie
alle mit dem Alter zusammenhängen. Diese Situation macht die Trennung der Faktoren schwieriger. Eine andere günstige Bedingung ist
die, daß die militärischen Versuchspersonen alle vom gleichen Geschlecht waren. Keine Varianzen, die durch das Geschlecht verursacht sein könnten, verfälschten das Bild der Struktur.

Weiterhin waren bevorzugte Versuchspersonen diejenigen, die für
eine Offizierslaufbahn vorgesehen waren. Das bedeutete, daß der

durchschnittliche IQ relativ hoch und daß die Streuung der IQs etwas begrenzt war. Diese Personengruppe konnte dazu verwendet werden die Varianz des verbalen Verständnisses bei Tests zu kontrollieren, die diesen Faktor nicht messen sollten. Es konnte erwartet werden, daß bei jungen Erwachsenen die Differenzierung aller intellektueller Fähigkeiten abgeschlossen sei, wenn das eine Funktion des Alters ist, so daß alle durch die Analyse aufgedeckt werden konnten. Aus der Erfahrung war außerdem bekannt, daß die Testbedingungen in Gruppen, die militärischen Reglements unterstehen, sehr gut sind. Dem Aptitude Research Projekt wurde Testzeit mit Flugschülern der US Luftwaffe und der Marine, genauso wie bei Kadetten der US Coast Guard Akademie und Marineoffizieren zugestanden. Volle Anerkennung wurde den unterschiedlichen Quellen in den technischen Berichten zu teil.

Als die Zeit fortschritt und sehr viele neue Fähigkeitsfaktoren ans Licht kamen, bestand Interesse an Untersuchungen ob ähnliche Differenzierungen der Fähigkeiten auch bei jüngeren Altersgruppen zu finden seien, besonders im Bereich der Fähigkeiten des kreativen Denkens. In Übereinstimmung damit wurde eine Anzahl Analysen mit Schülern der 9. Klasse und eine mit Schülern der 6. Klasse durchgeführt. Das erfolgreiche Testen und die guten Ergebnisse der Analysen mit diesen Versuchspersonen ermutigten die Mitarbeiter des Projekts weitere Gruppen in neuen Bereichen zu suchen. Zur gleichen Zeit trockneten die militärischen Quellen aus, da die Rekrutierungsrate sich in den späten Fünfziger Jahren verminderte. In allen neueren Untersuchungen des Projekts wurden daher Versuchspersonen aus Senior High Schools in Los Angeles, Orange und den Riverside Counties in Südkalifornien verwendet. Da diese Versuchspersonen beiden Geschlechtern angehörten, wurde eine Geschlechtsvariable bei jeder Analyse berücksichtigt, um die durch das Geschlecht verursachten Varianzen zu trennen, die sich jedoch im allgemeinen als gering erwiesen haben.

Anzahl der Versuchspersonen. Das allgemeine Ziel bestand darin mindestens 200 Versuchspersonen als Stichprobe für jede Analyse zu haben. Von wenigen Ausnahmen abgesehen wurde dieses Ziel erreicht. Die Stichproben variierten in der Größe von 175 bis annähernd 400 für verschiedene Analysen, wie in den Kapiteln 5 bis 9 berichtet wird. Die Gesamtzahl der Versuchspersonen der US Luftwaffe beträgt 2 820, der Marineflieger 1 156 der US Coast Guard Akademie 354, der US Marineoffiziere 204.

High Schools, einschließlich der Schüler der 9. Klassen, haben mehr als 3 000 Versuchspersonen gestellt, außerdem waren in der Gruppe der 6. Klasse 403 Schüler. Die Gesamtzahl der Versuchspersonen für die Faktorenanalysen beläuft sich auf über 8 000. Zusätzlich wurden zahlreiche kleinere Gruppen von Schülern der High School und des College als Versuchspersonen für die Vortests benutzt. Alle neuen und adaptierten Tests wurden ein oder mehrmals durch experimentelle Kontrolle überprüft um die technische Angemessenheit zu überprüfen.

Kapitel 2
Die Struktur des Intellekts

Die Inhalte der folgenden Kapitel beziehen sich häufig auf die Strukturtheorie der Intelligenz und das Strukturmodell der Intelligenz als Re-
ferenzrahmen. Es ist daher notwendig, daß der Leser mit dieser Vorstellung und den systematischen Kategorien vertraut wird. Das allgemeine Wesen der Theorie wird erklärt, etwas über ihren Ursprung
und die Entwicklung gesagt und es werden formale Definitionen für die
Begriffe gegeben. Zusätzlich wird etwas über die Einsatzmöglichkeiten
des Modells in psychologischer Forschung und Theorie, in Pädagogik
und bei der Intelligenzmessung gesagt. Eine vollständige Abhandlung
dieser Themen findet sich in GUILFORD „The nature of human intelligence" (1967).

Wesen des Strukturmodells

Im Verlauf des Einsatzes der Faktorenanalyse zum Auffinden diffe-
renzierter intellektueller Fähigkeiten, ergaben sich natürlich Fragen
über die möglichen Beziehungen dieser Fähigkeiten zu einander. Anstrengungen wurden gemacht alle in einem einfachen, systematischen
und logischen Schema zusammenzufassen. Der erste Versuch stammt
von CYRIL BURT (1949), der ein hierarchisches Modell vorschlug.
BURT nahm an, daß die intellektuellen Fähigkeiten unterschiedliche
Grade an Allgemeinheit aufweisen, wobei SPEARMAN's „g" die höchste Allgemeinheit hätte. Die erste Untergliederung unterhalb von „g"
besteht in zwei Gruppen von Fähigkeiten, die er als „formale Faktoren" und „inhaltliche Faktoren" kennzeichnete. Untergliederungen der
formalen Faktoren schließen eine allgemeine Gedächtnisfähigkeit und
eine „Fähigkeit zu produktiver Assoziation" ein. Unter jeder dieser
Fähigkeiten finden sich Fähigkeiten geringerer Breite in der Form
spezieller Gedächtnisfähigkeiten und spezieller Denkfähigkeiten. Die
anderen Haupteinteilungen unter dem g-Inhaltsfaktor schließen die engeren Faktoren wie „Vorstellungsvermögen", „verbale Fähigkeit",
„Rechenfähigkeit" und „praktische Fähigkeit" ein. Verbale Fähigkeit
umfaßt einen „Wortfaktor" und einen „Sprachfaktor". Praktische Fähigkeit schließt als Unterkategorien einen „räumlichen Faktor" und
einen „mechanischen Faktor" ein. VERNON (1950) hat ein ähnliches
hierarchisches Modell entwickelt, daß er auf alle Fähigkeiten ein-

schließlich der intellektuellen anwendet. Er sieht die unteren oder „engeren" Gruppenfaktoren als von geringer Bedeutung an.

Parameter des Strukturmodells und ihre Bedeutung

Das Strukturmodell der Intelligenz ist seiner Natur nach nicht hierarchisch. Es gehört stattdessen in die Kategorie der „morphologischen" Modelle. In einer eher gebräuchlichen Terminologie handelt es sich um eine Klassifikation der Fähigkeiten in drei Dimensionen. Das bedeutet, daß die Fähigkeiten auf drei verschiedene Arten klassifiziert werden und daß die Kategorien sich überschneiden. Wie die graphische Repräsentation des Modells in Abb. 2.1 zeigt, besteht eine Art der Klassifikation in Begriffen der geistigen O p e r a t i o n e n der beteiligten Fähigkeiten. Jede Fähigkeit beinhaltet einfache Kognition (Wissen), Gedächtnis (Gelerntes, das bleibt), divergente Produktion (Entwicklung logischer Alternativen), konvergenter Produktion (Entwicklung stichfester logischer Schlußfolgerungen) und Evaluation (Beurteilung der Güte dessen, was gewußt oder produziert wurde). Jede Kategorie der Operation beim Modell schließt 24 verschiedene Fähigkeiten ein, die denen in anderen Operationskategorien parallel sind.

Die zweite Art der Klassifikation wird nach dem I n h a l t oder Bereichen von Informationen vorgenommen, in denen die Operationen durchgeführt werden - figural (konkret, wahrgenommen), symbolisch (Zeichen, Kodeelemente wie Zahlen oder Buchstaben), semantisch (Gedanken, Begriffe oder Konstrukte) und Verhalten (psychologisch). Die genauere Natur dieser allgemeinen Information wird später in formalen Definitionen und Beispielen von Fähigkeiten, gegeben. Jeder Satz von Fähigkeiten, die sich hinsichtlich des Inhaltes unterscheiden schließt 30 Fähigkeiten ein, die denen in den anderen Inhaltskategorien parallel sind. Während man sagen kann, daß die Inhaltskategorien die wesentlichen Arten der Information vom psychologischen Standpunkt aus beschreiben, erläutern die Produktkategorien die formale Art der Information. Information nimmt die Form von Einheiten (getrennten Stücken),Klassen (gemeinsame Eigenschaften innerhalb von Sätzen), Beziehungen (sinnvollen Zusammenhängen), Systemen (organisierte Gebilde), Transformationen (Veränderungen, Wechsel) und Folgerungen (Information, die durch andere Information nahegelegt wird) an. Innerhalb jedes Bereiches der Information werden verschiedene Fähigkeiten benötigt um die Information in die Form der verschiedenen Produkte zu bringen. Innerhalb jeder Produktkategorie gibt es einen Satz von 20 Fähigkeiten, die denen in den anderen 5 Kategorien parallel sind.

Durch die Zusammenfügung aller drei Klassifikationen zu einer erhalten wir das in Abbildung 2.1 dargestellte Modell. Zusammen gibt es 120 kleine Würfel oder Zellen im Modell, von denen jede eine einzigartige Fähigkeit repräsentiert. Jede Fähigkeit in einer Zelle ist einzigartig durch die ihr eigene Kombination einer Art der Operation, einer des Inhalts und einer des Produkts. Es kann die Kognition sym-

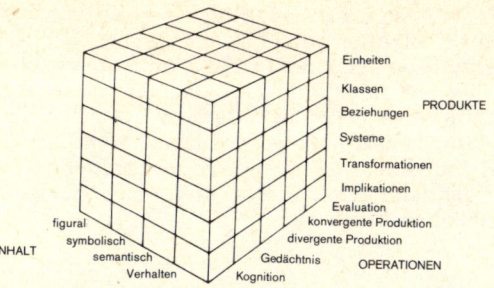

Abb. 2.1: Strukturmodell der Intelligenz. (Erläuterung der Begriffe im Text.)

bolischer Einheiten, das Gedächtnis für semantische Beziehungen oder
die Evaluation von verhaltensmäßigen Systemen sein. Vier mal fünf
mal sechs ergibt 120 derartiger Kombinationen und theoretisch 120
einzigartige Fähigkeiten.

Aber es kann nicht angenommen werden, daß 120 Fähigkeiten den
ganzen Bereich intellektueller Züge oder Variablen abdecken. Es gibt
Gründe anzunehmen, daß die Zahl höher liegt, wenn die Untersuchungen sorgfältig gemacht wurden. Gegenwärtig gibt es Hinweise dafür,
daß mindestens drei Zellen schon zwei Fähigkeiten repräsentieren und
eine vierte Zelle drei. Die Zellen für die Kognition figuraler Einheiten und für die Kognition symbolischer Einheiten haben Fähigkeiten
visueller und auditiver Art, was ebenfalls für eine der figuralen Ge-
dächtniszellen gilt. Die Zelle der Kognition figuraler Systeme hat nicht
nur eine visuelle und eine auditive Fähigkeit sondern auch etwas, was
eine kinästetische Fähigkeit zu sein scheint. Daraus folgt, daß es zumindest innerhalb der Kognitions- und der Gedächtnisoperationskate-
gorien, eine ganz allgemeine Unterscheidung der Fähigkeiten in Übereinstimmung mit den Sinnesmodalitäten gibt. Das kann sich für die
anderen Operationskategorien ebenfalls als richtig herausstellen,
ebenso mindestens für die figuralen und symbolischen Inhaltsbereiche.
Es wird davon abhängen wieviel Information der nicht visuellen Sinne
in Begriffen unterschiedlicher Produktarten verarbeitet wird und wieviel Gebrauch üblicherweise von derartigen Informationen in der geistigen Ökonomie der Population gemacht wird.

Es kann nicht angenommen werden, daß sie, obwohl die Fähigkeiten getrennt und logisch unterscheidbar sind, durch Faktorenanalysen
getrennt werden können, isoliert in den geistigen Aktivitäten des Individuums funktionieren. Zwei oder mehr Fähigkeiten sind gewöhnlich beim Lösen des gleichen Problems beteiligt. Die Tatsache, daß
sie üblicherweise in verschiedenen Anteilen bei geistigen Aktivitäten
zusammenarbeiten, war der Grund für die Schwierigkeit sie durch
direkte Beobachtung oder sogar durch die üblichen Laboratoriumsver-
fahren zu erkennen. Dazu war das sensible und suchende Verfahren
der Faktorenanalyse erforderlich um diese Faktoren aus ihrer Matrix
natürlicher Operationen herauszulocken. Nur durch die Konstruktion

spezieller Tests, von denen jeder auf eine bestimmte Fähigkeit angesetzt war, mit Kontrollen, die die Aufgaben vor der Reflexion individueller Unterschiede bei anderen Fähigkeiten bewahrten, konnte man
die Verschiedenheit einer Fähigkeit klar aufzeigen. Die Faktorenanalyse gibt oft Hinweise auf Fähigkeiten bevor ein entsprechender Test
erfolgreich dafür konstruiert werden kann. Wenn ein derartiger Test
gefunden ist, ist es auf die eigene Art gewöhnlich ganz einfach und die
„eigene Art" ist definierbar in Begriffen einer einzigen Operations-
Inhalts- Produktbeschreibung.

Definitionen der Parameter und ihrer Kategorien

Formale Definitionen der Parameter und ihrer Kategorien werden
unten gegeben, mit Beispielen von Fähigkeiten, die sie repräsentieren,
und weiteren Erklärungen. An dieser Stelle werden auch Buchstaben-
symbole für die verschiedenen Kategorien angeführt. Ihre Verwendung
wird später erklärt.

Operationen. Hauptarten intellektueller Aktivitäten oder Prozesse;
etwas was der Organismus beim Verarbeiten von Information tut. Dabei wird Information definiert als das, „was der Organismus unterscheidet".

Kognition (C). Schnelles Entdecken, Bewußtheit, Wiederentdeckung
oder Wiedererkennen von Information in den verschiedenen Formen,
Verständnis oder Begreifen.

Gedächtnis (M). Fixierung der neugewonnenen Information im
Speicher. Die Operationen des Gedächtnisses sind vom Gedächtnisspeicher zu unterscheiden.

Divergente Produktion (D). Entwicklung logischer Alternativen
aus gegebener Information, wobei die Betonung auf der Verschiedenheit, der Menge und der Bedeutung der Ergebnisse aus der gleichen
Quelle liegt. Beinhaltet wahrscheinlich auch die Erinnerung an Transfer (ausgelöst durch neue Hinweise).

Konvergente Produktion (N). Entwicklung logischer Schlußfolgerungen aus gegebener Information, wobei die Betonung auf dem
Erreichen der einzigen oder im üblichen Sinne besten Lösung liegt.
Es ist wahrscheinlich, daß die gegebene Information (der Hinweis)
das Ergebnis wie in Mathematik oder der Logik vollständig determi-
niert.

Evaluation (E). Vergleich von Informationen, in Begriffen von
Variablen und Urteilen, ob ein Kriterium erreicht ist (Korrektheit,
Identität, Konsistenz, usw.).

Inhalte. Breite, substantielle, grundlegende Arten oder Bereiche der
Information.

Figural (F). Vorliegen von Information in konkreter Form, wie sie in der Form von Vorstellungen wahrgenommen oder erinnert werden. Der Begriff „figural" impliziert mindestens die Figur- Grund-Organisation der Wahrnehmung. Verschiedene Sinnesqualitäten können beteiligt sein, visuelle, auditive, kinästhetische oder möglicherweise andere.

Symbolisch (S). Vorliegen der Information in der Form von Zeichen, die keinen Sinn in sich oder für sich allein haben, wie Buchstaben, Zahlen, Musiknoten, Kodes und Wörter (als geordnete Buchstabenkombinationen).

Semantisch (M). Vorliegen von Informationen in der Form von Begriffen oder geistigen Konstrukten auf die Wörter oft angewendet werden. Sehr wichtig beim verbalen Denken und der verbalen Kommunikation, aber nicht notwendigerweise abhängig von Worten. Bedeutungsvolle Bilder enthalten ebenfalls semantische Informationen.

Verhalten (B). Vorliegen von Informationen, im wesentlichen nicht figural und nicht verbal, die bei menschlichen Interaktionen beteiligt, wo Einstellungen und Bedürfnisse, Wünsche, Stimmungen, Absichten, Wahrnehmungen, Gedanken usw. von anderen und uns selbst eingeschlossen sind.

Produkte. Grundlegende Formen, die Informationen durch die Aktivität des Organismus beim Verarbeiten annehmen.

Einheiten (U). Relativ getrennte und abgegrenzte Teile oder „Brocken" von Information, die „Dingcharakter" haben. Kann dem Konzept der Gestaltpsychologie „Figur auf Grund" nahekommen.

Klassen (C). Begriffe, die Sätzen von Informationen, die nach ihren gemeinsamen Merkmalen gruppiert werden, zugrunde liegen.

Beziehungen (R). Verbindungen zwischen Informationen, die sich auf Variablen oder Berührungspunkte, anwenden lassen. Explizite Verbindungen lassen sich eher definieren als implizite.

Systeme (S). Organisierte oder strukturierte Ansammlungen von Informationen, Komplexen von zusammenhängenden oder sich beeinflussenden Teilen.

Transformationen (T). Veränderungen verschiedener Art (Redefinitionen, Übergänge und Wechsel) bei vorhandenen Informationen.

Implikationen (I). Zufällige Verbindungen zwischen Informationen, wie Kontiguität, oder eine andere Bedingung die „Zugehörigkeit" zur Folge hat.

Das Kodierungssystem der Strukturtheorie

Die Kodebuchstaben der 15 Kategorien und ihr Gebrauch werden jetzt erklärt. Jede Fähigkeit im Modell wird oft mit Hilfe eines bestimmten

Trigramms bezeichnet, das sich aus einem Buchstaben für jeden seiner Parameter-Operation, Inhalt und Produkt -, in dieser Reihenfolge, zusammensetzt. Zum Beispiel ist CMS eine Kurzschriftform von „Kognition semantischer Systeme" und EFT die Bezeichnung für „Evaluation figuraler Transformationen". Einige Buchstaben werden zweimal verwendet, aber nicht für Kategorien des gleichen Parameters zum Beispiel bedeutet MMR „Gedächtnis für semantische Beziehungen". Das Achten auf die Reihenfolge der drei Parameter in einem Trigramm sollte dem Leser helfen Verwirrungen zu vermeiden. Das Kodesystem ist zum leichten Gebrauch hier zusammengefaßt.

Operation	Inhalt	Produkt
C - Kognition	F - figural	V - Einheit
M - Gedächtnis	S - symbolisch	C - Klasse
D - Divergente Produktion	M - semantisch	R - Beziehung
N - Konvergente Produktion	B - Verhalten	S - System
E - Evaluation		T - Transformation
		I - Implikation

Ursprünge und Entwicklung des Strukturmodells

Beobachtung paralleler Fähigkeiten

Zum Verständnis des Wesens des Strukturmodells und zu seiner Beurteilung ist es hilfreich, etwas über seinen Ursprung und seine Entwicklung zu wissen. Die ursprüngliche Anstrengung ging dahin, in der wachsenden Liste von Fähigkeiten eine Art von Ordnung oder Beziehungen zu finden, wie es ähnlich von BURT und VERNON bereits berichtet wurde. 1955 waren fast 40 intellektuelle Fähigkeiten durch eine Anzahl Faktorenanalysen im Aptitude Research Projekt und anderen, wie im vorangegangenen Kapitel berichtet wurde, nachgewiesen. Das reine Auflisten dieser Fähigkeiten war weit davon entfernt als Mittel der Kommunikation und als Hilfe beim Erinnern und Nachdenken darüber zu dienen. Eine Art von systematischer Ordnung war dringend notwendig.

Erste Versuche, die Fähigkeiten zu klassifizieren und Beziehungen zwischen ihnen zu finden, legten aus zwei Gründen keine Art hierarchischer Ordnung nahe. Obwohl es einen Grund gab anzunehmen, daß die Fähigkeiten sich im Grad an Allgemeinheit unterscheiden, bestand kein Hinweis dafür, daß die Fähigkeiten niedrigerer Allgemeinheit denen höherer Allgemeinheit untergeordnet waren. Es gab keinen Hinweis auf einen universellen „g - Faktor" in der ganzen Liste; kein Faktor war signifikant bei allen Tests, noch nicht einmal bei allen Tests einer einzigen analysierten Batterie. Auf der anderen Seite gab es eine Anzahl deutlich paralleler Fähigkeiten, parallel, weil sich bei bestimmten Paaren von Fähigkeiten die Glieder des Paares sich lediglich in einer Hinsicht von einander unterscheiden. Der Unterschied könnte in der Art des im Test verwendeten Materials bestehen, z.B. figural gegen verbal oder symbolisch gegen verbal. Bei einigen könnte der Unterschied in anderer Hinsicht bestehen, der später als Unterschied in Operation und Produkt erkannt wurde. Einige Beispiele dafür werden gegeben.

Fähigkeiten, die sich im Inhalt unterscheiden. Paare von Fähigkeiten, die sich nur im Inhalt unterscheiden, waren am deutlichsten. Diese Tatsache besteht, in Übereinstimmung mit der früh getroffenen und weiter bestehenden Trennung zwischen verbalen und nicht verbalen Tests, und zwischen verbalen und nichtverbalen Fähigkeiten bei der Anwendung von Intelligenztests. Ein Unterschied wurde viele Jahre bei der Feststellung akademischer Fähigkeiten auf der Collegestufe zwischen verbalen und „quantitativen" Tests beobachtet. Eine verbale-nichtverbale Unterscheidung wurde von WECHSLER bei der Entwicklung seines Intelligenztests getroffen. Aber diese Unterscheidungen waren weder deutlich, noch waren sie immer von der gleichen Art, und sie waren verfehlt, weil sie nicht weit genug gingen, wie wir sehen werden.
    Einer der ersten Paare paralleler Fähigkeiten, die während des Projekts entdeckt wurden, war das der „Auslösung perzeptueller Beziehungen" und „Auslösen begrifflicher Beziehungen" (1). Die typische Art von Test für jede der Fähigkeiten des Paares ist der bekannt Analogie-Test mit Mehrfachwahlantworten. Für die begrifflichen Beziehungen könnte ein verbaler Analogie-Test etwa folgendermaßen aussehen

Vater zu Sohn wie Mutter zu ....
a) Schwester b) Tante c) Tochter d) Bruder

Ein paralleler Test für figurale Analogien könnte Aufgaben wie Abb. 2.2 enthalten. Ein Kreis zu seiner unteren rechten Hälfte verhält sich wie ein Quadrat zu seiner unteren Hälfte. Bei beiden Aufgaben hängt der Erfolg der Vp vom Wahrnehmen der Beziehung zwischen den ersten beiden Objekten ab und sie zeigt, daß sie diese Beziehung erfaßt hat, indem sie das zweite Paar der Objekte ergänzt, sodaß beide die gleiche Beziehung widerspiegeln. Zwei verschiedene Fähigkeiten sind notwendig um bei beiden Aufgabenarten gut abzuschneiden, der Unterschied besteht darin, daß es sich bei der einen Aufgabe um figurale Beziehungen und bei der anderen um semantische Beziehungen handelt. Die Operation ist in jedem Fall eine Kognition und das Produkt ist eine Beziehung. In Begriffen der Trigramm-Symbole sind die beiden Fähigkeiten CFR und CMR.

1 Die Terminologie „Auslösung" wurde von SPEARMAN (1927) entwickelt. SPEAR-MAN nahm an, daß jeder intellektuelle Akt als eine „Auslösung von Beziehungen" oder als eine „Auslösung von Korrelaten" klassifiziert werden könnte. Ein „Korrelat" ist ein Mitglied eines zusammengehörigen Paares.

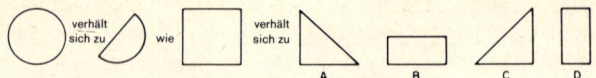

Abb. 2.2: Beispiel eines einfachen Items eines Figuren-Analogie-Tests.

Ein anderes Beispiel für ein Paar von Fähigkeiten, die sich nur im Inhalt unterscheiden, umfaßt die allgemein bekannten Fähigkeiten der Wortflüssigkeit und der Ideenflüssigkeit. Bei einer Wortflüssigkeitsaufgabe könnte die Vp gebeten werden alle Wörter, die auf „tion" enden, in einer begrenzten Zeit, etwa 4 Minuten, aufzuschreiben. Eine Aufgabe für Ideenflüssigkeit könnte darin bestehen, daß die Vp alle Gegenstände aufschreiben soll, die rund und hart sind, wie etwa Münze, Knopf, Rad, Kugellager, Murmel, Spielchip, Deckel einer Einstiegluke, usw. Bei der ersten der beiden Aufgaben müssen die Antworten der Vp lediglich eine Buchstabenkombination enthalten. Bei der anderen müssen die Antworten zwei sinnvollen Spezifikationen von Klassen entsprechen. In jedem Fall werden Einheiten produziert, Wörter als Buchstabenkombinationen im ersten Fall und Wörter, die bekannte Objekte repräsentieren, im zweiten Fall. Der Vorgang des Auflistens, mit den alternativen Antworten ist ein Beispiel für „divergente Produktion symbolischer Einheiten" (DSU) und die zweite ist „Divergente Produktion semantischer Einheiten" (DMU).

Andere derartiger Paare, die sich nur in der Inhaltsvariablen voneinander unterscheiden, schließen die Wahrnehmung figuraler Strukturen oder Systeme ein, wenn eine Person, im Hinblick auf visuell wahrgenommene Anordnung von Objekten im Raum, gut orientiert ist und symbolische Strukturen, z.B. Zahlenfolgen wie 2 3 5 8 12 — —, ebenfalls gut lösen kann. Bei der letzteren Aufgabe zeigt die Vp, daß sie das Prinzip der Reihe erkannt hat, indem sie die beiden nächsten Zahlen aufschreibt. Die beiden Fähigkeiten haben die Bezeichnung „CFS" und „CSS".

Es gibt auch ein Paar von Fähigkeiten bei Tests, bei denen Klassen von Gegenständen unter den Sätzen von Darstellungen, z.B. Darstellungen, die sich überschneidende Linien oder Darstellungen, die parallele Linien enthalten, gefunden werden sollen. Beim Test für die andere Fähigkeit müssen Klassen in Sätzen bekannter Worte erkannt werden, z.B. FORELLE, RETTICH, KARPFEN, HAI, BARSCH. Gezeigt wird das, in dem das Objekt, das nicht zur Klasse gehört ausgewählt wird. Diese Fähigkeiten sind CFC und CMC.

Fähigkeiten, die sich in der Operation unterscheiden. Die meisten der bisher gegebenen Beispiele sind Paare von Fähigkeiten, an denen Kognition beteiligt ist. Einige wenige Fälle wurden früh bekannt, bei denen jede Fähigkeit eines Paares in eine andere Operationskategorie gehörte. Lassen Sie uns jetzt einige Paare betrachten, die sich lediglich in Hinblick auf die Operationskategorie unterscheiden. Das Auffinden einer Fähigkeit „Auslösung begrifflicher Beziehungen" wurde erwähnt, parallel zur figuralen Fähigkeit des gleichen Typs. Sie unterscheiden sich im Hinblick auf die zu verarbeitende Information. Aber sie sind auch parallel zu einer anderen Fähigkeit, die sich durch die Operation unterscheidet. Während die gerade erwähnte Fähigkeit die Operation der Kognition verwendet, ist es bei der parallelen Fähigkeit die konvergente Produktion. Eine Mehrfachwahlform eines Analogie-Tests ist typisch für die Messung der Fähigkeit Beziehungen zu sehen oder zu erkennen. Bei einem Test zur Messung der Produktionsfähigkeit muß die Vp die Antworten selbst p r o d u z i e r e n . Daher würde man am besten für die Fähigkeit, die jetzt als „konvergente Produktion unter Einschluß von Beziehungen" bezeichnet wird (NMR), ein Item in der Ergänzungsform verwenden und die Beziehung zwischen den ersten beiden Objekten einfach machen; z. B.

BOOT zu WASSER wie ZUG zu _____ .

Bei der Beantwortung einer Mehrfachwahlaufgabe ist alles, was die Vp zu tun hat, zu suchen welche Antwort die gegebene Beziehung erfüllt, wobei die „Beziehung" als aus zwei Objekten und einer Verbindung bestehend wahrgenommen wird. Bei der Beantwortung einer Ergänzungsaufgabe muß die Vp aus ihrem Gedächtnisspeicher die angemessene Antwort auswählen. Wenn ein Glied der Beziehung und eine verbindende Idee aus der vollständig gegebenen Beziehung abgeleitet wurde, wird die Erinnerung auf die Vorstellung gelenkt, die die zweite Beziehung vervollständigt. Es mag seltsam erscheinen, daß die beiden Analogie-Tests, die sich nur in der äußeren Form unterscheiden, zwei verschiedene Fähigkeiten erfordern, aber es ist so. Jede Art von Test kann beide Fähigkeiten beinhalten, aber es kann erwartet werden, daß der eine eine Fähigkeit in höherem Maß verlangt als der andere. Andere Arten von Tests können erfolgreicher sein bei der Reduzierung individueller Unterschiede bei einer Fähigkeit, während sie die Varianz bei einer anderen maximieren.

Ein anderes Beispiel für ein Paar deutlich paralleler Fähigkeiten, die sich nur in der Operation unterscheiden, sind Fähigkeiten, die beide semantische Einheiten der Information verwenden. Ihr Vorrat sind bekannte Wörter. Das Wort „bekannt" bedeutet hier, daß die geschriebenen Wörter sofort einen semantischen Inhalt tragen. Eine Fähigkeit des Paars ist gemeinhin als „verbales Verständnis" bekannt (CMU), die am besten und reinsten mit einem Wortschatztests, entweder in Mehrfachwahlform oder in Definitionsform, gemessen wird. Eine Mehrfachwahlaufgabe könnte sein:

KRITISIEREN bedeutet   A) notieren   B) Fehler finden
                    C) deklinieren   D) begehren

Die Definitionsform würde folgendermaßen lauten:

KRITISIEREN bedeutet   _____

Im zweiten Fall würde jede Antwort, die erkennen läßt, daß das Wort der Vp bekannt ist, als richtig anerkannt werden. Da keine b e -

stimmte Aussage, keine festgelegte Formulierung, erforderlich ist, bildet die Art von Aufgaben keinen Test für konvergente Produktion. Daraus würde ein derartiges Verfahren werden, wenn wir eine Definition vorgeben, die auf ein einziges Wort abzielt und nur dieses eine Wort als richtig akzeptiert würde, z.B.

Ein Geschoß, das aus einer Kanone des Kalibers 90 mm abgeschossen wird, nennt man _____ .

Ein anderer Test, der die Fähigkeit bei der konvergenten Produktion semantischer Einheiten erfaßt (NMU), verlangt daß das „kleinste Ganze angegeben wird, von dem das Objekt ein Teil ist", z.B.:

Was ist das kleinste Ganze, von dem die Augenwimper ein Teil ist? _____

Tests für das Benennen von Objekten messen ebenfalls die konvergente Produktion semantischer Einheiten, besonders wenn das zu benennende Objekt abstrakt ist. Bei einer Form dieses Tests muß die Vp den Namen einer Klasse finden, von der einige Bestandteile gegeben sind. Bei anderen derartigen Verfahren bezeichnet die Vp die Beziehung, die der Folge von Objekten einer Liste, schnell entnommen werden kann. Ein Beispiel:

WURM BLATT HUND MANN TÜR ELEFANT HAUS

Die erwartete Antwort ist „Größe", die Beziehung zwischen jedem Objekt und dem vorhergehenden ist „größer als".

Eine kürzlich entdeckte Evaluationsfähigkeit ist den beiden gerade erwähnten Fähigkeiten parallel. Sie wird definiert als „Evaluation semantischer Einheiten" (EMU). Bei einem Test für diese Fähigkeit werden Antworten, die bei einem Ideenflüssigkeitstest entstanden sind, vorgegeben und die Aufgabe der Vp besteht darin zu beurteilen, ob die Antworten den Regeln der Aufgabe entsprechen. Oder es wird gefragt, welche von einigen Alternativen den Regeln am nächsten kommen. Zum Beispiel könnte die Aufgabe sein:

Welches der folgenden Objekte ist rung und hart?
A) Eisen B) Knopf C) Tennisball D) Zollstock

B (Knopf) erfüllt am besten die beiden Spezifikationen „Rund und hart".

Fähigkeiten, die sich nur im Produkt unterscheiden. Einige parallele Fähigkeiten, die sich nur im Produkt unterscheiden, lassen sich bei den Fähigkeiten finden, die mit der Flüssigkeit der Produktion von Antworten in der Kategorie der divergenten Produktion zusammenhängen. Früher wurde die Fähigkeit der Ideenflüssigkeit erwähnt und als Beispiel dafür angegeben, daß Objekte aufgeschrieben werden sollen, die rund und hart sind. Andere Tests, die das Auflisten von Wörtern erfordern, messen Fähigkeiten, die als „Assoziationsflüssigkeit" und „Ausdrucksflüssigkeit" bekannt sind. Der Test „Ähnliches Einsetzen" enthält eine Aufgabe, die folgendermaßen lautet:

Der Nebel ist genauso _____ wie ein Schwamm.

Die Aufgabe besteht darin in die freie Stelle so viele unterschiedliche, angemessene Wörter oder Satzteile einzusetzen wie die Zeit erlaubt. Beispiele für Ergänzungen sind „schwer", „feucht", „voller Löcher", „undurchsichtig", „weich". Jeder dieser Begriffe bildet auf seine eigene Weise eine Verbindung (Beziehung) zwischen den beiden Objekten. Die dabei beteiligte Fähigkeit ist die divergente Produktion semantischer Beziehungen (DMR).

Ein Test dür Ausdrucksflüssigkeit beinhaltet eine standardisierte Aufgabe für das Schreiben von Sätzen, bei denen jeder Satz aus vier Wörtern besteht und die vier Anfangsbuchstaben für jeden Satz gleich sind, z.B.:

w_____ k_____ d_____ s_____ .

Annehmbare Antworten könnten die folgenden sein:

Was kann das sein.
Wer kennt die Stadt.

Das Produkt, das bei der Fähigkeit für diesen Test beteiligt ist, ist ein System, da ein Satz organisierter Gedanke und daher ein (semantisches) System ist. Die Fähigkeit ist deshalb die divergente Produktion semantischer Systeme (DMS).

Schritte bei der Entwicklung des Modells

Es mag nützlich sein die Hauptschritte bei der Entwicklung des Modells kurz darzustellen. Beim ersten Versuch, der 1955 unternommen wurde (GUILFORD, 1956a), wurden operationale Kategorien von einander getrennt, aber mit einigen Unterschieden zur heutigen Terminologie. Kognitionsfähigkeiten waren unter dem Etikett „Entdeckung" und die Fähigkeiten konvergenter Produktion als „Produktionsfähigkeiten" bezeichnet. Divergente Produktion wurde „divergentes Denken" genannt. Die Parallelität der beiden Produktionskategorien war noch nicht enthüllt, lediglich der allgemeine Unterschied zwischen den beiden.

Inhaltliche Kategorien wie „figurale", „strukturelle" und „begriffliche" Fähigkeiten wurden unterschieden, aber lediglich innerhalb der Kategorien „Entdeckungs-" und „Produktions-" Operation. Eine besondere Gruppe „symbolischer" Fähigkeiten setzte sich aus den übrig gebliebenen zusammen, die nichts gemeinsam zu haben schienen, außer daß sie mit Symbolen zu tun hatten. Diese Gruppe schloß die bekannten Faktoren „Verbales Verständnis" und „Umgang mit Zahlen" ein, außerdem zwei neue Faktoren, die als „Symbolsubstitution" und „Symbolmanipulation" interpretiert wurden.

Ein zweiter Versuch folgte sehr schnell (GUILFORD, 1956 b). Bei dieser Präsentation der Theorie gab es bereits fünf Operationskategorien mit Bezeichnungen, die den jetzigen sehr ähnlich waren. Die einzigen Ausnahmen waren die Verwendung der Begriffe „divergentes Denken" und „konvergentes Denken" anstelle von „divergenter Produktion" und „konvergenter Produktion". Die drei inhaltlichen Kategorien „figural", „strukturell" und „begrifflich" wurden als für alle fünf Operationskategorien gültig erkannt. Die Vorstellungen von den Produkten tauchten auf, aber Terminologie (und Begriffe) unterscheiden sich von einer Operation zur anderen. Sechs unterschiedliche Produkte wurden für die Kategorien Kognition und die Fähigkeiten der divergenten Produktion erkannt, fünf für die konvergente Produktion, zwei für Gedächtnis und drei zweifelhafte für Evaluation. Die Bezeichnungen für die Produkte unterschieden sich von den jetzt verwendeten, genauso wie die einer Operationskategorie von einer anderen. Die für Kognition kamen der späteren Terminologie mit „Fundamente" (ein Begriff, der von SPEARMAN entlehnt wurde), „Klassen", „Beziehungen", „Strukturen" oder „Systemen", „Problemen" (die sich später als identisch mit „Systemen") erwiesen und „Implikationen" am nächsten. Die „Transformationen" wurden implizit erkannt, aber als „Veränderungen" bei einer Operationskategorie und „Wechsel" bei einer anderen bezeichnet.

Ein Zwischenbericht, der 1957 erstellt wurde, zog Nutzen aus zusätzlichen faktoriellen Fähigkeiten, die durch das Aptitude Research Projekt entdeckt wurden und ein oder zwei andere, die in der Literatur beschrieben waren (Bericht 19). Dabei ersetzte der Begriff „Produktion" den früheren „Denken" bei den konvergenten und divergenten Kategorien. Der Begriff der Produktion von Information erschien eher operational beschreibbar als der verschwommene Begriff des „Denkens". Es wurde auch erkannt, daß „Denken" auch Kognition und Evaluation einschloß, daher wurde ein restriktiverer Begriff benötigt.

Die drei Inhaltskategorien waren die gleichen wie vorher. Sie verwendeten den Begriff „strukturell" anstelle des späteren „symbolisch". Einige wenige Produktkategorien wurden zusätzlich verwendet, aber es gab keinen oder nur geringen Fortschritt dahin, daß alle Produktionskategorien auf alle Operationskategorien angewendet wurden.

Im folgenden Jahr wurde jedoch das Problem des Produktbegriffs gelöst (GUILFORD, 1958) und das vollständige Modell im Wesentlichen so vorgestellt, wie es heute vorliegt. Durch die Anwendung der gleichen Produktbegriffe auf alle Operationsbereiche war es möglich, das ganze Modell in Form eines Quaders zu bringen. Eine andere bedeutsame Änderung war die Hinzufügung der Inhaltskategorie „Verhalten". Das geschah aus rein spekulativen Gründen. Es gab keine empirische Basis für diese Hinzufügung in Begriffen der bekannten Informations-Verhaltens-Fähigkeiten. E. L. THORNDIKE (1920) nahm an, daß es so etwas wie soziale Intelligenz gebe; eine weitere Erwähung dieser

Vorstellung wurde später beiläufig gemacht (THORNDIKE et. al.,
1927). Spätere Erfahrungen haben diesen inhaltlichen Aspekt der Strukturtheorie der Intelligenz bestätigt.

Eine beiläufige Veränderung der Terminologie bei der Präsentation
des Modells 1958 sollte erwähnt werden. Das frühere inhaltliche Konzept „strukturell" wurde jetzt als „symbolisch" bezeichnet. Der Grund
dafür bestand darin, daß die Gefahr einer Verwechslung mit dem Pro-
duktbegriff „System" bestand. Es wurde erkannt, daß ein System oder
eine Form eine Struktur hat. Die Beziehung auf „strukturell" als inhaltliche Kategorie wurde durch die Tatsache nahegelegt, daß viele
Tests symbolischer Fähigkeiten Wortmaterial benutzen, bei denen die
Buchstabenanordnung wichtig ist und nicht die Wortbedeutung. Aber
weitere Erfahrung zeigte, daß Zahlen und andere Arten von Symbolen
(wie geometrische Formen, die als „Zeichen" benutzt werden) Tests
gemeinsam waren, die in die gleiche Kategorie fallen. Bei diesen
Tests ist die Struktur nicht immer Hauptmerkmal, mit Ausnahme derer, bei denen bestimmte Produkte wie Systeme beteiligt sind.

Zwei Publikationen von 1959 zeigten eine Regression auf den Begriff „Denken", anstelle des Begriffs „Produktion", bei zwei Operationskategorien dieser Art (GUILFORD, 1959 a, b). Die einzige Erklärung, die gegeben werden kann, ist, daß beim Schreiben für ein
weniger sachverständiges Publikum der vertrautere Begriff „Denken"
vermutlich trotz seiner geringeren Genauigkeit leichter verstanden
wird.

Folgerungen und Anwendungen des Modells

Faktorenanalytische Untersuchungen

Die heuristische Bedeutung des Modells war offenkundig, sogar bevor
es endgültig entwickelt war. Im besonderen regte die Entdeckung, daß
es symbolische Fähigkeiten, unterschieden von visuell-figuralen und
semantischen Fähigkeiten und parallel dazu, gibt, Analysen in den
Operationsbereichen der Kognition und der konvergenten Produktion
an, einige mit sehr informativen und bestätigenden Ergebnissen (Bericht 23). THORNDIKE et al. (1927) machten einen deutlichen Unterschied zwischen „konkreten" und „abstrakten" Intelligenzleistungen.
Die erstere ist möglicherweise mit der figuralen Kategorie der Strukturtheorie identisch aber bei der zweiten fehlt die Trennung zwischen
symbolischen und semantischen Klassen von Fähigkeiten. Die Unterscheidung zwischen verbalen und nichtverbalen Tests, bei der Wechsler-Skala und anderswo, bedeutet gewöhnlich die Anerkennung der
Klassen von semantischen bzw. figuralen Tests. Die Unterscheidung
zwischen verbalen und quantitativen Werten bei neueren und zur Zeit
verwendeten Tests zur Erfassung akademischer Leistungen repräsentiert jedoch nur implizit die Anerkennung der symbolischen Fähigkei-

ten. Das Akzeptieren der symbolischen Kategorie von Fähigkeiten würde ein früher unklares Bild aufklären.

Nachdem das Strukturmodell voll entwickelt war, wurde es für das Projekt bald die einzige Quelle von Hypothesen, die noch nicht entdeckte intellektuelle Fähigkeiten betrafen, wie in Kapitel 1 berichtet wurde. Bei der Analyse einer bestimmten Fähigkeit der Strukturtheorie gaben die drei Aspekte der Fähigkeit - Operation, Inhalt und Produkt - automatisch Hinweise auf die Art der Tests, die für diese Fähigkeit zu konstruieren waren. Diese Information ist nicht ausreichend, da es auf diese Weise sehr lange dauert, aber tatsächlich ist diese Information für die Konstruktion erfolgreicher Tests wesentlich. Neben der minimalen Beteiligung anderer Operationen, entstehen häufig beim Inhalt und den Produkten Probleme, deren Lösung die Fähigkeiten des Testautors auf die Probe stellt. Es ist oft festzustellen, daß, wenn die Vp zu viel Spielraum für ihre Einfälle hat, sie Strategien entwickeln kann, die den eigentlichen Absichten des Testautors zuwiderlaufen. Die Beachtung der Strukturtheorie hilft dabei entsprechende Präventivmaßnahmen zu treffen.

Abgesehen von besonderen Problemen kann gesagt werden, daß die Verfügbarkeit des Modells die Demonstration von neuen intellektuellen Fähigkeiten wesentlich erleichtert und einen wesentlich weiteren Blickwinkel geschaffen hat, der bis dahin nicht vermutete intellektuelle Fähigkeiten einschließt. Vergangene und gegenwärtige Pläne sind nicht über die 120 hypothetischen Fähigkeiten, die das Modell anbietet, hinausgegangen, mit Ausnahme der visuellen Modalität der Aufnahme. Es bleiben unberührte theoretische Bereiche, die viele mögliche auditive und kinästhetische Fähigkeiten einschließen und die eine Untersuchung erfordern. Während kreativ-produktive Aktivitäten, im Bereich der inhaltlichen Kategorien, im gegenwärtigen Modell recht gut vertreten scheinen, beruhen musikalische Komposition, Arrangieren und Improvisieren möglicherweise auf parallelen auditiven Fähigkeiten; Tanz und Pantomine sollten dagegen auf kinästhetische Fähigkeiten zurückzuführen sein.

Allgemeine Psychologische Theorie

Wie die Strukturtheorie und ihre Begriffe als Grundlage für einen neuen Standpunkt dienen, der sich als „operational-informationale Psychologie" beschreiben läßt, ist ausführlich an anderer Stelle behandelt worden (GUILFORD, 1967). Nur einige Punkte können hier erwähnt werden. Es gibt nur wenig Zweifel daran, daß ein neuer Strom der Kognitionstheorie in der Psychologie anwächst. Die Unangemessenheit des einfachen behavioristischen Reiz-Reaktionsmodells (S - R) des Verhaltens als Basis einer umfassenden Theorie des Verhaltens wird mehr und mehr erkannt. Es wird immer häufiger vom Individuum als einem aktiven, Informationen verarbeitenden Wesen und nicht von einem passiven Klotz, der auf Reizung wartet, gesprochen. Das Zögern aus dem beobachteten Verhalten Rückschlüsse auf die Art der Prozesse zu ziehen, die sich zwischen Reiz und Reaktion ereignen, und sogar bevor der Reiz erfolgt, ist geringer.

Eine Psychologie, die auf der Strukturtheorie der Intelligenz aufbaut, befindet sich in Übereinstimmung mit der neuen Art des Denkens. Das Modell kann nicht, für sich genommen, eine Theorie des vorkommenden Verhaltens liefern. Es ist ein taxonomisches Modell, wogegen für die zuletzt genannte Art der Theorie Operationsmodelle erforderlich sind. Diese operationalen Modelle können auf der Grundlage der Begriffe der Strukturtheorie konstruiert werden und es ist zu zeigen, wie die einzelnen Fähigkeiten des Strukturmodells, eine Rolle im Verhalten spielen. Es wurde vorgeschlagen (GUILFORD, 1967) daß die 24 Inhalts- Produktkategorien eine „Psychoepistomologie" liefern können. Sie sind die 24 grundlegenden Arten von Information, die in Theorie und Praxis berücksichtigt werden müssen. Es wurde auch vorgeschlagen, die sechs Produktkategorien als Grundlage einer „Psychologik" zu verwenden, etwas was PIAGET gefordert hat (PIAGET, 1953). Eine der wichtigsten Folgerungen von PIAGET bestand darin, daß in der Entwicklung des Individuums solche Dinge wie Klassen, Beziehungen, Systeme und Implikationen wichtige Rollen spielen und daß sich Denken in Richtung auf eine Annäherung an die Regeln der modernen, formalen Logik antwickelt.

Einige traditionelle Konzepte. Eine operationale-informationale Psychologie ist eine funktionelle Psychologie ohne den Einfluß des Darwinismus. Sie könnte damit beginnen, daß das Darwin'sche Axiom „Verhalten ist adaptiv", das elementare biologische Ziele hat, übernommen wird, aber das ist nicht notwendig. Eine operationale Analyse kann durchgeführt werden ohne Bezug auf das Überleben oder ein ähnliches Ziel. Sie geht dabei im Sinne des Ingenieurs vor, der Operationen oder Systeme der Phänomene analysiert, mit denen er zu tun hat. Die Begriffe der Strukturtheorie sind verfügbar und können sinnvolle Hilfen bei der operationalen Beschreibung psychologischer Prozesse sein.

Sowohl die philosophische als auch die naturwissenschaftliche Psychologie sind in der Theoriebildung lange eingeschränkt gewesen, weil sie durch den Begriff der „Assoziation" beherrscht wurden. Dieser Terminus erscheint unter den Begriffen der Strukturtheorie nicht, aber er ist in seinen Eigenschaften dem Begriff der „Implikation" sehr nahe, der in der Strukturtheorie verwendet wird. Es wird jedoch angenommen, daß der zweite Begriff genauer ist, denn er behandelt die Verbindung zwischen zwei Dingen (Produkten) als etwas von getrennter informationaler Existenz. Bei der früheren Definition dieser Art Produkt wurde das Synonym" „Zusammengehörigkeit" erwähnt. Eine Implikation ist nicht das Konzept der „neutralen Bindung" der Assoziation, gegen das sich die Gestaltspsychologie früher wandte. Sie beinhaltet ein verbindendes Glied, aber sie ist mehr als das. Die Verbindung und die verbundenen Objekte bilden eine geistige Struktur. Eine Implikation enthält implizit eine Aussage: „Wenn X, dann Y". Es gibt nichts derartiges beim vorherrschenden Begriff einer „Assoziation", mit Ausnahme derer, die die Qualitäten „Zusammengehörigkeit" oder „Erwartung" damit verbanden.

Da darauf hingewiesen wurde, daß das Produkt Implikation das übliche Ereignis der Assoziation berücksichtigt, sollte betont werden, daß das Modell fünf andere Arten von Produkten umfaßt. Es gab zahlreiche Versuche diese Produkte durch Anwendung des Assoziationsprinzips zu erklären. Von Klassen und ihren Mitgliedern wird manchmal gesagt, daß sie von der „Assoziation durch Ähnlichkeit" abhängen; eine Erklärung, die nicht von allen Assoziationstheoretikern geteilt wird, aber bis auf Aristoteles zurückgeht. Miteinander verbundene Objekte werden ebenfalls als assoziiert betrachtet, aber die reine Tatsache einer Verbindung, ob sie als Assoziation bezeichnet wird oder nicht, kann nicht die Vielzahl von existierenden Verbindungen erklären. Sogar wenn man der Assoziationstheorie im Fall von Klassen und Beziehungen Glauben schenkt, gibt es geringe Möglichkeit die anderen Produkte - Einheiten, Systeme und Transformationen - zu erklären. Um jede Kategorie herum gibt es etwas, das assoziativen Interpretationen trotzt. Eine Einheit ist etwas, das assoziiert wird, es kann nicht eine Art von Verbindung sein. Eine Einheit wird auch nicht länger als Ergebnis der Assoziation von Empfindungen, Vorstellungen und Gefühlen verstanden, wie WUNDT und TITCHENER zu zeigen versuchten. Ein System ist eine Form oder eine Gestalt, nicht lediglich ein Satz assoziierter Objekte. Eine Transformation beinhaltet oft das Aufbrechen eines Produkts und das Bilden eines Neuen. Es gibt nichts im Begriff der „Assoziation", das für ein derartiges Ereignis in Anspruch genommen werden kann. Er läßt sich darauf nicht anwenden.

Es ist offensichtlich, daß das Konzept der sechs Produkte viel mehr zu einer Theorie beiträgt, als der einzelne Begriff der „Assoziation", der wie gezeigt, noch nicht einmal das Produkt Implikation voll erklären kann. Die Liste der Begriffe ist nicht klein, wenn man die ungeheure Verschiedenheit psychischer Phänomene in Rechnung stellt, die damit erklärt werden. Im Hinblick auf die Theorie ist den Phänomenen, die andere Produkte als Implikationen einbeziehen, wenig Aufmerksamkeit gewidmet oder sie sind ignoriert worden.

Wir haben gesehen, daß die sechs Produkte den altehrwürdigen Begriff der „Assoziation" ersetzen können und daß sie in der Entwicklung einer psychologischen Theorie wesentlich weiter gehen. Lassen Sie uns zunächst dem Begriff des Lernens zuwenden, für den die „Assoziation" ebenfalls das theoretische Schlüsselkonzept war. Aus dem operational-informalen Bezugsrahmen wird Lernen gesehen als Erwerb von Information, das in Form neuer Unterscheidungen und neuer Produkte auftritt. Es ist bemerkenswert, daß die Faktorenanalyse nicht eine einzige Operation aufgezeigt hat, die als „Lernen" bezeichnet wird. Offenkundig sind nur die am Lernen beteiligten Operationen, fünf der Strukturtheorie, wenn man Lernen etwas breiter definiert. Wir können nicht sagen, daß eine Information gelernt wurde, bevor sie nicht wahrgenommen wurde. Das, was gelernt ist, kann nicht irgendwelche zukünftigen Wirkungen haben, wenn es nicht fixiert und gespeichert wird (Gedächtnis). Informationen, die als Antwort auf neue Reize produziert werden (divergent oder konvergent), müssen ebenso festgehalten und erinnert werden. Bei dem Versuch zu lernen macht das Individuum

Fehler und es muß zwischen Fehlern und richtiger Information unterscheiden. Dabei ist die Evaluation beteiligt. Evaluation spielt eine wichtige Rolle bei der Verstärkung.

Es würde die Probleme und Interpretationen für diejenigen, die sich mit menschlichem Lernen und Gedächtnis beschäftigen, wesentlich erleichtern, wenn die Inhalts- und Produktkategorien berücksichtigt würden. Eine große Unterscheidung wird üblicherweise zwischen einem „mechanischen" und einem „logischen" Gedächtnis getroffen, ohne daß die wesentlichen Züge und die Grenzen jedes Begriffs angegeben werden. Im Ganzen erscheint es so, als ob das mechanische Gedächtnis auf der einen Seite die symbolische Information bewahrt, bei der das Individuum Schwierigkeiten hat Verbindungen herzustellen, und auf der anderen Seite semantische Information, die das Individuum leicht verbinden kann. Es ist nicht klar ob das der allgemein getroffenen Unterscheidung entspricht. Der Unterschied kann deutlich definiert, wie gerade vorgeschlagen, wenn Begriffe der Strukturtheorie verwendet werden.

Bei Untersuchungen des Lernens ist, so gut wie nie, eine Unterscheidung nach den verschiedenen Arten der Produkte vorgenommen worden. Wieder wurde angenommen, daß Assoziationen die gelernten Objekte seien, anders ausgedrückt, Implikationen. Das Lernen von Implikationen ist am deutlichsten im Fall der Lernexperimente mit Paar-Assoziationen. Aber dabei ist noch ein anderes Produkt beteiligt, nämlich die Einheit. Erst vor kurzem ist es bei einigen Untersuchern des Lernens vorgekommen, daß, sogar bei der Methode der Paar-Assoziation, die Versuchsperson Einheiten genauso lernt wie Implikationen. Selten sind Lernprobleme, zumindest wissentlich, in Angriff genommen worden, die sich mit Produkten von Klassen, Beziehungen, Systemen oder Transformationen auseinandersetzen. Untersucher seriellen Lernens beschäftigen sich in erster Linie mit Systemen, da die gelernte Ordnung ein System ist. Das schließt die mögliche Bildung von Implikationen nicht aus, von denen jede eine Information an die folgende bindet. Aber unglücklicherweise ist es zu leicht gewesen das Lernen einer Reihe von Informationen als Bildung von Assoziationen aufeinander folgender Teile zu interpretieren. Untersuchungen, die sich absichtlich mit den vernachlässigten Produkten der Klassen, Beziehungen und Transformationen beschäftigen, sind notwendig.

Andere neue Probleme, die mit faktorenanalytischen Methoden untersucht wurden, betreffen die Beziehungen der Fähigkeiten der Strukturtheorie zum Lernen. Diesem Problem wurde bereits durch FLEISHMAN (1966) und anderen viel Aufmerksamkeit gewidmet. Dabei ergaben sich sehr interessante Ergebnisse. Je nach dem ob die zu lernende Aufgabe Verbesserung bei psychomotorischen Aufgaben, das Beherrschen von Kodesignalen oder das Lernen von Begriffen erforderte, kann gezeigt werden, daß die Zahl der beteiligten Fähigkeiten sich in individuellen Differenzen der Werte bei den einzelnen Aufgaben widerspiegelt und das die Bedeutung der verschiedenen Faktoren sich systematisch mit dem Fortschritt des Lernens verschiebt. (FLEISHMAN & FRUCHTER, 1960; DUNHAM, GUILFORD & HOEPFNER, 1968).

Es gibt außerdem das Problem der Bedeutung von Transfer für die Entwicklung von Fähigkeiten und möglicher Prinzipien des Transfers innerhalb und zwischen den verschiedenen Fähigkeiten der Strukturtheorie.

Der alte Begriff der „Denkfähigkeit (reasoning)" ist viel bearbeitet, aber niemals einheitlich oder empirisch definiert worden. Sogar die Zusätze „induktiv" und „deduktiv" sind nicht mit deutlichem empirischen Bezug festgelegt worden. Alle drei Begriffe müssen ausgeschlossen werden, da es möglich ist, das, was damit möglicherweise gemeint ist, durch präzisere Begriffe der Strukturtheorie zu ersetzen. „Induktion" gehört in den Bereich der Kognition wegen seiner Komponenten, die sich als „Entdeckung" umschreiben lassen. „Deduktion" gehört in den Bereich der konvergenten Produktion, weil er mit dem Ziehen von Schlußfolgerungen zusammenhängt. In beiden Fällen können wir auf sechs typische Beispiele hinweisen in Übereinstimmung mit den sechs Produktbegriffen. Diese Art der Unterscheidung geht zweifellos über jede Vorstellung von „Induktion" und „Deduktion" hinaus.

Problemlösen ist ein weit untersuchtes Phänomen in der Psychologie, jedoch fehlt auch ihm ein eigener Bezugsrahmen, da eine Vielzahl von Ereignissen verschiedener Art unter dieser Bezeichnung subsumiert wird. Ein Problem wird dem Individuum gestellt, wenn die Situation danach verlangt etwas Neues zu tun um damit fertig zu werden, „neu" in dem Sinn, daß es sich vom früheren Verhalten des Individuums unterscheidet. Der Aspekt der Neuheit beim Problemlösen führt uns dazu zu sagen, daß etwas Kreatives bei jeder wahren Problemlösung ist und daß Problemlösen genug mit der kreativen Produktion gemeinsam hat, um die gemeinsame Behandlung der beiden zu rechtfertigen. GUILFORD (1966, 1967) hat ein operationales Modell entworfen, das das Problemlösen als Gattung beschreibt. Die Begriffe des Strukturmodells passen sehr gut in dieses Bild. Es gibt Raum für alle fünf Operationsarten. Der Problemlöser muß sich fast mit jeder Art von Information, mit jeder Art von Inhalt und jeder Art Produkt beschäftigen, was davon abhängt in welchem Zusammenhang das Problem steht und welche Art Produkt erforderlich ist, um zu einer Lösung zu kommen.

Das Bewußtwerden, daß ein Problem besteht, ist eine Sache der Kognition, oft wird dabei das Produkt der Implikation betont. Bevor ein Fortschritt in Richtung auf eine Lösung erzielt werden kann, muß das Problem verstanden werden. Es muß strukturiert werden; das bedeutet gewöhnlich die Kognition eines Systems. Nachdem das Problem strukturiert ist, schafft das Individuum alternative Lösungen, was divergenter Produktion entspricht. Wenn eine ausreichende Basis für eine einzige Lösung wahrgenommen wird, ist die Produktion konvergent. Die ganze Zeit während des Problemlösens findet Evaluation statt in der Form des Annehmens oder Zurückweisens der Kognitionen des Problems und der entwickelten Lösungen. Bei jedem Schritt muß das, was sich ereignet hat, für einen möglichen späteren Einsatz fixiert und gespeichert werden, so daß auch das Gedächtnis beteiligt ist. Wenn die Evaluation zu Zurückweisungen führt, kann es neue Anfänge mit geänderten Kognitionen und Produktionen geben. Das Treffen von Entscheidungen sieht häufig so aus, als wäre nur Evaluation beteiligt, aber es gehört wirklich in die Kategorie des Problemlösens und beinhaltet häufig kognitive und produktive Schritte in der oben beschriebenen Art.

Je größer die Notwendigkeit für Neuheit, desto mehr Zeichen gibt es für kreative Tätigkeiten. Das bedeutet eine größere Abhängigkeit von den Fähigkeiten der divergenten Produktion oder von Fähigkeiten, bei denen Transformationen beteiligt sind, oder auf Fähigkeiten, bei denen beide beteiligt, wo sich die divergente Produktion und die Transformationskategorien im Strukturmodell überschneiden. Kreatives Potential ist daher nicht irgendeine Sache. Es hat viele Aspekte und geht in viele Richtungen. Obwohl Problemlösen und kreative Produktion von Kognition und damit von kognitiven Fähigkeiten abhängt, machen außerordentliche kognitive Fähigkeiten allein ein Individuum noch nicht kreativ. Ein hoher IQ ist eine günstige Bedingung für eine kreative Leistung, aber es ist keine hinreichende. Man muß zumindest in einer der Fähigkeiten der divergenten Produktion oder der Transformationsfähigkeiten sehr gut sein. Diese Fähigkeiten sind jedoch nicht entsprechend in einem traditionellen Intelligenztest repräsentiert.

Andere Folgerungen. Es ist zu hoffen, daß diese wenigen Exkurse in die theoretischen Bereiche der Psychologie den Anspruch des operational-informationellen Ansatzes, der auf der Strukturtheorie und diesen Begriffen aufbaut, untermauern. Viele spezielle Probleme der Psychologie werden neue Richtungen unter dem Einfluß dieser neuen Grundlagen der geistigen Prozesse einschlagen. Probleme der Beziehungen zwischen psychologischen Prozessen und den Vorgängen im Gehirn werfen ein neues Licht auf das Wissen hinsichtlich der intellektuellen Fähigkeiten.

Die Probleme der intellektuellen Entwicklung und des intellektuellen Abbaus haben eine Umarbeitung in die Begriffe der speziellen Formen von Fähigkeiten nötig. In der angewandten Psychologie, wo die Intelligenzmessung routinemäßig durchgeführt wird, ist nicht länger ein Wert ausreichend, noch nicht einmal zwei Werte, sondern eine bessere Beschreibung der Individuen ist wünschenswert und nützlich. Es kann nicht länger angenommen werden, daß ein IQ alle Aspekte der Intelligenz mißt.

In besonderm Maße wird die Technologie der Erziehung von der Anwendung der Strukturtheorie und der Strukturbegriffe profitieren. Die Erziehungsphilosophie kann jetzt gezielter und besser ausgearbeitet werden. Die Curriculumentwicklung kann mit wesentlich besseren Leitlinien durchgeführt werden. Das Unterrichten und die Methoden der Prüfung können wesentlich genauer ausgearbeitet werden, im Hinblick darauf was und welche unterschiedlichen Aspekte der intellektuellen Prozesse geschult werden sollen. Diese und andere Folgerungen aus der Strukturtheorie sind an anderer Stelle ausführlich dargestellt worden (GUILFORD, 1967).

Kapitel 3
Das Ziel: Faktorielle Invarianz

Dieses und das nächste Kapitel beschäftigen sich sehr mit technischen Aspekten, einige sind hauptsächlich der Faktorenanalyse als wissenschaftlicher Methode gewidmet, und andere besonderen Techniken, die während des Forschungsprogramms des Aptitude Research Projekts angewendet wurden. Wegen des wichtigen Problems der Unbestimmtheit bezüglich der Kommunalitäten, der Zahl der extrahierten Faktoren und wie Rotationen bei der Anwendung der Faktorenanalysen durchgeführt werden sollen, ist es notwendig die besonderen Techniken zu verteidigen, die bei den Untersuchungen des Projekts verwendet wurden. Es ist den gerade geschilderten Unsicherheiten zuzuschreiben, daß Ergebnisse von Faktorenanalysen und anderen multivariaten Verfahren nicht die Aufnahme fanden, die sie in einigen Fällen verdient hätten.

Dieses Kapitel wird Probleme der Faktoreninvarianz, ihre Beziehung zu Tests und die Invarianz der psychologischen Interpretationen behandeln. Dabei muß eine wichtige logische Unterscheidung zwischen der Invarianz mathematischer Faktoren, die bei der Auswertung der Daten gefunden werden, und den psychologischen Faktoren, die aus der Interpretation dieser Faktoren folgen, gemacht werden. Die beiden sind natürlich operational miteinander verbunden. Beide Arten der Invarianz sind für die Autoren und andere, die Beiträge zu den Untersuchungen des Projekts gemacht haben, von besonderer Wichtigkeit gewesen. Dabei wurde mehr Wert auf die psychologische Invarianz gelegt. Es wurden Möglichkeiten gefunden, das letztere zu erreichen, aber es ist wünschenswert die verschiedenen Versuche in eine Verbindung mit dem allgemeinen Ziel der faktoriellen Invarianz zu bringen.

Fraktorielle Invarianz als Wiederholbarkeit

Ein Erfordernis der empirischen, wissenschaftlichen Methode, in Verbindung mit relativ objektiver Beobachtung und mehr oder weniger klar definierter Aufzählung und Messung, ist die Wiederholbarkeit. Die Verfahren und Ergebnisse jedes Wissenschaftlers sollten wiederholt oder adaptiert werden können, so daß die beobachteten Ergebnisse oder ihre notwendigen Folgerungen mit einem vorher festgelegten Zufallsfehler in gleicher Weise auftreten.

Bei dem traditionellen bivariaten Versuchsplan, bei dem alle unabhängigen Variablen außer einer, die systematisch variiert, konstant gehalten, und begleitende Variationen der abhängigen Variablen beobachtet werden, ist eine exakte oder annähernde Wiederholbarkeit des Verfahrens und der Ergebnisse relativ deutlich. Statistische Standardtests erlauben innerhalb von gesetzten Vertrauensintervallen, die Feststellung ob die Ergebnisse tatsächlich reproduziert werden konnten. Variationen in den Stichproben und in den Methoden der Kontrolle und Messung führen jedoch einige Unsicherheiten in strenge Tests des Ausmaßes der Replikation der Ergebnisse ein.

Der Weg, über den wir die Wahrscheinlichkeit von experimentellen Ergebnissen, die sich durch Zufall ergeben, bestimmen können und daraus Schlußfolgerungen hinsichtlich der Wiederholbarkeit ziehen, ergibt sich aus der Kenntnis der Standardfehler der Statistiken, die die Ergebnisse zusammenfassen. Da die Standardfehler der meisten parametrischen Statistiken, die üblicherweise bei bivariaten Experimenten verwendet werden, geschätzt werden können, sind die Forscher routinemäßig in der Lage die Ergebnisse ihrer Experimente zu evaluieren. Tatsächlich kann der erfahrene Untersucher sein Experiment absichtlich so entwerfen, daß die erhaltene Information den genannten statistischen Tests der Ergebnisse angemessen ist. Die gleiche Strategie gilt für viele Anwendungen der multivariaten experimentellen Methoden. Wenn der Untersucher nicht über die beobachteten Statistiken hinausgehen möchte, kann er durch Aufspaltung der Daten ihre Bedeutung evaluieren und zu Schlußfolgerungen gelangen, die als gültig angesehen werden können.

Wenn der Untersucher jedoch über die beobachteten Statistiken hinausgeht, sind die Verhältnisse nicht so einfach. Faktorenanalytische Operationen fallen in diese Kategorie und, leiden, konsequenterweise unter diese Beschränkungen. Obwohl die Faktorenanalyse mit wiederholbaren, objektiv beobachtbaren Daten beginnt und wiederholbare, beschreibende Statistiken (Korrelationskoeffizienten, Kovarianzen usw.) liefert, geht die Analyse mindestens einen Schritt weiter, um andere beschreibende Statistiken aus den beobachteten abzuleiten.

Nun sind die Standardfehler von Statistiken, die aus Statistiken abgeleitet sind, theoretisch bestimmbar. Aber die Bestimmung ist durch die Vielzahl der Möglichkeiten wie man die Freiheitsgrade verlieren kann, die bei der Ermittlung der statistischen Signifikanz wichtig sind, schwierig. Und genauso wie sich die Zahl der Möglichkeiten Freiheitsgrade einzubüßen vergrößert, erhöht sich auch die Zahl der Stichprobenverteilungen der abgeleiteten Statistiken und ihrer Vertrauensgrenzen. Wenn der Faktorenanalytiker an der Signifikanz einer Faktorenladung, die aus beobachteten Statistiken abgeleitet wurden, interessiert ist, muß er die Zahl der Versuchspersonen, aufgrund derer die Ladung bestimmt wurde, die Zahl der extrahierten Faktoren und die Varianzanteile (Kommunalitäten) der Messungen, durch die Faktoren bestimmt wurden, berücksichtigen. Um die Situation noch mehr zu komplizieren ist ein Faktorenanalytiker selten an bestimmten

Faktorenladungen interessiert; er ist mehr an den Konstellationen der Ladungen, die Faktoren und Tests repräsentieren, interessiert.

Wie dem vorangegangenen Abschnitt zu entnehmen ist, kann der Nachweis replizierter faktorenanalytischer Ergebnisse nur unter Schwierigkeiten im strengen Sinne erbracht werden. Tatsächlich ist ein derartiger Nachweis in vollkommen überzeugender Weise noch nicht gelungen. Diese einzigartige und herausfordernde Situation hat intensiven Überlegungen Anlaß gegeben und zu einigen Versuchen geführt, die faktorielle Wiederholbarkeit zu messen. Diese Versuche sind als „faktorielle Invarianz" bekannt.

Annäherungen an die Invarianz

Die Auffassung, daß psychologische Faktoren in verschiedenen Untersuchungen übereinstimmend identifiziert werden können, gilt nur, wenn wir die Faktoren als einheitliche funktionelle Konstrukte ansehen, die einigen Arten des Verhaltens unterliegen und die bei anderen Arten relativ unbeteiligt sind. Wenn ein nachgewiesener Faktor nicht mehr als eine stichprobenspezifische Beschreibung empirischer Variablen oder ein Maß, das durch ihre Kovariationen bestimmt ist, angesehen wird, gibt es kein Bedürfnis für diesen Begriff. Unter diesem Blickwinkel haben Maße keine notwendige Allgemeinheit innerhalb der Dimensionen menschlichen Verhaltens. Es ist anzunehmen, daß kein Faktorenanalytiker diesen Standpunkt teilt, da die Verallgemeinerung eines der wichtigsten Ziele ist. Untersucher könnten nur an der Reduktion der Dimensionen eines Bereiches des Verhaltens interessiert sein, aber sie könnten auch der Verallgemeinerung aus Methoden, die in einem Universum idealer Ergebnisse angewendet wurden, interessiert sein oder an Verallgemeinerungen aus einer Stichprobe von Versuchspersonen auf das Universum aller Versuchspersonen, um alle Menschen in einem einzigen Bezugssystem unterzubringen.

Die Bedeutung der Einfachstruktur

Früher haben viele Faktorenanalytiker angenommen, daß der beste Weg zur Faktoreninvarianz zu gelangen, darin bestünde die Faktorenachsen nach der Einfachstruktur zu rotieren. Eine Einfachstrukturlösung wird dabei als eine einer unendlichen Zahl von möglichen Lösungen angesehen, aber es wird allgemein angenommen, daß es sich dabei um eine herausgehobene Lösung handelt. Das Kriterium der Einfachstruktur für eine rotierte Faktorenmatrix verlangt, daß jeder Faktor durch eine kleine Zahl von Messungen repräsentiert wird, die fast allein, die gleiche zugrundeliegende Dimension in merklichem Ausmaß vertreten. Aber es gibt keine wirkliche Garantie dafür, nur viel Übereinstimmung darin, daß die nachgewiesenen Dimensionen die einzigen für die Messungen oder die Populationen sind. Aber der Konsens in diesem Punkt ist in keiner Weise einmütig. (Vergl. BUTLER, 1969).

Obwohl es richtig ist, daß die Hauptfaktoren über Wiederholungen des gleichen Experiments weniger stabil (CLIFF & HAMBURGER, 1967) und weniger invariant in diesem Sinne als Faktoren sind, die nach einer Methode der Einfachstruktur rotiert wurden, ist es auch möglich, daß eine Einfachstruktur - Lösung keine invarianten, einheitlichen Dimensionen aufdeckt. Das tritt mit einiger Wahrscheinlichkeit bei Explorationsstudien auf, bei denen keine Hypothesen hinsichtlich der Art, Zahl und dem Ausmaß der Unabhängigkeit der Faktoren aufgestellt wurden. Wenn viele Maße in ihren Dimensionen komplex sind, werden die Einfachstruktur-Faktoren, die daraus abgeleitet sind, ebenfalls komplex sein, falls das Kriterium der Einfachstruktur überhaupt erfüllt werden kann. Die Art der Hauptfaktoren hängt vollständig von der Zusammensetzung der Messungen ab, von denen sie abgeleitet werden, aber Einfachstruktur-Faktoren teilen diese Abhängigkeit in einem großen Ausmaß. Sie gehen nicht über die Grenzen der Stichproben der Versuchspersonen oder der Messungen hinaus (GUILFORD & ZIMMERMAN, 1963).

Ohne sich offensichtlich sehr viel darum zu kümmern, ob die Anwendung von Kriterien der Einfachstruktur die psychologische Invarianz der Faktoren maximiert, haben einige Psychologen eine Anzahl analytischer Lösungen entwickelt, die, in Übereinstimmung mit verschiedenen mathematischen Kriterien, das Ausmaß der Einfachstruktur in einer Faktorenmatrix maximieren. Obwohl es richtig ist, daß analytisch-rationale Lösungen im allgemeinen zu Einfachheit der Faktorenstruktur führen, ergeben sich häufig nicht invariante Ergebnisse über verschiedene Untersuchungen hinweg (GUILFORD & HOEPFNER, 1969). Faktoreninvarianz über verschiedene Studien ist jedoch die Art der Replikation, auf der wissenschaftliche Erkenntnisse aufbauen.

Die Unfähigkeit angemessen nachzuweisen, daß bestimmte Rotationsverfahren einen gewissen Grad sinnvoller faktorieller Invarianz garantieren können, hat einige Psychologen zu Untersuchungen über die Verschiedenheit faktorieller Invarianz und wie sie bestimmt werden könnte, geführt. Die Bestimmung des Grades faktorieller Invarianz hat in vielen Fällen das Vertrauen der Untersucher, das diese ohne Einschränkung der mathematisch festgelegten Rotationslösung entgegen brachten, vermindert.

Arten faktorieller Invarianz

Die Annäherungen an das Problem sind so verschieden, wie die Bedingungen, unter denen die Faktoren bestimmt werden. Wie früher betont wurde kann die Invarianz phänomenaler (numerischer oder konfigurationaler) oder theoretischer (sinnvoller oder psychologischer) Art sein. Zusätzlich können wir mit der Invarianz der Faktoren über die Zeit, über Individuen oder über Messungen befaßt sein. Tabelle 3.1 repräsentiert einige der üblicheren Variation zwischen den Parametern Messung und Population.

Tabelle 3.1: Matrix sechs üblicher Arten faktorieller Invarianz

	Population	
Messungen	fest	unterschiedlich
fest	FF	FD
teilweise fest	PF	PD
unterschiedlich	DF	DD

Jede Zelle von Tabelle 3.1 ist definiert durch die Verbindung der
Kategorien der beiden Parameter, und jede repräsentiert einen Typ
faktorieller Invarianz, der praktische Bedeutung für Psychologen hat.
Diagramme, die aus den Anfangsbuchstaben der Variationen in der
Messung und den Populationen bestehen, sind in den entsprechenden
Zellen angegeben.

Invarianz bei gleichen Messungen und gleicher Population

Untersuchungen des Typs FF beschäftigen sich mit Faktoren, die in
verschiedenen Stichproben der gleichen Population, bei gleichen Messungen, konstant bleiben. Wenn der Begriff „Population" auf einem
mittleren Niveau der Allgemeinheit definiert wird, können derartige
Studien Faktorenanalysen für getrennte Geschlechts- oder Altersgruppen oder Teilstichproben - Kreuzvalidierung - einschließen. Im ein-
geschränkteren Fall beinhaltet der FF-Typ der Invarianz die Replikation von Faktoren mit der gleichen Testbatterie durch die gleichen
Versuchspersonen, die aber zu verschiedenen Zeiten erfaßt wurden.
In diesem Fall gibt der FF-Typ den Betrag der Stabilität der Faktoren
als Charakteristik der Verbindung von Messungen und Versuchspersonen an. Zusätzlich zu der Bedeutung des FF-Typs für das Problem
der Reliabilität, sind Variationen dieses Plans von Interesse für Untersucher, die Veränderungen studieren, z.B. bei der intellektuellen
Strategie über Lernperioden hinweg (DUNHAM, GUILFORD & HOEPF-
NER, 1968; GAMES, 1962); bei der Beteiligung von Fähigkeiten während der Übung (FLEISHMAN, 1966; TUCKER, 1967); oder bei der
dynamischen Persönlichkeitsstruktur über den Verlauf der Therapie
hinweg (BOE, GOCKA & KOGAN, 1966).

Invarianz bei gleichen Messungen, aber verschiedenen Populationen

Untersuchungen des Typs FD beschäftigen sich mit der Stabilität von
Faktoren in verschiedenen Populationen, mit keinem notwendigen Bezug auf die Allgemeinheit oder die Weite der Bedeutung von jedem
Faktor. Illustrative Beispiele für Versuche diese Art der Invarianz
festzustellen, schließen die Faktorenanalysen über mehrere Kulturen
von GUTHRIE (1963) und VANDENBERG (1967) ein. Analysen auf verschiedenen Altersstufen sind ein vertrautes Beispiel, wobei die gleiche Testbatterie benutzt werden kann.

Invarianz bei teilweiser Veränderung der Messung

Die zweite Zeile von Tabelle 3.1 zeigt zwei Arten der Invarianz bei denen die Messungen, die benutzt werden um die Faktoren darzustellen, über mehrere Analysen teilweise gleich und teilweise verschieden sind. Das Ersetzen, Addieren oder Subtrahieren von Messungen in verschiedenen Analysen hat einige Vorteile. Erstens kann der Untersucher neue Messungen hinzufügen, von denen er annimmt, daß sie bestimmte Faktoren besser erfassen. Zweitens kann er natürlich neue Faktoren untersuchen und bestimmen ob sie sich von bereits bekannten Faktoren unterscheiden oder nicht. Drittens muß er sich nicht mit Fehlern aus früheren Analysen belasten; er kann verwerten was er vorher gelernt hat. Das Beibehalten einiger bereits analysierter Tests sollte dabei helfen, daß einige Faktoren repliziert und daß ihre möglichen Beziehungen zu neuen Tests bestimmt werden können.

Die Vorteile des teilweise fixierten Satzes von Messungen entstehen, wenn die gleiche Population oder verschiedene verwendet werden. Der Unterschied der Typen PF und PD der Invarianz ist dem Unterschied zwischen FF und FD parallel. Die Benutzung von Markierungstests um Bezugsfaktoren zu repräsentieren, wenn neue faktorielle Bereiche untersucht werden, ist ein gebräuchliches Beispiel für den PF- und PD-Versuchsplan. Diese Versuchspläne fallen in die Klasse der Replikation, die LYKKEN (1968) „operational" nennt. Wir sind daran interessiert ob ähnliche Bedingungen und Methoden zu ähnlichen Ergebnissen führen.

Invarianz bei völlig verschiedenen Messungen

Faktorielle Invarianz des Typs DF gehört teilweise auch zur Klasse der operationalen Replikation. In diesem Fall werden verschiedene Messungen in der gleichen Population durchgeführt um Dimensionen zu isolieren, die noch bei zwei einander nichtüberlappenden Sätzen von Messungen kongruent sind. Versuchspläne mit vielen Dimensionen und vielen Methoden (CAMPBELL & FISKE, 1959) sind für diese Art wesentlich, obwohl sie eigentlich nur teilweise für Invarianzuntersuchungen gedacht waren.

Der stringenteste Test für die allgemeine Validität von Ergebnissen wird nach LYKKEN (1968) „konstruktive Replikation" genannt. In einem Versuchsplan von Typ DD wird die Replikation von Messungen und der Population vermieden. Wenn wir davon überzeugt sein können, daß Faktoren, die aus diesen disparaten Quellen erhalten werden, „gleich" sind, können wir daraus schließen, daß solche Faktoren eine beträchtliche Allgemeinheit innerhalb großer Populationen von Messungen und Versuchspersonen haben. Versuche die Ergebnisse aus Untersuchungen intellektueller Fähigkeiten, die über eine weite Altersspanne streuen, so zu interpretieren, illustrieren eine Studie des DD-Typs (STOTT & BALL, 1963).

Indices faktorieller Invarianz

Trotz der Tatsache, daß über Stichprobenfehler und Stichprobenverteilungen von Faktorenladungen oder Gruppen oder Konfigurationen wenig bekannt ist, ist eine Anzahl von Methoden zur Schätzung des Ausmaßes der Anpassung der Faktoren vorgeschlagen worden. Einige richten ihre Aufmerksamkeit auf einzelne Ladungen, andere auf Profile von Ladungen und andere auf größere Ladungskonfigurationen.

Numerische und konfigurationale Invarianz

Die zwingendste Art von Invarianzindices sind diejenigen, die numerische Invarianz widerspiegeln. Zwei Faktoren, die numerische Invari-. anz aufweisen, haben korrespondierende Faktorenladungen, die innerhalb der Grenzen des Stichprobenfehlers identisch sind. Wenn die Schätzungen der Standardfehler von Faktorenladungen, die von GLIFF & HAMBURGER (1967) aufgestellt wurden, angemessen sind, könnten Indices für die numerische Invarianz formuliert und die erhaltenen Differenzen zwischen Faktorenladungen könnten unter Berücksichtigung der Stichprobenverteilung evaluiert werden. Es sollte angemerkt werden, daß strenge numerische Invarianz nur unter den Bedingungen des am meisten einschränkenden FF-Versuchsplan möglich ist, bei dem Stichproben und Messungen gleich sind. Bei dem PF-Versuchsplan könnte eine lockere Art von numerischer Invarianz bestimmt werden, indem nur die Messungen, die bei den Untersuchungen gemeinsam sind, berücksichtigt werden, obwohl diesem Vorgehen eine Vektornormalisierung oder eine andere Vektorangleichungstechnik eher angemessen wäre.

Es ist ungeschickt, daß die Versuchspläne für faktorielle Invarianz, die von allgemeinerem Interesse für Untersucher sind, den Gebrauch von numerischen Indices nicht zulassen. In diesen Fällen müssen wir im günstigsten Fall mit einer Art Korrelationsindex zufrieden sein. Derartige Indices reflektieren die Ähnlichkeit der Konfiguration oder die Struktur der Faktorenpaare und sind der beste Indikator, wenn erwartet werden kann, daß die Faktorenladungen aus anderen Gründen als dem Zufall variieren. Wenn Veränderungen der Population die Größe der Faktorenladungen proportional zu den resultierenden Veränderungen der Varianzen der Messungen verschieben, kann die Vektorkonfiguration noch Invarianz andeuten.

In den Fällen wo die zu untersuchenden Faktoren keine Messungen gemeinsam haben (bei DF oder DD Versuchsplänen), können keine korrespondierenden Ladungen für Vergleich oder Korrelation zusammengebracht werden, und die Zuordnung von Faktoren nach Ähnlichkeit muß völlig auf subjektiven Eindrücken oder irgend einer Form des indirekten Vergleichs mit einem äußeren Kriterium beruhen. Wir können solche Versuche zur Bestimmung der faktoriellen Invarianz als zur Familie der psychologischen Invarianz gehörig rechnen, für die es keine numerischen Indices gibt.

Indices für Invarianz können auf eine Anzahl verschiedener Wege berechnet werden und ergeben genausoviel verschiedene Werte. LEYDEN (1953) hat sechs Kriterien für die Zuordnung von Faktoren aufgeführt, die zu verschiedenen Indices führen. Da jeder Index einer oder wenigen Situationen angemessen ist, werden wir jeden Typ im Hinblick auf den angemessensten Index untersuchen.

Typ FF: Gleiche Messungen, gleiche Population. Zwei Indices schätzen die Invarianz für den Fall FF. Ein Koeffizient für Struktur-ähnlichkeit, mit einer begleitenden Chi-Quadrat-Evaluation, gibt die Profilähnlichkeit der Faktorenladungen für Paare von Faktoren an. Der Koeffizient basiert auf den beobachteten Differenzen von Paaren korrespondierender Faktorenladungen und wird verglichen mit den erwarteten Differenzen, die in der Form von Standardfehlern ausgedrückt werden. Ein zweiter Index, angemessen wenn eine Stichprobe beide Faktorenmatrixen liefert, ist eine Art Kongruenzkoeffizient, bei dem Faktorenwerte einander zugeordneter Paare von Faktoren miteinander korreliert werden. Die Variationen dieses Koeffizienten sind der Tatsache zuzuschreiben, daß der Koeffizient Veränderungen der Faktorenladungen (Stichprobenfehler) mit Personenänderungen (Faktorinstabilität) vermengt. Während man gewöhnlich jedes Vektorenpaar der Faktorenwerte aus der angemessenen Faktorenmatrix bestimmen würde, reduzieren Stichprobenfehler in der Faktorenmatrix die Höhe der Interkorrelationen. PINNEAU & NEWHOUSE (1964) schlugen vor nur eine Faktorenmatrix zur Berechnung der Faktorenwerte zu benutzen, so daß ihre Interkorrelationen nur die Reliabilität der Faktorenwerte oder die Versuchspersoneninvarianz widerspiegeln (1).

Typ FD: Gleiche Messungen, verschiedene Populationen. Eine Faktorenwertinterkorrelation über ein Faktorenpaar, jedes aus einer anderen Population, wird im Fall FD als Koeffizient der Invarianz bezeichnet. Er reflektiert sowohl den Winkel bei einer Population des Faktorenraumes, um den man den Faktor drehen muß, damit er mit einem anderen zusammenfällt, als auch die Differenz zwischen den beiden bei ihrer zufälligen Lokalisation in der Konfiguration ihrer Ladungen. Wenn man zwei Sätze von Faktorenwerten für jede Population berechnet, den eigenen Satz und einen Satz, der auf der Faktorenanalyse der anderen Population basiert, und dann die beiden Populationen kombiniert und die Faktorenwerte interkorreliert; zeigt die Korrelation außerhalb der Diagonale, die Korrelation mit dem anderen Faktorensatz, das Ausmaß; in dem Faktoren aus verschiedenen Untersuchungen gemeinsame Varianz haben. Wenn die Faktoren innerhalb jeder Faktorenlösung orthogonal sind, kann der Grad, zu dem die Varianz eines gegebenen Faktors der totalen Varianz der anderen Studie gemeinsam ist, durch die Summierung der quadrierten Interkorrelation für diesen Faktor mit allen anderen Faktoren der Untersuchung bestimmt werden.

---

1 Methoden der Ableitung von Faktorenwerten werden in Kapitel 4 behandelt.

Die Zuordnung der Faktoren auf der Basis einer Matrix von Invarianzkoeffizienten ergibt Paare von Faktoren, die einen bestimmten Grad an Invarianz haben, aber nicht notwendigerweise ein Maximum aufweisen. Die Invarianz kann durch die Zuordnung eines Faktors aus einer Matrix zu einem oder mehreren Faktoren aus der anderen Matrix maximiert werden, aber der Mangel an Einschränkung für eine eins-zu-eins-Zuordnung in diesem Fall stellt den intuitiven Begriff dessen, was faktorielle Invarianz sein sollte, bloß. Eine Alternativlösung, die besser zum Begriff der Invarianz paßt, beinhaltet die Rotation der zwei Sätze orthogonaler Faktoren zu einer maximalen Ähnlichkeit entweder durch ein analytisches (MEREDITH, 1964; CLIFF, 1966) oder ein nichtanalytisches Verfahren, so daß der Invarianzkoeffizient ein Ähnlichkeitskoeffizient wird und als kanonische Korrelation gesehen werden kann. Obwohl der Ähnlichkeitskoeffizient nicht direkt die Frage nach der Invarianz der Faktoren beantwortet, sondern mehr zeigt wie ähnlich sie durch das Verfahren gemacht werden können, zeigt er trotzdem die Art die faktorielle Invarianz nach der Psychologen bei der Theorieintegration suchen.

Da diese Korrelationswerte der Indices relativ wenig sensitiv für Unterschiede in den numerischen Werten der Faktorenladungen sind, reflektieren sie konfigurationale Invarianz. PINNEAU & NEWHOUSE (1964) haben eine Interklassenkorrelation als angemessenes Maß der numerischen Invarianz vorgeschlagen. Weniger hochentwickelte Maße konfigurationaler Invarianz schließen TUCKER's Phi (1958) ein, ein Produktindex für Faktorengleichheit; Interkorrelationen zwischen Sätzen von Faktorenladungen, die ebenfalls für numerische Unterschiede in den Ladungen unempfindlich sind; Interkorrelationen zwischen Sätzen quadrierter Faktorenladungen, die in Vorzeichen der Ladungen gegenüber unempfindlich sind und variable Ähnlichkeitsindices, die nicht irgendeine Intervallskaleneigenschaft der Ladungen voraussetzen.

Typ PF: Messungen teilweise gleich, gleiche Population. Der PF-Typ der Invarianz impliziert, daß die Faktoren invariant bleiben, wenn sie mit verschiedenen Testbatterien gemessen werden. Indices der Ähnlichkeit von Faktoren, wenn jeder Faktor durch einige wenige Messungen, die er mit den anderen Faktoren gemeinsam hat, definiert ist, müssen auf den gemeinsamen Messungen basieren. TUCKER's Methode der Interbatterie-Faktorenanalyse wurde entwickelt um Indices zu liefern, die Fragen der Invarianz beim PF-Typ, wenn die gleiche Stichprobe beide Faktorenmatrizen liefert, beantworten (TUCKER, 1958). In einem ersten Schritt werden zwei Faktorenmatrizen, die aus den gemeinsamen Faktoren der beiden Testbatterien bestehen durch Faktorierung der Interkorrelationen zwischen den Tests und über Batterien hinweg, ermittelt. Die Extraktion der Faktoren muß natürlich ohne Schätzungen der Kommunalität vorgenommen werden, die nichtsdestoweniger notwendig sind, um die beiden Datensätze zu transformieren (GIBSON, 1960) und müssen eine minimale Zahl von gemeinsamen Faktoren in den Batterien ergeben. Die beiden Faktorenmatrizen der gemeinsamen Faktoren können unabhängig von-

einander rotiert werden. Faktorenwerte sind dann aus jeder Batterie
zu schätzen. Die Korrelationen zwischen korrespondierenden Faktorenwerten werden als Reliabilitätskoeffizienten der Faktoren interpretiert, indirekt zeigen sie an, daß die Faktoren über die Batterien
hinausgehen, aus denen sie operational bestimmt wurden.

Obwohl die Interbatterie-Methode eine Bestimmung der Invarianz
für den PF-Typ erlaubt, verhindert sie auch, daß man Faktoren findet,
die beiden Batterien gemeinsam sind. Obwohl diese Situation durch
eine zusätzliche Analyse behoben werden kann, können beträchtliche
Schwierigkeiten entstehen, die Ergebnisse der Inter- und Intrabatterie-
analyse miteinander zu vereinbaren.

Typ PD: Messungen teilweise gleich, verschiedene Populationen. Ein
Index der Invarianz unter der PD-Bedingung kann im günstigsten Fall
nur einen Hinweis auf die Invarianz der relevanten Faktoren geben.
Vorausgesetzt, daß die Faktoren in irgendeiner Form beiden Populationen zugeordnet werden können, sind die Faktoreninterkorrelationen
oder Profilähnlichkeiten nur für gemeinsame Messungen zu berechnen.
Natürlich könnten diese Indices die Hauptunterschiede zwischen den
Faktorenpaaren vernachlässigen. An dieser Stelle nimmt die faktorielle Invarianz eine große theoretische Bedeutung ein, da Indices nicht
verfügbar sind. Diese Situation gilt für die DF und DD Bedingung in
gleicher Weise. Obwohl es nicht unvernünftig ist eine etwas mehr be-
rufliche Illusion in Frage zustellen, ist der Glaube der Psychologen,
daß sie die Faktoren über die Identität der Bedeutung einander intuitiv
zuordnen können, die zur Zeit einzige Quelle, aus der psychologische
Kenntnisse erwachsen können.

Intuitive Zurodnung psychologisch sinnvoller Faktoren. Wie erfaßt ein
Psychologe „intuitiv" die Faktoren und ordnet sie anderen zu? Die
Assoziation der mathematischen Vektoren mit sinnvollen psychologischen Konstrukten hängt in erster Linie davon ab, ob die Messungen
hoch mit den Vektoren korrelieren. Die üblichen Charakteristiken der
Messungen und die Leistungen, die sie scheinbar von der Versuchsperson bei der Bearbeitung der Aufgaben fordern, werden als Zeichen
der Bedeutung eines Faktors genommen. Der Untersucher ist auch an
Messungen interessiert, die nicht hoch mit den Messungen korrelieren,
die außerhalb der Vektorebene liegen. Die Betrachtung des widerspre-
chenden Wesens der Faktorenmessungen und den außerhalb liegenden
Messungen hilft bei der Entscheidung über die Art des Faktors. Über
diese bekannten Interpretationsregeln hinaus entwickelt jeder Psychologe zweifellos seine eigenen Hilfen für die Entwicklung von Faktoren-
eigenschaften.

Bei einer exploratorischen faktorenanalytischen Untersuchung werden die Faktoren, in der gerade beschriebenen Art, benannt. Das einzige äußere Kriterium für die Interpretation wären die impliziten Hypothesen des Untersuchers und seine Kenntnisse von Ergebnissen im
gleichen Untersuchungsbereich. Wenn die Studie teilweise replikativ
für frühere faktorenanalytische Untersuchungen ist, kann sich der

Untersucher auch auf das zusätzliche Kriterium der historischen Konsistenz berufen. Faktoren, die denen gleichen, die früher entdeckt wurden, werden gewöhnlich in einer historisch konstistenten Weise identifiziert. Der Grad an faktorieller Invarianz in diesem Fall hängt vollständig von der Intuition des früheren Untersuchers ab. So werden Faktoren, die auf historischer Grundlage identifiziert werden, eher akzeptiert (vgl. FRENCH, 1951; FRENCH, EKSTROM & PRICE, 1963), aber es besteht die Gefahr, daß beide Untersucher das Ziel verfehlt haben.

Wenn eine Faktorenanalyse mit dem Gedanken durchgeführt wird frühere Ergebnisse zu bestätigen, wobei die Hypothesen auf früheren Ergebnissen, einer Theorie oder einem Modell beruhen können, die eine Dimension voraussagen, ist die Identifikation wiederum von der Intuition des Untersuchers abhängig, hängt aber auch von der Validität der Hypothesen oder des Modells ab. Da in den meisten Fällen die Hypothesen oder das Modell aufgrund einer Synthese vieler früherer, mit einander zusammenhängenden Ergebnissen, entwickelt wurde, ist anzunehmen daß derartigen psychologischen Faktoren in einem höheren Ausmaß der Status von invarianten, sinnvollen Konstrukten zugeschrieben werden kann.

Die Behandlung des Invarianzproblems durch das Projekt

Bei den ersten Untersuchungen hing das Aptitude Research Projekt stark von dem historischen Konsens über bereits untersuchte Faktoren ab. Die Hauptzusammenfassung der psychologischen Faktoren, die von FRENCH, (1951) vorbereitet wurde, versuchte die Faktoren, die von verschiedenen Untersuchern gefunden worden waren, in ein Schema zu bringen, in dem der einzige verfügbare Index der Invarianz, der intuitive, benutzt wurde. FRENCH verwendete dabei die Intuitionen der ursprünglichen Untersucher genauso wie seine eigenen. Passende Bezeichnungen wurden häufig genannt, wie in einer derartigen Situation erwartet werden sollte. Die Zusammenfassung von FRENCH stand dem Projekt bei den ersten Versuchen zur Verfügung, genauso wie die Originalberichte von Analysen, meist von THURSTONE und seinen Schülern und den Luftwaffenuntersuchungen, wie in den vorangegengenen Kapiteln erwähnt. Obwohl Verifikationen früher berichtete Faktoren gesucht wurden, war man bei dem Projekt aufmerksam gegenüber Diskrepanzen, die nach Neuinterpretationen und weiteren Untersuchungen verlangten.

Einige der Fähigkeiten, von denen hypothetisch angenommen wurde, daß sie das Strukturmodell umfasse, haben eine Geschichte, die in Quellen, wie der Zusammenfassung von FRENCH, nachgezeichnet ist. Das Strukturmodell hat den meisten historischen Faktoren auf zwei Arten Rechnung getragen. Einige neu erhaltene Faktoren wurden durch fast die gleichen Tests repräsentiert, wie die traditionellen. Einige andere Tests für traditionelle Faktoren, die nicht in das Strukturmodell paßten, wurden in zwei oder mehr weniger umfassende Sätze durch die Untersuchungen des Projekts aufgebrochen. Danach standen sie für weniger allgemeine psychologische Faktoren, die in das Modell paßten. Beispiele für beide Arten wurden in den vorangegangenen Kapiteln erwähnt, sie werden ausführlich in den folgenden behandelt.

Die Mehrzahl der Analysen des Forschungsprogramms waren vom Typ PF, mit teilweisen Veränderungen in den Testbatterien, aber mit zwei festen Populationen - jungen, männlichen Erwachsenen im Militärdienst und Schülern der Senior High School. Andere geringere Veränderungen in der Population hatten die Beteiligung von einigen Gruppen der 9. Klasse und einer Stichprobe des 6. Schuljahres zur Folge. Es gibt einige Beispiele für den DF-Versuchsplan, ebenso einige für PD und sogar für DD Versuchspläne. Konsequenterweise können die meisten der numerischen Indices der Invarianz nicht angewendet werden. In den wenigen Fällen des Typs FD, bei denen ein oder zwei Indices gerechtfertigt werden konnten, führte die Anwendung zu wenig eindrucksvollen Ergebnissen.

Bei dem Ziel der Maximierung der Invarianz psychologischer Faktoren durch Rotation zur Kongruenz hätte die Anwendung eines Index der der Invarianz den Beigeschmack der sich selbst erfüllenden Prophezeihung. Das nächste Kapitel wird zeigen wie mit der günstigsten Auswahl von Messungen, die zumindest nach dem Strukturmodell verfügbar wurden, mit Rotationen der Achsen, die durch theoretische Überlegungen geleitet wurden, Identifikationen der hypothetischen Fähigkeiten bei 93 Prozent der Versuche erfolgreich waren. Das ist zu vergleichen mit einem Durchschnitt von nur 32 Prozent, wenn die Auswahl der Messungen genauso günstig war, aber die Rotationen nach einem mathematisch festgelegten Kriterium der Einfachstruktur durchgeführt wurden. Bei einem späteren Versuch wurden nicht nur die Strukturfähigkeiten meistens verfehlt, sondern es gab auch sehr wenig Invarianz der psychologischen Faktoren irgendwelcher Art über 31 Analysen hinweg. Allgemeine Eindrücke über den Grad der psychologischen Invarianz, die in den 31 Analysen durch theorieorientierte Auswertung gewonnen wurden, ergeben sich durch Inspektion der Haupttabellen der Faktorenladungen in den Kapitel 5 bis 9.

Kapitel 4
Analysemethoden

Die invarianten Strukturfähigkeiten, mit denen sich das Buch hauptsächlich beschäftigt, sind nicht in der gleichen Kategorie wie neue faktorielle Dimensionen, die aus exploratorischen Analysen berichtet werden. Obwohl viele der Fähigkeitsfaktoren, die zu diskutieren sind, Bestätigungen der experimentellen Hypothesen sind, besonders die aus neuen Analysen, gehen diejenigen, die auf der Reanalyse früherer Studien beruhen, oft auf ein unsicheres Verfahren zurück. Im letzteren Fall ist die Reihenfolge der Ergebnisse folgende: Ergebnisse von früheren exploratorischen Analysen, die mit systematischen aber nicht vollständig koordinierten Hypothesen begannen, führten logisch zum Strukturmodell, das dann nicht nur als Grundlage aller weiteren Analysen benutzt wurde, sondern auch als Kriterium für das, was in früheren Untersuchungen gefunden werden sollte.

Obwohl dieses iterative Verfahren nicht der orthodoxen experimentellen Methode folgt, stellt es eine Möglichkeit dar, wie Modelle oder Theorien indirekt getestet werden können. Es wurde die Frage gestellt: Kann das verbesserte Modell genausogut frühere Ergebnisse erklären, wie neue voraussagen? Die Auswahl früherer Daten für die Anwendung bei der posthoc Validierung war nicht schwer zu treffen. Die Daten aus früheren Untersuchungen des Aptitude Research Projekts waren nicht nur leicht verfügbar, sondern auch von einiger Bedeutung für die zu testenden Hypothesen. Ein noch besserer Test, der sehr viel schwieriger durchzuführen ist, die systematische Validierung des Strukturmodells mit anderen faktorenanalytischen Daten aus der Literatur, mußte aufgeschoben werden. Ziel dieses Kapitels ist, Schritt für Schritt die verwendeten analytischen Verfahren aufzuzeigen, ihre Anwendung zu verteidigen und einige der methodologischen Konsequenzen von besonderem Interesse zu präsentieren. Da die Methoden der Entwicklung von Test - Variablen (Testinstrumenten und Auswertungsverfahren) in den eigentlichen Quellen beschrieben werden und darüber hinaus ziemlich orthodox sind, beginnt der Bericht über die Methoden hier mit Problemen der Selektion von Variablen und Interkorrelationen und wird mit dem Verfahren der Faktorenextraktion, Achsenrotation und Faktoreninterpretation fortgesetzt. Zusätzliche multivariate Verfahren der Regression von Kriteriumsvariablen auf Faktorenwerte, Berechnung der Faktorenwerte und Projektion der Variablen in einen vorher festgelegten Faktorenraum, werden die technischen Diskussionen abschließen.

Aufbereitung früherer Analysen

Alle Analysen, die berichtet werden, basieren auf Korrelationskoeffizienten, die den ursprünglichen Forschungsberichten entstammen. Diese Wahl war teilweise durch den Umstand bedingt, daß einige Rohwertdaten nicht wieder zu gewinnen waren und teilweise dadurch, daß die Überprüfung der Korrelationen in den Fällen, in denen die ursprüngliche Information verfügbar war, ausreichende Genauigkeit ergab.

Es wurde entschieden, nicht alle Variablen, die in den ersten Untersuchungen analysiert wurden, in die Reanalyse einzuschließen. Einige analysierte Variable waren für das Auffinden von gemeinsamen Faktoren irgendwelcher Art oder für Faktoren, die intellektuelle Fähigkeiten repräsentieren, ungeeignet. Solche Variablen werden entweder weggelassen oder mit anderen Variablen, wie die Tabellen 4.1 und 4.2 zeigen, kombiniert.

Tabelle 4.1: Tests, die sich aus Kombinationen von Variablen
zusammensetzen, aufgeführt nach Berichten

Bericht Nr.:	Testbeschreibung
8	Test numerischer Operationen, Teil I und II
9	Syllogismus I und Syllogismus II
12	Skizzen anfertigen, Teil I und II
17	Wörterauflisten I, Wörterauflisten II Kontrollierte Assoziationen IIIa, IIIb, IIIc, IIId, IIIe. Auflisten von Dingen, I, II und III. Zwei-Wort-Kombinationen - Anfangsbuchstaben und Vier-Wort-Kombinationen - Anfangsbuchstaben
18	Apparat-Test, strenge Bewertung und milde Bewertung Karikaturen, Teil I und II Wahrnehmen von Problemen, Teil I und II Verbale Analogien I, Teil I und II Verbale Klassifikation, Teil I und II Wortergänzung, Teil I und II
27	Alternative Verwendung, Teil I und II Offensichtliche Konsequenzen, Teil A und B Entfernte Konsequenzen, Teil A und B Ausdrucksflüssigkeit, Teil A und B Originelle Titel für Geschichten, Teil I und II Titel für Geschichten (konventionell), Teil I und II Wahrnehmen von Problemen, Teil A und B Nützlichkeitstest, Teil I und II
32	Beurteilung nach „gesundem Menschenverstand", Teil I und II Treffende Fragen, Teil I und II Mögliche Berufe, Teil I und II Ähnlichkeiten, Teil I und II Verbale Analogien I, Teil I und II Verbale Klassifikationen, Teil I und II

Tabelle 4.2: Ausgelassene Tests, Bericht und Gründe für die Weglassung

Bericht Nr.:	Faktorienanalysierte Variable	Gründe für die Weglassung
6	Zifferblatt- und Tabellenlesen	komplexes Maß
	Mechanische Information	würde ein schwaches Einzelmaß ergeben haben, da er nur CFT repräsentiert
	Koordinaten Lesen	spezifisches Leistungsmaß
	Praktisches Urteil	faktoriell komplex
	Numerische Operationen I	faktoriell komplex
	Instrumentenverständnis	spezifisches Leistungsmaß
	Biographische Daten-Bombenschütze	schwaches Fähigkeitsmaß
	Biographische Daten-Pilot	schwaches Fähigkeitsmaß
	Allgemeine Information	faktoriell komplex
	Beidhändiger Verfolgungstest	psychomotorisches Maß
	Rotierender Verfolgungstest	psychomotorisches Maß
	Fingergeschicklichkeitstest	psychomotorisches Maß
	Steuerruderkontrolltest	psychomotorisches Maß
8	Kreis - Quadrat I	faktoriell komplex
	Kreis - Quadrat II	faktoriell komplex
9	Praktische Schätzung	faktoriell komplex
	Figuren-Schätzung I	würde ein schwaches Einzelmaß ergeben haben, da er nur EFR repräsentiert
	Figuren-Schätzung II	zu sehr an Wahrnehmung gebunden, nicht intellektuell
	Verhältnis-Schätzung	zu sehr an Wahrnehmung gebunden
	Alter	nicht intellektuell
	Erziehung	nicht intellektuell
12	Erfassung von Variablen	würde ein schwaches Einzelmaß ergeben haben, da er nur EMC repräsentiert
	Reihung von Variablen	abhängig von subjektiven Standards
	Mechanische Prinzipien	würde ein schwaches Einzelmaß ergeben haben, da er nur CFT repräsentiert
13	Quantitative Fähigkeiten I	faktoriell komplex
	Quantitative Fähigkeiten II	faktoriell komplex
	Biographisches Interesse	nicht intellektuell
	Leistungen in Mathematik	komplexes Leistungsmaß
	Mechanik	komplexes Leistungsmaß
	Algebra und ebene Trigonometrie	komplexes Leistungsmaß

Tabelle 4.2 Fortsetzung

Bericht Nr.:	Faktorenanalysierte Variable	Gründe für die Weglassung
	Analytische Geometrie und Differentialrechnung	komplexes Leistungsmaß
	Himmelsnavigation	komplexes Leistungamaß
	Fernmeldewesen	komplexes Leistungsmaß
	Technisches Zeichnen und deskriptive Geometrie	komplexes Leistungsmaß
	Aufsatz und Sprache	komplexes Leistungsmaß
	Grundlagen der Moderne	komplexes Leistungsmaß
	Geographie	komplexes Leistungsmaß
	Nautische Astronomie	komplexes Leistungsmaß
	Physik I und II	komplexes Leistungsmaß
17	Zwei-Wörter-Kombinationen	faktoriell komplex
	Vier-Wörter-Kombinationen	faktoriell komplex
	Beurteilung von Wörtersynthesen	faktoriell komplex
18	Gruppenindikator	nicht intellektuell
	Zufallsvariablen	nicht intellektuell, nur aus methodologischen Gründen verwendet
27	Kategorien	faktoriell komplex
	Sprachfaktoren	faktoriell komplex
	Probleme	faktoriell komplex
33	Motivationsbeurteilung	nicht intellektuell
	Geschlecht	wäre eine schwache Einzelvariable
	Erfahrung	nicht intellektuell
	Verwalter	nicht intellektuell

Bei einigen früheren Untersuchungen führten Beschränkungen in der Testzeit oder besondere Bedingungen in den Versuchsplänen bei verschiedenen Analysen zur Einbeziehung von Paaren kleiner Sätze von Tests größerer Ähnlichkeit, als gewöhnlich bei Faktorenanalysen toleriert werden sollte. Manchmal wurden die gleichen Tests systematisch verändert, um bestimmte Hypothesen über das Wesen bestimmter Fähigkeiten zu untersuchen und wie sie am besten gemessen werden könnten. In anderen Fällen, vor allem, wenn die Tests bei jüngeren Probanden durchgeführt wurden, waren Teilwerte unabhängig voneinander in die Analysen eingegangen, um die größte Zahl an Faktoren in der kürzesten Zeit abzudecken. In beiden Fällen bestand eine hohe Wahrscheinlichkeit dafür, daß Komponenten spezifischer Varianzen die gemeinsamen Faktorenladungen für die Faktoren direkt beeinträchtigten und indirekt eine Verzerrung anzeigen, oder spezifische Komponenten als zusätzliche gemeinsame Faktoren ausweisen. Viele dieser Effekte wurden erkannt und in früheren Berichten diskutiert. Es bestand der Wunsch, diese Effekte bei den zu wiederholenden Analysen zu vermeiden. Zu diesem Ziel untersuchten beide Autoren jede Testbatterie, bevor eine Analyse durchgeführt wurde, und kamen unabhängig voneinander zu Entscheidungen darüber, welche Variablen kombiniert werden sollten und welche wegzulassen waren.

Da Rohwerte nicht benutzt wurden, wurde die Kombination der Variablen durch die Berechnung neuer Korrelationskoeffizienten erreicht, die die Korrelationsstruktur der ungewichteten Summe der Komponenten reflektierten. Die Formel, die für diese Verfahren benutzt wurde, lautet:

$$r_{cs} = \frac{\sum_{i=1}^{n} r_{ci}\sigma_i}{\sqrt{\sum_{i=1}^{n}\sigma_i^2 + 2\sum_{i=1}^{n} r_{ij}\sigma_i\sigma_j}} \qquad (4.1)$$

dabei ist

r_{ci} = Korrelation zwischen einer Außenvariablen (c) und einer Komponente (i) der neuen Kombination

σ_i = Standardabweichung der Komponente (i)

r_{ij} = Korrelation zwischen jedem Paar der Komponenten, wobei $i > j$ (vergl. GUILFORD, 1965, S. 427)

Die kombinierten Variablen und die sie betreffenden Berichte sind in Tabelle 4.1 aufgeführt.

Wie früher erwähnt wurde, sind einige Tests, bevor die Analysen begannen, ausgeschlossen worden. Das geschah auf der Grundlage der Informationen, die aus den ursprünglichen Untersuchungen abgeleitet wurden und aus dem Wissen über das Wesen der Strukturfähigkeiten. Der häufigste Grund für die Auslassung war, daß der Test zur Definition der intellektuellen Fähigkeitsfaktoren nichts beitragen würde. Alle Kriterien, die entwickelt worden waren um spezifische gelernte Fähigkeiten, biographische Information, psychomotorische Fertigkeiten, grundlegende Wahrnehmungsprozesse, Schulleistung, Verhaltensbeurteilung und zusammengefaßte Variablen erfassen sollten, wurden gemeinhin eliminiert.

Unter den verbleibenden Testvariablen, die alle intellektuellen Fähigkeiten repräsentierten, wurden weitere Auslassungen bei Tests vorgenommen, die als faktoriell zu komplex beurteilt wurden, um bei der Definition einer einzigen Dimension zu helfen. Wären derartige komplexe Tests in den Reanalysen geblieben, hätten sie große Kommunalitäten aufgewiesen, da sie einige gemeinsame Faktorenvarianz mit vielen verschiedenen Tests gehabt hätten. Eine Konsequenz daraus wäre zu viel Einfluß auf die Lokation der Faktorenachsen an den falschen Stellen gewesen. Eine andere Konsequenz wären signifikante Ladungen auf verschiedene Faktoren, die dann die deutliche Erscheinung einer sonst klaren Einfachstrukturmatrix verfälscht hätten.

Andere Tests wurden ausgeschlossen, weil von Ihnen bekannt war, daß sie schwache Maße für die führenden Faktoren und die einzigen Repräsentanten dieser Faktoren in den speziellen Untersuchungen waren. Wären derartige Variablen in der Analyse verblieben, hätte das Ergebnis im günstigsten Fall, ein nicht zu erkennender Einzelfaktor sein können. Im schlimmsten Fall, durch den Einfluß einer zufallsbeeinflußten Korrelation, hätten sie dazu beitragen können, ein nicht interpretierbares Paar zu schaffen oder sie hätten signifikant mit den Tests für irgendeinen anderen Faktor korreliert. Jedes der beiden letzten Ereignisse hätte dazu beigetragen, den Grad der festgestellten Invarianz zu verringern. Alle ausgelassenen Variablen, die Berichte, in denen sie erwähnt werden und die Gründe für die Weglassung werden in Tabelle 4.2 aufgeführt.

Die Anwendung einheitlicher analytischer Verfahren

Faktorenextraktionen

Alle 31 Korrelationsmatrizen (1) wurden mit dem BMDO3M Programm der Hauptkomponentenfaktorenanalyse (2) verarbeitet und die Faktoren extrahiert (3). Für die erste Extraktion wurde die quadrierte multiple Korrelation jeder Variablen mit allen anderen Variablen, die als Prediktoren dienten, in der Hauptdiagonalen als Schätzung der Kommunalität dieser Variablen eingesetzt. Da die quadrierte multiple Korrelation eine Schätzung der unteren Grenze der Kommunalität darstellt, war zu erwarten, daß im ersten Lauf weniger Faktoren extrahiert wurden, was sich in allen Fällen als richtig erwies. Die wirkliche Zahl der extrahierten Faktoren (die positive Eigenwerte aufwiesen) überstieg die Zahl der Faktoren, die auf der Grundlage des Strukturmodells vorausgesagt wurden. Die Zahl der hypothetischen Faktoren wurde als die Zahl derjenigen angenommen, die zu rotieren waren und neue Kommunalitäten wurden auf der Grundlage dieser Zahl berechnet. Die neuen Kommunalitätsschätzungen ersetzten die Werte in der Hauptdiagonalen und neue Hauptfaktoren wurden extrahiert. Dieses Iterationsverfahren wurde so lange durchgeführt, bis sich keine Kommunalitätsschätzung um mehr als 0,05 veränderte. Tatsächlich änderten sich die meisten Schätzungen von einer Iterationsrechnung zur nächsten nicht.

Die Schätzung der Kommunalitäten steht in direkter Beziehung zur Frage wann die Extraktion von Faktoren zu beenden ist oder wieviele

---

1 Testbezeichnungen, Korrelationsmatrizen, Hauptfaktorenmatrizen, rotierte Faktorenmatrizen und varimax-rotierte Faktorenmatrizen für alle 31 Untersuchungen können bei HOEPFNER angefordert werden.

2 Die „Hauptfaktorenlösung" ist die gleiche, wie die bei HARMAN (1960, S. 109) dargestellte. Die meisten neueren Bücher über Faktorenanalyse erklären Hauptfaktoren- oder Hauptkomponentenmethoden zur Faktorenextraktion.

3 Die Computerberechnungen wurden im Rechenzentrum der University of California in Los Angeles und im Institut für Informatik der University of Southern California, vorgenommen.

psychologische Faktoren die Daten enthalten. Ein Überblick über die vielen vorgeschlagenen Kriterien für den Abbruch der Faktorisierung bleibt unbefriedigend. Für jedes vorgeschlagene Kriterium gibt es mindestens zwei Kritiken, die auf bestimmte Mängel oder mögliche Gefahren bei der Anwendung hinweisen. Es ist interessant, daß alle vorgeschlagenen Abbruchkriterien nach Informationen für die Entscheidung innerhalb der Daten selbst suchen und niemals im Namen der wissenschaftlichen Objektivität anderswo nach solchen Kriterien suchen. Wenn man jedoch in Betracht zieht, daß die Haupteinwände gegen jedes Kriterium auf die Grenzen und die Probleme der Extrapolation aus einer Stichprobe von Daten zielen, scheint es als ob ein Außenkriterium, das so objektiv wie möglich ist, vorgezogen werden sollte.

Das Strukturmodell diente als Basis für ein derartiges Kriterium bei den Reanalysen, genauso wie es bei neueren Analysen verwendet wurde. Die Autoren nahmen unabhängig voneinander eine Schätzung der Zahl der hypothetischen Faktoren (sogar eine Beurteilung der Natur der Faktoren) vor, die in jeder Analyse extrahiert und durch eine entsprechende Plazierung im Modell interpretiert werden konnten. Die Übereinstimmung war nahezu vollständig; Abweichungen wurden diskutiert und endgültige Entscheidungen getroffen, bevor die Extraktionen begannen. Tabelle 4.3 gibt die Anzahl der hypothetischen Faktoren für jede der 31 Korrelationsmatrizen, die Anzahl der Variablen für jeden Fall, das Verhältnis von Variablen zu Faktoren, den Anteil der gemeinsamen Faktorenvarianz, der durch die hypothetischen Faktoren erklärt werden kann, die Größe der Eigenwerte für den zuletzt extrahierten Faktor und die Anzahl der extrahierten Faktoren mit positiven Eigenwerten an, die natürlich nicht alle rotiert wurden.

Die Analyse von Tabelle 4.3 zeigt einige Charakteristika der Untersuchungen und einige interessante, wenn auch nicht unerwartete Ergebnisse. Wenn man die vierte Spalte nach unten verfolgt, sieht man, daß mit den chronologisch geordneten Berichten ein starker Trend besteht, das Verhältnis von Variablen zu Faktoren zu vergrößern. Dieser Trend ist der Tatsache zu zuschreiben, daß spätere Studien (Bericht 26 und folgende) entworfen wurden um eine bestimmte Anzahl von Strukturfaktoren zu untersuchen und Einzelmaße fast nie geplant wurden. Dagegen waren in früheren Studien, als die Strukturfähigkeiten unbekannt waren, viele Fähigkeiten nur durch einen Test repräsentiert, Einzelmaße üblich. Die früheren Einzelmaße wurden später bestätigt. Es konnte gezeigt werden, daß die Tests Strukturfähigkeiten repräsentierten.

Die Zahlen der fünften Spalte zeigen, daß meistens 90 bis 95 Prozent der Varianz in den Testbatterien durch die hypothetischen Faktoren erklärt werden konnten. Wo dieser Anteil 100 erreicht (Analysen 3, 13 und 16 A), können wir die höchste Zahl von Einzelfaktoren, die größte Wahrscheinlichkeit für zu weit gehende Extraktion und den Einschluß spezifischer Varianz in dem angenommenen Faktorenraum erwarten. Die Beziehung zwischen zu viel und zu wenig extrahierten Faktoren und der Größe des letzten Eigenwertes (6. Spalte von Tabelle 4.3) ist, wie erwartet, reziprok. Bei den Untersuchungen mit

Tabelle 4.3: Eigenschaften der angenommenen Faktorenzahl

Bericht Nr.	Anzahl der angenommenen Faktoren	Anzahl der Variablen	Verhältnis von Variablen zu Faktoren	Anteil gemeinsamer Varianz der durch die hypothetischen Faktoren erklärt wird	Eigenwert des letzten hypothetischen Faktors	Anzahl der extrahierten Faktoren
3	22	34	1.55	.995	.070	25
6	23	39	1.70	.981	.166	29
8	23	50	2.17	.949	.242	35
9	19	42	2.21	.932	.379	30
12	19	48	2.53	.943	.242	33
13	16	24	1.50	.998	.069	18
14	8	17	2.13	.946	.228	12
16A	17	28	1.65	.998	.053	19
16B	13	26	2.00	.978	.156	18
16C	12	26	2.17	.968	.190	18
17	13	30	2.31	.960	.206	20
18	12	32	2.67	.909	.327	23
21	11	21	1.82	.974	.199	16
22	15	34	2.27	.946	.274	24
23	14	30	2.14	.967	.173	21
26	13	32	2.46	.933	.289	20
27	13	21	1.62	.986	.067	16
29	13	29	2.23	.948	.245	20
31A	14	28	2.00	.971	.207	20
31B	14	28	2.00	.966	.209	20
32	13	36	2.77	.934	.279	24
33	18	50	2.78	.937	.328	32
34	19	48	2.53	.928	.334	33
35	25	59	2.36	.954	.253	41
37	16	50	3.13	.933	.352	32
38	19	51	2.68	.940	.315	33
39	16	44	2.75	.940	.352	29
40	25	74	2.96	.908	.458	48
41	17	47	2.76	.917	.389	31
42	15	42	2.80	.916	.389	27
43	18	52	2.89	.930	.375	34

den kleineren letzten Eigenwerten ist eher mit zu weit gehender Extraktion zu rechnen. Die Tatsache, daß die meisten Eigenwerte sich von 0,20 bis 0,40 bewegen, läßt sich gut für die Prämisse, daß wenn zu viele Faktoren extrahiert wurden, dies nicht häufig geschehen ist, verwenden. Die letzte Spalte von Tabelle 4.3 unterstützt dieses Argument, da in allen Fällen mindestens zwei zusätzliche Faktoren extrahiert wurden.

Andere Kriterien zur Bestimmung der Zahl der Faktoren, die festgehalten werden können, wurden nicht vernachlässigt. Verschiedene

Tabelle 4.4: Anzahl der Faktoren bei verschiedenen Abbruchkriterien

Bericht Nr.	Extraktionen mit Kommunalitätsschätzungen		Extraktionen bei denen die Werte der Hauptdiagonalen gleich sind	
	Anzahl der angenommenen Fakto-	Anzahl der Faktoren, deren Eigenwert $\geq .30$	Anzahl der Faktoren, die 95% der Varianz erklären	Anzahl der Faktoren, deren Eigenwert ≥ 1.00
3	22	12	15	8
6	23	15	19	10
8	23	20	23	13
9	19	21	20	13
12	19	17	20	12
13	16	10	11	8
14	8	6	8	4
16A	17	10	10	6
16B	13	9	10	6
16C	12	10	10	6
17	13	11	12	7
18	12	12	14	10
21	11	9	10	4
22	15	14	15	10
23	14	10	12	5
26	13	12	14	8
27	13	7	9	6
29	13	10	13	8
31A	14	11	12	7
31B	14	10	12	7
32	13	12	14	8
33	18	18	19	10
34	19	20	21	14
35	25	23	24	14
37	16	18	18	12
38	19	19	20	11
39	16	17	16	9
40	25	31	30	22
41	17	18	20	13
42	15	17	17	9
43	18	19	21	12

wurden ausprobiert um zu sehen, ob irgendeines mit der Zahl, die durch die Hypothesen des Strukturmodells zustande kam, übereinstimmen würde. Die Anzahl der Faktoren, die unter bestimmten Bedingungen festgehalten werden sollten, sind in Tabelle 4.4 aufgeführt. Von den drei Kriterien, die erfolgreicher auf die Analysen angewendet wurden, gibt LUTTMAN's schwächere Schätzung der unteren Grenze (1954) eine zu niedrige Anzahl der Faktoren (vgl. TUCKER, KOOP-

MAN & LINN, 1967). Die Empfehlung von CATTELL (1966) die Extraktion fortzusetzen, bis 95% der Varianz erklärt werden und das Kriterium die Extraktion abzubrechen, wenn die Eigenwerte unter 0,30 fallen, scheinen beide Rangschätzungen zu ergeben, die von ähnlicher Größenordnung sind wie diejenigen, die durch die Zahl der hypothetischen Strukturfähigkeiten zustande kommen. Ein Versuch wurde gemacht CATTELL's „Scree - Test" (1966) auf die Daten anzuwenden, aber wie CURETON (1968) fand, liefert diese Methode doppeldeutige Ergebnisse. Es gab häufig kein ungewöhnliches Gefälle (Scree) in der Darstellung der Eigenwerte nach dem zweiten Faktor. Es ist die Überzeugung der Autoren, daß die beste Richtlinie für die Schätzung der Zahl der Faktoren, wenn möglich, der Plan der faktorenanalytischen Studie ist, der dafür sorgt, daß jeder Faktor durch Tests repräsentiert ist und der es erlaubt, so viele Faktoren übrig zu behalten, um die Hypothesen zu testen (GUILFORD, 1961).

Rotation der Faktoren

Die 31 Hauptfaktorenmatrizen, bei denen sich jede aus der hypothetischen Anzahl von Faktoren zusammensetzte, die auf der Grundlage der Strukturtheorie erwartet wurde, wurden orthogonal rotiert, bis sie die kleinste quadratische Abweichung von der entsprechenden hypothetischen Faktorenmatrix hatten. Die ursprüngliche Zielmatrix für jede Studie war eine ideale, bei der jede Variable nur auf den erwarteten Faktor projeziert wurde. Jede Zeile der ursprünglichen Zielmatrix hatte nur eine von Null verschiedene Ladung, die der Wurzel aus der Kommunalität entsprach, die der Länge des Vektors des Tests entsprach, und die dem Faktor zugeordnet wurde, für den der Test konstruiert wurde. Die idealen Matrizen enthielten keine Residualfaktoren, die zum Auffangen dienten und die Zielfaktoren wurden mit zwei oder mehr Tests markiert, außer dort, wo starke Einzelmaße erwartet wurden.
Bei der orthogonalen, angezielten Lösung, die die geringste quadratische Abweichung aufweist, muß eine orthogonale Transformationsmatrix bestimmt werden, die, wenn sie mit der Hauptfaktorenmatrix zusammengebracht wird, die beste Schätzung im Sinn der kleinsten Abweichung der Zielmatrix ergibt. Die beste Schätzung des Ziels ist definiert als die Matrix, deren Zeilen maximal mit denen des Ziels übereinstimmen. Der nächste Schritt besteht dann darin, die Transformationsmatrix zu finden, die die Summe der korrespondierenden Faktorenladung von Ziel und Schätzer (rotierter Matrix) ein Maximum werden läßt.
Die Aussage, daß wir die Produktsumme korrespondierender Zeilenelemente des Ziels und des Schätzers maximieren wollen (um eine Anpassung zu erreichen), und die Elemente des Schätzers die korrespondierenden Produktsummen der empirischen (Hauptfaktoren-) Matrix sind, die mit einer unbekannten Transformationsmatrix multipliziert werden, bedeutet, daß wir die Produktsummen der Zielelemente,

multipliziert mit den korrespondierenden Elementen des Produkts einer unbekannten Faktorenmatrix, maximieren wollen.

Maximierung der Summe der Produkte korrespondierender Faktorenladungen von Ziel und Schätzer ist der Maximierung der Zielwerte, multipliziert mit dem Produkt der unbekannten, versetzten, Transformationsmatrix und der Verschiebung der empirischen Faktorenmatrix äquivalent, da die Summe der Produkte korrespondierender Elementen aus zwei Matrizen ein Wert des Produkts der Matrizen, denen sie äquivalent sind, ist.

Da die unbekannte orthogonale Transformationsmatrix als das Produkt von zwei anderen Transformationsmatrizen dargestellt werden kann, von denen die eine orthogonale Spalten, die andere orthogonale Zeilen aufweist, ist das Problem neu gestellt, nämlich die beiden Transformationsmatrizen zu bestimmen, die Werte des vorausgegangenen Abschnitts maximieren. Diese Werte können durch die Anwendung des Eckart-Young-Theorem maximiert werden, so daß die gesuchte Transformationsmatrix dem Produkt der Eigenvektoren verschiedener Produkte der empirischen Faktorenmatrix, der Zeilenmatrix und ihren Verschiebungen äquivalent ist.

In Form eines Flußdiagramms der Matrizenrechnung, folgt die rationale Lösung (ausführlich bei CLIFF, 1966):

vorausgesetzt F = empirische Faktorenmatrix (Hauptfaktor)
A = Zielmatrix (in Übereinstimmung mit Einfachstruktur, positiver Vielfalt und den Hypothesen)
$\hat{A}$ = Schätzung der Zielmatrix nach der Methode der kleinsten Quadrate
T = unbekannte Transformation von F nach $\hat{A}$

dann ist das Rechenverfahren:

$$A'F = B \qquad (4.2)$$
$$BB' = C \qquad (4.3)$$

Berechnung der Eigenwurzeln und der Eigenvektoren der symmetrischen Matric C. D sei eine r auf r-Matrix, deren Spalten die Eigenvektoren von C sind, dann

$$B'D = E \qquad (4.4)$$
$$T = \text{normalisiertes } E \qquad (4.5)$$
$$FT = \hat{A} \qquad (4.6)$$

Unglücklicherweise nähert sich die Lösung, die durch diese Schritte zustande kommt, trotz der Anpassung durch die Methode der kleinsten Quadrate, nicht immer der Zielmatrix. Die rotierte Matrix zeigt häufig grobe Abweichungen von der Zielmatrix. Derartige Diskrepanzen implizieren, daß von einem empirischen Standpunkt aus, das Ziel unrealistisch und in einigen Aspekten unmöglich ist. Bestimmte abweichende Ladungen der ursprünglich rotierten Matrix wurden untersucht um zu bestimmen ob die Tests auf Grund falscher Hypothesen deplaziert oder ob sie faktoriell komplex und nicht, wie beabsichtigt, eindimensional waren. Wenn Tests auf den angezielten Faktoren keine Ladung zeigen, aber statt dessen auf anderen, werden ihre Ladungen für künftige Ziele entweder wie geplant beibehalten, oder zum favorisierten Faktor hin verändert oder die Varianzen werden zwischen den angezielten und den favorisierten Faktoren aufgeteilt, in Abhängigkeit von der Überzeugung, mit der die ursprünglichen Hypothesen aufrecht erhalten werden. Auf solche Weise führt jede folgende Lösung nach der Methode der kleinsten Quadrate, die auf die Hauptfaktoren angewendet wird, zur Anpassung an die Realitäten, die der Lösung der ursprünglichen Korrelationsmatrix aufgezwungen werden. Korrelationskoeffizienten sind häufig widerspenstige Tatsachen.

Einer der kleineren Nachteile der Ziel-Rotations-Lösung (wie sie bei allen Abweichungslösungen üblich ist) besteht darin, daß starke Faktoren stärker werden und schwächere schwächer (4). Häufig werden Zielmatrizen nach der ersten Berechnung kleine negative Ladungen gegeben, um die Entwicklung von Variablen zu starken Faktoren zu unterdrücken. Kleine positive Ladungen werden an anderen Stellen eingebracht, um schwache Faktoren zu unterstützen. Zusätzlichen Druck auf die Zielmatrizen nimmt die Form kleiner negativer Ladungen dort an, wo Tests unerklärliche signifikante Ladungen (über 0,80) haben, und kleine positive Ladungen dort wo Tests nicht akzeptierbare negative Ladungen haben, die auf der Basis negativer Interkorrelationen nicht erklärt werden können. Nach 4 bis 11 derartigen Iterationen zeigen die rotierten Matrizen deutlich Einfachstruktur, positive Vielfalt und am wichtigsten, psychologische Bedeutung.

Die menschliche Beschränktheit im Voraussehen der Ergebnisse der ganzen Matrix schließt die Möglichkeit aus, daß die rationale Lösung vollständig zufriedenstellend ist. Daher beeinträchtigen leichte grafische Anpassungen, die nach der Fortsetzung der Rotationen durch den Computer gemacht werden (Sinus - Konsinus - Transformationen von zwei Faktoren gleichzeitig), das Faktorenbild nicht. Diese Anpassungen erhalten immer die positive Vielfalt und die Einfachstruktur aufrecht und vergößern die psychologische Bedeutung. Wie invariant die Fähigkeitsfaktoren sind, die auf diese Weise gewonnen werden, die sich bei verschiedenen Populationen und Tests beweisen müssen, zeigen die Ergebnisse, die in den nächsten fünf Kapiteln besprochen werden.

Einige Kennzeichen der Analysenergebnisse

Die Reanalysen der älteren Daten und die Analysen von jüngeren Daten mit den beschriebenen Verfahren, bestätigen 98 der 120 Fähigkeiten, die vom Strukturmodell vorausgesagt werden. Tabelle 4.5 gibt in der Form von Trigrammen eine Aufstellung der nachgewiesenen Fähigkeiten (Großbuchstaben) und der nicht nachgewiesenen Fähigkeiten (kleine

---

4 Dabei bedeutet „stärker" durch eine größere Zahl von Tests vertreten.

Buchstaben). Es kann leicht gesehen werden, daß die Hauptbereiche, der nicht nachgewiesenen, aber vorausgesagten Fähigkeiten Gedächtnis für Verhalten, konvergente Produktion bei Verhalten und Evaluation von Verhalten sind. In diesen Bereichen sind keine systematischen Untersuchungen gemacht worden. Es gibt genug Gründe anzunehmen, daß die übrigen 22 Fähigkeiten durch systematische Forschung und vollständige Untersuchungen nachgewiesen werden können.

Zusätzlich zu der Aussage über die Zahl der nachgewiesenen Fähigkeiten gibt es Ergebnisse, die auf methodologische Ansätze, die zu berichten sind, zurückgehen. Eine dieser Fragen betrifft die Anzahl der verschiedenen Faktorenpaar - Trennungen, die in den Analysen erreicht wurden. Wenn zum Beispiel beim Faktor CMR gezeigt worden wäre, daß er nur von 4 anderen Faktoren unabhängig sei, hätten wir weniger Vertrauen in den Nachweis der Verschiedenheit, als wenn die Unabhängigkeit von 40 Faktoren hätte nachgewiesen werden können.

Wenn die Maximierung der Faktorenpaar - Unterscheidungen das Ziel gewesen wäre, hätte man 7 140 (n (n - 1)/2) mögliche Trennungen unter den 120 hypothetischen Faktoren oder 4 753 Trennungen bei den 98 Faktoren der nachgewiesenen Fähigkeiten untersuchen müssen. Bei Bezugnahme auf die verschiedenen Studien des Projekts stellt sich heraus, daß die Sicherung einer maximalen Anzahl nachgewiesener Trennungen einen zweiten Platz hinter dem Ziel der Trennung neuer Faktoren von bekannten Faktoren, die mit den dafür entwickelten Tests in Beziehung standen, einnahm. Was historisch gesehen absichtlich geschah, war, daß viele Faktorenpaare häufig separiert wurden, weil beide Glieder des Paares wichtige Bezugsfaktoren bei der Erforschung neuer Bereiche waren. Das systematische Programm der Analysen ging eher auf einem vorsichtigen, logisch geplanten Weg voran, als auf einem breiten, zufälligen. Nichtsdestoweniger bestand Interesse daran zu erfahren, wie viele verschiedene Faktorenpaare erfolgreich getrennt worden waren. Von den 4 753 möglichen Trennungen wurden 1 821 oder 38,3 Prozent erreicht, jede mindestens einmal.

Im Zusammenhang mit der Trennung von Faktoren stellt sich auch die Frage, ob immer orthogonale oder schiefwinklige Rotationen durchgeführt werden sollten. Als empirische Grundlage für die Rechtfertigung orthogonaler Rotationen führt GUILFORD (1964) an, daß 17 Prozent aller Korrelationskoeffizienten zwischen Tests intellektueller Fertigkeiten in 23 früheren Projektstudien in dem Intervall von -.10 bis +.10 lagen. Wenn man diese Untersuchung auf alle Analysen, die in diesem Band repräsentiert sind, ausdehnt, ergeben sich 18 Prozent (8 674 von 48 140 Koeffizienten). Die Erweiterung auf die hypothetischen Nullkorrelationen bei einem Konfidenzintervall von 95 Prozent ergibt einen Satz von 24 Prozent, der in einer früheren Studie gefunden wurde. Die Bedingungen für die Bestimmung einer orthogonalen Einfachstruktur werden daher als gut angesehen.

Bereits früher hatten GUILFORD & HOEPFNER (1969) eine vergleichende Analyse der Effektivität einer gezielten gegenüber einer Varimaxrotation nach den Kriterien der positiven Vielfalt, Einfach-

Tabelle 4.5: Nachgewiesene Strukturfaktoren (Großbuchstaben) und Strukturfaktoren, die nicht nachgewiesen wurden (Kleinbuchstaben)

| Operations- | Inhaltskategorien | | | | |
	figural	symbolisch	semantisch	Verhalten	Zahl der be-kannten Faktoren
Kognition	CFU	CSU	CMU	CBU	
	CFC	CSC	CMC	CBC	
	CFR	CSR	CMR	CBR	
	CFS	CSS	CMS	CBS	24
	CFT	CST	CMT	CBT	
	CFI	CSI	CMI	CBI	
Gedächtnis	MFU	MSU	MMU	mbu	
	MFC	MSC	MMC	mbc	
	MFR	MSR	MMR	mbr	
	MFS	MSS	MMS	mbs	18
	MFT	MST	MMT	mbt	
	MFI	MSI	MMI	mbi	
Divergente	DFU	DSU	DMU	DBU	
Produktion	DFC	DSC	DMC	DBC	
	dfr	DSR	DMR	DBR	
	DFS	DSS	DMS	DBS	23
	DFT	DST	DMT	DBT	
	DFI	DSI	DMI	DBI	
Konvergente	nfu	NSU	NMU	nbu	
Produktion	NFC	NSC	NMC	nbc	
	NFR	NSR	NMR	nbr	
	nfs	NSS	NMS	nbs	15
	NFT	NST	NMT	nbt	
	NFI	NSI	NMI	nbi	
Evaluation	EFU	ESU	EMU	ebu	
	EFC	ESC	EMC	ebc	
	EFR	ESR	EMR	ebr	
	EFS	ESS	EMS	ebs	18
	EFT	EST	EMT	ebt	
	EFI	ESI	EMI	ebi	
Zahl der be-kannten Faktoren	27	29	30	12	98

struktur und der Interpretationsmöglichkeit der Faktoren durchgeführt.
Es wurde festgestellt, daß die bessere positive Vielfalt durch gezielte
Rotationen erreicht werden konnte, da Varimax - Rotationen zu einigen
nicht tolerierbaren negativen Ladungen nach der Rotation führten. Im
Hinblick auf die Einfachstruktur schienen die beiden Methoden gleich
zu sein, mit einem leichten Vorteil für Varimax - Rotationen. Aber
bei der Interpretationsmöglichkeit der Faktoren in Begriffen der

Tabelle 4.6: Häufigkeiten und Prozentsätze der Korrelationskoeffizienten und Faktorenladungen

Intervalle	Häufigkeiten			Prozentsätze		
	Korrelationskoeffizienten	Ladungen der Zielfaktoren	Ladungen der Varimaxfaktoren	Korrelationskoeffizienten	Ladungen der Zielfaktoren	Ladungen der Varimaxfaktoren
+.96-100						
+.91-+.95						
+.86-+.90						
+.81-+.85		3	6		.015	.029
+.76-+.80	6	8	22	.012	.039	.108
+.71-+.75	18	21	51	.037	.103	.250
+.66-+.70	44	52	83	.091	.255	.407
+.61-+.65	114	90	119	.237	.442	.584
+.56-+.60	286	135	135	.594	.662	.662
+.51-+.55	702	181	125	1.458	.888	.613
+.46-+.50	1 378	206	141	2.862	1.011	.692
+.41-+.45	2 482	234	147	5.156	1.148	.721
+.36-+.40	3 892	228	152	8.084	1.119	.746
+.31-+.35	5 028	272	294	10.444	1.335	1.443
+.26-+.30	6 322	1 003	434	13.132	4.922	2.130
+.21-+.25	6 610	1 442	738	13.730	7.076	3.621
+.16-+.20	6 490	2 351	1 357	13.481	11.536	6.659
+.11-+.15	5 566	3 002	2 203	11.562	14.731	10.810
+.06-+.10	3 912	3 534	3 099	8.126	17.431	15.207
+.01-+.05	2 576	3 113	3 667	5.351	15.275	17.994
.00	406	531	749	.843	2.606	3.675
-.01--.05	1 262	2 060	2 856	2.621	10.108	14.014
-.06--.10	518	1 146	1 718	1.076	5.623	8.430
-.11--.15	258	489	987	.536	2.400	4.843
-.16--.20	152	202	536	.316	.991	2.630
-.21--.25	66	56	268	.137	.275	1.315
-.26--.30	28	16	131	.058	.079	.643
-.31--.35	18	0	96	.037	.000	.471
-.36--.40	2	0	44	.004	.000	.216
-.41--.45	2	0	44	.004	.000	.216
-.46--.50	2	1	32	.004	.005	.157
-.51--.55		1	34		.005	.167
-.56--.60			33			.162
-.61--.65			28			.137
-.66--.70			23			.113
-.71--.75			15			.074
-.76--.80			11			.054
-.81--.85			1			.005
-.86--.90						
-.91--.95						
-.96-1.00						
Total	48 140	20 379	20 379	99.993	99.990	99.998

Strukturfähigkeiten erwies sich die Zielmethode als weit überlegen. Wenn man alle Einfachmaße außer Betracht läßt, könnten nur 32 Prozent der Varimaxfaktoren als diejenigen identifiziert werden, die Strukturfähigkeiten repräsentierten, während 93 Prozent der Zielfaktoren in diesem Sinn bei 26 zusammengefaßten Analysen interpretiert werden konnten.

Die Daten in Tabelle 4.6 ermöglichen uns einige zusätzliche Vergleiche, die indirekt auf diesen Ergebnissen beruhen. Bei einer positiven Vielfalt würde man gewöhnlich keine Ladungen unter -.10 erwarten. Aber die Verteilung der Korrelationskoeffizienten in Tabelle 4.6 zeigt, daß fast 5 Prozent von ihnen negativ sind, 4 liegen sogar unter -.40. Einige negative Faktorenladungen unter -.10 können daher toleriert werden. Wir können die beiden Verteilungen für die gezielte und die Varimax - Rotationen hinsichtlich der Häufigkeiten der negativen Ladungen vergleichen. Bevor die Häufigkeitsverteilung der Varimaxfaktoren vorbereitet wurde, wurden alle rotierten Faktoren, wenn nötig, reflektiert um den Hauptteil der Ladungen für jeden Faktor positiv zu machen. Bei den beiden Verteilungen der Faktorenladungen finden wir, daß die Prozentsätze für Ladungen unter -.10 ungefähr 4,7 für die gezielten Rotationen und 10,8 für die Varimax - Rotationen betragen. Die Prozentsätze unter -.20 liegen bei 1,3 bzw. 3,4. Es sieht so aus als ob beide Rotationsmethoden einen Preis für die ungewöhnlich niedrigen negativen Ladungen fordern für andere wünschenswerte Kennzeichen der Ergebnisse. Das Varimax - Verfahren zeigt mehr Schwächen.

Wie BUTLER (1969) richtig betont, kann eine Anzahl verschiedener Rotationslösungen für die gleichen Daten zur Beschreibung einer Einfachstruktur führen. Es gibt keine allgemein akzeptierten Kriterien für eine optimale Einfachstruktur. Eines der wichtigen Kennzeichen für Einfachstruktur ist jedoch der Anteil der hyperplanen Faktorenladungen. Wenn man diese Ladungen als Intervall von -.10 bis +.10 befindlich definiert, können wir die beiden Verteilungen in Tabelle 4.6 in Bezug auf die Häufigkeit der hyperplanen Ladungen vergleichen. Ungefähr 28 Prozent der Ladungen der Ziellösung im Vergleich zu 95 Prozent der Varimaxlösung erfüllen diese Definition. Ein anderes gewünschtes Kennzeichen der Einfachstruktur ist die Einfachheit oder Einzigartigkeit von Tests, d.h. jeder Test sollte die kleinst mögliche Zahl signifikanter Ladungen (.30 oder höher), am besten nur eine, haben. In der früheren Studie, auf die oben bereits Bezug genommen wurde (GUILFORD & HOEPFNER, 1969), lag für 12 ausgewählte Tests, die häufig analysiert wurden, die durchschnittliche Zahl signifikanter Ladungen leicht unter dem Durchschnitt der gezielten Lösungen. Auf die große Überlegenheit in Bezug auf die Interpretationsmöglichkeit der Faktoren war bereits hingewiesen worden.

Zusätzliche Multivariate Techniken

Im Verlauf der Suche des Projekts nach den Strukturfaktoren wurden faktorielle Konstrukte auf verschiedene Weise bei Validitätsuntersuchungen benutzt. Im letzten Abschnitt von Kapitel 4 werden Verfahren der multiplen Prediktion, der Erweiterung von Faktorenmatrizen und Schätzungen von Faktorenwerten kurz beschrieben.

Multiple Prediktion

Untersuchungen der prognostischen Validität wurden in Verbindung mit Studien durchgeführt, die in den Berichten 31 und 41, unter anderen, publiziert wurden. Testscores und verschiedene Schätzungen der Faktorenwerte wurden benutzt um Leistungskriterien verschiedener Art vorherzusagen. Beide Validitätsstudien benutzten ein standardisiertes, schrittweises Verfahren der multiplen Regression (BMDO6M von DIXON, 1965). Dieses Verfahren wählt als erste Variable im Prediktionsvergleich diejenige mit der höchsten Korrelation mit dem Kriterium aus, und jede folgende Variable wird nach der Größe der partiellen Korrelation mit dem Kriterium festgelegt, während dabei die frühere Prediktionsformel aufrecht erhalten wird. Bei jedem Schritt des Verfahrens wird ein F - Test auf die Vergrößerung des multiplen Korrelationskoeffizienten angewendet, durch den man bestimmen kann, von welchem Punkt an keine signifikanten Vergrößerungen mehr eintreten und die Addition von Prediktoren abgeschlossen ist.

Erweiterung von Faktorenmatrizen

Im Bericht 39 (und gelegentlich in anderen Berichten) wurden die Beziehungen zwischen Fähigkeiten und Maßen des Lernens durch Erweiterung der rotierten Faktorenmatrizen über die Kriteriumsvariablen untersucht. Auf diese Weise können die Faktorenladungen der Kriteriumsvariablen bestimmt werden, ohne daß man die faktoriell komplexen Variablen hinzunimmt die möglicherweise mit der Faktorenanalyse der Prediktorvariablen interferieren. Dabei wurde das von DWYER (1937) und MOSIER (1938) entwickelte Verfahren angewendet. In Matrizenschreibweise werden die geschätzten projizierten Faktorenladungen durch folgende Formel berechnet:

$$V = R'F' (FF')^{-1} \qquad (4.7)$$

dabei ist V = die Matrix der geschätzten Faktorenladungen der t Variablen auf die m rotierten Faktoren
R = die Interkorrelationsmatrix der c Variablen mit den n Variablen der ursprünglichen Faktorenanalyse.
F = die Matrix der rotierten Faktoren und n analysierten Variablen.

Das Ergebnis der Anwendung dieses Verfahrens ist die Addition von Zeilen zur rotierten Faktorenmatrix. Dabei sind die Ladungen durch die Interkorrelationen der neuen Variablen mit den faktorierten Variablen bestimmt. Es können keine Wahrscheinlichkeitsaussagen über die Koeffizienten der erweiterten Matrix gemacht werden, aber die relative Größe dieser Koeffizienten und ihre systematischen Beziehungen zu anderen Variablen geben häufig Hinweise auf ihre Interpretation.

Faktorenwerte

Zwei Arten von Faktorenwerten wurden, wie in Bericht 31 und 41, benutzt um Voraussagen zu machen. Die Benutzung von Faktorenwerten für multiple Voraussagen hat zwei wichtige Vorteile, einen theoretischen und einen statistischen. Korrelationen zwischen Fähigkeitstests und einem Kriterium sagen wenig allgemein Gültiges aus, bis wir die Testvariablen mit einer stabileren und überdauernden Variablen in Beziehung bringen können. einer, von der wir annehmen, daß sie in einer entsprechenden Theorie enthalten ist. Die Fähigkeitsfaktoren der Strukturtheorie stellen derartige Variablen dar und die erhaltenen Korrelationen der Faktorenwerte mit einem Kriterium sind zu verallgemeinern; sie zeigen dabei die Bedeutung jedes Fähigkeitsfaktors für die Leistung beim Kriterium. Eine praktische Konsequenz ist die, daß andere Tests, die den gleichen Faktor messen, mit einiger Sicherheit beispielsweise ersetzt werden können. Der statistische Vorteil ist der, daß es immer weniger Faktoren als Tests gibt und daher weniger Prediktoren und geringeren Verlust bei der Zahl der Freiheitsgrade. Verglichen mit der Methode der Ausweitung von Faktorenmatrizen zum Auffinden von Faktorenladungen, erlaubt die Verwendung von Faktorenwerten statistische Überprüfungen der Ergebnisse, während das erste Verfahren das nicht zuläßt.

In Bericht 31 wurden die Faktorenwerte durch das einfache Verfahren der Addition der Standardwerte der Tests, die ausgewählt wurden um jede faktorielle Fähigkeit allein zu repräsentieren, bestimmt. Solche groben Annäherungen an Faktorenwerte haben den Nachteil, daß die repräsentativen Tests gewöhnlich nicht von Varianzen anderer Faktoren frei sind. Wenn es keine Möglichkeit gibt diesen sekundären Beiträgen entgegen zu wirken, sind die Faktorenwerte wahrscheinlich positiv miteinander korreliert, trotz der Tatsache, daß die Faktoren, an deren Stelle sie stehen, nicht miteinander korrelieren. Die Interkorrelationen zwischen den Faktorenwerten, die in Bericht 31 benutzt wurden, lagen in der Größenordnung bis 0,50.

In der Untersuchung von Bericht 41 wurden die Faktorenwerte durch eine von BARTLETT (1937) entwickelten Methode ermittelt, ein vollständiges Schätzverfahren, das für eine Minimierung der Sekundärvarianzen sorgt. Es erfordert gewichtete Kombinationen von einer großen Anzahl von Tests, genau so wie wenn sie zusammen faktoranalysiert würden. Im Grunde kommen bei dem Verfahren nicht nur die Ladungen jedes Tests auf dem betreffenden Faktor zur Geltung, sondern auch sein Beitrag an Varianz bei der Bestimmung des Gewichts, das diesem Test bei der Bildung der Gleichung für einen Faktorenwert zukommt. HARRIS (1967) und MAC DONALD und BURR (1967) zeigen, daß BARTLETT's Schätzverfahren folgende positive Eigenschaften hat: Die Methode liefert Faktorenwerte, die hohe Korrelationen mit den betreffenden wahren Faktorenwerten aufweisen; die Werte sind eindeutig dadurch, daß sie Nullkorrelationen mit nicht entsprechenden wahren Faktorenwerten zeigen; und die Werte sind erwartungstreue Schätzungen der entsprechenden wahren Faktorenwerte.

Die Faktorenwerte wurden mit einem Computerprogramm ermittelt, das dem Algorithmus folgte, der durch die Gleichung

$$F = (A'U^{-2}A)^{-1} A'U^{-2}Z'$$ (4.8)

dargestellt wird. Dabei ist

A die n auf p Faktorenmatrix
U^{-2} die n auf u Diagonalmatrix der Kehrwerte der Varianzen
Z die Matrix der Standardwerte der Individuen.

Die multiple Korrelation jedes Faktors mit den u Testwerten kann durch die von BARTLETT angegebene Formel bestimmt werden:

$$R_p = \sqrt{1 - \frac{|Jpp|}{|J|}}$$ (4.9)

Dabei ist $|J|$ die Determinante der Matrix gebildet aus $(A'U^{-2})$
$|Jpp|$ der Kofaktor des Elements in Spalte und Zeile p der J Matrix.

Für die Faktorenwerte, die beim Aptitude Research Projekt durch dieses Verfahren ermittelt wurden, lagen diese Koeffizienten, die Ladungen von Faktorenwerten auf die zugehörigen Faktoren darstellen, in der Größe von 0,50 bis 0,90.

Zusammenfassung

Dieses Kapitel gab eine kurze Darstellung der Rechenverfahren, die bei den Faktorenanalysen der neueren Untersuchungen und bei den Reanalysen der früheren Studien des Aptitude Research Projekts verwendet wurden, ebenso bestimmter Verfahren für die multivariate Voraussage von Kriterien und die Maximierung von Informationen im Hinblick auf die Strukturfähigkeiten des Intellekts.

Nach der Extraktion der Zahl der Hauptfaktoren in Übereinstimmung mit der Zahl der hypothetischen Strukturfähigkeiten, die den Tests zugrunde liegen sollten, wurden Rotationen iterativ zu den angezielten Faktorenmatrizen durchgeführt, die am Anfang in Übereinstimmung mit der hypothetischen Faktorenstruktur konstruiert wurden. Als dominantes Ziel stand das Erreichen eines maximalen Grades von Invarianz im Vordergrund, ein Ziel, das im vorangegangenen Kapitel diskutiert wurde.

Andere Verfahren, die in Verbindung mit multipler Voraussage von Kriterien für Lernen und Schulleistungen, benutzt werden, wurden ebenfalls beschrieben einschließlich Methoden zur Schätzung von Faktorenladungen von Variablen, die nicht in den Faktorenanalysen enthalten waren und Methoden zur Schätzung von Faktorenwerten für Individuen. Einige Bemerkungen über die evaluativen Aspekte der meisten multivariaten Verfahren wurden angesprochen.

Kapitel 5
Fähigkeiten des Denkens und Problemlösens

Dieses Kapitel und die nächsten drei werden über Faktorenanalysen in ausgewählten Bereichen der intellektuellen Fähigkeiten berichten. Die heuristischen Kategorien, in die die früheren Studien eingeordnet sind, wurden gewählt bevor die Strukturtheorie der Intelligenz entwickelt war. Die Kategorien der späteren Untersuchungen reflektierten die Notwendigkeit dieser allgemeinen Theorie. Es wird zu zeigen sein, daß die traditionellen Begriffe durch neue systematische Ansichten ersetzt werden müssen, die bei den Untersuchungen ins Bild kamen und von denen einige bestätigt werden konnten.

In jedem Kapitel werden die verschiedenen faktorenanalytischen Untersuchungen in chronologischer Reihenfolge behandelt. Um jeder Untersuchung Rechnung zu tragen wird besondere Aufmerksamkeit den untersuchten Hypothesen und den entwickelten Tests gewidmet. Weitere Informationen über jede Untersuchung werden sich mit den wichtigen Ergebnissen der ursprünglichen Faktorenanalyse beschäftigen, wo sie von der Reanalyse mit der gezielten Achsenrotation abweichen. Alle numerischen Ergebnisse entstammen der letzten Quelle. Eine Zusammenfassung der Faktoren und Faktorenladungen von Tests wird in einer Tabelle in jedem Kapitel gegeben. Es stellt sich heraus, daß die Mehrzahl der Fähigkeiten, die in Analysen, die in diesem Kapitel behandelt werden, in die Kategorien der Kognition und konvergenten Produktion gehören.

Die Denkfähigkeit – Erste Analyse (1)

Hypothesen über Denkfähigkeiten

Die Hauptquelle für grundlegende Informationen über hypothetische Denkfähigkeiten schließt die erste große Faktorenanalyse von L.L. THURSTONE (1938) und eine Anzahl von Analysen des Psychologiefor-

---

1 Für jede Studie auf die in diesem und in den folgenden Kapiteln Bezug genommen wird, werden Zitate aus bestimmten Projektberichten der Nummer nach gegeben, wie sie im Anhang aufgeführt sind. Für die Denkfähigkeitsuntersuchung, vgl. Berichte 1 und 3. Ebenso GREEN, GUILFORD, CHRISTENSEN und COMREY (1953).

schungsprogramms der Luftwaffe in den frühen Vierziger Jahren ein (GUILFORD & LACEY, 1947).

THURSTONE's Analyse deutete auf drei mögliche Denkfähigkeiten hin - Induktion, Deduktion und eine Fähigkeit, die er als „Denken unter restriktiven Bedingungen" charakterisierte und die besonders deutlich durch einen Test bestimmt wurde, der aus arithmetischen Problemen bestand. Er zögerte die letztere als Denkfähigkeit zu akzeptieren. Es sah so aus, als ob er nicht mehr als die beiden Denkfähigkeiten erwartete, die in die ehrwürdigen Konzepte der „Induktion" und „Deduktion" hineinpaßten.

Die Ergebnisse der Luftwaffenuntersuchungen führten zu der Schlußfolgerung, daß es drei Denkfähigkeiten gibt, die als „Reasoning I", „Reasoning II und „Reasoning III" bezeichnet wurden. Reasoning I wurde dabei konsistent durch Tests für arithmetisches Verständnis markiert und „Allgemeines Verständnis" genannt, da eine Anzahl anderer Tests, die sich in ihrem Wesen weit voneinander unterschieden, auch auf diesen Faktor luden. Reasoning II wurde deutlich durch einen Figurenanalogietest markiert. Dadurch wurde nahegelegt, daß der Faktor mit dem Wahrnehmen von Beziehungen zusammenhängt. Die Identifikation dieses Faktors mit THURSTONE's Induktionsfaktor wurde als zweifelhaft angesehen. THURSTONE definierte seinen Induktionsfaktor als die Fähigkeit „eine Regel oder ein Prinzip für jede Aufgabe des Tests zu finden" (1938, S. 86). Das Finden einer Regel oder eines Prinzips könnte das Wahrnehmen einer Beziehung einschließen, aber jedes Konzept in seiner Definition scheint komplexer als das der „Beziehung". Darüber hinaus waren unter THURSTONE's führenden Tests für den Faktor Zahlenreihen und Figurenklassifikationen, bei denen die Regel oder das Prinzip im einen Fall ein System und im anderen ein Oberbegriff ist. Ein mögliches Glied liegt in einem anderen seiner Tests, Strukturanalogien, der ein Figurenanalogietest ist, und der auch auf den Induktionsfaktor lud. Aufgrund der heutigen Kenntnisse sieht es so aus, als ob THURSTONE's zuerst gefundener Induktionsfaktor eine Mischung aus mindestens drei Strukturfähigkeiten war - Kognition symbolischer Systeme (CSS), enthalten in seinen Zahlenreihen, Kognition figuraler Klassen (CFC), enthalten in seinem Figurenklassifikationstest und Kognition figuraler Beziehungen (CFR) enthalten in seinen Strukturanalogien.

Der Faktor Reasoning III der Luftwaffenuntersuchung wurde durch zwei Tests bestimmt, die hier von besonderem Interesse sind. Einer wurde „Räumliches Denken" und der andere „Dekodieren" genannt. Der erste erfordert die Entdeckung eines Prinzips, das sich auf die Plazierung der Buchstaben X und Y in einer Serie von Zeichnungen bezog. Der zweite verlangt die Entzifferung eines Codes bei dem die Buchstaben der Wörter mit Fahnen dargestellt werden. In jedem Fall muß ein symbolisches System gefunden werden, was die Fähigkeit CSS impliziert. Aus diesen Ergebissen folgt, daß Reasoning III näher an THURSTONE's Induktionsfaktor, so wie er ihn definierte, ist, als Reasoning II. Bei einer Gelegenheit lud ein Figurklassifikationstest auf diesen Faktor. Dieses Ergebnis wog schwer im Hinblick auf die

Hypothesenbildung bei der ersten Analyse der Denkfähigkeit im Aptitudes Research Projekt, der Reasoning - A Studie. Die Luftwaffenergebnisse zeigten nichts was mit THURSTONE's Deduktionsfaktor in Beziehung stehen könnte, aber dieser Faktor diente als Grundlage für eine vierte erwartete Fähigkeit bei der ersten Analyse der Denkfähigkeit durch das Projekt. Vier erwartete Fähigkeiten (oder Arten von Fähigkeiten) wurden wie folgt aufgelistet (2):

Reasoning I

a) Manipulation von Symbolen
b) Problemlösen
c) Definieren von Problemen
d) Prüfen von Hypothesen
e) Organisation von Folgen aufeinander bezogener Schritte

Reasoning II

a) Erkennen von Regeln oder Prinzipien (THURSTONE's Induktion)
b) Erkennen von Systemen
c) Erkennen von Trends
d) Erkennen von Beziehungen
e) Erkennen der Identität von Beziehungen
f) Analysieren von Formen

Reasoning III

a) Erkennen gemeinsamer Elemente oder Eigenschaften
b) Klassifikation (allgemein)
c) Klassifikation von Formen
d) Ableitung von Korrelaten

Reasoning IV

a) Schlußfolgerungen ziehen (Deduktionen)
b) Syllogistisches Denken

Hypothesen für Reasoning I. In Anbetracht der alternativen Hypothesen, die für jede Art von Reasoning, beginnend mit I, zusammengestellt sind, ist es angemessen aus den frühen Berichten mit kleineren redaktionellen Änderungen zu zitieren.

„Wegen der allgemeinen Beteiligung des Reasoning I der Luftwaffenuntersuchung an sehr verschiedenen Arten von Tests, könnte dieser Faktor eine allgemeine Fähigkeit mit symbolischen Material umzugehen, darstellen. Das würde Reasoning I zu einem allgemeinen Denkfaktor machen, da Denken durch die Benutzung von Symbolen charakterisiert ist. Eine etwas restriktivere Hypothese nimmt an, daß Reasoning I eine allgemeine Fähigkeit zum Lösen von Proble-

---

2 Es sollte angemerkt werden, daß die Hypothesen I, II und III etwas von den drei Denkfähigkeiten der Luftwaffenuntersuchung abweichen.

men ist. Nicht alles Denken ist Problemlösen. Wenn gezeigt werden kann, daß dieser Faktor auch in Tests zu finden ist, die Probleme stellen, würde die zweite Hypothese unterstützt. Eine noch mehr einschränkende Hypothese ist, daß unter Reasoning I die Fähigkeit bei gegebenen Problemen zu definieren, formulieren oder strukturieren zu verstehen ist. Das ist ein wesentlicher Schritt bei allen Aufgaben für arithmetisches Verständnis. Der Proband muß den Satz von Variablen und numerischen Werten begreifen und er muß ihre Beziehungen, ihre Beiträge zu einer Lösung erkennen.
Eine vierte Vorstellung von dem Faktor ist die einer Fähigkeit zur Überprüfung von Hypothesen. Das vorausgegangene Konzept - Definieren eines Problems - ist häufig ein Grund für die Hypothesenbildung. Mehrere falsche Anfänge werden gewöhnlich gemacht, bevor das Problem richtig begriffen wird. Je schneller derartige Fehler eliminiert werden können, desto besser ist das Ergebnis. Wenn das Problem richtig erkannt worden ist und die falschen Hypothesen zurückgewiesen wurden, muß noch etwas getan werden. Es muß eine Reihenfolge der Lösungsschritte festgelegt werden um zu einem Ergebnis zu kommen. Eine fünfte Hypothese, bezüglich Reasoning I ist die, daß sie die Fähigkeit zur Organisation derartiger Schritte ist. Jede der letzten drei Hypothesen könnte unterstützt werden, wenn es sich herausstellen sollte, daß die Tests, die derartige Operationen abdecken, höhere Ladungen bei Reasoning I aufweisen, als das arithmetische Verständnis." (Bericht 1,S. 3).

Hypothesen für Reasoning II: Die bevorzugte Hypothese für Reasoning II in der vorangegangenen Aufstellung war, daß sie im wesentlichen THURSTONE's Definition der Induktion entspricht - der Fähigkeit Regeln und Prinzipien zu erkennen. Es wurde jedoch berücksichtigt, daß „Regeln" und „Prinzipien" mehrere Interpretationen zulassen und unterschiedlicher Art sein können, für die Alternativen angegeben werden. Die Hypothesen II b, c und d interpretieren diese Konzepte als Systeme, Trends und Beziehungen. Hypothese IIe, Wahrnehmung der Identität von Beziehungen, geht über die Wahrnehmung von Beziehungen hinaus. Hypothese IIf, das Analysieren von Formen, reflektiert die Tatsache, daß ein Gottschaldt-Figuren-Test, bei dem die Vpn einfache Figuren finden sollen, die in komplexeren versteckt sind, einige Beziehungen zu dem Reasoning II-Faktor der Luftwaffenuntersuchung hatte. Es wurde erkannt, daß diese Aufgabe in dem Test sich von einer Induktion ziemlich unterscheidet.

Hypothesen für Reasoning III: Die Hypothesen zu Reasoning III reflektieren die Erwartung, daß irgendeine Art der Fähigkeit oder Fähigkeiten bei Klassifikationstests oder Tests, die das Erfassen von Oberbegriffen erfordern, gefunden werden könnten. Es könnte eine allgemeine Fähigkeit zur Bildung von Klassen, wie durch Hypothese IIIb vertreten, oder eine allgemeine Fähigkeit gemeinsame Elemente bei Vertretern einer Klasse zu finden, wie in IIIa, sein. Es könnte eine beschränkte Fähigkeit des Umgangs mit Figuren oder Formen sein, wie die Be-

ziehungen zwischen Figurenklassifikationstests und einigen Denkfähigkeitstests nahelegen. In Verbindung mit Hypothese IIId wurde erkannt,
daß bei Analogietests, besonders wenn sie vom Ergänzungstyp sind,
die Vpn nicht nur den ersten Schritt des Wahrnehmens einer Beziehung
zwischen zwei Objekten tun, sondern auch ein viertes Glied der Analogie finden müssen. Die Erfahrung zeigt, daß diese Hypothese besser
zu Reasoning II paßt, da sie sich eher mit Beziehungen als mit Klassen beschäftigt.

Eine Bemerkung zu Reasoning IV: Die Zweierklassifikation unter
Reasoning IV stellt lediglich die Frage, ob THURSTONE's Deduktionsfähigkeit eine allgemeinere ist, die über formales, syllogistisches
Denken hinausgeht, oder ob sie auf das letztere beschränkt ist. Die
Ergebnisse von THURSTONE deuteten eher auf eine weitere Bedeutung
hin, aber er hatte keine deutlichen Tests für schlußfolgerndes Denken,
außer in syllogistischer Form, in seiner Testbatterie.

Tests, die für die Hypothesen entwickelt wurden

Ein oder mehrere Tests wurden für jede der 11 besonderen Hypothesen,
die andeuteten, daß verschiedene Prozesse abgelaufen sein könnten,
entwickelt. Es hätte einen umfassenden Faktor geben können, auf den
alle oder die meisten Tests, die für die Hypothesen in jeder der vier
Gruppen konstruiert wurden, signifikant geladen hätten. Heute würde
man ein derartiges Ergebnis nicht erwarten, mit Ausnahme von Reasoning IV. In den anderen Fällen differieren die Tests im Inhalt, einige
sind figural, einige symbolisch. Wir können jetzt auch feststellen, daß
sie sich hinsichtlich des Produkts voneinander unterscheiden. Zu der
Zeit, als die erste Untersuchung der Denkfähigkeit jedoch geplant wurde, bestand eine Tendenz der Erwartung der Gestaltpsychologie zu
folgen, daß der Inhalt unwesentlich sei - daß, welcher Art der geistige
Prozeß auch ist, die gleiche Fähigkeit zur Anwendung kommt, trotz
verschiedener Art der Information. Die Untersucher waren sich zu
dieser Zeit auch noch nicht über die Unterscheidungen hinsichtlich der
Produkte von Informationen im klaren.
    Beim anderen Extrem hätte das Ergebnis in 11 unterschiedlichen
Faktoren, einen für jede Hypothese, bestanden, vorausgesetzt, daß
mindestens zwei gute, repräsentative Tests für jede Hypothese eingesetzt würden. Zwischen den beiden Extremen könnte es 5 bis 10 Faktoren geben. Wir werden später sehen, wie viele der Strukturfähigkeiten repräsentiert waren. Das eigentliche Ergebnis der ersten Analyse
ging in Richtung der Strukturfähigkeiten, mit kleinen Gruppen von
Tests, die Faktoren bestimmten, die sich mit einem Teil der Hypothesen deckten. Nur in Fall IV gab es einen einzigen Faktor für eine
Haupthypothese. Untersuchen wir zuerst, wie jede Hypothese durch
Tests repräsentiert war.

<u>Tests für Reasoning I.</u> Für Hypothese I a wurde eine Anzahl von Tests konstruiert, die nur aus symbolischen Items bestanden. Dabei waren die Symbole Zahlen oder Buchstaben. Drei Tests trugen die Bezeichnung „Zahlen und Operationsänderungen", die als I, II und III unterschieden wurden. Bei Form I dieses Tests bestand die Aufgabe der Vp darin, arithmetischen Operationszeichen verändern, z.B. die Zeichen-und x. Dann wurden fünf alternative, mögliche Gleichungen vorgegeben, aus der die Vp diejenige auswählte, die eine richtige Aussage ergab, wenn man die gegebene Veränderung durchführt. Bei Form II dieses Tests wurden der Vp eine falsche Gleichung und fünf vorformulierte Veränderungen der Operationszeichen gegeben, von denen eine, nach der Anwendung, zu einer richtigen Gleichung führt. Bei Form III erhält die Vp zuerst eine Aussage, die eine richtige Gleichung ergeben könnte, wenn zwei Zeichen oder zwei Zahlen verändert werden. Sie hat zu entdecken, welche Veränderungen das sind. Dann erhält sie fünf alternative Ungleichungen, von denen eine eine Gleichung wird, wenn die gleiche Veränderung, die vorher entdeckt wurde, angewendet wird.

Der vierte rein symbolische Test wurde als „Symbolmanipulation" in Übereinstimmung mit der zu überprüfenden Hypothese bezeichnet. Die Aufgabe erfordert zunächst das Aufnehmen einiger Definitionen von Symbolen, dann das einer symbolischen Aussage über eine bestimmte Beziehung, aus der andere Beziehungen abgeleitet werden können. Dann werden andere Beziehungen vorgegeben und die Vp soll sagen, welche richtig und welche falsch im Hinblick auf die ursprüngliche Aussage sind.

Wenn z.B. die Aussage x S y gegeben ist (dabei ist S als „kleiner als" definiert), ist es richtig oder falsch, daß x E y (E definiert als „gleich").

y S x
x NG y (NG definiert als „nicht größer als")

Keine besonderen Tests wurden für Hypothese I b entwickelt, die eine allgemeine Problemlösungsfähigkeit vorwegnahm. Der Test für arithmetisches Denken, der „Problemlösung" genannt wurde, ist das deutlichste Beispiel. Es ist schwer zu sagen, welche anderen Tests am besten für die Kategorie geeignet sind. Viele von ihnen sind es auf ihre eigene Art, d.h. ihre Aufgaben können als Problem angesehen werden. Das zweitdeutlichste Beispiel ist „Schiffsbestimmung". Dieser Test ist in Wirklichkeit ein Test für arithmetisches Denken, bei dem die Komplexität der Probleme systematisch variiert werden kann. Um Hypothese I b zu unterstützen, müßten viele andere Tests mit diesen beiden Tests auf den gleichen Faktor laden.

Hypothese I c betont nur eine Phase des Problemlösens, die relativ kurze Phase der Wahrnehmung der Struktur eines Problems. Der Test, der am klarsten für diese Hypothese entwickelt wurde - Wesentliche Operationen - besteht aus Aussagen, die denen bei der Darstellung eines arithmetischen Problems entsprechen. Bei jedem Item wird eine Frage gestellt und dann fünf alternative Fakten gegeben, von denen vier für die Lösung des Problems wesentlich sind und eine nicht.

Die Vp zeigt, daß sie das Problem verstanden hat, indem sie die irrelevante Tatsache angibt. Weitere Schritte sind nicht erforderlich, auch keine Berechnungen. Wenn dieser Test eng mit den beiden anderen, gerade erwähnten, zusammenhängen würde, und nur mit diesen beiden, dann würde dieses Ergebnis darauf hindeuten, daß der Schritt des Begreifens eines Problems der kritische für die Messung der Fähigkeit ist, die durch diese beiden Tests repräsentiert wird.

Für Hypothese I d, das Prüfen von Hypothesen, wurde ein Test mit der Bezeichnung „Geheimschrift" entwickelt. Der Test verlangt die Entzifferung eines Kodes, der Zahlen mit Buchstaben verbindet. Versuchs- und Irrtumsverhalten ist bei der Lösung derartiger Aufgaben fast unvermeidlich. Jeder „Versuch" hat seine eigene Hypothese und die meisten Hypothesen müssen zurückgewiesen werden.

Die Organisation von Handlungsfolgen (Hypothese I c) hat keinen guten Test, der sie repräsentiert. „Problemlösen" und „Schiffbestimmung" involvieren derartige Anforderungen, aber gebraucht würde ein Test, der auf diesen Schritt beschränkt ist. Es kann gesagt werden, daß Tests, die das Ordnen von Handlungen verlangen, bei einer späteren Analyse des Planens (Kapitel 6) verwendet wurden und zur Aufdeckung einer „Ordnungsfähigkeit" führten. Diese Fähigkeit ist von der allgemeinen Denkfähigkeit recht verschieden und mit dem Test nicht korreliert.

Tests für Reasoning II. Die Hypothesen zu Reasoning II verlangen im allgemeinen irgendeine Art von Induktion. Aus gegebenen Beispielen muß die Vp irgendeine Regel oder ein Prinzip in Form einer Beziehung, eines Trends oder eines Systems wahrnehmen oder ableiten. Ein Test (Kreissystem), der Hypothese II a illustriert (Wahrnehmen von Regeln oder Prinzipien), gibt bei jeder Aufgabe eine Sequenz, von rechts nach links, von Punkten und kleinen Kreisen vor, mit einem Kreis, der markiert wurde. Welcher Kreis in jeder der ersten Reihen markiert wird, ist durch eine Regel festgelegt, z.B. der zweite Kreis in der Reihe, der erste Kreis nach dem ersten Punkt usw..Die Vp zeigt, daß sie die Regel erkannt hat, indem sie den richtigen Kreis in der fünften Reihe ausstreicht.

Für Hypothese II b, das Wahrnehmen von Systemen, ist Buchstabendreieck eine gute Illustration. Jedes Item besteht aus einer Struktur einfacher Buchstaben, mit einem Buchstaben an der Spitze und vier Buchstaben an der Basis. Dabei bilden die Buchstaben eine alphabetische Reihenfolge, die für jedes Item unterschiedlich ist, wie im folgenden Beispiel:

$$
\begin{array}{cccc}
 & & \overline{\quad} & \\
 & d & & \\
 & & & \overline{\quad} \\
 b & & e & \\
 & & & \\
 a & c & f & \\
 & & & ? \\
 & & & \overline{\quad}
\end{array}
$$

Welcher Buchstabe steht an der Stelle des Fragezeichens? Fünf mögliche Antworten werden angegeben.

Hypothese II c, das Wahrnehmen von Trends, wurde durch die Tatsache nahegelegt, daß bei einigen unveröffentlichten Ergebnissen der Luftwaffenuntersuchungen, ein Figuren - Matrizen - Test gefunden wurde, der mit dem Faktor der Figurenanalogietests in Beziehung stand. Bei jeder Aufgabe des Figuren - Matrizen - Tests sind neun Figuren in einer Matrix von drei Zeilen und drei Spalten angeordnet. In jeder Zeile liegt der gleiche Trend vor, z. B. die Zahl der Objekte vergrößert sich, und in jeder Spalte ist ein anderer Trend realisiert, z. B. die Figur wird dunkler. Einige entsprechende Figuren werden in der Aufgabe gezeigt, und einige Zellen frei gelassen. Eine leere Zelle hat ein Fragezeichen und unter der Matrix sind fünf mögliche Figuren angegeben, die das Fragezeichen ersetzen sollen. Die Trends sind ziemlich kurz, aber lang genug für die Vp, um ihre Richtung zu bestimmen.

Einige Tests waren vielversprechende Vertreter der Hypothese des Wahrnehmens von Beziehungen (II d). Verbale Analogien I wurden zu diesem Zweck konstruiert. Obwohl erkannt wurde, daß zwei verschiedene Fähigkeiten bei Analogietests beteiligt sein könnten, wurde dieser Test konstruiert, um die W a h r n e h m u n g von Beziehungen mehr zu betonen, als das Erfüllen von Beziehungen, oder in SPEARMAN's Terminologie, die „Ableitung von Beziehungen" mehr als die „Ableitung von Korrelaten". Diese Betonung wurde dadurch versucht, daß die Beziehung ziemlich schwierig wahrzunehmen war und durch die Vorgabe von multiple - choice Antworten. Eine Aufgabe lautet:

Athlet z u Schüler w i e Hand z u ?

Antworten: A. Zurückgezogenheit B. schreiben C. studieren
D. Buch E. Gehirn

Der Test Wortmatrizen stellt einige Beziehungen dar, wie in
Erde   Straße   Auto
Luft   Route   ?

Antworten: A. Flugzeug B. Vogel C. Drachen D. Ballon E. Wolke

Wegen der Komplexität, die in diesem Test auftritt, ist er möglicherweise besser als Maß für die Kognition von Systemen geeignet. Für Hypothese II e wurde kein besonderer Test entwickelt. Aufgrund des heutigen Kenntnisstands kann man sagen, daß diese Hypothese so formuliert ist, als ob sie zur E v a l u a t i o n von Beziehungen gehören würde, wobei Identität das Kriterium ist, dem genügt werden muß. Die Hineinnahme des einen Tests, bezeichnet als „Versteckte Figuren" mit Gottschaldt - Figuren, wurde gemacht um zu bestimmen, ob ein derartiger Test wieder in einer Beziehung zur Denkfähigkeit stehen würde, wie bei der früher erwähnten Luftwaffenuntersuchung.

Tests für Reasoning III. Drei Hypothesen unter Reasoning III betreffen Klassen, für die Klassifikationstests entwickelt wurden. III a gehört zur Wahrnehmung gemeinsamer Elemente oder Eigenschaften. Figurenzuordnung illustriert diese Art der Aktivität in Form eines Tests. Bei jeder Aufgabe ist eine bestimmte Figur gegeben und die Vp muß aus fünf anderen Figuren die heraussuchen, die am meisten mit der Vorlage gemeinsam hat.

Die Vorstellung einer (allgemeinen) Klassifikationsfähigkeit in Hypothese III b würde unterstützt werden, wenn einige der verschiedenen Tests, einige figurale und einige verbale, den gleichen Faktor aufweisen würden. III c würde unterstützt werden, wenn die Figurenklassifikationstests einen eigenen Faktor ergeben. Der Figurenzuordnungstest, der gerade beschrieben wurde, ist ein Beispiel. Figurenklassifikation ist ein Zuordnungstest, bei dem ein gegebenes Objekt einem Satz von drei Figuren (unter alternativen Sätzen) zugeordnet werden soll, mit dem es mindestens eine Eigenschaft gemeinsam hat.

Bei einem Figurenausschlußtest wird ein Satz von fünf Figuren gegeben, von denen eine nicht zur Klasse gehört; die Vp soll feststellen welche. Es gab dazu einen parallelen Wortklassifikationstest mit Aufgaben wie

A. Pferd B. Kuh C. Mensch D. Blume E. Hund

Es gab keinen anderen verbalen Klassifikationstest, daher konnte bei der ersten Analyse nicht festgestellt werden ob zwei Klassifikationsfähigkeiten vorhanden sind, eine verbale und eine figurale, aber es war zu ermitteln, ob der verbale Test mit dem figuralen zum gleichen Faktor gehörte.

Für die einzige Hypothese über die Ableitung von Korrelaten waren mehrere Tests geeignet. Es gab einen Test „Verbale Analogien II", bei dem die Beziehung zwischen dem ersten Wortpaar ziemlich leicht zu sehen ist, aber bei dem einige Zweifel darüber bestehen, welche alternative Ergänzung richtig ist. Es gab einen Test „Figurenanalogie - Ergänzung", bei dem die Vp die richtige Antwort konstruieren mußte; Alternativen wurden nicht gegeben. Bei einem anderen Figurenanalogietest, der als „Vorgeschriebene Beziehungen" bezeichnet wurde, erhält die Vp die erste Figur und ihr wird mitgeteilt, welche Relationen zur zweiten Figur bestehen. Diese Figur ist unter den Alternativen herauszufinden. Ein Test „Korrelat - Ergänzung" genannt, war eine Art Analogie - Ergänzungstest, der Wörter benutzte. Manchmal war die Beziehung eine Sache der Ordnung, wie bei

Ton Not Eber Rebe Sarg _____ *

mit zwei Beispielen für die Beziehung. Bei anderen Items waren die Beziehungen sinnvoll, wie bei

Fisch schwimmen Mensch gehen Vogel _____

---

*Die Aufgabe wurde in Analogie zum Original gebildet, um das Prinzip deutlicher zu zeigen (Anm. d. Ü.)

Der gemischte Inhalt (symbolisch und semantisch) dieses Tests wurde später erkannt, aber in der ersten Studie gab es so gut wie keine Auseinandersetzung mit Fragen des Inhalts. Bestimmte Ergebnisse der ersten Untersuchung zeigten die Bedeutung einer derartigen Unterscheidung.

Tests für Reasoning IV. Drei Tests wurden benutzt um etwas Licht in die Kategorie Deduktion zu bringen. Dabei stand, wie früher angedeutet, lediglich die Frage der Allgemeinheit zur Diskussion. Zwei syllogistische Tests wurden verwendet. Einer war der Test „Falsche Prämissen" von THURSTONE, bei dem die Vp lediglich angibt, ob die Schlußfolgerung richtig oder falsch ist. Die Prämissen sind nicht sinnvoll, wie etwa „Alle Fische sind Clowns". Beim Test „Syllogismus" sind die Aussagen realistisch und vier Alternativschlußfolgerungen gegeben. Der informelle Test „Schlußfolgerungen" gibt nur eine Prämisse mit Fakten und fünf alternativen Schlußfolgerungen, von denen eine ableitbar ist, die anderen nicht.

Die ursprüngliche Analyse

Die Analysetechniken des Projekts sind in den vergangenen Kapiteln erwähnt worden. Die Vpn, die bei den Analysen, mit denen sich dieses Kapitel in erster Linie beschäftigt, verwendet wurden, sind in Tabelle 5.1 zusammengestellt. Nur Ergebnisse und Schlußfolgerungen werden hier diskutiert. Für die ursprüngliche Analyse der ersten Untersuchung der Denkfähigkeit wird das Hauptgewicht auf die positiven Ergebnisse gelegt, die einige historische Bedeutung hatten.

Bei dieser Analyse wurden 13 Achsen rotiert, von denen 12 psychologisch interpretiert wurden. Von diesen hingen 7 hauptsächlich von Tests ab, die als Tests für die Denkfähigkeit entwickelt wurden, und 5 wurden als Bezugsfaktoren angesehen, die außerhalb der Denkfähigkeit liegen und die hier nur von geringem Interesse sind. Vom Standpunkt des heutigen Wissens waren die Ergebnisse weit von zufriedenstellend entfernt, da 22 Strukturfähigkeiten offensichtlich in der Testbatterie repräsentiert waren; sie konnten durch die Rotation von nur 13 Faktoren nicht aufgedeckt werden. Tatsächlich waren 14 der Strukturfähigkeiten, wenn die spätere Inspektion zuverlässig war, in größerem Maß nur durch jeweils einen Test vertreten.

Wenn derartige einzige Repräsentanten von Faktoren in der analysierten Batterie vertreten sind, tendieren sie dazu hin und her zu gehen, wo immer es die Korrelationen mit anderen Tests erlauben und die Plazierungen bei den Faktoren sind möglicherweise genausogut Zufallsbeiträgen zu den Korrelationskoeffizienten wie kleineren allgemeinen Verbindungen zu diesen Faktoren zuzuschreiben. In jedem Fall führt die Anwesenheit dieser Tests in der Faktorenliste zu Unklarheiten über die wahre Natur der Fähigkeiten, die stärker repräsentiert sind. Einige der sieben Denkfaktoren, die im wesentlichen durch Reasoningtests in dieser Analyse bestimmt wurden, sind in den späteren

Analysen wieder aufgetreten, und sie waren wahrscheinlich nicht sehr weit von ihren Gegenstücken, den Strukturfaktoren, entfernt.

Tabelle 5.1 Populationen und Stichproben für die Analysen der Denkfähigkeit und des Problemlösens*

Bericht Nr.:	Kurzbezeichnung der Analyse	N	Population
3	Reasoning A	139	Luftwaffenkadetten
		144	Offiziersanwärter
6	Reasoning B	395	Luftwaffenkadetten
		343	Offiziersschüler
14	Allgemeine Denkfähigkeit	170	Kadetten der Küstenwache
16	Denkfähigkeit, Kreativität und Evaluation	411	Luftwaffenkadetten (2 Gruppen)
		219	Seekadetten (Flieger)
22	Problemlösen	219	Seekadetten (Flieger) und Offiziersschüler
23	Symbolische Fähigkeiten	240	Seekadetten (Flieger) und Offiziersschüler
40	Figurale Kognition und Evaluation	188	Architekturstudenten

Schicksal der Hypothesen. In der früheren Diskussion haben wir auf die Hypothesen über erwartete Faktoren hingewiesen, daher möchten wir kurz auf das Schicksal dieser Hypothesen eingehen. Vollständigere Information dazu gibt Bericht 3. Die früher angesprochenen Hypothesen werden in etwa der Reihenfolge nach erwähnt.

I a MANIPULATIONEN VON SYMBOLEN. Kein allgemeiner Faktor dieser Art wurde gefunden. Ein begrenzter Faktor wurde jedoch entdeckt, der durch die drei Zahl- und Operationsänderungstests zusammen mit „Symbolmanipulation" repräsentiert war. Der Faktor wurde als „Symbol ersetzen" bezeichnet. In anbetracht der Tatsache, daß die drei gerade erwähnten ähnlichen Tests als gemeinsames Merkmal das Ersetzen von Symbolen hatten. Dieses Merkmal ließ sich auf Symbolmanipulation nicht anwenden. Später half dieser Test die Strukturfähigkeit Evaluation symbolischer Relationen (ESR) zu identifizieren. Sehr einfache Gleichungen, wie in diesen Tests, sind offensichtlich symbolische Relationen und das gleiche kann von den Gleichungen bei allen Zahl- und Operationsänderungstests gesagt werden. Bei allen die-

---

*Die Altersstreuung liegt zwischen 18 bis 25 Jahren. Die Schulbildung lag allgemein zwischen High School und zwei Jahren College.

sen Tests muß die Vp beurteilen ob vorgegebene symbolische Aussagen richtig sind, wobei die Informationen vorliegen.

I b PROBLEMLÖSEN (ALLGEMEIN). Kein Faktor der Problemlösungstests war hinreichend allgemein um diese Hypothese zu unterstützen. Die Tests Problemlösen und Schiffsbestimmung hingen, wie erwartet, zusammen, aber die Zahl der übrigen Tests, die auf den gleichen Faktor luden, war sehr beschränkt. Die Tatsache, daß ein Test für arithmetisches Denken das Etikett der „allgemeinen Denkfähigkeit" erhielt, stand in Übereinstimmung mit der Tradition der Luftwaffenuntersuchungen.

I c DEFINITION VON PROBLEMEN. Der eine gute Test für die Repräsentation dieser Hypothese war „Wesentliche Operationen", der mit den beiden zuletzt erwähnten Tests für allgemeine Denkfähigkeit zusammenhing, aber nicht stark genug um sagen zu können, daß der Faktor der Fähigkeit Probleme zu strukturieren entspricht. Bessere Tests für diese Hypothese wurden bei späteren Untersuchungen konstruiert.

I d PRÜFEN VON HYPOTHESEN. Der deutlichste Test für diese Hypothese bestimmte keinen eigenständigen Faktor, hing aber mit dem Test „Schlußfolgerungen" und dem „Syllogismustest" mit einem Faktor „logische Denkfähigkeit" zusammen. Diese Fähigkeit wurde später als die Strukturfähigkeit Evaluation semantischer Implikationen (EMI) identifiziert. Nach allem, bedeutet das Prüfen einer Hypothese sie zu evaluieren, während die Hypothese selbst eine Implikation aus der gegebenen Information ist.

I e ORGANISATION VON FOLGEN VON SCHRITTEN. Kein besonderer Test für diese Vorstellung war in der Batterie. Es ist jetzt bekannt, daß das Ordnen einer Reihe von Schritten eine Aktivität konvergenter Produktion und daß die Reihe selbst ein System ist. Daher sollten wir uns nach Tests umsehen, die die Strukturfähigkeit NFS, NSS und NMS in Abhängigkeit von Inhalt messen. Die letzten beiden der gerade erwähnten Fähigkeiten wurden später durch den Einsatz von Tests, die Ordnungen verlangen, nachgewiesen.

Die Tests, die für Reasoning II entwickelt wurden, bestimmten drei Faktoren. Kreissystem und Buchstabendreieck, die früher als Vertreter der Hypothesen II a bzw. II b vorgeschlagen wurden, gingen miteinander zusammen und bestimmten zum größten Teil einen Faktor, der als „Entwicklung begrifflicher Strukturen" (3) bezeichnet wurde. Die Bezeichnung „begrifflich" deutet darauf hin, daß kein figuraler

---

3 Der Begriff „Entwicklung" wurde von SPEARMAN entlehnt. Die Faktorenbezeichnung hätte „Wahrnehmung begrifflicher Strukturen" sein können.

Test dabei beteiligt war. Zu diesem Zeitpunkt wurde noch kein Unterschied zwischen symbolischem und semantischem Inhalt gemacht. Dieser Faktor trat häufig wieder auf, markiert mit diesen beiden Tests, und die Fähigkeit wurde endgültig als Kognition symbolischer Systeme (CSS) identifiziert.

II c ERKENNEN VON TRENDS. Der einzige Hinweis auf das mögliche Schicksal der Trendtests bestand darin, daß sie möglicherweise mit den Relationstests, wie der Figurenmatrix, zusammenhingen. Spätere Erfahrung unterstützte diese Schlußfolgerung, wonach Trends aus einer Folge von Elementen bestehen, bei denen die Beziehung zwischen zwei benachbarten Gliedern gleich ist, z.B. die Beziehung „größer als" oder „kommt nach".

II d ERKENNEN VON BEZIEHUNGEN. Hier finden wir zwei Faktoren. Einer wurde durch die Figurenmatrix charakterisiert und als „Entwicklung figuraler Beziehungen" bezeichnet. Dieser Name ist der Tatsache zuzuschreiben, daß fünf der Tests dieses Faktors figuralen Inhalt hatten. Dieser Faktor bereitete die Strukturfähigkeit Kognition figuraler Beziehungen (CFC) vor, für den die Figurenmatrix weiterhin als Markierung diente. Der andere Faktor wurde „Entwicklung begrifflicher Beziehungen" genannt und wurde durch „Verbale Analogien I" und „Wortmatrizen" markiert. Er war der Vorläufer der Strukturfähigkeit Kognition semantischer Beziehungen (CMR). Die Parallele zwischen diesen beiden Faktoren bestand in den Ergebnissen, die zu Erwartungen über andere Unterscheidungen hinsichtlich des Inhalts und möglicherweise auch zur Verwendung des morphologischen Modelltyps für die Struktur des Intellekts, wie in Kapitel 2 erklärt, führten. Diese beiden Faktoren und andere ähnlicher Art sind der Beweis dafür, daß Denkfähigkeiten nicht über die durch den Inhalt vorgegebenen Grenzen hinausgehen, sondern im wesentlichen durch diese Grenzen eingeschränkt sind.

II e ERKENNEN DER IDENTITÄT VON BEZIEHUNGEN. Ohne eine ausreichende Zahl von Tests, um die Separierung eines einzigen Faktors dieser Art zu ermöglichen, war keiner ernsthaft erwartet worden. Aber diese Art der Fähigkeit konnte später in Bereichen der Evaluationsfähigkeiten, bei denen Beziehungen beteiligt sind, nachgewiesen werden. Die Entscheidung darüber, ob zwei gegebene Beziehungen identisch sind oder nicht, ist eine Evaluation.

II f ANALYSIEREN VON FORMEN. Der einzige Test, der diese Hypothese vertrat, war „Versteckte Figuren", der nicht genug zur Bestimmung eines Faktors beitrug. Anstelle dessen lud dieser Test auf einen Faktor, der als „Entwicklung von Korrelate" bezeichnet wurde, jedoch ohne daß diese Beziehung einen Sinn ergab. Später ergab sich, daß dieser Test relativ stark für die Strukturfähigkeit der konvergenten Produktion figuraler Transformationen (NFT) ist. Daraus wurde konsequenterweise gefolgert, daß das Finden einer einfachen Figur in einer komplexeren, nicht so sehr eine Form der Analyse als eine Reorganisation der Linienstruktur der komplexen Figur zur Bildung der einfachen Figur ist. Reorganisation ist eine Form der Transformation.

Drei Hypothesen unter Reasoning III verlangten nach einer oder mehreren Fähigkeiten, die das Erkennen von gemeinsamen Eigenschaften von Objekten oder das Erkennen von Klassen beschrieben. III b verlangte nach einer allgemeinen Fähigkeit Klassen zu erkennen und III c nach dem Erkennen von Klassen von Formen und Figuren. In Wirklichkeit wurden keine klaren Klassenfähigkeiten oder klassifizierende Fähigkeiten bei der Reasoning - A Analyse gefunden. Die Tests, die den Klassen zugeordnet waren, streuten in verschiedene Richtungen der originalen Analyse. Der wahre Grund liegt darin, daß zu viele verschiedene Fähigkeiten repräsentiert waren für die Zahl der zur Analyse zur Verfügung stehenden Tests. Bei späteren Analysen halfen „Figurale Klassifikation" und „Figurenausschluß" bei der Lokalisation der Strukturfähigkeit CFC, aber gewöhnlich braucht man die Hilfe eines anderen CFC - Tests, um dieses Ziel zu erreichen. Der Test „Wortklassifikation" allein repräsentierte die Strukturfähigkeit CMC aber nicht ausreichend, um bei den üblichen Rotationstechniken einen Faktor zu lokalisieren.

III d ABLEITUNG VON KORRELATEN. Ein Faktor, der für eine derartige Fähigkeit gut aussah, wurde in der Analyse gefunden. Aber die zunehmende Einsicht zwingt uns anzunehmen, daß dieser Faktor eine Mischung aus den Strukturfähigkeiten NSR, NMR, möglicherweise auch mit NFR war, da Tests unter ihnen den drei Inhaltskategorien umfaßten und zusammen auf den Faktor luden. Der Test „Korrelat - Ergänzung" hatte, wie erinnerlich, sowohl symbolische als auch semantische Items. Figurenanalogien - Ergänzung, der einzige Vertreter für NFR, lud ebenfalls auf diesen Faktor. Die Ermittlung eines besonderen Korrelats, die bei jeder Aufgabe dieser Tests gefordert wird, ist ein Beispiel für konvergente Produktion. Daher wurde die Erwartung, daß ein Analogietest zwei unterschiedliche Fähigkeiten in Abhängigkeit von der Betonung, ob die Beziehung zu e r k e n n e n oder durch ein vorgegebenes Korrelat zu e r g ä n z e n ist, repräsentiert, erfüllt. Obwohl der Test Verbale Analogien II als Korrelat - Ergänzungstest konstruiert wurde, lud er auf andere Faktoren. Die multiple - choice - Form des Tests vereitelte offensichtlich diesen Zweck, während die Ergänzungsform des Figurenanalogietests erfolgreich war.
    Die Antwort auf die Hypothesen IV a und IV b begünstigte einen einzelnen Faktor, nicht zwei, auf den alle drei verwendeten Tests, ob syllogistisch oder informell, luden. Es wurde jedoch gefolgert, daß die Fähigkeit ihrer Natur nach nicht deduktiv ist, denn Deduktion impliziert das Z i e h e n von Schlüssen, während alle drei Tests der Vp die Antwort geben, wenn auch unter Distraktoren. Es wurde angenommen, daß ein wirklich deduktiver Test von der Vp die Formulierung einer Antwort - ihre eigene Schlußfolgerung, richtig oder falsch, er-

warten würde. Diese Annahme plaziert jede Deduktionsfähigkeit in der
Kategorie der konvergenten Produktion. Wenn der Vp mögliche Schlußfolgerungen (richtige und falsche) vorgegeben werden und sie darüber
entscheiden soll, evaluiert sie. Da die Schlußfolgerungen Implikationen
sind, evaluiert sie Implikationen und der in der ursprünglichen Analyse als „logische Denkfähigkeit" bezeichnete Faktor kommt der Strukturfähigkeit EMI am nächsten. Die parallele D e d u k t i o n s fähigkeit
NMI wurde später durch andere Arten von Tests, die einen Syllogismustest in Ergänzungsform einschlossen, nachgewiesen.

Der Begriff der Denkfähigkeit. Obwohl die Analyse der ersten Studie
der Denkfähigkeit viel zu wünschen übrig ließ, reichten die Ergebnisse
aus, um einige Befürchtungen einsichtlich der Nützlichkeit der „Denkfähigkeit" als technischen oder systematischen Begriff auftauchen zu
lassen. Es ist schwierig zu sagen, welche der Tests wirklich Maße
der Denkfähigkeit und welche der Faktoren Fähigkeiten des Denkens
sind. Es ist uns daher nicht möglich, aufgrund von empirischen
Grundlagen den Begriff einzugrenzen. Es hilft auch nicht viel zu sagen,
daß nur die Faktoren, die an Induktion oder Deduktion beteiligt sind
zur Kategorie der Denkfähigkeit gehören. GUILFORD (1960) hat angenommen, daß wir verschiedene Arten der Induktion, alle in der Kategorie Kognition des Strukturmodells, finden, die die Produkte der
Klassen, Relationen, Systeme und Implikationen für alle Inhaltskategorien einschließen. Er erwartete, daß wir zwei Arten der Deduktion
erkennen (für jede Art des Inhalts), beide in der Kategorie der konvergenten Produktion unter Beziehung auf Relationen und Implikationen.
Das würde acht Arten der Deduktion bedeuten. Aber mit den präziser
definierten Begriffen, die durch die Strukturtheorie zur Verfügung gestellt wurden, scheint der Nutzen der Begriffe „Induktion" und „Deduktion" beschränkt und sie können besser durch die Begriffe der Strukturtheorie ersetzt werden.

Die Analyse mit gezielten Rotationen

Wie früher angedeutet, führte eine spätere Untersuchung der Tests
der ersten Denkfähigkeitsbatterie dazu anzunehmen, daß 22 Strukturfaktoren repräsentiert waren, davon viele nur durch jeweils einen
Test. In Übereinstimmung damit, wurden bei neuen Extraktionen der
Hauptkomponenten die ersten 22 für die Rotation der Achsen ausgewählt. Die Lösung ergab die signifikanten ($\geq$ .30) Faktorenladungen,
die in Tabelle 5.2, nach Faktoren gruppiert, aufgeführt sind (4).
    Es darf nicht angenommen werden, daß das Zielen der Achsen auf
einen einzelnen Test Faktoren „entdeckt". Man würde normalerweise

---

4 Tabelle 5.2 enthält signifikante Ladungen, nicht nur aus den gezielten Analysen,
  die in diesem Kapitel von Bedeutung sind, sondern auch aus Analysen des Projekts, die Faktoren in der Kategorie der Kognition und der konvergenten Produktion beisteuerten, zu denen die meisten Fähigkeiten gehören, die unter der Bezeichnung „Denkfähigkeiten" erscheinen.

nicht einen einzigen Test als Demonstration irgendeiner faktoriellen Fähigkeit akzeptieren. Aber wenn man dafür sorgt, daß ein Test, der im wesentlichen nur seine eigene faktorielle Fähigkeit repräsentiert, eine orthogonale Achse erhält, verhindert man damit, daß das Faktorenbild an anderer Stelle der Lösung verwischt wird (5). Die Untersuchung der anderen Faktoren für Analyse 3 in Tabelle 5.2 zeigt, daß sie sehr deutlich sind, mit nur 2 bis 5 Tests, die auf jeden von ihnen laden.

Tabelle 5.2 kann auch entnommen werden, wie gut die faktoriellen Fähigkeiten, die in der ersten Analyse gefunden wurden, in späteren Analysen bestätigt werden konnten und wie bestimmte Tests viel Invarianz in Verbindung mit diesen Fähigkeiten zeigen. Wo ein bestimmter Test nicht bei einem Faktor in einer oder mehreren Analysen erscheint, war dieser Test wahrscheinlich nicht in der Testbatterie. Bestimmte Tests, die eine Vorzugsstellung als Markierung erhielten, erscheinen häufiger.

Wir sollten jetzt die Aufmerksamkeit kurz auf das Wesen der mehrfach bestimmten Faktoren richten. „Figurenausschluß" und „Figurenklassifikation" gingen in dieser Analyse zusammen und repräsentierten CFC. Erwartet war, daß sie helfen würden, in der ursprünglichen Analyse einen Klassifikationsfaktor aufzudecken, aber das war nicht der Fall. „Kreissystem" und „Buchstabendreieck" bestimmen, wie vorher, einen Faktor, der jetzt als CSS erkannt ist. Damit zusammen hängt „Geheimschrift", der aber nicht auf CSS angesetzt war, sondern mehr für NSI (wie Tabelle 5.2 anzeigt). Es ist einleuchtend, daß etwas CSS - Varianz in diesem Test ist, da die Vp den Kode und seine Anwendung bei jeder Aufgabe als Struktur oder Form erkennen oder wahrnehmen muß.

---

5 In Tabelle 5.2 sind die Ladungen von Tests auf einzige Faktoren durch ein hochgestelltes „S" markiert. Obwohl man nicht erwarten kann, daß diese Ladungen genau sind, ist anzumerken, daß sie mit den Werten, die mit anderen Testfaktoren gefunden wurden, in hohem Maße übereinstimmen.

Tabelle 5.2 Tests, die bei 24 Analysen signifikant auf Faktoren luden, die Fähigkeiten der Kognition und der konvergenten Produktion repräsentieren [a]

Faktor	Test	3	6	8	9	12	13	14	16A	16B	16C	21	22	23	31A	31B	32	33	34	35	38	39	40	41	43
CFU																									
	Zusammenschlüsse [b]	–	–	–	–	–	–	–	–	–	–	–	–	–	–	–	–	–	–	–	–	–	63	–	–
	Versteckte Form	–	–	–	–	–	–	–	–	–	–	–	–	–	–	–	–	–	–	–	–	–	56	–	–
	Figur - Ergänzung	–	–	–	–	–	–	–	–	–	–	–	–	–	–	–	–	–	–	–	–	–	56	–	–
	Gestalt - Ergänzung	–	–	49	–	–	–	–	–	–	–	–	–	–	–	–	–	–	43	–	–	–	–	–	–
	Verstümmelte Wörter	–	–	44	–	–	–	–	–	–	–	–	–	–	–	–	–	–	49	–	–	–	41	–	–
CFC																									
	Figurenklassifikation	41	64	–	50	–	–	–	–	42	–	–	–	–	–	–	–	–	–	43	–	47	52	–	53
	Bildklassifikation	–	–	–	50	–	–	–	53s	47	–	–	–	–	–	–	–	–	–	50	–	–	–	–	–
	Zusammenschliessen figuraler Klassen	43	38	–	–	–	–	–	–	–	–	–	–	–	–	–	–	–	–	–	–	46	36	–	53
	Figurenausschluß	–	–	–	–	–	–	–	–	–	–	–	–	–	–	–	–	–	–	–	–	44	–	–	–
	Hierarchisches figurales	–	–	–	–	–	–	–	–	–	–	–	–	–	–	–	–	–	–	–	–	–	–	–	–
	Gruppieren (NFC)	–	–	–	–	–	–	–	–	–	–	–	–	–	–	–	–	–	–	–	–	–	–	–	–
	Multiple figurale	–	–	–	–	–	–	–	–	–	–	–	–	–	–	–	–	–	–	–	–	42	–	–	–
	Ähnlichkeiten (DFC)	–	–	–	–	–	–	–	–	–	–	–	–	–	–	–	–	–	–	–	–	35	–	–	–
	Begrenzte Wörter (DSI)	–	–	–	–	–	–	–	–	–	–	–	–	–	–	–	–	–	–	30	–	–	–	–	–
CFR																									
	Räumliches Verständnis	–	–	–	–	–	–	–	–	–	–	–	–	–	–	–	–	–	–	–	–	–	58	–	–
	DAT Abstraktes Denken	–	–	–	–	–	–	–	–	–	–	–	–	–	–	–	–	–	73	–	–	–	–	–	–
	Figurenmatrix	51s	55s	–	–	–	–	–	48	61	–	–	–	–	–	–	–	–	35	–	–	–	31	–	55
	Figurenanalogien	–	–	–	–	–	–	–	55	58	–	–	–	–	–	–	–	–	–	–	–	–	31	–	39
	Wahrgenommene	–	–	–	–	–	–	–	–	–	–	–	–	–	–	–	–	–	–	–	–	–	–	–	–
	Beziehungen benennen	–	–	–	–	–	–	–	45	37	–	–	–	–	–	–	–	–	–	–	–	–	38	–	–
	Figurenserien	–	–	–	–	41s	–	–	–	–	–	–	–	–	–	–	–	–	–	–	–	–	35	–	–
	Notwendige Tatsache (CMS)	–	–	–	–	–	–	–	–	–	–	–	–	–	–	–	–	–	33	–	–	–	–	–	–
	Versteckte Figuren (NFT)	–	–	–	–	–	–	–	–	–	–	–	–	–	–	–	–	–	–	–	–	–	–	–	–

Fortsetzung Tabelle 5.2

Faktor	Test	3	6	8	9	12	13	14	16A	16B	16C	21	22	23	31A	31B	32	33	34	35	38	39	40	41	43
CFS																									
	Positionen im Raum	63s	–	–	–	–	–	–	–	–	–	–	–	–	–	–	–	–	–	–	–	–	69	–	–
	Raumorientierung	–	–	–	–	–	–	–	–	–	–	–	–	–	–	–	–	–	–	–	–	–	–	–	–
	Räumliche Orientierung	–	–	–	–	–	–	–	–	–	–	–	–	–	–	–	–	–	–	–	–	–	39	–	–
	Räumliche Vorstellung (CFT)	–	–	–	–	–	–	–	–	–	–	–	–	–	–	–	–	–	–	–	–	–	31	–	–
CFT																									
	Räumliche Fähigkeit (C.G.)	70s	53	57	56	–	68s	–	–	–	–	–	–	–	–	–	–	–	–	–	–	–	–	–	–
	Gestanzte Löcher	–	81	61	55	–	–	–	–	–	–	–	–	–	–	–	–	–	–	–	–	–	–	–	–
	Mechanische Prinzipien	–	–	–	–	–	–	–	–	–	–	–	–	–	–	–	–	–	–	–	–	–	66	–	59
	Rotation von Blöcken	–	–	–	–	–	–	–	–	–	–	–	–	–	–	–	–	–	–	–	–	–	51	–	–
	Räumliche Vorstellung	–	–	–	–	–	–	–	–	–	–	–	–	–	–	–	–	–	–	–	–	–	–	–	–
	Papierfalten	–	–	–	–	–	–	–	–	–	–	–	–	–	–	–	–	–	–	–	–	–	49	–	44
	Vorstellung von Blöcken	–	–	–	–	–	–	–	–	–	–	–	–	–	–	–	–	–	–	–	–	–	41	–	–
	Streicholzprobleme II (DFT)	–	–	–	–	–	–	–	–	–	–	–	–	–	–	–	–	–	–	–	–	–	52	–	–
	Positionen im Raum (CFS)	–	–	–	–	–	–	–	–	–	–	–	–	–	–	–	–	–	–	–	–	–	41	–	–
	Klötze (CFS)	–	–	–	–	–	–	–	–	–	–	–	–	–	–	–	–	–	–	–	–	–	37	–	–
	Figurenmatrix (CFR)	–	–	–	–	–	–	–	–	–	–	–	–	–	–	–	–	–	–	–	–	–	36	–	–
	Problemlösen (CMS)	–	–	–	–	–	–	–	–	–	–	–	–	–	–	–	–	–	–	–	–	–	36	–	–
CFI																									
	Kreise fortsetzen	–	–	–	–	–	–	–	–	–	–	–	–	–	–	–	–	–	–	–	–	–	71	–	–
	Linien fortsetzen	–	–	–	–	–	–	–	–	–	–	–	–	–	–	–	–	–	–	–	–	–	49	–	–
	Klötze (CFS)	–	–	–	–	–	–	–	–	–	–	–	–	–	–	–	–	–	–	–	–	–	33	–	–

Fortsetzung Tabelle 5.2

Faktor	Test	3	6	8	9	12	13	14	16A	16B	16C	21	22	23	31A	31B	32	33	34	35	38	39	40	41	43
CSU																									
	Wörter ohne Vokale	-	-	-	-	-	-	-	-	-	-	-	-	61	-	-	-	55	-	-	56	-	-	52	-
	Rechtschreiben	-	-	-	-	-	-	-	-	-	-	-	-	-	-	-	-	47	-	-	62	-	-	51	-
	Buchstaben ordnen	-	-	-	-	-	-	-	-	-	-	-	-	62	-	-	-	-	-	58s	-	-	-	-	-
	Wörter aus vier Buchstaben	-	-	-	-	-	-	-	-	-	-	-	-	-	-	-	-	-	-	-	-	-	-	-	-
	Verdrehte Wörter	-	-	47s	-	-	-	-	-	-	-	-	-	55	-	-	-	32	-	-	-	-	-	-	-
	Wortkombinationen	-	-	-	-	-	-	-	-	-	-	-	-	31	-	-	-	-	-	-	-	-	-	-	-
	Änderungen	-	-	-	-	-	-	-	-	-	-	-	-	-	-	-	-	-	-	-	-	-	-	-	-
	Gedächtnis für	-	-	-	-	-	-	-	-	-	-	-	-	-	-	-	-	-	-	-	-	-	-	-	-
	Rechtschreibfehler I (MST)	-	-	-	-	-	-	-	-	-	-	-	-	-	-	-	-	-	-	-	-	-	-	-	-
	Wörtertransformationen (NST)	-	-	-	-	-	-	-	-	-	-	-	-	42	-	-	-	35	-	-	58	-	-	-	-
	Klanggruppierungen (ESC)	-	-	-	-	-	-	-	-	-	-	-	-	-	-	-	-	30	-	-	-	-	-	-	-
CSC																									
	Benennen von Zahlengruppen	-	-	-	-	-	-	-	-	-	-	-	-	73	-	-	-	47	-	-	63	53	-	-	-
	Zahlenklassifikation	-	-	-	-	-	-	-	-	-	-	-	-	66	-	-	-	43	-	-	39	53	-	-	-
	Zahlenbeziehungen	-	-	-	-	-	-	-	-	-	-	-	-	45	-	-	-	-	-	-	-	-	-	-	-
	Buchstabenklassifikation	-	-	-	-	-	-	-	-	-	-	-	-	-	-	-	-	31	-	-	-	43	-	-	-
	Zahlengruppierung	-	-	-	-	-	-	-	-	-	-	-	-	-	-	-	-	54	-	-	-	-	-	-	-
	Beste Zahlenpaare (ESC)	-	-	-	-	-	-	-	-	-	-	-	-	-	-	-	-	35	-	-	-	-	-	-	-
	Zeichenänderung II (ESR)	-	-	-	-	-	-	-	-	-	-	-	-	33	-	-	-	-	-	-	-	-	-	-	-
	Gedächtnis für Wort – Zahl - Beziehungen (MSR)	-	-	-	-	-	-	-	-	-	-	-	-	-	-	-	-	-	-	33	-	-	-	-	-
	Beste Zahlenklasse (ESC)	-	-	-	-	-	-	-	-	-	-	-	-	-	-	-	-	32	-	-	-	-	-	-	-
	Multiples Gruppieren sinnloser Wörter (DSC)	-	-	-	-	-	-	-	-	-	-	-	-	-	-	-	-	-	-	-	30	-	-	-	-

Fortsetzung Tabelle 5.2

Faktor / Test	3	6	8	9	12	13	14	16A	16B	16C	21	22	23	31A	31B	32	33	34	35	38	39	40	41	43
CSR																								
Erkennen von Trends II	-	-	-	-	-	-	-	39s	-	-	-	-	40	46	35	-	46	-	53	31	-	-	-	-
Wortbeziehungen	-	-	-	-	-	-	-	-	32s	-	-	-	42	54	45	-	31	-	41	44	-	-	-	-
Buchstabenanalogien	-	-	-	-	-	-	-	-	-	-	-	-	31	-	-	-	-	-	-	-	-	-	-	-
Wörtergruppen (CSC)	-	-	-	-	-	-	-	-	-	-	-	-	44	-	-	-	-	-	-	-	-	-	-	-
Zahlenkombinationen (DSS)	-	-	-	-	-	-	-	-	-	-	-	-	-	-	-	-	-	35	-	-	-	-	-	-
Figurenklassifikationen (CFC)	-	-	-	-	-	-	-	-	-	-	-	-	-	-	-	-	-	35	-	-	-	-	-	-
Durcheinander geratene	-	-	-	-	-	-	-	-	-	-	-	-	-	-	-	-	-	-	-	-	-	-	-	-
Wörter (EST)	-	-	-	-	-	-	-	-	-	-	-	-	-	-	-	-	35	-	-	-	-	-	-	-
Wortwahl (ESC)	-	-	-	-	-	-	-	-	-	-	-	-	-	-	-	-	31	-	-	-	-	-	-	-
Zahlenregeln (DSR)	-	-	-	-	-	-	-	-	-	-	-	-	-	-	-	-	-	-	30	-	-	-	-	-
CSS																								
Regeln	-	-	-	-	-	-	65	-	-	-	-	-	-	-	-	-	-	-	-	-	-	-	-	-
Buchstabenserien	-	-	-	-	-	-	-	57	-	-	-	-	52	-	59	-	-	-	-	-	-	-	-	-
Zahlenserien	-	-	-	-	-	-	-	57	-	-	-	-	-	-	-	-	-	-	-	-	-	-	-	-
Buchstabendreieck	49	48	-	-	-	-	-	50	-	-	-	-	47	-	44	-	39	-	-	40	-	-	-	-
Kreissystem	67	31	-	-	-	32	-	45	-	-	-	-	30	-	-	-	30	-	-	57	-	-	-	-
Zahlenreihenkorrektur	-	-	-	42s	-	-	-	-	-	-	-	-	42	-	-	-	-	-	-	-	-	-	-	-
Analyse von Kodes	-	-	-	-	-	-	-	-	-	-	-	-	-	-	-	-	-	-	-	-	-	-	-	-
Geheimschrift (NSI)	35	-	-	-	-	41	-	-	-	-	-	-	-	-	-	-	-	-	-	-	-	-	-	-
Korrelatergänzung II (NSR)	-	-	-	-	-	-	-	38	-	-	-	-	31	-	-	-	-	-	-	-	-	-	-	-
Ähnliche Paare (ESR)	-	-	-	-	-	-	-	-	-	-	-	-	-	-	-	-	36	-	-	-	-	-	-	-
Satzordnung (NMS)	-	-	-	-	-	-	-	-	-	-	-	-	-	-	-	-	-	-	-	-	-	-	-	-
Benennen verbaler	-	-	-	-	-	-	-	-	-	-	-	-	-	-	34	-	-	-	-	-	-	-	-	-
Beziehungen (NMR)	-	-	-	-	-	-	-	32	-	-	-	-	-	-	-	-	-	-	-	-	-	-	-	-

Fortsetzung Tabelle 5.2

Faktor	Test	3	6	8	9	12	13	14	16A	16B	16C	21	22	23	31A	31B	32	33	34	35	38	39	40	41	43
CST																									
	Finden von Buchstaben-transformationen	–	–	–	–	–	–	–	–	–	–	–	–	–	–	–	–	–	–	–	–	–	58	–	–
	Erkennen von Buchstaben-änderungen	–	–	–	–	–	–	–	–	–	–	–	–	–	–	–	–	–	–	–	–	–	48	–	–
	Rückwärts lesen	–	–	–	–	–	–	–	–	–	–	–	–	–	–	–	–	–	–	–	–	–	48	–	–
	Lesen durcheinander geratener Wörter	–	–	–	–	–	–	–	–	–	–	–	–	–	–	–	–	–	–	–	–	–	45	–	–
	Lösen von Bildrätseln (CMT)	–	–	–	–	–	–	–	–	–	–	–	–	–	–	–	–	–	–	–	–	–	32	–	–
CSI																									
	Wortstrukturen	–	–	–	–	–	–	–	–	–	–	–	–	50	34	39	–	42	–	–	51	–	–	–	–
	Symbole gruppieren	–	–	–	–	–	–	–	–	–	–	–	–	47	44	37	–	33	–	–	33	–	–	–	–
	S - Test	–	–	–	–	–	37[s]	47[s]	–	–	–	–	–	–	–	–	–	41	–	–	–	–	–	–	–
	Ankreuzen ähnlicher Zahlenbe-hungen (MSR)	–	–	–	–	–	–	–	–	–	–	–	–	–	–	–	–	–	–	–	36	–	–	–	–
	Wortwahl (ESC)	–	–	–	–	–	–	–	–	–	–	–	–	–	–	–	32	–	–	–	–	–	–	–	–
CMU																									
	Verbales Verständnis	51[s]	66	56	61	78[s]	–	76	–	67	57	64[s]	50	52[s]	–	–	67	–	72	50	62	68	58	–	–
	SCAT Verbalteil	–	–	–	–	–	–	–	–	–	–	–	–	–	–	–	–	79	–	–	66	–	–	–	–
	CAT Wortschatz	–	–	–	–	–	–	–	–	–	–	–	–	–	–	–	67	–	–	–	–	–	–	–	–
	Wortergänzung	–	–	–	–	–	–	–	–	–	–	–	–	–	–	–	64	–	–	–	–	62	64	–	–
	Wortschatzergänzung	–	–	–	–	59	–	–	–	47	–	–	74	–	–	–	–	–	–	–	–	–	–	–	–
	Leseverständnis d	48	–	71	–	76	57	63	–	–	–	–	–	64	–	–	–	72	–	–	–	–	–	–	–
	PSAT Verbalteil	–	–	–	–	–	–	–	–	–	–	–	–	–	–	69	–	–	–	–	–	–	–	–	–
	Henmon - Nelson Wortschatz	–	–	–	–	–	–	–	–	–	–	–	–	–	–	–	–	–	70	–	–	–	–	–	–
	CTMM Sprachverständnis	–	–	–	–	–	–	–	–	–	–	–	–	60	–	–	–	–	–	–	–	–	–	–	–
	Wörter ersetzen	–	–	–	–	–	–	–	–	–	–	–	–	–	–	–	58	–	–	–	–	–	–	–	–
	ITED Verbalteil	–	–	–	–	–	–	–	–	–	–	–	–	–	–	–	–	57	–	–	–	–	–	–	–
	Satzsynthese	–	–	56	–	–	–	–	–	–	–	–	–	–	–	–	–	–	–	–	–	–	–	–	–
	Verbale Gegensätze (C.G.)	–	–	–	–	–	–	48	–	–	–	–	–	–	–	–	–	–	–	–	–	–	–	–	–

Fortsetzung Tabelle 5.2

Faktor / Test	3	6	8	9	12	13	14	16A	16B	16C	21	22	23	31A	31B	32	33	34	35	38	39	40	41	43
CMU																								
Titel von Geschichten	–	–	–	–	–	–	–	–	–	–	–	–	–	–	–	47	–	–	–	–	–	–	–	–
Zusammenhängende Übergänge	–	–	–	–	–	–	–	–	–	–	43	–	–	–	–	–	–	–	–	–	–	–	–	–
Synonyme	–	–	–	–	–	–	–	–	–	–	–	–	–	–	–	39	–	–	–	–	–	–	–	–
Satzordnung (NMS)	–	–	–	–	–	–	–	–	–	–	–	–	–	–	38	–	–	42	–	–	–	–	–	–
Gruppieren von Begriffen (NMC)	–	–	–	–	–	–	–	–	–	–	–	–	–	–	–	–	–	–	–	–	49	–	–	–
Multiple Analogien (DMR)	–	–	–	–	–	–	–	–	–	–	–	–	–	–	–	–	–	–	45	–	–	–	–	–
Wortverbindung (CMR)	–	–	–	–	–	–	–	–	–	–	–	–	–	–	41	–	–	–	–	–	–	–	–	–
Klanggruppierung (ESC)	–	–	–	–	–	–	–	–	–	–	–	–	–	–	–	–	–	38	–	–	–	–	–	–
Wortklassifikation (CMC)	–	–	–	–	–	–	–	–	–	–	–	–	–	–	–	–	–	–	36	–	–	–	–	–
CAT Arithmetisches	–	–	–	–	–	–	–	–	–	–	–	–	–	–	–	–	–	–	–	–	–	–	–	–
Denken (CMS)	–	–	–	–	–	–	–	–	35	–	–	–	–	–	–	37	–	–	–	–	–	–	–	–
Erkennen von Mängeln (CMI)	–	–	–	–	–	–	–	–	–	–	–	–	–	–	–	–	–	–	–	–	–	–	–	–
Erkennen von Trends II (CSR)	–	–	–	–	–	–	–	–	–	–	–	–	–	–	–	–	35	–	–	–	–	–	–	–
Erfinderische verbale	–	–	–	–	–	–	–	–	–	–	–	–	–	–	–	–	–	–	–	–	–	–	–	–
Beziehungen (NMR)	–	–	–	–	–	–	–	–	35	–	–	–	–	–	–	–	–	–	–	–	–	–	–	–
Zuordnung verbaler	–	–	–	–	–	–	–	–	–	–	–	–	–	–	–	–	–	–	–	–	–	–	–	–
Beziehungen (EMR)	–	–	–	–	–	–	–	–	–	–	–	–	–	35	–	30	–	–	–	–	–	–	–	–
Verbale Analogien (C.G.)(CMR)	–	–	34	–	–	–	–	–	–	–	–	–	–	–	–	–	–	–	–	–	–	–	–	–
Schlußfolgerungstest (EMI)	–	–	–	–	–	33	–	–	–	–	–	–	–	–	–	–	–	–	–	–	–	–	–	–
Sinn von Sätzen (EMU)	–	–	–	–	–	–	–	–	–	–	–	–	–	–	–	32	32	–	–	–	–	–	–	–
Richtige Buchstabenordnung (ESS)	–	–	–	–	–	–	–	–	–	–	–	–	–	–	–	–	–	–	–	–	–	–	–	–
Assoziationsflüssigkeit (DMR)	–	–	–	–	–	–	–	–	–	–	–	30	–	–	–	–	–	–	–	–	–	–	–	–
DAT Numerische Fähigkeit (MSI)	–	–	–	–	–	–	–	–	–	–	–	–	–	–	30	–	–	–	–	–	–	–	–	–
CMC																								
Wortklassifikation	35s	53s	–	38	–	–	–	57	51	–	–	–	–	–	–	–	–	–	–	–	38	–	–	–
Verbale Klassifikation	–	–	–	48	–	–	–	37	43	–	–	–	–	–	–	–	–	56s	–	–	35	–	–	–
Tatsachen und Meinungen	–	–	–	53	–	–	–	–	–	–	51	–	–	–	–	–	–	–	–	–	–	–	–	–
Satzpaare	–	–	–	–	–	–	–	–	–	–	51	–	–	–	–	–	–	–	–	–	–	–	–	–
Logische Klassifikation	–	–	–	49	–	–	–	–	–	–	–	–	–	–	–	–	–	–	–	–	–	–	–	–

Fortsetzung Tabelle 5.2

Faktor / Test	3	6	8	9	12	13	14	16A	16B	16C	21	22	23	31A	31B	32	33	34	35	38	39	40	41	43
CMC																								
Kritische Evaluation	-	-	-	-	-	-	-	-	-	-	-	-	-	-	-	-	-	-	-	-	-	-	-	-
Benennen von Objekten (Änderungen)	-	-	49	-	-	-	-	-	-	-	-	45	-	-	-	-	-	-	-	-	-	-	-	-
Klassifikation von Sätzen	-	-	44	44	-	-	-	-	-	-	-	-	-	-	-	-	-	-	-	-	-	-	-	-
Titel	-	-	44	44	-	-	-	-	-	-	-	-	-	-	-	-	-	-	-	-	44	-	-	-
Benennen von Wortgruppen	-	-	-	-	-	-	-	-	40	-	-	-	-	-	-	-	-	-	-	-	-	-	-	-
Beste Wortpaare	-	-	-	-	-	-	-	-	-	-	-	-	-	-	-	30	-	-	-	-	41	-	-	-
Klassifikation von Gruppen (NMC)	-	-	-	-	-	-	-	-	-	-	-	-	-	-	-	-	-	-	-	-	33	-	-	-
Klassifizierte Information (MMC)	-	-	-	-	-	-	-	-	-	-	-	-	-	-	-	-	-	-	-	-	-	-	-	-
Erweiterung von Wörtern (EMI)	-	-	-	-	-	-	-	-	-	-	-	-	-	-	-	30	-	-	-	-	-	-	-	-
CMR																								
Verbale Analogien (C.G.)	-	-	-	-	-	66	-	-	-	-	-	-	-	-	-	-	-	32	-	-	-	-	-	-
Identische verbale Beziehungen	-	59	-	-	-	-	-	-	-	-	-	-	-	-	-	-	-	-	-	-	-	-	-	-
Verbale Analogien I	57	34	-	-	50	-	67	-	47	-	-	56s	-	-	-	37	-	55	-	-	-	-	-	-
Wortmatrizentest	-	-	-	-	-	-	-	-	-	-	-	-	-	-	-	-	-	-	-	-	-	-	-	-
Verbale Gegensätze (C.G.)	-	49	-	-	-	53	-	-	-	-	-	-	-	-	-	-	-	-	-	-	-	-	-	-
Wortmatrizen	51	-	-	-	-	-	-	-	-	-	-	-	-	-	-	-	-	-	-	-	-	-	-	-
Verbale Analogien II	52	45	-	-	-	-	-	-	-	-	-	-	-	-	-	-	-	-	-	-	-	-	-	-
Ergänzung verbaler Analogien	-	-	-	-	49	-	49	-	39	-	-	-	-	-	-	-	-	-	-	-	-	-	-	-
Sensitivität für Ordnung	-	-	-	-	-	-	-	-	-	-	-	-	-	48s	45s	-	-	-	-	-	-	-	-	-
Wortverbindung	-	-	-	-	-	-	-	-	-	-	-	-	-	-	-	-	-	-	-	-	-	-	-	-
Benennen verbaler Beziehungen	-	-	-	-	-	-	42	-	-	-	-	-	-	-	-	-	-	-	-	-	-	-	-	-
Erfinderische verbale Beziehungen	-	-	-	-	-	-	41	-	-	-	-	-	-	-	-	-	-	-	-	-	-	-	-	-
Matrizenordnung	-	-	-	-	-	-	39	-	-	-	-	-	-	-	-	-	-	-	-	-	-	-	-	-
Leseverständnis (CMU)	-	-	-	-	42	-	-	-	-	-	-	-	-	-	-	-	-	-	-	-	-	-	-	-
Figurenanalogien (CFR)	-	-	-	-	-	-	-	-	35	-	-	-	-	-	-	-	-	-	-	-	-	-	-	-
Korrelaterergänzung (NSR)	33	32	-	-	-	-	-	-	-	-	-	-	-	-	-	-	-	-	-	-	-	-	-	-
Verbales Verständnis (CMU)	-	-	-	-	-	-	-	-	32	-	-	-	-	-	-	-	-	31	-	-	-	-	-	-
Reflektionen (CBI)	-	-	-	-	-	-	-	-	-	-	-	-	-	-	-	31	-	-	-	-	-	-	-	-
Beste Wörterklassen (EMC)	-	-	-	-	-	-	-	-	-	-	-	-	-	-	-	-	-	-	-	-	-	-	-	-

Fortsetzung Tabelle 5.2

Faktor / Test	3	6	8	9	12	13	14	16A	16B	16C	21	22	23	31A	31B	32	33	34	35	38	39	40	41	43
CMS																								
Problemlösen	61	-	-	-	-	-	-	-	-	-	-	-	-	-	-	-	-	-	-	-	-	-	-	-
Schiffsbestimmung	49	39	52	47	46	-	74	53s	-	-	42	50s	49s	48	44	59	-	42	-	-	60	74	-	-
ITED quantitativer Teil	-	-	-	-	-	-	-	-	-	-	-	-	-	61	56	-	-	61	-	-	43	-	-	-
Notwendige Tatsachen	-	-	-	-	-	-	58	-	-	-	-	-	-	-	-	-	-	-	-	-	-	32	-	-
CAT Arithmetisches Denken	-	-	-	-	-	-	-	-	-	-	-	-	-	-	-	56	-	-	-	-	-	-	-	-
Arithmetisches Denken (Luftwaffe)[e]	-	41	47	57	33	-	-	-	-	-	-	-	-	-	-	-	-	-	-	-	-	-	-	-
Wesentliche Operationen	40	48	-	-	40	-	35	-	-	-	-	-	-	-	-	-	-	-	-	-	-	-	-	-
Notwendige arithmetische Operationen	-	-	-	-	-	-	45	-	-	-	-	-	-	-	-	-	-	-	-	-	-	-	-	-
Wortmatrizen	-	-	45	-	-	-	-	-	-	-	-	-	-	-	-	-	-	-	-	-	-	-	-	-
Praktisches Urteil	-	-	49	41	-	-	-	-	-	-	-	-	-	-	-	-	-	-	-	-	-	-	-	-
Leseverständnis	-	44	-	-	-	-	-	-	-	-	-	-	-	-	-	-	-	-	-	-	-	-	-	-
Kreis - Quadrat - Dreieck	-	-	-	39	-	-	41	-	-	-	-	-	-	-	-	-	-	-	-	-	-	-	-	-
Interpretationen	-	-	-	-	-	-	38	-	-	-	-	-	-	-	-	-	-	-	-	-	-	-	-	-
Gleichgewichte	-	-	-	-	-	-	-	-	-	-	-	-	-	-	-	-	-	-	-	-	-	-	-	-
CAT Wortschatz (CMU)	-	33	-	-	-	-	-	-	-	-	-	-	-	-	-	40	-	-	-	-	-	-	-	-
Erkennen von Problemen (CMI)	-	-	-	-	-	-	-	-	-	-	31	-	-	-	-	-	-	-	-	-	-	-	-	-
Figurenmatrizentest (CFR)	-	-	-	-	-	-	-	-	-	-	-	-	-	-	-	-	-	35	-	-	-	-	-	-
Planungswettbewerb (EFI)	-	-	-	-	-	-	-	-	-	-	34	-	-	-	-	-	-	-	-	-	-	-	-	-
Mechanische Prinzipien (Luftwaffe) (CFT)	-	-	-	-	-	-	-	-	-	-	-	-	-	-	-	-	-	-	-	-	-	-	-	-
CMT																								
Karikaturen	-	-	-	-	-	-	-	-	-	62	65s	-	-	-	-	-	-	-	-	-	-	-	39	-
Soziale Einrichtungen (indirekt)	-	52	-	-	-	45s	-	-	-	-	-	-	-	-	-	-	-	-	-	-	-	-	-	-
Soziale Einrichtungen	-	-	-	-	-	-	-	-	-	47	59	-	-	-	-	-	-	-	-	-	-	-	-	-
Erkennen unterschiedlicher Bedeutungen	-	-	-	-	-	-	-	-	-	-	-	-	-	-	-	-	-	-	-	-	-	-	51	-
Soziale Situationen	-	-	-	-	-	-	-	-	-	-	49	-	-	-	-	-	-	-	-	-	-	-	-	-

Fortsetzung Tabelle 5.2

Faktor	Test	3	6	8	9	12	13	14	16A	16B	16C	21	22	23	31A	31B	32	33	34	35	38	39	40	41	43
CMT																									
	Verrückte Definitionen	–	–	–	–	–	–	–	–	–	–	–	–	–	–	–	–	–	–	–	–	–	–	–	–
	Ähnlichkeiten	–	–	–	–	–	–	–	–	–	40	–	–	–	–	–	45s	–	–	–	–	–	–	43	–
	Verbale Übersetzung von Bildern	–	–	–	–	–	–	–	–	–	–	39	–	–	–	–	–	–	–	–	–	–	–	40	–
	Implizierte Verwendungs-																								
	möglichkeiten	–	–	36	–	–	–	–	–	–	–	–	–	–	–	–	–	–	–	–	–	–	–	–	–
	Lösen von Bildrätseln	–	–	–	–	–	–	–	–	–	–	–	–	–	–	–	–	–	–	–	–	–	–	36	–
	Erinnern von Wortspielen (MMT)	–	–	–	–	–	–	–	–	–	–	–	–	–	–	–	–	–	–	–	–	–	–	–	–
	Alternative Verwendungd-																								
	möglichkeiten (DMC)	–	–	–	–	–	–	–	–	–	34	–	–	–	–	–	–	–	–	–	–	–	–	40	–
	Herausziehen von Wörtern (DST)	–	–	–	–	–	–	–	–	–	–	–	–	–	–	–	–	–	–	–	–	–	–	32	–
CMI																									
	Treffende Fragen	–	–	–	–	70	–	–	–	–	–	48	67	–	–	–	66	–	46	–	–	–	–	–	–
	Apparat – Test	–	66	–	–	–	68	–	–	–	61	54	45	–	–	–	38	–	–	–	–	–	–	–	–
	Alternative Methoden	–	–	–	–	55	–	–	–	–	61	61	–	–	–	–	–	–	–	42	–	–	–	–	–
	Erkennen von Problemen	–	73	–	–	–	–	–	–	–	63	30	58	–	–	–	51	–	55	–	–	–	–	–	–
	Soziale Institutionen (direkt)	–	–	–	–	61	–	–	–	–	–	–	–	–	–	–	–	–	–	–	–	–	–	–	–
	Voraussage von Folgen	–	–	–	–	–	–	–	–	–	–	–	60	–	–	–	–	–	–	–	–	–	–	–	–
	Übergänge (logische Aspekte)	–	–	–	–	52	–	–	–	–	–	–	45	–	–	–	–	–	–	–	–	–	–	–	–
	Zufälle	–	–	–	–	44	–	–	–	–	43	53	–	–	–	–	–	–	–	–	–	–	–	–	–
	Erkennen von Mängeln	–	–	–	–	–	–	–	–	–	–	–	47	–	–	–	–	–	–	–	–	–	–	–	–
	Kategorien	–	–	–	–	–	–	–	–	–	–	–	–	–	–	–	–	–	–	–	–	–	–	–	–
	Soziale Institutionen	–	–	–	–	44	–	–	–	–	48	36	–	–	–	–	–	–	–	–	–	–	–	–	–
	Verifikationen	–	–	–	–	44	–	–	–	–	–	–	–	–	–	–	37	–	–	–	–	–	–	–	–
	Ähnlichkeiten	–	–	–	–	–	–	–	–	–	37	–	–	–	–	–	–	–	–	–	–	–	–	–	–
	Alternative Verwendungs-																								
	möglichkeiten (DMC)	–	–	–	–	40	41	–	–	–	–	–	–	–	–	–	–	–	34	–	–	–	–	–	–
	Planungsfertigkeiten II (DMI)	–	–	–	–	–	–	–	–	–	–	–	–	–	–	–	–	–	–	–	–	–	–	–	–
	Schiffsbestimmung (CMS)	–	–	–	–	–	–	–	–	–	–	38	–	–	–	–	–	–	–	–	–	–	–	–	–

Fortsetzung Tabelle 5.2

Faktor / Test	3	6	8	9	12	13	14	16A	16B	16C	21	22	23	31A	31B	32	33	34	35	38	39	40	41	43
CMI																								
Ausarbeiten von Plänen (DMI)	–	–	–	37	–	–	–	–	–	–	–	–	–	–	–	–	–	37	–	–	–	–	–	–
Offensichtliche Konsequenzen (DMU)	–	–	–	–	–	–	–	–	–	–	–	–	–	–	–	–	–	–	–	–	–	–	–	–
Entfernte Konsequenzen (DMT)	–	–	–	–	–	–	–	–	36	–	–	–	–	–	–	–	–	–	–	–	–	–	–	–
Kontrollierte Assoziation II (DMR)	–	–	–	33	–	–	–	–	34	–	–	–	–	–	–	–	–	–	–	–	–	–	–	–
Karikaturen (CMT)	–	–	–	–	–	–	–	–	–	–	–	34	–	–	–	–	–	–	–	–	–	–	–	–
Mögliche Berufe (DMI)	–	–	–	–	–	–	–	–	–	–	–	–	–	–	–	–	–	–	34	–	–	–	–	–
Ungewöhnliche Methoden (DMT)	–	–	–	30	–	–	–	–	–	–	–	–	–	–	–	–	–	–	–	–	–	–	–	–
NFC																								
Gruppieren von Figurbegriffen	–	–	–	–	–	–	–	–	–	–	–	–	–	–	–	–	–	–	–	50	–	–	–	–
Hierarchisches Figurengruppieren	–	–	–	–	–	–	–	–	–	–	–	–	–	–	–	–	–	–	–	41	–	–	–	–
Figurengruppierung	–	–	–	–	–	–	–	–	–	–	–	–	–	–	–	–	–	–	–	32	–	–	–	–
Figurenausschluß (CFC)	–	–	–	–	–	–	–	–	–	–	–	–	–	–	–	–	–	–	–	38	–	–	–	–
NFR																								
Ergänzung von Figuranalogien	43[s]	45[s]	–	45[s]	–	–	–	59	–	–	–	–	–	–	–	–	–	–	–	–	–	–	–	–
Ergänzung figuraler Änderungen	–	–	–	–	–	–	–	44	–	–	–	–	–	–	–	–	–	–	–	–	–	–	–	–
NFT																								
Vollständig konsistente Figuren	–	–	–	–	–	–	–	–	–	–	–	–	–	–	–	–	–	–	–	–	–	–	–	–
Durchschauen von Tarnung	–	–	57	–	–	–	–	–	–	–	–	–	–	–	–	–	–	39[s]	–	–	63	–	–	47
Versteckte Figuren	47[s]	51[s]	–	–	–	–	–	–	–	–	–	–	–	–	–	–	–	–	–	–	39	–	–	52
Gestalt – Ergänzung (CFU)	–	–	34	–	–	–	–	–	–	–	–	–	–	–	–	–	–	–	–	–	31	–	–	37
NFI																								
Planung von Flugbewegungen	–	–	–	–	–	–	–	–	–	–	–	–	–	–	–	–	–	–	–	–	53	–	–	–
Arrangieren von Strukturen	–	–	–	–	–	–	–	–	–	–	–	–	–	–	–	–	–	–	–	–	44	–	–	–
Streichholzprobleme II (DFT)	–	–	–	–	–	–	–	–	–	–	–	–	–	–	–	–	–	–	–	–	31	–	–	–

Fortsetzung Tabelle 5.2

Faktor	Test	3	6	8	9	12	13	14	16A	16B	16C	21	22	23	31A	31B	32	33	34	35	38	39	40	41	43
NSC	Buchstaben gruppieren	-	-	-	-	-	-	-	-	-	63	-	-	42	-	-	-	-	-	-	-	61	-	-	-
	Wörtergruppen	-	-	-	-	-	-	-	-	-	51	-	-	32	-	-	-	-	-	-	-	-	-	-	-
	Eingeschränkte Figurklassifikation	-	-	-	-	-	-	-	-	-	-	-	-	-	-	-	-	-	-	-	-	47	-	-	-
	Erkennen von Trends II	-	-	-	-	-	-	-	-	-	-	-	-	37	-	-	-	-	-	-	-	-	-	-	-
	Buchstabenbegriffe gruppieren	-	-	-	-	-	-	-	-	-	-	-	-	-	-	-	-	-	-	-	-	30	-	-	-
	Buchstabengruppenausschluß (CSC)	-	-	-	-	-	-	-	-	-	-	-	-	-	-	-	-	-	-	-	-	41	-	-	-
NSR	Korrelatergänzung II	41s	53s	-	-	-	68	-	41s	47	-	-	-	-	50	53	-	-	-	-	-	-	-	-	-
	Korrelatergänzung	-	-	-	37s	-	62	-	-	-	-	-	-	-	-	-	-	-	-	-	-	-	-	-	-
	Wortschatzergänzung	-	-	-	-	-	-	-	-	35	-	-	-	-	-	-	-	-	-	-	-	-	-	-	-
	Buchstaben - Zahlen	-	-	-	-	-	-	-	-	-	-	-	-	-	51	58	-	-	-	-	-	-	-	-	-
	Wortänderungen (NSS)	-	-	-	-	-	-	-	-	-	-	-	-	-	-	36	-	-	-	-	-	-	-	-	-
	Zahlenregeln (DSR)	-	-	-	-	-	-	-	-	-	-	-	-	-	-	33	-	-	-	-	-	-	-	-	-
	Wortbeziehungen (CSR)	-	-	-	-	-	-	-	-	-	-	-	-	-	31	-	-	-	-	-	-	-	-	-	-
NSS	Wortänderungen	-	-	-	-	-	-	-	-	-	-	-	-	70	68	56s	-	56	-	-	-	-	-	-	-
	Handlungsfolgen	-	-	-	-	-	-	-	-	-	-	-	-	53	44	-	-	30	-	-	-	-	-	-	-
	Benennen von Zahlengruppen	-	-	-	-	-	-	-	-	-	-	-	-	-	-	-	-	38	-	-	-	-	-	-	-
	Begrenzte Summen	-	-	-	-	-	-	-	-	-	-	-	-	34	-	-	-	-	-	-	-	-	-	-	-
	Wortbeziehungen (CSR)	-	-	-	-	-	-	-	-	-	-	-	-	38	-	-	-	-	-	-	-	-	-	-	-
	Buchstabendreieck (CSS)	-	-	-	-	-	-	-	-	-	-	-	-	37	-	-	-	-	-	-	-	-	-	-	-
	Zahlenbeziehungen (MSI)	-	-	-	-	-	-	-	-	-	-	-	-	36	-	-	-	-	-	-	-	-	-	-	-
	Beziehungen bei Serien (ESS)	-	-	-	-	-	-	-	-	-	-	-	-	-	-	-	-	31	-	-	-	-	-	-	-

Fortsetzung Tabelle 5.2

Faktor	Test	3	6	8	9	12	13	14	16A	16B	16C	21	22	23	31A	31B	32	33	34	35	38	39	40	41	43
NST																									
	Versteckte Wörter	–	–	–	–	–	–	–	–	–	–	–	–	46	47	45	62	–	–	–	–	–	–	35	–
	Begrenzte Revision von Wörtern	–	–	54	–	–	–	–	–	–	–	–	–	51	46	38	43	–	–	–	–	–	–	48	–
	Worttransformationen	–	–	62	–	–	–	–	–	–	–	–	–	–	–	–	–	–	–	–	–	–	–	–	–
	Satzgestalt I (richtige)	–	–	–	–	–	–	–	–	–	–	–	–	–	–	33	–	–	–	–	–	–	–	–	–
	Denkfähigkeit bei Formen (CSS)	–	–	–	–	–	–	–	–	–	–	–	–	43	–	–	–	–	–	–	–	–	–	–	–
	Wörter mit vier Buchstaben	–	–	–	–	–	–	–	–	–	–	–	–	–	–	–	–	–	–	–	–	–	–	–	–
	Effektive Wortveränderungen	–	–	–	–	–	–	–	–	–	–	–	–	–	–	–	–	–	–	–	–	–	–	37	–
	Beste Zahlenklasse (ESC)	–	–	–	–	–	–	–	–	–	–	–	–	–	–	–	31	–	–	–	–	–	–	–	–
	Wortpaarrevisionen (DSI)	–	–	–	–	–	–	–	–	–	–	–	–	–	–	–	–	–	–	–	–	–	–	33	–
NSI																									
	Denkfähigkeit bei Formen	60	45	–	–	–	–	–	57	–	–	–	–	–	–	45	59	–	–	–	–	–	–	–	–
	Zeichenänderung	–	–	39s	–	48s	56s	–	72	–	–	–	–	–	66	59	30	–	–	–	–	–	–	–	–
	Denkfähigkeit bei Formen II	–	–	–	–	–	–	66s	–	–	–	–	–	–	–	–	–	–	–	–	–	–	–	–	–
	Zahlen- und Operations-änderungen II	–	–	–	–	–	–	–	–	–	–	–	–	–	–	–	–	–	–	–	–	–	–	–	–
	Geheimschrift	41	47	–	–	–	–	–	–	–	–	–	–	–	–	–	–	–	–	–	–	–	–	–	–
	Zahlen- und Operations-änderungen I	–	40	–	–	–	–	–	–	–	–	–	–	–	–	–	–	–	–	–	–	–	–	–	–
	Numerische Operationen (MSI)	–	–	–	–	–	–	–	–	–	–	–	–	–	32	36	–	–	–	–	–	–	–	–	–
NMU																									
	Benennen von Wörtergruppen	53	–	–	–	–	–	–	–	44	56	–	–	–	–	–	–	–	–	–	–	45	–	–	–
	Ergänzung verbaler Beziehungen	–	–	–	–	–	56s	–	–	–	–	–	–	–	–	–	–	–	–	–	–	40	–	–	–
	Benennen von sinnvollen Trends	–	–	–	–	–	–	63s	–	42	–	–	–	–	–	–	–	–	36	–	–	–	40	–	–
	Benennen von Bildergruppen	–	–	–	–	–	–	–	–	38	36	–	–	40s	–	–	–	–	35	–	–	–	–	–	–
	Benennen verbaler Beziehungen	–	–	–	–	–	–	–	–	40	–	–	–	–	–	–	–	–	–	–	–	–	–	–	–

Fortsetzung Tabelle 5.2

Faktor / Test	3	6	8	9	12	13	14	16A	16B	16C	21	22	23	31A	31B	32	33	34	35	38	39	40	41	43
NMU																								
Ähnlichkeitspaare	–	–	–	–	–	–	–	–	–	–	–	–	–	–	–	–	–	–	–	–	–	–	–	–
Benennen von Wahrnehmungsbeziehungen	–	–	–	–	–	–	–	–	–	–	–	37s	–	–	–	–	–	–	–	–	–	–	–	–
Benennen von Trends	–	33	–	–	–	–	–	–	32	–	–	–	–	–	–	–	–	–	–	–	–	–	–	–
NMC																								
Figurbegriffe (ungewöhnlich)	–	–	–	–	–	–	–	–	–	–	–	–	–	–	–	–	–	–	–	–	–	–	–	–
Wörter gruppieren	–	–	–	–	–	–	–	–	–	–	–	57	–	–	–	–	–	–	–	–	42	–	–	–
Klassifikation von Gruppen	–	–	–	–	–	–	–	–	–	–	–	50	–	–	–	–	–	–	–	–	43	–	–	–
Gruppierung von Begriffen	–	–	–	–	–	–	–	–	–	–	–	–	–	–	–	–	–	–	–	–	37	–	–	–
Größte Klasse	–	–	–	–	–	–	–	–	–	–	–	–	–	–	–	–	–	–	–	–	34	–	–	–
Verbale Klassifikation (CMC)	–	–	–	–	–	–	–	–	–	–	–	–	–	–	–	–	–	–	–	–	36	–	–	–
NMR																								
Erfinderische verbale Beziehungen	–	–	–	–	–	–	–	50	63	–	–	–	–	–	–	–	–	–	–	–	–	–	–	–
Assoziationen III	–	–	–	–	–	65	–	–	32	43	–	–	–	–	–	–	–	–	–	–	–	–	–	–
Assoziationen IV	–	–	–	–	–	52	–	–	44	46	–	–	–	–	–	–	–	–	–	–	–	–	–	–
Benennen verbaler Beziehungen	–	–	–	–	–	–	–	43	–	–	–	–	–	–	–	–	–	–	–	–	–	–	–	–
Ergänzung verbaler Analogien	–	–	–	–	–	41	–	–	40	–	–	–	–	–	–	–	–	–	–	–	–	–	–	–
Wortschatzergänzung	–	–	–	–	–	–	–	–	37	–	–	–	–	–	–	–	–	–	–	–	–	–	–	–
Assoziationen I	–	–	34	–	–	–	–	–	–	–	–	–	–	–	–	–	–	–	–	–	–	–	–	–
Benennen von Bildergruppen	–	–	–	–	–	–	–	–	33	–	–	–	–	–	–	–	–	–	–	–	–	–	–	–
Assoziationen II	–	–	30	–	–	–	–	–	–	–	–	–	–	–	–	–	–	–	–	–	–	–	–	–
NMS																								
Satzordnung	–	48s	–	–	48	–	–	–	–	–	–	–	–	58	32	–	–	–	–	–	–	–	–	–
Bilder arrangieren	–	–	–	–	50	–	–	–	–	–	–	43	–	39	41	–	–	–	–	–	–	–	47	–
Ordnen I	–	–	–	–	–	–	–	–	–	–	–	–	51	–	–	–	–	–	–	–	–	–	–	–
Wortmatrizen	–	–	–	–	45	–	–	–	–	–	–	–	–	–	–	–	–	–	–	–	–	–	–	–
Skizzen anfertigen	–	–	–	–	–	59s	–	–	–	–	–	–	–	–	–	–	–	72s	–	–	–	–	–	–

Fortsetzung Tabelle 5.2

Faktor / Test	3	6	8	9	12	13	14	16A	16B	16C	21	22	23	31A	31B	32	33	34	35	38	39	40	41	43
Anwendung von Verfahren	–	–	–	36	–	–	–	–	–	–	–	–	–	–	–	–	–	–	–	–	–	–	–	–
Matrizenordnung	–	–	–	32	–	–	–	–	–	–	–	–	–	–	–	–	–	–	–	–	–	–	–	–
Zeitliche Ordnung	–	–	–	30	–	–	–	–	–	–	–	–	–	–	–	–	–	–	–	–	–	–	–	32
Erkennen von Mängeln (CMI)	–	–	–	37	–	–	–	–	–	–	–	–	–	–	–	–	–	–	–	–	–	–	–	–
NMT																								
Neue Verwendungsmöglichkeiten	–	–	–	–	–	–	–	–	–	–	–	–	–	–	–	–	–	–	–	–	–	–	–	–
Gestaltänderungen	–	–	47	45	–	–	–	–	–	38	38	–	–	–	–	–	–	–	–	–	–	57	–	–
Synthese von Objekten	–	–	41	62	–	–	–	–	–	50	–	–	–	–	–	–	–	–	–	–	–	–	51	–
Bildgestalt	–	–	46	–	–	–	–	–	–	–	–	–	–	–	–	41	–	–	–	–	–	–	–	–
Kategorien	–	–	–	–	–	–	–	–	–	–	–	34	–	–	–	–	–	–	–	–	–	–	–	–
Alternative Verwendungsmöglichkeiten (DMC)	–	–	–	–	–	–	–	–	–	–	–	–	–	–	–	–	–	–	–	–	–	36	–	–
NMI																								
Syllogismen III	–	–	68	–	–	–	–	–	–	–	–	–	–	–	–	–	–	–	–	–	–	–	–	–
Übliche Bedürfnisse	–	–	–	–	–	–	–	–	–	–	–	45	–	–	–	–	–	–	–	–	–	–	–	–
Sequentielle Assoziation	–	–	–	–	–	–	–	–	–	–	–	43	–	–	–	–	–	–	–	–	–	–	–	–
Fehlende Glieder	–	–	–	–	–	–	–	–	–	–	–	40	–	–	–	–	–	–	–	–	–	–	–	–
Auflisten von Attributen II	–	–	–	–	–	–	–	–	–	–	–	–	–	–	–	–	–	–	–	–	–	–	–	–
Syllogismen I und II (EMI)	–	–	31	–	–	–	–	–	–	–	–	31	–	–	–	–	–	–	–	–	–	–	–	–

a) Dezimalstellen sind weggelassen.
b) Die Tests wurden bei den Rotationen auf die Faktoren gerichtet, unter denen sie erscheinen, mit Ausnahme derjenigen, denen Trigramm - Symbole für andere Faktoren folgen.
c) C.G. weist auf einen Eignungstest der Küstenwache hin.
d) Drei Formen: Luftwaffe (Analysen 3 - 12), Küstenwache (Analyse 13) und Iowa ITED (Analysen 31 A und B)
e) weist auf einen Test der Luftwaffe hin.
s) Ladung auf einen einzigen Faktor.

Alle Tests, die mit Wortbeziehungen arbeiten, bestimmen zusammen den Faktor CMR bei dieser Lösung, aber nicht bei der ursprünglichen. Mit ihnen geht der Test „Schlußfolgerungen" mit einer kleinen Ladung, trotz der Tatsache, daß er nicht auf CMR gezielt wurde, und das bedeutet, daß das Erkennen semantischer Beziehungen eine Komponente dieses Tests ist.

Das Bild der allgemeinen Denkfähigkeit (CMS) ist schärfer als zuvor, da nur drei Tests auf diesen Faktor laden. Wesentliche Operationen liegen noch hinter dem dritten Platz, was nicht sehr viel Vertrauen in die Vorstellung bringt, daß die allgemeine Denkfähigkeit etwas mit dem Erkennen der semantischen Struktur eines Problems zu tun hat. Aber es gibt stärkere Beweise, die später kamen, daß die allgemeine Denkfähigkeit CMS ist und daß die Strukturierung der Probleme und anderer Dinge semantisch das Hauptcharakteristikum ist.

Faktor NSI erscheint in der Reasoning A - Studie nur mit gezielten Rotationen. „Denken mit Formen" hatte die Tests für den rotierten, aber uninterpretierten, Faktor in der ursprünglichen Analyse geleitet. „Geheimschrift" war auf diese Strukturfähigkeit angesetzt, die Fähigkeit symbolische Implikationen konvergent zu produzieren. Diese Zielrichtung ist einleuchtend, da jede entwickelte Hypothese über einen Kode eine Implikation ist. Vpn, die schneller in der Produktion konvergenter Implikationen sind, schneiden bei diesem Test besser ab.

Faktor ESR benötigt keinen Kommentar, außer der Anmerkung, daß die Symboltests, die ursprünglich auf den Faktor der Symbolsubstitution luden, klarer zu der Trennung in den Ergebnissen von Tabelle 5.2 beitrugen. Obwohl die Tests mit Syllogismen und Schlußfolgerungen in der ursprünglichen Analyse zusammen gingen, um das zu bestimmen, was „logische Denkfähigkeit" genannt wurde, war es bei der gezielten Rotation notwendig den Test „Falsche Prämissen" von den beiden übrigen zu trennen und ihn auf EMR, wie einige syllogistische Tests, zu bringen, während einige sich auf EMI und EMR aufteilen. Bei solchen Tests werden offensichtlich R e l a t i o n e n evaluiert. Das Testpaar, das auf EMI in Tabelle 5.2 lud, zeigt, daß formale und informelle Tests zur Beurteilung von Schlußfolgerungen bei einem Faktor zusammenhängen.

Die Denkfähigkeit – Zweite Analyse (2)

Hypothesen

Die als Reasoning B bezeichnete Studie wurde geplant und zum großen Teil durchgeführt, bevor die Ergebnisse von Reasoning A bekannt waren (6). Das gab erwartungsgemäß keine gute Basis für die Überarbeitung der Hypothesen, die die erwarteten faktoriellen Fähigkeiten betrafen,

---

6 Vgl. Bericht 6. Ebenfalls GUILFORD, GREEN, CHRISTENSEN, HERTZKA und KETTNER (1954).

und die früher diskutierten Hypothesen dienten noch als Richtlinien dieser Untersuchung. Die Ergebnisse einer Analyse der Denkfähigkeit von ADKINS & LYERLY (1951) waren jedoch verfügbar. Die Resultate dieser Untersuchung legten die Revision der Hypothesen nicht nahe, aber drei der Tests schienen die Möglichkeit zu eröffnen, einige Hypothesen besser zu repräsentieren, wo die Vertretung schwach gewesen war.

Zwei andere Tests wurden ebenfalls eingeführt, um schwache Stellen der Batterie auszufüllen. Von den 34 Tests der Reasoning A - Batterie wurden 27 bei der neuen Analyse benutzt plus 5 neue. Einige Tests wurden als entbehrlich angesehen, im Hinblick auf die Tatsache, daß die Luftwaffeneinstufungsbatterie, die bei den Flugschülern routinemäßig durchgeführt wurde, einige Tests enthielt, die ersetzt werden konnten. Zweiundzwanzig Tests der Luftwaffenbatterie wurden in die Analyse eingeschlossen, da Mitglieder des Personals und Trainingslaboratoriums daran interessiert waren zu bestimmen, welche Denkfähigkeiten in einigen ihrer Tests repräsentiert waren.

Neue Tests

Von dem neuen Test „Satzordnung" wurde angenommen, daß er ein guter Vertreter für Hypothese I e (Organisieren einer Folge von Schritten) sei. Jedes Item dieses Tests präsentiert drei Sätze, von denen jeder eines von drei aufeinander bezogenen Ereignissen gibt, zum Beispiel:

_____ Sie kaufte einige Lebensmittel.
_____ Sie kochte Essen.
_____ Sie fuhr zum Markt.

Die Aufgabe der Vp besteht darin, die richtige Reihenfolge der Sätze durch die Zahlen 1, 2 und 3 an den freien Stellen anzugeben.

Ein Test „Erkennen von Trends" wurde entwickelt, um Informationen über Hypothese II c (Erkennen von Trends" zu liefern. Bei jedem Item wird eine Folge von Figuren, Zahlen, Buchstaben oder Wörtern gegeben, von denen jede einen Trend repräsentiert. Die Vp muß angeben, welchen Trend sie in der Folge sieht. Die Verwendung von drei Inhaltskategorien im gleichen Test illustriert wieder die Erwartung, daß faktorielle Fähigkeiten über inhaltliche Kategorien hinausgehen, eine Annahme, die noch bei der Planung der Reasoning-B-Studie eine Rolle spielte. Wären die Ergebnisse von Reasoning A bekannt gewesen, wäre eine Trennung der Items nach dem Inhalt durchgeführt worden.

Der neue Test „Identische Verbale Beziehungen" wurde hinzugefügt, um die Hypothese II e (Erkennen der Identität von Beziehungen) abzudecken. Es handelt sich dabei um eine Art von Analogietest, bei dem ein Paar in Beziehung stehender Worte gegeben ist und jede der alternativen Antworten aus einem anderen Wortpaar besteht, von denen eines die gleiche Beziehung wie das erste aufweist.

Um einen anderen Test für das Erinnern von Vorstellungen von Klassen zu haben, wurde der Test „Benennen von Wortgruppen" zur Batterie hinzugefügt. Bei jeder Aufgabe wurden fünf gebräuchliche Wörter vorgegeben, die eine oder mehrere Eigenschaften gemeinsam haben. Die Vp hat die Aufgabe die Klasse zu benennen, um zu zeigen, daß sie die Klasse erkannt hat. Dieser Test konnte sowohl Hypothese III a als auch III b repräsentieren.

Hypothese IV a wurde möglicherweise durch den neuen Test „Absurditäten" vertreten. Bei jedem Item dieses Tests werden ein oder zwei Sätze gegeben. Einige Items sind „sinnvoll" und andere nicht, die Vp muß sagen, was in jedem Fall zutrifft. Die angenommene Bedeutung dieses Tests für Hypothese IV a ergibt sich aus der zugrundeliegenden Ähnlichkeit mit Tests, die ein informelles Urteil der Korrektheit von Schlußfolgerungen oder Deduktionen verlangen.

Die ursprüngliche Analyse

Wie bei der Reasoning A - Studie, ließen die Ergebnisse nach graphischen Rotationen, vom heutigen Wissensstand aus, viel zu wünschen übrig, zumindest im Hinblick auf die Faktoren aus den Denkfähigkeitstests. Diese Faktoren sind hier von besonderem Interesse. Die Tests der Luftwaffenbatterie ergaben die üblichen Faktoren, von denen hier nur die allgemeine Denkfähigkeit wichtig ist. Dieser Faktor wurde durch „Arithmetisches Denken" und „Schiffsbestimmung" bestimmt und der Test „Wesentliche Operationen" stand am Ende der Liste, die noch sechs andere Tests umfaßte. Die Anwesenheit der meisten dieser anderen Tests kann der Tatsache zugeschrieben werden, daß noch 12 Tests in der Batterie waren, von denen jeder nur eine Strukturfähigkeit repräsentierte. 16 Faktoren wurden rotiert, aber 23 Strukturfähigkeiten waren zu erwarten.

Zusätzlich zu der allgemeinen Denkfähigkeit waren bei Reasoning A fünf andere Faktoren identifiziert worden, die bei der zweiten Untersuchung ebenfalls erschienen. Es waren:

Entwicklung von Wahrnehmungsbeziehungen
Entwicklung von Begriffsbeziehungen
Entwicklung von Strukturen
Entwicklung von Korrelaten
Logische Denkfähigkeit.

Obwohl die besseren Markierungstests die gleichen in beiden Analysen waren, zeigten andere Tests auf diesen Faktoren nicht viel Invarianz bei der Angliederung an die Faktoren. Es gab einen Hinweis auf eine Strukturfähigkeit bei einem neuen Faktor, auf den der Test Figurenklassifikation am stärksten lud. „Figurenausschluß" hing nicht signifikant mit diesem Faktor zusammen, da er auf CFC in einer neueren Analyse (Bericht 39) lud.

Die gezielte Lösung

Bei den gezielten Rotationen für Reasoning B wurden die Luftwaffentests, die wenig Aussicht hatten etwas mit den Tests des Projekts
gemeinsam zu haben, weggelassen. Sieben von ihnen blieben übrig,
um bei der Bestimmung der Faktoren, die intellektuelle Fähigkeiten
repräsentieren, zu helfen. Wenn für jede der 23 erwarteten Strukturfähigkeiten ein positives Ziel bei der Rotation gesetzt wird, ergibt die
Rotation der 23 Achsen die in Tabelle 5.2 dargestellten Ergebnisse.
Wenn wieder die Strukturfähigkeiten durch die Ausrichtung auf 12 von
23 Faktoren einzelne Tests in Rechnung gestellt werden, ergibt sich
ein klares Bild und deutliche Übereinstimmung mit den Ergebnissen
von Reasoning A. Trotz der Veränderungen in der Zusammensetzung
der Testbatterie, gab es große Invarianz der Faktoren und ihrer Beziehungen zu Tests.

„Figurenklassifikation" und „Figurenausschluß" bestimmten, wie
zuvor, gemeinsam den Faktor CFC. „Mechanische Prinzipien", ein
Luftwaffentest, und „Gestanzte Löcher", bestimmten CFT oder Visualisation. Beim mechanischen Test werden einige Darstellungen
mit Zahnrädern präsentiert und die Aufgabe der Vp besteht darin zu
sagen, in welche Richtung sich ein Teil drehen wird, wenn ein anderer
in einer bestimmten Richtung gedreht wird. Bei „Gestanzte Löcher",
ist das Falten eines Papiers durch einen Strich angedeutet. Ein Loch
einer bestimmten Form ist an einer bestimmten Stelle ausgeschnitten.
Die Vp muß mit einer Skizze zeigen, wie das Papier mit den entsprechend geformten Löchern an den richtigen Stellen nach dem Auseinan-
derfalten aussehen würde.

Die Tests „Buchstabendreieck" und „Kreissystem" bestimmten
wieder CSS, ohne die Hilfe von „Geheimschrift", die bei Reasoning B
weggelassen wurde. „Wörterklassifikation" repräsentierte noch allein
CMC, trotz der Hinzufügung des Tests „Benennen von Wörtergruppen",
von dem angenommen wurde, daß er ein anderer semantischer Klassifikationstest sei. Aber die Tatsache, daß die Vorstellung von einer
Klasse benannt werden sollte, verschob diesen Test auf einen Faktor,
der zuerst als „Bennennungsfaktor" bezeichnet wurde. Dieser Faktor
wurde als die Strukturfähigkeit der konvergenten Produktion semantischer Einheiten (NMU) identifiziert. Ein anderer Bezeichnungstest
(Benennen von Trends) lud ebenfalls mehr auf NMU als auf CMR, den
erwarteten Faktor. Der neue Test „Identische Verbale Beziehungen"
hing so eng mit dem Erkennen semantischer Relationen (CMR) zusammen, daß es so schien, daß kein weiterer Faktor dafür in Frage kommen würde. Daher ist nach Hypothese II e keine getrennte Beziehungs-
fähigkeit zu erwarten; die Charakteristika entsprechen CMR.

Beim Faktor der allgemeinen Denkfähigkeit, CMS, führte der Test
„Wesentliche Operationen" die Liste bei der Reasoning-B-Analyse an
und unterstütze damit die Vorstellung, daß das Verstehen der Struktur
eines Problems der Schlüsselbegriff für diese Fähigkeit ist. Die Entdeckung, daß der Leseverständnistest der Luftwaffe mit den drei regu-
lären Tests für CMS zusammengeht, deutet darauf hin, daß die Fähig-

keit sich auch auf die Kognition von anderen Strukturen als die eines Problems bezieht. Die primäre Beziehung des Leseverständnisses ging auf CMU, das verbale Verständnis oder das Wissen von Wortbedeutungen. Leseverständnis kann auch logisch sehr gut das Verstehen von gedanklichen Strukturen erfordern; darin liegt die Beziehung zu CMS.

Fälle mangelnder Invarianz der Ergebnisse verglichen mit Reasoning A ereigneten sich bei den Zahlen- und Operationsänderungstests. Zwei dieser Tests gingen mit Denkfähigkeit bei Formen zusammen und halfen bei der Bestimmung von NSI, der die Entwicklung von Deduktionen bei symbolischer Information erfordert, während Symbolmanipulationen auf ESR lud. Dem Auftauchen der Zahlen- und Operationsänderungstests bei ESR wurde bereits früher einige Aufmerksamkeit gewidmet. Ihr Erscheinen bei NSI kann ebenfalls erklärt werden. Die Vp muß eine Reihe symbolischer Schlußfolgerungen (Implikationen) aus gegebener symbolischer Information ziehen, wenn sie die Aufgaben dieser Tests löst. Es kann sein, daß diese Tests bei weiteren Analysen in Beziehung zu NSI und ESR stehen. Sie wurden zwar nicht in späteren Studien analysiert, aber ein ähnlicher Test, Zeichenänderungen, lud konsistent auf NSI bei späteren Analysen (vgl. Tabelle 5.2). Bei diesem Test wird der Vp mitgeteilt welche Zeichen geändert werden und dann löst sie einige einfache Gleichungen, bei denen sie diese Änderungen benutzt.

Für den Faktor, der EMI repräsentiert, ergaben sich der Test „Schlußfolgerungen" und der Syllogismustest als gleichberechtigt. THURSTONE's Test „Falsche Prämissen" wurde weggelassen, da er als überflüssig angesehen wurde. Er kann als eine zweite Form von Syllogismen angesehen werden. Der neue Test „Absurditäten" wurde an seiner Stelle in die Batterie, als anderer Test für „logisches Denken" hineingenommen. Aber im Licht späterer Erfahrungen mit Evaluationsfaktoren kann gesagt werden, daß „Absurditäten" auf die Strukturfähigkeit EMU gezielt war. Der Grund lag darin, daß ein sehr ähnlicher Test, Sinn von Sätzen, bei dem jedes Item aus einem Satz mit zwei wesentlichen Ideen besteht, die dahin beurteilt werden sollen, ob die beiden Ideen konsistent sind, sich als wesentliche Unterstützung für einen Faktor herausstellte, der als EMU identifiziert wurde (Bericht 32; ebenso HOEPFNER, NIHIRA & GUILFORD, 1966). Der Grund, daß er zu der Evaluation von Einheiten eher gehört als zu Implikationen liegt möglicherweise darin, daß eine Idee nicht von der anderen abgeleitet werden kann oder implizit in ihr enthalten ist, daher wird keine Implikation evaluiert. Daher wurde „Absurditäten" leicht von den beiden EMI - Tests getrennt. Aber da dieser Test bei der gezielten Lösung allein war, konnte der Faktor bei dieser Analyse nicht zuverlässig ermittelt werden.

Die Untersuchung der allgemeinen Denkfähigkeit

Hypothesen über die allgemeine Denkfähigkeit

Es sei daran erinnert, daß vor der ersten Untersuchung der Denkfähigkeit fünf alternative Hypothesen für den Faktor der allgemeinen Denkfähigkeit vorgeschlagen wurden:

a) Manipulation von Symbolen
b) Problemlösen
c) Definieren von Problemen
d) Prüfen von Hypothesen
e) Organisation von Folgen auf einander bezogener Schritte

Zwei bestimmte Faktoren wurden zusätzlich zu dem für die allgemeine Denkfähigkeit gefunden, die für a und e gelten und diese Hypothesen daher eliminieren. Hypothese d war nicht in ähnlicher Weise Rechnung getragen worden und daher wurde angenommen, daß sie weiter Anspruch auf Existenz hätte. Eine endgültige Entscheidung darüber ob b, c oder a eine bessere Beschreibung der Denkfähigkeit ist, konnte nicht herbeigeführt werden. Die Analyse, die ihre Aufmerksamkeit auf die allgemeine Denkfähigkeit konzentrierte, ging von Revisionen der Hypothesen b und d aus, die schärfer unterscheidende Charakteristika und eine bessere Repräsentation in der Form von Tests erhielten (7).

In der Reihenfolge der angenommenen Wahrscheinlichkeit, die wahrscheinlichste zuerst, lauten die drei neuen Hypothesen:

A) DEFINIEREN VON PROBLEMEN
Die neue Auffassung in Verbindung mit dieser Hypothese ließ zumindest drei Schritte erkennen: (1) die Bestimmung welche Information für eine Lösung benötigt wird; (2) die Entscheidung welche Information wichtig ist und (3) die Bestimmung welche Operationen erforderlich sind um eine Lösung zu erreichen. Diese Spezifikationen waren schnell in entsprechende Testideen umzusetzen.

B) BEHERRSCHUNG KOMPLZIERTER VERFAHREN
Diese Vorstellung ging davon aus, daß Komplexität ein Charakteristikum von Tests für allgemeine Denkfähigkeit ist. Der erforderliche Grad an Fähigkeit ist dem Komplexitätsgrad des Problems, das gelöst werden kann, proportional.

C) VERSUCHS- UND IRRTUMS-VORGEHEN
Diese Hypothese betont das Suchverhalten, das in das Lösen bestimmter Probleme eingeht. Die Tests, die für diese Hypothese entwickelt wurden, können als induktiv beschrieben werden, im Hinblick auf die Tatsache, daß die Vp die gedankliche Struktur durch exploratorische Analysen entdeckt.

---

7 Vgl. Bericht 14; ebenso GUILFORD, KETTNER und CHRISTENSEN (1956).

Tests für die Hypothesen

Für Hypothese A (1), präsentiert der Test „Notwendige Voraussetzungen" bei jedem Item alle benötigten Informationen, mit Ausnahme von einer. Die Vp muß die fehlende Information finden. Eine Beispielaufgabe lautet:
Ein quaderförmiger Wassertank wird gebaut. Er ist 5 m hoch und 9 m lang. Wieviel Kubikmeter Wasser wird er enthalten?
Für Hypothese A (2) ist der Test „Wesentliche Operationen" ein multiple-choice-Test, der eine zusätzliche, irrelevante Information bei jedem Item enthält. Da er in den beiden früheren Analysen benutzt wurde, ist der Test bereits beschrieben worden.
Für Hypothese A (3) wurde der neue Test „Notwendige Arithmetische Operationen" entwickelt. Ein Problem ist vollständig gegeben und die Aufgabe der Vp besteht darin, die richtige Antwort unter fünf Paaren vorgeschlagener arithmetischer Operationen auszuwählen, z.B.:

A) addieren und multiplizieren
B) multiplizieren und dividieren
C) subtrahieren und dividieren
D) addieren und subtrahieren
E) dividieren und addieren

Vier Tests wurden für Hypothese B entwickelt. „Schiffsbestimmung", der früher beschrieben wurde, ist verwendet worden, weil die Aufgaben von einfach bis komplex variieren; von wenigen bis zu vielen Variablen. „Denken mit Formen II" war eine Revision der früher benutzten „Denkfähigkeit bei Formen". Die revidierte Form bestand aus komplizierten Problemen. Der Test „Gleichgewicht" gibt bei jedem Item eine Waage mit zwei Gewichten unterschiedlicher Werte, eines auf jeder Schale. Aus einer vorgegebenen Liste anderer Gewichte, wählt die Vp zwei aus, die die Waage ins Gleichgewicht bringen, eines für jede Schale. Der Test „Kreis - Quadrat - Dreieck" ist kompliziert, da jedes geometrische Gebilde mit einem vorgeschriebenen Objekt bei jeder Aufgabe assoziiert wird und die geometrischen Gebilde in alternativer Reihenfolge ineinander gezeichnet sind.
Wie früher erwähnt, waren die Tests für Hypothese C induktiv. Sie verlangen die Entdeckung von Regeln oder Strukturen, wobei eine Anzahl plausibler Alternativen beteiligt ist. Der Test „Regeln" präsentiert drei Sätze aus je drei Figuren mit der Aussage, daß eine bestimmte Figur aus jedem Satz in Übereinstimmung mit einer Regel ausgewählt werde. Die Vp muß die Regel entdecken. „Geheimschrift" wurde früher verwendet. Er verlangt die Aufdeckung eines Kodes, bei dem systematisch Buchstaben mit Ziffern assoziiert sind. „Zeichenänderungen II" ist eine Revision von „Zahlen- und Operationsänderungen I". Bei ihm werden nur Zeichenänderungen benutzt und die Gleichungen sind etwas komplizierter.
Um Kontinuität mit früheren Analysen zu wahren, wurde der Test „Problemlösen", ein arithmetischer Test, in die Batterie hineinge-

nommen. Ebenfalls mitgenommen wurde ein Test der Küstenwache,
der als „Quantitative Fähigkeit, Teil I" bezeichnet ist. Dieser Test
schließt zwei Arten von Items ein, eine entspricht dem Typ des arithmetischen Denkens, die andere dem „Ergänzen von Zahlenreihen".
Vom heutigen Kenntnisstand sollte dieser Test CMS und CSS repräsentieren, was die Dinge bei der Faktorenanalyse erwartungsgemäß ein
wenig komplizieren sollte. Weitere Unsicherheit brachte ein anderer
Test der Küstenwache, „Mathematische Schulleistungen", der Mathematik der Sekundarstufe verlangte, mit der Betonung des Problemlösens. Das Lösen der Aufgabe erforderte eher Einfallsreichtum als
Kenntnisse mathematischer Begriffe.

Die ursprüngliche Analyse

Drei Faktoren ergaben sich im Wesentlichen in Übereinstimmung mit
den Hypothesen A, B und C. Auf den Faktor, der als allgemeine Denkfähigkeit erkannt wurde, luden „Schiffsbestimmung", „Notwendige
arithmetische Operationen" und „Notwendige Voraussetzungen" signifikant, genauso wie „Quantitative Fähigkeit, Teil I". Zwei der drei
Tests, die speziell für diesen Faktor in der Batterie waren, luden auf
ihn. Der dritte, „Wesentliche Operationen", der vorher einen schwachen Zusammenhang mit der allgemeinen Denkfähigkeit gezeigt hatte,
lud jetzt auf den „logische Denkfähigkeit" genannten Faktor, aber nicht
sehr stark. Der Test „Problemlösen" ging nicht mit „Schiffsbestimmung" zusammen, wie er es zweimal vorher getan hatte, sondern teilte seine hauptsächlichen Varianzkomponenten stattdessen mit logischer
Denkfähigkeit und einem Faktor, der „mathematische Leistungsfähig-
keit" genannt wurde. Problemlösen korreliert höher mit den beiden
mathematischen Tests der Küstenwache, als mit den meisten für allgemeine Denkfähigkeit. Seine Bestimmung in dieser Analyse war nicht
unerwartet, da die Korrelationen bekannt waren. Obwohl „Schiffsbestimmung" der Hypothese der Beherrschung komplizierter Verfahren
zugewiesen worden war, half die Tatsache, daß er auf Faktoren lud,
die vorher als allgemeine Denkfähigkeit erkannt worden waren, bei
der Bestimmung der Interpretation dieses Faktors in der Untersuchung.
Er hatte eine signifikante sekundäre Ladung auf einen als „Beherrschung komplizierter Verfahren" bezeichneten Faktor, der als nächstes diskutiert wird.
  Drei der vier Tests, die für die Beherrschung komplizierter Verfahren entwickelt wurden, luden auf einen Faktor. Die Liste wurde
vom „Denken mit Formen II" angeführt, „Schiffsbestimmung" und
„Gleichgewicht" luden ebenfalls signifikant darauf. Nur der Test
„Kreis - Quadrat - Dreieck" fehlte. Er lud stattdessen sehr schwach
auf den Faktor für Visualisierung. „Zeichenänderung II", der für Hypothese C entwickelt wurde (Versuchs- und Irrtums-Vorgehen) kam in
dieser Liste vor. Die Verbindung dieses Tests mit „Denken mit Formen II", der führend bei diesem Faktor war, würde heute einen Faktor
für konvergente Produktion symbolischer Implikationen (NSI) nahe le-

gen, da bei beiden deduktive Operationen unter der Beteiligung von Symbolen erforderlich sind.

Der Faktor, der für Hypothese C benannt worden war, vereinigte zwei Tests auf sich - „Regeln" und „Geheimschrift". Der dritte Test (Denken mit Formen II) hatte primäre Beziehungen zum vorausgegangenen Faktor, wie dargestellt. Die Verbindung der beiden Tests spricht jetzt für die Strukturfähigkeit CSS, denn beide verlangen das Erkennen symbolischer Strukturen oder Prinzipien.

Eine der wichtigsten Schlußfolgerungen aus dieser Untersuchung ist, daß mehr als früher die Ergebnisse auf Hypothese A hinweisen, daß die allgemeine Denkfähigkeit die Fähigkeit der Wahrnehmung von Strukturen ist, für die ein arithmetisches Problem ein gutes Beispiel ist, vorausgesetzt, die Struktur ist ausreichend komplex. Einfachere Strukturen können Relationen oder Implikationen sein. Die Tests, die entwickelt wurden um zu zeigen, welche Information benötigt wird oder relevant ist und welche numerische Operation gebraucht wird, halfen den Faktor in dieser Analyse zu bestimmen. Eine andere wichtige Schlußfolgerung ist die, daß die beiden anderen Haupthypothesen der Studie immer noch zu unbestimmt waren, um bestimmte Operationen und Produkte nahezulegen. Derartige Vorstellungen werden benötigt, um Tests zu bestimmen, die Faktoren, die den Strukturfähigkeiten entsprechen, repräsentieren. Bei der Strukturierung von Problemen könnte der Grad der Komplexität ein wichtiges Charakteristikum sein und die Anwesenheit von „Schiffsbestimmung", in besonders starker Weise bei diesem Faktor und anderswo, unterstützt diese Vorstellung. Wenn Versuchs- und Irrtumsverhalten beteiligt ist, kann irgendeine Fähigkeit der divergenten Produktion oder mehrere Fähigkeiten eine Rolle spielen. Zur Überprüfung dieser Hypothese waren keine Tests in der Batterie.

Die gezielte Lösung

Bei der gezielten Lösung wurden alle Tests der Küstenwache bis auf einen eliminiert. Es bestand die Möglichkeit, daß sie im allgemeinen faktoriell komplex waren und daher bei der Aufklärung der Faktorenstruktur nicht helfen würden, um das mindeste zu sagen. Die Schwierigkeiten, die bei zwei von ihnen erwartet wurden, sind bereits beschrieben worden. Der Test der Küstenwache, der bei dieser Lösung in der Batterie blieb, war der Test „Leseverständnis", mit der Aussicht den Faktor für CMU zu trennen. Das konnte durchgeführt werden, wie Tabelle 5.2 zeigt.

Der Tabelle kann ebenfalls entnommen werden, daß ein besserer CSS-Faktor lokalisiert werden konnte in Verbindung mit „Geheimschrift" und „Kreissystem", die auf diesen Faktor, wie bei früheren Analysen luden, während der Test „Regeln" führend bei dem Faktor war, der früher als Versuchs- und Irrtums - Handlung identifiziert wurde. Der Faktor CMS entspricht dem, der früher als allgemeine Denkfähigkeit identifiziert wurde, war aber ebenfalls mit dem Test

„Wesentliche Operationen" signifikant geladen. Zusätzliche Tests auf diesem Faktor waren „Kreis - Quadrat - Dreieck" und „Gleichgewicht" „Problemlösen" ging wieder nicht zusammen mit diesen Tests ebensowenig wie der Test „Mathematische Schulleistungen", der in dieser Analyse ein Einzelstück darstellt. Seine Korrelationen mit den CMS - Tests dieser Studie waren offensichtlich zu niedrig.

Es gibt wenig mehr über die gezielte Lösung zu sagen, mit Ausnahme der interessanten Tatsache, daß „Notwendige arithmetische Operationen", der keine Zahlenoperationen erfordert, auf MSI mit dem Test „Numerische Operationen" lud, der derartige Operationen erfordert. Das kann bedeuten, daß bei „Notwendige arithmetische Operationen" viele Vpn das richtige Paar von Operationen auswählen, indem sie einige der vorgegebenen Alternativen ausprobieren. Die Anwesenheit von „Leseverständnis" auf EMI trotz der Tatsache, daß er nicht darauf gezielt wurde, muß bedeuten, daß etwas Prüfen von Hypothesen durch die Vp beteiligt ist. Die Erfahrung hat gezeigt, daß Tests für Leseverständnis faktoriell in verschiedene Wege gehen können, in Abhängigkeit von den Neigungen des Testkonstrukteurs, explizit oder implizit.

Untersuchungen der Denkfähigkeit, der Kreativität und der Evaluationsfähigkeiten (8)

Nach zwei Analysen, die den Fähigkeiten des Denkens gewidmet waren, (Reasoning A und Reasoning B), konzentrierte sich eine Studie auf die Fähigkeiten des kreativen Denkens (Bericht 4 und 8) und eine andere auf die Evaluationsfähigkeiten (Bericht 7 und 9), schien es wünschenswert, die verschiedenen Fähigkeiten aus jeder Kategorie in der gleichen Analyse zu studieren. Ein Hauptziel bestand darin, zu bestimmen, ob die Fähigkeiten, die in jeder dieser Kategorien gefunden wurden, sich von den Fähigkeiten in anderen Kategorien unterscheiden oder ob es möglicherweise einige Fähigkeiten gibt, die sich als gleich erweisen. Weitere Möglichkeiten wurden auch gesucht, um einige Fragen über bestimmte Faktoren in jeder Kategorie zu beantworten. In diesem Abschnitt beschäftigen wir uns mit den Fähigkeiten des Denkens, die in dieser Studie untersucht wurden.

In den früheren Studien wurden zusammen 31 Faktoren gefunden. Elf von diesen Faktoren waren außerhalb der drei Bereiche, die bei dieser Untersuchung von Interesse waren. Von den verbliebenen 20 wurden 11 für die weitere Analyse ausgewählt. Einige von den 20 Faktoren wurden weggelassen, weil eine intensivere Analyse bei späteren Studien geplant war. Andere wurden weggelassen, weil sie zu schwach waren um einigermaßen zuverlässig interpretiert zu werden. Die Faktoren des Denkens, die in dieser Analyse studiert wurden, waren:

---

8 Vgl. Berichte 11 und 16; ebenso KETTNER, GUILFORD und CHRISTENSEN (1959).

Entwicklung von Wahrnehmungsbeziehungen
Entwicklung von Begriffsbeziehungen
Entwicklung begrifflicher Strukturen
Entwicklung von Korrelaten
Manipulation von Symbolen

Allgemeine Denkfähigkeit und logisches Denken wurden ohne neue Hypothesen oder Tests eingeschlossen.

Hypothesen für fünf Fähigkeiten des Denkens

In Übereinstimmung mit der früher geübten Praxis wurden alternative Hypothesen für jede der fünf Fähigkeiten des Denkens aufgestellt, in der Hoffnung herauszufinden, wie allgemein jeder Faktor ist, d. h. ob er so allgemein ist, um die Eigenschaften aller Hypothesen für diesen Faktor zu umfassen oder so speziell, um nur einem oder zwei Merkmalen zu genügen. Wie in früheren Studien wurde als möglich vorausgesetzt, daß Tests, die für eine Teilhypothese entwickelt worden waren, einen neuen, getrennten Faktor bestimmen können.

Eine Anzahl anderer Fragen und Probleme allgemeiner Art stellte sich ebenfalls. Eines dieser Probleme hing mit der Definition der „Denkfähigkeit" zusammen. Die ersten drei Faktoren der obigen Liste schienen aus dem Bereich der Induktion oder des induktiven Denkens zu kommen. Es wurde angenommen, daß sie besser als „Entdeckungsfähigkeiten" bezeichnet werden können, da bei allen die Entdeckung von Beziehungen, einfachen oder komplexen, bei gegebenen Objekten oder Wörtern, eine Rolle spielt (Bericht 11). Der Faktor der Entwicklung von Korrelaten hat mit der Erfüllung von Beziehungen zu tun. Der Faktor für Symbolmanipulation, der in der Reasoning B - Studie gefunden wurde, verlangt den Umgang mit Beziehungen zwischen Symbolen. Da Relationen bei allen Faktoren vorkommen, wurde angenommen, daß „Denkfähigkeit" als „Denken in Relationen" neu definiert werden könnte. Auf diese Weise kamen die Untersucher einer operationalen Definition der „Denkfähigkeit" nahe. Die allgemeine Denkfähigkeit würde in die Definition hineinpassen, da sie mit den Strukturen von gegenseitigen Beziehungen befaßt ist. Die logische Denkfähigkeit würde die Definition erfüllen, da die Aussagen eines Syllogismus, formal oder informell, miteinander in Beziehung stehen.

Ein anderes Problem betraf die Verbalisierungsfähigkeit. Bei früheren Untersuchungen wurden einige Ergebnisse bezüglich der Entdeckung von Faktoren, dadurch daß die Vp gefragt wurde, welche Beziehung oder Struktur sie entdeckt habe, gesammelt. Es wurde angenommen, daß direktere und zuverlässigere Resultate erzielt werden könnten, wenn die Vp gebeten wird, lediglich die Beziehung oder die Struktur zu benennen. Angenommen der Akt des Benennens oder des Beschreibens sei so einfach, daß durch individuelle Unterschiede in dieser Hinsicht keine Varianz zu den Testwerten hinzukommt, dann würde die Varianz der Entdeckungsfaktoren auf diese Weise vergrößert und ihre Tests wären eindeutig für die jeweiligen Faktoren. Auf der anderen Seite gäbe es, wenn Benennen oder Beschreiben beträchtliche Varianz in die Testwerte einbringen würde, einen gemeinsamen Faktor oder gemeinsame Faktoren.

Verschiedene Ergebnisse wurden bei der Benennungsfähigkeit als möglich angesehen. Es könnte drei Benennungsfähigkeiten, eine für jede der betreffenden Entdeckungsfähigkeiten geben. Es könnte zwei Benennungsfähigkeiten, eine für Wahrnehmungsaufgaben und eine für verbale Aufgaben geben. Es könnte sogar nur eine Benennungsfähigkeit geben, wenn der Inhalt einer Aufgabe irrelevant ist. Ergänzend kamen zu den Betrachtungen dieses Problems einige Ergebnisse von ADKINS und LYERLY (1951) hinzu. Sie fanden einen Faktor „Wahrnehmung abstrakter Ähnlichkeiten", der durch zwei verbale Klassifikationstests repräsentiert war, und einen Faktor „Begriffsbildung", der als Fähigkeit verbale Konzepte zu formulieren, definiert wurde. Die führenden Tests, die den späteren Faktor repräsentierten, waren „Benennen von Wortgruppen" und „Benennen von Bildgruppen". Dieser Faktor würde eine Fähigkeit nahelegen, die Wahrnehmungs- und Begriffsaufgaben gemeinsam ist, aber sie bezöge sich mehr auf die Benennung von Klassen als auf Benennung von Relationen und Strukturen. Daraus ergab sich die weitere Frage: Gibt es eine gemeinsame Fähigkeit für das Benennen von Klassen, Relationen und Strukturen?

Die Hypothesen und ihre Untergliederungen. Die Haupt- und Nebenhypothesen dieser Studie werden zuerst aufgeführt und dann kurz besprochen.

I   Entwicklung von Wahrnehmungsbeziehungen
    a) Erkennen von Wahrnehmungsbeziehungen
    b) Erkennen von Ähnlichkeiten in der Wahrnehmung

II Entwicklung von Begriffsbeziehungen
    a) Erkennen begrifflicher Beziehungen
    b) Erkennen begrifflicher Ähnlichkeiten

III Entwicklung begrifflicher Strukturen
    a) Erkennen begrifflicher Strukturen
    b) Erkennen von Regeln oder Prinzipien
    c) Erkennen von Trends

IV Entwicklung von Korrelaten
    a) etwas finden, das in eine gegebene Wahrnehmungsbeziehung paßt
    b) etwas finden, das in eine gegebene begriffliche Beziehung paßt

V   Manipulation von Symbolen
    a) Symbolmanipulation
    b) Ersetzen von Symbolen

VI Verbalisierungsfähigkeit
    a) Benennen von Wahrnehmungsbeziehungen
    b) Benennen begrifflicher Beziehungen

c) Benennen von Klassen
d) Formulieren von Regeln oder Prinzipien
e) Beschreiben von Trends

Es fällt auf, daß die beiden Alternativen unter I und II sich in beiden Fällen auf Beziehungen und Ähnlichkeiten beziehen. Der Grund dafür ist, daß bei früheren Analysen Tests, die sich mit Ähnlichkeiten beschäftigen, häufig auf Faktoren luden, die als Faktoren interpretiert wurden, die sich mit Relationen befassen. Wenn die Ergebnisse dieser Verbindung fortzusetzen wären, könnten sie rationalisiert werden indem gesagt wird, daß Ähnlichkeit eine Art der Relation sei. Aber die ursprünglichen Analysen bei Reasoning A schufen Platz für eine Fähigkeit oder Fähigkeiten des Erkennens von Klassen; bei Reasoning B war ein nicht interpretierbarer Faktor aufgetreten, der von einem Test, der für das Erkennen von Ähnlichkeiten konstruiert wurde, geführt war. Dadurch wurde die Möglichkeit für Fähigkeiten der Entdeckung von Klassen nicht ausgeschaltet. Bei Hypothesen I und II wurde die wiederholte Trennung einer wahrnehmenden oder figuralen Fähigkeit von einer begrifflichen deutlich gemacht. Einige Tests, die das Erkennen von Relationen bei symbolischem Material verlangen, wurden zur Batterie hinzugenommen, um zu sehen, ob sie auf den Faktor der Entwicklung begrifflicher Beziehungen laden würden. Die Unterscheidung zwischen symbolischen und semantischen (verbalen) Fähigkeiten wurde als Möglichkeit noch nicht ernsthaft in Erwägung gezogen. Unter Hypothese III erscheinen Alternativen in Übereinstimmung mit drei früheren Subhypothesen. Obwohl die eine Fähigkeit, die in diesem Bereich nachgewiesen werden konnte (bei einer einzigen Analyse) in Begriffen des Erkennens von Strukturen interpretiert wurde, war angenommen worden, daß es wünschenswert sei, noch eine weitere Trennung von Tests, die Regeln, Prinzipien oder Trends repräsentieren, durchzuführen um zusätzliche Faktoren zu bestimmen.

Entwicklung von Korrelaten war in den beiden früheren Analysen der Denkfähigkeit und auch bei einer Analyse der Evaluationsfähigkeiten (Bericht 7 und 9) gefunden worden. Figurale, symbolische und Tests, die mit sinnvollem verbalem Material arbeiten, luden auf diesen Faktor. Der führende Test enthielt sowohl symbolische als auch semantische Aufgaben. Bei der neuen Analyse wurden die beiden Aufgabenarten getrennt und im allgemeinen für bessere Repräsentation der verschiedenen Arten von Inhalten gesorgt, um zu sehen, ob es zwei Faktoren (Wahrnehmung und Begriff) anstelle eines einzigen geben würde. Die Tests waren alle vom Typus der Ergänzung, der den Voraussetzungen der beiden Teilhypothesen Rechnung trägt.

Mit einer ähnlichen Liste von Tests, zu denen gewöhnlich „Symbolmanipulation" gehörte, wurde der Faktor „Symbolsubstitution" bei Reasoning A und der Faktor „symbolische Manipulation" bei Reasoning B gefunden. Bei dieser Untersuchung wurde auf eine bessere Repräsentation beider Vorstellungen geachtet, in der Hoffnung festzustellen, ob es eher zwei Faktoren, als einen geben könnte.

Hypothese VI wurde nicht in der Erwartung einer zusätzlichen Denkfähigkeit eingeführt, sondern um der Sorge Rechnung zu tragen, daß es eine oder mehrere Fähigkeiten geben könnte, die das Benennen oder Beschreiben von Klassen, Beziehungen, Regeln, Prinzipien oder Trends umfassen. Es könnte sogar, wie durch die Aufzählung zu Hypothese VI angedeutet, 5 Fähigkeiten oder aber gar keine geben. Es hatte vorher keine nachgewiesen werden können, aber die Tests, die bei jeder der vorausgegangenen Analysen eingesetzt wurden, waren unzureichend um einem derartigen Faktor die Möglichkeit des Nachweises zu geben.

Hypothesen, die Fähigkeiten des kreativen Denkens und der Evaluation betreffen, und an der Untersuchung, die jetzt zu diskutieren ist, beteiligt waren, werden in den folgenden Kapiteln behandelt, wo sie mehr Vorrang und eine größere Relevanz haben. Ergebnisse aus allen Tests, die zusammen analysiert wurden, sind in Tabelle 5.2 dargestellt, wenn sie in die Kategorien Kognition und konvergente Produktion fallen.

Die drei Analysen

Von den 62 Tests, die bei dieser Untersuchung benutzt wurden, sollten 32 die fünf Denkfähigkeiten repräsentieren, die von besonderem Interesse sind. Von diesen Tests waren jeder Teilhypothese 2 bis 6 zugeordnet (Vgl. Bericht 11 und 16). Acht der Tests repräsentierten die Hypothesen unter VI, aber nur c und e in dieser Gruppe hatten mehr als einen Vertreter, sodaß etwas weniger als sechs Verbalisierungsfaktoren normalerweise erwartet werden konnten. Es gab sechs Bezugsfaktoren mit den entsprechenden Markierungstests, um mögliche sekundäre Varianzen der Denkfähigkeitstests zu kontrollieren.

Drei getrennte Analysen wurden durchgeführt, die als 16 A, 16 B, und 16 C bezeichnet wurden. Der Grund für die Trennung bestand darin, daß die vollständige Testbatterie eine Durchführungszeit von 12 Stunden benötigt hätte, das ist entschieden mehr, als die Zeit, für die üblicherweise Gruppen von Vpn zur Verfügung gestellt werden können. Drei einander überlappende Batterien von 8 Stunden wurden durchgeführt und analysiert. Wegen dieser Zusammenstellung konnten die meisten erwarteten Faktoren nur in zwei der drei Analysen erscheinen und einige möglicherweise nur in einer.

Die Ergebnisse der drei Analysen repräsentierten zu jener Zeit den umfassenden Fortschritt im Hinblick auf die Information über Fähigkeiten und machten die ersten wesentlichen Schritte zur allgemeinen Strukturtheorie der Intelligenz möglich. Zum ersten Mal wurden klare Unterschiede zwischen symbolischen und figuralen bzw. semantischen Fähigkeiten gefunden. Zum ersten Mal wurde mehr als eine Fähigkeit, die zu Klassen gehörte, deutlich von Fähigkeiten unterschieden, die zu Relationen gehörte.

Lassen sie uns kurz die Ergebnisse in Beziehung zu den Hypothesen bringen. Hypothese I a wurde bestätigt. Die beiden Tests „Figurenanalogien" und „Figurenmatrix" waren in beiden Analysen eng zusammen. Für Hypothese I b wurde in einer Analyse ein neuer Faktor der Klassifikation in der Wahrnehmung gefunden, bei dem die drei Tests „Bildklassifikation", „Figurenklassifikation" und „Benennen von Bildgruppen" zusammen gingen.

Hypothese II a wurde ausreichend bestätigt dadurch, daß zwei Faktoren der erwarteten Art bei der Analyse herauskamen. Das heißt, der eine, der „Entwicklung begrifflicher Beziehungen" genannt wurde, ergab sich bei zwei Analysen (A und B). Dabei luden „Verbale Analogien I" und „Ergänzung Verbaler Analogien" auf ihn. Der als „Entwicklung struktureller Beziehungen" bezeichnete Faktor wurde in Analyse B gefunden. Die Tests „Ergänzung von Korrelaten II" und „Erkennen von Trends II" markierten ihn. Obwohl nicht vorausgesehen wurde, daß der erstere sehr viel Varianz zum E r k e n n e n symbolischer Beziehungen beitragen würde, ist offenkundig, daß er es tut. „Erkennen von Trends II besteht aus Items des folgenden Typs:

Ärger   Bakterie   Chamäleon   danken   essen*

Dabei besteht die Aufgabe der Vp darin, die Beziehung zu benennen. In diesem Fall ist es die alphabetische Reihenfolge der Anfangsbuchstaben der verschiedenen Wörter. Eine derartige Aufgabe ist einer ähnlich, die eine Folge der gleichen Beziehungen bei benachbarten Wortpaaren präsentiert. „Ergänzung von Korrelaten II" wurde bereits beschrieben. Der bedeutendste Aspekt der Entdeckung dieser beiden Fähigkeiten ist die Unterscheidung zweier paralleler „begrifflicher" Variablen, von denen eine als semantisch und die andere als symbolisch erkannt wurde.

Obwohl eine beträchtliche Anzahl von Tests für das Auffinden von mehr als einem Faktor im Hauptbereich der Hypothese hoffnungsvoll sein sollte, wurde nur einer gefunden. Die Trendtests repräsentierten weiterhin Fähigkeiten der Beziehung, und keine Unterscheidung konnte zwischen der faktoriellen Art der Tests des Erkennens von Strukturen und denen des Erkennens von Prinzipien gemacht werden. „Kreissystem" und „Buchstabendreieck" führten die Liste eines Faktors an, der als „Entwicklung begrifflicher Strukturen" bezeichnet wurde. Die neuen Tests „Buchstabenserie" und „Zahlenserie" luden auf ihn. Ein sehr einfaches Beispiel eines Items der Buchstabenserie ist E F E F E - -, dabei hat die Vp die Aufgabe, die nächsten zwei Buchstaben hinzuzufügen. Ein Beispiel für eine Aufgabe der Zahlenserien ist „15 18 21 24 27 30 - - ", die Vp soll das Bildungsgesetz angeben, in diesem Fall „ + 3 ". Es ist anzumerken, daß alle vier Tests aus symbolischem Material bestehen, daraus wurde später die Strukturfähigkeit CSS abgeleitet.

Für Hypothese IV wurde wieder ein Faktor ausreichend erkannt mit „Ergänzung von Korrelaten II" und „Ergänzung von Figuranalogien" an der Spitze der Liste. Diese Tests bestehen im ersten Fall aus

---

*In Analogie zum Original gebildet (Anm. d. Ü.).

126

symbolischem und im zweiten aus figuralem Material. Der Rest der
Liste der Tests für diesen Faktor schloß ebenfalls figurale und symbolische Tests ein. Daraus würden wir heute schließen, daß der Faktor eine Mischung aus NFR und NSR war. Es gab einige Hinweise, auf
einen parallelen Faktor NMR, obwohl er nicht erkannt wurde. Zwei
Tests waren für diese Fähigkeit der begrifflichen Ergänzung konstruiert worden, nämlich „Ergänzung Verbaler Analogien" und „Erfinden
Verbaler Beziehungen". Bei dem letzteren muß die Vp ein Wort angeben, das eine Beziehung erfüllt. Dabei ist ein Wort und die Beziehung, die zu erfüllen ist, gegeben. Die beiden Tests halfen einen anderen Faktor zu bestimmen, aber es gab weitere Tests, die damit
zusammenhingen und nicht dazu beitrugen, den Faktor als NMR zu
identifizieren, da sie etwas heterogen in ihren Merkmalen waren.

Die Tests, die in Verbindung mit Hypothese V entwickelt wurden,
trennten zwei Faktoren, die beide in Analyse 16 A erschienen, so daß
wir schlußfolgern können, daß sie sich unterscheiden. Der als „Symbolmanipulation" bezeichnete Faktor wurde primär durch „Symbolmanipulation II" und „Änderungen von Zeichen II" bestimmt. „Symbolmanipulation II" ist komplizierter als der frühere Test gleichen Namens.
Jedes Item, nach der gegebenen Aussage, enthält zwei Aussagen, die
einer Anzahl von Aufgaben vorausgehen:

Wenn $X = Y$ und $Y \neq Z$ (wenn X gleich Y und Y nicht gleich Z)
dann

1. $X \neq Z$ und $Y = Z$
2. $X < Z$ und $X > Z$ (X kleiner als Z und X größer als Z)

Die Multiple - choice Antworten sind von folgender Art:

A. Beide Teile sind richtig. B. Ein Teil ist richtig, der andere unbestimmt.

„Änderungen von Zeichen II" gibt falsche Gleichungen wie $1 + 2 = 4 \times 1$.
Dabei hat die Vp anhand von Mehrfachwahlantworten zu sagen, welche Zeichenänderung die Gleichung richtig machen würde. Bei beiden Fällen stellt sich heraus, daß der Antwortmodus dazu beiträgt,
daß die Tests ihrer Natur nach evaluativ sind und ihr Faktor wird jetzt
als die Strukturfähigkeit ESR identifiziert.

Der in der ersten Analyse als „Symbolsubstitution" bezeichnete
Faktor wurde in erster Linie durch „Zeichenänderung" und „Denken
mit Formen" bestimmt, der jetzt als bestimmte Tests des Faktors
NSI gelten. Das Ergänzungsverfahren bei „Zeichenänderung" half besonders den Faktor in der Kategorie der konvergenten Produktion einzuordnen. Die beiden Faktoren, die gerade besprochen wurden, sind
offensichtlich im Hinblick auf die Inhaltskategorie symbolisch.

Hypothese VI umfaßte Tests, bei denen die Vp Beziehungen, Klassen und Trends benennen oder beschreiben sollte. Es gab acht dieser
Tests und die Hauptfrage bestand darin, wieviel Verbalisierungsfähig-
keiten zu erwarten waren. Die Antwort war ziemlich klar. Bei jeder

der beiden Analysen gab es nur einen Benennungsfaktor, auf den die
vier Tests, bei denen Benennung gefordert wurde, luden. Ein fünfter
Test, der ursprünglich nicht für diese Hypothese entwickelt worden
war, half bei der Bestimmung in einer Analyse. Es handelt sich dabei
um „Objektsynthese". Dabei hat die Vp die Aufgabe, ein Objekt zu
nennen, das aus zwei anderen gemacht werden kann. Die Verbalisie-
rungstests, die nicht auf den Benennungsfaktor luden, gingen in verschiedene Richtungen, von denen einige einsichtig waren, andere dagegen nicht. Auf jeden Fall gingen sie nicht zusammen um eine zweite
Benennungsfähigkeit zu bestimmen. Der Faktor, der sich ergab, wurde als „Benennung von Abstraktionen" bezeichnet, im Hinblick auf die
Tatsache, daß sowohl Klassen als auch Beziehungen in vier der Tests
benannt werden mußten. Dabei wurde ignoriert, daß beim fünften Test
(Objektsynthese) Objekte benannt wurden. Alle drei Inhaltskategorien
waren in den Tests vertreten. Die wichtigste Schlußfolgerung daraus
ist, daß es keine Rolle spielt, was zu benennen ist, Klassen oder Relationen; figuraler, symbolischer oder semantischer Inhalt, immer
liegt die gleiche semantische Fähigkeit vor. Der Faktor der Strukturtheorie NMU wurde später entdeckt und derjenige, der in diesen Analysen gefunden wurde, ist NMU ähnlich.

Die gezielten Analysen

Wie früher können die Ergebnisse der gezielten Lösung Tabelle 5.2
entnommen werden. Alle Strukturfähigkeiten, für die es einleuchtende
Hinweise bei der ursprünglichen Analyse gab, wurden klarer und bestimmter bei der gezielten Lösung ermittelt. Aber, wie bei den früheren Analysen üblich, bei denen zahlreiche Strukturfähigkeiten nur durch
einen einzigen Test vertreten waren, gab es viele Einzelfaktoren. Diese
Situation wurde dadurch verbessert, daß, wenn ein Einzelfaktor in einer
der drei Analysen ermittelt wurde, es einen oder mehrere korrespondierende Faktoren in einer oder beiden anderen Analysen gab, die keine Einzelfaktoren waren. Nur 6 der 24 Faktoren, die sich bei der gezielten Rotation ergaben, wurden durch Einzelfaktoren repräsentiert.
Vier von ihnen liegen im Bereich der Evaluation, nur zwei im Bereich
der Denkfähigkeit.
    Nur wenige der besonderen Glanzpunkte der gezielten Lösung sollen
erwähnt werden. Zwei Faktoren wurden durch das spätere Verfahren
gefunden, die bei der ursprünglichen Analyse vermißt wurden. Einer
war die Kognition symbolischer Klassen (CSC), die in zwei Analysen
gefunden wurde. Die bestimmenden Tests waren „Gruppieren von
Buchstaben" und „Wörtergruppen". „Gruppieren von Buchstaben" ist
ein Klassifikationstest vom Typ des „Ausschließens". Der Vp werden
vier Buchstabengruppen vorgelegt, die alle aus vier Buchstaben bestehen, und sie hat festzustellen, welche Gruppe nicht dazu gehört;
z.B.:

AABC   ACAD   ACFH   AACG

„Wörtergruppen" ist ein Test für das Bezeichnen von Klassen. Dabei werden der Vp vier Wörter gegeben, etwa

regnen   reagieren   reaktivieren   reiben

die alle mit „re" beginnen. Die Vp soll das feststellen.

Der andere neue Faktor wurde als Repräsentant der Fähigkeit EMC identifiziert, eine Fähigkeit, die bei allen drei Analysen entdeckt wurde. Diese Fähigkeit gehört in die Kategorie der Evaluation; eine Diskussion dazu ist in Kapitel 7 zu finden.

Eine bemerkenswerte Klärung der Faktoren ergab sich im Bereich der Entwicklung von Korrelaten. Wo die ursprüngliche Lösung ein Ergebnis hatte, das bereits als Mischung von NFR und NSR erwähnt wurde, ergab die gezielte Lösung eine Trennung der beiden Faktoren. Ein Faktor für die Fähigkeit NMR wurde bei zwei Analysen der ursprünglichen Lösung ebenso gefunden, wie in der dritten, durch die Methode der gezielten Rotation. Andere Unterschiede der beiden Lösungen umfassen kreative Fähigkeiten und den Bereich der Evaluation, die in den nächsten beiden Kapiteln behandelt werden.

Analyse der Fähigkeiten des Problemslösens

Die Plazierung von Fähigkeiten, von denen erwartet wird, daß sie beim Problemlösen eine Rolle spielen, unter Untersuchungen der Denkfähigkeit hat die Unterstützung der traditionellen Assoziation zwischen den beiden (9). Es stellte sich heraus, daß mindestens die Hälfte der faktoriellen Fähigkeiten, die in die Untersuchung einbezogen wurden, ihrem Wesen nach relational und induktiv oder deduktiv waren. Zwei neue Deduktionsfähigkeiten wurden zum ersten Mal nachgewiesen und lieferten eine empirische Rechtfertigung für das Einschließen der Problemlösungsstudie in dieses Kapitel.

Ein Modell des Problemlösens

Obwohl die Möglichkeit der Entdeckung einer einzigartigen Problemlösungsfähigkeit offen gelassen wurde, was von Anfang an bei den Analysen im Bereich des Problemlösens zutraf, bestand die Ausgangshypothese in der Annahme, daß Problemlösen eine komplexe Angelegenheit sei, bei der eine Anzahl von unterschiedlichen Fähigkeiten in Abhängigkeit von der Art des Problems eine Rolle spielen. Trotz dieser Hypothese wurde angenommen, daß Problemlösen, in welcher Ver-

---

9 Vgl. Bericht 22; ebenso MERRIFIELD, GUILFORD, CHRISTENSEN und FRICK (1962).

bindung auch immer, eine charakteristische Gesamtstruktur besitzt, die eine bestimmte Reihenfolge von Schritten erfordert.

Eine Anzahl solcher Strukturen oder Modelle sind für das Problemlösen, beginnend mit JOHN DEWEY (1910), vorgeschlagen worden. Nach der Durchsicht aller früheren Vorschläge, wurde folgendes Modell als Ausgangspunkt für die Untersuchung akzeptiert. Es schloß fünf Schritte, Phasen oder Aspekte ein:

Vorbereitung, Analyse, Produktion, Verfikation und Anwendung.

Die Vorbereitungsphase ist diejenige, in der das Problem entsteht und als solches erkannt wird. In dieser Phase kann genug Information zur Verfügung stehen, um dem Löser über das allgemeine Wesen des Problems und den Grad der Dringlichkeit aufzuklären. Das ist gerade der Anfang des Verstehens des Problems, das in einem vollständigeren Status in der Phase der Analyse erreicht wird.

Mit Hilfe der Analyse wird derjenige, der das Problem löst, besser über die Situation, wie sie besteht, und die Zielsituation, die nach der Lösung des Problems vorliegen soll, orientiert. Sie enthält situationsorientierte und zielorientierte Informationen. Auf irgendeine Weise muß die Lücke zwischen beiden geschlossen werden.

In der Phase der Produktion entstehen alternative Lösungen, die entwickelt werden, um die Lücke zwischen der Problemsituation und der Zielsituation zu überbrücken. Die Entstehung der Lösungen wird von einem Suchmodell, das in Übereinstimmung mit der Natur des Problems und dem zu erreichenden Ziel aufgestellt wird, geleitet.

In der Phase der Verifikation werden die Lösungen im Hinblick auf das Suchmodell verglichen und einige oder alle abgelehnt. Die Ablehnung führt häufig zu einem Zurückgehen und dabei ist die Phase der wiederholten Anwendung beteiligt. Das Zurückgehen kann die Ableitung neuer Lösungen aus dem gleichen Suchmodell oder möglicherweise ein neues Suchmodell oder sogar eine Revision des Problemverständnisses umfassen.

Die Strukturtheorie der Intelligenz und das Modell waren während der anfänglichen Planung der Studie der Problemlösungsfähigkeiten nicht verfügbar. Es wurde später klar, daß die Phase der Analyse des Problemlösungsmodells Fähigkeiten der Kognition erfordert; die Produktionsphase divergente und konvergente Produktion verlangt und die Phase der Verifikation Fähigkeiten der Evaluation. Das Problemlösungsmodell diente dem Zweck, Fähigkeiten in diesen vier Operationskategorien aufzufinden.

Hypothetische Fähigkeiten des Problemlösens

Beim Auffinden hypothetischer Fähigkeiten auf der Grundlage des Problemlösungsmodells wurde besonderer Wert auf die Phase der Produktion gelegt. Besondere Aufmerksamkeit galt den Operationen des Vorwärtsdenkens von der wahrgenommenen Problemsituation und des

Rückwärtsdenkens von der wahrgenommenen Zielsituation. Sechs hypothetische Fähigkeiten wurden so aufgestellt, vier, die sich auf das Vorwärtsdenken von der Problemsituation aus, und zwei, die sich auf das Rückwärtsdenken von der Zielsituation aus, bezogen. Nachdem jede Hypothese akzeptiert und neue Tests entwickelt (oder alte adaptiert) worden waren, um die Hypothesen zu überprüfen, wurde die Aufmerksamkeit darauf gerichtet, welche schon bekannten faktoriellen Fähigkeiten beteiligt sein könnten. Den bekanntesten Faktoren wurde später die Bezeichnung nach dem Strukturmodell zugeordnet. Die sechs Hypothesen und die Art, der damit verbundenen Informationen, werden als nächstes erläutert.

I. Die Fähigkeit, schnell mehrere Attribute oder Charakteristika bei einem gegebenen Objekt aufzufinden

TESTS

AUFLISTEN VON ATTRIBUTEN I. Die Vp schreibt Attribute zu einem gegebenen Objekt auf, z.B. bei „Kaugummi" folgende „wird aus Sapotillsaft hergestellt", „wird in Papier eingewickelt verkauft", „klebt am Möbel" usw.

UNTERSCHIEDE. Die Vp schreibt auf, worin sich zwei Objekte von einander unterscheiden. Wenn zum Beispiel „Apfel und Banane" gegeben sind, könnte sie sagen „rund und lang", „hart gegenüber weich", „dünne Schale gegenüber dicker Schale" usw.

ÄHNLICHKEITEN. Die Vp soll sechs Aspekte angeben, in denen zwei Objekte einander ähnlich sind. Wenn z.B. „Apfel und Orange" gegeben sind, könnte sie sagen „süß", „haben Kerne", „wachsen auf Bäumen" usw.

Die früher bekannten Fähigkeiten, von denen angenommen wurde, daß sie in Beziehung zu diesen Tests stehen (später in Termini des Strukturmodells bezeichnet), waren divergente Produktion semantischer Einheiten (DMU) und divergente Produktion von Beziehungen (DMR). Die Markierungstests, die in die Batterie aufgenommen wurden, um diese Vorstellungen zu überprüfen, waren Ideenflüssigkeit bzw. Assoziationsflüssigkeit.

II. Die Fähigkeit Objekte oder Ideen zu klassifizieren

TESTS

SATZPAARE. Aus zwei kurzen Listen von Sätzen hat die Vp diejenigen einander zuzuordnen, die eine ähnliche Bedeutung haben.

GRUPPIEREN VON WÖRTERN. Aus einer Liste von 12 bekannten Wörtern soll die Vp vier Gruppen bilden, die sich gegenseitig ausschließen.

Die Strukturfähigkeit, die am wahrscheinlichsten beteiligt ist, ist Kognition semantischer Klassen (CMC), für die der Test „Verbale Klassifikation" als Markierung dient. Bei diesem Test erhält die Vp eine Liste von Wörtern und soll jedes Wort einer von zwei Klassen zuordnen, die durch zwei Sätze von Wörtern repräsentiert sind. Darüber hinaus ist es ihr möglich zu sagen, daß ein Wort in keine Klasse paßt.

III. Die Fähigkeit verschiedene Beziehungen zwischen den Attributen eines Objekts oder einer Situation zu finden

TESTS

UNGEWÖHNLICHE FIGURBEGRIFFE. Aus einer Sammlung von Zeichnungen bekannter Objekte soll die Vp Paare bilden, bei denen die Glieder etwas gemeinsam haben. Bei der Auswertung der Tests werden die Paare nach der statistischen Seltenheit gewichtet. Der erhaltene Wert ist für entfernte Verbindungen höher. Dieses System berücksichtigt auch das Abstraktionsniveau.

ÄHNLICHKEITSPAARE. Bei gegebenen Paaren verbalisierter Konzepte, soll die Vp einen Aspekt angeben, in dem die beiden ähnlich sind;: „Viertel - Fünftel", „Glas - Viertel", „Viertel - Dorf"* usw.

SEQUENTIELLE ASSOZIATIONEN. Es werden vier einfache Wörter gegeben und die Vp soll sie in die Reihenfolge bringen, bei der jedes Wort mit dem nächsten assoziiert ist. Eine Beispielaufgabe lautet:

pen —— pig —— read —— write ——

Durch das Einsetzen der Ziffern an den freien Stellen, sollte die Vp bei dieser Aufgabe die Reihenfolge 2, 1, 4, 3 angeben, um die beste Assoziationssequenz zu erhalten.

Als relevante Strukturfähigkeiten wurden die Kognition semantischer Beziehungen (CMR) und konvergente Produktion semantischer Beziehungen (NMR) angesehen. Sie wurden durch den Test „Verbale Analogien I" bzw. „Wortschatzergänzungen" repräsentiert.

---

*Die Aufgabe wurde in Analogie zum Original gebildet. (Anm. d. Ü.).

IV. Die Fähigkeit, an alternative Möglichkeiten in einer gegebenen Situation zu denken

TESTS

MULTIPLES GRUPPIEREN. Bei einer Liste von bekannten Wörtern soll die Vp möglichst viele sinnvolle Gruppen bilden.

SYNTHESE VON OBJEKTEN III. Die Vp soll fünf Gegenstände angeben, die aus zwei gegebenen Objekten hergestellt werden können. Wenn z.B. „Nagel und Stock" gegeben sind, könnte sie „Speer", „Haken", „Kreuz" usw. angeben.

Die Aufstellung von Alternativen, die in beiden Tests erforderlich sind, deutet sofort auf divergente Produktion hin. Die offensichtlichste Strukturfähigkeit, die bei „Multiples Gruppieren" auftritt, ist divergente Produktion semantischer Klassen (DMC). Die beiden Markierungstests für DMC, die in der Batterie enthalten waren, sind „Verwendung von Ziegelsteinen (Wechsel)" und „Benennen von Objekten (Wechsel)". Bei beiden Tests werden die Antworten danach bewertet, wie häufig die Vp die Klassen wechselt.

In der Zeit, als die Studie vorbereitet wurde, waren die Unterschiede zwischen den Produkten noch nicht so gut erkannt, so daß zwei andere Fähigkeiten, DMU und DMT, ebenfalls erwartet wurden. DMT besonders beim Test „Synthese von Objekten III", bei dem die einfache Gegenstände verschiedene Funktionen erfüllen, wenn sie bei verschiedenen, komplexeren Objekten verwendet werden. Der Markierungstest für DMT, der in die Batterie aufgenommen wurde, war „Karikaturen", bei dem zu einer gegebenen Karikatur die Vp eine entsprechende Unterschrift finden soll. Von ihm wurde früher angenommen, daß er DMT repräsentierte (Bericht 17). Weil der ursprüngliche Test „Synthese von Objekten" früher zur Bestimmung des Faktors NMT beigetragen hatte, wurde die Fähigkeit NMT in Verbindung mit „Synthese von Objekten II" erwartet, obwohl dabei 5 Antworten zulässig waren. Der Markierungstest für NMT war „Gestalttransformation". Dabei wird gefragt, welches Objekt einem ungewöhnlichen Zweck dienen kann. Der Vp werden Mehrfachwahlantworten vorgelegt.

V. Die Fähigkeit Attribute einem bestimmten Ziel oder einer gewünschten Situation zuzuordnen

TESTS

APPARAT - TEST (DEUTLICHE VERÄNDERUNGEN): APPARAT - TEST (KEINE VERÄNDERUNGEN). Diese „Tests" waren in Wirklichkeit zwei Werte, die aus den Antworten zum Apparat - Test abgeleitet wurden. Dabei wurde die Vp gebeten, zwei Dinge zu nennen, die falsch oder fehlerhaft bei Dingen des täglichen Gebrauchs sind, etwa bei Telefon und Kühlschrank. Das „wünschenswerte Ziel" ist eine bessere Anwendung, im Zusammenhang mit dieser Untersuchung und jedes falsche Ding wird zu einem Attribut des Objekts. Von den beiden Werten, die zwischen deutlichen und geringeren Veränderungen unterscheiden, wurde erwartet, daß sie möglicherweise auf verschiedene Fähigkeiten hinweisen.

AUFLISTEN VON ATTRIBUTEN II. Die Vp gibt die notwendigen Attribute eines Objekts an, das benötigt wird, um einen bestimmten Zweck zu erfüllen, z.B. bei „einen langen Nagel in einen harten Pfosten hineintreiben" könnte sie sagen „der Gegenstand kann in der Hand gehalten werden"; „er ist härter als der Nagel", „er hat eine flache Schlagfläche" usw..

Ein Apparat - Test hatte früher besonders bei der Bestimmung eines Faktors geholfen, der „Sensivität für Probleme" genannt wurde. Die erste Plazierung dieser Fähigkeiten im Strukturmodell war die Zelle „Evaluation semantischer Implikationen (EMI)" mit der Vorstellung, daß die Objekte evaluiert und zu leicht befunden wurden. Ein Markierungstest für die angenommene EMI - Fähigkeit wurde entsprechend ausgewählt, nämlich „Erkennen von Problemen", bei dem die Vp die Schwierigkeiten äußern soll, die beim Gebrauch bekannter Gegenstände, etwa einer Kerze, entstehen können. Es wurde angenommen, daß der Wert für „deutliche Veränderungen" beim Apparat - Test auch einige Originalität erfordern würde, daher könnte DMT beteiligt sein. Der Markierungstest für diese Fähigkeit, „Karikaturen", wurde bereits erwähnt.

VI. Die Fähigkeit logisch hinreichende Vorläufer aus einer bestimmten Situation abzuleiten

Die zu produzierenden Lösungen im Zusammenhang mit dem Problemlösungsmodell gehen realistischerweise der Zielsituation voraus und können daher als Vorläufer betrachtet werden. Vier Tests wurden konstruiert, die sich mit dem Erkennen von Vorläufern von Ereignissen beschäftigen.

TESTS

GEWÖHNLICHE VERWENDUNG. Dieser Test verlangt von der Vp, daß sie Gegenstände aus zwei kurzen Listen zusammenbringt, so daß beide Gegenstände eine ähnliche Operation erfordern, bevor sie benutzt werden können. Z.B. eine Banane und ein Streichholzbriefchen erfordern die Handlung des Aufmachens, eine Briefmarke und ein Briefkasten setzen das Schreiben eines Briefes voraus, usw..

ZUFÄLLE. Eine Situation wird beschrieben und verschiedene Umstände, die vorherrschen; z.B. „Sally und Jane gehen Beeren sammeln". Bestimmte Gegenstände, die möglicherweise benutzt werden, werden genannt; z.B., „Salbe", „Sicherheitsnadel" und „Stock". Die Vp soll angeben, welche Gelegenheiten jedes Objekt zur Anwendung bringen;

z.B., „Insektenstiche", „zerrissene Kleider", „wildes Tier" bei den obigen Objekten.

EPISODEN. Die Vp soll zwei Erklärungen für eine bestimmte Handlung schreiben. Ein Beispiel für eine Handlung ist ein Mann, der ein Magazin liest. Plötzlich schließt er das Magazin und geht aus dem Raum. Möglich ist, daß seine Frau ihn zum Essen gerufen hat oder daß er plötzlich erkennt, daß er eine Verabredung hat.

MÖGLICHKEITEN. Die Vp soll vier verschiedene Objekte nennen, die benutzt werden können, um eine bestimmte Aufgabe durchzuführen.

Es wurde erkannt, daß alle diese Tests auf verschiedene Art implizite Antworten verlangen, und daß möglicherweise Kognition die entscheidende Operation ist. Daher wurde die Strukturfähigkeit CMI erwartet, für die der Test „Treffende Fragen" als Markierung dient. Bei diesem Test soll die Vp einige Fragen stellen, die sich im Zusammenhang mit einer vorgeschlagenen Handlung ergeben, etwa dem Aufbau einer neuen Würstchenbude an einem bestimmten Platz. Die vier neuen experimentellen Tests verlangen das Erkennen von Vorläufern, während „Treffende Fragen" das Erkennen von Konsequenzen erfordert, aber es wurde vermutet, daß beide Aktivitäten die Kognition semantischer Implikationen nach sich ziehen.

Ein möglicher Problemlösungsfaktor. Mit der Möglichkeit, daß es einen einzigen Problemlösungsfaktor geben könnte, wurden vier Variablen in die Batterie aufgenommen, die auf drei Tests basierten, von denen einer auf zwei verschiedene Arten ausgewertet wurde. Diese Tests wurden in Übereinstimmung mit dem Problemlösungsmodell konstruiert, das der Studie zugrunde lag, und jeder betonte das Ausfüllen einer Lücke zwischen der ursprünglichen Situation und der endgültigen oder Zielsituation. Mit der Annahme, daß derartige Aufgaben die Struktur von Problemlösungsaufgaben im allgemeinen widerspiegeln, bestand die Möglichkeit herauszufinden, welche bekannten Fähigkeiten für die Varianz der individuellen Unterschiede bei diesen relativ komplexen Handlungen in Frage kommen.

TESTS

FEHLENDE GLIEDER. Die Vp gibt drei Wörter an, die eine Kette von Assoziationen zwischen zwei gegebenen Wörtern herstellen, z.B.

rot _____   _____   _____   Bier

Die Vp könnte die Lücke füllen, indem sie die Wörter „Sonnenuntergang", „Wetter" und „Kälte" an den drei Leerstellen in der gegebenen Ordnung einsetzt.

SITUATIONEN. Jedes Item bei den „Situationen" beschreibt ein praktisches Problem. Ein Beispiel beschreibt die Ankunft einer Gruppe von Freunden beim Picknick. Sie stellen fest, daß sie ein großes Stück

Käse haben, aber keine Messer um es zu teilen. Die Vp soll aus alternativ verfügbaren Gegenständen zwei auswählen, die verwendet werden können, um das Problem zu lösen. Bei den Alternativen „Harmonika, Streichhölzer, Thermosflasche und Guitarre" sollte sie „Thermosflasche" und „Guitarre" auswählen, Gegenstände, die ganz oder teilweise benutzt werden können, um den Käse zu teilen.

ÜBERGÄNGE. Dieser Test gibt jeweils den Anfang und das Ende einer Anzahl von Kurzgeschichten und die Vp hat die Lücke mit Ereignissen zu füllen, von denen sie annimmt, daß sie mit dem, was vorausging, und dem was später kommt, konsistent sind. Der „logische" Wert basiert auf der Zahl von Elementen, die sie angibt, unter denen, die notwendig sind. Der „Kohärenzwert" für eine Geschichte ist die Beurteilung des Bewerters der Geschichte der Vp nach dem Grad der Kohärenz.

Einige Bezugsfaktoren und ihre Tests. Zusätzlich zu einigen bereits erwähnten, erwarteten und bekannten faktoriellen Fähigkeiten, die bei diesem Problemlösungstest eine Rolle spielen könnten, wurde von drei weiteren Strukturfähigkeiten angenommen, daß sie damit zusammenhängen könnten. Diese Fähigkeiten und ihre Markierungstests waren:

Kognition semantischer Einheiten (CMU) mit dem Test „Wortverständnis", ein Multiple - choice - Wortschatztest,
Kognition semantischer Systeme (CMS) mit dem Test „Schiffsbestimmung", Evaluation semantischer Beziehungen (EMR) mit dem Test „Logisches Denken".

Eine Zeitlang wurde angenommen, daß die Mehrfachwahltests in syllogistischer oder nahezu syllogistischer Form Maße für EMR seien, aber es wurde später gezeigt, daß sie üblicherweise mehr auf EMI luden (Bericht 32).
    Es ist wahrscheinlich bemerkt worden, daß alle Strukturfähigkeiten, die möglicherweise von Bedeutung sein könnten, der semantischen Kategorie angehören. Diese Beschränkung geschah absichtlich. In der Zeit, als die Untersuchung geplant wurde, erkannte man die Kategorie des Inhalts. Um diese Analyse in vernünftiger Größenordnung zu halten, wurde entschieden, bei einer Inhaltskategorie zu bleiben. Die Verallgemeinerung der Schlußfolgerungen auf andere Inhaltskategorien wurde nicht als gegeben vorausgesetzt, aber die parallele Struktur der Fähigkeiten in den Inhaltskategorien gab der Erwartung, daß diese Verallgemeinerungen möglich seien, einige Hoffnung.

Die ursprüngliche Analyse

Vierzehn Faktoren wurden extrahiert und rotiert, von denen 12 psychologisch interpretiert werden konnten. Kein einziger Faktor, der allen vier Problemlösungsvariablen entsprach, wurde deutlich. Alle Faktoren konnten als Strukturfähigkeiten identifiziert werden und die Problemlösungstests luden signifikant auf mehrere von ihnen, nicht ausschließlich auf einen. Es waren fünf Kognitionsfähigkeiten repräsentiert - CMU, CMC, CMR, CMS und CMI; drei Fähigkeiten divergenter Produktion - DMU, DMR und DMT; drei Fähigkeiten konvergenter Produktion - NMC, NMR und NMI; und vermutlich eine Evaluationsfähigkeit - EMI (zu dieser Zeit bekannt als „Sensivität für Probleme". Sie wird im nächsten Kapitel behandelt.). Von den 12 interpretierten Faktoren wurde über zwei zum ersten Mal berichtet, über NMC und NMI. Wenn wir sagen können, daß die Kognitionsfähigkeiten induktiv und die Fähigkeiten divergenter Produktion deduktiv sind, dann liegen acht der Fähigkeiten im Bereich der Denkfähigkeit. In dieser Zeit verlor jedoch das Konzept der „Denkfähigkeit" schnell seine Bedeutung beim Aptitudes Research Projekt.

Die gezielte Analyse

Im Rückblick wurde angenommen, daß 15 Strukturfähigkeiten repräsentiert seien und 15 Faktoren wurden extrahiert und rotiert. Die Ergebnisse identifizierten die gleichen 12 Fähigkeiten wie vorher und zusätzlich drei weitere - CMT, DMC und NMT. Der bemerkenswerteste Unterschied zwischen den beiden Lösungen bestand darin, daß die Tests für die Faktoren CMI und EMI bei der ursprünglichen Analyse mit einem einzigen Faktor CMI bei gezielten Analysen zusammen gebracht wurden. Dieser Wechsel reflektierte das Ergebnis, daß in der Zwischenzeit der Faktor, der „Sensitivität für Probleme" repräsentierte und mit dem Strukturfähigkeit EMI identifiziert wurde, nach allem CMI ist. Ein damit zusammenhängendes bemerkenswertes Ergebnis war die relativ große Zahl von Tests für den Faktor CMI, der eine der Problemlösungsvariablen - Übergänge (logische Aspekte) einschloß (vgl. Tabelle 5.2). Der Grund für diese Betonung auf dem „Ausfüllen einer Lücke" ist in dem Problemlösungsmodell zu suchen. Was in die Lücke eingeht, wird durch das, was auf jeder Seite ist, impliziert, d.h. die Problemsituation und die Zielsituation. Ein anderer Problemlösungstest - „Fehlende Glieder" - lud stark auf den Faktor NMI. Daher sind das Erkennen von Implikationen und das Produzieren (Ableiten) von Implikationen wichtige Handlungen bei der Lösung derartiger Probleme.

Die anderen Problemlösungsvariablen hatten ihre Hauptverbindungen anderswo. „Situationen" lud signifikant, aber zu einem geringen Ausmaß, auf den Faktor NMT. Die Ähnlichkeit der Aufgabe dieses Tests mit der bei „Gestalttransformationen" ist offensichtlich. Beide erfordern die Benutzung eines Gegenstandes oder eines Teils eines Gegenstandes um eine neue oder ungewöhnliche Funktion zu erfüllen. Die Variable „Übergänge" (Kohärenzaspekte) lud am stärksten auf CMU. Dieses Ergebnis könnte eine Folge der benutzten Wertung sein, die aus einer Beurteilung jeder Geschichtenergänzung, durch den Be-

werter bestand, der offensichtlich verbales Verständnis als Haupt-
kriterium benutzt haben könnte, möglicherweise unwissentlich. Andere Beziehungen der Problemlösungswerte mit einigen der Faktoren
können Tabellen 5.3 entnommen werden.

Tabelle 5.3 Ladung der vier Problemlösungsvariablen auf die stärksten
faktoriellen Komponenten*

Testvariablen	Faktoren							
	CMU	CMC	CMT	CMI	DMU	DMR	NMT	NMI
Fehlende Glieder	.17	.13	.17	.16	.30	.22	-.04	.40
Situationen	.07	.20	-.04	.47	.08	.11	.34	.07
Übergänge (Kohärenz)	.43	.18	.24	.28	.28	-.06	-.09	.12
Übergänge (logische Aspekte)	.01	.07	.21	.60	.13	.05	.05	.00

* Ein Faktor wurde aufgenommen, wenn die Ladung 0,20 oder mehr auf irgendeine
der vier Variablen betrug.

Schicksal der Hypothesen. Wir geben als nächstes kurz an, was mit
den sechs Hypothesen über die Komponenten des Problemlösens bei
der gezielten Lösung geschah. Die erste Hypothese über das Ausdenken von Attributen von Gegenständen, erhielt keine kohärente Unterstützung. Der Test „Auflisten von Attributen I" hatte keine signifikante
Ladung auf irgendeinen Faktor und seine Kommunalität betrug nur .16
in dieser Testbatterie. Seine Reliabilität lag nur bei .25, so daß er in
dieser Form nur wenig Möglichkeit zu Beziehungen mit anderen Faktoren hatte. Der Test „Unterschiede", bei dem jedes Item das Auflisten von Unterschieden zwischen zwei gegebenen Objekten umfaßt,
erwies sich als Test für die Ideenflüssigkeit (DMU). Der Test „Ähnlichkeiten", der das Auflisten gemeinsamer Attribute von Objektpaaren
erforderte, jedoch lud am stärksten auf den Faktor DMR, teilweise
auch auf DMC. Eine Ähnlichkeit scheint eine Beziehung zu sein, während eine Differenz es nicht ist. Daher reflektieren beide Tests unterschiedliche Fähigkeiten.
Die Hypothese über die Fähigkeit Klassen zu erkennen, führte zu
zwei Tests, die sich tatsächlich auf Klassen bezogen, aber „Satzpaare"
lud hoch auf CMC, während „Wörtergruppen" stark auf NMC ging. Der
erste dieser Tests verlangte nur die Zuordnung von Sätzen nach der
Ähnlichkeit der Bedeutung, daher war Kognition ausreichend. - Der
zweite Test erforderte die Aufteilung eines Satzes von Wortbedeutungen in sich gegenseitig ausschließende Klassen, daher ist Produktion
erforderlich. Die gleiche Art der Trennung von Tests für Klassen
wurde später als allgemeiner bestätigt (Bericht 39).
Die Tests für die Hypothese über das Herausfinden von Beziehungen gingen auch in verschiedene Richtungen. „Ungewöhnliche Figurbegriffe" half dabei den Faktor NMC zu bestimmen. Dieses Ergebnis
legt nahe, daß die Aufgabe darin besteht, die 20 abgebildeten Objekte

in Zweiergruppen zu bringen. Wenn es sehr viele neue Klassifikationen gegeben hätte, bei denen jedes Objekt mehr als einmal benutzt worden wäre, hätte einige DMC - Varianz auftreten müssen. Dieser Faktor war in der Analyse verfügbar. Der Test „Ähnlichkeitspaare" lud auf einen Faktor, der als NMU identifiziert wurde, die Fähigkeit des Benennens, der man so viel Aufmerksamkeit in den Analysen 16 A, B und C, über die gerade berichtet wurde, schenkte. Er ist im wesentlichen ein Test für das Benennen von Klassen. „Sequentielle Assoziationen" half den Faktor NMI zu bestimmen, eine Deduktionsfähigkeit. Die vier Wörter sollen so gruppiert werden, daß jedes Wort mit dem nächsten in vernünftiger Weise assoziiert ist. Die Vp soll eine Reihenfolge aufstellen, bei der jedes Wort das nächste impliziert.

Das Ausdenken von alternativen Ergebnissen, die vierte Hypothese, legt, wie früher erwähnt, divergente Produktion nahe. Die vermutlichen Strukturfaktoren DMC und DMT waren in den beiden dafür beabsichtigten Tests bei der gezielten Analyse nachweisbar.

„Auflisten von Attributen II" war der natürlichste Repräsentant für Hypothese V, da er das Auflisten von Attributen einer Zielsituation verlangte. Die Attribute, die aufgezeichnet werden, sind für einen Gegenstand, der benötigt wird, um einen bestimmten Zweck zu erfüllen. Die Aufgabe verlangt Implikationen und die Fähigkeit NMI hatte die stärkste Verbindung zu diesem Test, aber nur minimal. Seine Kommunalität betrug .39 bei einer Reliabilität von nur .41, seine Faktorenkomponenten scheinen dadurch in dieser Analyse vollständig bestimmt zu sein.

Bei der gezielten Analyse wurden die beiden Werte des Apparat - Tests miteinander kombiniert, was auch bei allen früheren Analysen gemacht wurde, und sie halfen dabei den charakteristischen Faktor CMI eher als EMI zu bestimmen. Dieser Punkt wurde früher diskutiert. Während es zwei Werte - drastische und geringe Veränderungen - bei der ursprünglichen Analyse gab, lud der auf drastische Veränderungen basierende Wert auf DMT, und der Wert für geringere lud auf CMI. Drastische Veränderungen waren ungewöhnlich und involvierten daher Transformationen. Zwei Antworten wurden bei jedem Item verlangt und daher divergente Produktion. Bei der Kombination beider Werte überwog die Varianz für geringere Veränderungen die für drastische. CMI gewann auf Kosten von DMT.

Hypothese VI richtete sich auf die Ableitung von „logisch hinreichenden Vorläufern" von Situationen. Dieser Ausdruck legt Implikationen nahe und zwei der vier Tests kamen in diese Kategorie, „Zufälle" in CMI und „Gewöhnliche Verwendung" in NMI. „Episoden" hatte keine signifikanten Ladungen, aber es sollte ein erfolgversprechender Test für die Fähigkeit DMI sein, besonders, wenn mehr als zwei alternative Antworten verlangt werden. „Möglichkeiten" lud bei der gezielten Analyse auf DMT. Jede Aufgabe verlangte nach vier Objekten, die für eine gegebene Funktion genutzt werden können. Multiple Antworten erfordern divergente Produktion und bei mehr als einer oder zwei Antworten zu einer Aufgabe wird die Vp mit einigen ungewöhnlichen

Verwendungen und Transformationen konfrontiert; daher die Fähigkeit DMT.

Allgemeine Schlußfolgerungen

Die allgemeine Schlußfolgerung aus den Ergebnissen dieser Untersuchung des Problemlösens besteht darin, daß das Phänomen jetzt noch komplizierter ist als vorher. Das Modell des Problemlösens, das verwendet wurde, umfaßt mehr als die Produktionsphase auf die diese Studie mehr oder weniger konzentriert war. Sogar in der Produktionsphase wurde eine Anzahl von Fähigkeiten gefunden, die für die Hypothesen von Bedeutung waren. Es gab auch einige Restriktionen bei der Ausrichtung auf „lückenfüllende" Probleme; es gibt andere Arten von Problemen. Auf der negativen Seite scheint es, daß es keine einzigartige Problemlösungsfähigkeit gibt, und daß die Funktionen, die durch das Strukturmodell impliziert wurden, mit den unterschiedlichen Aspekten des Problemlösens parallel gehen. Tatsächlich kann fast jeder Test als Problemlösungsaufgabe eigener Art betrachtet werden. Diejenigen, die auf die Unterscheidung bestimmter einzigartiger Fähigkeiten gezielt waren, haben oft Erfolg darin, daß sie die meisten anderen Fähigkeiten von der Beeinflussung individueller Unterschiede in den Werten ausschlossen, während es zugelassen wird, daß einer von ihnen einen deutlichen Beitrag zur Varianz unter den Werten leistet.

Die Untersuchungen symbolischer Fähigkeiten

Von der Serie analytischer Untersuchungen, die in diesem Kapitel behandelt werden, ist diejenige, die den symbolischen Fähigkeiten gewidmet war, die erste, die auf der Grundlage der Intelligenzstrukturtheorie geplant wurde. Der Grund für das Einschließen eines Berichts dieser Studie besteht darin, daß mehr als die Hälfte der beteiligten Fähigkeiten in der induktiven (Kognition) und deduktiven (konvergenten Produktion) Kategorie liegen (10). Viele von ihnen gehören zu Klassen, Relationen und Systemen, den Produkten der Informationen, die bei Tests der Denkfähigkeiten in früheren Untersuchungen beteiligt waren.

Als erkannt wurde, daß es eine Inhaltskategorie symbolische Information gibt, die sich psychologisch von der figuralen und semantischen unterscheidet, war es auch offensichtlich, daß relativ wenig über diesen Bereich der Fähigkeiten bekannt war. Daher wurde die zu diskutierende Untersuchung in erster Linie initiiert, um diese Lücke zu schließen. Es war auch der erste wichtige Versuch zu bestimmen, ob hypothetische Fähigkeiten des Strukturmodells durch Faktorenanalyse nachgewiesen werden können. Auf diese Weise konnte der Voraussagewert des Strukturmodells getestet werden. Zusammen sind nach dem Modell 30 symbolische Fähigkeiten zu erwarten, die sich hinsichtlich der Art der Operation und des Produkts unterscheiden. Nur

---

10 Vgl. Bericht 23; ebenfalls GUILFORD, MERRIFIELD, CHRISTENSEN & FRICK (1961).

11 dieser Fähigkeiten waren früher erkannt worden. Um das Ausmaß der Untersuchung in vertretbaren Grenzen zu halten, wurden die hypothetischen Fähigkeiten lediglich aus dem Bereich der Kognition und der konvergenten Produktion genommen.

Angenommene Fähigkeiten und ihre Tests

Fünf symbolische Fähigkeiten in den gerade erwähnten zwei Operationskategorien wurden zum ersten Mal durch das Projekt untersucht - CSU, CSC, CSI, NSU und NSS. Zwei andere - CSR und NST wurden lediglich der Bestätigung wegen untersucht, da sie früher nur bei einer einzigen Analyse gefunden wurden. Neue Tests wurden für alle sieben Fähigkeiten entwickelt. Sie werden in der Folge kurz charakterisiert.

CSU - Kognition symbolischer Einheiten

TESTS

ÄNDERUNGEN. Bei jedem gegebenen, bekannten Wort gibt die Vp an, ob ein anderes Wort daraus gemacht werden kann oder nicht, wenn die Reihenfolge zwei aufeinanderfolgender Buchstaben geändert wird, z.B.:

SUED   BRAKE   OTTO   ZEIT*

WÖRTER OHNE VOKALE. Bekannte Wörter zum Erkennen vorgelegt, dabei sind jedoch alle Vokale weggelassen, z.B.:

H-X-   D-KT-R   SCH--K-L*

WÖRTER MIT VIER BUCHSTABEN. Wörter sollen erkannt und innerhalb von Reihen gemischter Buchstaben angestrichen werden, z.B.:

AMGEWINDYETKCQROCKWZLUREMU *

BUCHSTABEN ORDNEN. Die Vp soll vier Buchstaben in eine Reihenfolge bringen, die ein bekanntes Wort ergibt, z.B. die vier Buchstaben „P A N L".

CSC - Kognition symbolischer Klassen

TESTS

BUCHSTABENGRUPPEN. Vier Gruppen mit jeweils vier Buchstaben sind gegeben. Drei gehören beispielsweise zu einer Klasse, weil jede Gruppe zweimal den Buchstaben A enthält wie bei

CAYA   LRAA   TGAQ   AKAW

---

*Aufgabe in Analogie zum Original gebildet (Anm. d. Ü.)

Die Vp hat die Aufgabe, die nicht zur Klasse gehörige Gruppe herauszufinden.

ZAHLENKLASSIFIKATION. Die Vp soll sagen, welche von fünf Zahlen
in die gleiche Klasse mit einem Satz von drei Zahlen gehören, etwa
„44 77 22" oder „45 10 85", bei denen die richtige Antwort „66"
bzw. „40" ist.

ZAHLENBEZIEHUNGEN. Die Vp soll ein Zahlenpaar erkennen, das
nicht zu dem Satz von Zahlenpaaren gehört, weil es nicht die gleiche
Beziehung besitzt. Bei den Paaren 1 - 5, 2 - 6, 5 - 8, 3 - 7 gehört
das dritte (5 - 8) nicht dazu, weil die gemeinsame Beziehung eine Differenz von vier ist. Hier ist ein Beispiel der Tatsache, daß, wenn der
Test für CSC erfolgreich ist, eine Klasse von Beziehungen bestehen
kann. Bei anderen Tests sind es gewöhnlich Klassen von Einheiten der
Information.

CSR - Kognition symbolischer Relationen

TESTS

BUCHSTABENANALOGIEN. In Analogie zu den Tests Figurenanalogien
und Verbale Analogien wurde ein Test mit einzelnen Buchstaben konstruiert. Eine Beispielaufgabe lautet: „mo fh j --" mit den Antwortalternativen „k, l, u, i, p".

ERKENNEN VON TRENDS II. Dieser Test wurde bereits früher in
diesem Kapitel beschrieben.

WORTBEZIEHUNGEN. Ein anderer Analogietest benutzt Wörter, die
durch bestimmte Schreibregeln miteinander verbunden sind. Er
gleicht „Korrelatergänzung II", außer daß Antwortmöglichkeiten vorgegeben sind, wie bei

on   no   top   pot   part _____

A) art   B) pat   C) rapt   D) tart   E) trap

CSI - Kognition symbolischer Implikationen

TESTS

BEGRENZTE SUMMEN. Die Vp soll einstellige Zahlen aus einer gegebenen Liste so kombinieren, daß sie vorher festgelegte Summen
erhält. Es ist nur die Addition zulässig. Zum Beispiel könnte sie aufgefordert werden, die Summen 7 oder 9 herzustellen, wenn die Zahlen
1, 2, 3, 4, 4, gegeben sind und jede so oft verwendet wird, wie sie
vorkommt.

SYMBOLE GRUPPIEREN. Die Vp erhält eine Anzahl durcheinander gewürfelter Symbole wie etwa „X - OX - X" und soll sie neu gruppieren, in dem sie ein oder mehrere nebeneinanderstehende Symbole so bewegt, daß alle X vorn stehen, die Gedankenstriche als zweite und die O' s zum Schluß mit so wenig Zügen wie möglich.

WORTSTRUKTUREN. Die Vp arrangiert eine Anzahl kurzer Wörter in einer Art Kreuzworträtselform, um so wenig Buchstaben wie möglich schreiben zu müssen.

NSU - Konvergente Produktion symbolischer Einheiten

TESTS

BENENNEN VON ZAHLENGRUPPEN. Die Vp gibt an, worin die drei Zahlen einer Gruppe ähnlich sind. Z.B. sollte sie sagen, daß die Zahlen 35 110 75 „durch fünf teilbar sind".

WORTGRUPPEN. Die Vp gibt die gemeinsame Eigenschaft von jedem Satz von vier Wörtern an. Diese gemeinsame Eigenschaft besteht in der Schreibweise z.B.:

Radar   Test   nein   Hirsch[*]

Diese beiden Tests wurden benutzt, um zu überprüfen, ob das zu nennende Objekt eine symbolische Eigenschaft hat. Die Fähigkeit wäre dann NSU. Bei der alternativen Möglichkeit, daß eine konvergent produzierte Bezeichnung in der semantischen Kategorie liegt, wäre die Fähigkeit NMU, ohne Berücksichtigung der Quelle. Um diese Möglichkeit zu berücksichtigen, wurde ein Markierungstest für NMU in die Batterie aufgenommen.

NSS - Konvergente Produktion symbolischer Systeme

TESTS

HANDLUNGSFOLGEN. Die Art von System, die für die parallele Fähigkeit NMS entwickelt wurde, verlangt von der Vp die Ordnung von Handlungen oder Ereignissen in zeitlicher Reihenfolge. Daher wurden Tests dieses Typs für NSS entwickelt, wobei die Items aus Buchstaben oder Zahlen bestehen. Das Problem bei jeder Aufgabe ist, mit einer bestimmten Zahl anzufangen und zu einer anderen Zahl zu kommen, indem in der richtigen Reihenfolge drei gegebene Operationen angewendet werden. Zum Beispiel, wenn man mit der Zahl 6 beginnt und zu 18 kommen soll, was ist die richtige Reihenfolge für die Operationen + 3, : 2 und x 3 ?

---

[*]Aufgabe in Analogie zum Original gebildet (Anm. d. Ü.)

WORTÄNDERUNGEN. Ein anderer Test mit Wörtern gibt ein Anfangs-
und ein Endwort mit vier anderen Wörtern, die benötigt werden, um
vom ersten zum letzten Wort zu kommen. Dabei darf immer nur ein
Buchstabe geändert werden. Eine Beispielaufgabe gibt SET und CRY
als Anfangs- bzw. Endwort. Die dazwischenliegenden Wörter sind
DAY, SAT, DRY, SAY, aber nicht in dieser Reihenfolge.

NST - Konvergente Produktion symbolischer Transformationen

TESTS

Ein Faktor, der für die Strukturfähigkeit NST prädestiniert zu sein
schien, war bei einer früheren Analyse gefunden worden (Bericht 8).
Nur ein deutlich erklärbarer Test lud auf diesen Faktor, aber er
führte die Liste an. Dieser Test war „Versteckte Wörter". Jedes Item
besteht aus einer sinnvollen Aussage, in der die Bezeichnung einer
Sportart oder eines Spieles versteckt ist. Die Vp findet die Bezeichnung, indem sie die gegebenen Wörter aufbricht und neue bildet, gewöhnlich durch das Ende eines Wortes mit dem Anfang des nächsten,
wie in dem Satz

„Der Frosch achtet, wenn er aus dem Wasser kommt, aufmerksam
auf seine Umgebung."*

WORTKOMBINATIONEN. Dieser Test überträgt die gleiche Kombination auf Wortpaare. Gegeben sind die Wörter 1. bridge 2. beam 3.
open. Welches dieser Wörter könnte dazu Endungen liefern? A. duress
B. zero C. pledge D. need E. none of these

Antworten: 1 - D (gene); 2 - C (ample); 3 - A (endure).

WORTTRANSFORMATIONEN. Dieser Test, der bei der ersten Analyse
des kreativen Denkens benutzt wurde, gibt Sätze vor, z.B. THE RED
OLIVE, bei denen die Buchstaben neu gruppiert werden sollen, ohne
daß sich die Reihenfolge der Buchstaben ändert, sie aber neue Wörter
bilden, z.B. bei diesem Fall THERE DO LIVE.

Die ursprünglichen und gezielten Analysen

Die zwei Analysen stimmten, von Unterschieden in bestimmten Details
abgesehen, so gut überein, daß sie zusammen besprochen werden können. Auf der positiven Seite ist zu verbuchen, daß von den erwarteten
neuen Faktoren bei beiden Lösungen CSU, CSC und NSS gefunden wurden. Beide bestätigten auch die Faktoren CSR und NST, die jedoch noch
zusätzliche Unterstützung benötigen. Bei beiden Analysen konnte jedoch
der Faktor NSU anhand der dafür konstruierten Tests nicht nachgewie-

---

*in Analogie zum Original (Anm. d. Ü.)

sen werden. Bei der ursprünglichen Analyse luden diese beiden Tests mit „Benennen von Bildergruppen" auf einen Faktor, der später als NMU erkannt wurde. Bei der gezielten Analyse führte „Benennen von Zahlengruppen" die Liste für CSC an, was bedeuten würde, daß die Kognition von Klassen die Varianz dieses Tests bestimmte. „Wörtergruppen" lud jedoch auf NSC, was verständlich ist, da es sich dabei um einen Klassifikationstest vom Ausschlußtyp handelt. Von der Vp wird verlangt zwei Klassen zu bilden, von denen eine Klasse nur ein Mitglied hat. Aber er lud auch auf CSR, wofür es keinen offensichtlichen Grund gibt.

Allgemeine Schlußfolgerungen

In der Form allgemeiner Schlußfolgerungen können wir sagen, daß das Strukturmodell relativ erfogreich war in dem Hinweis auf vorher unbekannte Fähigkeiten, die dann nachgewiesen werden konnten. Wir können sagen, daß sich symbolische Fähigkeiten von semantischen Fähigkeiten trennen lassen, da die Faktoren CMU, CMS und NMS sich von den parallelen Fähigkeiten CSU, CSS und NSS in dieser Studie unterscheiden. Als dritte Schlußfolgerung ergab sich, daß ein Faktor für die hypothetische Strukturfähigkeit NSU gefunden werden könnte. Dazu werden Tests benötigt, die die aktuelle Produktion symbolischer Einheiten erfordern. Ein derartiger Test hätte mit Kreuzworträtseln vieles gemeinsam. Es ist möglich, daß, obwohl das produzierte Objekt eine bestimmte Kombination oder Sequenz von Buchstaben darstellen muß, die Spezifikationen entweder symbolisch oder semantisch oder beides sein könnten.

Eine Analyse der figuralen Kognition und der Fähigkeiten der figuralen konvergenten Produktion

Eine Untersuchung (Bericht 40) zielte in erster Linie auf Fähigkeiten figuraler Evaluation, die ziemlich spät in den Berichten auftauchten. Dabei wurde sechs figuralen Kognitionsfähigkeiten besondere Aufmerksamkeit gewidmet. Diese sechs Fähigkeiten wurden eingeschlossen, um zu untersuchen, ob die Evaluationstests die Varianz, die durch Kognition zustande kommt, erfolgreich kontrollieren. Aber es wurde auch erkannt, daß die sechs niemals vorher in der gleichen Untersuchung analysiert wurden. Es ergab sich dabei die Möglichkeit sie voneinander zu trennen und ihre Plazierung im Strukturmodell zu überprüfen. Außerdem war es möglich, ihre Trennung von drei parallelen Fähigkeiten der figuralen konvergenten Produktion festzustellen, zwei Fähigkeiten der konvergenten Produktion und einer Gedächtnisfähigkeit, die alle figural waren. Neue Tests wurden entwickelt, um bestimmte Hypothesen hinsichtlich der besten Art derartiger Tests für die Repräsentation figuraler Kognitionsfähigkeiten zu bestimmen. Darüber hinaus gab es Versuche, einige besondere Probleme im Zusammenhang mit Testfaktoren zu untersuchen.

Die Fähigkeit visuell - figuraler Kognition und ihrer Tests

Kognition figuraler Einheiten (CFU). Tests, die Analysen der Wahrnehmung von THURSTONE zu grunde lagen (THURSTONE 1944) halfen ihm bei der Bestimmung eines Faktors, den er als „Wahrnehmungsgeschwindigkeit" bezeichnete. Später trug er die Bezeichnung „Gestaltschließung" und in den Untersuchungen des Projekts war der mögliche Faktor „CFU". Sein Test „Verstümmelte Wörter" wurde bei zu besprechenden Analysen aus Gründen der Kontinuität verwendet. Eine neue Form seines Tests „Versteckte Zahlen" wurde konstruiert und erhielt die neue Bezeichnung „Versteckte Zeichen", da er sowohl Zahlen als auch Buchstaben enthielt. Jeder Buchstabe bzw. Zahl wird aus einer Gruppe von Punkten gebildet, die in einer Anzahl zufällig verteilter Punkte auftreten, um das Erkennen zu erschweren.

Der neue Test „Figurergänzung" ist eine Version des „Gestaltergänzungstests", bei dem Abbildungen bekannter Gegenstände in fragmentarischer Form abgedruckt sind und die Aufgabe der Vp darin besteht, jeden Gegenstand zu benennen. Ein anderer neuer Test für CFU wird „Nahaufnahmen" genannt, da jede Aufgabe aus einem Foto eines Gegenstandes oder eines Teiles eines Gegenstandes besteht, das aus geringem Abstand aufgenommen wurde. Wieder besteht die Aufgabe der Vp darin, den Gegenstand zu benennen, z. B. ein Schlüsselloch oder den Teil eines Tannenzapfens.

Es wurde angenommen, daß zwei allgemeine Fragen über CFU - Tests mit der neuen Analyse beantwortet werden könnten. Eine bestand darin, wieviel Gewicht auf hypothetische Leistungen wie „Gestaltschließung" gelegt werden sollte. Alle Tests dieser kurzen Liste erfordern Gestaltschließung im Sinn vom Füllen einer Lücke, um sie als Einheiten zu erkennen, mit Ausnahme der „Nahaufnahme", bei denen Linien und Oberflächen nicht fragmentarisch sind. Wenn der letztere Test stark auf den gleichen Faktor wie die übrigen laden würde, könnte daraus geschlossen werden, daß Gestaltschließung ein wesentliches Merkmal von Tests für CFU darstellt.

Die zweite Frage bestand darin, ob Schließung im Gegensatz zu Störungen, wie sie im Test „Versteckte Zeichen" auftreten, eine notwendige Voraussetzung für das Messen von CFU ist. Einige frühere Autoren hatten diesem Störungsfaktor bei Tests für Gestaltschließung großes Gewicht beigemessen. Wenn der Test „Versteckte Zeichen" in der Liste von Tests für CFU bei der Analyse nicht auftauchen würde, bedeuteten die Ergebnisse, daß störende Information keine notwendige Bedingung ist. Es war schon einige Male gezeigt worden, daß Tests, die Gestaltschließung ohne Störung verlangten, für CFU gut qualifiziert waren.

Kognition figuraler Klassen (CFC). Nur zwei Markierungstests wurden
verwendet, um den Faktor dieser Fähigkeit zu bestimmen. Es waren
„Figurenklassifikation" und „Zusammenschließen figuraler Klassen".
Der erste beinhaltet Zuordnungsaufgaben, der zweite besteht aus
Mehrfachwahlantwortaufgaben (vgl. Bericht 39 über Informationen zu
früheren Verwendungen).

Kognition figuraler Relationen (CFR). Ein zufälliges Ergebnis wurde
in Verbindung mit dem Test für CFR erkannt. Einige der früher benutzten Tests geben Relationen zwischen Figurenpaaren vor, die als
Wechsel oder Transformationen angesehen werden können, z.B. als
Rotation einer Figur über eine bestimmte Zahl von Stufen. Diese
Tatsache kann mit den Ergebnissen der Analyse gekoppelt werden, bei
der es sich herausstellte, daß einige Tests sowohl mit auf CFR als
auch auf CFT luden. Die Testrevisionen zielten darauf ab, die früher
benutzten Tests von dieser Art von Unschärfe zu befreien.
    Früher nützliche Tests für CFR waren „Figurenanalogien" und
„Figurenmatrix", die früher in diesem Kapitel besprochen wurden.
Ein neuer Test, „Figurenserie", ist eine adaptierte Form der Serien
von R.B. CATTELL. In dieser neuen Form wird eine komplexere Figur oder ein Satz von Figuren mit progressiven Veränderungen in
drei Schritten gezeigt. Die Vp soll aus fünf Alternativen die Figur heraus-
nehmen, die als vierte in der gegebenen Serie auftreten könnte. Wie
in allen exakten Trend - Tests, ist die Beziehung zwischen jedem Objekt und dem nächsten in der Serie gleich.

Kognition figuraler Systeme (CFS). Ein Ergebnis in Verbindung mit
Tests für CFS schließt auch Tests für CFT ein. In der Vergangenheit
schien es, daß erfolgreiche Tests für CFS aus Systemen bestehen, die
den Betrachter einschließen; sein Körper liefert den Bezugsrahmen
für die wahrgenommenen Systeme. Diese Tests können „körperzentriert" genannt werden. Die erfolgreichen Tests für CFT, auf der anderen Seite, schließen Systeme ein, die offensichtlich von dem Bezugssystem des Betrachters frei sind. Wir können sie als „figurzentrierte" Systeme bezeichnen. Es bestand Interesse daran, herauszufinden, ob beide Arten von Systemen für Tests von CFS oder CFT geeignet sind.
    Die beiden traditionellen, körperzentrierten Tests in der neuen
Analyse waren „Räumliche Orientierung", eine verkürzte Version des
GUILFORD - ZIMMERMAN - Fähigkeitstests, Teil V und „Positionen
im Raum", eine neue Form des CLARK - WILSON -Tests für Räumliche Orientierung (vgl. Berichte 1 und 3).
    „Räumliches Verständnis" war ein neuer Test. Er gibt verbale
Beschreibungen von der Anordnung von Gegenständen an einem bestimmten Ort, wie einem Zimmer. Dabei wird die Relation der Positionen zueinander betont. Die Wirkung besteht darin, daß der Körper
der Vp aus dem System herausgehalten wird.
    Der neue Test „Blöcke" ist eine Adaption von THURSTONE 's
Blockzähltests. Bei jeder Aufgabe ist eine Anordnung von quaderförmi-

gen Blöcken dargestellt. Das Problem für die Vp besteht darin, die Zahl der Blöcke festzustellen, die einen Block berühren, der mit einem Buchstaben markiert ist. Es wurde angenommen, daß die Anordnung der Blöcke ein figurzentriertes System ist und daß die Vp ihre Beurteilung der Anordnung der Blöcke beim Abzählen der sich berührenden Blöcke zeigt.

Kognition figuraler Transformationen (CFT). Ein erfolgreicher Test, erfolgreich für CFT, ist „Räumliche Vorstellung", Teil VI des GUILFORD - ZIMMERMAN - Fähigkeitstests, der in abgekürzter Form in dieser Analyse verwendet wurde. Es wurde angenommen, daß er primär vom figurzentrierten Typus sei, aber er hat eine zweite Ladung auf EFS was bedeuten könnte, daß er nicht vollständig frei von Körperzentriertheit ist.

„Rotation von Blöcken" ist eine Adaption der üblichen, nicht publizierten, Testform. Der Vp wird ein erster Block von einer komplexeren Form gezeigt und danach fünf alternative Ansichten, von denen eine den ersten Block nach einer Rotation zeigt. Der Test kann zumindest teilweise als körperzentriert angesehen werden, in Abhängigkeit von der Strategie der Vp.

„Vorstellung von Blöcken" beschreibt vollkommen verbal, wie ein rechteckiger Block aus Holz einer bestimmten Größe in verschiedenen Farben bemalt und dann in kleine würfelförmige Blöcke geschnitten wird. Die Vp soll sagen, wie viele Würfel Seiten in bestimmten Farben oder Farbkombinationen haben. Es wurde angenommen, daß die verbale Präsentation den Test von körperzentrierten Aspekten befreien könnten.

„Papier Falten" zeigt eine Skizze auf einem Blatt Papier, das auf eine bestimmte Art gefaltet und in das dann ein Loch einer bestimmten Form an einer bestimmten Stelle geschnitten werden soll. Fünf alternative Antworten zeigen das ungefaltete Papier mit möglichen Falten und Löchern, von denen eine die Falten und die Löcher an der richtigen Stelle hat. „Papier Falten" sollte in erster Linie ein figurzentrierter Test sein.

Kognition figuraler Implikationen (CFI). In Verbindung mit CFI ergab sich eine schwerwiegende Frage bezüglich der früheren Identifikation des Faktors „Voraussicht" bei der Luftwaffe und dem äquivalenten Faktor „Voraussicht in der Wahrnehmung" beim Projekt und CFI. Die Markierungstests für CFI sind typischerweise Tests, die Wege von Startpunkten zu Zielen vorgeben, wie Routenplanung (einem Labyrinthtest) und Planung eines Stromkreises (Verfolgen eines elektrischen Stromkreises). Nun sollte eine figurale Implikation eine Extrapolation von gegebenen Linien zu nicht gegebenen sein, während bei beiden Tests nichts zu extrapolieren ist, da vollständige Zeichnungen vorliegen. Es handelt sich dagegen darum, gegebene Implikationen miteinander zu vergleichen und zu entscheiden, welche zufriedenstellend ist. Das scheint stattdessen die Definition der Evaluation zu erfüllen, daher wurden diese beiden Tests in der fraglichen Analyse hypothetisch EFI zugerechnet.

Zwei neue Tests wurden für CFI entwickelt. Bei beiden ist die Extrapolation von Linien durch die Vp notwendig. „Kreisfortsetzungen" gibt bei jeder Aufgabe einen Teil eines Kreises und fünf alternative mit Buchstaben bezeichnete Punkte. Die Vp soll sagen durch welchen Punkt der Kreis gehen würde, wenn er vollständig wäre. Der andere neue Test für CFI war „Linienfortsetzungen". Eine einfache Linie wird bis zu dem Punkt gezeigt, wo sie zwei parallele Geraden oder parallele Kurven in einem spitzen Winkel schneidet. Vier kurze Linien werden als mögliche Fortsetzungen auf der anderen Seite der Parallelen gezeigt, eine davon ist richtig. Bei beiden Tests gibt es eine Lücke, die durch die Extrapolation gefüllt werden soll. Man kann auch sagen, daß eine der Fortsetzungen durch die gegebene Information impliziert wird.

Wie sich herausstellte, war die Analyse nicht auf diese beiden Tests für CFI beschränkt. Das war ein Glücksfall, weil die beiden Tests so ähnlich sind. Ein Unterschied besteht darin, daß der Poggendorf-Täuschung im zweiten Fall keine entsprechende Täuschung im ersten gegenüber steht. Ein dritter Luftwaffentest war ausgewählt worden, um mit den beiden zusammenzugehen, nämlich „Widerstreitende Planungen". Dieser Test hatte früher geholfen einen Faktor zusammen mit den beiden anderen Planungstests - Routenplanung und Planung eines Stromkreises - zu bestimmen. Aber er unterschied sich von den anderen dadurch, daß die Vp eine Extrapolation vorzunehmen hat, wenn sie die Quadrate in diesem Test vervollständigt. Nicht die ganze Information wird gegeben. Die Vp soll das Spiel der Ergänzung von Quadraten für zwei Mitspieler spielen und dabei so viele Quadrate wie möglich für beide vervollständigen. Einige Anfangslinien werden gegeben, aber die Vp muß die implizierten Linien berücksichtigen, impliziert durch das, was bei jedem Zug gegeben ist und die Spielregeln. Es kann gesagt werden, daß „Widerstreitende Planung" mit den anderen beiden Planungstests und den neuen Tests für EFI zusammenhing, so daß alle drei am besten als Evaluationstests angesehen werden. Ein dritter Test, „Blöcke" ging mit den beiden Linienfortsetzungstests zusammen und half einen neuen Faktor für CFI zu bestimmen. Dieses Ergebnis wird später besprochen.

Faktoren der konvergenten Produktion und ihre Tests

Konvergente Produktion figuraler Transformationen (NFT). Bei vereinzelten Studien, die während des Projekts durchgeführt wurden, waren Faktoren gefunden worden, die gewöhnlich durch Tests repräsentiert werden, bei denen die Vp eine Reorganisation oder Revision beim Ansehen von bestimmten Linienkonfigurationen vornehmen muß, um eine versteckte Figur zu finden. Die charakteristischsten Tests waren der Luftwaffentest „Durchdringung von Tarnungen" und „Versteckte Figuren", bei denen die Gottschaldt - Figuren benutzt wurden. Der erste ist ein Test für versteckte Gesichter. Beim zweiten kann eine von fünf einfachen Figuren in jeder komplexeren Figur gefunden werden. Diese beiden Tests wurden als Markierung von NFT in der figuralen Analyse von Bericht 40 benutzt. Der früheste Hinweis auf eine derartige Fähigkeit geht auf THURSTONE 's Analyse der Wahrnehmung zurück, bei der er einen Faktor fand, der als „Flexibilität der Gestaltschließung" interpretiert wurde (THURSTONE, 1944).

Der Faktor aus dem Projekt wurde in der Analyse von Bericht 40 wiederum als NFT identifiziert, aber auf der Liste der führenden Tests war ein neuer Test, „Intern konsistente Figuren", am stärksten. Jede Aufgabe zeigt eine komplizierte Linienfigur, die aus aneinanderstoßenden Flächen besteht. Die Aufgabe der Vp besteht darin festzustellen, ob die Zeichnungen in sich konsistent sind. Solange die Vp jede Figur als zweidimensional ansieht, besteht keine Inkonsistenz. Wenn sie daraus dreidimensionale Darstellungen macht, ist die Hälfte von ihnen in Ordnung, die Flächen stoßen so aneinander, wie es ein sollte. Aber die andere Hälfte ist unmöglich, da die Flächen bei einem realen Objekt nicht in der gezeigten Weise aneinanderstoßen können. Der Test war für EFS entwickelt worden, um induviduelle Unterschiede bei der Entdeckung von Inkonsistenzen bei komplexen Figuren nachzuweisen. Die Ladung des Tests auf EFS war nicht signifikant, aber auf NFT betrug sie .63. Dieses Ergebnis wurde dahingehend interpretiert, daß das Hauptproblem für die Vp darin besteht, eine Transformation von einer zweidimensionalen Ansicht in eine dreidimensionale vorzunehmen. Danach ist die Entdeckung der Inkonsistenzen so leicht, daß nur wenig oder gar keine Varianz von EFS bei den Testwerten auftritt, was durch eine Ladung von .08 auf diesen Faktor bestätigt wird.

Konvergente Produktion figuraler Implikationen (NFI). Die Entdeckung dieser Fähigkeit als Faktor ist ein Beispiel für zufällige Ergebnisse. Zwei Tests, von denen jeder für eine andere Fähigkeit konstuiert wurde, korrelierten miteinander auf eine Weise, daß ein neuer Faktor so gut wie bei jedem anderen Paar zum ersten Mal bestimmt werden konnte.

„Planung von Flugmanövern" gibt ein Paar von Großbuchstaben vor, von denen sich die Vp vorstellen soll, daß sie sie als Himmelsschreiber erreichen muß. Der Beginn für das Flugzeug ist gegeben, ebenso der Endpunkt, und die Vp soll die kürzeste Route angeben, die sie mit dem Flugzeug braucht. Die Aufgabe ist im wesentlichen figural. Sie ist der Produktion zuzurechnen, da die Vp die Route vom Anfang bis zum Schluß konstruieren muß. Die Aufgabe ist konvergent, da die Vp den effektivsten Weg unter den gegebenen Bedingungen finden soll. Ausreichende Informationen stehen für die Lösung zur Verfügung. Dieser Test war als Markierung für DFT eingesetzt, auf den er mehr als einmal geladen hatte, ohne daß dabei ein anderer Test für NFI, den plausibleren Faktor, auftrat. Er korrelierte mit „Streichholzproblemen II" zwischen .26 und .38 bei sieben Analysen und legte daher den Schluß nahe, daß einige DFT Varianz vorhanden sei. Nach einigen Veränderungen hinsichtlich der Auswertung bei der Evaluationsanalyse, korrelierte er nur noch mit .22 mit den „Streichholzproblemen II".

Der andere starke Test für NFI war „Arrangieren von Strukturen". Das ist ein ziemlich komplexer Test, bei dem aufeinanderfolgende und sich überlappende einfache Strukturen von Quadraten und Dreiecken komplexe, spezifische Strukturen bilden. Die Vp muß versuchen, die effektivste Lösung zu erreichen, bei der sie so wenig Platz wie möglich braucht. Wie bei „Planung von Flugmanövern" implizieren die gegebenen figuralen Informationen und Regeln eine und nur eine richtige Lösung. In anderer Hinsicht sind die Tests ziemlich verschieden.

Ergebnisse der gezielten Rotationen

Nur gezielte Rotationen wurden bei dieser späten Untersuchung des Projekts durchgeführt. Die Lösung führte zu zahlreichen neuen Informationen, von denen einige schon bei der Besprechung der Tests erwähnt wurden. Ein Grund für den großen Gewinn an Information bestand darin, daß viele neue Tests für besondere Zwecke entwickelt wurden, um Antworten auf bestimmte Fragen und Probleme zu geben. Die Tatsache, daß alte Tests für einen Faktor zusammen mit neuen verwendet wurden, die den Definitionen des Strukturmodells folgten, bestätigte die frühere Plazierung jedes Faktors im Strukturmodell.

Einzelheiten der Faktorenladungen der Tests der figuralen Kognition und der figuralen konvergenten Produktion auf die entsprechenden Faktoren können Tabelle 5.2 entnommen werden. Meistenteils waren die Tests, die für bestimmte Strukturfähigkeiten entwickelt worden waren, hinsichtlich der Faktoren einheitlich. Auf einige wenige Abweichungen wird hingewiesen werden.

Der Test „Blöcke" lud nicht auf den Faktor für CFS, wahrscheinlich deshalb nicht, weil er eher ein figurzentrierter als ein körperzentrierter Test ist. Die stärkste Ladung war auf der Evaluation figuraler Implikationen (EFI), eine andere signifikante Ladung war die auf CFI; beides sind Implikationsfähigkeiten. Der Implikationsaspekt ist leicht zu erkennen. Die Blöcke, die von der Vp gezählt werden, sind meistens durch die Blöcke im Vordergrund verdeckt, unter denen sich die mit Buchstaben bezeichneten befinden. Die Berührungspunkte sind fast vollständig versteckt und müssen aus der wahrnehmbaren Information erschlossen werden. Daher rührt die Beteiligung der Implikationen. Die Vp muß die berührenden Blöcke erschließen, um sie zählen zu können und die Feststellung des Gewichts für EFI deutet darauf hin, daß ein beträchtliches Maß an Überprüfung der Implikationen erforderlich ist, um zu einer richtigen Zahl zu kommen. Die dritte signifikante Ladung des Tests „Blöcke" ging auf CFT, was nahe legt, daß der Eindruck der Vp von dem Stapel Blöcke bestimmten Veränderungen unterliegt, während sie versucht die teilweise versteckten Blöcke zu zählen.

Ein deutlicher Fehler bei einer Hypothese bestand darin, daß „Räumliches Verständnis" in starkem Maße auf CFR, und nur darauf, lud, nicht auf CFS. Die Vorlage von Teilen der Beschreibung der relativen Position von Gegenständen und ihrer gegenseitigen Beziehungen erfordert von der Vp offensichtlich die Wahrnehmung von Relationen, nicht des gesamten Systems. Es geschieht daher, daß die beiden figurzentrierten Tests (Räumliches Verständnis und Blöcke), die für CFS konstruiert wurden, nicht auf CFS laden. Die körperzentrierten Tests luden, wie üblich, auf CFS. Das unterstützt die frühere Folgerung, daß die charakteristischen Aufgaben für CFS körperzentriert sind. Es ist jedoch möglicherweise am besten die Sache zunächst noch offen zu lassen, mit der Möglichkeit, daß ein figurzentrierter Test als wichtiger Bestandteil der Strukturfähigkeit CFS gefunden wird. Alle Tests, die für CFT konstruiert wurden, luden signifikant auf diesen Faktor, zusätzlich eine Anzahl anderer Tests, die in diesem Zusammenhang nicht von Bedeutung sind. Wenn einige Tests für CFT körperzentriert sind, kann daraus geschlossen werden, daß diese Testform CFT angemessen ist. Es könnte bei den Tests „Räumliche Vorstellung" und „Rotation von Blöcken" etwas Körperzentrierung dabei sein. Aber in dem Maß, wie sie diese Eigenschaft besitzen, sollten sie eine Ladung auf CFS aufweisen. Das hat sich für den ersten als richtig herausgestellt (auch häufiger), aber nicht für den zweiten.

Die ungewöhnliche Zahl von Tests mit sekundären Ladungen auf CFT verdient nur den Kommentar, daß die Fähigkeit CFT eine Art allgemeine Fähigkeit ist, wenn sich die Individuen mit visuellem Material und Manipulationen befassen. Die hier beschriebene Testbatterie wurde mit Architekturstudenten durchgeführt. Es ist plausibel anzunehmen, daß Studenten der Architektur häufiger als normal, ohne Rücksicht auf den Zusammenhang, in dem ein Problem entsteht, figural oder nicht figural, eine Strategie anwenden, die auf visuelles Denken zurückgeht. Bei visuellem Denken ist üblicherweise die Fähigkeit CFT beteiligt.

Allgemeine Zusammenfassung

Es ist von Interesse zu erfahren, welche allgemeinen Ergebnisse sich aus den Untersuchungen des Denkens und der Problemlösungsfähigkeit ergeben. Diese Studien entstanden aus THURSTONE 's Berichten über eine Induktions- und Deduktionsfähigkeit, aus seiner ersten Analyse der Denkfähigkeiten und der Unterscheidung von drei Arten der Denkfähigkeit, die von Psychologen der Luftwaffe vorgenommen wurde und die sich nicht mit der Interpretation von THURSTONE deckte. Es bestand eine Ähnlichkeit zwischen Reasoning II der Luftwaffenuntersuchung und THURSTONE 's Induktion, aber bei den Studien der Luftwaffe wurden keine Tests deduktiver Art verwendet und konnte daher kein neues Licht auf THURSTONE 's Deduktionsfaktor geworfen werden.

Der Verlauf der Untersuchungen durch das Projekt kann als sukzessive Entdeckung, daß Fähigkeiten sich hinsichtlich der beteiligten Informationen unterscheiden lassen - Unterschiede in der Substanz oder dem Inhalt und Unterschiede in der Form oder dem Produkt - charakterisiert werden. Für einige Zeit wurde angenommen, daß Deduktionen unabhängig von der Art des Inhalts gleich seien. Aber sehr früh

wurde ein Unterschied zwischen figuraler und verbaler oder semantischer Information beobachtet. Später wurde auch die dritte Kategorie,
der symbolische Inhalt, als verschieden von den beiden anderen erkannt.

Bei den Untersuchungen wurde festgestellt, daß es eine Anzahl in-
duktiver und auch deduktiver Fähigkeiten gibt, die logischer Weise mit
der Kognition bzw. konvergenten Produktion verbunden sind, deren
Begriffe in Verbindung mit der Strukturtheorie der Intelligenz und dem
Modell entwickelt wurden.

Zu einem Zeitpunkt wurde erkannt, daß es unterschiedliche Fähigkeiten für den Umgang mit Klassen und Relationen gibt, die den Weg
öffneten für weitere Unterscheidungen bei den Produkten. Systeme
wurden als komplexe Produkte entdeckt, zuerst in Verbindung mit dem
Faktor, der als „allgemeine Denkfähigkeit bekannt ist, dann mit dem
wiederholten Auffinden von Fähigkeiten, die mit dem Erkennen von
Strukturen figuraler, begrifflicher und symbolischer Art, Faktoren,
die später als die Fähigkeiten CFS, CMS und CSS des Strukturmodells
identifiziert wurden. Einheiten, Implikationen und Transformationen
wurden später entdeckt.

Mit zwei oder drei Ausnahmen stellte es sich heraus, daß die Fähigkeiten, die unter der ursprünglichen heuristischen Bezeichnung
„Denken" zusammengefaßt wurden, in den Kategorien der Kognition
und der konvergenten Produktion als Opeartionskategorien lagen. Es
wurde vorgeschlagen die Konzepte und Interpretationen, die aus der
Struktur der Intelligenz abgeleitet wurden, an stelle der traditionellen
Begriffe „Induktion", „Deduktion" und „Denkfähigkeit" zu verwenden,
da die neuen Konzepte durch empirische Ergebnisse abgesichert sind.

Die Aufstellung der Fähigkeiten, die in den beiden hier untersuchten Operationskategorien (und den Fähigkeiten der Kognition von Verhalten, die in Kapitel 9 behandelt werden) aufgefunden wurden, zeigt,
daß alle 24 erwarteten Fähigkeiten der Kognition nachgewiesen sind,
ebenso 15 der 24 Fähigkeiten der konvergenten Produktion. In dieser
Gruppe fehlen die Faktoren NFU, NFS, NSU und die sechs hypothetischen, die sich auf das Verhalten beziehen. Keine dieser neuen Fähigkeiten wurde durch das Projekt bis 1971 untersucht.

Kapitel 6
Fähigkeiten des kreativen Denkens und Planens

Von allen Untersuchungen, die durch das Projekt in irgendeinem Bereich unternommen wurde, führten diejenigen, die für die kreativen Fähigkeiten angesetzt wurden, zu den meisten neuen Erkenntnissen, wurde ihnen am meisten Aufmerksamkeit gewidmet und hatten sie die meisten Konsequenzen, indem sie das Denken und die Untersuchungen anderer stimulierten. Vor diesen Untersuchungen hatten die Psychologen im allgemeinen eine Vorstellung von der Intelligenz und Vorurteile beim Erfassen der Intelligenz, die kreative Aspekte fast völlig ausschlossen. Eine Korrektur dieser traditionellen Ansichten und Praktiken war lange überfällig.

Die Studien unter der Rubrik „kreativ" deckten einen größeren Altersbereich bei den Versuchsteilnehmern ab als bei anderen Untersuchungen. Von den neun Analysen, denen in diesem Kapitel besondere Aufmerksamkeit gewidmet wird, wurden fünf mit jungen Erwachsenen, eine auf dem Niveau der Senior High School, zwei mit Schülern der neunten Klasse und eine mit Schülern der 6. Klasse durchgeführt. Sechs der neun können als Versuch beschrieben werden, den Bereich allgemein anzugehen, eine Studie war auf die Flüssigkeit, eine andere auf Flexibilität und eine weitere auf die Fähigkeiten der Transformation angesetzt. Die eine Untersuchung der Planungsfähigkeiten paßt in den kreativen Bereich, da Planen innovative Aspekte besitzt.
Eine zehnte Untersuchung über divergente Produktion bei Verhalten wird später im Kapitel über Fähigkeiten des Verhaltens behandelt. Eine elfte war Teil einer Studie über semantische Gedächtnisfähigkeiten. Tabelle 6.1 gibt einige Einzelheiten über die neuen Untersuchungen, die ausschließlich zu diesem Kapitel beitrugen, einschließlich der der Art der Population und die Zahl der Fälle in den Stichproben.

Die erste Untersuchung der Fähigkeiten des kreativen Denkens (1)

Hypothesen und ihre Quellen

Es gab sehr wenig, was einer Untersuchung über Fähigkeitskomponenten für die kreative Produktion als Richtschnur hätte dienen können, da

---

1 Vergl. Berichte 4 und 8; ebenso WILSON, GUILFORD, CHRISTENSEN und LEWIS (1954).

Tabelle 6.1 Populationen und Stichproben der Analysen, die sich in erster Linie
mit den Fähigkeiten des kreativen Denkens und Planens beschäftigten[*]

Bericht Nr.	Kurztitel der Analyse	N	Population
8	Fähigkeiten des kreativen Denkens	301	Luftwaffenkadetten
		109	Luftwaffenoffiziersschüler
12	Planungsfähigkeiten	364	Luftwaffenkadetten
17	Fähigkeiten der Flüssigkeit	221	Seekadetten (Marineflieger)
18	Fähigkeiten der Flexibilität	208	Luftwaffenkadetten
26	Kreative Fähigkeiten in der neunten Klasse	204	Schüler der 9. Klasse
27	Kreative Fähigkeiten in der sechsten Klasse	403	Schüler der 6. Klasse
29	Figurale und symbolische Fähigkeiten divergenter Produktion	238	Seekadetten (Marineflieger)
35	Figurale, symbolische und semantische Fähigkeiten divergenter Produktion	205	Schüler der 9. Klasse
41	Transformationsfähigkeiten	187	Schüler der Senior High School

[*]Alle Vpn, die im Militärdienst standen, waren ausschließlich männlich, während
die Schulgruppen hinsichtlich der Geschlechtszugehörigkeit gemischt waren.

keine systematische umfassende Faktorenanalyse speziell in dieser
Richtung unternommen worden war. Die verfügbare Information war
nur aus wenigen zufälligen Ergebnissen abzuleiten. SARNETT (1919 b)
hat einen Faktor der „Cleverness" bei einer Analyse von Beurteilungen
gefunden. HARGREAVES (1927) fand Faktoren, die er als „Flüssigkeit"
und „Originalität" bei einer Analyse von Tests identifizierte. L.L.
THURSTONE (1938) fand die „Wortflüssigkeit" und FRUCHTER (1948)
fügte einen Faktor „Assoziationsflüssigkeit" bei einer neuen Analyse
eines Teils der Daten von THURSTONE hinzu. CARROLL (1941) und
C.W. TAYLOR (1947) berichteten unabhängig voneinander über einen
Faktor bei ihren Analysen des verbalen Ausdrucksverhaltens, der
„Ausdrucksflüssigkeit" genannt werden könnte.

Auf der anderen Seite gab es in der Literatur zahlreiche anekdoti-
sche und spekulative Berichte über kreative Episoden, die meistens
von produktiven Geistern anerkannten kreativen Talents stammten.
Aus dieser Quelle und der beschränkten faktorenanalytischen Information versuchten GUILFORD und seine Studenten in mehreren Seminar-
veranstaltungen über einige Semester eine Liste möglicher Fähigkeiten und anderer Merkmale aufzustellen, die durch Faktorenanalyse
als grundlegende Dimensionen der individuellen Differenzen nachweisbar sein und die der Logik nach für das kreative Denken wichtig sein
könnten.

Die erste Untersuchung in diesem Bereich durch das Projekt begann mit einer Liste von acht möglichen Fähigkeiten oder einzigartigen
Fähigkeiten. Die ursprünglichen Versuche beruhten auf zwei Annahmen.

Eine bestand darin anzunehmen, daß gleichgültig welche Qualitäten einen kreativen Genius auszeichnen, die Qualitäten bis zu einem gewissen Grad auch bei anderen in der Population zu finden sind; es gibt ein Kontinuum in dieser Hinsicht zwischen dem Genius und dem nicht Kreativen. Die Menschen sind in bezug auf die Kreativität nicht in zwei deutlich unterschiedene Gruppen einzuteilen. Die andere Annahme besteht darin, daß die Natur der psychologischen Prozesse, die beim kreativen Denken beteiligt sind, durch eine Untersuchung wie sich Individuen in dieser Hinsicht unterscheiden, aufgedeckt und damit durch die Faktorenanalyse untersucht werden können. Diese Annahmen machten es logisch möglich die kreativen Qualitäten zu untersuchen ohne sich auf die Hochkreativen zu beschränken.

Die Hypothesen. Die folgenden Hauphypothesen werden der Reihe nach besprochen:

I. Sensivität für Probleme
II. Flüssigkeit
III. Flexibilität
IV. Originalität
V. Analyse
VI. Synthese
VII. Umstrukturierung
VIII. Durchdringung

I. SENSIVITÄT FÜR PROBLEME. Es wurde vermutet, daß viele kreative Menschen für die Existenz von Problemen besonders sensitiv sind. Diese Eigenschaft kann sich auf viele verschiedene Arten manifestieren. Sie kann in der Form von Bewußtsein für die Notwendigkeiten von Änderungen oder für neue Geräte oder Methoden, dem Bewußtsein für Defekte und Mängel bei Gegenständen, so wie sie vorhanden sind, auftreten. Die Vorstellung, daß diese Eigenschaft eine allgemeine Sensivität der Wahrnehmung sei, wurde akzeptiert, die ein Individuum befähigt schnell seltsame, ungewöhnliche und offensichtliche Inkonsistenzen wahrzunehmen. Eine derartige Veranlagung würde den Individuen zahlreiche Probleme zur Lösung anbieten. Ohne Probleme hat das Individuum wenig Gelegenheit kreative Qualitäten zu zeigen. Die Beziehungen zwischen Kreativität und Problemlösen sind von GUILFORD an anderer Stelle behandelt worden (1967).

Die Tests, die für diese Hypothese entwickelt worden waren, bestanden aus drei Arten, von denen jede als Subhypothese angesehen werden kann, obwohl einige Arten nur durch je einen Test repräsentiert waren. Diese Umstände würden eine Überprüfung ob eine getrennte Fähigkeit jeder Subhypothese zugeordnet werden kann nicht zulassen. Drei Tests gab es in der Kategorie „Erkennen von Defekten, Bedürfnissen und Mängeln". „Gewöhnliche Situationen" verlangt von der Vp, daß sie sagt, welche Schwierigkeiten bei einer bekannten Handlung, wie etwa dem Waschen des Wagens zu Hause auftreten könnten. Beim „Apparat - Test" soll die Vp zwei Dinge angeben, die bei einem üblichen Gerät fehlen könnten, etwa bei einem Telefon oder einem

Kühlschrank. Um die gleiche angenommene Fähigkeit in einem Bereich der gewöhnlichen Erfahrung zu untersuchen, wurde der Test „Soziale Institutionen" entwickelt. Bei jeder Aufgabe soll die Vp sagen, was sie als Mangel bei sozialen Einrichtungen wie Scheidung oder Verkaufssteuer ansieht.

Nur ein Test - Ungewöhnliche Einzelheiten - wurde für die Vorstellung entwickelt, daß eine breitere Fähigkeit das Seltsame und Ungewöhnliche zu erkennen erwartet wurde. Dieser Test präsentiert bildlich einige bekannte Gegenstände in Situationen. Bei jedem Bild fehlen einige Teile und es treten Inkonsistenzen auf.

Für einen noch breiteren Aspekt der Sensitivität für Probleme, für die Subhypothese des Erkennens von dem was getan werden muß, wurde der F - Test entwickelt. Die einzige Anweisung an die Vp bestand darin, daß ihr gesagt wurde sie solle mit jeder Aufgabe etwas tun, dabei muß sie selbst entscheiden, was zu tun ist. Jedes Item ist anders und jede einsichtige und relevante Handlung oder Lösung wird akzeptiert. Beim Vortesten gab es Hinweise auf eine Frustration bei einigen Vpn, da sie noch nie zuvor einer derartigen unstrukturierten Aufgabe bei einem Test begegnet waren; daher auch das „F" im Titel des Tests.

II. FLÜSSIGKEIT. Flüssigkeitstests verlangen mehrere Antworten auf die gleiche gegebene Information in begrenzter Zeit. Von zwei Variablen wurde angenommen, daß sie in Verbindung mit den Testbedingungen wichtig wären. Eine ist das Ausmaß der Einschränkung, die der Vp auferlegt wird, im Hinblick auf die Kategorie, in die ihre Antworten passen sollen. Die Kategorie könnte einfach oder komplex sein; es könnte der Vp wenig oder viel Einschränkung auferlegt werden. Die Zahl der Spezifikationen für die Kategorie könnte in einer oder mehreren bestehen. Zum Beispiel können wir die Vp bitten alle Gegenstände zu benennen, die eßbar sind, oder wir könnten sie auf alle Dinge beschränken, die eßbar, weich und weiß sind. Die andere Variable ist das mögliche Antwortpotential. Selbst bei dem gleichen Ausmaß von Einschränkung, das durch die Instruktion auferlegt wird, könnten einige Aufgaben Themen behandeln, von denen die Vp sehr viel weiß und andere Items Dinge, von denen im allgemeinen sehr wenig bekannt ist. Es wäre natürlich sehr wünschenswert, wenn alle Vpn in einer Population gleiche Gedächtnisspeicher im Hinblick auf eine spezifizierte Klasse hätten.

Der Test „Kontrollierte Assoziationen" legt der Vp Reizworte vor, die allgemein bekannt sind und die eine Anzahl möglicher Synonyme haben. Bei der Form, in der dieser Test bei dieser Untersuchung verwendet wurde, wurden der Vp 12 Zeilen für Synonyme zu jedem Wort angeboten. Daher gab es nur eine geringe Einschränkung, aber auch ein relativ begrenztes Potential. Zwei andere Tests mit einfachen Restriktionen aber mit größerem Antwortpotential waren „Zahlassoziationen" und „Verwendungen eines Ziegelsteins". Bei Zahlassoziationen wird der Vp eine bestimmte Zahl vorgegeben, zu der sie einige assoziierte Vorstellungen angeben soll. Zum Beispiel könnte die Zahl

4 „Viertel", „Vierlinge", „Vier Reiter", „vierseitig", „Vierer" usw.
nahelegen. Die mögliche Zahl der Verwendungen eines gewöhnlichen
Ziegelsteins ist ebenfalls ziemlich groß. Wenn eine Aufgabe dieser
Art eine Zeitbegrenzung hat, wird die Zeit zu einer weiteren Ein-
schränkung. Es ist die Aufgabe des Testautors einen optimalen Grad
der Restriktion für die verschiedenen Arten zu finden. Beispiele für
Tests mit komplexen Restriktionen sind „Titel von Geschichten" und
„Unmöglichkeiten". Beim ersten Fall, dem Vorschlagen von Titeln für
eine gegebene Kurzgeschichte, muß die Vp innerhalb der Grenzen der
Relevanz und Angemessenheit bleiben. Die Geschichte selbst setzt die
Grenzen. Diese einzige Quelle tendiert auch dazu das Potential möglicher Antworten zu reduzieren. Dinge zu nennen, die unmöglich sind,
verlangt nach einer Überprüfung der Voraussetzungen, unter denen
eine Idee möglich sein könnte. Die Grenzen variieren daher von einer
möglichen Antwort zur nächsten, aber die Grundlage der Restriktionen
ist ziemlich einfach.

III. FLEXIBILITÄT. Der Begriff „Flüssigkeit" legt drei verschiedene
Bedeutungen hinsichtlich des Umfeldes intellektueller Handlungen nahe,
im besonderen im Hinblick auf Tests von denen erwartet werden kann,
daß sie einen Hinweis auf Flexibilität geben. Drei Tests zielten auf
Flexibilität in der Form von Anweisungen zu Änderungen ab. Einer war
„Zeichenänderungen", bei dem zwei Zeichenänderungen gegeben sind,
z.B. soll die Vp x für - und - für + setzen um Gleichungen zu lösen,
die aus Kombinationen von jeweils zwei Zahlen bestehen. Neue Zeichenänderungen werden nach jeweils nach einigen Aufgaben gegeben.
„Kreise - Quadrate I" und „Kreise - Quadrate II" haben für jedes Item
zwei mögliche Antworten, entweder umschreibt ein Quadrat einen
Kreis oder ein Kreis ein Quadrat. Bei jeder Aufgabe werden zwei Objekte erwähnt, eines davon besitzt Ecken und kann daher leicht mit dem
Quadrat assoziiert, das andere hat eine gerundete Linie und kann daher
leicht mit dem Kreis assoziiert werden. Bei „Kreise - Quadrate I"
wird der Vp gesagt sie solle das härtere Objekt auf die Außenseite
bringen und erhält dann eine Liste von Gegenstandspaaren, z.B. „Pud-
ding - Seifendose". Da die Seifendose härter ist, müßte die Vp die
Antwort markieren, bei der das Quadrat außen ist. Bei „Kreise - Quadrate II" wird die Umstellungsfähigkeit der Vp offensichtlicher dadurch
getestet, daß die Instruktion bei jeder Aufgabe geändert wird; z.B.
„Bringen sie das Geräucherte auf die Außenseite" und „Bringen sie das
Informative auf die Innenseite".
Eine andere Interpretation der Flexibilität wurde beschrieben als
„Freiheit von gedanklicher Trägheit". Für diese hypothetische Fähigkeit war „Streichholzprobleme" ein Test. Bei jedem Item wird der Vp
eine bestimmte Anzahl aneinanderstoßender Quadrate, deren Seiten
von Streichhölzern gebildet werden, vorgelegt. Sie soll eine bestimmte Anzahl von Streichhölzern wegnehmen und eine bestimmte Anzahl
vollständiger Quadrate zurücklassen. Ein anderer Test war „Implizierte Verwendungen", bei dem die Vp eine Liste alternativer Bedeutungen für das gegebene Wort aufstellen soll. Bei dem Wort „nehmen"

könnte sie sagen „ein Bad nehmen", „ein Diktat aufnehmen", „Essen einnehmen" usw.. Die Fertigkeit die Bedeutung zu verändern ist die übliche Art flexibler Handlungen.

Eine dritte Interpretation umfaßt die beschreibende Kategorie „spontaner Wechsel von Kategorien". Um einen Wert für dieses Merkmal zu erhalten wurde der Test „Verwendung eines Ziegelsteins", der auch bei der Flüssigkeit einfach durch die Feststellung der Zahl der relevanten Antworten gewertet wird, nach der Zahl der Kategorien ausgezählt, die von der Vp verwendet werden. Jeder Wechsel von einer Kategorie zu einer anderen wird als Hinweis auf den spontanen Wechsel der Kategorien verwendet. In verschiedenen Zeiten bestand der Flexibilitätswert in der Anzahl der Kategorien von Verwendungen und in der Zahl der Wechsel der Kategorien. Die beiden sind natürlich hoch korreliert. Nur wenn die Vp zu einer Kategorie zurückgeht, die sie vorher bereits einmal hatte, würde sie einen zusätzlichen Punkt beim „Veränderungswert" erhalten, der bei dem Wert für die Zahl der Kategorien nicht berücksichtigt würde. Diese Bewertungspraxis bevorzugt den Veränderungswert, da sie die Varianzen leicht vergrößert und jeder Wechsel als flexible Handlung verteidigt werden kann.

IV. ORIGINALITÄT. Von allen Qualitäten, die mit Kreativität assoziiert werden, ist Originalität diejenige, die am häufigsten genannt wird. Bevor wir irgendetwas unternehmen können um mit Hilfe von Tests zu bestimmen, wie die Individuen sind, ist es jedoch notwendig Bedeutungen für diesen Begriff zu finden, die zu einer operationalen Behandlung dieses Konzepts führen. Drei derartige Interpretationen ergaben Subhypothesen. Eine besteht darin, daß eine originale Handlung in der Population, zu der das Individuum gehört, selten ist; die Wahrscheinlichkeit des Auftretens ist sehr gering. Drei Tests wurden auf der Grundlage dieser Hypothese konstruiert.

„Schnelle Antworten" ein Test in freier Assoziationsform, bei dem 50 Reizwörter aus der Kent - Rosanoff - Liste benutzt wurden. Beim Testen von Gruppen wird jedes Reizwort mündlich gegeben und die Vpn haben fünf Sekunden um ihre Antwort aufzuschreiben. Ein Popularitäts- oder Häufigkeitsindex wurde für jedes Wort bei einer Stichprobe von 400 jungen Männern bestimmt. Der Index gab jeder Antwort ein Gewicht, das umgekehrt proportional zu der Häufigkeit war. Der Wert eines Individuums bei diesem Test ist die Summe der Gewichte seiner Antworten.

Zwei andere Tests wurden nach dem gleichen Prinzip entwickelt. Bei „Zahlassoziationen" wurde das Auswertungsverfahren der Gewichtung jeder Antwort entsprechend der Häufigkeit in der Population ebenfalls benutzt um einen Wert für die Originalität eines Individuums zu erhalten, der als „Ungewöhnlichkeit der Antwort" interpretiert wurde. „Figurbegriffe" präsentiert Zeichnungen von 20 unterschiedlichen, bekannten Gegenständen, aus denen die Vp kleine Gruppen mit jeweils 2 Mitgliedern bilden soll. Die Ungewöhnlichkeit mit der jede Klasse bei einer Stichprobe von Vpn gebildet wurde war wiederum Grundlage für das Vergeben von gewichteten Werten.

Eine andere Vorstellung von Originalität bestand im Begriff der entfernten Assoziation. Dabei wurde angenommen, daß die originellere Person zartere und weniger offensichtliche Bindungen zwischen Dingen und zwischen Ideen wahrnehmen kann. Zwei ähnliche Assoziationstests wurden für diese Hypothese entwickelt und einer, der nicht so deutlich dazu gehört. „Assoziationen I" gibt ein Paar von Reizwörtern, zu dem die Vp eine einzige Wortassoziation finden soll. Wenn die beiden Wörter „Indian" und „money" gegeben sind, wäre eine Antwort, die beide verbindet „nickel", aber „copper" oder „wampum" wären noch zu akzeptieren. Es wurde angenommen, das die Restriktion durch die Erfüllung zweier assoziativen Verbindungen die Vp dazu zwingen würde, ungewöhnlichere oder weniger fest assoziierte Antworten zu geben.

„Assoziationen II" stellt ein Versuch dar die gleiche Art des Tests in multiple - choice - Form zu bringen. Fünf alternative Anfangsbuchstaben für mögliche Antworten werden gegeben. Zum Beispiel werden für die beiden Reizworte „pole" und „mail" die Alternativen „g, l, p, s, w" gegeben, von denen „p" für „post" richtig wäre. Die Erfahrung legt nahe, daß die neue Form gut zu einiger Varianz in den Fähigkeiten DSU oder NSU, oder beiden führen könnte. Beide hängen mit der Produktion von Wörtern mit einem gegebenen Buchstaben zusammen. Wir werden sehen, daß, wie multiple - choice - Tests im allgemeinen, „Assoziationen II" keinen Hinweis auf Originalität oder andere Fähigkeiten der divergenten Produktion lieferte.

Der Test „Ungewöhnliche Verwendung" (später bekannt als „Alternative Verwendung") gibt der Vp einen bekannten Gegenstand und seine konventionelle Verwendung, zu der sie eine Anzahl ungewöhnlicher Verwendungen hinzufügen soll. Wenn gesagt wird, daß eine Zeitung gewöhnlich zum Lesen benutzt wird, könnte die Vp sagen, daß sie benutzt werden könnte um „eine Fliege zu erschlagen", „Abfall einzuwickeln", „Regale aufzubauen", „um sich vor Regen zu schützen" usw.. Es wurde angenommen, daß die Verwendungen mit dem gegebenen Objekt, aber relativ schwach, assoziiert sind. Wir werden sehen, daß dieser Test viel zur Unterstützung einer anderen Fähigkeit als der Originalität beitrug.

Das dritte Merkmal oder Zeichen von Originalität war die „Schlagfertigkeit von Antworten". Es gibt keinen strengen oder völlig objektiven Index für die Schlagfertigkeit, aber es ist eine Eigenschaft, die üblicherweise bemerkt wird, und verschiedene Grade der Schlagfertigkeit können durch erfahrene Beobachter festgestellt werden. Ein einziger Test, der Originalität dieser Art aufdecken sollte, war „Geschichtentitel". Dabei werden der Vp die Fakten einer Kurzgeschichte gegeben und sie soll so viele angemessene Titel für die Geschichte wie in der erlaubten Zeit möglich finden. Die Auswerter entwickelten Kriterien für die Unterscheidung zwischen Titeln, die als schlagfertig und solchen, die als nicht schlagfertig angesehen werden. Die Zahl von „nicht schlagfertigen" Antworten wird als Wert für Flüssigkeit und die Zahl der „schlagfertigen" Antworten als Wert für Originalität verwendet.

V. ANALYSE. Es wurde angenommen, daß die kreativere Person besser in der Lage ist Erfahrungen zu analysieren als die meisten anderen. Mit größerer Leichtigkeit kann sie Dinge in ihre natürlichen Komponenten zerlegen. Zwei Fragen ergaben sich in Verbindung mit dieser Hypothese. Erstens, ist die Analyse von wahrgenommenem Material der Analyse von Vorstellungen so ähnlich, daß ein und dieselbe Fähigkeit auf beides anzuwenden ist? Die andere Frage hängt mit dem Niveau der Komplexität zusammen, auf dem die Analyse durchgeführt wird. Läßt sich die gleiche Fähigkeit auf die Analyse vom komplizierten und einfachen Ganzen anwenden? Diese Fragen leitete die Testkonstruktion in diesem Bereich.

Der Test „Figurenanalyse" erfordert eine Analyse eines Konglomerates aus bekannten Objekten. Die Analyse ist nicht leicht, da zwei oder mehr Objekte Linien gemeinsam haben. Diese Aufgabe wurde als perzeptuelle Analyse wahrgenommener Objekte angesehen. Der Test Figurbegriffe, der früher erwähnt wurde, kann als begriffliche Analyse vorgestellter Objekte beschrieben werden. Der gleiche Test (Figurbegriffe), der nach Originalität ausgewertet wurde, wie vorher angedeutet, wurde nach der Zahl akzeptabler Klassen ausgewertet. Es wurde angenommen, daß die Vp um eine Klasse zu bilden von Eigenschaften der Objekte abstrahieren muß und daß es sich dabei um einen analytischen Prozeß handelt.

Zwei andere Tests waren vollständig verbal. „Satzanalyse" verlangt von der Vp sie solle alle Tatsachen und Annahmen, die in jedem gegebenen Satz enthalten sind, aufschreiben. „Abschnittsanalyse" verlangt die gleiche Art von Aktivität für einen gegebenen Abschnitt. Diese beiden Tests waren auf die Variable einfach - komplex gezielt, und bezogen sich auf den früher erwähnten Ansatz. Es wären mehr als die vier beschriebenen Tests erforderlich um zu bestimmen, ob vier analytische Fähigkeiten beteiligt sind, aber zumindest sollte es einige Grundlagen für die Bestimmung ob es überhaupt eine einheitliche analytische Fähigkeit ist, geben und wenn, welcher der vier Tests damit am stärksten verbunden ist.

VI. SYNTHESE. In Verbindung mit Handlungen der Synthese gab es vier Subhypothesen und eine bessere als die übliche Repräsentation durch sieben Tests gab die Möglichkeit zu bestimmen, ob es eine zugrundeliegende Fähigkeit gibt, oder mehrere. Der allgemeine Begriff einer Fähigkeit der Synthese ging davon aus, daß sie sich mit der Organisation von Teilen zu Ganzen befasse. Die Frage, ob eine derartige Fähigkeit sowohl figurales als auch begriffliches Material umfasse, erhob sich hier wie vorher. Zwei der Tests waren rein figural und vier rein verbal. Es gab eine begründete Annahme dafür, daß der Faktor, der von THURSTONE „Wahrnehmungsgeschwindigkeit" genannt und später als „Schließungsfähigkeit" angesehen wurde, ein Repräsentant figuraler Synthese ist, wie die beiden prominenten Tests nahelegen (THURSTONE 1944). Einer war „Gestaltergänzung", der bruchstückhaft bekannte Gegenstände in Form eines Umrisses zum Wiedererkennen vorgibt und der andere war „Verstümmelte Wörter", der Teile von

Buchstaben in Wörtern, die erkannt werden sollen, ausläßt. Beide Tests wurden bei der zu besprechenden Analyse verwendet um zu sehen, ob sie eine einzigartige Fähigkeit der Produktion wahrgenommener Objekte durch synthetische Handlungen, oder „Schließung" um die Terminologie der Gestalttheorie zu benutzen, wie THURSTONE es tat, bestimmen.

Eine andere Subhypothese beschäftigte sich mit der möglichen Fähigkeit begriffliche Vorstellungen durch Kombination einfacher Gegenstände zu schaffen. „Objektsynthese" präsentiert die Bezeichnungen bekannter Gegenstände, z.B. „Zange und Schnürsenkel". Die Vp soll daraus einen einzigen Gegenstand machen. Sie könnte „Pendel", „Lot" oder „etwas um die Zentrifugalkraft nachzuweisen" beispielsweise sagen. „Begriffssynthese" gibt die Bezeichnungen von zwei Objekten, die nicht integriert werden sollen, aber die in Verbindung miteinander der Vp eine einzige Vorstellung nahelegen. Zum Beispiel würde „Stoff" in Verbindung mit „Wunde" zu der erwarteten Aussage „Verband" führen.

Eine dritte Hypothese unter Synthese bestand in einer Fähigkeit für die Produktion einer logischen oder sinnvollen Ordnung. Für diese Vorstellung wurden die Tests „Wortmatrix" und „Satzsynthese" konstruiert. Jede Wortmatrix enthielt drei Reihen und drei Spalten mit freiem Raum an den Überschneidungsstellen. Drei von den neun Wörtern, aus denen die Matrix besteht, erscheinen an den richtigen Stellen. Die anderen sechs Wörter sind aufgelistet und die Vp soll sie so plazieren, daß eine logische Anordnung für die Matrix entsteht. Bei „Satzsynthese" werden die Wörter eines Satzes durcheinandergewürfelt dargeboten, die Vp soll sie in die richtige Reihenfolge bringen.

Die vierte Subhypothese war, daß die Produktion von Klassen aus gegebenen Sätzen von Gegenständen als synthetischer Akt angesehen werden könne. Für diese Idee wurden keine besonderen Tests entwickelt, aber es wurde angenommen, daß der Test „Figurbegriffe", der bereits zweimal erwähnt wurde, diese Art der Synthese repräsentieren könnte. Wenn er auf jeden Synthesefaktor laden würde, bestünde die Schlußfolgerung darin anzunehmen, daß dieser Faktor breit genug ist, um den Akt der Produktion von Klassen einzuschließen. Wenn er nicht bei einem Synthesefaktor erscheinen würde, könnte die Vorstellung, daß er eine spezielle synthetische Fähigkeit repräsentiert, jedoch nicht zurückgewiesen werden. Es schien jedoch eine ausreichende Zahl von Tests für die Synthese zu geben, um mindestens eine synthetische Fähigkeit zu bestimmen, wenn eine existieren sollte. Es bestand die Möglichkeit drei Fähigkeiten zu finden, die jeweils durch mindestens zwei Tests repräsentiert waren.

VII. UMSTRUKTURIERUNG. Gestaltpsychologen haben zum Teil die Theorie aufgestellt, daß geistige Strukturen oder „Gestalten" häufig reorganisiert werden und daß es sich dabei um eine Form des Lernens handelt. Der Begriff „Umstrukturierung" wurde benutzt, wenn der Organismus die Art, in der ein Objekt benutzt wird, verändert. Es wurde festgestellt, daß viel kreative Anstrengung bei diesen Revisionen von Bekanntem, um es für die Lösung von Problemen nützlich zu machen, beteiligt ist.

Auch hier hatte der Verdacht, daß eine derartige Fähigkeit nicht über die Art der Information hinausgeht, eine Auswirkung auf die Testkonstruktion. Eine Subhypothese zog eine mögliche Umstrukturierungsfähigkeit bei der Wahrnehmung in Betracht. Der offensichtliche Test für diese Vorstellung war „Durchdringung von Tarnung", der aus der Testaktivität der Luftwaffe während des Krieges stammte. Er besteht aus Aufgaben, bei denen Gesichter versteckt sind. „Satzgestalt" besteht aus zwei Abschnitten, bei denen alle Wörter hintereinander ohne Trennung und in Großbuchstaben geschrieben sind. Die Vp soll eine senkrechte Linie zwischen aufeinanderfolgenden Worten machen, um daraus einen sinnvollen Text zu erhalten. Es hätte zu dieser Zeit erkannt werden können, daß diese Aufgabe eine symbolische ist, bei der möglicherweise die Kognition symbolischer Einheiten eine Rolle spielt, außer wo ein zuerst wahrgenommenes in zwei Wörter auseinandergebrochen werden muß. In diesem Fall wäre die Fähigkeit der konvergenten Produktion symbolischer Transformationen (NST) beteiligt.

Die zweite Hypothese bei der Umstrukturierung richtet sich auf den Wechsel der Funktion. Die Tests für diese Vorstellung beziehen sich auf den Wechsel der Verwendung bekannter Objekte oder ihrer Teile. „Gestalttransformationen" besteht aus Fragen dieser Art:

Welcher dieser fünf Gegenstände könnte man am besten verwenden, um Feuer zu machen?

A) Kohlkopf   B) Füllfederhalter   C) Taschenuhr   D) Keks
E) Bowlingkugel

Die richtige Antwort ist C (Taschenuhr), da das Uhrglas entfernt und als Sammellinse verwendet werden kann. „Bildgestalt" ist ähnlich, außer daß bei jedem Problem ein Foto eines Raumes gezeigt wird, z. B. einer Kirche, auf dem zahlreiche bekannte Objekte sind. Es folgt dann eine Reihe von Verwendungsmöglichkeiten zu denen die Vp auf dem Bild die dafür geeigneten Gegenstände zeigen soll.

Ein einziger Test repräsentiert die dritte Vorstellung, die als „Entfernen eines Teils aus einem Ganzen und Hinzufügung eines neuen" beschrieben werden kann. „Worttransformation" präsentiert bei jeder Aufgabe einen Satz, wie z. B. THE RED OLIVE und die Vp soll die Buchstaben neu anordnen, damit es einen anderen Satz gibt, THERE DO LIVE.

VIII. DURCHDRINGUNG. Die Hypothese, daß die kreativere Person tiefer in ihre Erfahrungen eindringen kann, mehr Dinge wahrnimmt als sich an der Oberfläche befinden, kam erst später. Sie wurde aus den Beobachtungen abgeleitet, daß bestimmte Tests die Möglichkeit hatten, zwischen den Individuen in dieser Hinsicht zu differenzieren. Zum Beispiel wurde der Test „Soziale Institutionen" zuerst für die Hypothese der Sensivität für Probleme entwickelt; das Vortesten zeigte, daß einige ziemlich direkte und offenkundige Implikationen waren, während andere ein tieferes Eindringen in die Sache erkennen ließen. Bei der Auswertung dieses Tests wurde dann ein Wert für die Antworten gegeben, die auf offensichtlich falsche Dinge hinwiesen. Dieser Wert wurde für die Hypothese der Sensivität für Probleme gerechnet und der Wert für entfernte Antworten wurde für die Durchdringungshypothese benutzt. Der andere Test, der für diese Hypothese entwickelt wurde, war „Konsequenzen", der von der Vp das Aufschreiben von Ergebnissen hypothetischer Ereignisse, die Menschen betreffen, verlangt, z. B. wenn alle Menschen plötzlich blind würden. Dieser Test wurde ebenfalls in zwei Richtungen ausgewertet, ein Wert für die Zahl der offenkundigen Konsequenzen und ein zweiter für die entfernten Konsequenzen.

Bei der Entscheidung darüber welche Variable faktoranalysiert werden sollte, war es notwendig die Tests genau zu untersuchen, die auf zwei verschiedene Arten ausgewertet wurden, um festzustellen, ob es auch kein Zeichen offensichtlicher experimenteller Abhängigkeit gibt. Bei „Geschichtentitel", „Konsequenzen" und „Sozialen Institutionen" wurden zwei Werte bei der Analyse verwendet, da in jedem Fall die Korrelation der beiden Werte nahe Null war. Im Fall der Verwendung eines Ziegelsteins korrelierten die Flüssigkeits- und Flexibilitätswerte nur mit .23, daher wurden beide benutzt. Bei Figurbegriffen und Zahlassoziationen wurden nur die Werte für „Ungewöhnlichkeit" berücksichtigt, da es Zeichen für nicht mehr zu tolerierende experimentelle Abhängigkeit gab. Zwei Werte wurden für „Satzgestalt" benutzt, einer für die richtige Trennung von Wörtern und ein zweiter für die Zahl von Auslassungen, trotz einer Korrelation von -.35 zwischen ihnen. Die Werte von sechs weiteren Variablen wurden aus der Luftwaffeneinstellungsbatterie übernommen, die von den Vpn zur gleichen Zeit wie die Testbatterie für das kreative Denken bearbeitet wurde. Sie wurden als Markierungstests benutzt um einige bereits bekannte Faktoren zu bestimmen, die bei mehr als einem der Tests für das kreative Denken auftreten könnten.

Ergebnisse

Schicksal der Hypothesen über analytische und synthetische Fähigkeiten. Wie im vorangegangenen Kapitel werden nur faktorielle Ergebnisse, die sich in den hypothetischen Fähigkeiten widerspiegeln, erwähnt und dann auch nicht in allen Einzelheiten. Um die auffälligsten negativen Resultate zuerst zu erwähnen, es wurden keine Faktoren gefunden, die entweder als analytische oder synthetische Fähigkeiten angesehen werden können. Es hätte eine mehr als ausreichende Gelegenheit bestanden, mindestens eine synthetische Fähigkeit zu finden, da sieben Tests für die vermuteten synthetischen Aktivitäten in der Analyse waren. Zufällig ist das ein anderes schlagendes Beispiel dafür, daß man in der Faktorenanalyse nicht immer das herausbekommt, was man hineingesteckt hat, ein Punkt der in Kapitel 2 diskutiert wurde.

Es gab einen Faktor auf den zwei Tests, die nach ihrer Möglichkeit eine figuralperzeptuelle Synthese nachzuweisen ausgewählt wurden, in bescheidenem Maße luden - Gestaltergänzung und Verstümmelte Wörter. Aber diese beiden hatten jedoch für THURSTONE einen Faktor definiert, den er als „Wahrnehmungsgeschwindigkeit" bezeichnete. Die Vorstellung, daß „Schließung" als eine Art Synthese angesehen werden kann, wurde aufrecht erhalten, aber die beiden Schließungstests schienen noch etwas anderes zu erfordern. Dieses „andere" wurde später erkannt, als der Faktor, der durch diese Tests markiert wurde, im Strukturmodell als die Fähigkeit der Kognition visuellfiguraler Einheiten identifiziert wurde. Sie zeichnet sich dadurch aus, daß sie sozusagen von ihrer Umgebung abgeschlossen ist, aber das legt Analyse nicht Synthese nahe. Das überzeugenste Argument gegen einheitliche analytische und synthetische Fähigkeiten ist die Tatsache, daß Tests, die für jede der hypothetischen Fähigkeiten entwickelt wurden, bei den Faktorenanalysen in verschiedene Richtungen gingen, mit Ausnahme der beiden Schließungstests, die miteinander zusammenhingen. Es gibt viele analytische Handlungen, aber ihre Grundformen liegen in der Richtung von Fähigkeiten, die auf andere Weise besser definiert sind. Die gleiche allgemeine Aussage gilt für Synthese.

Fähigkeiten der Flüssigkeit. Mehr als eine Fähigkeit der Flüssigkeit wurden erwartet und drei wurden gefunden. Einer schien der Wortflüssigkeit von THURSTONE äquivalent und ein anderer der Assoziationsflüssigkeit, die von FRUCHTER (1948) und ZIMMERMAN (1953) bei der Reanalyse von THURSTONE ' s Daten von 1938 gefunden wurde. Wortflüssigkeit wird jetzt mit der Strukturfähigkeit der divergenten Produktion symbolischer Einheiten (DSU) und Assoziationsflüssigkeit mit divergenter Produktion semantischer Relationen (DMR) identifiziert. Der dritte Flüssigkeitsfaktor in dieser Gruppe wurde als „Vorstellungsflüssigkeit" bezeichnet, was durch „Geschichtentitel (nicht schlagfertig)", „Konsequenzen (offensichtliche)" und „Verwendungen eines Ziegelsteins (Flüssigkeit)" stark unterstützt wurde. Drei weitere Tests, von denen zwei ziemlich offensichtlich das erwarten lassen - „Gewöhnliche Situationen" und „Unmöglichkeiten" - gingen in die gleiche Richtung. Die Vorstellungsflüssigkeit ist jetzt als die Strukturfähigkeit der „divergenten Produktion semantischer Einheiten" (DMU) bekannt.

Fähigkeiten der Flexibilität. Zwei Flexibilitätsfaktoren wurden gefunden, der eine wurde als „spontane Flexibilität" und die andere als „adaptive Flexibilität" erkannt. Die erste kam, wie erwartet, in bedeutenderem Maße von „Verwendungen eines Ziegelsteins (Wechsel)" und ähnlichen Tests - „Ungewöhnliche Verwendungen" zum Beispiel, das ebenfalls den Wechsel von einer Klasse zu einer anderen ohne die entsprechende Instruktion erfordert und ohne das Bewußtsein der Vpn diese Wechsel durchzuführen. Adaptive Flexibilität hatte eine korrespondierende Hypothese, wurde aber in den Ergebnissen der Analyse nur durch einen Test, der dafür entwickelt wurde, - Zeichenänderun-

165

gen - repräsentiert und durch einen anderen Test - Streichholzprobleme -, der für die Hypothese der Freiheit von gedanklicher Trägheit
konstruiert wurde. Die beiden Arten der Flexibilität sind jetzt als „divergente Produktion semantischer Klassen" (DMC) bzw. „divergente
Produktion figuraler Transformation" (DFT) bekannt.

Originalität. Ein Faktor, der als Originalität identifiziert wurde, war
durch eine Anzahl von Tests, die für alle drei Subhypothesen entwik-
kelt wurden, gut repräsentiert. „Geschichtentitel (schlagfertig)" vertrat die Hypothese der Schlagfertigkeit; „Schnelle Antworten" und
„Figurbegriffe (ungewöhnlich)" repräsentierten die Hypothese von der
Ungewöhnlichkeit der Antworten und „Ungewöhnliche Verwendungen"
vertrat die Hypothese der entfernten Assoziationen, wie es auch „Konsequenzen (entfernt)" tat, der für einen anderen Zweck entwickelt
worden war. Auf diese Weise zeigten die drei begrifflichen und operationalen Ansätze zur Beurteilung der Originalität nur einen Originalitätsfaktor. Bei späteren Analysen gab es zusätzliche Gelegenheiten
mehr als einen Originalitätsfaktor nachzuweisen, aber der Zusammenhang der Tests, die konstruiert wurden um die drei Prinzipien widerzuspiegeln blieb bestehen. Dieses Ergebnis ist eine Widerlegung der
Behauptung, die manchmal gemacht wird, nämlich, daß wenn Tests
für einen Faktor ausreichend variieren, sie sich aufgliedern und zwei
oder mehrere Fähigkeiten eines kleineren Bereiches anzeigen. Der
Originalitätsfaktor wurde später mit der Strukturfähigkeit der divergenten Produktion semantischer Transformationen (DMT) identifiziert.
Sogar bei der ersten Analyse erschien er nur in Verbindung mit verbalen Tests.

Ein Faktor der Neudefinition. Ein einziger Faktor der Neudefinition
wurde bei zwei verbalen Tests gefunden, die dafür entwickelt wurden -
Gestalttransformation und Bildgestalt. Diese Tests wurden durch „Objektsynthese" unterstützt, der für eine synthetische Fähigkeit konstruiert war, die nicht erschien. Von den drei Tests, die bei dem
Faktor der Neudefinition nicht auftraten, war einer figural (Durchdringung von Tarnung) und die anderen beiden ihrem Inhalt nach symbolisch. Die beiden symbolischen repräsentieren möglicherweise zwei
verschiedene Fähigkeiten und lieferten daher keine Anzeichen für einen
gemeinsamen Faktor bei dieser Analyse. Da sich der Neudefinitions-
faktor auf begriffliche Informationen bezieht und da die richtigen Antworten eindeutig definiert waren, wurde er mit der konvergenten Produktion semantischer Transformationen (NMT) beim Strukturmodell
identifiziert.

Sensivität für Probleme. Eine Fähigkeit der Sensivität für Probleme
wurde in starkem Maße durch zwei Tests in der Analyse - Soziale
Institutionen (Wert für direkte Implikationen) und den Apparat-Test -
nahegelegt. Die beiden waren für die Subhypothese des Erkennens von
Defekten, Bedürfnissen oder Mängeln konstruiert und daher war der
Faktor einfach zu definieren. Der F-Test trug nichts dazu bei, mög-

licherweise nicht, weil er so unstrukturiert oder allgemein, sondern weil er dem Inhalt nach symbolisch ist. Das Versagen anderer Tests bei der Bestimmung von Faktoren dort, wo sie erwartet wurden, kann dem gleichen Prinzip zugeschrieben werden; ihnen fehlten Arten der Information (Inhalt oder Produkt) oder der Operation, die den erfolgreichen Tests gemeinsam waren. Wie wir später sehen werden, wurde der Faktor der Sensivität für Probleme möglicherweise mit der Strukturfähigkeit der Kognition semantischer Implikation (CMI) identifiziert. Natürlich ist ein Problem durch das Objekt oder die Instruktion i m p l i z i e r t . Indem sie mit einer bestimmten Vorstellung beginnt, denkt die Vpn über mögliche Schwächen nach, die sie suchen soll.

Durchdringung. Der zweite Wert von „Soziale Institutionen", der für durchdringende Antworten, half bei der Bestimmung eines anderen Faktors zusammen mit dem Gesamtwert aus dem Apparat-Test. Einige der Antworten auf den zweiten Test konnten offensichtlich auch als entfernte oder durchdringende qualifiziert werden. Spätere Überlegungen plazierten den Faktor der Durchdringung bei der Strukturfähigkeit der Kognition der semantischen Transformationen (CMT). Die folgenden Erfahrungen unterstützten diese Plazierung, obwohl eine ausreichende Bestätigung noch eine Reihe von Jahren auf sich warten ließ.

Beziehung zum kreativen Denken. Das wichtigste theoretische Ergebnis dieser ersten Analyse des kreativen Denkens bestand in der späteren Entdeckung der Fähigkeiten der divergenten Produktionskategorie, ein vollständig neues Konzept. Im allgemeinen war der Nachweis einer Kategorie von Fähigkeiten der divergenten Produktion als bedeutende Grundlage des kreativen Denkens und der kreativen Produktion ein bedeutender Schritt nach vorn. Das Auffinden der Fähigkeiten allein war nicht ausreichend um zu der Schlußfolgerung zu führen, daß die Geheimnisse der kreativen Prozesse entdeckt waren, aber andere Arbeiten haben diese Fähigkeiten mit dem verbunden, was allgemein als kreatives Ergebnis bezeichnet wird, in Übereinstimmung mit den Informationen, die von GUILFORD (1967), Kapitel 6 zusammengetragen wurden.

Tabelle 6.2 Faktoren und ihre Tests mit signifikanten Ladungen in der Kategorie der divergenten Produktion*

Faktor	Test	8	12	13	16C	17	18	21	22	26	27	29	34	35	37	39	40	41	42
DFU																			
	Test „Mache eine Figur"	–	–	–	–	–	–	–	–	–	–	55	–	61	–	–	46	–	–
	Skizzen	–	–	–	–	–	–	–	–	–	–	45	–	52	–	–	34	–	–
	Punktsysteme	–	–	–	–	–	–	–	–	–	–	40	–	52	–	–	–	–	–
	Mache eine Markierung	–	–	–	–	–	–	–	–	–	–	51	–	46	–	–	–	–	–
	Entwürfe (DFS)	–	–	–	–	–	–	–	–	–	–	–	–	37	–	–	–	–	–
	Monogramme (DFS)	–	–	–	–	–	–	–	–	–	–	36	–	36	–	–	34	–	–
	Herstellen von Objekten (DFS)	–	–	–	–	–	–	–	–	–	–	33	–	–	–	–	–	–	–
	Produktion von Figuren (DFI)	–	–	–	–	–	–	–	–	–	–	–	–	–	–	–	33	–	–
DFC																			
	Alternative Buchstabengruppen	–	–	–	–	–	–	–	–	–	–	–	–	–	–	57	–	–	–
	Figurale Ähnlichkeiten	–	–	–	–	–	–	–	–	–	–	36	–	50	–	–	–	–	–
	Multiple Gruppierung von Figuren	–	–	–	–	–	–	–	–	–	–	–	–	46	–	40	–	–	–
	Multiple Figurale Ähnlichkeiten	–	–	–	–	–	–	–	–	–	–	–	–	–	–	35	–	–	–
	Variierte Figurale Klassen	–	–	–	–	–	–	–	–	–	–	30	–	31	–	–	–	–	–
DFS																			
	Entwürfe	–	–	–	–	–	–	–	–	–	–	54	–	52	–	–	63	–	–
	Monogramme	–	–	–	–	–	–	–	–	–	–	58	–	54	–	–	52	–	–
	Herstellen von Objekten	–	–	–	–	–	–	–	–	–	49s	53	–	50	–	–	–	–	–
	Test „Mache eine Figur" (DFU)	–	–	–	–	–	–	–	–	–	–	30	–	41	–	–	38	–	–
	Produktion von Figuren (DFI)	–	–	–	–	–	–	–	–	–	–	–	–	41	–	–	–	–	–
	Skizzen (DFU)	–	–	–	–	–	–	–	–	–	–	35	–	–	–	–	–	–	–

Fortsetzung Tabelle 6.2

Faktor	Test	8	12	13	16C	17	18	21	22	26	27	29	34	35	37	39	40	41	42
DFT																			
	Streichholzprobleme	55[s]	–	–	–	–	–	–	–	–	–	–	–	–	–	–	–	–	–
	Streichholzprobleme II	–	60	59[s]	–	–	41	–	–	64	–	–	–	50	–	–	–	–	–
	Streichholzprobleme III	–	53	–	–	–	–	46	–	–	–	60	–	63	–	–	–	–	–
	Streichholzprobleme IV	–	–	–	–	–	–	–	–	–	–	49	–	63	–	–	–	–	–
	Streichholzprobleme V	–	–	–	–	–	–	–	–	–	33[s]	–	–	65	–	–	–	–	–
	Planung von Flugmanövern	–	51	–	–	–	54	41	–	51	–	–	–	52	–	–	–	–	–
	Quadrate	–	–	–	–	–	42	–	–	55	–	–	–	–	–	–	–	–	–
	Punktsysteme (DFU)	–	–	–	–	–	–	–	–	–	–	35	–	–	–	–	–	–	–
	Ausarbeitung von Symbolen (DSI)	–	–	–	–	–	–	–	–	–	–	33	–	–	–	–	–	–	–
DFI																			
	Dekorationen	–	–	–	–	–	–	–	–	65	–	–	–	58	–	–	37	–	–
	Produktion von Figuren	–	36	–	–	–	–	–	–	47	–	–	–	52	–	–	59	–	–
	Produktion figuraler Effekte	–	–	–	–	–	–	–	–	49	–	–	–	44	–	–	–	–	–
	Herstellen von Objekten (DFS)	–	–	–	–	–	–	–	–	–	–	–	–	34	–	–	–	–	–
	Effekte (CMI)	–	36	–	–	–	–	–	–	–	–	–	–	–	–	–	–	–	–
	Ungewöhnliche Verfahren (DMT)	–	34	–	–	–	–	–	–	–	–	–	–	–	–	–	–	–	–
	Skizzen (DFU)	–	–	–	–	–	–	–	–	–	–	–	–	–	–	–	31	–	–
	Alternative Zeichen (DMT)	–	–	–	–	–	–	–	–	–	–	–	–	–	–	–	31	–	–
DSU																			
	Wortflüssigkeit	–	–	–	–	70	–	–	–	49	–	–	–	58	–	66	–	–	–
	Reime	–	–	–	–	65	–	–	–	–	–	–	–	–	–	–	–	–	–
	Nachsilben	–	–	–	–	69	–	–	–	64	–	–	–	54	–	62	–	–	–
	Silben	–	–	–	–	–	44[s]	–	–	–	–	–	–	–	–	–	–	–	–

Fortsetzung Tabelle 6.2

Faktor / Test	8	12	13	16C	17	18	21	22	26	27	29	34	35	37	39	40	41	42
DSC																		
Multiple Gruppierung von unsinnigen Wörter	–	–	–	–	–	–	–	–	–	–	–	–	–	–	–	–	–	–
Multiple Buchstabenähnlichkeiten	–	–	–	–	–	–	–	–	–	–	34	–	51	–	51	–	–	–
Gruppieren von Namen	–	–	–	–	–	–	–	–	–	–	50	–	36	–	37	–	–	–
Gruppieren von Zahlen	–	–	–	–	–	–	–	–	–	–	33	–	–	–	39	–	–	–
Alternative Buchstabengruppen (DFC)	–	–	–	–	–	–	–	–	–	–	31	–	–	–	–	–	–	–
DSR																		
Zahlenregeln	–	–	–	–	–	–	–	–	–	–	59	–	48	–	–	–	–	–
Alternative Additionen	–	–	–	–	–	–	–	–	–	–	40	–	62	–	–	–	–	–
Zahlenkombinationen	–	–	–	–	–	–	–	–	–	–	–	–	32	–	–	–	–	–
Gruppieren von Zahlen (DSC)	–	–	–	–	–	–	–	–	–	–	32	–	57	–	–	–	–	–
Wortbeziehungen (CSR)	–	–	–	–	–	–	–	–	–	–	32	–	37	–	–	–	–	–
Multiple Analogien (DMR)	–	–	–	–	–	–	–	–	–	–	–	–	31	–	–	–	–	–
Numerische Operationen (MSI)	–	–	–	–	–	–	–	–	–	–	–	–	31	–	–	–	–	–
Alternative Buchstabengruppen (DSC)	–	–	–	–	–	–	–	–	–	–	–	–	30	–	–	–	–	–
Ausarbeitung von Symbolen (DSI)	–	–	–	–	–	–	–	–	–	–	–	–	30	–	–	–	–	–
DSS																		
Erstellen eines Kodes	–	–	–	–	–	–	–	–	55[s]	–	–	–	56	–	–	–	–	–
Streichholzprobleme II (DFT)	–	–	–	–	–	–	–	–	–	–	–	–	48	–	–	–	–	–
Multiples Gruppieren (DMC)	–	–	–	–	–	–	–	–	–	–	–	–	32	–	–	–	–	–
DST																		
Multiple Buchstabenänderungen	–	–	–	–	–	–	–	–	–	–	–	–	–	–	–	–	48	–
Multiple Wortextraktionen	–	–	–	–	–	–	–	–	–	–	–	–	–	–	–	–	48	–
Produktion versteckter Wörter	–	–	–	–	–	–	–	–	–	–	–	–	–	–	–	–	47	–
Erkennen von Buchstaben- änderungen (CST)	–	–	–	–	–	–	–	–	–	–	–	–	–	–	–	–	39	–

Fortsetzung Tabelle 6.2

Faktor Test	8	12	13	16C	17	18	21	22	26	27	29	34	35	37	39	40	41	42
DSI																		
Revisionen von Wortpaaren	–	–	–	–	–	–	–	–	–	–	–	–	–	–	–	–	67	–
Begrenzte Wörter	–	–	–	–	–	–	–	–	–	–	–	–	60	–	–	–	–	–
Ausarbeitung von Symbolen	–	–	–	–	–	–	–	–	–	–	45s	–	49	–	–	–	–	–
Produktion versteckter Wörter	–	–	–	–	–	–	–	–	–	–	–	–	–	–	–	–	41	–
Zahlenregeln (DSR)	–	–	–	–	–	–	–	–	–	–	–	–	33	–	–	–	–	–
Rückwärtslesen (CST)	–	–	–	–	–	–	–	–	–	–	–	–	–	–	–	–	35	–
DMU																		
Geschichtentitel (nicht schlagfertig)	65	45	57	58	46	46	73	–	60	59	–	76	53	70	–	50	–	–
Konsequenzen (offensichtlich)	66	43	–	60	–	65	54	–	57	71	–	41	62	44	–	–	–	–
Verwendung eines Ziegelsteines (Flüssigkeit)	63	–	65	–	58	48	–	–	50	–	–	–	61	64	–	–	–	–
Brauchbarkeitstest (Flüssigkeit)	–	–	–	–	–	–	–	–	–	–	–	–	–	–	–	–	–	–
Gewöhnliche Situationen	66	–	–	–	–	–	–	–	–	–	–	–	–	–	–	–	–	–
Vorstellungsflüssigkeit	–	–	–	–	41	–	–	54	53	–	–	–	47	52	–	48	–	–
Unmöglichkeiten	51	–	–	–	–	47	–	–	–	–	–	–	–	–	–	–	–	–
Differenzen	–	–	–	–	–	–	–	47	–	–	–	–	–	–	–	–	–	–
Deskriptive Ergänzung	–	–	–	–	43	–	–	–	–	–	–	–	–	–	–	–	–	–
Alternative Überschriften (Anordnung)	–	–	–	–	43	–	–	–	–	–	–	–	–	–	–	–	–	–
Satzanalyse	31	–	–	–	–	–	–	–	–	–	–	–	–	–	–	–	–	–
Planung von Ausarbeitungen II (DMI)	–	–	–	–	–	–	–	–	–	–	–	–	30	44	–	–	–	–
Alternative Zeichen (DMT)	–	–	–	–	–	–	–	–	40	–	–	–	–	–	–	–	–	–
Wörterlisten 0 (DSU)	–	–	–	–	36	–	–	–	–	–	–	–	–	–	–	–	–	–
Konsequenzen (entfernt) (DMT)	–	–	–	–	–	33	–	–	–	–	–	–	–	–	–	–	–	–
Verwendungen eines Ziegelsteines (Wechsel) (DMC)	–	–	–	–	32	–	–	–	–	–	–	–	–	–	–	–	–	–

171

Fortsetzung Tabelle 6.2

Faktor / Test	8	12	13	16C	17	18	21	22	26	27	29	34	35	37	39	40	41	42
DMU																		
Wörterarrangements (DMS)	–	–	–	–	32	–	–	–	–	–	–	–	–	–	–	–	–	–
Soziale Institutionen (CMI)	–	–	–	–	–	–	32	32	–	–	–	–	–	–	–	–	–	–
Ähnlichkeiten (DMR)	–	–	–	–	–	–	–	–	32	–	–	–	–	–	–	–	–	–
Multiples Gruppieren (DMC)	–	–	–	–	–	–	–	–	–	–	–	–	–	–	–	–	–	–
Fehlende Verbindungen (NMI)	–	–	–	–	–	–	–	30	–	–	–	–	–	–	–	–	–	–
DMC																		
Verwendungen eines Ziegelsteines (Wechsel)	55	–	–	–	54	69	61	49	–	–	–	–	–	–	–	–	–	–
Brauchbarkeitstest (Wechsel)	–	–	–	–	–	–	–	–	52	31	–	–	55	52	73	–	–	–
Alternative Verwendungen	54	–	–	–	–	47	59	–	40	42	–	–	53	50	46	–	47	–
Multiples Gruppieren	–	–	–	–	–	–	–	46	45	–	–	–	46	–	57	–	33	–
Benennen von Objekten (Zusammenhang)	–	–	–	–	–	56	–	–	–	–	–	–	–	–	–	–	–	–
Objektsynthese (DMT)	–	–	–	–	–	35	–	–	–	–	–	–	31	–	–	–	–	–
Konsequenzen (entfernt) (DMT)	–	–	–	–	–	–	–	–	39	–	–	–	–	–	–	–	–	–
Verwendungen eines Ziegelsteines (Flüssigkeit) (DMU)	–	–	–	–	36	37	–	–	–	–	–	–	–	–	–	–	–	–
Assoziationsflüssigkeit (DMR)	–	–	–	–	–	–	–	–	37	–	–	–	–	–	–	–	–	–
Erkennen von Problemen (CMI)	–	–	–	–	–	–	–	–	–	35	–	–	–	–	–	–	–	–
Alternative Zeichen (DMT)	–	–	–	–	–	–	–	–	–	–	–	–	33	–	–	–	–	–
Ähnlichkeiten (DMR)	–	–	–	–	–	–	–	32	–	–	–	–	–	–	–	–	–	–
Mögliche Berufe (DMI)	–	–	–	–	–	–	–	–	–	32	–	–	–	–	–	–	–	–
DMR																		
Assoziationsflüssigkeit	51	–	67	63	57	–	–	53	41	51	–	–	56	31	–	–	–	–
Kontrollierte Assoziationen II	–	45	–	68	–	–	–	–	–	34	–	–	–	–	–	–	–	–
Ähnliches Einsetzen	–	–	–	–	51	–	–	–	39	–	–	–	56	44	–	–	–	–
Multiple Analogien	–	–	–	–	–	–	–	–	55	–	–	–	41	–	–	–	–	–

172

Fortsetzung Tabelle 6.2

Faktor	Test	8	12	13	16C	17	18	21	22	26	27	29	34	35	37	39	40	41	42
DMR																			
	Assoziationen IV	51	–	–	–	–	–	–	–	–	–	–	–	–	–	–	–	–	–
	Zahlassoziationen (ungewöhnlich)	–	–	53	38	–	–	–	–	–	–	–	–	–	–	–	–	–	–
	Ähnlichkeiten	–	–	–	30	–	–	53[s]	40	–	–	–	–	–	–	–	–	–	–
	Praktisches Urteil	–	41	–	–	–	–	–	–	–	–	–	–	–	–	–	–	–	–
	Assoziationen III	–	–	–	36	–	–	–	–	–	–	–	–	–	–	–	–	–	–
	Ähnliche Ergänzungen	–	–	–	–	36	–	–	34	–	–	–	–	–	–	–	–	–	–
	Auflisten von Attributen I	–	–	–	–	–	–	–	–	–	–	–	–	40	–	–	–	–	–
	Verbales Verständnis (CMU)	–	–	–	–	–	–	–	–	39	–	–	–	–	–	–	–	–	–
	Ausdrucksflüssigkeit (DMS)	–	–	–	33	–	–	–	–	–	–	–	–	–	–	–	–	–	–
	Wortschatzergänzung (CMU)	–	–	–	33	–	–	–	–	–	–	–	–	–	–	–	–	–	–
	Alternative Verwendung (DMC)	–	–	–	32	–	–	–	–	33	–	–	–	–	–	–	–	–	–
DMS																			
	Ausdrucksflüssigkeit	–	–	–	–	60	–	–	–	40	48[s]	–	–	49	–	–	–	–	–
	Ähnliche Interpretationen	–	–	–	–	57	–	–	–	48	–	–	–	42	56[s]	–	–	–	–
	Wörterarrangements	–	–	–	–	59	–	–	–	–	–	–	–	–	–	–	–	–	–
	Wortsynthese (Wörter)	–	–	–	–	54	–	–	–	–	–	–	–	43	–	–	–	–	–
	Alternative Überschriften (Wörter)	–	–	–	–	37	–	–	–	–	–	–	–	–	–	–	–	–	–
	Deskriptive Ergänzung	–	–	–	–	30	–	–	–	–	–	–	–	–	–	–	–	–	–
	Vorstellungsflüssigkeit (DMU)	–	–	–	–	–	–	–	–	–	–	–	–	43	–	–	–	–	–
	Wortflüssigkeit (DSU)	–	–	–	–	–	–	–	–	–	–	–	–	35	–	–	–	–	–
	Geschichtentitel (schlagfertig) (DMT)	–	–	–	–	33	–	–	–	–	–	–	–	–	–	–	–	–	–
	Assoziationsflüssigkeit (DMR)	–	–	–	–	–	–	–	–	–	–	–	–	31	–	–	–	–	–
	Ähnliches Einsetzen (DMR)	–	–	–	–	32	–	–	–	–	–	–	–	–	–	–	–	–	–

Fortsetzung Tabelle 6.2

Faktor Test	8	12	13	16C	17	18	21	22	26	27	29	34	35	37	39	40	41	42
DMT																		
Geschichtentitel (schlagfertig)	58	43	54	47	48s	51	33	–	46	45	–	43	57	62	–	55	35	–
Konsequenzen (entfernt)	48	35	–	55	–	46	62	–	36	44	–	70	–	42	–	–	56	–
Produktion von Symbolen	–	54	–	–	–	–	–	–	–	–	–	–	–	–	–	–	–	–
Möglichkeiten	–	–	–	–	–	–	–	47	–	–	–	–	–	–	–	–	–	–
Kettenassoziationen (Zusammenhang)	–	–	–	–	–	47	–	–	–	–	–	–	–	–	–	–	–	–
Alternative Zeichen	–	–	–	–	–	–	–	–	44	–	–	–	47	–	–	31	–	–
Objektsynthese III	41	–	–	–	–	–	–	42	–	–	–	–	–	–	–	–	–	–
Schnelle Antworten	41	–	–	–	–	–	–	–	–	–	–	–	–	–	–	–	–	–
Ungewöhnliche Verfahren	–	39	–	–	–	–	–	–	–	–	–	–	–	–	–	–	–	–
Objektsynthese (NMT)	–	–	–	34	–	53	–	–	–	–	–	–	–	–	–	–	–	–
Brauchbarkeitstest (Wechsel) (DMC)	–	–	–	–	–	–	–	–	46	–	–	–	–	–	–	–	–	–
Geschichtentitel (nicht schlagfertig) (DMU)	–	–	–	–	–	46	–	–	–	–	–	–	–	–	–	–	–	–
Alternative Verwendungen (Wechsel) (DMC)	–	–	39	37	–	37	–	–	–	–	–	–	–	–	–	–	36	–
Faustdicke Lügen (DMC)	–	–	–	–	–	–	–	–	–	–	–	–	–	–	–	–	–	–
Verwendungsmöglichkeiten eines Ziegelsteines (Flüssigkeit) (DMU)	–	–	30	–	–	41	–	–	–	–	–	–	–	–	–	–	–	–
Benennen von sinnvollen Trends (NMU)	–	37	–	–	–	–	–	–	–	–	–	–	–	–	–	–	–	–
Treffende Fragen (CMI)	–	–	–	–	–	–	–	–	–	–	–	–	–	–	–	–	34	–
Erkennen von Problemen (CMI)	–	–	–	33	–	–	–	–	–	–	–	–	–	–	–	–	–	–
Erkennen unterschiedlicher Bedeutungen (CMT)	–	–	–	–	–	–	–	–	–	–	–	–	–	–	–	–	33	–
Assoziationsflüssigkeit (DMR)	–	–	–	32	–	–	–	–	–	–	–	–	–	–	–	–	–	–
Ähnliche Interpretationen (DMS)	–	–	–	–	–	–	–	–	–	–	–	–	31	–	–	–	–	–
Apparat-Test (CMI)	–	–	–	–	–	–	–	31	–	–	–	–	–	–	–	–	–	–

Fortsetzung Tabelle 6.2

Faktor / Test	8	12	13	16C	17	18	21	22	26	27	29	34	35	37	39	40	41	42
DMI																		
Mögliche Berufe	-	-	-	-	-	-	-	-	-	-	-	-	-	-	-	-	-	-
Planung von Ausarbeitungen	-	45	53	-	-	-	-	-	50	35	-	-	35	58	-	56	-	-
Planungsfertigkeiten II	-	50	51	-	-	-	-	-	-	54	-	-	-	-	-	43	-	-
Planung von Ausarbeitungen II	-	40	-	-	-	-	-	-	43	-	-	-	-	-	-	-	-	-
Planungsfertigkeiten	-	-	-	-	-	-	-	-	-	-	-	-	45	45	-	-	-	-
Vorstellungsflüssigkeit (DMU)	-	-	-	-	-	-	-	-	-	-	-	-	-	36	-	-	-	-
Erkennen von Problemen (CMI)	-	-	-	-	-	-	-	-	33	-	-	-	-	-	-	-	-	-
Ähnliche Interpretationen (DMS)	-	-	-	-	-	-	-	-	-	-	-	-	31	-	-	-	-	-
Geschichtentitel (schlagfertig) (DMT)	-	-	-	-	-	-	-	-	-	-	-	-	30	-	-	-	-	-

*Dezimalstellen wurden weggelassen
s Ladungen auf einen einzigen Faktor

175

Die gezielte Lösung

Bei der Vorbereitung der neuen Analyse der Testbatterie für kreatives
Denken wurde erkannt, daß 23 mögliche Strukturfähigkeiten repräsentiert waren, einige durch je einen Test, daher wurde auf alle bei der
Rotation der Achsen gezielt, und eine sehr einleuchtend aussehende
Lösung wurde gefunden. Es ergaben sich die gleichen Fähigkeiten der
divergenten Produktion wie vorher, mit Ausnahme von DSU. Was ursprünglich als THURSTONE's Wortflüssigkeitsfaktor (Strukturfähigkeit
DSU) angesehen wurde, hatte keinen guten Test, um diesen Faktor zu
bestimmen. Die Tests, die bei der ersten Analyse zusammengegangen
waren, gingen bei der gezielten Lösung auseinander, einige auf CSU
und NST, die als Faktoren in der ursprünglichen Analyse nicht auftraten. Sie waren zu dieser Zeit nicht bekannt. Wie Tabelle 6.2 zeigt hatten die Faktoren der divergenten Produktion Listen von Tests, die
jeweils mehr beschränkt als bei der ursprünglichen Analyse waren.
Die Übereinstimmung mit späteren Analysen wurde auch stark verbessert. Die Tests, die für die hypothetischen analytischen und synthetischen Fähigkeiten entwickelt worden waren, gingen einleuchtenderwei-
se auf Faktoren für Fähigkeiten außerhalb der Kategorie der divergenten Produktion.

Die Analyse der Planungsfähigkeiten

Es gab nur wenige Informationen über replizierte Faktoren, die für
Planungsfähigkeiten vorgeschlagen worden waren. Die Luftwaffenun-
tersuchung (GUILFORD & LACEY 1947) hatte über solche Faktoren bei
zwei Gelegenheiten berichtet, aber die Ähnlichkeit der beiden Faktoren
war nicht sehr groß. Die letzte Bemerkung gilt auch für die möglichen
Planungsfaktoren über die von GUILFORD, FRUCHTER und ZIMMER-
MAN (1952) und von ADKINS und LYERLY (1951) berichtet wurde.
Beim Projekt wurde daher angenommen, daß ein neuer umfassender
Ansatz notwendig war (2).
   Im hypothetischen Fall erfordert Planung die Produktion einer Anordnung von Dingen - Objekten, Aufgaben, Operationen und manchmal
auch Menschen. Obwohl produktive Fähigkeiten beteiligt sind, müssen
auch Beurteilungen von Situationen und ihren Erfordernissen vorgenommen werden. Durch eine Annäherung an das Problem der Planung
in allgemeiner Form wurden sechs Haupthypothesen aufgestellt und bei
jeder mindestens zwei Alternativen berücksichtigt. Diese Liste wird
zuerst gegeben, da sie ziemlich systematisch ist. Einige Ausführungen werden danach angeführt, zusammen mit Beschreibungen der Tests,
die zu den verschiedenen Alternativen gehören.

---

2 Vergl. Berichte 10 und 12; ebenso BERGER, GUILFORD und CHRISTENSEN (1957).

Liste der Hypothesen

I. Orientierung
   a) Sensitivität für Ordnung: Erkennen einer Ordnung oder eines Trends in einer irgendwie unstrukturierten Situation
   b) Erkennen von Variablen: Bewußtsein treffender Variablen die bei bestimmten Situationen oder Beschreibungen davon wirksam sind.

II. Voraussage
   a) Extrapolation: Erkennen welche Folge eine räumliche oder zeitliche Ausdehnung des gegenwärtigen Trends hat.
   b) Voraussicht: Verbindung dessen was gegeben ist mit dem was kommen wird.

III. Ausarbeitung
   a) Spezifikation: Vorlegen wesentlicher Details
   b) Produktion alternativer Verfahren: Auffinden verschiedener Anordnungen, die einer Situation angemessen sind.
   c) Repräsentation: Produktion angemessener Vertretungen von Vorstellungen.

IV. Ordnen
   a) Zeitliche Ordnung: Anordnung der Schritte in einer zeitlichen Sequenz
   b) Hierarchische Ordnung: Anordnung der Themen nach Klassen und Unterklassen.

V. Erfindungsgabe
   a) Erfinden neuer Methoden: Aufstellen neuer oder ungewöhnlicher Verfahren
   b) Neue Anwendungen: Anpassen bekannter Verfahren an neue Situationen.

VI. Evaluation
   a) Bedeutung von Variablen: Entscheidung über das relative Gewicht von Variablen
   b) Erkennen von Mängeln: Entdecken von Fehlern bei einem vorgeschlagenem Verfahren.

Tests für die Hypothesen

Wie es oft der Fall ist, wird die Bedeutung einer Hypothese deutlicher und reicher an Nebenbedeutungen, wenn man die verschiedenen Arten von Tests berücksichtigt, die entwickelt wurden um sie zu repräsentieren. Im allgemeinen legt eine Durchsicht der sechs Hauphypothesen nahe, daß die Planungsaktivität sehr stark dem allgemeinen Modell des Problemlösens entspricht, das im vorherigen Kapitel präsentiert wurde. Es gibt die Notwendigkeit die Situation zu überblicken und sich darin zu orientieren, wenn geplant werden soll. Die ersten beiden

Hypothesen legen etwas nahe, was jetzt als kognitive Fähigkeit erkannt ist. Die nächsten drei verlangen Aktivitäten des produktiven Denkens und das ist der Hauptgrund dafür, diese Untersuchung in diesem Kapitel zu behandeln. Die letzte Hypothese beschäftigt sich mit Evaluation. Aus der gegenwärtigen Perspektive müssen, wenn Planen im weiteren Sinne betrachtet wird, Kognition, Produktion und Evaluation berücksichtigt werden.

I. Orientierung. Welcher Plan produziert oder angenommen wird hängt davon ab, wie der Planer sich in der Situation orientiert, z. B. in Form der Ordnung oder Unordnung, die er in einer Menge an Informationen erkannt und den Variablen, die in der Situation wirksam sind. Er muß eine Art Ordnung erkennen und daher wurden Tests für die Fähigkeit eine Ordnung zu erkennen, entwickelt. „Matrix-Ordnung" gehört in diese Kategorie. Eine Anzahl Wörter wird in drei Zeilen und drei Spalten angeordnet. In einer Zeile oder einer Spalte oder einer der Diagonalen der Matrix bilden die Wörter sinnvolle Sequenzen. Jede Sequenz ist nur in einer Richtung sinnvoll, aber sie könnte in beiden Richtungen sinnvoll sein. Die Vp zeichnet Linien mit Pfeilen um die sinnvollen Folgen und ihre Richtungen anzudeuten.

Bei „Sensitivität für Ordnung" besteht jede Aufgabe aus fünf Wörtern. Bei der Hälfte der Aufgaben sind die Buchstaben in der richtigen Reihenfolge und bei der anderen Hälfte nicht, dabei ist ein Wort an der falschen Stelle. Die Vp gibt an welche ihrer Meinung nach richtig sind, indem sie Pluszeichen macht. Bei den anderen Aufgaben macht sie um jedes Wort, das sich an der falschen Stelle befindet, einen Kreis und markiert wo es hingehören könnte.

Der Test „Erkennen von Trends" in dieser Studie ist der gleiche wie der im vorausgegangenen Kapitel erwähnte, mit der Ausnahme daß nur semantische Information verwendet wird und daß bei jeder Aufgabe eine kleine Abweichung von der völlig richtigen Ordnung vorkommt. Es wurde angenommen daß derartige Abweichungen für alltägliche Trends, mit denen man zu tun hat, realistischer sind.

Von der Orientierung bei einem Planungsproblem wurde auch angenommen, daß ein Bewußtsein der Variablen existiert, die in der Situation zu behandeln sind. Kann der Planer diese Variablen erkennen? Der Test „Treffende Fragen" gibt der Vp eine Anzahl hypothetischer Situationen, bei denen jede Bedingungen hat, die miteinander in Konflikt stehen, und über die sie weitere Informationen benötigt. Eine Beispielaufgabe lautet:

Einem Universitätsabsolventen wurden Stellen in zwei verschiedenen Teilen des Landes angeboten. Welche vier Fragen sollten bei der Entscheidung berücksichtigt werden?

Bei jeder Antwort wird ein unterschiedlicher Aspekt der Frage erwartet.

„Bewußtheit von Variablen" ist ein Mehrfachwahltest, der von den Human Resources Research Laboratories in Bolling A. F. B. entwickelt wurde. Der Stamm jeder Aufgabe beschreibt ein praktisches und persönliches Problem. Jede alternative Antwort gibt zwei Möglichkeiten, die unterschiedliche Aspekte des Problems repräsentieren. Die Vp soll die wichtigsten Punkte auswählen. Das Element „Wichtigkeit" legt jetzt nahe, daß der Test in die Evaluationskategorie gehört.

II. Voraussage. Ein Planer muß sich ständig mit möglichen zukünftigen Ergebnissen jedes Aspektes seines Planes und des Plans als Ganzem beschäftigen. Das erfordert Voraussage, die als Extrapolation von gegebener Information angesehen werden kann oder als „Voraussicht" um einen üblichen Begriff zu benutzen. Um die Extrapolationsfähigkeit im visuell-perzeptiven Bereich zu untersuchen wurde der Test „Serien" aus den kulturunabhängigen Tests von R.B. CATTELL benutzt. Dieser Test gibt progressive Veränderungen an einem abgebildeten Objekt vor, und die Vp soll aus fünf Alternativen die Figur auswählen, die den nächsten Schritt zeigt. Im semantischen Bereich wurde der Test „Effekte" entwickelt. Eine Beispielaufgabe lautet:

In den letzten fünf Jahren wurden mehr Mädchen als Jungen geboren. Welche Folgen wird das in zwanzig Jahren haben (zusätzlich zu der offensichtlichen Tatsache, daß es mehr Frauen als Männer geben wird?).

Der Vp wurden einige Zeilen für vier Antworten vorgegeben. Die Ähnlichkeit dieses Tests mit „Konsequenzen", der in Verbindung mit der früheren Untersuchung beschrieben wurde, wird sicher bemerkt. „Konsequenzen" wurde ebenfalls in der Planungsbatterie verwendet. Die Unterschiede bestehen darin, daß die deutlichste Folge in der Aufgabe bei „Effekte" angegeben und die Vp auf vier Antworten beschränkt wird. Bei der Bewertung wird bei beiden eine Unterscheidung zwischen offensichtlichen und entfernten Antworten gemacht.

Zwei der Tests für Voraussicht benutzten figurale Information und waren Adaptionen von Luftwaffentests. „Widerstreitende Planung" verlangt von der Vp bei jeder Aufgabe die Planung von Zügen zweier Gegner bei einem Spiel, bei dem Quadrate ergänzt werden. Dabei wird mit einem Satz unvollständiger Quadrate begonnen. „Planung von Routen" ist ein Labyrinth-Test. Die Vp soll sagen durch welchen Punkt (unter Alternativen) jede Route gehen muß. Der Anfang liegt an der Ecke eines quadratischen Labyrinths und das Ziel im Mittelpunkt. PORTEUS hat lange an der Auffassung festgehalten, daß Labyrinth-Tests Maße für Voraussicht darstellen und einen wichtigen Aspekt der Intelligenz erfassen.

Ein symbolischer Test für Voraussicht wurde als „Symbolgruppierung" bezeichnet. Eine Beispielaufgabe ist folgende:

O - - X X O X

Die Vp soll angeben wie sie ein oder mehrere nebeneinanderstehende Zeichen bewegen würde um eine Ordnung zu erreichen, bei der alle X an der ersten Stelle stehen, alle Striche an zweiter und alle O an dritter Stelle von links nach rechts. Darüber hinaus sollen diese Veränderungen auf dem günstigsten Weg vorgenommen werden. Je kleiner die

Zahl der Züge, die die Vp macht desto besser ist ihr Wert bei diesem Item.

Ein semantischer Test für Voraussicht war „Unvorhergesehene Ereignisse", der bereits in Kapitel 5 beschrieben wurde. Er verlangt Voraussicht dafür welche mögliche Bedingung oder welches Ereignis die Verwendung eines bestimmten Gegenstandes erfordert.

III. Ausarbeitung. Wenn ein Plan effektiv arbeiten soll, dürfen keine kritischen Details übersehen werden. Kann der Planer alle kleineren oder wichtigen Schritte liefern? Um zu sehen wie gut die Vp an alle spezifischen Details im Zusammenhang mit der Planung denken kann, wurde der Test „Planungsfertigkeiten II" entwickelt. „Planungsfertigkeiten I" wurde in der Testbatterie für Planung als eine Art Kriteriumsinstrument verwendet. Er war von IRVING LORGE für die Beurteilung des „Treffens von Entscheidungen" bei militärischen Situationen konstruiert worden. Ein Problem wird ziemlich vollständig gegeben. Es beschäftigt sich mit der moralischen Situation einer Militärbasis und verlangt von der Vp, daß sie einen Plan präsentiert, wie man mit der Situation fertig werden könnte. „Planungsfertigkeiten II" ist eine Variation davon. Ein Aspekt der Situation wird hervorgehoben, was eine detaillierte Planung erfordert. Dieser Test sollte daher zu einem Wert für die „Spezifikation" führen. Ein nicht wesentlich anderer Test gibt der Vp die Umrisse eines vollständigen Plans, zu dem sie detaillierte Schritte hinzufügen soll, um die Anwendung des Plans sicherzustellen. Diesem Test wurde die Bezeichnung „Ausarbeitung von Planungen" gegeben.

Eine andere Art eines Ausarbeitungstests, Produktion von Figuren, hat keine unmittelbare Implikation für Planung. Der Vp werden bei jeder Aufgabe einfache Linienfiguren wie etwa eine Ellipse vorgelegt, zu der sie Linien hinzufügen soll, um daraus einen bekannten Gegenstand zu machen. Ihr Wert bei diesem Test besteht in der Zahl der verschiedenen Hinzufügungen, die sie macht. Zum Beispiel könnte sie aus einer Ellipse eine Teetasse oder eine Blechdose mit einem Ettikett machen.

Für Ausarbeitung in der Form von Verfahren für die Durchführung von Arbeiten, wurden zwei andere Arten von Tests entwickelt. „Alternative Methoden" beschreibt eine Aufgabe, die auf verschiedene Arten ausgeführt werden kann. Die Vp soll, so viele Arten wie sie kann, vorschlagen. Ein Beispiel für eine Aufgabe ist:

Ein Haus, das neben einem Fluß liegt, brennt. Zwanzig Männer, von denen jeder einen Eimer trägt, kommen, um beim Löschen zu helfen. Das Haus ist ungefähr zwanzig Meter vom Fluß entfernt. Auf wieviel verschiedene Arten kann man diese Hilfsmannschaft organisieren, um mit dem Feuer fertig zu werden?

Ein figuraler Test für den gleichen Zweck ist „Streichholzprobleme II", eine Variante des Tests Streichholzprobleme, der in Verbindung mit der ersten Analyse des kreativen Denkens beschrieben wurde. Bei dieser Version des Tests wurden Probleme ausgewählt, die auf verschiedene Art gelöst werden konnten und jede Vp erhält bei jeder Aufgabe vier identische Formen mit Quadraten oder Dreicken, mit denen sie vier verschiedene Lösungen aufzeigen soll.

Zwei Tests wurden eingeführt, um zu bestimmen, ob es möglicherweise eine einzigartige Fähigkeit des Umsetzens in Symbole gibt. Es handelt sich dabei um ein anderes Konzept als die Hypothese der Symbolmanipulation des vorangegangenen Kapitels. In diesem Fall muß die Vp semantische Vorstellungen in visuell-figurale Repräsentationen übersetzen. Beim Test „Produktion von Symbolen" wird der Vp der kurze Satz „Läute die Glocke" gegeben, mit der Instruktion in der Form von einer Skizze die Worte „Läute" und „Glocke" darzustellen. Die Symbole sollen nicht wirklichen Objekten entsprechen, aber sie können ihnen gleichen oder die Objekte in irgend einer Weise nahelegen. Der andere Test, „Zeichnen von Linien", wurde aus einem früheren Test von GUILFORD und GUILFORD (1931) entwickelt, der zur Beurteilung von Studenten hinsichtlich ihrer Fähigkeit, künstlerische Entwürfe zu machen, konstruiert worden war. Zu jedem gegebenen Adjektiv soll die Vp eine einzige Linie zeichnen, von der sie annimmt, daß sie das Adjektiv am besten repräsentiert. Die Auswertung der neuen Form beruht auf dem Ausmaß, in dem die Linie der Vp der häufigsten Widergabe hinsichtlich der Form, Richtung und Art der Linie entspricht.

IV. Ordnen. Ein Plan muß irgendeine Ordnung haben und der Planer hat die Aufgabe, diese Ordnung herzustellen. Zwei Arten der Ordnung waren durch Tests in dieser Situation vertreten: „Zeitliche Ordnung" und „Hierarchische Ordnung". Die Planung einer Folge von Operationen oder Schritten ist so etwas wie das Programmieren für einen Computer, bei dem für eine feste Reihenfolge von Schritten gesorgt werden muß. Ein Test, der als „Zeitliche Ordnung" bezeichnet wurde, legt in zufälliger Reihenfolge die Schritte oder Systeme vor, die benötigt werden, um ein praktisches Ziel zu erreichen, wie etwa das Wechseln eines platten Reifens, wobei die Vp die richtige Reihenfolge zu finden hat. Sie wird danach mit einigen Aufgaben befragt, um festzustellen, bis zu welchem Grad sie diese richtige Ordnung gefunden hat.

Ein Bilderordnungstest wurde der Testbatterie von ADKINS und LYERLY (1951) entlehnt. Er zeigt die vier Teile einer Bildergeschichte und die Vp soll sie in die richtige Reihenfolge bringen, in Übereinstimmung mit der Geschichte, die von den Bildern erzählt wird. Ein weiterer Test aus dieser Quelle ist „Satzordnung". Jeder von drei kurzen Sätzen beschreibt ein Ereignis in einer Serie, aber nicht in der richtigen zeitlichen Ordnung. Die Vp soll diese Ordnung herstellen.

Bei dem Test „Umrisse" werden sieben oder mehr Aussagen gegeben. Jede Aussage hat ein bestimmtes Niveau der Allgemeinheit und mögliche Unter- und Überordnungsbeziehungen zu den anderen gegebenen Aussagen. Der Vp werden freie Plätze in hierarchischer Ordnung vorgelegt, und sie hat jede Aussage an der entsprechenden Stelle zu plazieren. „Umrisse II" ist von der gleichen Art, mit verschiedenen Themen, die hierarchisch angeordnet werden müssen. Die Bewertung geschieht nach dem richtigen Niveau der Allgemeinheit und den richtigen Beziehungen zu den anderen Aussagen.

Ein vierter Ordnungstest paßt nicht in die beiden vorher erwähnten Kategorien. Seine Kategorie könnte als „morphologisches Ordnen" bezeichnet werden, da es sich um eine Form der überschneidenden Zuordnungen handelt. Der Test „Wortmatrizen" ist der gleiche wie der bei der ersten Analyse des kreativen Denkens beschriebene. Er verlangt von der Vp die Einordnung einer Liste von neun Wörtern in sinnvoller und logischer Weise in eine 3 mal 3 Matrix.

V. Erfindungsgabe. „Erfindungsgabe" ist ein nahes Synonym für „Schlagfertigkeit" über die bei der vorangegangenen Studie in diesem Kapitel berichtet wurde. Zwei neue Tests wurden für diese Hypothese entwickelt, bei denen sich die Erfindungsgabe auf neue Verfahren bezieht.

„Ungewöhnliche Methoden" beschäftigt sich mit Problemen, die gewöhnlich auf Arten behandelt werden, die jedem vertraut sind, aber die Vp soll zwei unterschiedliche und ungewöhnliche Verfahren zur Bewältigung jedes Problems finden. Ein Problem ist, „der Langeweile und Ermüdung bei monotoner Arbeit im Geschäft oder der Industrie abzuhelfen". Die Vp erhält Informationen über die übliche Weise sich mit dem Problem zu beschäftigen. Sie soll andere finden.

Der andere Test, „Verifikationen", beschreibt bei jedem Problem ein physikalisches oder biologisches Phänomen in Begriffen, die nicht dem speziellen Fachgebiet entstammen. Zum Beispiel wird der Vp gesagt, daß das Innere einer großen Gasflamme nicht so heiß wie die Außenseite ist, und sie wird nach zwei Möglichkeiten gefragt, wie dieses Phänomen nachgewiesen werden kann.

Ein Test repräsentiert Erfindungsgabe in Verbindung mit neuen Anwendungen bekannter Verfahren. „Anwendung von Verfahren" beschreibt der Vp eine Methode, die benutzt wird, um ein bestimmtes Ergebnis zu erzielen. Bei einem Problem wird der Vp die Beschreibung des chemischen Verfahrens der sukzessiven Kristallisation gegeben, das benutzt wird, um Unreinheiten zu beseitigen. Die Vp soll sagen, wo das gleiche Prinzip an anderer Stelle angewendet werden kann; zum Beispiel Entfernen von Seife durch sukzessives Spülen der Kleider.

VI. Evaluation. Eine Stelle der Planungsaktivität, bei der Evaluation möglicherweise beteiligt ist, ist das Stadium der Orientierung oder „dem Begreifen der Situation". Bei diesem Stadium war einer der hypothetischen Prozesse das Erkennen der Variablen. Zwei Tests wurden bei dieser Studie benutzt, um die Subhypothese einer Fähigkeit, die Bedeutung von Variablen zu evaluieren, zu testen.

Der Test „Wesentliche Operationen", der bereits in Verbindung mit den früheren Untersuchungen der Denkfähigkeiten erwähnt wurde, verlangt von der Vp die Feststellung welche von fünf Variablen für das Verständnis oder die Strukturierung der Situation irrelevant sind. Eine derartige Entscheidung kann als die Evaluation von Variablen angesehen

werden. Der andere Test, „Rang von Variablen", verlangt eher relative Urteile als absolute Einstufungen von Variablen. Bei jeder Aufgabe wird ein Problem gegeben, bei dem eine Entscheidung zu treffen
ist und es werden eine Anzahl von Fakten vorgelegt, die eine Entscheidungshilfe darstellen. Die Aufgabe der Vp besteht darin, alle Tatsachen nach ihrer relativen Bedeutung für die Entscheidung einzustufen.
Der Inhalt der Aufgabe ist der gleiche wie beim Test „Bewußtheit von
Variablen", der unter dieser Unterhypothese erwähnt wurde. Die Einordnung von Variablen nach ihrem Rang ist eine deutlichere Evaluationsaufgabe.

Die Subhypothese „Erkennen von Mängeln" bei der Evaluation ist
der Hypothese der Sensitivität für Probleme aus der vorangegangenen
Studie ähnlich. Ein neuer Test, als „Erkennen von Mängeln" bezeichnet, wurde konstruiert. Er bestand aus Problemen, die sich auf Pläne
für Arbeiten bezogen, wie etwa wenn eine wachsende Stadt das dring-
liche Bedürfnis hat sowohl die Straßen als auch das Kanalsystem zu
verbessern. Warum ist es falsch zuerst mit der Verbesserung der
Straßen anzufangen? Die Vp braucht zu jedem Item nur eine Antwort
zu geben.

Bezugsfaktoren und ihre Markierungstests

Beim Überblick über die Hypothesen und Tests der „Planung" wurde
häufig angemerkt, daß bestimmte Hypothesen und Tests Ähnlichkeiten
mit denen aufwiesen, die in Verbindung mit der Untersuchung der
Denkfähigkeit, des kreativen Denkens und der Evaluation auftraten.
Es war daher wichtig, einige der Faktoren aus diesen Bereichen,
durch Markierungstests vertreten zu haben, um zu sehen, ob bereits
bekannte Faktoren an die Stelle derjenigen treten würden, die den neuen
Tests gemeinsam waren. Um mögliche Verbindungen zwischen den
neuen Planungsfähigkeiten und den zwei Faktoren, die von der Luftwaffenuntersuchung berichtet wurden, aufzudecken, sind zwei der Luftwaffentests, die zuverlässig Faktoren dieses Typs repräsentierten, in
die Planungsuntersuchung, über die hier berichtet wird, aufgenommen
worden. Bei „Planung von Flugmanövern" wird angenommen, die Vp
sei Pilot eines Himmelsschreibers und müsse auf dem Papier planen,
wie sie zwei aufeinanderfolgende Großbuchstaben durch das Fliegen
des kürzesten Weges schreiben könne. Der Anfangs- und der Endpunkt
des Flugzeugs ist markiert in Verbindung mit den beiden Großbuchstaben. Der Vp wird der kleinste Radius der Kurve, die das Flugzeug
fliegen kann, mitgeteilt und sie soll sagen, in welcher Richtung das
Flugzeug bei jedem Teil jedes Großbuchstabens fliegen soll. Der andere Planungstest der Luftwaffe war „Planung eines Stromkreises". Dabei geht es um Stromkreise mit einem Meßinstrument und fünf möglichen Stromquellen. Fünf mögliche Stromkreise sind abgebildet, von
denen jedoch nur einer funktionieren würde.
Wegen der Ähnlichkeit von Planung mit Problemlösen und wegen
der starken Überzeugung, daß der Faktor der allgemeinen Denkfähig-

keit der dominante bei der Strukturierung von Problemen ist, wurde angenommen, daß zumindest einige der Orientierungstests auf die allgemeine Denkfähigkeit laden würden. „Schiffsbestimmung" und „Arithmetisches Denken" wurden als Markierungstests für die allgemeine Denkfähigkeit mit einbezogen, um diesen Faktor zu identifizieren.

Wegen der erkannten Relevanz der Evaluation in Verbindung mit der Planung wurden zwei Evaluationstests als Markierungstests verwendet - Logisches Denken (ein Multiple-choice Syllogismustest) und der Test „Schlußfolgerungen" (ein informeller Deduktionstest mit Mehrfachwahlantworten). Weil erkannt wurde, daß Erfindungsgabe viel mit kreativem Denken gemeinsam hat, wurden einige Tests der divergenten Produktion eingeschlossen, um zu sehen, ob die neuen Tests, die für die Erfindungsgabe konstruiert wurden, Tests der divergenten Produktion wären. „Geschichtentitel" und „Konsequenzen" mit ihren beiden Werten, repräsentierten Ideenflüssigkeit und Originalität. „Kontrollierte Assoziationen II" war der einzige Repräsentant für Assoziationsflüssigkeit und „Streichholzprobleme" war der Vertreter für adaptive Flexibilität, zusammen mit „Zeichenänderungen", der früher ebenfalls auf diesen Faktor geladen hatte. Es gab noch einige andere Markierungstests für weitere Fähigkeiten, die aber hier nicht von besonderem Interesse sind.

Die ursprüngliche Analyse

An der ersten Analyse waren 52 Testvariablen beteiligt, von denen fünf aus der Luftwaffenklassifikationsbatterie stammten. 17 Faktoren wurden extrahiert und rotiert, von denen 14 psychologisch interpretiert wurden.

Wie auf der Grundlage der heutigen Information hätte vorausgesagt werden können, hatten viele der neuen Tests ihre stärksten Beziehungen zu bereits bekannten Faktoren. Einige neue Fähigkeiten wurden jedoch nachgewiesen. Zwei der neuen Fähigkeiten wurden als „Perzeptuelle Voraussicht" und „Begriffliche Voraussicht" bezeichnet. Die Tests, die die erste unterstützten, befanden sich in Übereinstimmung mit denen, die den Planungsfaktor bei der Luftwaffe unterstützten, einschließlich „Widerstreitende Planung", „Planung eines Stromkreises" und „Routenplanung", die die Liste anführten. „Begriffliche Voraussicht" wurde durch Tests unterstützt, die aus der allgemeinen Hypothese der Vorhersage erwartet wurden, einschließlich Effekte, Zufälligkeiten und Konsequenzen (entfernt). Aber der stärkste Test war „Treffende Fragen", der für die hypothetische Fähigkeit der Bewußtheit von Variablen konstruiert worden war. Das Auftauchen dieser beiden Faktoren der Voraussicht fügte sich der wachsenden Erkenntnis, daß es zwei unterschiedliche Inhalte gäbe - figural und semantisch. Sie stellten ein zusätzliches paralleles Paar von Fähigkeiten dar und deuteten daher auf die Art des Modells für alle intellektuellen Fähigkeiten hin. Beim Strukturmodell wurden sie für einige Zeit als CFI und CMI identifiziert.

Die zwei anderen Haupthypothesen wurden durch das Auffinden einer Elaborationsfähigkeit und einer Ordnungsfähigkeit unterstützt. Auf den Elaborationsfaktor luden die Tests „Ausarbeitung von Planungen" und „Planungsfertigkeiten II". Das Auftreten von „Figurproduktion" auf dem gleichen Faktor, obwohl er als Evaluationstest entwickelt worden war, erweckte einige Neugier hinsichtlich seiner figuralen Natur. Aber es war der einzige figurale Elaborationstest und es wurde bei späteren Analysen gefunden, daß ein figuraler Elaborationsfaktor leicht von einem semantischen Elaborationsfaktor getrennt werden konnte, wenn zusätzlich figurale Elaborationstests in der Batterie zusammen mit diesem Test waren.

Die Tests, die für die Erfindungsgabe entwickelt waren, verlangten nicht die Aufstellung eines neuen Faktors. „Symbolproduktion" führte die Liste für den Faktor an, der als „Originalität" bei der ersten Analyse des kreativen Denkens bekannt wurde, aber „Verfikationen" und „Neue Anwendungen" luden nicht darauf. Diese Trennung der Tests für Erfindungsgabe half später dabei, Originalität in Begriffen des Produkts von Transformationen bei der Strukturtheorie zu erklären. Es wurde erkannt, daß, um ein Liniensymbol für ein Wort zu produzieren, die Vp einige Veränderungen der Bedeutung vornehmen muß. Dieses Merkmal gilt scheinbar nicht für „Verfikationen" und „Neue Anwendungen".

Die gezielte Lösung

Neunzehn Faktoren wurden aus der Anwendung der Strukturtheorie erwartet, und daher wurden 19 Faktoren extrahiert und rotiert. Fünf der rotierten Faktoren waren Einzelfaktoren (auf die nur jeweils ein Test signifikant lud), da die beteiligten Fähigkeiten ausreichend stark nur durch je einen Test vertreten waren. Elf der Faktoren wurden als Strukturfaktoren identifiziert mit zwei oder drei Tests, die signifikant auf jeden Faktor luden.

Drei Faktoren hatten 5, 7 und 10 Tests mit signifikanten Ladungen, die für DMT, NMS und CMI. DMT (Originalität) gewann dadurch, daß drei neue Tests, die für die Erfindungsgabe bei Symbolen und für Extrapolation konstruiert wurden, auf diesen Faktor luden. Die Tests waren „Symbolproduktion", „Ungewöhnliche Methoden" und „Konsequenzen (entfernt)".

Die verschiedenen Ordnungstests halfen einen Ordnungsfaktor, die Strukturfähigkeit NMS, zu bestimmen. Fünf der sieben Tests waren Ordnungstests und sogar der sechste Test, „Erkennen von Mängeln", hatte einen Aspekt der Ordnung. Die beiden Matrix-Tests bei diesem Faktor deuten darauf hin, daß die Fähigkeit nicht auf die Herstellung einer zeitlichen Ordnung beschränkt ist. CMI wurde durch seine zehn Tests am stärksten gestützt. Von diesen zehn Tests erfassen alle mit einer Ausnahme logischerweise das Erkennen von Implikationen sinnvoller Art. Einzelheiten finden sich in Tabelle 6.2.

Faktorielle Zusammensetzung der „Kriteriumtests" für Planung. Es wurde früher festgestellt, daß eine Planungsaufgabe als eine Art Kriterium verwendet wurde - der Test für Planungsfertigkeiten von LORGE. Man kann auch die modifizierte Version „Planungsfertigkeiten II", als spezielleres Kriterium ansehen. Mit diesen beiden Variablen in der Analyse, haben wir die Möglichkeit zu erkennen, welche Faktoren dieser Studie auf diese Tests signifikant laden. Tabelle 6.3 zeigt einen Auszug der diesbezüglichen Informationen aus Tabelle 6.2. Man erkennt, daß Fähigkeiten, bei denen Implikationen beteiligt sind, die stärksten Beziehungen zu den Varianzen der beiden Tests haben. Besonders zur Kognition von Implikationen und zur divergenten Produktion von Implikationen. Die stärkeren Ladungen für semantische Fähigkeiten als für figurale sind verständlich im Hinblick auf die semantische Art der Aufgaben. Die möglichen Spuren figuraler Implikationen (die Fähigkeit, die später als CFI bezeichnet wurde) könnten räumliche Anwendungen widerspiegeln, die in die Planung im geringerem Ausmaß eingehen als es sich Planer vorstellen. Unterschiede zwischen den beiden Planungstests können vielleicht der Änderung der Aufgabe zugeschrieben werden. Der Test „Planungsfertigkeiten" verlangt die Produktion von großen Schritten, während „Planungsfertigkeiten II" detailliertere Planung für einige Aspekte größerer Pläne erwartet. Auf diese Weise kann uns die Faktorenanalyse einige Vorstellungen davon geben, was komplexe Aufgaben hinsichtlich der intellektuellen Voraussetzungen erfordern. Die Kenntnis der Kriteriumsvariablen nach ihrer faktoriellen Zusammensetzung legt sofort nahe, welche Faktoren bei der Selektion und Klassifikation in Testbatterien, die experimentell ausprobiert werden müssen, zu betonen sind.

Tabelle 6.3 Ladungen der beiden Tests Planungsfertigkeiten auf ihre stärksten faktoriellen Komponenten*

	Faktoren			
Testvariablen	CMI	DFI	DMT	DMI
Planungsfertigkeiten	.17	.19	.28	.40
Planungsfertigkeiten II	.40	.21	.04	.50

*Es wurden nur Faktoren berücksichtigt, bei denen ein Test eine Ladung von mindestens .20 hatte.

Eine Untersuchung der verbalen Flüssigkeit

Die in Bericht 17 beschriebene Untersuchung konzentrierte sich auf Flüssigkeitsfaktoren (3). Diese Studie ist einzigartig wegen ihrer systematischen Variation einer Anzahl von Testbedingungen, internalen

3 Vergl. Bericht 17, ebenso CHRISTENSEN und GUILFORD 1963.

und externalen, in quantitativer genausogut wie in qualitativer Hinsicht, um die optimalen Bedingungen für die Messung jeder Fähigkeit zu bestimmen. Nur wenn etwas über die meisten invarianten Tests für einen Faktor bekannt ist, können diese Variationen mit Erfolg eingesetzt werden. Diese Art des Ansatzes erwies sich bei den Flüssigkeitsfaktoren als sehr fruchtbar.

Variationen, Hypothesen und Tests

Bis zu diesem Zeitpunkt, an dem mit dieser Untersuchung begonnen wurde, gab es ungefähr zehn Analysen, bei denen ein oder mehrere der vier bekannten Flüssigkeitsfaktoren beteiligt waren. Es war jedoch noch zu früh, um den Vorteil des Konzepts der Strukturtheorie für die Planung der Untersuchung zu nutzen.

Eines der hervorstechendsten Merkmale der Ergebnisse früherer Analysen war die Tatsache, daß ein Test, der bei einer Analyse auf einen Flüssigkeitsfaktor lud, bei einer anderen Analyse auf einen anderen Flüssigkeitsfaktor lud. Es gab nur eine geringe Überschneidung bei Wortflüssigkeitstests (für die Strukturfähigkeit DSU) mit den anderen drei - Vorstellungsflüssigkeit (DMU), Assoziationsflüssigkeit (DMR) und Ausdrucksflüssigkeit (DMS) - als unter den drei anderen, da die letzteren den gleichen Inhalt haben, der sich von dem bei DSU unterscheidet. Aber eine allgemeine Auswirkung auf die Forscher des Projekts bestand darin, die Vorstellung zu tolerieren, daß einige Tests in die Richtung des einen oder anderen Faktors gehen könnten, in Abhängigkeit von kleinen Veränderungen der Testbedingungen, etwa dem Ausmaß und der Art der Restriktionen bei den Antworten, den Zeitgrenzen usw.. Diese Variablen wurden systematisch verändert.

Der Zeitabschnitt der Produktion. Wenn ein Proband viele alternative Antworten zu einer bestimmten Aufgabe eines Tests der divergenten Produktion gibt, produziert er Antworten mit einer sich verringernden Geschwindigkeit. Da seine Antworten aus dem Gedächtnisspeicher kommen, bedeutet das, daß die am ehesten verfügbaren Antworten zuerst kommen und er sich dann zu den am wenigsten verfügbaren vorarbeitet. Es ist sinnvoll zu fragen, ob seine Fähigkeit, mehr verfügbare Antworten zu produzieren die gleiche ist, wie die weniger verfügbare Antworten zu geben. Es wurde hypothetisch angenommen, daß die Vorstellungsflüssigkeit besser am Anfang der Arbeitszeit ins Spiel kommt, und da die späteren Antworten dazu tendieren, weniger häufig zu sein, sind sie wahrscheinlich ein besserer Indikator für Originalität.

Die gleiche Hypothese könnte fast bei jeder Fähigkeit der divergenten Produktion überprüft werden, aber um Zeit übrig zu behalten, um die Auswirkungen anderer Variationen zu studieren, wurde diese Hypothese nur im Zusammenhang mit der Assoziationsflüssigkeit und dem Test „Kontrollierte Assoziationen" untersucht. Die Hypothese sollte modifiziert werden, um auszusagen, daß der Faktor der Assoziationsflüssigkeit, der üblicherweise am besten durch den Gesamtwert bei diesem Test angedeutet wird, in optimaler Weise durch die Antworten bestimmt wird, die weder am Anfang noch am Ende der Arbeitszeit gegeben werden. Kontrollierte Assoziationen verlangt von der Vp das Aufschreiben von alternativen Synonymen für gegebene Wörter. Die Zahl der Synonyme, die in begrenzter Zeit gegeben werden, ist der Testwert. Die Fünfminutenfrist, die üblicherweise für jede Aufgabe bestand, wurde folgenderweise aufgeteilt:

Kontrollierte Assoziationen III a: Die ersten 30 Sekunden
Kontrollierte Assoziationen III c: Die zweiten 30 Sekunden plus die
                         zweite Minute
Kontrollierte Assoziationen III d: Die dritte Minute
Kontrollierte Assoziationen III e: Vierte und fünfte Minute

Für jeden Zeitabschnitt wurde ein Wert gebildet.

Einschränkungen von Klassen. Die Vorstellungsflüssigkeit war in beständiger Weise bei Tests gefunden worden, die das „Auflisten von Gegenständen" verlangten, aber manchmal schienen diese Tests auch mit der Assoziationsflüssigkeit zusammenzuhängen. Das Auflisten von Gegenständen hängt mit dem Benennen von Objekten zusammen, die zu einer spezifizierten Klasse gehören, wie etwa die Antwort auf die Anweisung „Nennen Sie Dinge, die rund sind", was einem Minimum an Einschränkung entsprechen würde. Ein höheres Maß an Restriktionen würde durch die Instruktion „Nennen Sie Dinge, die rund und weich sind" eingeführt. Eine noch weitergehende Einschränkung wäre durch „Nennen Sie Dinge, die rund, weich und weiß sind", gegeben. Es wurde angenommen, daß ein geringes Maß an Einschränkung die Messung der Vorstellungsflüssigkeit begünstigen würde und daß ein hohes Maß an Einschränkung den Faktor der Assoziationsflüssigkeit eher erfassen würde. Die drei Tests des Auflistens von Objekten der gerade illustrierten Art waren:

Auflisten von Objekten   I: geringe Einschränkung
Auflisten von Objekten II: mittlere Einschränkung
Auflisten von Objekten III: starke Einschränkung

Die gleiche Art der Variation wurde auf die Tests für Wortflüssigkeit angewendet. Das Ausmaß der Einschränkung wurde durch die Zahl der Buchstaben, die in den Wörtern einer Liste verwendet werden mußten, variiert. Bei den vier Tests gab es folgende Einschränkungen:

Wortlisten 0: kein Buchstabe vorgeschrieben
Wortlisten 1: ein Buchstabe vorgeschrieben, z.B. jedes Wort soll
                  ein S enthalten
Wortlisten 2: zwei Buchstaben vorgeschrieben, z.B. jedes Wort
                  soll E und M enthalten
Wortlisten 3: drei Buchstaben vorgeschrieben, z.B. S, T und B

Es wurde angenommen, daß je geringer das Maß an Einschränkung
desto mehr Varianz würde bei Vorstellungsflüssigkeit auftreten und
desto weniger bei Wortflüssigkeit. Es ist daraus zu erkennen, daß im
allgemeinen von der Vorstellungsflüssigkeit erwartet wurde sie sei
ein Merkmal von leichten Worterinnerungsaufgaben. Die Unterscheidung zwischen symbolischer und semantischer Information in bezug
auf Wörter war noch nicht realisiert worden.

Zahl der verbundenen Wörter. Die favorisierte Interpretation des Faktors der Ausdrucksflüssigkeit bestand darin, daß die Produktion mit
einander verbundener Wörter dabei beteiligt ist. Wortflüssigkeit und
Assoziationsflüssigkeit beziehen sich auf die Produktion von einzelnen
Wörtern, aber diese Fähigkeiten zeigen sich auch in Beziehung zu Tests
für Ausdrucksflüssigkeit. In Übereinstimmung damit bestand eine Hypothese darin, je mehr Wörter in der Form organisierter Rede produziert werde, desto mehr Ausdrucksflüssigkeit würde vorhanden sein.
Je weniger Wörter bei jeder Antwort desto mehr würde der Test die
anderen beiden Arten der Flüssigkeiten erfassen. Drei Tests können
als Aufgabe zur Überprüfung dieser Hypothese angesehen werden. Einer erfordert die Nennung von einzelnen Wörtern, die nicht verbunden
sind, der andere verlangt Sätze aus zwei Wörtern und der dritte Sätze
aus vier Wörtern. Die Tests waren:

Wortlisten 0
Zwei-Wort-Kombinationen
Vier-Wort-Kombinationen

Die gleiche Hypothese wurde mit einer zweiten Triade von Tests überprüft, bei denen Restriktionen hinsichtlich der Buchstaben eingeführt
werden. Diese Tests waren:

Wortlisten I
Zwei-Wort-Kombinationen: Anfangsbuchstaben gegeben
Vier-Wort-Kombinationen: Anfangsbuchstaben gegeben

Es soll nochmals darauf hingewiesen werden, daß Wortlisten 0 keinen
vorgeschriebenen Buchstaben hatten und daß bei Wortlisten I jede
Antwort einen gegebenen Buchstaben enthalten mußte.

Zahl der verbundenen Sätze. Es wurde die Frage gestellt, ob die Ausdrucksflüssigkeit besser gemessen wird, wenn die Vp gebeten wird,
einige zusammenhängende Sätze zu schreiben oder dadurch, daß man
nach nicht verbundenen Sätzen fragt, wie bei den gerade beschriebenen
Tests. Zwei Tests repräsentierten diese Variation. „Wortsynthese"
(miteinander verbundene Sätze) präsentierte der Vp zehn Wörter, die
beim Schreiben miteinander verbundener Sätze in einem Absatz zu benutzen waren. Als Testwert wird die Schätzung des Zusammenhangs
des Absatzes verwendet. Bei „Wortanordnung" erhält die Vp vier
Wörter, die bei jedem von verschiedenen Sätzen benutzt werden sollen.
Die Sätze müssen nicht miteinander in Verbindung stehen.

Neuordnung gegen Ersetzen von Wörtern. Eine Hypothese, die Tests der Ausdrucksflüssigkeit betraf, bestand darin, daß diese Fähigkeit gut mit Tests gemessen werden könnte, die von der Vp verlangen, die gleiche Vorstellung auf viele verschiedene Arten auszudrücken. Diese Ausdrucksformen können entweder durch eine Neuordnung der gleichen Wörter oder durch Einsetzen anderer Wörter verändert werden. Welches der beiden Verfahren ist, wenn überhaupt, wirkungsvoller? Zwei Tests, einer für jede Art, wurden entwickelt: „Alternative Schlagzeilen (Neuordnung)" und „Alternative Schlagzeilen (Ersetzen von Wörtern)". In jedem Fall wurde der Vp eine Schlagzeile gegeben, die auf verschiedene Art neu zu fassen war, z. B.:

Mann ertrinkt beim vergeblichen Versuch, Verlobte zu retten.

Keine Anweisung wurde im Hinblick auf Neuordnung oder Ersetzen von Wörtern gegeben. Die beiden Testwerte betonten die beiden Tendenzen. Es gab die Erwartung, daß das Ersetzen von Wörtern etwas Assoziationsflüssigkeit ins Spiel bringen würde, während die Neuordnung der Wörter sich auf die Ausdrucksflüssigkeit beschränken würde. Diese Erwartung folgte aus der Tatsache, daß das Nennen von Synonymen eine Aufgabe darstellt, die Assoziationsflüssigkeit erfordert.

Synonyme gegen nichtsynonyme Assoziationen. Die Tests, die Ladungen auf Assoziationsflüssigkeit aufweisen, fordern nicht alle das Nennen von Synonymen. Tatsächlich bestand einiger Verdacht, daß Tests, die die Produktion von Synonymen durch Assoziation verlangen, mehr auf den Faktor des verbalen Verständnisses gehen könnten, während das Geben anderer Arten assoziativer Antworten besser für die Fähigkeit der Assoziationsflüssigkeit wäre. Zwei Tests, der eine für Synonyme, der andere nicht, wurden konstruiert, um diese Hypothese zu prüfen. „Assoziationen III" gibt der Vp zwei Wörter und die Vp soll ein Wort finden, das ein Synonym für beide darstellt, aber aus verschiedenen Gründen. Zum Beispiel bei der Aufgabe

nonsense _____ bed

ist die Antwort „bunk" (was sowohl „Quatsch" als auch „Koje" bedeutet) ein Synonym für beide. „Assoziationen IV" stellt Aufgaben wie

jewelry _____ bell

mit der Anweisung kein Synonym anzugeben. Die übliche Antwort ist hier „ring".

Ergänzung von Ähnlichem und Interpretation von Ähnlichem. Tests, die in irgendeiner Form die Ergänzung von Ähnlichem verlangen, hatten früher Beziehungen zu Faktoren gezeigt, die als „Ausdrucksflüssigkeit" bezeichnet wurden, genauso wie zu Assoziationsflüssigkeit und Vorstellungsflüssigkeit. Einige Variationen wurden bei den drei Tests für Ähnliches eingeführt, um mehr über ihre faktoriellen Funktionen zu lernen. Die drei Testvariationen waren:

190

„Ähnliches Einsetzen". Eine Aufgabe davon lautet:
Die Pfoten des Kätzchens waren so_____ wie Samt.

„Ähnliches Ergänzen". Eine Aufgabe davon lautet:
Die Pfoten des Kätzchens waren so sanft wie _____.

„Interpretation von Ähnlichem". Eine Aufgabe davon lautet:
Die Pfoten des Kätzchens waren wie Samt, _____.

Beim ersten der drei müssen alternative Attribute (Adjektive) produziert werden. Beim zweiten müssen alternative Objekte (Subjekte) angegeben und beim dritten werden erklärende Aussagen verlangt. Es wurde angenommen, daß der dritte Test enger mit der Ausdrucksflüssigkeit verbunden sei, da nicht nur einzelne Wörter, sondern organisierte Gruppen entwickelt werden müssen. Von den ersten beiden wurde erwartet, daß sie mehr mit der Vorstellungs- und Assoziationsflüssigkeit verbunden seien, wobei die Ausdrucksflüssigkeit möglicherweise bei dem einen beteiligt ist, der die Produktion von Attributen verlangt.

Die ursprüngliche Analyse

An der ersten Analyse waren 41 Testvariablen beteiligt, aus denen 13 Faktoren extrahiert und 12 rotiert und interpretiert wurden. Da es zwei Faktoren gab, für die zwei oder mehr Formen des gleichen Tests in der Analyse benutzt wurden und zwei Tests, von denen jeder auf zwei verschiedene Arten ausgewertet wurde, bestand die Gefahr, daß die spezifische Varianz in jedem Fall die gemeinsame Faktorenvarianz übersteigen könnte. Aber in drei Fällen wurden die spezifischen Faktoren als orthogonale Dimensionen berücksichtigt, und im vierten Fall schienen sie keine schwere Wirkung zu haben als eine mögliche leichte Beeinflussung der Ladungen der gemeinsamen Faktoren.
Diese Untersuchung hatte die Bestimmung einiger Auswirkungen verschiedener Testbedingungen auf die Beziehungen zwischen Tests bekannter Flüssigkeitsfaktoren zum Ziel. Dabei wurde nicht versucht, irgendwelche neue Faktoren nachzuweisen, und es wurden auch keine gefunden. Bei der Beurteilung der Ergebnisse werden wir uns daher mit Antworten auf die Fragen beschäftigen, die auf die früher aufgestellten Hypothesen zurückgehen. Die Antworten auf die Fragen hängen von Vergleichen der Größe der Faktorenladungen unter den verschiedenen Bedingungen ab. Aber Faktorenladungen sind nicht direkt vergleichbar, wenn die Kommunalitäten der Tests und die Reliabilitäten sich unterscheiden. Die Vergleichbarkeit könnte durch einen Prozeß der „Korrektur nach der Einzigartigkeit" erreicht werden, der die verschiedenen Testkommunalitäten berücksichtigt. Aber da die Kommunalitäten von den besonderen Kombinationen der Tests, die einer Testbatterie angehören, abhängen, wurden von den Untersuchern nur Korrekturen an den Reliabilitäten vorgenommen. Die Reliabilitäten hängen nicht davon ab, welche anderen Tests noch dabei oder abwesend sind.

Zeitabschnitt der Produktion. In Verbindung mit dem Test „Kontrollierte Assoziationen" bestand die Hypothese darin, daß es mehr Varianz der Vorstellungsflüssigkeit in der ersten Phase der Arbeit an einer Testaufgabe geben könnte, daß die Originalität wichtiger bei späteren Phasen ist und daß die Assoziationsflüssigkeit am stärksten während der mittleren Phase der Arbeitszeit an einer Aufgabe sei.

Die Ergebnisse zeigten, daß bei den vier Arbeitsphasen, die bewertet wurden, die Vorstellungsflüssigkeit ziemlich konsistente Ladungen von .24 bis .31 (korrigiert für die mangelnde Zuverlässigkeit) aufwies, mit keinem Hinweis auf einen Trend. Der Faktor der Originalität hatte kleinere Ladungen von -.01 bis .20 mit keinem systematischen Trend. Die Ladungen für Assoziationsflüssigkeit hatten eine leichte Tendenz zu höheren Ladungen in der mittleren Periode (.52 und .47 gegenüber .45 und .25 für die beiden mittleren gegenüber der ersten und vierten Periode). Die nützliche Information in diesem Ergebnis besteht darin, daß die ersten drei Minuten der Arbeit an Testaufgaben für Assoziationsflüssigkeit gleich starke Indikatoren für die Assoziationsflüssigkeit sind und daß die letzten beiden Minuten der Testzeit von geringfügig geringerem Nutzen sind. Es würde daher gut sein nur drei Minuten pro Aufgabe zuzulassen, und die zusätzliche Zeit, wenn notwendig, für weitere Aufgaben zu benutzen. Es gibt dabei nur eine geringe Gefahr in die Varianz der Originalität hineinzugeraten und auch die Varianz für die Vorstellungsflüssigkeit wird nicht signifikant sein (hinsichtlich der unkorrigierten Faktorenladungen). Wir wissen jedoch nicht welche Schlußfolgerungen auf andere Tests der Assoziationsflüssigkeit und andere Flüssigkeitsfaktoren übertragen werden können.

Einschränkung von Klassen. In Verbindung mit den Tests für das Auflisten von Objekten, bei denen die Vp die Bezeichnungen für Objekte aufschreiben soll, die gegebenen Spezifikationen von Klassen entsprechen, wurde das Ausmaß der Restriktion über die Anzahl der Attribute für jede Klasse bei jeder Aufgabe, wie früher erwähnt, kontrolliert. Für geringe, mittlere und hohe Restriktion wurden ein, zwei bzw. drei Attribute vorgegeben. Eine Überprüfung der Effektivität der Bedingungen besteht darin die Mittelwerte pro Item bei den drei Niveaus zu vergleichen. Sie lagen bei 8,2; 4,6 bzw. 1,4.

Es wurde erwartet, daß die geringere Einschränkung die Varianz bei der Vorstellungsflüssigkeit begünstigt und daß die größere Einschränkung günstiger für die Assoziationsflüssigkeit sei. Die Ergebnisse zeigen, daß es nur eine geringe Varianz der Assoziationsflüssigkeit bei den verschiedenen Stufen der Einschränkung gibt und daß die Varianz der Vorstellungsflüssigkeit maximal beim mittleren Grad mit korrigierten Ladungen von .33, .72 und .55 bei niedriger, mittlerer bzw. hoher Restriktion ist. Die Unterschiede sind so klar, daß ein Test mit zwei restriktiven Attributen die beste Bedingung für einen Test der Vorstellungsflüssigkeit des Typs „Objekte Auflisten" darstellt. Eine allgemeine Schlußfolgerung aus dem Schicksal dieser Tests und denen für kontrollierte Assoziationen besteht darin, daß die

Testart eine wichtigere Rolle dafür spielt welcher Faktor gemessen wird, als eine Variation in der Arbeitszeit oder das Ausmaß der Restriktion.

Es sollte angemerkt werden, daß eine, zwei oder drei einschränkende Spezifikationen für Klassen nicht vom gleichen Wert für alle Klassen sein können. Der im Gedächtnis vorhandene Speicher für eine Klasse mit zwei oder mehr spezifizierten Eigenschaften kann manchmal größer sein als der für andere Klassen mit nur einer Spezifikation. Die Zahl der bezeichneten Alternativen ist daher nur ein grober Richtwert.

Die Auswirkungen von Einschränkungen verschiedener Art wurden im Zusammenhang mit der Wortflüssigkeit oder Tests mit Wortlisten untersucht. Das Ausmaß der Restriktion wurde durch die Anzahl der erforderlichen Buchstaben, von keinem bis drei, variiert. Bei diesem Fall ist die Kontrolle der Klassengröße besser als bei den Tests für das Auflisten von Objekten bei der Vorstellungsflüssigkeit. Die naheliegende Hypothese bestand darin, daß je größer die Restriktion desto kleiner die Varianz in der Wortflüssigkeit und je geringer die Restriktion desto größer die Varianz für die Vorstellungsflüssigkeit. Diese Hypothese stellt den Unterschied im Inhalt - symbolisch gegenüber semantisch - nicht in Rechnung, da die Unterscheidung zu dieser Zeit noch nicht erkannt war.

Die Ergebnisse zeigten, daß es ohne Einschränkung nur eine geringe Varianz für den Faktor Wortflüssigkeit gab (eine korrigierte Ladung von .22), aber daß die anderen drei Stufen der Restriktion zu ungefähr gleichen Ladungen führten (.72, .73 und .65 für einen, zwei bzw. drei vorgeschriebene Buchstaben). Der Grund, daß der Test ohne Restriktion den Faktor der Wortflüssigkeit nicht gemessen hat, liegt darin, daß keine Klasse spezifiziert wurde wie in der Instruktion „Schreiben Sie Wörter auf, die den Buchstaben F enthalten". Die Tests mit Restriktionen hatten Nulladungen auf den Faktor Vorstellungsflüssigkeit, und der Test ohne Einschränkungen hatte nur eine Ladung von .25 (korrigiert). Es scheint daher klar nachgewiesen, daß Vorstellungsflüssigkeit nicht bei einem genuinen Wortflüssigkeitstest beteiligt ist. Die fehlende Auswirkung der Restriktion bis zu drei Buchstaben muß darauf hinweisen, daß auch bei der stärksten verwendeten Restriktion der mögliche Satz von Wörtern noch ziemlich groß ist.

Obwohl nicht mit irgend einer Hypothese verbunden, sind die Beziehungen einiger Tests für das Auflisten von Wörtern mit Faktoren, die nichts mit Flüssigkeit zu tun haben, von Interesse. Verbales Verständnis hatte eine Nulladung bei den Tests ohne Restriktionen, .24 bei dem Test mit einem spezifizierten Buchstaben und .47 bzw. .59 bei denen mit zwei bzw. drei Buchstaben. Das legt nahe, daß ein Test für Wortflüssigkeit auf einen spezifizierten Buchstaben beschränkt werden sollte, da andernfalls viel verbales Verständnis mit hinein kommt. Das ist einsichtig. Bei geringer Einschränkung hat die Vp einen großen Vorrat an bekannten Wörtern, aus dem sie schöpfen kann, aber bei zwei oder drei spezifizierten Buchstaben schrumpft die verfügbare Zahl und die Vp kann nur einen hohen Wert erreichen, wenn sie zu Wörtern kommt, die ihr weniger vertraut und auch daher weniger verfügbar sind. Ein großer Wortschatz ist bei derartigen Tests offensichtlich eine Hilfe. Im Gedächtnis der Vp würden daher die symbolischen und semantischen Aspekte der Wörter zusammen behalten werden. In der Praxis könnte für die Erfassung von DSU der Vorteil des großen Wortschatzes etwas eingeschränkt werden, wenn man eine kürzere Zeitbegrenzung für jedes Item akzeptiert und neue Aufgaben hinzufügt. Bei der Auswahl des spezifizierten Buchstabens für eine Klasse, auch wenn es sich dabei nur um einen handelt, sollte der Testkonstrukteur die mögliche Zahl der vertrauten Wörter in der festgelegten Klasse berücksichtigen. Ergebnisse, wie die hier referierten zeigen, daß sogar kleine Änderungen bestimmter Testbedingungen wesentliche Veränderungen in der faktoriellen Zusammensetzung der Tests mit sich bringen.

Zahl der verbundenen Wörter. Die Prüfung dieser Hypothese wurde durch den Vergleich der Testladungen der Tests, die das Auflisten von einfachen Wörtern verlangen, denen, die zwei miteinander verbundene, und denen, die vier fordern, vorgenommen. Die letzten beiden Tests verlangen die Verbindung in Form von Sätzen. Zwei Untersuchungen der Hypothesen waren möglich, eine mit drei Tests, von denen keiner einen vorgeschriebenen Buchstaben für jedes Wort hatte, und die andere mit drei parallelen Tests, bei denen ein Buchstabe für jedes Wort vorgegeben war. Bei den Hypothesen wurde erwartet, daß je größer die Zahl der Wörter, die bei jeder Antwort gegeben werden sollte, sogar beim Bereich von einem bis vier Wörtern, desto größer die Ladung der Ausdrucksflüssigkeit; je kleiner die Zahl der Antworten pro Item, desto größer sollten die Ladungen für Vorstellungs- und Wortflüssigkeit sein.

Die Hypothese hinsichtlich der Ausdrucksflüssigkeit wurde in beiden Fällen unterstützt, aber deutlicher in dem Fall, wo ein bestimmter Buchstabe für jedes Wort festgelegt war. Die (korrigierten) Ladungen für die Ausdrucksflüssigkeit, wenn keine Spezifikationen vorlagen, betrugen .29, .55 und .41 für Ein-, Zwei- und Vier-Wortantworten. Bei einer Buchstabenspezifikation für jedes Wort betrugen die entsprechenden Ladungen für die Ausdrucksflüssigkeit .16, .50 und .76. Wenn keine miteinander verbundenen Wörter produziert wurden, ergab sich keine signifikante Ladung auf Ausdrucksflüssigkeit. Die Interpretation der Ausdrucksflüssigkeit als Fähigkeit miteinander in Beziehung stehende Wörter zu produzieren, wurde deutlich unterstützt. In keinem Fall waren irgendwelche Ladungen auf die Vorstellungsflüssigkeit bei Tests mit irgendeiner Anzahl von zu produzierenden Wörtern signifikant. Das gleiche gilt für den Faktor Wortflüssigkeit, wenn keine Buchstaben festgelegt wurden. Wenn es jedoch eine Spezifikation der Buchstaben gab, hatte die Wortflüssigkeit eine korrigierte Ladung von .72 bei „Wortlisten I" (bei dem ein Wort mit einem bestimmten Buchstaben angegeben werden mußte) und eine Ladung von .41 bei dem Test mit Zwei-Wort-Kombinationen (Anfangsbuchstaben gegeben). Daher ist beim letzten Test, obwohl eine Ladung von .50 für Ausdrucksflüssigkeit vorliegt, Wortflüssigkeit fast genauso stark vertreten. Bei Vier-Wort-Kombinationen (Anfangsbuchstaben gegeben) betrug die Ladung für Wortflüssigkeit sogar mit Korrektur nur .28, während die Ladung für Ausdrucksflüssigkeit bei .76 lag. Daher ist bei längeren Sätzen Wortflüssigkeit weniger wichtig und Ausdrucksflüssigkeit wichtiger. Die Vorgabe von Anfangsbuchstaben bei Tests für Ausdrucksflüssigkeit kann daraus teilweise Wortflüssigkeitstests machen, aber nicht in größerem Ausmaß, wenn vier Wörter bei jeder Antwort verlangt werden. Die Organisation eines Satzes wird ausreichend wichtig um die Bedeutung der Wortflüssigkeit zu vermindern oder um von ihrer Unterstützung zu profitieren.

Zahl der verbundenen Sätze. Der Versuch der Überprüfung dieser speziellen Hypothese bestand darin, festzustellen, ob die Zahl der Sätze in einer kohärenten Sequenz ein besserer Indikator für den Faktor Ausdrucksflüssigkeit sei als die Produktion einer Zahl unverbundener Sätze. Im ersten Fall verlangt der Test „Wortsynthese" von der Vp die Benutzung von 10 vorgegebenen Wörtern für das Schreiben einiger Sätze und ihre Arbeit wird nach der festgestellten Kohärenz beurteilt. Beim zweiten Fall, beim Test „Wörteranordnung" benutzt die Vp vier Wörter in nicht miteinander verbundenen Sätzen. Der letztere erwies sich als gutes Maß für die Ausdrucksflüssigkeit mit einer (korrigierten) Ladung von .61, während der erstere als Maß für die Ausdrucksflüssigkeit mit einer Ladung von nur .25 versagte. Bei der Interpretation der Ausdrucksflüssigkeit sollte daher die Betonung auf Sätzen und nicht auf Abschnitten liegen. Dieses Ergebnis konnte bis jetzt noch nicht bestätigt werden.

Neue Anordnung gegen Ersetzen. Der Test „Alternative Schlagzeilen" wurde auf verschiedene Arten ausgewertet, um zu bestimmen welche Auswertung einen besseren Wert für den Faktor Ausdrucksflüssigkeit liefert. Es wurde erwartet, daß der Wert für „Ersetzen", der auf der Zahl der Substitutionen der Vp bei den gegebenen Schlagzeilen basierte, Assoziationsflüssigkeit relativ mehr messen und daß der Wert für die „neue Anordnung" eher die Ausdrucksflüssigkeit erfassen würde. Die Ergebnisse unterstützten diese Erwartungen nicht. Die Ladungen des Wertes für Neuanordnung betrugen auf jeden Faktor Null. Dieser Wert hatte darüber hinaus auf keinen Faktor der Analyse eine signifikante Ladung. Der Wert für das Ersetzen hatte Ladungen in der Nähe der minimalen Signifikanz sowohl auf Assoziations- als auch auf Ausdrucksflüssigkeit. Die Substitutionen werden in der Form von Synonymen gegeben und das Auflisten von Synonymen ist die bekannteste Art der Aufgaben für Tests der Assoziationsflüssigkeit. Der Mangel an Verbindung des Wertes für Neuordnung mit der Ausdrucksflüssigkeit legt nahe, daß die Vp bei einem guten Test für diese Fähigkeit ihre eigenen, organisierten Gedanken bilden muß. Diese Vorstellung stimmt mit der Plazierung der Ausdrucksflüssigkeit in der Zelle der Strukturfähigkeit DMS überein. Ein besserer multipler Test für Neuordnung, bei dem die Vp instruiert wird alternative Schlagzeilen durch neue Anordnung der gegebenen Wörter zu finden, würde die Fähigkeit DMT oder DST messen, in Anhängigkeit davon ob die neue Anordnung der Wörter mehr semantisch oder symbolisch wäre.

Synonyme gegen nicht synonyme Assoziationen. Zwei stark restriktive Assoziationstests wurden verwendet, bei denen die Vp ein einzelnes Wort als Antwort auf zwei Reizwörter geben muß, so daß die Antwort auf spezifische Art mit jedem der beiden Wörter verbunden ist. Es wurde angenommen, daß der Test, der verlangt, daß die Antwort ein Synonym jedes Reizwortes ist, signifikant mit dem Faktor Verbales Verständnis geladen wäre, während der andere Test mehr auf Assoziationsflüssigkeit laden würde. Es stelle sich heraus, daß sich „Assoziationen III" und „Assoziationen IV" faktoriell gleich verhielten. Beide hatten signifikante Ladungen von etwa .4 auf Verbales Verständnis, was andeutet, daß ein großer Wortschatz in mittlerem Ausmaß bei beiden nützlich sein kann. Beide hatten Null-Ladungen auf Assoziationsflüssigkeit und ihre höchsten Ladungen gingen auf einen Faktor, der als semantisches „Ergänzen von Korrelaten" identifiziert wurde. Dieser Faktor wurde im vorangegangenen Kapitel erwähnt. Es ist jetzt bekannt, daß diese Assoziationstests zum größten Teil in der Kategorie der konvergenten Produktion liegen, nicht in der divergenten Produktion wie die meisten Flüssigkeitstests. Sie messen am besten die Strukturfähigkeit NMR, während der Faktor der Assoziationsflüssigkeit DMR zugehört. Flüssigkeit kann in der Regel nicht mit Tests gemessen werden, die nur eine einzige Antwort erfordern.

Ergänzen von Ähnlichem und Interpretation von Ähnlichem. Bei diesem Komplex hatten sich früher zwei Probleme ergeben. Eines hat mit Ein-Wort-Antworten gegenüber Mehr-Wort-Antworten zu tun. Das andere hängt, wenn die Antworten aus einzelnen Wörtern bestehen, mit der Ergänzung in Form von Adjektiven bei Attributen gegenüber Substantiven bei Objekten zusammen. Die Bedingungen der multiplen Antwort, wie bei „Interpretation von Ähnlichem", sollten erwartungsgemäß in Richtung des Faktors Ausdrucksflüssigkeit gehen, und die Ein-Wort-Antworten entweder in Richtung auf Vorstellungs- oder Ausdrucksflüssigkeit oder auf beide. Die Ergebnisse bestanden darin, daß „Ergänzen von Ähnlichem" (Angaben von Substantiven) nicht signifikant mit einer der drei Fähigkeiten zusammenhing. Das „Einsetzen von Ähnlichem" (Angaben von Adjektiven) war mäßig mit der Ausdrucksflüssigkeit verbunden, aber nicht einmal signifikant mit den beiden anderen Faktoren. Es besteht eine Ähnlichkeit zwischen „Einsetzen von Ähnlichem" und „Kontrollierten Assoziationen" darin, daß beide die Produktion von Adjektiven ähnlicher Bedeutung verlangen (die Verbindung ist die Ähnlichkeit); daher entspricht die Lokalisation dieser Fähigkeit der Strukturfähigkeit DMR. Es kann sein, daß es bei Substantiven ein begrenztes Potential der Ähnlichkeit oder auch für andere Relationen gibt, die sich auf einen DMR-Test anwenden lassen, sodaß „Ergänzen von Ähnlichem" nur eine geringe Möglichkeit der Verbindung mit dem Faktor Assoziationsflüssigkeit hat. Der Test lud

stattdessen auf den Originalitätsfaktor. Da dieser als DMT identifiziert wurde, muß die Vp bei „Ergänzen von Ähnlichem" nachsichtig
gegenüber Veränderungen der Bedeutung sein.

„Interpretation von Ähnlichem" war stark mit der Ausdrucksflüssigkeit verbunden, aber nicht signifikant mit den beiden anderen Faktoren. Dieser Test erfüllt die Forderung nach miteinander verbundenen Wörtern für einen guten Test für Ausdrucksflüssigkeit. Es müssen kurze Sätze gebildet werden um eine interpretierbare Aussage
liefern zu können. Mit nur drei unterschiedlichen Tests haben wir
eine ganze Menge über die drei Flüssigkeitsfaktoren erfahren.

Allgemeine Schlußfolgerungen. Wir erkennen allgemein aus dieser
Analyse, daß Variationen der Testbedingungen häufig zu wesentlichen
Veränderungen in der faktoriellen Zusammensetzung der Tests führen.
Bei einem Fall (Kontrollierte Assoziationen), bei dem die Testwerte
aus verschiedenen Zeitabschnitten der Arbeit stammen, gibt es die
Gesetzmäßigkeit der sich vermindernden Möglichkeit der Messung
des Primärfaktors Assoziationsflüssigkeit. Der Originalitätsfaktor
war auch in der faktoriellen Zusammensetzung des Tests bei späteren
Zeitabschnitten nicht nachzuweisen, obwohl die späteren Assoziationen
weniger häufig gewesen sein müßten. Auf der anderen Seite legen die
Ergebnisse nahe, daß eine strikte Zeitbegrenzung für das Erfassen
der Flüssigkeitsfaktoren wichtig ist. Ein Test mit unbeschränkter
Arbeitszeit wäre nicht nur Zeitverschwendung, sondern hätte auch
niedrigere Ladungen bei den Flüssigkeitsfaktoren, vielleicht sogar
Null. Je länger die Vpn an einer einzigen Aufgabe arbeiten, desto mehr
wird sich die Zahl der Antworten dem Potential der Antworten nähern
und die verbalen Flüssigkeitstests würden zu Maßen für die Größe
des Wortschatzes und damit für die Fähigkeit CMU. Das würde bedeuten, daß die „ungewöhnlichen" Antworten nicht notwendigerweise Indikatoren der Originalität wären. Diese Schlußfolgerung erhält Unterstützung aus früheren Analysen. Bei der Analyse im ersten Abschnitt
dieses Kapitels lud von den drei Tests, die nach der Ungewöhnlichkeit
der Antworten bewertet wurden, nur „Schnelle Antworten" signifikant
bei der gezielten Lösung auf DMT. Sogar dieser Test ging bei der Analyse 16c nicht mit DMT zusammen, wie später zu erwähnen sein wird.
Der Testwert bei „Alternative Verwendungsmöglichkeiten" hat bei
verschiedenen Analysen nur eine schwach signifikante Ladung auf DMT.
Seine Aufgaben verlangen nach ungewöhnlichen Verwendungsmöglichkeiten, aber die Verwendungsmöglichkeiten sind in keiner Population
sehr ungewöhnlich. Der mögliche Grund für die DMT-Varianz bei „Alternativen Verwendungsmöglichkeiten" liegt in der Wiederherstellung
der beteiligten Objekte und der Produktion von Transformationen. Im
allgemeinen können bei ungewöhnlichen Antworten Transformationen
beteiligt sein. Daher ist Ungewöhnlichkeit per se kein sicherer Hinweis auf Originalität, wenn sie als Fähigkeit DMT definiert wird.

Die Bedingung der Restriktion ist wichtig, aber nicht ganz in der
Weise wie ursprünglich angenommen. Zuerst wurde gefunden, daß
zumindest einiges an Restriktion für eine genaue Messung jeder Art

von Flüssigkeit notwendig ist. Die allgemeine Erwartung, daß eine Verminderung der Restriktion bei fast allen Arten der Flüssigkeits-tests die Wahrscheinlichkeit für die Varianz der Vorstellungsflüssig-keit vergrößern würde, wurde nicht bestätigt. Die Art der Aufgaben ist eine wesentlich wichtigere Bedingung. Aber zuviel an Restriktion reduziert wahrscheinlich entweder die Varianz der Wortflüssigkeit oder der Vorstellungsflüssigkeit und lenkt die Tests in verschiedene Richtungen wie im Fall der Tests „Auflisten von Objekten" (Vorstel-lungsflüssigkeit). Die Verfahren sind für Vorstellungsflüssigkeit opti-mal, wenn das Ausmaß der Restriktion relativ niedrig ist.

Mittlere Niveaus anderer Variablen sind auch als optimal für Tests der Ausdrucksflüssigkeit gefunden worden. Die Produktion von Ein-Wort-Antworten und sogar von Zwei-Wort-Antworten ist der Messung der Ausdrucksflüssigkeit nicht angemessen, auch die Produktion einer Sequenz von miteinander verbundenen Wörtern nicht. Kurze Sätze von Standardlänge - zum Beispiel aus vier Wörtern - scheinen etwa opti-mal zu sein, wenn man alles berücksichtigt. Die Bedingungen sind anscheinend etwas besser, wenn die Anfangsbuchstaben der Wörter angegeben sind. Kürzere Sätze und Sätze ohne spezifizierte Buchstaben lenken den Test entweder auf Wortflüssigkeit oder Schreibgeschwindig-keit oder beide als dominante Quellen der Varianz des Gesamtwerts.

Die gezielte Lösung

Für die gezielte Lösung änderte sich das Hauptinteresse von den Aus-wirkungen der Veränderungen der Testbedingungen auf die Feststel-lung, ob die erhaltenen Faktoren und ihre Beziehungen zu den Tests mit den Ergebnissen anderer Analysen übereinstimmten. Verschiede-ne Formen des gleichen Tests, wie „Wortlisten" und „Objektlisten" und Testwerte aus verschiedenen auf einander folgenden Zeitabschnit-ten der Arbeit an den „Kontrollierten Assoziationen" wurden kombi-niert um in jedem Fall nur einen Wert zu erhalten.

Dreizehn Faktoren wurden extrahiert und rotiert. Alle wurden in Übereinstimmung mit dem Strukturmodell interpretiert mit Ausnahme von zwei Einzelfaktoren. Die Flüssigkeitsfaktoren - DSU, DMU und DMS - waren gut repräsentiert, was sie auch, in anbetracht der an-sehnlichen Anzahl von Flüssigkeitstests, in der Analyse sein sollten. Aus Tabelle 6.2 kann entnommen werden, daß DSU deutlich hervortritt, da er durch drei starke Variablen repräsentiert ist - „Wortflüssigkeit" (eine Kombination von validen Wortlistentests), „Nachsilben" und „Reime". DMR war ebenso prägnant, repräsentiert durch „Assozia-tionsflüssigkeit" (zusammengesetzt aus validen Teilen der Kontrollier-ten Assoziationen), „Einsetzen von Ähnlichem" und „Ergänzen von Ähnlichem". Der letzte Test verlangt Substantiv-Antworten. Seine Ladung hatte bei der ursprünglichen Analyse nur .09 betragen, er-reichte aber bei der gezielten Analyse den signifikanten Wert von .36.

Unter den führenden Tests für DMU waren bekannte - „Verwendun-gen eines Ziegelsteins" (Flüssigkeit), „Geschichtentitel" (nicht schlagfertig) und „Vorstellungsflüssigkeit" (zusammengesetzt aus Objekt-listen-Tests mit mäßigen Restriktionen). „Alternative Schlagzeilen" (Wert für Neuanordnung) ging auf DMU, während er dort bei der ur-sprünglichen Lösung eine Nulladung hatte. Das ist nicht leicht zu er-klären, weil die Spezifikationen der Klassen bei den Aufgaben dieses Tests nicht offensichtlich sind. Es kann jedoch gesagt werden, daß die Klasse durch die Präzisierung „Schlagzeilen, die neue Anordnungen der gegebenen sind" bestimmt ist. „Wortlisten 0", der keine Restrik-tionen irgendeiner Art hatte, und von dem konsequenterweise eine Ver-bindung mit DMU erwartet wurde, hatte eine Ladung von .36 auf diesen Faktor bei der gezielten Lösung und eine von .23 bei der ursprüngli-chen Analyse. Möglicherweise bedeutet das, daß die Vp dazu neigt ihre eigenen sinnvollen Klassen zu bilden, von denen sie dann, als Taktik bei der Durchführung des Tests Mitglieder nennt. Eine Bestä-tigung dafür ist in der Zusammenballung von Antworten innerhalb von Klassen zu sehen. Die bedeutendste Ladung war .55 auf die Schreib-geschwindigkeit bei der ursprünglichen Analyse und .51 bei der geziel-ten Analyse. Die Freiheit von äußerlichen Restriktionen ließ es zu, daß die Wörter der Vp schneller kamen als sie in den meisten Fällen schreiben konnte.

Beim Faktor DMS waren die führenden, bekannten, Tests „Aus-drucksflüssigkeit" (im wesentlichen der gleiche wie Vier-Wort-Kombi-nationen (erster Buchstabe)) und „Interpretation von Ähnlichem". An-dere Tests luden erwartungsgemäß auf DMS, einschließlich „Wortan-ordnung" und „Alternativen Schlagzeilen" (Wörter), die zumindest in der ursprünglichen Analyse auf DMS luden. „Wortsynthese" (Wörter), der das Schreiben von verbundenen Sätzen, die 10 vorgegebene Wörter beinhalten, verlangt, lud stark auf DMS. Bei der ursprünglichen Ana-lyse war er mit „Wortsynthese" (Beurteilung des Zusammenhangs) auf einen spezifischen Faktor gegangen, weil die beiden Variablen aus dem gleichen Test abgeleitet waren. Die Interkorrelation betrug .56. Bei der gezielten Analyse wurde der Wert für die Beurteilung des Zusam-menhangs weggelassen.

Die einzige allgemeine Schlußfolgerung, die aus der gezielten Lö-sung gezogen werden kann, und diese Folgerung gilt für die meisten, wenn nicht alle Untersuchungen, besteht darin, daß wenn die Faktoren besser durch Tests repräsentiert sind, es auch mehr Invarianz von einer Analyse zu einer anderen gibt.

Eine Untersuchung der intellektuellen Flexibilität

Die Untersuchung der Flexibilität (4) war eine direkte Folge des Auf-findens zwei verschiedener Flexibilitätsfaktoren bei der ersten Ana-lyse der Kreativität, die am Anfang dieses Kapitels behandelt wurde.

---

4 Vgl. Bericht 18; ebenso FRICK, GUILFORD, CHRISTENSEN und MERRIFIELD (1959).

Wie die beiden vorangegangenen wurde sie ohne die Hilfe der Strukturtheorie begonnen, aber ihre Ergebnisse lieferten einige Beiträge für
die Entwicklung dieser Theorie. Das Hauptziel bestand darin mehr
über die Fähigkeiten zu erfahren, die als „spontane Flexibilität" und
als „adaptive Flexibilität" bezeichnet wurden, um ihre Eigenschaften
deutlicher werden zu lassen, und um ihre Beziehungen zu Merkmalen
der Rigidität zu untersuchen.

Es wurde angenommen, daß es zwei oder mehr Dimensionen der
Rigidität gibt, genauso wie bei der Flexibilität, sogar im eingeschränkten Bereich des Denkens, und daß die Merkmale der Flexibilität sich
an den entgegengesetzten Polen der Rigidität befinden. Es wurde auch
angenommen, daß die Formen der Rigidität-Flexibilität im Bereich
des Denkens sich von den Formen der Rigidität im Bereich des Psychomotorischen, der Wahrnehmung und der Einstellung unterscheiden,
obwohl diese Vorstellung nicht überprüft wurde. Aus all dem wurde
mindestens eine Dimension der Flexibilität-Rigidität erwartet, die
alle Bereiche des Verhaltens durchdringt, da es bereits Beweise für
zwei derartige Dimensionen allein beim Denken gab.

Hypothesen und Tests

Die Vorstellungen bei der Auswahl von Tests und der Konstruktion
neuer Tests für diese Analyse gingen von zwei Arten der Flexibilität
und hypothetischen Arten der Rigidität aus, die so entgegengesetzt wie
nur möglich sind. Als Gegensatz zur „spontanen Flexibilität" wurde
„Perseveration" angenommen, eine Art Gedankenträgheit. Als Gegensatz zur „Adaptiven Flexibilität" wurde „Persistenz" gesetzt. Die
vier Begriffe wurden wie folgt definiert:

SPONTANE FLEXIBILITÄT: Die Fähigkeit die Verschiedenheit von
Vorstellungen deutlich werden zu lassen, die in einer relativ unstrukturierten Situation entstehen.
PERSEVERATION: Die Tendenz des Denkens, wenn es einmal in Gang
gekommen ist, weiterzulaufen, bis Erschöpfung oder Unterbrechung
durch störende Einflüsse auftritt.
ADAPTIVE FLEXIBILITÄT: Die Fähigkeit eine Vorstellung zu ändern,
um den Erfordernissen geänderter Bedingungen gerecht zu werden.
PERSISTENZ: Das Beharren auf dem Verfolgen eines Denkansatzes
bei einem Problem, trotz geänderter Bedingungen, unter Aufrechter-
halten der Motivation.

Bei zwei oder mehr Tests, die jeden dieser Begriffe repräsentieren,
wären einige verschiedene Ergebnisse möglich. Es könnte zwei (logisch) bipolare Faktoren, vier unipolare Faktoren oder zwei unipolare
Flexibilitätsfaktoren geben und die Tests für Perseveration und Persistenz könnten in verschiedene Richtungen gehen. Es gibt andere Möglichkeiten, die mehr oder weniger regulär sind, die aber nicht ernst-
lich in Betracht gezogen wurden.

Spontane Flexibilität. Zwei geringfügig verschiedene Definitionen dieses Begriffs führten zu zwei verschiedenen Arten von Tests. Bei dem einen Konzept wurde sie als Fähigkeit, die geistige Einstellung leicht zu verändern, verstanden. Dadurch wird es möglich von den offensichtlicheren und trivialeren Antworten wegzukommen. Der Test „Rätsel" (schlagfertig) verlangt von der Vp Antworten auf Rätsel, aber nur die schlagfertigen werden für den Testwert berücksichtigt. Ein Beispiel zeigt der Vp was mit „schlagfertig" gemeint ist. Wenn die Frage lautet: „What city is preferred by actors?" wäre die offensichtliche Antwort „Hollywood"; sie ist realistisch. Aber die Antwort „publi c i ty" wird als schlagfertig angesehen und für den Testwert berücksichtigt.

Bei „Reimdefinitionen" wird ein Satz vorgegeben, zu dem die Vp eine Zwei-Wort-Definition sich reimender Wörter geben soll. Hastig getrunkene Biere können als „schnelle Helle" definiert werden und ein Landwirt als „schlauer Bauer" * . Bei den gerade erwähnten Tests werden einfache Antworten verlangt, keine multiplen, wie in den Tests der divergenten Produktion, bei denen die spontane Flexibilität vorher entdeckt wurde. Aber es wurde angenommen, daß das Abgehen von „offensichtlichen und mehr trivialen Antworten" sogar bei nur einer Antwort ausreichend sein würde, um die in Frage stehende Fähigkeit zu erfassen. Das Konzept der „divergenten Produktion" stand noch nicht zur Verfügung.

Die zweite Definition der „spontanen Flexibilität" betont die Vorstellung der divergenten Produktion. Sie betrachtet die spontane Flexibilität als die Fähigkeit, auf eine relativ unstrukturierte Situation in verschiedener Weise oder Richtung zu reagieren. Der Test „Verwendungsmöglichkeiten eines Ziegelsteins" (Wechsel) stellt den Prototyp dieses Konzepts dar. Neue Tests, die in die Analyse aufgenommen wurden, um diese Subhypothesen zu repräsentieren, waren „Unmöglichkeiten" (bei der ersten Analyse der Kreativität verwendet) und „Zwanzig Fragen". Bei einer Beispielaufgabe von „Zwanzig Fragen" wird der Vp gesagt, daß das zu erratende Objekt ein Gemüse sei. Sie kann bis zu zwanzig Fragen stellen, die mit „ja" oder „nein" beantwortet werden; und die Antworten sollten zu Informationen führen, die für das Erraten des Objekts nützlich sind. Es wurde angenommen, daß beide Tests ein beträchtliches Maß von Ideen und Flexibilität fordern.

Perseveration. Eine Vorstellung von „Perseveration" war Gedankenträgheit; eine Tendenz den Gedanken ihren Lauf zu lassen. „Verwendungsmöglichkeiten eines Ziegelsteins" (Wechsel) wurden in diese Kategorie hineingenommen, weil das Individuum mit beträchtlicher perseverativer Tendenz dazu neigt Verwendungen anzugeben, die in der gleichen Kategorie liegen, bis diese Möglichkeiten erschöpft sind. Ein ähnlicher neuer Test war „Benennen von Objekten", bei dem die Vp nur die Anweisung erhält eine Anzahl von Objekten aufzuschreiben.

*in Analogie zu den Originalitems (Anm. d. Ü.)

Der Test wurde nach den Zusammenballungen von Antworten ausgewertet, das bedeutet die Anzahl von Objekten in der gleichen Kategorie.

Die andere Vorstellung der „Perseveration" richtete sich auf
Themen, was durch die Tendenz angedeutet wird das gleiche Thema
weiter auszuarbeiten, anstatt auf ein neues überzugehen. „Kettenassoziationen" und „Silben" waren die beiden neuen Tests für diese Vorstellung der „Perseveration". Bei „Kettenassoziationen" schreibt die
Vp Wörter auf, bei denen jedes mit dem vorausgegangenen assoziiert
ist. Bei „Silben" schreibt die Vp zweisilbige, unsinnige, Wörter ihrer
Erfindung auf. Beide Tests werden nach der Tendenz, Reihungen zu
vermeiden, ausgewertet. Eine Reihung bei „Kettenassoziationen" wäre
eine Serie von eng miteinander verbundenen Wörtern, die daher zu einem „Thema" gehören. Eine Reihung beim Test „Silben" wäre eine
Serie aufeinander folgender Wörter, bei denen nur geringe Veränderungen bei den Buchstaben gemacht werden.

Adaptive Flexibilität. Die erste von drei Subhypothesen betonte die
Fähigkeit, Probleme umzustrukturieren. Zu diesem Zweck enthielten
die Tests Probleme, die Einsicht bei Wechsel der Bedeutung verlangen.
Das gilt besonders für „Einsichtprobleme" und „Rätsel". Eine Beispielaufgabe des ersten dieser Tests lautet:

> Ein Mann ging eines Tages auf Bärenjagd. Er verließ sein Lager und
> ging genau zehn Meilen nach Süden, dann zehn Meilen genau nach
> Westen, wo er einen Bären erlegte. Er ging dann zum Lager zurück,
> genau zehn Meilen. Welche Farbe hatte der Bär? Warum?
> Antwort: Weiß; ein Eisbär. Nur am Nordpol wären die beschriebenen
> Entfernungen möglich.

Der Test „Rätsel" präsentiert ebenfalls Probleme, die eine drastische
Veränderung der Interpretation erfordern. „Planen von Flugmanövern"
war früher, zusammen mit „Streichholzproblemen II" auf einem Faktor gefunden worden, der als „adaptive Flexibilität" bei der Planungs-
analyse identifiziert wurde. Beide sind in ihrem Inhalt figural. Es bestand Interesse daran zu erfahren, ob die neuen verbalen Tests auf
den gleichen Faktor laden würden. Der Verdacht, daß das nicht eintreten würde, wuchs.

Die zweite Vorstellung von „adaptiver Flexibilität" bei dieser Untersuchung ließ sich mit der Fähigkeit, ein Problem auf mehrere Arten zu lösen, umschreiben. „Streichholzprobleme II" wurde dazu verwendet. Ein neuer Test, „Quadrate", ist von gleicher Art. Bei einem
Schachbrettmuster aus sechs Zeilen und sechs Spalten soll die Vp eine
bestimmte Anzahl von X in den Quadraten unterbringen und zwar so,
daß nicht zwei in der gleichen Zeile, Spalte oder Diagonale sind, und
auf mehrere verschiedene Arten.

Die dritte Vorstellung betont das Verlassen assoziativer Verbindungen, die gerade benutzt wurden, und das Aufnehmen neuer an deren
Stelle. Tests, die diese Subhypothese vertreten, sind „Kreis-Quadra-
te II", der bereits beschrieben wurde, und „Kreis-Quadrat-Dreieck".
Die gleichen geometrischen Objekte müssen mit verschieden bezeich-

neten Objekten bei den Aufgaben assoziiert werden und die Vp soll die Assoziationen von Verwechslungen freihalten.

Persistenz. Drei Bedeutungen von „Persistenz" waren Grundlage für weitere Tests. Eine Bedeutung war die kontinuierliche, fehlangepaßte Verwendung gelernter Verfahren. Für diese Hypothese wurde der berühmte „Wasserkrug-Test" von LUCHINS (1953) in einer Gruppentestversion verwendet. Ein wichtiger Grund für die Benutzung dieses Tests bestand darin zu überprüfen, ob die Art der Rigidität, die er messen soll, auf adaptive Flexibilität ausgerichtet ist. Beim Test werden zuerst fünf Probleme vorgegeben, bei denen jedes nach einer Aussage über das Vorgehen einer Person verlangt, die einen großen Krug mit dem Fassungsvermögen W füllen soll, und die drei kleinere Krüge mit den Fassungsvermögen X, Y und Z zur Verfügung hat. Jedes der fünf Probleme kann mit der gleichen Folge von Handlungen, der gleichen Formel, gelöst werden. Das sechste und weitere Probleme können entweder durch die Anwendung der gleichen Formel oder mit einfacheren und kürzeren Verfahren gelöst werden. Wird die Vp weiterhin die wenig effiziente Formel anwenden?

Ein anderer Grund für die Verwendung des Wasserkrug-Tests bestand darin, seine faktorielle Zusammensetzung zu bestimmen, da er weithin als Maß der Rigidität verwendet wurde. Es gab einige Erwartungen, daß er die allgemeine Denkfähigkeit und die logische Evaluation genausogut wie oder anstelle der adaptiven Flexibilität messen würde. Die Aufgaben sind denen für das arithmetische Denken ähnlich.

Die zweite Subhypothese unter „Persistenz" betont die fortgesetzte Verwendung üblicher Bedeutungen. Zwei früher verwendete Tests wurden für den Einsatz unter dieser Hypothese adaptiert. Der eine war „Zeichenänderung", der andere „Objektsynthese". Beide Verfahren wurden bereits beschrieben.

Die dritte Vorstellung bestand darin, daß Persistenz der Widerstand gegen Umstrukturierung sei. Für die Erfassung dieses hypothetischen Merkmals wurden drei frühere Tests adaptiert und ein neuer konstruiert. „Versteckte Figuren", „Durchdringen von Tarnung" und „Figurenanalyse" erfordern alle das Erkennen von bekannten Figuren, die in anderen Figuren enthalten sind. „Versteckte Wörter" verlangt von der Vp das Erkennen neuer Wörter, die durch Kombination des Endes eines Wortes mit dem Anfang des nächsten in einem Satz entstehen. Bei diesem Test wird der Vp gesagt, sie solle nach der Bezeichnung einer Sportart oder eines Spiels in jedem Satz suchen, z.B.

Viele Autoren nennen gern ihre Anregungen. (Autorennen) *
In Briefkästen nisten manchmal Meisen. (Tennis) *

Aus der Tatsache, daß „Versteckte Wörter" eine symbolische Aufgabe darstellen, konnte, was später bestätigt wurde, nicht erwartet werden, daß er mit den drei figuralen Tests übereinstimmen würde, ob-

---

*in Analogie zum Original (Anm. d. Ü.)

wohl die Aufgaben in anderer Hinsicht ähnlich sind. Die drei Tests könnten einen figuralen Flexibilitätsfaktor bestimmen, aber ein Test allein könnte keinen Faktor der symbolischen Flexibilität determinieren. Eine derartige Trennung wurde bei den späteren Analysen erreicht.

Die ursprüngliche Analyse

Das allgemeinste und entscheidenste Ergebnis bestand darin, daß keine neuen Faktoren benötigt wurden, um die Perseverations- oder die Persistenztests zu erklären. Die Tests für Rigidität gingen im allgemeinen mit den Flexibilitätstests bei verschiedenen Faktoren zusammen. Von sechs Tests für spontane Flexibilität luden drei signifikant auf den Faktor, der als DMC im Strukturmodell bekannt ist. Von den vier Tests für Perseveration gingen zwei mit den drei zusammen, die bei der Bestimmung von DMC halfen. Von den sieben Tests für adaptive Flexibilität luden vier auf den Faktor, der für die Strukturfähigkeit DFT steht. Aufgrund des gegenwärtigen Wissens läßt sich sagen, daß der Faktor, der in der ursprünglichen Lösung als DFT identifiziert wurde, eine Mischung von DFT mit NFT war. Von den sieben für Persistenz entwickelten Tests luden nur zwei auf DFT, aber nur drei der sieben waren figural, die anderen dem Inhalt nach symbolisch oder semantisch. Das Fehlen des entsprechenden Inhalts kann als Grund für die meisten Fehlschläge bei den Flexibilitäts- und Rigiditätstests bei den Faktoren DMC und DFT, spontane bzw. adaptive Flexibilität, angegeben werden.

Eine andere interessante Verallgemeinerung der Ergebnisse war die Tendenz der Tests, die für die vier Haupthypothesen entwickelt worden waren, auf Faktoren zu laden, die Transformationen erfordern - NFT, NST und DMT genauso wie DFT. Zu der Zeit, zu der die Faktoren interpretiert wurden, waren die Kategorien der Strukturtheorie der Intelligenz bekannt geworden und zwei neue Transformationsfaktoren wurden ermittelt - NFT und NST -. DFT und DMT waren früher als adaptive Flexibilität bzw. Originalität identifiziert worden. Damit wurden neue Arten der Flexibilität erkannt und die Tests für Flexibilität und Rigidität halfen bei der Schlußfolgerung, daß die Fähigkeiten der Transformationsproduktion, sowohl konvergent als auch divergent, Merkmale der Flexibilität sind.

Faktorielle Zusammensetzung des Wasserkrug-Tests. Diese Analyse gab eine ziemlich deutliche Antwort hinsichtlich der faktoriellen Zusammensetzung des Wasserkrug-Tests. Seine Hauptvarianzen kommen aus der allgemeinen Denkfähigkeit, mit einer Ladung von .42, und logischer Evaluation, mit einer Ladung von .45, wie es im wesentlichen vorausgesagt worden war. Es gab nur nicht signifikante Ladungen auf den beiden Flexibilitätsfaktoren, die untersucht wurden, und den Transformationsfähigkeiten (FRICK & GUILFORD, 1957). Die weitverbreitete Anwendung dieses Tests als Maß für Rigidität konnte bei dieser Untersuchung, hinsichtlich der Validität, nicht gestützt werden. Die gezielte Lösung, die als nächste zu besprechen ist, ergab eine Ladung von .69 auf CMS und eine Ladung für EMI, die nicht die Signifikanzgrenze erreichte.

Die gezielte Lösung

Der Zielbereich wurde auf zusätzliche Faktoren erweitert, auf CMI beim Test „Zwanzig Fragen", auf DSU beim Test „Silben" und auf NFT bei einigen figuralen Tests vom Typ der versteckten Figuren. Der neue Faktor NST war durch die ursprüngliche Analyse nahe gelegt worden, aber da „Versteckte Wörter" der einzige Vertreter dieses Faktors war, ergab sich ein Einzelfaktor. „Zwanzig Fragen" führte ebenfalls zu einem Einzelfaktor, da die anderen Tests für diesen Faktor keine Unterstützung lieferten. Die Ergebnisse aus der späteren Analyse legen keine zusätzlichen Schlußfolgerungen nahe. Die einzelnen Faktorenladungen können Tabelle 6.2 entnommen werden.

Kreative Fähigkeiten in der neunten Klasse

Bei allen Untersuchungen, die bis jetzt in diesem Kapitel erwähnt wurden, waren die Versuchspersonen junge Männer. Mit dem Auffinden einer Anzahl von Fähigkeiten der divergenten Produktion, die in verschiedenen Analysen nachgewiesen wurden, die ziemlich wichtig und logisch dem kreativen Denken zuzuordnen waren, ergab sich auch die Frage, ob die gleiche faktorielle Struktur in diesem Bereich auch bei jüngeren Gruppen und Frauen nachzuweisen wäre. Es wurde erwartet, daß die Tests für Flüssigkeit, Flexibilität und Elaboration, die bei der Bestimmung der Faktoren bei den Erwachsenen erfolgreich waren, auch bei Schülern verwendet werden könnten. Daher wurden Versuchspersonen niedrigeren Alters und anderer Zusammensetzung gesucht (5).

Zu der Zeit, zu der diese Untersuchung geplant wurde, war die Strukturtheorie ausreichend entwickelt, um als Richtschnur bei der Zusammenstellung einer Testbatterie zu dienen. Die neuen Konzepte der Strukturtheorie für die verschiedenen Fähigkeiten legten nahe, daß bessere Tests für einige Faktoren der divergenten Produktion konstruiert werden müßten. Zumindest war Raum für Tests, die den dreifachen Spezifikationen für Fähigkeiten im Strukturmodell besser entsprechen würden. Daher wurden einige neue Tests für die Analyse entwickelt, die zusammen mit den zuverlässigeren Markierungstests aus den früheren Analysen eingesetzt wurden.

Neben den Hauptzielen der Bestimmung der Struktur der Fähigkeiten der divergenten Produktion auf einer niedrigeren Altersstufe und beiden Geschlechtern bestand ein sekundäres Interesse daran, die

---

5 Vgl. Bericht 26.

Faktorenstruktur von Individuen mit hoher Intelligenz mit der von Individuen mittlerer Intelligenz zu vergleichen. Da Intelligenzwerte für die meisten der Schüler verfügbar waren, bestand die Möglichkeit, die Beziehungen zwischen den Fähigkeiten der divergenten Produktion und der Intelligenz zu bestimmen. Anhand der verfügbaren Strukturtheorie wurde erkannt, daß die meisten der bekannten Fähigkeiten der divergenten Produktion in der semantischen Kategorie lagen. Ausnahmen waren die adaptive Flexibilität (DFT), Wortflüssigkeit (DSU) und Ausdrucksflüssigkeit (dann mit der Fähigkeit DSS identifiziert). Es wurde entschieden, weiterhin die figuralen und symbolischen Kategorien als nächste zu erforschen, aber bei dieser Analyse nicht sehr ausführlich, da die Zahl der Faktoren so groß werden würde, daß die Batterie weit über die verfügbare Testzeit hinausginge.

Es gab jedoch eine hypothetische Fähigkeit des Strukturmodells im figuralen Bereich, die besondere Aufmerksamkeit erhielt, nämlich DFI. Es ist daran zu erinnern, daß bei der Untersuchung der Planungsfähigkeiten ein Test, der figural zu sein schien, „Figurproduktion", mit den semantischen Planungstests zusammenging und einen Faktor bestimmte, der dann einfach als „Elaboration" bezeichnet wurde. Aufgrund der Strukturtheorie sollte Figurproduktion mit anderen figuralen Tests auf einen figuralen Faktor parallel zum semantischen Faktor DMI, aber nicht auf DMI gehen. Diese Hypothese wurde durch die Konstruktion von zwei neuen Tests für DFI und einen neuen Test für DMI überprüft, um zu sehen, ob zwei unterschiedliche Faktoren der Implikation bei der divergenten Produktion auftreten würden.

Der Fall DSS erforderte ebenfalls Aufmerksamkeit. Die erste Plazierung des Faktors der Ausdrucksflüssigkeit im Strukturmodell war die Zelle DSS. Der Grund dafür war, daß ein Satz eine organisierte grammatische Struktur ist und strukturale Aspekte der Sprache im Bereich der symbolischen Information liegen. Das Ergebnis der Untersuchung der Flüssigkeit, daß Ausdrucksflüssigkeit anscheinend den Ausdruck eines semantisch organisierten Konstrukts erfordert, eine ziemlich komplexe Vorstellung, war bei der Zuordnung dieses Faktors zu DSS übersehen worden. Das angemessene Vorgehen bestand darin, zwei neue Tests zu entwickeln, die sicher DSS repräsentieren und sie zusammen mit zwei guten Tests der Ausdrucksflüssigkeit zu analysieren.

Erwartete Faktoren und ihre Tests

Da die Strukturfähigkeiten die Hypothesen der Faktoren darstellen, ist es nur notwendig sie anzugeben, die damit verbundenen Inhalte zu kommentieren und die Tests aufzuführen, die benutzt wurden, um sie zu markieren. Wenn die Tests neu sind, werden sie kurz beschrieben. Wir beginnen mit den semantischen Fähigkeiten.

Vorstellungsflüssigkeit (DMU). Die drei Markierungstests für DMU aus früheren Untersuchungen waren „Konsequenzen" (offensichtlich),

„Vorstellungsflüssigkeit" (ähnlich wie Auflisten von Objekten I der Flüssigkeitsanalyse) und „Geschichtentitel" (nicht schlagfertig). Ein teilweise neues Verfahren war der Test „Brauchbarkeit", der den Test „Verwendungen eines Ziegelsteins" als ersten Teil und eine parallele Aufgabe, die nach den Verwendungsmöglichkeiten eines Holzbleistifts fragt, als zweiten Teil hat. Wie beim Test „Verwendung eines Ziegelsteins" ergibt eine einfache Zählung der angegebenen Verwendungsmöglichkeiten den Wert für DMU.

Spontane Flexibilität (DMC). Die zwei Markierungstests waren „Alternative Verwendungsmöglichkeiten" (früher „Ungewöhnliche Verwendungen") und der „Brauchbarkeitstest" (Wechsel), bei dem der Wert für DMC in der Häufigkeit besteht, mit der die Vp die Kategorien der Verwendungsmöglichkeiten ändert. „Multiple Gruppierung", ist ein neuer Test, der entwickelt wurde um die Plazierung der spontanen Flexibilität in der Zelle DMC des Strukturmodells zu bestätigen. Dabei wurden die Bezeichnungen von sieben bekannten Objekten vorgegeben und die Vp hat sie auf verschiedene Weise zu klassifizieren. Es handelt sich dabei um eine offensichtlichere Klassifikationsaufgabe als bei den anderen beiden Tests.

Assoziationsflüssigkeit (DMR). Die beiden bereits verwendeten Tests waren „Assoziationsflüssigkeit I" (früher „Kontrollierte Assoziationen") und „Einsetzen von Ähnlichem". Der neue Test „Multiple Analogien" war so konstruiert, daß er mehr den Struktureigenschaften von DMR entsprach. Bei fast allen Analogietests wurde gefunden, daß sie Fähigkeiten der Relation in den kognitiven oder produktiven Operationskategorien repräsentierten. Divergente Produktion verlangt multiple Antworten, daher wurden Wortpaare gewählt, bei denen jedes Wort mehrere mögliche Beziehungen hat. Das Wortpaar VATER-TOCHTER hat die Beziehungen Eltern-Kind, alt-jung, männlich-weiblich, lang-kurz und möglicherweise andere. Man könnte die Vp bitten solche Wortpaare als ihre multiplen Antworten anzugeben, aber um den Test etwas leichter für die jüngeren Vpn zu machen, wurden die ersten Glieder der Paare vorgegeben und die Vpn sollten Entsprechungen finden. Das Auffinden der Entsprechungen war als hinreichendes Maß beispielsweise der Fähigkeit der Korrelatergänzung (NSR) gefunden worden.

Originalität (DMT). Zwei zuverlässige Tests wurden als Markierung für DMT benutzt - „Konsequenzen" (entfernt) und „Geschichtentitel" (schlagfertig). Der dritte Test, „Alternative Zeichen", war eine gründliche Überarbeitung von „Symbolproduktion", der diesem im Prinzip ähnlich war. Dabei soll die Vp verschiedene bildliche Symbole für jedes gegebene Wort produzieren, z.B. „Gewicht" und Zeichnungen realer Objekte werden als Lösung akzeptiert.

Semantische Elaboration (DMI). Wie bereits erwähnt wurde vermutet, daß der früher erhaltene Elaborationsfaktor eine Mischung aus DMI

und DFI sei. Zwei Tests aus der Analyse der Planung wurden vollständig verwendet - „Planungsausarbeitung II" und „Figurproduktion",
ein möglicher figuraler Test. „Mögliche Berufe" wurde neu entworfen
um multiple, semantische Implikationen zu betonen. Die Vp erhält
eine Skizze eines Objekts, etwa einer elektrischen Glühbirne, und soll
verschiedene Berufe, Beschäftigungen oder Gruppen von Leuten nennen, für die das Objekt als Symbol verwendet werden könnte. Bei der
Glühbirne könnte sie sagen „Elektriker", „Elektrogerätehersteller",
„Missionar", „Lehrer", „kluger Schüler" usw.. Obwohl der Reiz
figural ist, ist die verlangte Leistung semantisch.

Adaptive Flexibiliät (DFT). Als Markierungstests für DFT wurden
zwei verwendet, die aus früheren Untersuchungen übernommen wurden - „Streichholzprobleme II" und „Planung von Flugmanövern".
„Streichholzprobleme V" war eine etwas andere Art als „Streichholzprobleme II", weil nur die Zahl der zu entfernenden Streichhölzer
festgelegt ist und nicht auch die Zahl der verbleibenden Quadrate. Diese Variation liefert mehr Alternativen und es wurde daher angenommen, daß sie für jüngere Vpn leichter sein.

Figurale Elaboration (DFI). Der neue Faktor der divergenten Produktion, der in dieser Untersuchung erwartet wurde, war die Strukturfähigkeit DFI. Für diesen hypothetischen Faktor wurden zwei neue Tests
konstruiert. Bei „Dekorationen" erhält die Vp Umrißzeichnungen bekannter Objekte wie Möbel oder Kleidung. Die Vp soll bei diesen Objekten dekorative Linien einzeichnen, und da jedes Objekt zweimal
vorgelegt wird besteht auch die Möglichkeit multipler Antworten. Bei
„Produktion figuraler Effekte" erhält die Vp sehr einfache Linien verschiedener Art. Zu jeder soll sie andere Linien hinzufügen, um daraus
eine komplexere Figur zu machen, die jedoch k e i n e realen Objekte
darstellen dürfen. Bei „Figurproduktion" soll die Vp reale Objekte
darstellen, was möglicherweise der semantischen Beteiligung an DMI
bei der früheren Analyse zuzuschreiben war. Bei der neuen Analyse
hatte „Figurproduktion" nur die Möglichkeit auf DFI zu gehen oder auf
DFI und DMI. Es wurde nicht erwartet, daß er nur auf DMI laden würde.

Wortflüssigkeit (DSU). Die Markierungstests für DSU waren „Nachsilben" und „Wortflüssigkeit", wobei der letztere wie „Wortlisten I" der
Flüssigkeitsuntersuchung aufgebaut ist.

Mögliche Ausdrucksflüssigkeit (DSS). Obwohl die beiden deutlich semantischen Tests einen neuen Faktor DMS bestimmen könnten, werden
sie hier mit zwei neuen Tests aufgeführt. Die semantischen Tests waren „Ausdrucksflüssigkeit" (wie Vier-Wort-Kombinationen (Anfangsbuchstaben) der Flüssigkeitsuntersuchung) und „Interpretation von
Ähnlichem". Die neuen Tests, die den Strukturmerkmalen der Fähigkeit DSS folgten waren „Herstellen eines Kodes" und „Zahlkombinationen". Der erste verlangt von der Vp die Aufstellung einfacher al-

ternativer Kodes, bei denen in symbolischen Systemen Zahlen und Buchstaben verwendet werden. Bei „Zahlkombinationen" soll die Vp eine Anzahl von Gleichungen aufstellen. Dabei sind einige Zahlen und Regeln gegeben. Es wurde angenommen, daß eine Gleichung ein symbolisches System sein könnte.

Die ursprüngliche Analyse

Bei der ursprünglichen Untersuchung in der neunten Klasse wurden vier verschiedene Analysen durchgeführt. Das war möglich, weil die Batterie von 35 Tests mit 700 Schülern einer Junior High School und mit ungefähr 200 in einer weiteren Schule durchgeführt wurde. Eine Analyse, mit „T" bezeichnet, basierte vollständig auf der zweiten Stichprobe, die beide Geschlechter umfaßte und eine große Streuung der Intelligenz aufwies. Die größere Stichprobe wurde in Gruppen von etwa 200 Vpn unterteilt. Eine bestand nur aus Jungen (J), die andere nur aus Mädchen (M). In beiden Gruppen war die Intelligenzstreuung auf den Bereich von 95 bis 119 eingeschränkt. Die vierte Analyse basierte auf Daten von Schülern, deren Intelligenz über 120 lag und die als Analyse „H" bezeichnet wurde. Diese Gruppe wurde aus Schülern beider High Schools zusammengesetzt. Es gab daher in einigen Fällen ein Überlappen der Stichproben, da einige Vpn sowohl der Gruppe T als auch der Gruppe H angehörten.

Bei den Gruppen T und H wurde die Variable Geschlechtszugehörigkeit in die Analyse hineingenommen. Es gab keine deutlichen Unterschiede, mit Ausnahme des interessanten Ergebnisses, daß Mädchen dazu tendieren bei Flüssigkeitstests und Jungen bei Flexibilitätstests gut abzuschneiden. Einige Unterschiede zwischen den Mittelwerten waren signifikant, andere nicht. Einige Werte aus den Schulzeugnissen wurden zu den Testvariablen hinzugenommen um die Faktoren CMU und die Leichtigkeit des Umgangs mit Zahlen zu markieren.

Bestätigte Faktoren. Wir werden die erhaltenen Faktoren in der gleichen Reihenfolge wie früher besprechen. Alle erwarteten Faktoren erhielten zumindest einige Unterstützung.

DMU wurde voll bestätigt, da drei seiner Tests auf den gleichen Faktor bei allen vier Analysen luden und der vierte Test „Brauchbarkeit" mit den übrigen bei allen, außer der Analyse H (hohe Intelligenz), zusammenging. Zwei Tests für DMC kamen auf einem Faktor bei allen Analysen zusammen. Der neue Test „Multiples Gruppieren" kam nur bei Analyse T auf den gleichen Faktor. Daher erhielt das Merkmal der wiederholten Klassifikation bei der Zuordnung zur spontanen Flexibilität und der Strukturfähigkeit DMC nur wenig Unterstützung. Bessere Hinweise ergaben sich mit diesem Test bei späteren Untersuchungen.

Die beiden Markierungstests für DMR bestimmten diesen Faktor konsistent bei allen vier Analysen. Der neue Test, „Multiple Analogien", der mehr der Strukturdefinition dieses Faktors entsprach, versagte bei der Bestimmung, mit Ausnahme der Analyse H. Bei jeder Gruppe war die höchste Ladung die für CMU, was auf ein Wortschatzproblem der Vpn in diesem Test hindeutet. Eine andere Form der „Multiplen Analogien" und eine sorgfältige Auswahl der Wörter könnten daraus einen erfolgreichen Test für DMR machen.

Ein deutlicher DMS-Faktor wurde gefunden, der sich von einem schwächeren für DSS unterscheidet. Das bedeutet, daß die beiden verbalen Tests auf einen Faktor gingen und die beiden symbolischen auf andere. Bei der Analyse halfen „Ausdrucksflüssigkeit" und „Interpretation von Ähnlichem" DMS zu bestimmen. Sie waren bei den Analysen J und M allein, aber bei den Analysen T und H waren noch andere Tests dabei.

Faktor DMT wurde durch „Geschichtentitel" (schlagfertig) bei allen vier Analysen, und durch „Alternative Zeichen" bei drei unterstützt. „Konsequenzen" (entfernt) lud nicht signifikant auf DMT, mit Ausnahme der Stichprobe J (Jungen). Dieser Fehlschlag war ein ungewöhnliches Ergebnis, da sogar bei einer Stichprobe von Schülern der 6. Klasse diese Testvariable eine Beziehung zu DMT hatte (Bericht 27).

Es gab eine deutliche Trennung der beiden Elaborationsfaktoren DMI und DFI, wobei „Ausarbeitung von Planungen II" auf DMI in drei Fällen lud, und der neue Test „Mögliche Berufe" ebenfalls in drei Fällen. Bei allen vier Analysen ging „Figurproduktion" mit den beiden neuen figuralen Tests zusammen, um einen neuen Faktor für DFI zu bestimmen und überhaupt nicht auf DMI wie bei der Planungsuntersuchung.

Bei DSU gingen die beiden Markierungstests, und nur diese beiden, bei drei Analysen in die erwartete Richtung. Das Auffinden eines neuen Faktors DSS, der sich von DMS unterscheidet, wurde bereits erwähnt. Mit der Repräsentation durch nur zwei Tests könnte es einige Zweifel hinsichtlich der Dimension DSS geben. Der Faktor trat bei der M-Analyse (Mädchen) überhaupt nicht auf; und die beiden Tests kamen nur bei der Analyse der Jungenstichprobe als Unterstützung für DSS zusammen. In jedem Fall gingen diese beiden Tests nicht mit den gut bekannten Tests der Ausdrucksflüssigkeit zusammen. Zusätzliche Tests, die für DSS entwickelt werden, sind notwendig um weitere Hinweise zur Unterstützung dieses Faktors zu finden.

DFT wurde stark unterstützt, denn alle Tests, die dafür entwickelt worden waren, gingen zusammen. Einer der drei zusätzlichen Tests lud ebenfalls in drei Analysen auf diesen Faktor.

Einige allgemeine Schlußfolgerungen. Im Ganzen gesehen spricht vieles dafür, daß die gleichen Faktoren der divergenten Produktion, die in der erwachsenen männlichen Population gefunden wurden, auch in der Population der Schüler der neunten Klasse demonstriert werden können. Die meisten Tests, die Faktoren bei den Erwachsenen markierten, taten dies auch bei der jüngeren Population. Die gleichen Faktoren wurden bei beiden Geschlechtern gefunden, sodaß in beiden Gruppen sehr ähnliche Faktorenstrukturen auftraten. Der einzige deutliche Unterschied bei dieser Studie bestand darin, daß DSS bei der Analyse der Jungen, aber nicht bei der Analyse der Mädchen zu finden war. Der Faktor erschien jedoch bei gemischten Gruppen.

Obwohl erwartet werden könnte, daß die Faktorenstruktur bei den Analysen J, M und H im Vergleich zur Analyse T deutlicher wäre, da der Bereich der Intelligenz eingeschränkter als bei T wäre, schien es nicht der Fall zu sein. Die durchschnittliche Zahl der Tests pro Faktor betrug 4,0 bei Gruppe T, 3,1 bei Gruppe J, 3,7 bei Gruppe M und 3,6 bei Gruppe H. Eine begabte Gruppe, beschränkt auf ein Geschlecht, hätte zu einem deutlicheren Bild geführt, was durch weniger Tests pro Faktor angezeigt worden wäre. Es muß auch daran erinnert werden, daß die Beschränkung der Intelligenz nicht sehr viel im Hinblick auf die Restriktion der Fähigkeiten bedeutet, da die Korrelation zwischen der Intelligenz und den Tests der divergenten Produktion relativ niedrig ist.

Die gezielte Lösung

Da es so viele Ähnlichkeiten in der Faktorenstruktur der verschiedenen ursprünglichen Analysen gab, wurde nur ein Datensatz bei der gezielten Analyse benutzt, der von Gruppe H. Vierzehn Faktoren wurden extrahiert und rotiert, einschließlich der beiden nicht intellektuellen Faktoren Geschlecht und Schreibgeschwindigkeit. Nur ein intellektueller Faktor war ein Einzelfaktor und das war der, von dem angenommen wurde, daß er DSS repräsentierte. Nur der Test „Herstellen eines Kodes" lieferte dafür eine signifikante Ladung.

Wie Tabelle 6.2 entnommen werden kann, beschränkten sich die meisten Faktoren auf die darauf gerichteten Tests. Einige der Tests, die allgemein nicht auf die erwarteten Faktoren bei der ursprünglichen Analyse gingen, lieferten jetzt bessere Ergebnisse. „Multiples Gruppieren" hatte bei der Gruppe H vorher nicht auf den Faktor DMC geladen, aber er tat es bei dieser Analyse. „Multiple Analogien", der vorher auf den Faktor DMR nur mit minimaler Signifikanz geladen hatte, lag jetzt an der Spitze der Liste für Gruppe H. „Konsequenzen" (entfernt), der vorher nur bei Gruppe J auf DMT geladen hatte, lud bei der gezielten Lösung auf DMT. Der neue Test, „Mögliche Berufe", der nicht, wie beabsichtigt, bei den Gruppen T und H der ursprünglichen Analyse auf DMI gegangen war, lud bei der gezielten Lösung stark auf DMI, obwohl er noch eine Beziehung zu CMI, wie bei der ursprünglichen Analyse, hatte. CMI war nur durch einen der charakteristischen Tests - „Erkennen von Problemen" - schlecht markiert und möglicherweise nicht optimal bei dieser Lösung lokalisiert. Wenn das richtig ist gibt es einen Hinweis, daß „Mögliche Berufe" eine Kognitionsvarianz ebenso wie eine Varianz der divergenten Produktion hat, und „Erkennen von Problemen" hat eine Varianz der divergenten Produktion ebenso wie eine Kognitionsvarianz, zumindest bei der Stichprobe aus der neunten Klasse.

Kreative Fähigkeiten in der sechsten Klasse

Die Möglichkeit der Untersuchung, ob die Fähigkeiten der divergenten Produktion in der sechsten Klasse differenziert sind, ergab sich als eine graduierte Studentin der Erziehungswissenschaft, ELNORA SCHMADEL, vorschlug die Maße für divergente Produktion mit der Schulleistung zu verbinden. In einer gemeinsamen Untersuchung wurden ungefähr 400 Schüler einer Testbatterie, die vier Stunden dauerte, unterzogen (6).

Auswahl der Tests

Die Auswahl der zu untersuchenden Faktoren basierte auf früheren Erfahrungen bei höheren Altersstufen. Faktoren für Fähigkeiten, die als am wichtigsten für das kreative Denken angesehen werden, und die Faktoren, die am häufigsten repliziert worden waren. Die Liste umfaßte dann die sechs semantischen Fähigkeiten der divergenten Produktion, Sensivität für Probleme und adaptive Flexibilität. Zwei Tests wurden für jeden der erwarteten Faktoren mit Ausnahme der Sensivität für Probleme und Ausdrucksflüssigkeit, für die es nur je einen Test gab, ausgewählt. Die Liste der Tests folgt:

Vorstellungsflüssigkeit (DMU):
Geschichtentitel (nicht schlagfertig)
Konsequenzen (offensichtlich)

Spontane Flexibilität (DMC):
Alternative Verwendung
Brauchbarkeitstest (Wechsel)

Assoziationsflüssigkeit (DMR):
Assoziationsflüssigkeit
Einsetzen von Ähnlichem

Ausdrucksflüssigkeit (DMS):
Ausdrucksflüssigkeit

Originalität (DMT):
Geschichtentitel (schlagfertig)
Konsequenzen (entfernt)

Elaboration (DMI):
Ausarbeitung von Planungen
Mögliche Berufe

Sensitivität für Probleme (CMI) (7)
Erkennen von Problemen

---

6 Vgl. Bericht 27.
7 Zu der Zeit als die Untersuchung geplant war, wurde angenommen, daß der Faktor Sensitivität für Probleme beim Strukturmodell an die Stelle von EMI gehöre.

Adaptive Flexibilität (DFT):
Streichholzprobleme V
Herstellen von Objekten

Bei der Adaption der Tests Erwachsene für die jüngere Gruppe, deren
Alter meistens zwischen 10 und 11 Jahren lag, wurden einige kleinere Änderungen vorgenommen, besonders bei den Instruktionen. Die
Titel der Tests wurden meistens geändert, um die Verfahren für Kinder anziehender zu machen. Die Zeitvorgaben wurden bei einigen
Tests großzügiger, da die Vpn viel zu schreiben haben. Ein Test für
die Schreibgeschwindigkeit und die Variable Geschlecht wurden in die
Batterie mit hineingenommen um diese möglichen Quellen der Varianz
zu identifizieren.

„Herstellen von Objekten" war ein neuer Test, von dem angenommen wurde, daß er günstig für DFT sei. Dabei werden der Vp einfache
geometrische Figuren vorgegeben, die sie auf verschiedene Arten miteinander kombinieren soll, um daraus verschiedene, spezifizierte Objekte herzustellen, wie etwa eine Tischlampe, ein Gesicht oder eine
Puppe. Es wurde erwartet, daß jede neue Verwendung einer Figur
eine Transformation darstellt. Wir werden sehen, daß bei einer Untersuchung dieser Test nicht auf DFT lud, sondern auf DFS. Die Inspektion der Liste der Faktoren und der repräsentativen Tests, die
oben gegeben wurde zeigt, daß es einen dritten Faktor gab (DFT), der
nur durch einen Test vertreten wurde, sogar einen vierten, wenn
„Herstellen von Objekten" für DFS berücksichtigt wird.

Die ursprüngliche Analyse

Bei den vielen Fähigkeiten, die nur schwach repräsentiert waren,
kann von der ursprünglichen Analyse gesagt werden, daß vier Faktoren
der divergenten Produktion unterschieden wurden - DMU, DMC, DMR
und DMT. Sie wurden von einander getrennt und auch von Faktoren,
die durch Teile eines Intelligenztests repräsentiert waren, und die
Faktoren unterstützten, die möglicherweise richtig als die Fähigkeiten
CMU, CMR und Leichtigkeit im Umgang mit Zahlen identifiziert wurden.

Die gezielte Lösung

Tabelle 6.2 zeigt, daß fünf der semantischen Fähigkeiten der divergenten Produktion durch jeweils zwei Tests unterstützt wurden, wie
zu erwarten war. Die allgemeine Schlußfolgerung ist, daß, soweit die
Faktoren Unterstützung von Tests hatten, sie fast in der gleichen Weise wie bei älteren Gruppen von Vpn getrennt werden konnten. Ein un-
erwartetes Ergebnis bestand darin, daß die Tests „Erkennen von Problemen" und „Mögliche Berufe" signifikante Beziehungen zum Faktor
DMC aufwiesen. Das könnte bedeuten, daß diese jüngeren Vpn bei der

Zahl der Antworten dieser Tests teilweise dadurch gewinnen, daß sie die Kategorien der Klassen wechseln. Wenn die beabsichtigten Faktoren besser bestimmt gewesen wären (CMI und DMI), hätte sich diese Abweichung nicht ereignet.

Figurale und symbolische Fähigkeiten der divergenten Produktion

In der Zeit als diese Untersuchung initiiert wurde (8), wurde die Struktur der Intelligenz vollständig dazu benutzt hypothetisch erwartete Fähigkeiten vorauszusagen. Acht Fähigkeiten der divergenten Produktion waren nachgewiesen worden, sechs davon semantisch und je eine in den figuralen und symbolischen Kategorien (DFT und DSU). Das Strukturmodell impliziert 10 weitere Fähigkeiten der divergenten Produktion außerhalb des Bereichs des Verhaltens. Während der Anfänge der Untersuchung wurden zwei zusätzliche Faktoren der divergenten Produktion bekannt, wie im Zusammenhang mit der Studie der neunten Klasse berichtet wurde. DFI wurde deutlich identifiziert und es gab einige Hinweise auf DSS. Konsequenterweise konnten diese beiden Faktoren außer acht gelassen werden. Im Verlauf der Testkonstruktion wurde deutlich, daß die für DFR und DST entwickelten Tests nicht sehr erfolgversprechend waren. Damit blieben sechs Strukturfähigkeiten übrig, die zum ersten Mal bei dieser Studie untersucht wurden, nämlich DFU, DFC, DFS, DSC, DSR und DSI.

Daher bestand das Hauptziel dieser Untersuchung darin zu bestimmen, ob die Strukturtheorie Fähigkeiten voraussagen könnte, die noch nicht nachgewiesen worden waren. Die Auswahl des Bereichs der Fähigkeiten der divergenten Produktion für diesen Zweck war durch das wachsende Interesse an den Fähigkeiten des kreativen Denkens, die für das kreative Potential der visuellen Künste in Frage kommen, und die symbolischen Fähigkeiten der divergenten Produktion, die bei der Kreativität in der Mathematik eine Rolle spielen, bestimmt. Ein untergeordneteres Ziel bestand in Verbindung mit dem Faktor DFT, der vorher mehr als einmal nachgewiesen worden war, aber dessen Plazierung im Strukturmodell offen war und für den bessere Tests gewünscht wurden. DFT wurde daher zu der Liste der sechs hinzugefügt. Als deutlich wurde, daß sowohl eine Stichprobe von Marinefliegern als auch von Schülern der neunten Klasse zur Verfügung stehen würden, war ein zusätzliches Ziel die Ähnlichkeit der Faktorenstruktur zu bestimmen, die sich ergeben würde, wenn Alter und Vorbildung sich unterscheiden aber die Testbatterie gleich ist. Würden die gleichen Faktoren auftreten und wären ihre Beziehungen zu den Tests vergleichbar?

---

8 Vergl. Bericht 29.

Die Faktoren der divergenten Produktion und ihre Tests

Bei dem Strukturmodell als Quelle hypothetischer Fähigkeiten gab es zwei Möglichkeiten, wie das Modell zur Ableitung von Ideen für Tests benutzt wurde. Eine bestand darin, sich an die Richtlinien der drei Parameterwerte für jede Fähigkeit zu halten. Die andere war Nutzen aus bekannten, erfolgreichen, Tests an parallelen Positionen des Modells zu ziehen. Beispiele werden bei einigen der Tests, die jetzt zu beschreiben sind, demonstriert.

DFU-Tests. Die Tests, die für DFU entwickelt wurden, schlossen „Herstellen einer Markierung", „Skizzen" und „Herstellen einer Figur" (Flüssigkeit) ein. Erfolgreiche Tests für DMU haben der Vp einige Spezifikationen von Klassen gegeben, für die sie eine Liste von Mitgliedern der Klasse zusammenstellen soll, etwa beim Benennen von Objekten, die weiß und weich sind. „Herstellen einer Markierung" instruiert die Vp beispielsweise in jedes einer Anzahl von vorgegebenen Quadraten eine einfache offene Figur, bei einer und eine einfache geschlossene Figur, bei einer anderen Aufgabe zu zeichnen. Bei „Skizzen" können wir sagen, daß die Spezifikation der Klasse in figuraler Form vorgegeben ist. Zum Beispiel ist in jedem einer Anzahl von Quadraten eine Ellipse gegeben und die Vp soll Objekte herstellen, die eine Ellipse enthalten.

Bei „Herstellen einer Figur" wird bei jeder Aufgabe ein Satz einfacher Linien vorgegeben, z.B. zwei kurze Kurven und eine kurze Gerade. Die Vp soll daraus eine Anzahl von Einheiten machen, bei denen diese Elemente auf verschiedene Weise miteinander kombiniert sind. Es wurde vermutet, daß die Erstellung von Anordnungen von Elementen den Test auch in die Richtung von DFS lenken könnte, was sich bei der Analyse bestätigte. Die „Flüssigkeit", die mit dem Titel dieses Tests verbunden ist, bedeutet, daß die Zählung der akzeptablen Einheiten, die produziert werden, den Wert für die Fähigkeit DFU liefert. Die Anzahl der Wechsel von einer Klasse zur anderen durch die Vp, wie im parallelen Test, „Verwendungen eines Ziegelsteins", wurde als Wert für DFC verwendet.

DFC-Tests. Vier Testvariablen wurden für DFC aus folgenden Quellen verfügbar gemacht: „Herstellen einer Figur" (Wechsel), „Alternative Buchstabengruppen", „Figurale Ähnlichkeiten" und „Variierte Figurale Klassen". Die erste Testvariable wurde gerade bei der Besprechung der DFU-Tests erwähnt. Es stellte sich heraus, daß die Entscheidungen, ob ein Wechsel der Art der Figur stattgefunden hat, sehr schwer zu treffen war, mit dem Ergebnis, daß der Wert keinen Beitrag zu irgendeinem Faktor lieferte. Es ist möglich, daß die Vpn sehr wenig an unterschiedliche Klassen bei diesem Test dachten.

„Alternative Buchstabengruppen" präsentiert der Vp einen Satz von acht Großbuchstaben in Form einfacher Zeichnungen. Die Vp soll drei oder mehr in eine Klasse, nach den gemeinsamen figuralen Eigenschaften, einordnen, wie etwa „alle geraden Linien", „enthalten paral-

lele Linien", „haben abgerundete obere Teile" usw. Sie soll die Buchstaben der gegebenen Gruppe auf so viele verschiedene Arten klassifizieren, wie sie kann.

„Figurale Ähnlichkeiten" wurde auf der Grundlage des gleichen
Prinzips konstruiert, „Multiples Gruppieren" oder „Neue Klassifikationen", wie im parallelen Test für DMC, „Multiples Gruppieren".
Während beim letzteren und bei „Alternativen Buchstabengruppen" die
Vp feststellen muß, welche Einheiten gruppiert werden können, wurde
bei „Figuralen Ähnlichkeiten" der Versuch gemacht, die Multiple-
choice-Form auf folgende Weise zu verwenden. Jeder von sechs Figuren wurde ein Buchstabensymbol von A bis F zugeordnet. Alle
möglichen Triaden wurden gebildet und als mögliche Klassengruppen
präsentiert. Die Vp hatte dabei mit „ja" „?", oder „nein" zu antworten. Diese Form des Tests wurde gewählt um festzustellen, ob ein
Test der Multiple-choice-Form eine Fähigkeit der divergenten Produktion messen könnte. Vom Standpunkt des heutigen Wissens könnte
der Test sehr gut ein Maß für EFC sein, wenn auch einige Klassen
schwer zu erkennen sind. Zu diesem Fall würde noch etwas CFC-Va-
rianz als Komponente hinzutreten.

DFS-Tests. Die drei Tests, die für DFS vorgesehen waren, sind
„Entwürfe", „Punktsysteme" und „Monogramme". Die Vorstellung von
DFS verlangt nach Aufgaben, bei denen die Vp die gleichen Elemente
auf verschiedene Arten organisieren muß, um unterschiedliche strukturierte Ganze herzustellen. Bei „Entwürfe" werden der Vp eine Anzahl von Linienelementen gegeben, wie etwa eine Gerade, ein Punkt,
ein Halbkreis und ein Winkel, aus denen durch Kombination auf verschiedene Arten, verschiedene Muster gemacht werden können, die
etwa auf Tapeten, Stoffen oder Linoleum zu finden sind.

Bei „Punktsysteme" wird der Vp eine Anordnung von Punkten in
vier Zeilen und vier Spalten vorgegeben (wobei die letzte Zeile nur
zwei Punkte enthält). Bei jeder Lösung soll sie den Buchstaben T
zweimal auftreten lassen, der jedesmal aus vier Punkten besteht. Die
Anordnungen müssen auf verschiedene Weise variiert werden.

Bei „Monogramme" sind die Elemente drei Großbuchstaben, von
denen angenommen wird, daß sie die Initialen einer Person sind. Die
drei sollen in alternativen Mustern angeordnet werden, von denen
jedes ein anderes Monogramm darstellt.

DFT-Tests. Bei den ersten Untersuchungen der Fähigkeiten des kreativen Denkens hatten einige Formen des Tests „Streichholzprobleme"
geholfen, den Faktor für adaptive Flexibilität zu bestimmen, der später als DFT erkannt wurde. Die erste Form des Tests verlangte keine multiplen Lösungen für jedes Item. Als der Begriff der „divergenten Produktion" bekannt wurde, war dieses Merkmal rätselhaft, da
Tests für divergente Produktion sonst multiple Lösungen forderten.
Es schien möglich, daß multiple figurale Transformationen während
einer Lösung auftreten könnten, in Form des Versuchs-und-Irrtums-
Verhaltens.

Bei der frühesten Form des Tests „Streichholzprobleme" erforderten jedoch zwei Aufgaben drastische Abweichungen von der üblichen Lösung. Eine Art der Abweichung bestand darin, daß eines der verbleibenden Quadrate viermal so groß wie die übrigen gemacht werden mußte. Bei der anderen blieben einander überlappende Quadrate übrig. Es könnte sein, daß diese Aufgaben (zwei von zehn) zum großen Teil für den Anteil von DFT in Frage kamen. „Streichholzprobleme III" wurde konstruiert, um Probleme, die solche drastischen Abweichungen von den konventionellen Lösungen erfordern, anzubieten. Wie „Streichholzprobleme II" verlangt er auch multiple Lösungen, von denen einige orthodox sind.

Es bestand auch die Frage, wie man die Vereinfachung der Streichholzprobleme für die Verwendung bei jüngeren Gruppen durchführen könnte. Die Vereinfachung wurde bei „Streichholzproblemen IV" erreicht, in dem die Anzahl der Quadrate, die übrig bleiben soll, festgelegt wird, aber nicht die Zahl der Streichhölzer, die zu entfernen sind. Dabei werden multiple Lösungen, wie bei „Streichholzprobleme II" verlangt. Im Gegensatz zu „Streichholzprobleme IV", wird bei „Streichholzproblem V" die Zahl der Streichhölzer festgelegt, die entfernt werden soll, aber nicht die Zahl der verbleibenden Quadrate.

„Herstellen von Objekten" war für die Fähigkeit DFT entworfen worden, ging aber nicht mit „Streichholzproblemen II" zusammen, wie in vorhergehenden Abschnitt berichtet. Die neue Hypothese für diesen Test war die Strukturfähigkeit DFS. Die neue Untersuchung lieferte zwei Möglichkeiten mit anderen, für DFS entwickelten Tests, zusammenzugehen. Bei zwei Analysen war ein Test für Erwachsene, der andere für die Stichprobe der neunten Klasse bestimmt.

DSC-Tests. Zwei der Tests für DSC folgten dem Prinzip der multiplen Gruppierung. Es handelt sich dabei um „Namengruppierung" und „Zahlgruppierung". Ein Beispiel für ein kleineres Problem bei „Namengruppierung" gibt eine Liste von Vornamen vor:

1. Gertrud
2. Bill
3. Alex
4. Carrie
5. Belle
6. Don

Die Vp soll die Klassen angeben, die sie aufgrund der Schreibweise der Namen bildet.

Eine Aufgabe von „Zahlgruppierung" könnte aus den Zahlen 2, 3, 4, 5, 17, 23 und 36 bestehen. Daraus können Gruppen gebildet werden, z.B. Vielfache von 3, gerade Zahlen oder Primzahlen.

„Variierte Symbole" besteht aus mehreren Sätzen von jeweils drei sinnlosen Silben wie PEQ, TMU und EXF. Fünf andere alternative sinnlose Wörter werden für mögliche Gruppierungen vorgegeben, die im Wechsel mit den übrigen drei eine Klasse bilden. Alle Klassen weisen unterschiedliche gemeinsame Merkmale auf.

DSR-Tests. Bei der Konstruktion von Tests für DSR traten besondere Schwierigkeiten auf. Eine wichtige Überlegung bestand darin, daß, obwohl die parallelen Tests für CSR miteinander verbundene Symbole vorgeben, bei denen die Vp zeigen muß, daß ihr das Wesen der Beziehungen bekannt ist, der parallele Test für die Produktionskategorien den Umgang mit Korrelaten zu erfordern schien. Bei den Tests für die Fähigkeiten der konvergenten Produktion, NSR und NMR, wären Tests der Analogieergänzung eher zu erwarten gewesen als solche der Korrelatergänzung. Das gleiche gilt für die Tests zu DMR. Assoziationsflüssigkeit liefert Einheiten und die Beziehung der Ähnlichkeit und die Aufgabe der Vp besteht darin multiple Korrelate zu produzieren.

Aber Analogieergänzungstests und Korrelatergänzungstests kamen für DSR nicht in Frage, da Symbolen die Nebenbedeutungen, die bei Wörtern häufig sind, fehlen. Gleicherweise ist es möglich nach alternativen Beziehungen zu fragen und die Tests, die für DSR konstruiert wurden, waren von dieser Art. Die drei Tests waren „Alternative Additionen", „Buchstabengruppenbeziehungen" und „Zahlregeln". Die beiden Zahlentests sind möglich, da Zahlen sehr leicht durch die Beziehungen „weniger als", „gleich" und „größer als" oder durch die fundamentalen Operationen verbunden werden können. Jedes Operationszeichen steht für eine Beziehung.

„Alternative Additionen" gibt einige einfache Zahlen mit der Instruktion vor, sie lediglich mit Hilfe der Addition auf verschiedene Weise zu kombinieren um eine festgelegte Summe zu erreichen. Zum Beispiel können die Zahlen 1, 2, 3 und 4 auf verschiedene Weise summiert werden um das Endergebnis 7 zu liefern. Bei dem anderen numerischen Test, „Zahlregeln", wird der Vp eine Anfangszahl gegeben, z.B. 2, und sie soll eine andere festgelegte Zahl erreichen, z.B. 6, indem sie mit anderen Zahlen operiert, die dafür benötigt werden. Die Vp muß das auf verschiedene Arten tun, um die divergente Produktion zu betonen. Dadurch führt die Vp selbst die variierten Zahlbeziehungen ein.

„Buchstabengruppenbeziehungen" ist von anderer Art. Dabei wird von der Vp eine Aussage darüber verlangt, ob eine gegebene Triade von Buchstaben, etwa „ABC", innere Beziehungen repräsentiert, die möglicherweise bei einer anderen Liste von Triaden, wie etwa „MNO", „TEO", „BRJ" und „IGH" ebenfalls aufgefunden werden können. „MNO" und „RTW" können als Vertreter der gleichen Beziehung akzeptiert werden, z.B. der alphabetischen Ordnung, obwohl die Buchstaben bei „RTW" im Alphabet nicht unmittelbar aufeinander folgen.

DSI-Tests. Für DSI wurden nur zwei Tests vorgesehen, die beide die Forderungen der Strukturtheorie erfüllten, daß diese Fähigkeit sich auf die Produktion unterschiedlicher Implikationen bezieht. „Symbolausarbeitung" gibt zwei einfache Gleichungen vor, die zumindest einen Term gemeinsam haben. Welche anderen Gleichungen sind impliziert oder können aus dieser Information abgeleitet werden? Wenn die gegebenen Gleichungen Z = A + D und B - C = D sind, kann die Vp die Gleichungen D = Z - A, B - C = Z - A usw. ableiten.

„Begrenzte Wörter" ist eine Anagramm-Aufgabe besonderer Art. Aus einem gegebenen Paar kurzer Wörter soll die Vp andere Wortpaare herstellen und dabei die gleichen Buchstaben benutzen. Daher könnte aus dem Paar SHIRT - BEAN „hairs - bent" oder „bears - thin" werden. Die eine Kombination von Buchstaben impliziert andere. Die Zahl der Alternativen bei den Aufgaben dieses Tests ist jedoch begrenzt.

Die ursprüngliche Analyse

Das erste wichtige Ergebnis, das über die Analysen in den zwei Populationen zu berichten ist, besteht darin, daß die sieben Fähigkeiten der divergenten Produktion, die besonders untersucht wurden, als Faktoren bei den Schülern der neunten Klasse identifiziert werden konnten, aber nicht bei den jungen Erwachsenen, bei denen sechs identifiziert wurden und DFC fehlte. Nur bei zwei der Fälle kann gesagt werden, daß die Faktoren „überbestimmt" waren und zwar die Faktoren DFU und DFS, bei denen je drei Tests bei der Bestimmung des Faktors halfen. In vier anderen Fällen waren zwei, für jeden Faktor konstruierten Tests, wichtig für die Bestimmung, zumindest in einer der beiden Populationen. Die Ähnlichkeit der Listen für die Bestimmung des gleichen Faktors in beiden Populationen war nur mäßig. Es wurde deutlich, daß, obwohl es Hinweise für die erwarteten Faktoren gab, mehr als drei Tests für jeden Faktor hätten entwickelt werden sollen.

Einige besondere Ergebnisse sind erwähnenswert. Die Tests, die auf die Faktoren DFU und DFS luden, hatten ziemlich oft signifikante Ladungen auf beide Faktoren. Nur ein Test für DFU (Skizzen) lud bei beiden Populationen signifikant auf DFU und nicht auf DFS, aber das traf auch für „Herstellen einer Markierung" bei der Analyse der Erwachsenen zu. Nur „Herstellen eines Objekts" hatte eine signifikante Ladung auf DFS und nicht auf DFU und das nur bei der Erwachsenenpopulation. Im Hinblick auf die Tatsache, daß einige der produzierten Einheiten das Herstellen von Elementanordnungen umfassen, und diese Einheiten ein wenig komplex werden, und daß einige Systeme als Einheiten wahrgenommen werden können, macht diese Art der Mischung der zwei Faktoren bei den Tests verständlich. Diese Interpretation wird der vorgezogen, die einige Faktorenanalytiker präferieren würden, nämlich, daß die beiden Faktoren in Wirklichkeit miteinander korreliert seien. Aber die Höhe der Korrelation würde davon abhängen, welche Tests der beiden Faktoren zufällig zusammen analysiert würden.

Als Bestätigung eines früheren Verdachts lud „Herstellen von Objekten" bei beiden Analysen entscheidend auf DMS. Das Zusammenstellen der gleichen Elemente zur Bildung unterschiedlicher Ganzer ist eine Sache der Produktion von Systemen, sogar wenn jedes Element ein sehr bekanntes Objekt ist, das mehr oder weniger von seiner Identität in dem neuen Ganzen verliert. Wenn man einen Vergleich von „Herstellen von Objekten" mit anderen Tests für DFT oder NST durchführt, findet man einen Hinweis für das Versagen. Diese anderen Tests brechen alte Strukturen auf, um daraus neue zu entwickeln. Das geschieht mit den vorgegebenen Gegenständen bei „Herstellen von Objekten" nicht; sie werden benutzt, wie sie gegeben werden. Bei Tests für NST werden Buchstabenfolgen aus Wörtern extrahiert und neu gruppiert, um neue Wörter zu bilden. Bei den Streichholzproblemtests zerstört die Vp eine Struktur von Quadraten um eine neue festgelegte Form zu erreichen.

Eine andere, nicht valide, Voraussage bestand hinsichtlich des Tests „Punktsysteme". Konstruiert für DMS, lud er nur sehr schwach bei den Erwachsenen auf DFT und ein wenig stärker auf DFU bei den Schülern. Offensichtlich stellt das Anordnen von zwei gleichen Großbuchstaben, etwa T in einem System von Punkten, keine Konstruktion eines Systems dar. Wenn wir das Ergebnis für die jüngere Gruppe akzeptieren, ist es eine Sache der variierten Anordnung eines Buchstabens oder der Wahl seiner Position. Das könnte nahelegen, daß eine einzige Plazierung eine figurale Einheit darstellt. Die Ladung dieses Tests auf DFT bei den Erwachsenen würde auf einige Anstrengung die Beteiligung figuraler Transformation zu rationalisieren hindeuten, wenn die Ladung höher wäre.

Was die Streichholzproblemtests betrifft, die bei dieser Analyse benutzt wurden, so stellte sich heraus, daß der neue Test „Streichholzprobleme III" ein starkes Maß für DFT war, stärker als „Streichholzprobleme IV" bei beiden Populationen. Das könnte bedeuten, daß die Spezifikation der Zahl der Streichhölzer, die entfernt werden, und die Zahl der Quadrate, die übrig bleiben, eine bessere Bedingung darstellt als eine Spezifikation, zumindest wenn diese eine Spezifikation die Zahl der Quadrate ist, die übrig bleiben sollen. Aber wir werden bei der nächsten Untersuchung in diesem Kapitel sehen, daß dieses Ergebnis nicht immer eintritt.

Da kein semantischer Test der divergenten Produktion in der Batterie war, konnten wir nicht sicher sein, daß die neu konstruierten Tests sich von den parallelen semantischen Fähigkeiten unterscheiden. Die nächste Untersuchung wird eine Antwort auf diese Frage geben. Daß es einen Unterschied zwischen den sieben untersuchten Faktoren der divergenten Produktion und den korrespondierenden Faktoren der Kognition gibt, wird durch die Tatsache bestätigt, daß vier Kognitionsfaktoren bei der Analyse gefunden wurden, die jeweils durch ein oder zwei Tests markiert wurden. Diese waren CFC, CSU, CSR und CMU. Das deutet nicht nur auf die Trennung zwischen den Fähigkeiten der Kognition und der divergenten Produktion hin, sondern auch darauf, daß Kognitionsprobleme auf einem niedrigen Schwierigkeitsniveau bei den Tests der divergenten Produktion gehalten wurden. Mit anderen Worten, die Kognition wurde kontrolliert.

Die gezielte Lösung

Da die Daten der Schülerpopulation in die gezielte Lösung aufgenommen wurden, über die im nächsten Abschnitt zu berichten ist, wurde die Analyse auf diese Daten beschränkt. Die Ergebnisse sind in Tabelle 6.2 zu finden. Von den sieben Faktoren der divergenten Produktion, die hier von besonderem Interesse sind, war nur einer durch einen Einzelfaktor vertreten. Das war DSI, für den nur 2 Tests in der Batterie verwendet wurden, von denen einer versagte. Dieser Test, „Begrenzte Wörter", lud auf DSI bei den Schülern in der ursprünglichen Analyse, aber ging bei den Erwachsenen wo anders hin. Es gab einen Doppelfaktor DFC, während dieser Faktor bei der ursprünglichen Analyse vollständig gefehlt hatte. „Alternative Buchstabengruppen" versagte hier, während er auf den Faktor DFC bei den Schülern in der ursprünglichen Analyse geladen hatte.

Figurale, symbolische und semantische Fähigkeiten der divergenten Produktion (9)

Zufällig war die Gruppe der Schüler der neunten Klasse, die an der vorangegangenen Untersuchung im Januar 1960 teilgenommen hatte, die gleiche, wie Gruppe T der größeren Studie der neunten Klasse, mit denen die Testbatterie, einschließlich der semantischen Tests für die divergente Produktion, im Dezember 1959 durchgeführt wurde. Der zeitliche Abstand war so kurz, daß eine einzige Analyse der kombinierten Testbatterien gerechtfertigt schien. Das gab die Möglichkeit die semantischen Fähigkeiten der divergenten Produktion von denen in dem figuralen und symbolischen Bereich zu trennen. Dreiundzwanzig Fähigkeitsfaktoren wurden bei den 57 Tests hypothetisch erwartet. Nur eine gezielte Lösung wurde für dieses große analytische Problem versucht, deren Ergebnisse in der Rubrik 35 von Tabelle 6.2 zu sehen sind.
   Das wichtigste Ergebnis dieser kombinierten Analyse bestand darin, daß die sechs semantischen Faktoren der divergenten Produktion deutlich von den fünf figuralen symbolischen Faktoren der gleichen Operationskategorien zu trennen waren. Damit konnten alle Fähigkeiten der divergenten Produktion aus dem Strukturmodell, die untersucht wurden, bestätigt werden. Die Bedeutung der Bestätigung kann in folgender Weise dargestellt werden. Ein Faktor (DFT) wurde durch fünf Tests unterstützt, zwei durch jeweils vier Tests, sieben durch drei Tests, fünf durch zwei Tests und nur einer, DSS, durch einen einzigen Test. Von den fünf Faktoren, die nur durch zwei Tests unterstützt wurden, hatten drei bei anderen Analysen stärkere Unterstützung. Zum Beispiel wurde der Faktor DSU nur durch zwei Tests bei dieser Analyse repräsentiert.

---

9 Vgl. Bericht 35; ebenso GUILFORD und HOEPFNER (1966).

Einige von den speziellen Ergebnissen sind von Interesse. Es gab eine deutlichere Trennung von Tests für DFU und DFS in dieser Analyse dadurch, daß von den sechs Tests, die signifikant auf DFU luden, zwei DFS - Tests und von den fünf Tests, die auf DFS luden nur zwei DFU - Tests waren. Unter den Tests für DFT erwiesen sich „Streichholzprobleme III", „IV" und „V" als etwa gleich stark. Das legt nahe, daß die Formen IV und V, die nur eine Bedingung fixieren (Zahl der Quadrate, die übrig bleiben sollen bzw. Zahl der zu entfernenden Streichhölzer), genauso starke Indikatoren für DFT sind wie Form III, die beides festlegt. Alle waren stärker als „Streichholzprobleme II", der ebenfalls zwei Spezifikationen aufweist. Die Möglichkeit, daß Ladungen der Streichholzproblem-Tests etwas durch spezifische Überlappungen beeinflußt sein könnte, erfordert einige Vorsicht bei derartigen Vergleichen.

Die Verifikation so vieler Faktoren der divergenten Produktion und ihrer Fähigkeiten in den drei Inhaltsbereichen, sorgte für die Ermutigung mit der Untersuchung der gleichen Arten von Fähigkeiten im Bereich des Verhaltens fortzufahren. Diese Untersuchung wird in einem späteren Kapitel über die Fähigkeiten des Verhaltens dargestellt. Allgemein gilt, wie an anderen Stellen, daß die Trennung paralleler Fähigkeiten, die sich nur im Inhalt unterscheiden, leichter ist als die Trennung derjenigen, die nur in der Operation voneinander abweichen. Am schwierigsten von allen ist die Trennung zwischen Faktoren, die sich nur in den Produkten unterscheiden. Das Versagen von Tests für die erwarteten Faktoren, ist häufiger dem Mangel an experimenteller Kontrolle der Art und Weise, wie die Vpn die Aufgaben anpacken, zuzuschreiben. Ihre Strategien und Taktiken haben zweifellos signifikante Auswirkungen auf die Art des Produkts, das wichtig ist. Trotz der Tatsache, daß die Vpn Verlagerungen von einer Inhaltskategorie zu einer anderen vornehmen könnten, sind solche Taktiken entweder nicht effektiv oder die Wahl des zu benutzenden Inhalts unterscheidet sich zu stark von Person zu Person. Diese Probleme sind Gegenstand zukünftiger Untersuchungen.

Eine Untersuchung der Transformationsfähigkeiten

Mit wachsender Erfahrung, wurde die relative Bedeutung der Transformationsfähigkeiten für das kreative Denken offenkundig. Die erkannten Fähigkeiten in der Transformationsschicht des Strukturmodells wurden beiläufig bei Untersuchungen demonstriert, die auf andere Kategorien angesetzt waren und niemals bei einer Untersuchung, die speziell auf diese Produktkategorie zielte. Die Analyse, über die in diesem Abschnitt berichtet wird, richtete ihre Aufmerksamkeit auf die Transformationsfähigkeiten (10).

---

10 Vgl. Bericht 41.

Nach der Theorie sind 20 Transformationsfähigkeiten zu erwarten, von denen 13 früher identifiziert worden waren. Von den sieben unbekannten waren zwei gleichzeitig bei anderen Studien untersucht worden - MFT bei einer Untersuchung des figuralen Gedächtnisses und DBT bei der Untersuchung der divergenten Produktion im Verhalten. Die drei anderen befinden sich in der allgemeinen Verhaltenskategorie, nämlich MBT, NBT und EBT. Von ihnen wurde angenommen, daß es am besten sei sie bei der jeweiligen Operationskategorie zu untersuchen. Dieser Eliminationsprozeß ließ nur zwei Transformationsfähigkeiten, CST und DST übrig, die zum ersten Mal zur Untersuchung anstanden. Eine Anzahl derjenigen, die bereits nachgewiesen wurden, benötigten zusätzliche Unterstützung und eindeutigere Tests. Es gab auch einige Fälle, die zu klären waren. Nach all diesen Überlegungen wurden zehn Transformationsfähigkeiten für die Untersuchung ausgewählt. Sie sind auf die semantische und symbolische Inhaltskategorie beschränkt, aber sie repräsentieren alle fünf Operationskategorien. Ein zweites Ziel der Untersuchung bestand darin, die möglichen Rollen der Transformationsfähigkeiten beim schulischen Lernen zu bestimmen.

Um einige Fälle zu klären wurden sechs Strukturfähigkeiten außerhalb der Transformationskategorie in die Analyse eingebracht. Gewöhnlich bestand der Grund darin sicherzustellen, daß Tests für bestimmte Transformationsfähigkeiten so konstruiert waren, wie sie sein sollten und um über Varianzen, die andere Fähigkeiten reflektieren, im klaren zu sein.

Die Faktoren und ihre Tests

Kognition symbolischer Transformationen (CST). Bei Tests für Kognitionen von Transformationen, einschließlich CST, sind wir daran interessiert festzustellen, ob die Vp die Änderungen verschiedener Art, die vorgenommen wurden, bewußt sind oder nicht. Sie kann das nachweisen, indem sie eine gegebene Änderung einer anderen zuordnet, wobei jede Veränderung transponierbar ist; indem sie die Änderung beschreibt oder indem sie Fragen beantwortet, die sie ohne Kenntnis der Natur der Veränderung nicht beantworten könnte. Bei gedruckten Tests besteht, das was wir vorgeben können, in statischen Ansichten und einem Vorher-Nachher-Status bei der Aufgabeninformation.

Beim Test „Auffinden von Buchstabentransformationen" erhält die Vp ein richtig und ein falsch geschriebenes Wort und sie wird gefragt, welche Änderungen bei bestimmten Buchstaben von einer Schreibweise zur anderen vorgenommen wurde. Übliche Veränderungen sind Auslassen, Hinzufügen, Ersetzen und Umstellen. Annehmbare Beschreibungen können in jeder verständlichen Weise formuliert sein.

„Rückwärtslesen" präsentiert der Vp einfache Aussagen, die in falscher Reihenfolge gedruckt sind, mit den Wörtern in umgekehrter

Reihenfolge in einem Satz und ebenso den Buchstaben innerhalb des Wortes. Die Vp zeigt, daß sie diese Transformationen erfaßt hat, indem sie eine angemessene Antwort gibt, wie bei der Aussage: „dneztuD nie tah lefpÄ eleiveiW".

„Lesen von durcheinander geratenen Wörtern" benutzt Versprecher oder Undeutlichkeiten beim Sprechen, z.B. die Wörter „redboom", „static aires" und „pots of wower", die die Vp in „bedroom", „attic stair" und „watts of power" umsetzen sollte.

„Erkennen von Buchstabenänderungen" ist ein Zuordnungsverfahren. Bei einem kurzen Wort wird gewöhnlich eine Änderung bei ein oder zwei Buchstaben vorgenommen. Die Vp zeigt, daß sie die Veränderung bei einem Wortpaar bemerkt hat indem sie die gleiche Änderung bei einem anderen Paar auffindet. Wenn sie z.B. das Paar „cad-cod" sieht, sollte sie es dem Paar „set - sit" zuordnen. Dabei ist nur der mittlere Vokal geändert worden. Um das Produkt nicht zu einer Relation werden zu lassen gibt es keine systematische Verbindung zwischen den Vokalen bei den transformierten Wörtern. Wenn die Vp das Wortpaar „aye -yea" sieht, sollte sie es dem Paar „tan - ant" zuordnen.

Kognition semantischer Transformationen (CMT). „Ähnlichkeiten" war der Name des Tests von dem angenommen wurde, daß er bei der Bestimmung des Faktors CMT bei zahlreichen früheren Analysen geholfen habe. Dabei muß die Vp eine Anzahl von Aspekten nennen, in denen zwei Objekte einander ähnlich sind, z.B. ein Apfel und eine Orange. Die Grundlage besteht darin, daß jedesmal, wenn die Vp hier ein neues Attribut findet, das beiden Objekten gemeinsam ist, sie auch ihre Definition der beiden ändert. Aber dieser Test hat auch signifikante Ladungen auf DMC, der das Springen von einer Klasse zur anderen erfordert. Bei „Ähnlichkeiten" wechselt die Vp ebenfalls von Klasse zu Klasse. Um die ungewünschte DMC - Komponente zu vermeiden, präsentiert ein neuer Test nur e i n Objekt oder ein Wort zu einer Zeit, und die Vp hat seine unterschiedlichen Bedeutungen festzustellen. Bei dem Wort „scale" könnte die Vp sagen „balance for weighing, fishscales, consecutive musical notes, to scale a wall". Auf diese Weise kommt die Vp zu neuen Definitionen, ohne die gleiche semantische Einheit mit einer anderen in verschiedenen Klassen unterzubringen. Dieser Test wurde „Erkenntnis unterschiedlicher Bedeutungen" genannt.

Ein anderer Test, der geholfen hat CMT zu bestimmen, waren „Karikaturen". Für jede vorgelegte Karikatur hatte die Vp einen Vorschlag für eine Unterschrift zu machen. Solche Ausdrücke sind üblicherweise schlagfertig oder humorvoll und erfordern daher etwas in der Art von Transformationen der Bedeutung, die die Karikatur enthält.

Ein anderer neuer Test war „Erkennen von Rätselbedeutungen", bei dem die Vp etwas ähnliches wie ein Bilderrätsel erhält, das sie in einen sinnvollen Ausdruck oder einen Satz übertragen soll. Die gegebene Information hat sowohl figuralen als auch symbolischen Inhalt, so daß die Gefahr bestand sowohl CFT und CST als auch CMT zu erfassen. Die Tatsache, daß die Transformationen semantisch sein sollten, trug jedoch zu der Erwartung bei, daß der Test primär für CMT sei.

Beim Test „Wortbild-Transformationen" wurden ungewöhnliche verbale Beschreibungen bekannter Objekte gegeben, z.B. „ein Möbelstück zum texten ", die als Schreibtisch erkannt werden soll und „ein Rasen, der herumspringt", was als „Grashüpfer" gesehen werden soll. Ein derartiger Test könnte in die Nähe konvergenter Produktion kommen, aber diese Möglichkeit wäre zu überprüfen, da die Fähigkeit NMT in der Analyse repräsentiert war.

Gedächtnis für symbolische Transformationen (MST). Wenn bestimmte Änderungen bei schriftlichem oder numerischem Material erkannt werden, erinnert die Vp sich an einige dieser Transformationen, die so fixiert sind, daß sie zumindest für eine kurze Zeitspanne verfügbar sind. Ein Wiedererkennungs- oder Erinnerungstest kann das bestätigen. „Gedächtnis für Versteckte Transformationen" gibt kurze Sätze auf einer Übungsseite vor, bei denen jeweils ein kurzes Wort versteckt ist, wie etwa: Sie gaben dem Kind die Flasche [*].

Das versteckte Wort „Ende" ist unterstrichen. Auf der Testseite sieht die Vp später einen anderen Satz:

„Sich mühsam weiterschleppend erreichte er erst spät das Ziel" [*]. Die Vp soll feststellen ob die unterstrichene Transformation in der gleichen Form durchgeführt wurde, wie auf der Übungsseite. Offensichtlich ist das hier nicht der Fall.

„Gedächtnis für Falschschreibung" gibt auf der Übungsseite eine Liste von bekannten Wörtern, die phonetisch falsch geschrieben werden, so daß sie leicht als die intendierten Wörter erkannt werden können, z.B. „boan" und „kettl". Auf der Testseite erhält die Vp die Wörterliste richtig geschrieben und sie hat jedes Wort so zu schreiben, wie sie es auf der Übungsseite sah, um auf diese Weise zu zeigen, daß sie sich an die Transformation erinnert.

„Gedächtnis für Worttransformation" legt einige Gruppen aufeinanderfolgender Buchstaben auf der Übungsseite vor, von denen jede Gruppe aus zwei Wörtern besteht, die miteinander verknüpft sind. Wenn die Gruppe an einer Stelle durch eine Linie getrennt wird, entsteht ein Paar sinnvoller Wörter und bei der Trennung an einer anderen Stelle ein anderes Wortpaar. Die Art der Trennung des Buchstabensatzes ist die Transformation. Die Buchstabengruppen werden auf der Testseite wiederholt, manchmal auf die gleiche Weise wie auf der Übungsseite getrennt, manchmal nicht. Z.B. könnte die Gruppe BIND/ARE der Übergangsseite ebenfalls als BIND/ARE auf der Testseite erscheinen, aber EARN/ICE und EAR/NICE sind nicht gleich. Die Vp hat lediglich festzustellen, welche gleich sind und welche nicht.

---

[*] in Analogie zum Original (Anm. d. Ü.)

Gedächtnis für semantische Transformationen (MMT). Für diese Fähigkeit muß die Vp zuerst Änderungen der Bedeutung, die durch die Wörter repräsentiert werden, erkennen und dann zeigen, daß sie diese Änderung behält. „Doppelte Bedeutungen" gibt der Vp ein Satzpaar vor, bei dem jeder Satz das buchstäblich gleiche Wort, aber in verschiedenen Bedeutungen enthält, wie etwa: She carried the food in a paper bag. - The hunter went out to bag a deer.

Das Wort mit den beiden verschiedenen Bedeutungen ist unterstrichen. Auf der Testseite werden ebenfalls Satzpaare mit unterstrichenen Wörtern vorgegeben, jeweils eines in einem Satz. Manchmal sind die unterstrichenen Wörter Synonyme des Wortes mit der doppelten Bedeutung von der Übungsseite und manchmal nicht. Für das gerade zitierte Paar lauten die Testsätze

John took his lunch in a paper sack.
Mother wants to obtain a new chair.

In diesen Sätzen sind die unterstrichenen Wörter Synonyme von „bag" aus verschiedenen Gründen. Bei anderen Aufgaben sind die unterstrichenen Wörter keine Synonyme der beiden gleich geschriebenen Wörter auf der Übungsseite.

Bei dem Test „Homonyme" lernt die Vp Satzpaare, bei denen zwei Wörter, wie „right" und „write" vorkommen, wie etwa bei

You are on the right road.
I must go home and write a letter.

Auf der Testseite findet die Vp eine Multiple-choice-Aufgabe, die sich auf diese Homonyme bezieht. Der Stamm der Aufgabe besteht aus einem Synonym für eines der Wörter, nämlich CORRECT; eine der vier alternativen Antworten ist ein Synonym des anderen Wortes, z.B. ein Synonym von „write".

Bei „Erinnern von Wortspielen" werden auf der Übungsseite Sätze vorgegeben, von denen jeder ein Wortspiel enthält und dieses Wort unterstrichen ist, z.B. „The bird-loving bartender was arrested and charged with contributing to the delinquency of a mynah". Auf der Testseite wird erwartet, daß die Vp zu dem vorgegebenen Wort MYNAH das Wort „minor" angibt und dadurch zeigt, daß sie sich an die Transformation der Bedeutung erinnert, die dem gleichen (auditiven) Symbol zugeordnet wurde.

Divergente Produktion symbolischer Transformationen (DST). Tests für DST sollten die Produktion alternativer Veränderungen betonen, die von der gleichen Information ausgehen. „Produktion versteckter Wörter" fragt nach verschiedenen Möglichkeiten, ein Wort in Sätzen oder Redensarten zu verstecken. Wenn das zu versteckende Wort z.B. EVERY ist, dann könnte die Vp etwa schreiben

Give very few prices.

He taught Eve rye-bread baking.
She will ever yearn for him.

Bei „Multiplen Buchstabenänderungen" erhält die Vp ein relativ kurzes
Wort, wie etwa RATER, das dazu benutzt werden soll, eine Zahl anderer Wörter durch Ersetzen von lediglich zwei Buchstaben zu machen.
Die Vp könnte die Wörter „Kante", „Tante", „Barke", „Ruder", „Start"
und „Brote" angeben *.
    Bei „Multiple Wortextraktionen" wird der Vp ein Paar vielsilbiger
Wörter vorgegeben, bei denen jedes in seine natürlichen Silben aufgeteilt wurde, z. B.

man i fes to   ne o pla ton ism

Wenn nicht erlaubt wird, irgend eine vollständige Silbe als Wort zu
benutzen, könnte die Vp aus den Wörtern „an", „if", „fest", „stone",
„ton", „tone", „one", „Plato", „Toni" und „is" machen. Die besten
Silben für die Messung von DST sollten diejenigen sein, die in vielerlei
Weise zerlegt werden können, wie bei der gerade angegebenen Produktion: „stone", „tone", „ton" und „one".

Divergente Produktion semantischer Transformationen (DMT). Der
neue Ansatz für DMT bei dieser Untersuchung bestand in einem Test,
der als „Faustdicke Lügen" bezeichnet wurde. Die Vp erhält die Beschreibung einer Situation, wie eine Autoausstellung, und soll sich
vorstellen, was ein unverschämter Lügner berichten würde, nachdem
er die Ausstellung besichtigt hat, wie etwa „pelzbesetzte Radkappen",
„gläserne Polster" und „gestrickte Reifen". Es wurde gehofft, daß
dieser Test für DMT erfolgreich sei, da er wesentlich leichter auszu-
werten ist als „Geschichtentitel" (schlagfertig) oder „Konsequenzen"
(entfernt), die am meisten benutzten Markierungstests für DMT.

Konvergente Produktion symbolischer Transformationen (NST). Der
früher erfolgreiche Test „Versteckte Wörter" wurde als Markierung
für NST verwendet und außerdem zwei zusätzliche Tests. „Effiziente
Worttransformationen" gibt der Vp einen Satz von vier kurzen Worten,
die so angeordnet werden sollen, daß sie sich überlappen und zwar so,
daß die Endbuchstaben eines Wortes mit den Anfangsbuchstaben des
nächsten Wortes identisch sind. Wenn die vier gegebenen Wörter

ENTER   LOOP   OPEN   POLO

sind, kann die effizienteste Überlappung in Form der kleinsten Zahl
von Buchstaben, die geschrieben werden müssen, so angegeben werden:

POLOOPENTER

---
*in Analogie zum Original

Das Ergebnis der Transformation muß kein wirklich vorkommendes Wort sein.

„Begrenzte Wortrevisionen" verlangt die Neuanordnung von Buchstaben bei vorgegebenen Wörtern, um auf diese Weise andere Wörter zu produzieren. Die gegebenen Wörter sind so ausgewählt und die Regeln so gestaltet, daß die Neuanordnung, die durchgeführt werden kann, begrenzt ist und um sicherzugehen, daß es nur eine einzige richtige Antwort in jedem Fall gibt. Die Wörter TALE, GAPE und ELBOW können zu „late", „page" und „below" werden.

Konvergente Produktion semantischer Transformationen (NMT). In der Vergangenheit folgten erfolgreiche Tests für diese Fähigkeit dem Prinzip, daß die Vp sagen sollte, welche von alternativen Objekten am besten benutzt werden könnten, um einen ungewöhnlichen Zweck zu erfüllen. Ein Beispiel dafür ist etwa die Verwendung eines Mantelgürtels zum Schnüren eines Pakets bei „Gestalttransformationen" oder eine Kombination von zwei benannten Objekten, um einen neuen Zweck zu erfüllen bei „Objektsynthesen". Kein Test dieser Art hatte früher stark auf NMT geladen, aber sie versagten selten bei der Bestimmung dieses Faktors. Es bestand der Verdacht, daß die Tests diesen Faktor besser messen würden, wenn das Objekt, das in neuer Weise benutzt werden sollte, Teil eines Ganzen ist, das erst aufgebrochen werden muß, z.B. die Saite einer Guitarre, die für das Schneiden von Käse benutzt werden soll.

Der Test „Neue Anwendungsmöglichkeiten" war eine Revision von „Bildgestalten", von denen beide die Fotographie des Raumes eines Hauses vorgeben, gefolgt von einer Liste von zehn Bedürfnissen oder Verwendungsmöglichkeiten, die durch Teile ausgewählter Objekte des des Bildes erfüllt werden sollen. „Objektsynthese" wurde ebenfalls revidiert mit dem Ziel, sicherzustellen, daß Transformationen durchgeführt werden.

„Daffynitionen" wurden geschrieben, um festzustellen, ob ein Test, der keine Objekte verwendet, erfolgreich NMT messen kann. Bei diesem Test müssen Wörter neu definiert und in von den üblichen abweichender Weise verwendet werden. Für das Wort „dessert" könnte von der Vp erwartet werden, daß sie etwas wie „Dessertainly is delicious" schreibt. Für das Wort „decide" sollte die Vp so etwas wie „Deside of de barn is red" schreiben. Die Vp ist nicht auf die Möglichkeit einer einzigen richtigen Antwort, wie bei einem völlig konvergenten Test festgelegt, aber sie ist stark eingeschränkt. Sie muß den Klang des gegebenen Wortes bei der Antwort beibehalten.

Evaluation symbolischer Transformationen (EST). EST war bei dieser Analyse durch zwei Tests vertreten, die früher zumindest mäßig erfolgreich waren. „Dekodieren" erfordert von der Vp die Angabe, welches von zwei Wörtern im Hinblick auf eine einfache Kodierung von Buchstaben zu Zahlen, die ihr erklärt wurde, leichter dekodiert werden kann. Bei „Wortwirrwar" muß die Vp angeben, welches gegebene

Wort ein Anagramm eines anderen ist, bei dem die gleichen Buchstaben in anderer Reihenfolge benutzt wurden.

„Beurteilung von mathematischen Ausdrücken", eine mathematische Aufgabe, war neu für EST. Am Anfang jeder Testseite wird ein algebraischer Ausdruck gegeben und darunter fünfzehn andere Ausdrücke. Einige davon sind exakte Transformationen des gegebenen Modells und einige nicht, und die Vp soll sagen, was in jedem Fall zutrifft. Wenn zum Beispiel der gegebene Ausdruck $2(a-b)/4(a+b)$ ist, ist $(a-b)/(2a+2b)$ eine richtige Transformation, die davon ableitbar ist?

Evaluation semantischer Transformationen (EMT). Es war überhaupt nicht sicher, daß der Faktor dieser Fähigkeit vorher eindeutig nachgewiesen wurde (HOEPFNER et al., 1966). Ein Test, „Nützliche Veränderungen", hatte auf diesen Faktor allein geladen, aber es war nicht sicher, daß dieser Faktor EMT war. „Nützliche Veränderungen" gibt bei jeder Aufgabe eine Funktion, die zu erfüllen ist, z.B. „Käse schneiden" mit drei vorgeschlagenen Objekten, die dafür verwendet werden können, einige mit mehr Erfolg als andere. Bei den drei Alternativen „Guitarre, Blechplatte, Büroklammer", ist „Guitarre" die richtige Antwort, da eine Saite von einer Guitarre die beste Schneide liefert.

Bei einer derartigen Aufgabe hat die Vp eine Transformation durchzuführen, daher läge es nahe, NMT zu erwarten, oder sogar daß dieser Faktor bei der Messung dominierte. Ein neuer Test wurde entworfen, um diese Möglichkeit zu vermeiden. „Beurteilung von Objektadaptionen" benennt das Objekt, das auf ungewöhnliche Weise benutzt werden soll, z.B. ein Telefon mit drei alternativen Verwendungsmöglichkeiten. Die Vp soll sagen, welche am erfindungsreichsten, genial oder einfallsreich ist. Die drei Verwendungsmöglichkeiten, die für das Telefon vorgegeben sind, könnten

A. Erreichen von Hilfe im Notfall
B. Einschlagen eines Nagels
C. Festhalten eines Hundes in der Nähe eines Baumes

sein. Die Antwort C. wird als richtig akzeptiert, da mehr Transformation bei der Benutzung der Telefonschnur als Leine erforderlich ist.

Der dritte Test für EMT ging von der Benutzung von Objekten weg. „Vergleiche von Witzunterschriften" gibt der Vp eine Zeichnung und darunter eine Anzahl von möglichen Unterschriftspaaren. Bei jedem Paar erfordert eine Unterschrift mehr Transformation als eine andere. Die Vp wird gebeten, in jedem Fall die auszusuchen, die „humorvoller, unerwarteter oder schlagfertiger" ist.

Die Referenzfaktoren und Bezugstests. Bei so vielen symbolischen und semantischen Tests in der Batterie bestanden einige Bedenken, ob die Fähigkeiten CSU und CMU zu der Gesamtvarianz hier und dort Beiträge liefern würden, so daß die beiden Fähigkeiten zur Kontrolle verwendet wurden. CMI war vertreten, weil bei einer Zahl früherer Analysen

Tests sowohl signifikant Ladungen auf CMI als auch auf CMT hatten. Es wurden einige Anstrengungen unternommen, die beiden Testgruppen bei dieser Analyse auseinander zu halten.

MSI ist die Gedächtnisfähigkeit, die eine wesentliche Komponente bei allen Tests mit Zahloperationen darstellt. Da sich einige Zahlentests in der Batterie befanden, war es wichtig, die Varianz dieser Fähigkeit festzustellen.

Divergente Produktion symbolischer Implikationen (DSI) war noch niemals stark durch Tests vertreten und es bestand der Verdacht, daß einige der Tests für diesen Faktor auch die Strukturfähigkeit erfaßten, die zum ersten Mal in dieser Analyse untersucht wurde. „Ausarbeitung von Symbolen" wurde unverändert als Markierungstest für DSI verwendet, aber „Begrenzte Wörter" wurden revidiert und eine neue Bezeichnung dafür eingeführt - „Revison von Wortpaaren". Wenn zwei kurze Wörter wie HIS und NOT gegeben sind, soll die Vp aus den gleichen Buchstaben andere Wortpaare ableiten, z.B. SIN HOT, HIS TON und THIS NO. Der neue Test dieser Liste war „Multiple symbolische Implikationen", bei der die Vp die Anweisung erhält, einige verschiedene Kombinationen aus jeweils drei Zahlen zu produzieren, um eine andere gegebene Zahl zu erreichen. Z.B., auf wieviele verschiedene Arten könnte die Vp drei Zahlen addieren, damit sie 12 erhält, oder drei Zahlen multiplizieren, damit sich 60 ergibt?

Was den Referenzfaktor DMC betrifft, so war früher darauf hingewiesen worden, daß ein älterer CMT-Test, „Ähnlichkeiten", seine Varianz mit dem Faktor DMC teilte. Deshalb wurden Markierungstests für DMC aufgenommen, um die Frage zu prüfen, ob der neue Test, „Erkennen unterschiedlicher Bedeutungen", frei vor DMC-Varianz ist.

Ergebnisse der gezielten Analyse

Die Faktorenladungen für Kognitionstests und der Faktoren der konvergenten Produktion, die bei dieser Untersuchung gefunden wurden, können Tablle 5.2 entnommen werden. Diejenigen für die Faktoren der divergenten Produktion erscheinen in Tabelle 6.2, die für Gedächtnisfaktoren in Tabelle 8.2 und für die Evaluationsfaktoren in Tabelle 7.2. An dieser Stelle werden einige Anmerkungen zu dem gemacht, was bei den Ergebnissen der Analyse gelernt wurde. Einige Tests leisteten nicht das, was erwartet wurde, aber es gibt einiges aus diesen Fehlschlägen zu lernen.

Die Kognitionsfaktoren. Der Faktor CSU kam schärfer als üblich heraus, da er keine signifikanten Ladungen auf Tests hatte, die nicht für ihn konstruiert wurden. Wir können daraus schließen, daß die anderen Tests so konstruiert wurden, daß sie die CSU-Varianz kontrollierten.

Der neue Faktor CST wurde überzeugend durch die vier dafür konstruierten Tests nachgewiesen. Dabei führte der Test „Finden von Buchstabentransformationen", die Liste an. „Lesen durcheinander geratener Wörter" war ebenfalls eindeutig für CST. „Rückwärts Lesen" hatte eine sekundäre Ladung auf DSI, was bedeuten kann, daß die Vp bekannte rückwärts geschriebene Wörter schneller als die anderen mit Hilfe von Implikationen erfassen kann, wobei sie eine Implikation nach der anderen, jedoch in einer divergenten Suchaktivität, ausprobiert. „Erkennen von Buchstabenänderungen" hatte sekundäre Ladungen sowohl auf DST als auch auf MMT. Die DST-Komponente legt nahe, daß die Vpn sich oft auf die Produktion einer Alternativhypothese nach der anderen verlassen, die die Transformationen, die stattgefunden haben oder die zugeordnet werden könnten, betreffen. Die Beteiligung von MMT kann nicht so leicht erklärt werden. Nur der Test „Erkennen von Rätselbedeutungen", der für CMT gedacht war, hatte eine „auswärtige" Ladung auf CST. Der rebusähnliche Test, wie in der Beschreibung festgehalten, gibt viel Information in Form von verbalem Material, und einige CST-Varianz kann daher keine Überraschung sein. Aber die Rolle von CST würde bedeuten, daß die Vp einige Transformation bei dem Buchstaben - und Zahlenmaterial erkennen kann bevor die Transformation in semantischem Inhalt vorgenommen wird.

Nur einer der Tests, die nicht für CMU vorgesehen waren, hatte eine Ladung auf den Faktor CMU. Dieser Test war „Erinnern von Wortspielen", der die gleiche Komponente schon einmal gezeigt hatte. Es liegt auf der Hand, daß das Erkennen der Wortspiele auf der Übungsseite irgendwie vom Wortschatz abhängig ist. Möglicherweise haben Vpn mit geringerem Wortschatz nicht alle Aspekte der Nebenbedeutungen von den Wörtern, die an den Wortspielen beteiligt sind, verfügbar.

Die vier Tests, die auf CMT abgestimmt waren, halfen diesen Faktor mit Hilfe von drei weiteren zu bestimmen. Die beiden Tests „Wort-Bild-Übertragung" und „Karikaturen" waren einfaktoriell, und dieses Ergebnis verbindet die Faktor mit denen, die früher als CMT identifiziert wurden. „Daffynitionen" war für NMT entwickelt worden, ging aber stattdessen einfaktoriell auf CMT; eine deutliche Abweichung von der Hypothese. Offensichtlich müssen die Transformationen bei „Daffynitionen" erkannt werden; die Vpn müssen sie nicht herstellen. Wenn der Vp das Wort vorgegeben wird und sie die „Daffynitionen" schreiben muß, hätte sie eine produktive Arbeit zu leisten, aber der Faktor dafür wäre dann DMT, insbesondere wenn multiple Antworten verlangt würden. „Erinnern von Wortspielen" hatte eine sekundäre Ladung auf CMT genauso wie auf CMU. Es gab offensichtlich auch andere Schwierigkeiten als die des Wortschatzes. Wenn die Vp die Transformationen nicht erkennen kann, ist sie auch nicht in der Lage, sie zu behalten. Eine andere Möglichkeit besteht darin, daß die Vp ihre CMT-Fähigkeit vorteilhaft bei dem Gedächtnistest „Erinnern von Wortspielen" einsetzt. Sie könnte möglicherweise Wortspiele bei diesem Test sehen, die sie auf der Übungsseite nicht erkannt oder erkannt, aber vergessen hatte.

CMI war deutlich durch zwei eindimensionale Tests bestimmt - den Apparatetest und „Erkennen von Problemen". „Treffende Fragen" hatten eine kleine sekundäre Ladung auf CMT, aber es gab keine Vermischung zwischen CMI und CMT-Tests, ein Ergebnis, das sich früher als Störfaktor der Theorie erwiesen hatte. Eine verbleibende Unklarheit besteht noch zwischen CMI und DMT-Tests. Der DMT-Test „Konsequenzen" (entfernt), hatte eine kleine sekundäre Ladung auf CMI, was kein neues Ergebnis darstellt.

Die Gedächtnisfaktoren. Die drei Gedächtnisfaktoren wurden deutlich von einander getrennt. MST hatte alle drei dafür konstruierten Tests auf sich und nur diese drei. MMT hatte die beiden eindimensionalen Tests, „Homonyme" und „Doppelbedeutungen", aber „Erinnern von Wortspielen" war komplex, wie bei der Diskussion von CMU und CMT erwähnt wurde. MSI wurde durch die beiden Markierungstests monopolisiert, einschließlich „Numerische Operationen", aber keiner der anderen Zahlentests zeigte signifikante Beziehungen zu diesem Faktor.

Die Faktoren der divergenten Produktion. Die drei Tests für DST bestimmten diesen neuen Faktor deutlich, zwei der Tests waren eindimensional. „Multiple Wortextraktionen" hatte eine minimale sekundäre Ladung auf CMT, aus keinem offensichtlichen Grund. Eine sekundäre Ladung dieses Tests auf den parallelen Faktor CST wäre dagegen verständlich.

Für DST und DSI ergaben sich keine Überlappungen bei den Tests wie befürchtet wurde. Aber einer der Markierungstests, „Ausarbeitung von Symbolen" lud stattdessen auf EST. Der Grund bestand möglicherweise darin, daß ein anderer algebraischer Test, „Beurteilung mathematischer Ausdrücke", hinreichend mit „Ausarbeitung von Symbolen" korrelierte, was einer gemeinsamen Beziehung zu einer Variablen des mathematischen Denkens zuzuschreiben ist und ausreichte, sie auf EST zu ziehen. Der Test korrelierte nicht hoch genug mit anderen DSI-Tests bei der Analyse, um ihn auf DSI zu halten.

Der revidierte Test für DSI „Wortpaar-Revisionen" lud stark auf DSI, hatte aber eine sekundäre Ladung auf NST. Transformationen waren wesentliche Aspekte dieses Tests, wie der Titel nahelegt, und die Tatsache, daß es so wenig mögliche Transformationen gab, schob ihn möglicherweise in die Kategorie der konvergenten Produktion; daher eher die Beteiligung von NST als von DST. Der neue Test „Multiple symbolische Implikationen" (Herstellen eines numerischen Wertes auf verschiedene Arten durch alternative Kombinationen von Zahlen) war eindimensional für DSI.

Der Faktor für DMC ergab sich, ohne daß CMT-Tests auf ihn luden. „Ähnlichkeiten", der in der Vergangenheit einige Beziehung zu CMT aufgewiesen hatte, war nicht in der Analyse, aber der neue Test, der seine Stelle einnahm, „Erkennen unterschiedlicher Bedeutungen", blieb, wie erwartet, davon frei.

Der neue Test „Faustdicke Lügen", der für DMT entwickelt wurde, lud auf den beabsichtigten Faktor, aber nicht sehr stark. Der Grund könnte darin liegen, daß bei erfolgreichen DMT-Tests die alternativen Antworten durch Revision der gleichen gegebenen Information produziert werden müssen, während bei „Faustdicke Lügen" die alternativen Antworten in Verbindung mit einer gegebenen Situation oder einem Ort bereits festliegen. Jede Antwort kann eine Transformation von etwas anderem sein aber nicht vom gleichen.

Die Faktoren der konvergenten Produktion. Ein neuer und besserer Test für NST lud auf NST und ersetzte „Versteckte Wörter", der einige Zeit der Favorit war. Der neue Führer für NST war „Begrenzte Wortrevisionen". Der andere neue Test, „Effiziente Worttransformationen", war eindimensional, aber nicht besser als „Versteckte Wörter".
    Die kürzlich revidierten Tests für NMT sahen sehr gut aus und waren alle eindimensional. „Neue Verwendungsmöglichkeiten", eine neue Form von „Bildgestalten", führte die Liste an. „Objektsynthese" war ebenfalls stark für diese Fähigkeit, „Nützliche Änderungen", der früher für EMT konstruiert wurde, und der auch bei dieser Untersuchung darauf erwartet wurde, machte eine Änderung zu NMT. Er verlangt offensichtlich zu viel konvergente Produktion und zu wenig Evaluation. Der Einzelfaktor, den er bei einer früheren Analyse repräsentierte, war offensichtlich nicht EMT.

Die Evaluationsfaktoren. Identifiziert durch die beiden Markierungstests ergab sich wie vorher ein Faktor für EST. Der neue Test „Beurteilung mathematischer Ausdrücke" lud stark auf diesen Faktor. Das legt in allgemeiner Form nahe, daß verschiedene Arten von algebraischen Tests bei der Bestimmung einer Anzahl symbolischer Faktoren helfen könnten, wenn die Populationen zumindest einige Kenntnisse in Algebra haben. Es wäre jedoch am besten, nur einen algebraischen Test bei einer Analyse zu verwenden, damit nicht die Variable des mathematischen Denkens, zusätzliche Beiträge zur Kommunalität der Algebratests liefert. Eine Anzahl algebraischer Tests, von denen jeder auf eine bestimmte Problemart zugeschnitten ist, wie bei „Beurteilung mathematischer Ausdrücke", könnte in einen faktoriellen Bezugsrahmen, der nicht von algebraischen Test abgeleitet ist, gestellt werden, wenn eine Ausdehnung der Faktorenstruktur vorgenommen wird. Diese Art der Operation wurde in Kapitel 4 beschrieben und Anwendungen davon sind in Kapitel 10 zu finden.
    Der Faktor, der mit EMT bei dieser Analyse identifiziert wurde, könnte sehr gut vollständig neu sein. Die Tests dafür wurden früher eingesetzt und „Nützliche Änderungen", von dem angenommen wurde, daß er EMT bei einer früheren Analyse repräsentierte, ging stattdessen auf NMT. Vergleiche von „Witzunterschriften" und „Beurteilung von Objektadaptionen" waren eindimensional im Bezug auf den Faktor, der als EMT erkannt wurde.

Zusammenfassung für die Transformationsfähigkeiten

Die Untersuchung von zehn der zwanzig Transformationsfähigkeiten des Strukturmodells führte zu zahlreichen positiven Ergebnissen. Sieben der zehn erhielten stärkere Unterstützung durch neue und revidierte Tests. Bei dreien stellte es sich heraus, daß es sich um neu

nachgewiesene Faktoren handelte, bei CST, DST und EMT. Der letztere basierte vollständig auf neuen Tests, die für diese Fähigkeit bei
dieser Untersuchung konstruiert wurden (11).

Bei allen fünf Operationskategorien wurden die Transformationsfähigkeiten, die symbolischen und semantischen Inhalt umfassen, getrennt. Es gab nur ein Minimum an Überlappung bei den Tests für die
Transformationsfaktoren. Wenn Überlappungen vorlagen, bestanden
sie darin, daß häufig unterschiedliche Produkte genauso wie unterschiedliche Operationen beteiligt waren.

Die Verbindung der Transformationsfähigkeiten zum Lernen in
einer schulischen Situation war ein zweites Ziel der gerade besproche-
nen Untersuchung. Es gab einige deutliche Beziehungen, die die
Rolle der Transformationsfähigkeiten beim Lernen zeigte, aber der
Bericht dieses Aspektes der Untersuchung bleibt Kapitel 10 vorbe-
halten.

Zusammenfassung der Fähigkeiten des kreativen Denkens und Planens

Die exploratorischen Untersuchungen der kreativen Fähigkeiten und
der Planung begannen mit ad hoc-Hypothesen hinsichtlich der Art der
zu erwartenden Fähigkeiten, die aus logischen Überlegungen über die
Arten des Denkens, die von kreativen Menschen und Planern durchgeführt werden müssen, um erfolgreich zu sein, ausgingen. Die Untersuchungen fielen in zwei sich vollständig überschneidenden Klassen
von Fähigkeiten, die ihre Plätze in der Strukturtheorie der Intelligenz
finden. Lassen Sie uns kurz die frühen Hypothesen zusammenfassen
und die Arten von Fähigkeiten festhalten, zu denen sie führten.

Hypothesen über das kreative Denken. Nur zwei der acht ursprünglichen
Hypothesen über das kreative Denken versagten bei der Bestimmung von
kohärenten Fähigkeiten, die durch Faktoren repräsentiert wurden,
nämlich die hypothetischen Fähigkeiten der Analyse und Synthese. Die
Faktorenanalyse teilte die Intelligenz nicht in dieser Weise auf. Diese
Begriffe haben daher nur wenig allgemeinen Nutzen für die Beurteilung
intellektueller Aktivität.

Von den verbleibenden sechs Hypothesen für die Fähigkeiten des
kreativen Denkens führten zwei zu Kognitionsfähigkeiten. Sensivität für
Probleme hängt mit dem Erkennen von Implikationen bei gegebener
Information zusammen. Die gegebene Information legt bei einigen Individuen schneller als bei anderen etwas nahe, das über das Ursprüngliche hinausgeht. Obwohl die Tests, die für diese Hypothese entwickelt
wurden, sich meistens als Vertreter der Fähigkeit Kognition semanti-

---

11 MOONEY (1954) hatte früher einen Faktor angekündigt, der dem für CST bei
dieser Studie ähnelt, aber es handelt sich vermutlich um eine Mischung mit
anderen Strukturfaktoren.

scher Implikationen (CMI) erwiesen, besteht nach analogen Überlegungen die Vermutung, daß die parallelen Fähigkeiten CFI, CSI und CBI ähnlichen Wert bei ihren eigenen Inhaltskategorien haben. Obwohl nicht alles, was durch Erfahrung impliziert ist, ein Problem darstellt, gibt es Probleme unter den implizierten Dingen.

Die andere Hypothese, die zu Kognitionsfähigkeiten führte, war die der Durchdringung, deren Tests einen Faktor bestimmten, der möglicherweise als Kognition semantischer Transformationen (CMT) identifiziert wurde. Die Person, die über die Fähigkeit der Durchdringung verfügt, erkennt mehr Aspekte einer gegebenen Information und sie kann das tun, weil sie die Transformationen sofort sieht. Nach dem Analogieschluß sollten die parallelen Fähigkeiten CFT, CST und CBT ähnliche Rollen spielen. Die Hypothese der Flüssigkeit führte zu drei Arten von Fähigkeiten, die die Möglichkeit der Generierung von Information erfaßten, die auf dem basierten, was das Individuum in seinem Gedächtnisspeicher hat. Der bekannte Vorgang des Erinnerns ist beteiligt, aber er ist nicht einfach eine Reaktivierung von erinnerten Assoziationen, da ein großer Teil der generierten Informationen aus Antworten auf Hinweise besteht, die nicht durch einen Lernprozeß verbunden sind. Vieles davon kommt über einen „Erinnerungstransfer" zustande. Es gibt drei Arten von Flüssigkeit, weil drei verschiedene Informationsprodukte dabei beteiligt sind - Einheiten, Relationen und Systeme. Verbunden mit den vier Inhaltsarten, gibt es insgesamt zwölf Flüssigkeitsfähigkeiten, die fast alle nachgewiesen wurden.

Aus der Hypothese über die Flexibilität wurden zwei Arten der Fähigkeit unterschieden, die sich auf die beiden Produkte der Information -Klassen und Transformationen- bezogen. Flexibilität im Hinblick auf Klassen bedeutet fehlende Rigidität für die Mitgliedschaft in Klassen von Informationsteilen. Informationsteile werden oft aus dem Gedächtnisspeicher mit Hinweisen auf Klassen als hervorstechendes Merkmal abgerufen. Die Geschwindigkeit der Veränderung von Klassenhinweisen kann die Möglichkeit für das Abrufen benötigter Informationen signifikant verbessern, mit der Ausnahme, wenn es sich dabei um eine kleine Klasse handelt, die richtig ist. Wenn der Hinweis auf die Klasse falsch ist, wird ein Wechsel der Klasse erforderlich. Die gleiche Art der Flexibilität tritt bei allen vier Inhaltskategorien auf, daher gibt es vier derartige Fähigkeiten - DFC, DSC, DMC und DBC.

Die andere Art der Flexibilität bezieht sich auf Transformationen. Es kommt manchmal vor, daß es keine Information im Gedächtnisspeicher gibt, die genau den Erfordernissen entspricht. In diesem Fall ist es erforderlich, Änderungen vorzunehmen, mit der Möglichkeit, daß die veränderte und abgerufene Information dann adäquat ist. Es gibt vier derartige Fähigkeiten innerhalb der Operationskategorie der divergenten Produktion, nämlich DFT, DST, DMT und DBT. Aber diese Art der Fähigkeit, die mit den Transformationen zusammenhängt, geht weit über die Kategorie der divergenten Produktion hinaus, wie wir bei der Betrachtung der Transformationsfähigkeiten im letzten Abschnitt sahen. Insgesamt gibt es zwanzig Fähigkeiten dieser Art.

Untersuchungen, die die divergente Produktion und die Transformationsfähigkeiten mit dem Alter verbunden haben, zeigten, daß die Differenzierung der Fähigkeiten in diesen Bereichen die gleiche in der neunten Klasse wie bei Erwachsenen ist, und daß die gleiche Differenzierung auch auf der sechsten Klasse stattgefunden hat.

Hypothesen über Planung. Zwei der Hypothesen hinsichtlich der Planungsfähigkeiten Orientierung und Voraussage führten zu bestimmten Kognitionsfähigkeiten. Orientierung hat hauptsächlich mit Systemen zu tun und Voraussage mit Implikationen. Der Bereich der Kognition weist vier Systemfähigkeiten und vier Implikationsfähigkeiten auf. Es wurde bereits darauf hingewiesen, daß die letzteren auch eine Rolle bei der Sensivität für Probleme spielen.

Die Planungshypothesen über Erfindungsgabe und Ausarbeitung führten zu Fähigkeiten der divergenten Produktion. „Erfindungsgabe" meint im Wesentlichen das gleiche wie „Originalität", die mit der Strukturfähigkeit DMT verbunden wurde. Der Satz der vier Transformationsfähigkeiten in der Kategorie der divergenten Produktion kann gegenwärtig Anspruch auf die populären Beschreibungen „Erfindungsgabe" und „Originalität" erheben. „Ausarbeitung" bedeutet, daß mehr gesagt wird, daß zusätzliche Details zu etwas bereits Produziertem hinzukommen. Was hinzugefügt wird, wird durch das bereits Vorhandene impliziert. Es gibt vier derartige Fähigkeiten der divergenten Produktion - DFI, DSI, DMI und DBI.

Die Hypothese für Evaluation konnte ausreichend breit interpretiert werden, um alle vierundzwanzig Evaluationsfähigkeiten des Strukturmodells einzuschließen. Diese großzügige Hypothese kann gerechtfertigt werden, da jede Information, die erkannt oder produziert wird, bei jedem Inhalt oder jeder Form (Produkt) Gegenstand der Evaluation ist.

Daraus erkennen wir, daß, obwohl die Untersuchung des kreativen Denkens und des Planens sehr direkt zu der Kategorie der divergenten Produktion und den Produkten der Transformation führte, Fähigkeiten in anderen Operations - und Informationskategorien möglicherweise eine wichtige Rolle beim kreativen Denken und Planen spielen oder spielen können. Beide können als Art des Problemlösens angesehen werden, die, im Gesamtzusammenhang betrachtet, von fast jeder intellektuellen Fähigkeit ebenso wie von der Art der gespeicherten Information abhängt.

Kapitel 7
Evaluationsfähigkeiten

Der Hauptanstoß für die Initiierung analytischer Studien der Evaluationsfähigkeiten durch das Projekt bestand in der Tatsache, daß Untersucher bei der Luftwaffe mehrmals einen Faktor gefunden hatten, der als „Urteil" interpretiert wurde, ohne daß es eine klare Vorstellung von der Art der Fähigkeit, die er repräsentierte, gab (GUILFORD und LACEY, 1947). Die erste Analyse des Projekts (1) wurde durchgeführt lange bevor die Strukturtheorie der Intelligenz zur Verfügung stand. Drei Analysen wurden nach der Entwicklung der Theorie unternommen, in Verbindung mit den Berichten 32, 33 und 40.

Die erste Analyse der Evaluation

Der Urteilsfaktor der Luftwaffe war am häufigsten in Verbindung mit Tests gefunden worden, die als „Praktisches Urteil" bezeichnet wurden und bei Tests, die mit Schätzungen von gemeinhin bekannten Objekten und Ereignissen zu tun hatten. Sie bezogen sich auf die Variablen Größe, Entfernung und Geschwindigkeit (verbal beschrieben, aber nicht wahrgenommen). Die Aufgaben bei Tests für Praktisches Urteil präsentierten Alltagsprobleme, mit denen die Soldaten zu tun haben könnten. Dabei wurden alternative Antworten angeboten, von denen die Vp eine als beste auswählen mußte. Die Ladungen auf den „Urteilsfaktor" waren üblicherweise für beide Arten von Tests geringfügig signifikant und es gab auch hohe Ladungen auf den Faktor Mechanisches Wissen und einen Faktor, der als Planung identifiziert wurde.

Bei der Initiierung der ersten Projektstudie in diesem Bereich, wurde beschlossen, den Begriff „Evaluation" zu verwenden, um die Ambiguität etwas zu verringern. Z.B. wurde der Begriff des „Urteils" im Bereich der Psychophysik verwendet. Eine andere Verwendung trat im Bereich der Problemlösung auf. Die ursprüngliche Betrachtung von Evaluationsfähigkeiten schloß jedoch einen breiten Bereich von Verhaltensweisen ein, von der Evaluation von Schlußfolgerungen wie beim syllogistischen Denken bis zum Entdecken von Fehlern in Bildern von Objekten und Situationen. Eine weitere Reduktion der Vieldeutigkeit wurde von den Ergebnissen der analytischen Studien erwartet.

---

1 vgl. Bericht 7 und 9; ebenso HERTZKA, GUILFORD, CHRISTENSEN und BERGER (1954).

Hypothesen für Evaluationsfähigkeiten

Bei der Aufstellung von Hypothesen wurden die verschiedenen Arten der beteiligten Kriterien berücksichtigt. Evaluationen können in Form von logischen Anforderungen vorkommen, wie beim formal logischen und dem informell verbalen Denken, oder in Form praktischer Durchführbarkeit wie es durch Erfahrung oder durch soziale Konvention festgelegt ist. Die Unterscheidung zwischen begrifflichen und wahrnehmungmäßigen Problemen, die sich als wichtig bei den Analysen in anderen Bereichen erwiesen hatte, wurde ebenfalls berücksichtigt. Es wurde angenommen, daß die Fähigkeit der Beurteilung bildlicher Information sich von der Beurteilung von Gedanken, die durch verbale Information initiiert werden, unterscheidet. Eine Unterscheidung zwischen Geschwindigkeit und Niveau wurde ebenfalls in Betracht gezogen, besonders deswegen, weil THURSTONE (1944) über einen Faktor berichtet hatte, der als „Urteilsgeschwindigkeit" identifiziert wurde. Die Aufstellung der Hypothesen orientierte sich an den gerade skizzierten Gegebenheiten - formal versus informell, Wahrnehmung versus Begriffe und Geschwindigkeit versus Niveau. Nicht alle Kategorien wurden systematisch mit allen übrigen kombiniert, aber es wurde für Gelegenheiten gesorgt, Fähigkeiten zu finden, die sich in dieser Hinsicht unterscheiden. Bestimmte Kombinationen wurden, wie die folgende Aufstellung der Hypothesen zeigt, herausgehoben.

I. Begriffliche Evaluation in Form logischer Notwendigkeit.
   A. Formallogisch; Validität syllogistischer Schlußfolgerungen
   B. Unterscheidung verbaler (begrifflicher) Materialien
   C. Relevanz von Information; Angemessenheit von Verallgemeinerungen

II. Begriffliche Evaluation in Form praktischer Durchführbarkeit, Erfahrung oder sozialer Konvention
   A. Abschätzung gewöhnlicher Situationen; Benutzung üblicher Objekte; Auswahl von Mitteln für das Erreichen von Zielen oder dem Begegnen von Notfällen
   B. Schätzung der Größe, Gewichte oder Geschwindigkeiten bekannter (vorgestellter) Objekte
   C. Abschätzung der Angemessenheit von Verhaltensweisen in sozialen Situationen

III. Wahrnehmungsmäßige Evaluation in Form von logischer Notwendigkeit und Erfahrung
   A. Klassifikation von Material der Wahrnehmung
   B. Entdecken von Fehlern bei Abbildungen bekannter Objekte oder Situationen

IV. Geschwindigkeit der Evaluation
   A. bei einfachen Wahrnehmungsaufgaben
   B. bei einfachen begrifflichen Aufgaben

Tabelle 7.1 Populationen und Stichproben der Analysen, die sich auf die
Evaluationsfähigkeiten bezogen

Bericht Nr.	Kurztitel der Analyse	N	Population
9	Evaluationsfähigkeiten	332	Luftwaffenkadetten
		75	Offiziersschüler
32	Fähigkeiten der seman-tischen Evaluation	202	Schüler der 11. Klassen
33	Fähigkeiten der sym-bolischen Evaluation	226	Schüler der 12. Klassen
40	Fähigkeiten der figu-ralen Evaluation	188	Architekturstudenten

Tests für die Hypothesen

Syllogistische Tests. Für die Hypothesen, bei denen formale Logik beteiligt war, wurde eine Anzahl von syllogistischen Tests und Tests für
Schlußfolgerungen ausgewählt oder entwickelt. Sowohl Multiple-choice
als auch Ergänzungsformen wurden benutzt. Bei der ersten Form wurde die Zahl der gegebenen Prämissen bei jeder Aufgabe von eins bis
vier in verschiedenen Tests variiert. Die Zahl der alternativen Schlußfolgerungen variierte von zwei (eine Richtig-Falsch-Form) bis zu drei.
Eine Beispielaufgabe aus „Syllogismen I" lautet:

Alle Soldaten sind Männer.
Einige Bürger sind Soldaten.
Daher sind einige Bürger Männer. (richtig oder falsch?)

Eine Beispielaufgabe aus „Syllogismen II" lautet:

Alle Amerikaner sprechen Englisch.
Kein Eskimo spricht Englisch.
Daher:
A. ist kein Eskimo Amerikaner.
B. sind einige Eskimos Amerikaner.
C. ist niemand, der Englisch spricht, Eskimo.

Eine Beispielaufgabe aus „Syllogismen III" lautet:

Alle Lebewesen atmen.
Alle Insekten sind Lebewesen.
Daher: _____

Der Test für logisches Denken präsentierte bei jeder Aufgabe zwei
oder vier Prämissen und eine einzige Schlußfolgerung, die als richtig
oder falsch beurteilt werden sollte.

Schlußfolgerungstests. Tests für Schlußfolgerungen sind quasi-syl-
logistisch. Die Zahl der Prämissen kann eins sein, wie bei dem
Schlußfolgerungstest, für den eine Beispielaufgabe lautet:

Die meisten Bäume im Wald sind grün. (Daraus folgt:)

A. Es gibt im Wald keine gelben Bäume.
B. Es gibt im Wald einige gelbe Bäume.
C. Einige Bäume im Wald sind grün.
D. Die grünen Bäume im Wald sind am größten.
E. Fichten sind grün.

Eine Beispielaufgabe aus „Schlußfolgerungen II" lautet:

Den Passagieren eines kommerziell eingesetzten Flugzeuges stehen keine Fallschirme, aber Schwimmwesten stehen gewöhnlich Passagieren von Schiffen zur Verfügung.
Schlußfolgerung: _____

Eine Anzahl verschiedener Schlußfolgerungen wäre bei einer derartigen Aufgabe zu akzeptieren.

Klassifikationstests. Bei den sieben Tests, die für die Hypothese der Unterscheidung von verbalem (begrifflichen) Material entwickelt wurden, stellte sich heraus, daß sie in irgendeiner Form mit Klassen zu tun hatten. Sie verlangten die Unterscheidung von Informationseinheiten, die in spezifizierte, angemessene, alternative Klassen einzuordnen waren. Bei „Evaluation von Sätzen" soll die Vp bei jedem gegebenen Satz sagen, ob er (A) eine Tatsache, (B) eine Möglichkeit oder (C) die Bezeichnung eines Objekts darstellt.

1. Die Eingeborenen von Neuseeland haben Holzhäuser, die den Erfordernissen eines kühlen Klimas angepaßt sind.
2. Das rarotongische Wort „vari" bedeutet „Schlamm".
3. Die Götter informierten die Bewohner von Tahiti über Unglücke.

„Tatsachen und Meinungen" verlangt die Einordnung jedes Satzes in die zwei Kategorien: Tatsachen und Meinungen. Beispielsätze sind:

1. 1939 gab es zwei Weltausstellungen in den Vereinigten Staaten.
2. Die demokratische Partei hat mehr für das Land getan als die republikanische Partei.

Bei dem Test „Kritische Evaluation" soll die Vp sagen, ob jede Aussage in erster Linie auf Emotionen oder einem Vorurteil oder Einsicht und Überlegung basiert. Beispielsätze sind:

1. Allen die Schnaps trinken, sollte der Führerschein entzogen werden.
2. Die Polizei sollte die Führerscheine von denen einziehen, die betrunken Auto fahren.

Der Test „Titel" enthält Aufgaben, die Antworten auf den Test „Geschichtentitel" sein könnten, der im vorangegangenen Kapitel beschrieben wurde. Der Bewerter eines derartigen Tests muß entscheiden, ob jeder der vorgeschlagenen Titel schlagfertig ist oder nicht. Das Ziel bestand darin, einen Test zu konstruieren, der die gleiche Aufgabe der Vp stellt. Bei dem Test „Titel" soll die Vp, nachdem sie eine kurze

Geschichte gelesen hat, wie die Fabel vom Fuchs und den Trauben, sagen, welches der vorgeschlagegen Titelpaare am besten paßt. Beispielaufgaben sind:

1. A. „Der Fuchs bleibt hungrig"
   B. „Der philosophische Fuchs"
2. A. „Der frustrierte Fuchs"
   B. „Der Fuchs meckert über Trauben"

„Logische Klassifikation" besteht aus Aussagen, die „sollen" enthalten. Die Vp soll diese Aussagen in fünf Kategorien einordnen, die sich auf (A) Sitte, (B) Vollständigkeit, (C) Sicherheit, (D) Nützlichkeit und (E) Wohlergehen beziehen. Der Satz „Du sollst die Straße nicht bei Rotlicht überqueren", wäre natürlich in die Kategorie „Sicherheit" einzuordnen.

„Verbale Klassifikation", der auf L.L. THURSTONE (1938) zurückgeht, gibt bei jeder Aufgabe vier Wörter vor, die eine Klasse repräsentieren, z.B. Haustiere, und vier Wörter, die eine andere Klasse vertreten, z.B. Möbel. Acht andere Wörter sollen der einen oder der anderen Klasse oder keiner zugeordnet werden. Diese Form weicht von anderen Klassifikationstests dadurch ab, daß die Klassen nicht benannt sind. Die Vp muß herausfinden, um welche Klassen es sich handelt. Nachdem sie das getan hat, ordnet sie jedes der acht Wörter einer der Klassen zu oder sie stellt fest, daß es zu keiner gehört.

„Wortklassifikation" ist vom „Ausschlußtyp", das bedeutet, vier Wörter sind vorgegeben, z.B. die Bezeichnungen von Objekten und die Vp soll sagen, welches nicht zur Klasse gehört, die von den übrigen drei vertreten werden. Zum Beispiel

A. Pferd   B. Schlange   C. Mensch   D. Blume

Spätere Einsicht sagt uns, daß semantische Klassen die Informationen darstellen, die bei allen diesen Tests wichtig sind. Kognition ist gewöhnlich beteiligt und manchmal auch konvergente Produktion. Drei der Tests, die bei der Untersuchung der Fähigkeiten der Klassifikation analysiert wurden (Bericht 39), zeigten tatsächlich signifikante Varianzen von CMC. Es waren „Evaluation von Sätzen" (bei dieser Studie als „Satzklassifikation" bezeichnet), „Verbale Klassifikation" und „Wortklassifikation". „Verbale Klassifikation" hatte auch eine signifikante Ladung auf NMC; möglicherweise weil das Aufteilen der Informationen in Klassen bei diesem Test besonders hervor tritt und ein charakteristisches Merkmal von NMC-Tests im allgemeinen darstellt.

Tests zur Beurteilung der Relevanz und Angemessenheit. Fünf Tests erscheinen unter der Hypothese der Relevanz von Information und der Angemessenheit von Verallgemeinerungen. Bei „Interpretationen" wird der Vp ein kurzer Abschnitt eines erklärenden Textes vorgegeben. Anstelle von Multiple-choice Aufgaben, wie bei einem Leseverständnistest, folgen dem Abschnitt eine Reihe von Aussagen, bei denen die

Vp feststellen soll, ob sie (A) richtig, (B) falsch sind oder ob (C) keine Aussage im Hinblick auf die gegebene Information möglich ist.

„Verallgemeinerungen" gibt bei jeder Aufgabe eine allgemeine Aussage vor, der andere Aussagen folgen und deren Inhalt die allgemeine Aussage (A) unterstützt oder (B) nicht unterstützt.

„Wortauswahl" besteht aus Aufgaben der folgenden Art:

Ein Buch hat immer A. Wörter B. Seiten C. Bilder D. eine Geschichte

Bei einer derartigen Aufgabe scheint eine Evaluation unvermeidbar. Jede alternative Antwort könnte richtig sein, aber nur B (Seiten) ist eine bezeichnende Eigenschaft eines Buches.

Bei der „Evaluation von Vergleichen" besteht jede Aufgabe aus zwei Wörtern, die die zu vergleichenden Objekte repräsentieren, wie die beiden Spiele

x - Basketball
y - Football

Welche der drei folgenden Aussagen stellt den am meisten gerechtfertigten Vergleich dar?

A. x erfordert mehr Teamarbeit als y.
B. x zieht größere Menschenmengen als y an.
C. x hat weniger Mannschaftsmitglieder als y.

Es ist zu erkennen, daß einige zusätzliche Erfahrungen notwendig sind, um eine Entscheidung bei dieser Aufgabe herbeiführen zu können.

Es ist zu bemerken, daß einige der Tests dieser Liste Ähnlichkeit mit einem üblichen Leseverständnistest haben, was zu der Frage führte, ob diese Art von Test, besonders in Multiple-choice-Form Evaluationsvarianz aufweist. Daher wurde „Leseverständnis", ein Test, der routinemäßig in der Luftwaffenklassifikationsbatterie eingesetzt wurde, für die zu untersuchende Hypothese eingeschlossen. Tatsächlich stand in Frage, ob Multiple-choice-Tests der Alternativantwortform nicht im Allgemeinen etwas Evaluationsvarianz zeigen. Diese spezielle Frage wurde bei der Analyse im Bericht 32 berücksichtigt.

Tests für das Erreichen von Zielen und Urteilen. Die ziemlich komplexe Hypothese, die früher unter II A angeführt wurde, war durch fünf Tests vertreten. Da zumindest drei Ideen kontrolliert wurden, könnten die fünf Tests zu mehr als einem Faktor führen. Die Hypothese umfaßt „Abschätzung bekannter Situationen; Benutzung bekannter Objekte; Auswahl von Mitteln zum Erreichen von Zielen oder dem Einsatz bei Notfällen".

„Absurditäten" enthält Aufgaben, die denen bei einigen Binet-Skalen ähnlich sind. Bei jeder Aussage, die gegeben ist, muß die Vp sagen, ob sie (A) sinnvoll oder (B) absurd ist. Beispielaufgaben sind:

1. Mrs. Smith hatte keine Kinder und ich nehme an, das gleiche galt für ihre Mutter.

2. Während der Geschäftsmann zu Abend aß, wurde er durch ein Telefongespräch unterbrochen.
3. Ich habe drei Brüder - Paul, Ernst und mich.

„Objektsynthese" bezieht sich auf den zweiten Teil der Aussage der Hypothese, die mit der Benutzung eines Objekts zusammenhängt. Jede Aufgabe gibt die Bezeichnung von zwei bekannten Objekten vor und die Vp soll die Bezeichnung eines Objekts aufschreiben, das aus beiden gemacht werden kann. Wäre die Beziehung zwischen Produktions- und Evaluationsfähigkeiten zu der Zeit bekannt gewesen, als dieser Test als Maß für die Evaluation vorgeschlagen wurde, wäre er für die Analyse der Produktionsfähigkeiten reserviert worden, wie der Test bei der ersten Studie der Fähigkeiten des kreativen Denkens benutzt wurde. „Objektsynthese II" sah jedoch viel besser als Evaluationstest aus. Nachdem zwei Objekte, die zu kombinieren sind, gegeben wurden, liefert der Test ebenfalls vier mögliche Zusammensetzungen, von denen die Vp festzustellen hat, welche am besten funktionieren würde, z.B.

gegeben: Spitzenvorhang   Garderobenaufhänger aus Draht
herzustellen: A. eine Bandage   B. eine Weihnachtsverpackung
            C. ein Mop   D. ein Schmetterlingsnetz

Die richtige Antwort ist D. Es ist offensichtlich eine Beurteilung erforderlich.

„Gestalttransformationen" war ursprünglich bei der Analyse der Fähigkeiten des kreativen Denkens zusammen mit „Objektsynthese" benutzt worden, und die beiden hatten bei der Bestimmung des Faktors der „Neudefinition" geholfen, der später als konvergente Produktion semantischer Transformationen (NMT) identifiziert wurde. Wegen der Multiple-choice-Antwortform und seiner Ähnlichkeit mit „Objektsynthese II", wurde er als möglicher Evaluationstest verwendet.

Der Luftwaffentest „Praktisches Urteil" wurde für die Verwendung in Verbindung mit der zu diskutierenden Hypothese adaptiert. Die Aufgaben dieses Tests verlangen die Auswahl von Objekten, die für die Lösung von praktischen Problemen benutzt werden sollen.

Da ein Test mit Schätzurteilen zur Bestimmung des Urteilsfaktors der Luftwaffe beigetragen hatte, wurde ein derartiger Test bei dieser Studie verwendet. Dieser Test stellt praktische Fragen, wie etwa

Mit welchem Material können Sie einen Behälter mit einer Schaufel am schnellsten füllen? A. weicher Boden B. loser Sand C. loser Kies D. Sand und Kies gemischt   (Richtige Antwort: A)

Ein Test sollte die Beurteilung der Angemessenheit von Verhalten in sozialen Situationen erfassen. Bei jeder Aufgabe von „Soziale Situationen" wird eine übliche Situation beschrieben und es gibt vier alternative Antworten, von denen eine als beste unter den geschilderten Umständen ausgewählt werden soll. Eine Beispielaufgabe lautet:

Sie sind mit einer Gruppe von Freunden auf einer Wochenendtour.

Die meisten möchten den Tag auf der Jagd verbringen, während Sie
lieber angeln würden.
Sie sollten ....
A. mit den anderen jagen gehen.
B. den anderen sagen, sie sollen jagen gehen, während Sie angeln.
C. versuchen die anderen zu überzeugen, daß es besser wäre,
angeln zu gehen.
D. anbieten, mit dem Wurf einer Münze zu entscheiden, ob die
ganze Gruppe angeln oder jagen gehen soll.

Beurteilung figuraler Information. Wie aufgrund der Hypothese der
Klassifikation von Wahrnehmungsmaterial erwartet werden könnte,
erfassen die dafür konstruierten Tests figurale Information, von denen eine auditiv und vier ihrer Natur nach visuell sind. Der Test
„Laute Gruppieren" aus THURSTONE's PMA-Batterie, ist ein Klassifikationstest in der Ausschlußform. Eine Beispielaufgabe lautet

A. comb   B. foam   C. house   D. home

Welches Wort sollte ausgeschlossen werden, weil es nicht so wie die
übrigen klingt? Dieser Test erschien bei einer Anzahl von Analysen
des Projekts, aber es gab niemals andere CFC- oder NFC- Tests mit
auditiver Information auf die er laden konnte, wie es parallele Tests
für parallele Faktoren getan hatten. Bei den Ergebnissen von Analysen
lud er mit häufig niedrigen Werten, bei Ausnahmen, die noch zu besprechen sind, auf unterschiedliche Tests.
     „Figurklassifikation" ist dem Test gleich, der für die Analysen des
Denkens entwickelt wurde. Er enthält kurze Sätze von Zuordnungsaufgaben. „Figurzuordnung" war ebenfalls bei einer oder mehreren Analysen des Denkens benutzt worden. Jede Aufgabe verlangt nach der
besten Zuordnung zu einer gegebenen Figur, die unter fünf alternativen
Figuren zu finden sind.
     Ein neuer Test für die erste Analyse der Evaluation wurde „Symbo-
lisches Urteil" genannt. Bei jeder Aufgabe wird ein Wort oder eine
Aussage gegeben, der vier alternative Symbole folgen, die in überzeugender Weise für die gegebene stehen könnte.
     Eine Beispielaufgabe lautet:

gegeben ARC   A. a B. + C. O D. C

Im allgemeinen hat jede Alternative einen Ausspruch auf Angemessenheit. Es ist jedoch die Frage, welche der Repräsentation des gegebenen Symbols am nächsten kommt. Ein anderer neuer Test war „Bildklassifikation". Wie bei „Figurklassifikation" handelt es sich dabei um
einen Zuordnungstest. Zum Beispiel soll ein Becher drei anderen Arten von Gefäßen zugeordnet werden - einem Teetopf, einem Eimer und
einem Krug. Ein Hut mit einer Feder soll drei anderen Objekten, die
Federn haben, zugeordnet werden - einem Kissen, einem Vogel und
einem Federball.
     Für die Hypothese der Entdeckung von Fehlern in Abbildungen be-
kannter Objekte oder Situationen gab es nur einen Test „Ungewöhnliche

Details". Es handelte sich dabei um die Art von Aufgabe, bei der gefragt wird „Was ist bei diesem Bild falsch?". Der Test enthält 16
Skizzen von bekannten Situationen, die zwei ungewöhnliche oder inkon-
gruente Merkmale aufweisen. Die Vp soll diese Abweichungen feststellen und sagen, worin sie bestehen.

Tests für die Geschwindigkeit des Urteils. Zwei ähnliche Tests wurden
für die Hypothese der Urteilsgeschwindigkeit geschrieben, bei denen
die Information begrifflich oder semantisch ist. „Wortprüfung I" gibt
einen Satz von vier Bezeichnungen oder Objekten vor, bei dem die Vp
herausfinden soll, welches Objekt davon von Menschen gemacht wurde,
wie bei der Liste

A. Tal   B. Berg   C. Autobahn   D. Fluß

„Wortprüfung II" ist bis auf die Ausnahme, daß es zwei Spezifikationen
für die Klasse, zu der das Objekt gehört, gibt, gleich. Zum Beispiel:
„Das Objekt wächst nicht und ist kleiner als ein Fußball". Ein Satz von
Objekten ist

A. Frosch   B. Kieselstein   C. See   D. Fischer

Um einen möglichen Geschwindigkeitsfaktor bei der Beurteilung von
visuell-figuralem Material zu erfassen, wurden zwei Tests benutzt
„Figurschätzung" und „Verhältnisschätzung". Der zweite war ein zeit-
genössischer experimenteller Test, der von den Psychologen der Luftwaffe konstruiert worden war. Die Aufgaben bei Figurschätzung verlangen von der Vp, die Figur unter vier anderen heraus zu suchen,
die entweder die größte Fläche, die größte Länge oder die größte Anzahl von Punkten, bei jeweils verschiedenen Aufgabenarten, hat. Bei
Verhältnisschätzung wurden der Vp Paare von Geraden vorgegeben,
bei denen die kürzere jeweils auf der linken Seite ist. Sie soll sagen,
wieviel Prozent der längeren Gerade die kürzere ausmacht. Die Art
der Beurteilung ist von der in anderen Evaluationstests sehr unterschiedlich. Sie kommt den Arten näher, die bei psychophysikalischen
Beobachtungen verwendet wurden und war unter diesem Aspekt sehr
interessant. Alle Tests dieser Gruppe sind sehr leicht und Geschwindigkeit ist eine wichtige Bedingung.

Einige Bezugsfaktoren. Ein oder zwei Markierungstests wurden zur
Batterie hinzugenommen, um jede von sieben früher bekannten Fähigkeiten zu repräsentieren, von denen angenommen wurde, daß sie nicht
in die Kategorie der Evaluation gehören, aber die möglicherweise als
gemeinsame Faktoren bei einigen der neuen Tests auftreten könnten.
Auf der Liste dieser Fähigkeiten standen Verbales Verständnis (CMU),
allgemeine Denkfähigkeit (CMS), Korrelatergänzung (möglicherweise
eine Mischung aus NFR, NSR und NMR), Vorstellungsflüssigkeit
(DMU), Assoziationsflüssigkeit (DMR) und Wahrnehmungsgeschwindigkeit (später identifiziert als EFU).

Bei einer explorativen Analyse eines unerforschten Bereichs, wie bei dieser Studie, ist es schwierig vorauszusagen, wieviele Faktoren von den verwendeten Tests zu erwarten sind. Es gab zehn Subhypothesen, die eine Grundlage für die Erwartung von zehn Evaluationsfähigkeiten hätten liefern können. Zusammen repräsentierten 36 Tests diese Subhypothesen, aber sie waren nicht gleichmäßig vertreten. Einige waren nur durch einen Test vertreten. Daher wurden weniger als 10 Evaluationsfaktoren erwartet.

Um die Referenzfaktoren zuerst zu erwähnen, kann gesagt werden, daß sechs der sieben verwendeten lokalisiert und identifiziert wurden. Der Test „Assoziationsflüssigkeit", der allein die Verantwortung für die Lokalisation des Faktors DMR trug, ging zusammen mit zehn neuen Tests auf einen anderen Faktor.

Von den Faktoren, die als Formen der Evaluation interpretiert werden konnten, wurde einer als „logische Evaluation" bezeichnet. Er kam am deutlichsten heraus und wurde am besten durch eine Anzahl syllogistischer Tests und Tests für Schlußfolgerungen vertreten. Von den sechs Tests dieser beiden Arten ging nur „Schlußfolgerungen II" (eine Ergänzungsform) nicht mit den übrigen zusammen. „Syllogismus III" weist ebenfalls die Ergänzungsform auf, geht jedoch mit den übrigen Tests zusammen. Der Hauptunterschied zwischen den beiden Tests besteht darin, daß „Schlußfolgerungen II" nur eine Prämisse vorgibt und damit den Weg für mehr als eine richtige Antwort frei macht, während bei zwei Prämissen nur eine richtige Antwort möglich ist.

Von drei anderen Faktoren wurde angenommen, daß sie in der Evaluationskategorie liegen. Einer wurde als „perzeptuelle Evaluation" bezeichnet und wurde markiert durch den Verhältnisschätztest, „Figurschätzung" (aber nur Teil I, Vergleich von Flächen) und „Laute Gruppieren". Ein Faktor, als „Evaluation von Erfahrung" beschrieben, wurde in erster Linie durch „Ungewöhnliche Details" und „Objektsynthese" markiert. Von dem dritten wurde angenommen, daß es sich um die „Geschwindigkeit der Evaluation" handelte, der durch die beiden Wortprüfungstests und den Verhältnisschätztest bestimmt wurde. Weil die beiden Wortprüfungstests so ähnlich waren, luden sie allein auf einen Faktor. Man könnte ihn als spezifisch ausschließen oder als gemeinsamen Faktor kombiniert mit einem spezifischen ansehen.

Drei der vielen Klassifikationstests gingen zusammen und markierten einen Faktor, der als „verbale Klassifikation" identifiziert wurde. Es gab keinen parallelen Faktor für „perzeptuelle Klassifikation". Ein Faktor der Redefinition, der teilweise durch „Gestalttransformation" und „Objektsynthese" bestimmt wurde, war nicht ganz unerwartet. Ein Block verbaler Tests hing miteinander zusammen, um einen Faktor zu bestimmen, der wahrscheinlich einem Kompositum von Fähigkeiten entsprach. Die gezielten Rotationen brachen diese Gruppen in einsichtigere und kleinere Gruppen auf.

Die gezielte Lösung

Die für die Evaluationsfaktoren zutreffenden Ergebnisse der gezielten Rotationen sind in Tabelle 7.2 zu finden. Es wurde erkannt, daß eigentlich 19 Strukturfähigkeiten in der Batterie von 47 Tests vertreten waren und daß, da eine Anzahl von Fähigkeiten nur durch jeweils einen Test vertreten waren, es auch einige Einzelfaktoren geben würde. Bei der Rotation mit 19 Faktorenachsen ergaben sich sieben Einzelfaktoren, die natürlich nicht zuverlässig identifiziert werden konnten. Zum Beispiel war „Laute Gruppieren" auf ESC gezielt worden (worauf er bei der ursprünglichen Analyse der symbolischen Evaluationsfähigkeiten wie in Bericht 33 geladen hatte). Aber der Einzelfaktor, auf dem er hier erschien, hätte ein auditiver CFC oder etwas anderes sein können. „Figurzuordnung" sollte EFC repräsentieren, aber das würde eine Bestätigung in einer neuen Analyse mit anderen EFC-Tests erfordern. Die Analyse der figuralen Evaluationsfähigkeiten (Bericht 40) lieferte diese Möglichkeit, wie später in diesem Kapitel zu sehen sein wird. „Symbolisches Urteil" sollte bei der gezielten Lösung ESI vertreten, aber er war nicht mit anderen ESI-Tests als Kontrolle dieser Hypothese analysiert worden.

Tabelle 7.2 Faktoren und ihre Tests mit signifikanten Ladungen in dem Bereich der Evaluation*

Faktor / Test	3	6	8	9	12	14	16A	16B	32	33	40	41
EFU												
Wahrnehmungsgeschwindigkeit	71	60	67	–	–	–	–	–	–	69	–	–
Räumliche Orientierung I +	–	72	61	49	–	–	–	–	–	–	–	–
Identische Formen	61	–	–	–	–	–	–	–	–	63	48	–
Identifikationsgeschwindigkeit +	–	62	–	–	–	–	–	–	–	–	–	–
Größenbeurteilung	–	–	–	–	–	–	–	–	–	–	60	–
Räumliche Orientierung II +	–	53	–	57	–	–	–	–	–	–	–	–
Beurteilung figuraler Kombinationen	–	–	–	–	–	–	–	–	–	–	43	–
Ableitungen (ESU)	–	–	–	–	–	–	–	–	–	31	–	–
EFC												
Figurzuordnung	46[s]	46[s]	–	58[s]	–	–	41[s]	36[s]	–	–	49	–
Beste figurale Klasse	–	–	–	–	–	–	–	–	–	–	51	–
Beurteilung spezifizierter Figuren	–	–	–	–	–	–	–	–	–	–	40	–
Beste Figurenpaare	–	–	–	–	–	–	–	–	–	–	37	–
Beste Trennung figuraler Klassen	–	–	–	–	–	–	–	–	–	–	32	–
EFR												
Vorgeschriebene Beziehungen	46[s]	52[s]	–	–	–	–	49[s]	–	–	–	43	–
Richtige figurale Trends	–	–	–	–	–	–	–	–	–	–	46	–
Beurteilung perzeptueller Relationen	–	–	–	–	–	–	–	–	–	–	36	–
Identische Figurbeziehungen	–	–	–	–	–	–	–	–	–	–	34	–
Winkelschätzung	–	–	–	–	–	–	–	–	–	–	31	–
Figurale Analogien (CFR) ++	–	–	–	–	–	–	–	–	–	–	30	–
EFS												
Beurteilung figuralen Gleichgewichts	–	–	–	–	–	–	–	–	–	–	43	–
Räumlich nächste Reihen	–	–	–	–	–	–	–	–	–	–	40	–
Beste Kartenplazierung	–	–	–	–	–	–	–	–	–	–	32	–

248

Fortsetzung Tabelle 7.2

Faktor / Test	3	6	8	9	12	14	16A	16B	32	33	40	41
EFT												
Geringste Bewegung	–	–	–	–	–	–	–	–	–	–	47	–
Beurteilung von Neuanordnungen	–	–	–	–	–	–	–	–	–	–	36	–
EFI												
Wichtige Labyrinthwege	–	–	–	–	58	–	–	–	–	–	51	–
Erfolgreichster Weg	–	–	–	–	52	–	–	–	–	–	48	–
Widerstreitende Planung	–	–	–	–	–	–	–	–	–	–	43	–
Beurteilung figuraler Ausarbeitung	–	–	–	–	–	–	–	–	–	–	36	–
Beurteilung von Plakaten	–	–	–	–	–	–	–	–	–	–	34	–
Auswahl des besten Zuges	–	–	–	–	–	–	–	–	–	–	31	–
Blöcke (CFS)	–	–	–	–	–	–	–	–	–	–	41	–
ESU												
Identität von Symbolen	–	–	–	–	–	–	–	–	–	62	–	–
Buchstabe „U"	–	–	–	–	–	–	–	–	–	56	–	–
Ableitungen	–	–	–	–	–	–	–	–	–	34	–	–
Zeichenänderungen (NSI)	–	–	–	–	–	–	–	–	–	32	–	–
ESC												
Beste Zahlklasse	53s	–	–	–	–	–	–	–	–	50	–	–
Laute Gruppieren	–	55s	–	55s	–	–	–	–	–	41	–	–
Zeichenänderungen II	–	–	–	–	–	–	43s	–	–	43	–	–
Wortwahl	–	–	–	–	–	–	–	–	–	31	–	–
Benennen von Zahlgruppen (CSC)	–	–	–	–	–	–	–	–	–	35	–	–
Manipulation von Symbolen (ESR)	–	–	–	–	–	–	–	–	–	31	–	–

Fortsetzung Tabelle 7.2

Faktor	Test	3	6	8	9	12	14	16A	16B	32	33	40	41
ESR													
	Zahl- und Operationsänderung I	54	–	–	–	–	–	–	–	–	–	–	–
	Zahl- und Operationsänderung II	55	–	–	–	–	–	–	–	–	–	–	–
	Zahl- und Operationsänderung III	54	–	–	–	–	–	–	–	–	–	–	–
	Manipulation von Symbolen	38	53s	52s	–	47s	–	–	–	–	59	–	–
	Manipulation von Symbolen II	–	–	–	–	–	45s	46s	–	–	–	–	–
	Verbundene Wörter I	–	–	–	–	–	–	–	–	–	43	–	–
	Ähnliche Paare	–	–	–	–	–	–	–	–	–	35	–	–
ESS													
	Zahlenauswege	–	–	–	–	–	–	–	–	–	57	–	–
	Serielle Beziehungen	–	–	–	–	–	–	–	–	–	48	–	–
	Richtige Buchstabenordnung	–	–	–	–	–	–	–	–	–	43	–	–
	Richtige Zahlenreihe	–	–	–	–	–	–	–	–	–	31	–	–
	Denken in Symbolen	–	–	–	–	–	–	–	–	–	41	–	–
	Beste Zahlenklasse (ESC)	–	–	–	–	–	–	–	–	–	32	–	–
	Wortänderungen (NSS)	–	–	–	–	–	–	–	–	–	32	–	–
	ITED Verbalteil (CMU)	–	–	–	–	–	–	–	–	–	31	–	–
EST													
	Durcheinandergeratene Wörter	–	–	–	–	–	–	–	–	–	48	–	54
	Beurteilung mathematischer Ausdrücke	–	–	–	–	–	–	–	–	–	–	–	48
	Dekodieren	–	–	–	–	–	–	–	–	–	37	–	40
	Tippfehler	–	–	–	–	–	–	–	–	–	30	–	–
	Ausarbeitung von Symbolen (DSI)	–	–	–	–	–	–	–	–	–	–	–	34
	Zahlgruppen (DSC)	–	–	–	–	–	–	–	–	–	34	–	–
	Wortbeziehungen (CSR)	–	–	–	–	–	–	–	–	–	30	–	–

Fortsetzung Tabelle 7.2

Faktor	Test	3	6	8	9	12	14	16A	16B	32	33	40	41
ESI													
	Bester Buchstabensatz	–	–	–	–	–	–	–	–	–	53	–	–
	Symbolische Beurteilung	–	–	–	56^s	–	–	–	–	–	–	–	–
	Abkürzungen	–	–	–	–	–	–	–	–	–	47	–	–
	Buchstabenprobleme	–	–	–	–	–	–	–	–	–	38	–	–
EMU													
	Wortprüfen II	–	–	–	75	–	–	–	–	–	–	–	–
	Wortprüfen I	–	–	–	72	–	–	–	–	–	–	–	–
	Doppelte Beschreibungen	–	42^s	–	–	–	–	–	–	66	–	–	–
	Absurditäten	–	–	–	45	–	–	–	–	–	–	–	–
	Produktwahl	–	–	–	–	–	–	–	–	43	–	–	–
	Satzsinn	–	–	–	–	–	–	–	–	40	–	–	–
	Verallgemeinerungen	–	–	–	30	–	–	–	–	–	–	–	–
EMC													
	Beste Wortklasse	–	–	–	–	–	–	–	–	61	–	–	–
	Auswahl von Klassenbezeichnungen	35^s	–	–	–	–	–	–	–	50	–	–	–
	Entfernte verbale Ähnlichkeiten	–	49^s	–	–	–	–	–	42	–	–	–	–
	Kritische Beurteilung	–	–	–	–	–	–	44^s	40	–	–	–	–
	Wichtige Tatsachen	–	–	–	–	–	–	–	–	38	–	–	–
	Vollständige Gedanken (EMI)	–	–	–	–	–	–	–	–	37	–	–	–
EMR													
	Verbale Analogien III	–	–	–	–	–	–	–	–	58	–	–	–
	Zuordnung verbaler Beziehungen	–	–	–	–	–	–	–	–	50	–	–	–
	Falsche Prämissen	50^s	–	–	–	–	–	–	–	–	–	–	–

Fortsetzung Tabelle 7.2

Faktor	Test	3	6	8	9	12	14	16A	16B	32	33	40	41
EMR													
	Beste Trendbezeichnungen	–	–	–	–	–	–	–	–	47	–	–	–
	Syllogismen I und II	–	–	–	45	–	–	–	–	–	–	–	–
	Evaluation von Vergleichen	–	–	–	–	–	–	–	–	–	–	–	–
	Verbale Analogien I (CMR)	–	–	–	35	–	–	–	–	41	–	–	–
	Logisches Denken (EMI)	–	–	–	50	–	–	–	–	35	–	–	–
	Wörter ausdenken (EMI)	–	–	–	–	–	–	–	–	35	–	–	–
	Verbale Klassifikation (CMC)	–	–	–	34	–	–	–	–	–	–	–	–
EMS													
	Wortsysteme	–	–	–	–	–	–	–	–	55	–	–	–
	Ungewöhnliche Details	–	–	44	60	–	–	–	–	–	–	–	–
	Unwahrscheinliche Dinge	–	–	–	–	–	–	–	–	55	–	–	–
	Soziale Situationen	–	–	–	46	–	–	–	–	–	–	–	–
	Analyse von Absätzen	–	–	40	–	–	–	–	–	–	–	–	–
EMT													
	Vergleich von punktierten Linien	–	–	–	–	–	–	–	–	–	–	47	–
	Beurteilung von Objektadaptionen	–	–	–	–	–	–	–	–	–	–	45	–
EMI													
	Wortauswahl	–	–	–	68	–	–	–	–	55	–	–	–
	Satzauswahl	–	–	–	–	–	–	–	–	54	–	–	–
	Vollständige Gedanken	–	–	–	–	60	–	–	–	46	–	–	–
	Logisches Denken	–	–	–	36	–	37	–	–	–	–	–	–
	Syllogismustest	51	46	–	–	–	–	–	–	–	–	–	–
	Schlußfolgerungen	49	47	51[s]	45	32	–	–	–	–	–	–	–
	Syllogismen I und II	–	–	–	40	–	–	–	–	36	–	–	–
	Wörter ausdehnen	–	–	–	–	–	–	–	–	–	–	–	–

Fortsetzung Tabelle 7.2

Faktor	Test	3	6	8	9	12	14	16A	16B	32	33	40	41
EMI													
	Praktisches Urteilen I	-	-	-	-	-	-	-	-	35	-	-	-
	Schlußfolgerungen II	-	-	-	31	-	-	-	-	-	-	-	-
	Logische Klassifikation (CMC)	-	-	-	48	-	-	-	-	37	-	-	-
	Synonyme (CMU)	-	-	-	-	-	-	-	-	-	-	-	-
	Evaluation von Vergleichen (EMR)	-	-	-	34	-	-	-	-	-	-	-	-
	Syllogismen III (NMI)	-	-	-	34	-	-	-	-	-	-	-	-
	Leseverständnis (CMU)	-	-	-	-	-	34	-	-	-	-	-	-

* nur Dezimalstellen angeben;
+ Test der Luftwaffe;
s Ladung auf einen Einzelfaktor;
++ Test bei der Rotation auf den durch das Trigramm angegebenen Faktor gezielt.

Zusätzlich zu einem Faktor für die Strukturfähigkeit EFU (Wahrnehmungsgeschwindigkeit), der bei mehreren Gelegenheiten früher durch
zwei Luftwaffentests eindeutig zu bestimmen war, wurde angenommen,
daß vier weitere Evaluationsfähigkeiten, an denen semantische Information beteiligt ist, bei der gezielten Lösung zu identifizieren waren.
Von beiden Tests „Wortprüfen" wurde angenommen, daß sie zu einem
Geschwindigkeitsfaktor des Urteils bei der ursprünglichen Lösung
führten. Es stellte sich heraus, daß sie in starkem Maß (möglicherweise
mit einer Erhöhung der Ladungen) auf einen Faktor luden, der als
EMU identifiziert wurde. Als die Analyse der Fähigkeiten der semantischen Evaluation geplant wurde, gab „Wortprüfen II" das Modell für
einen Test ab, der „Doppelte Beschreibungen" genannt wurde und der
Definition von EMU nach dem Strukturmodell entsprach. Die mäßige
Ladung von „Absurditäten" auf den gleichen Faktor stimmt mit dem
der späteren Analyse der semantischen Evaluationsfähigkeiten überein,
nachdem der ähnliche Test „Satzsinn" ebenfalls auf EMU lud. Bei
beiden Tests sind Inkonsistenzen innerhalb einzelner Sätze aufzufinden.

Die Tests „Ungewöhnliche Details" („Was ist bei diesem Bild
falsch?") und „Soziale Situationen" blieben bei den gezielten Rotationen
zusammen, jedoch in stärkerem Maß und ohne von „Objektsynthese"
und „Wortprüfen I" begleitet zu sein, die ein falsches Bild des Faktors für EMS bei der ursprünglichen Analyse ergaben. Es besteht jedoch die Möglichkeit, daß „Soziale Situationen" einige Varianz hinsichtlich der Evaluation von Verhalten aufweisen könnte, möglicherweise durch Beziehung zur Strukturfähigkeit EBS.

Einige interessante Ergebnisse fanden sich bei den Syllogismustests und den Tests für Schlußfolgerungen. Eine taktische Änderung
bei der Durchführung der gezielten Rotation bestand darin, die Tests
„Syllogismus I" und „Syllogismus II" miteinander zu kombinieren, um
die neue Testvariable „Syllogismus I-II" zu erhalten. Der Grund für
diese Zusammenfassung ist die deutliche Ähnlichkeit dieser beiden
Tests, bei denen der eine und der andere drei Wahlmöglichkeiten hatte.
„Syllogismus III" hat dagegen Ergänzungsform und es war daher vernünftig, anzunehmen, daß der Test erhebliche Varianz auf NMI aufweisen würde, weil die Vp ihre eigenen Schlußfolgerungen zu ziehen
hat. Mit „Syllogismus III", dem ein eigener Zielfaktor gegeben wurde,
gingen „Syllogismus I-II" zusammen mit ausreichenden Ladungen, um
daraus zu folgern, daß einige NMI Varianz auch in dieser Kombination
auftritt. Obwohl bei dem zuletzt erwähnten Test keine Schlußfolgerungen formuliert werden müssen, ist es möglich, daß viele Vpn zuerst
ihre eigenen Schlußfolgerungen ziehen und dann überprüfen, welche
der Alternativen dem entspricht. Warum „Logisches Denken" mit seinen vier alternativen Schlußfolgerungen nicht ebenfalls einige Beziehung zu dem Faktor NMI aufweist, bedarf der Erläuterung.

„Syllogismus I-II" und „Logisches Denken" führten bei der Bestimmung eines Faktors, der als EMR identifiziert wurde. Dieses Ergebnis kann auf der Grundlage, daß sowohl Voraussetzungen als auch
Schlußfolgerungen bei Syllogismen Relationen festlegen, verstanden
werden. Die Anwesenheit von „Evaluation von Vergleichen" auf den

Faktor EMR half sehr viel bei der Identifizierung dieser Strukturfähigkeit. Die zu vergleichenden Objekte weisen eine Beziehung zu einander auf, etwa „mehr Zusammenarbeit als", „größere Menge als", „weniger Menschen als" bei der früher gegebenen Beispielaufgabe.

Aber die gleichen Syllogismustests halfen in mäßigem Umfang bei der Bestimmung des Faktors, der mit EMI identifiziert wurde, auf den sie bei der ursprünglichen Lösung stärker geladen hatten. Schlußfolgerungen sind Implikationen von Voraussetzungen und daher ist EMI eine logischere Erwartung für Syllogismustests als EMR. Die beiden Schlußfolgerungstests, die informelle Deduktionstests sind, luden auf EMI aber nicht auf EMR. Die Ergänzungsform bei „Schlußfolgerungen II" könnte zu Ladungen auf den Faktor NMI führen, aber er trat dort nicht signifikant in Erscheinung. Die Ergänzungsform bei „Syllogismus III" zeigte nur eine geringe Beziehung zu EMI, was zu einem gewissen Maß nahe legt, daß die Vpn die richtigen Antworten nur nach einiger Evaluation und möglicherweise durch Zurückweisung von falschen Antworten, die ihnen bei diesen Tests vorgegeben werden, erreichen.

Es sollte angemerkt werden, daß der Test „Wortauswahl", der die Liste von Tests für EMI bei dieser Lösung anführte, von Syllogismus- und Schlußfolgerungstests recht verschieden ist, aber doch der Beschreibung einer Aufgabe der Evaluation semantischer Implikationen entspricht. Wenn wir sagen, daß x immer ein y hat, sagen wir auch, daß x y impliziert. X impliziert andere Dinge unter den alternativen Antworten des Tests ebenfalls, aber nicht so stark oder mit logischer Notwendigkeit.

Semantische Evaluationsfähigkeiten

Die Analyse semantischer Evaluationsfähigkeiten (2) wurde zuerst mit einer systematischen Auswahl eines Blocks von sechs Evaluationsfähigkeiten aus dem Strukturmodell begonnen. Unter den sechs Fähigkeiten wurden die Operations- und Inhaltskategorien konstant gehalten; die Fähigkeiten, die in erster Linie von Interesse waren, unterschieden sich nur in der Art des beteiligten Produkts. Die für die spezielle Untersuchung ausgewählten Fähigkeiten waren EMU, EMC, EMR, EMS, EMT und EMI. Von früheren Analysen, einschließlich derjenigen, die zuerst auf die Evaluationsfähigkeiten angesetzt war, wurde angenommen, daß sie einen Faktor logischer Evaluation nachgewiesen hatten, der probeweise als eine Entsprechung der Strukturfähigkeit EMR akzeptiert wurde, einen Faktor erfahrungsmäßiger Evaluation ergaben, der für EMS in Frage kam und einen Faktor, der Sensitivität für Probleme, der logischerweise mit der EMI-Zelle des Strukturmodells verbunden war, nachdem dieses System entwickelt worden war (GUILFORD, 1959 b). Die Unterstützung für die letzte der drei Plazierungen

2 vgl. Bericht 32, ebenso HOEPFNER, NIHIRA und GUILFORD (1966).

bestand in dem Argument, daß das Erkennen, daß etwas bei bekannten Objekten oder Institutionen nicht in Ordnung ist, einen Akt der Evaluation darstellt; die betrachteten Objekte werden sozusagen mit einer negativen Wertung versehen. Daher bestand ein wichtiger Zweck der Analyse der semantischen Evaluation in der Identifikation der Sensitivität für Probleme mit EMI.

Obwohl einige der Tests, die früher zu diesen drei semantischen Fähigkeiten geführt hatten, wieder benutzt wurden, um die Kontinuität zwischen den früheren Untersuchungen und der jetzigen zu wahren, wurden viele neue Tests entwickelt, die auf die Fähigkeiten gezielt waren, die durch die sechs Positionen des Strukturmodells definiert wurden. Wie in Kapitel 2 angedeutet, wurde das Modell auf zwei Arten benutzt, um Ideen für neue Tests zu bekommen - das Aufgreifen der dreifachen Spezifikation einer bestimmten Zelle und die Konstruktion paralleler Tests für parallele Fähigkeiten.

Bei der Anwendung dieses heuristischen Verfahrens auf Tests für die Fähigkeit EMU wurden Tests für die parallelen Fähigkeiten CMU, DMU und NMU untersucht. Das am besten bekannte Maß für CMU ist ein Wortschatztest mit Mehrfachwahlaufgaben, bei dem die richtige Alternative ein Synonym des definierten Wortes ist und die anderen nicht. Die entsprechende Idee für ein Maß für EMU bestand darin, a l l e alternativen Antworten zu Synonymen zu machen, von denen eines der Bedeutung des vorgegebenen Wortes am nächsten kommt. Zwei Tests dieser Art wurden für EMU entwickelt. Es wurde als wichtig angesehen, das vorgegebene Wort und die alternativen Antworten so bekannt wie möglich für alle Vpn zu halten, damit der Test nicht auch CMU mißt.

Ein guter Test für DMU gibt bei jedem Problem die Spezifikation von zwei Klassen, z.B. „rund und hart". Dabei hat die Vp die Objekte aufzuschreiben, die beide Eigenschaften aufweisen. Bei einem Test für EMU können der Vp die Spezifikationen der Klassen und eine Liste möglicher Antworten vorgegeben werden, von denen einige den festgelegten Kriterien entsprechen und einige nicht. Dieses Prinzip wurde auch bei einem Test für EMU angewendet. Es war bei dem Test „Wortprüfen II" in der ersten Evaluationsanalyse eingesetzt worden.

Hypothesen und ihre Tests

Evaluation semantischer Einheiten (EMU). Der Test „Doppelte Beschreibungen" basierte auf dem gerade erwähnten Prinzip. Er wurde jedoch in Mehrfachwahlaufgaben übertragen mit Aufgaben folgenden Typs:

Welches Objekt erfüllt am besten die Bedingung sowohl rund als auch hart zu sein?
A. Gold B. Schallplatte C. Stahl D. Münze
Sowohl B als auch D kämen in Frage, aber D ist besser (härter).

„Synonyme" und „Wort-Ergänzung" wurden in Analogie zu den Wortschatztests konstruiert, wie oben erwähnt. Der Unterschied zwischen beiden Tests besteht darin, daß bei Wortergänzung die Aufgabenstellung die Form eines Satzes hat. Die Aufgabe der Vp besteht darin, anzugeben, welches Wort der beste Ersatz für das unterstrichene Wort ist, während es bei „Synonyme" allein vorgegeben wird. Beispielaufgaben, die erste für „Wortergänzung", sind:

Vorgegebener Satz: Er war ein guter Arzt, aber der Alkohol war
sein Ruin.
A. Plage   B. Verderben   C. Schicksal   D. Strafe

Vorgegebenes Wort: LAMPE (ist am meisten wie)
A. Fackel   B. Rute   C. Kerze   D. Laterne

Evaluation semantischer Klassen (EMC). Obwohl eine Klasse operational eine Ansammlung von Objekten ist, die zusammengehören, weil sie ein oder mehrere Attribute gemeinsam haben, ist die Vorstellung der Klasse oder der Attribute, die das Produkt darstellen, das zu evaluieren ist, komplex. Durch Tests kann diese Fähigkeit mehr oder weniger direkt auf verschiedene Weise, wie die Ergebnisse zeigen, erfaßt werden.

„Beste Wortklasse" verlangt von der Vp die Auswahl der Klassenbezeichnung, die am besten einen gegebenen Satz von Wörtern oder Objekten beschreibt. Eine Beispielaufgabe fragt nach der besten von vier Klassenbezeichnungen, die für einen vorgegebenen Gegenstand angeboten werden, z.B.:

PALME gehört zur Klasse der
A. Pflanzen   B. Bäume   C. Blumen   D. Blätter

Bei „Beste Wortpaare" werden Sätze aus jeweils zwei Worten vorgegeben, bei denen die Vp feststellen soll, welches Paar die beste Klasse hinsichtlich der Zahl der Bedeutung der gemeinsamen Eigenschaften bildet. Eine Beispielaufgabe lautet:

Gegebene Paare: A. Stute - Henne   B. Sau - Stute
C. Henne - Sau

„Auswahl von Klassenbezeichnungen" verlangt von der Vp eine Aussage darüber, welche der alternativen Bezeichnungen am genauesten für einen Satz von vier Wörtern oder Objekten ist. Beispiel:

Gegebene Wörter: Katze   Kuh   Maulesel   Stute
Gegebene Klassenbezeichnungen: A. Zuchttiere   B. Vierfüßler
C. Haustiere

Evaluation semantischer Beziehungen (EMR). Da der wiederholt aufgefundene Faktor der logischen Evaluation der Zelle EMR im Strukturmodell zugeordnet war, wurde sein ständiger Markierungstest „Logisches Denken" in die Analyse aufgenommen. Die neueste Form dieses syllogistischen Tests gibt zwei Prämissen und vier alternative Schlußfolgerungen vor, von denen nur eine richtig ist. Die alternativen Schlußfolgerungen sind recht einladend und würden öfter gegeben, wenn die Aufgabe in Ergänzungsform mit den gleichen Prämissen vorliegen würde. Andere Tests für EMR wurden in Übereinstimmung mit den Eigenschaften aus dem Strukturmodell konstruiert. Dieser Schritt wurde unternommen, um zu bestimmen, ob „Logisches Denken" bei EMR bleiben oder vollständig mit anderen EMI-Tests gehen würde.

Bei anderen Operationskategorien, insbesondere der Kognition, hatte sich herausgestellt, daß Aufgaben, die Trends beinhalten, Maße der Fähigkeiten darstellen, die mit Beziehungen zusammenhängen. Ein Trend bei Objekten, die der Größe nach geordnet werden sollen, verlangt die wiederholte Beziehung „größer als". „Beste Trendbezeichnung" verlangt von der Vp die Auswahl der Bezeichnung, die den Trend bei jeder Aufgabe am besten erfaßt.

Gegebene Wörter: Pferd Drückkarren Fahrrad Auto
Trendbezeichnung: A. Geschwindigkeit B. Zeit C. Größe

Die Gefahr, daß dieser Test CMR genauso gut wie EMR mißt, wurde sicherlich dadurch reduziert, daß der Vp die alternativen Bezeichnungen vorgegeben wurden. Wenn jedoch noch einige Schwierigkeiten hinsichtlich der Kognition trotz dieser Hilfe auftreten würden, könnte es CMR-Varianz bei den Ergebnissen geben.

Bei jeder Aufgabe von „Zuordnung verbaler Beziehungen" wählt die Vp das Wortpaar aus, das die Beziehung repräsentiert, die einem gegebenen Standardpaar von Wörtern am ähnlichsten ist, z.B.:

Standardpaar: VOGEL – LIED
A. Fisch-Wasser B. Mensch-Brief C. Pianist-Piano
D. Pferd-Ranch
Antwort: B (Ein Mensch benutzt den Brief als Kommunikation wie
          der Vogel das Lied)

Analogietests hatten sich als günstig in Verbindung mit Beziehungen bei anderen Operationskategorien erwiesen, daher wurde eine besondere Form der Analogien, anders als die gerade erwähnte Form, für die Evaluation von Beziehungen entwickelt. Der Test wurde als „Verbale Analogien III" bezeichnet. „Verbale Analogien I" war für CMR entwickelt worden und „Verbale Analogien II" für NMR. Bei den „Verbalen Analogien III" ist die Beziehung zwischen den ersten beiden Wörtern der Aufgabe ziemlich leicht zu erkennen. Jede der alternativen Antworten, aus denen das beste vierte Wort der Analogie auszuwählen ist, hat eine deutliche Beziehung zum dritten Wort, aber eine kommt der Beziehung zwischen den ersten beiden Wörtern am nächsten, z.B.:

Gegebene Wörter: VERKEHR : AMPEL wie FLUSS : ___?

A. Ufer B. Damm C. Kanal D. Sandsäcke
Antwort: B (Ein Damm reguliert den Lauf eines Flusses wie eine
Ampel den Verkehrsfluß)

Bei einer Aufgabe von „Wortverbindung" wählt die Vp aus Alternativen
das Wort, das mit beiden gegebenen Wörtern in Beziehung steht, aber
in verschiedener Weise wie bei:

Gegebenes Paar: JEWELRY - BELL
Alternativen: A. ornament B. jingle C. ring

Es ist anzumerken, daß sich dieser Test von anderen dadurch unterscheidet, daß eine bestimmte Beziehung nicht auf ihre Angemessenheit
oder Genauigkeit zu beurteilen ist. Es geht hier darum, zwei verschiedene Beziehungen zu erfüllen, von denen keine gegeben ist. Wir werden
sehen, daß dieses Merkmal einen ziemlichen Unterschied in der Fähigkeit verursacht, die durch diesen Test gemessen wird.

Evaluation semantischer Systeme (EMS). Bei der Untersuchung der
verschiedenen Arten von Systemen und den Erfordernissen bei einer
Evaluation von Systemen, können wir aus Bericht 32 zitieren:

„Systeme sind organisierte oder strukturierte Ansammlungen von
Information oder Komplexe miteinander verbundener Teile. Bei
NMS, einer parallelen Fähigkeit im Bereich der konvergenten Produktion, wurden die semantischen Systeme als organisierte, geordnete oder miteinander verbundene Serien von Ereignissen bestimmt.
Das wird illustriert durch „Bilderordnen", „Sätze ordnen" oder
„Zeitliche Reihenfolge". Die Tests, die CMS festlegen, einen parallelen kognitiven Faktor, beschäftigen sich mit Denkproblemen, wie
bei „Arithmetischem Denken". Derartige Tests betonen gewöhnlich
die Fähigkeit, die Strukturen des Problems zu verstehen, einschließlich des zu erreichenden Ziels. Das wesentliche Merkmal des CMS-
Faktors scheint in dem Umgang, der Manipulation und dem Verfolgen
der verschiedenen Aspekte eines Problems in Verbindung zu einem
anderen zu liegen. Die gegenwärtigen Kenntnisse über die Faktoren
CMS und NMS scheinen die Verschiedenheit der Merkmale semantischer Systeme nahezulegen. Es sieht so aus, daß das semantische
System ein Satz - ein Komplex von Beziehungen zwischen Vorstellungen, ein organisierter Gedanke - eine Folge von Ereignissen oder
eine gewöhnliche Situation sein kann. Aus diesem Grund bestehen die
Tests, die für EMS entwickelt wurden aus verschiedenartigen Problemen, von denen erwartet werden konnte, daß semantische Systeme beteiligt sind" (S. 8).

Bei „Vollständigen Gedanken" entscheidet die Vp, ob eine Aussage
einen vollständigen Satz darstellt oder nicht. Englischlehrer wissen,
daß die Unfähigkeit, diese Entscheidung richtig zu treffen, eine verbreitete Schwäche darstellt. Die Aussage „The parrot with his bright

feathers" ist natürlich kein vollständiger Satz, während „Light breaks in secret places" ein vollständiger Satz ist.

Noch ein anderer für EMS entwickelter Test benutzt den Satz als eine Art System. Er wurde als „Satzsinn" bezeichnet. Wie der Test „Absurditäten" bei der ersten Evaluationsstudie hat jeder Satz entweder innere Konsistenz oder nicht. Der Satz „Johnny, der sieben Jahre alt ist, reiste vor zehn Jahren mit seiner Mutter nach Europa", hat eine offensichtliche Inkonsistenz. Wir werden sehen, daß die beiden Tests, die sich mit Sätzen beschäftigen, nicht mit den anderen EMS-Tests zusammengingen und die Grundlage für einige interessante Spekulationen lieferten.

Ein Test, der ein Problem als System benutzte, wurde als „Wichtige Tatsachen" bezeichnet. Bei einer gegebenen Problemsituation muß die Vp entscheiden, welche von vier Tatsachen bei der Auseinandersetzung mit dem Problem am wichtigsten und welche am wenigsten wichtig ist. Eine Beispielaufgabe lautet:

Gegebenes Problem: Sie sollen in einer Oper singen und haben zu entscheiden welches Kostüm sie tragen.
Gegebene Tatsache: A. Die Oper heißt „Holländisches Mädchen"
B. Die Szenerie ist grün und blau.
C. Die Scheinwerfer werden blau sein.
D. Das Theater ist klein.

„Ungewöhnliche Objekte" ist eine Revision von „Ungewöhnliche Details", von dem bei der ersten Analyse angenommen wurde, daß er EMS repräsentiere. Die Veränderung bestand im Wechsel von der Ergänzungsform zu Mehrfachwahlantworten. Bei der früheren Form wurde gefragt „Was ist in diesem Bild falsch? und die spätere Form gibt vier mögliche Fehler oder Diskrepanzen, von denen zwei als die wichtigsten ausgewählt werden sollen.

Während „Ungewöhnliche Objekte" eine Situation als System verwendet, wird bei „Wortsystem" eine 3 x 3 Matrix aus Wörtern benutzt, bei der die Zeilen und Spalten Klassen und Beziehungen darstellen. Bei jeder Aufgabe werden drei solcher Matrizen gegeben, jede mit einem oder mehreren Fehlern (Inkonsistenzen). Die Vp soll die mit den meisten und schwerwiegendsten Fehlern und die mit den wenigsten Fehlern finden.

<u>Evaluation semantischer Transformationen (EMT)</u>. Bei Bericht 32 finden wir:

„Eine Transformation wird als Veränderung definiert. Im semantischen Bereich bedeutet das gewöhnlich eine Veränderung der Interpretation oder die Verwendung verschiedener Objekte, Vorstellungen, Begriffe und anderem sinnvollen verbalen Material . . . . Die Tests, die den Faktor NMT bestimmten - Gestalttransformation, Objektsynthese und Bildgestalt - verlangen von der Vp die Produktion von Antworten bei denen Änderungen die der Verwendung oder Interpre-

tation gewöhnlicher Objekte auftreten. „Geschichtentitel", einer der
Tests, die den Faktor DMT bestimmten, verlangt von der Vp die
Interpretation einer Geschichte auf verschiedene Arten damit sie
eine Anzahl von Überschriften schreiben kann" (S. 8).

Diese Überlegungen führten zu einem neuen Test für EMT. „Produktwahl" ist „Objektsynthese" ähnlich. Dabei wählt die Vp eines der gegebenen alternativen Objekte aus, das einem festgelegten Zweck am
besten dient und das durch die Kombination zweier Objekte entstanden
ist.
      „Geschichtentitel" (früher einfach „Titel") verlangt von der Vp eine
Beurteilung welcher der vorgeschlagenen Titel, die mit einer gegebenen Geschichte in Verbindung stehen, am besten im Hinblick auf Bedeutung für die Geschichte und am ehesten für einen neuen Aspekt oder
eine neue Interpretation geeignet ist. Beispiele für Aufgaben wurden in
Verbindung mit der Fabel vom Fuchs und den Trauben bereits gegeben.
      „Nützliche Veränderungen" ist dem NMT-Test „Gestalttransforma-
tion" parallel. Anstatt alternative Objekte anzugeben, von denen nur
eines schnell die ungewöhnliche Aufgabe erfüllen kann, werden bei
diesem EMT-Test Objekte aufgeführt, die alle den Zweck erfüllen,
aber eines besser als die anderen, wie bei

Welcher Gegenstand könnte am besten benutzt werden um Käse zu
schneiden?
A. Guitarre   B. Blech   C. Büroklammer

Die Guitarre könnte einen dünnen Draht liefern, der am besten zum
Schneiden geeignet wäre.

Evaluation semantischer Implikationen (EMI). Um die Hypothese zu
prüfen, ob der Faktor der Sensitivität für Probleme angemessen bei
der Strukturfähigkeit EMI plaziert wäre, wurden zwei Markierungstests für diesen Faktor eingeschlossen. Es war der Apparat-Test und
„Erkennen von Problemen". Der erste verlangt, daß zwei Dinge als
falsch bei einem üblichen Gerät erkannt werden, während der zweite
nach fünf Problemen fragt, die in Verbindung mit jedem gegebenen Objekt auftreten könnten.
      Andere Tests wurden für EMI ausgewählt, weil sie den Spezifika-
tionen des Strukturmodells für diese Fähigkeit entsprachen. Bei einem
neuen Test, „Satzauswahl" soll die Vp aus Alternativen die eine Aussage auswählen, die im Hinblick auf die gegebene Information wahr ist.
Eine Beispielaufgabe lautet:

Gegebene Aussage: Im mittleren Pazifik auf Buna - Buna wird
                  Ticky - Ticky im Freien gespielt.
Alternative:
A. Die Menschen auf Buna - Buna spielen gern.
B. Ticky - Ticky ist ein schwieriges Spiel.
C. Es gibt eine Buna - Buna genannte Insel.

Es ist leicht zu sehen, daß dieser Test ein Schlußfolgerungstest ist. Aus diesem Grund könnte er eine Verbindung zum Test „Logisches Denken" haben und zumindest teilweise auf den Faktor EMR laden oder beide könnten auf EMI gehen.

Von zwei Tests wurde angenommen, daß sie die „Beurteilung des gesunden Menschenverstandes" repräsentieren. Sie wurden in die Liste für EMI aufgenommen. Bei der Analyse der Planungsfähigkeit, die im vorangegangenen Kapitel erwähnt wurde, gingen zwei Tests mit dem Luftwaffentest „Praktisches Urteil" und anderen zusammen, um einen Faktor zu bestimmen, der als Urteilen erkannt wurde. Einer war „Erkennen von Mängeln", bei dem die Vp angeben soll warum ein vorgeschlagener Plan fehlerhaft ist. Die neue Form dieses Tests, die bei EMI benutzt wurde, trug die Bezeichnung „Praktisches Urteilen I". Dabei werden fünf alternative Mängel angeboten von denen die Vp die beiden schwerwiegendsten heraussuchen soll. Der andere Test, „Praktisches Urteilen II", war eine Revision des Tests „Verifikationen", der ebenfalls bei der Planungsstudie verwendet worden war. Dabei soll die Vp verschiedene Wege vorschlagen durch die die Wahrheit von gegebenen Tatsachen über Naturphänomene nachgewiesen werden kann. Als Test für EMI fragt „Praktisches Urteilen II" nach den besten beiden Verfahren unter fünf gegebenen. Es wurde angenommen, daß bei beiden Tests Implikationen beteiligt sind.

Bezugsfaktoren und ihre Tests. Die Bezugsfaktoren wurden zum größten Teil der Kognitionskategorie entnommen. Dabei spielte die Erwartung, daß es schwieriger sei Evaluationsfähigkeiten von Kognitionsfähigkeiten zu unterscheiden und daß die Kognitionsvarianzen nicht bei allen Evaluationstests erfolgreich kontrolliert werden konnten, eine Rolle. Alle sechs Fähigkeiten der semantischen Kognition waren repräsentiert aber mit einer minimalen Anzahl von Tests. Wie für die anderen Operationskategorien wurden Markierungstests für NMT eingeschlossen, weil die beiden für EMT bestimmten Tests denen für NMT sehr ähnlich waren. Ein Markierungstest für DMI wurde verwendet, weil der Apparat - Test und „Erkennen von Problemen", die für EMI benutzt werden, die Produktion alternativer Implikationen verlangen und es bei einer früheren Analyse einige Schwierigkeiten gegeben hatte, die Faktoren DMI und EMI (von letzteren wurde angenommen Sensitivität für Probleme zu repräsentieren) zu trennen (Bericht 26).

Die ursprüngliche Analyse

Die erste Lösung bei der Analyse wies alle semantischen Evaluationsfaktoren, mit Ausnahme von EMT, nach. Die führenden Tests für EMU waren „Doppelte Beschreibungen", der für EMU bestimmt, und „Satzsinn", der für EMS konstruiert worden war. Er war für EMS gedacht, weil ein Satz ein semantisches System darstellt; es handelt sich dabei um einen organisierten Gedanken einiger Komplexität. Als Begründung für das Auftauchen von „Satzsinn" bei EMU können wir sagen, daß die Vp die Sätze als Einheiten oder zwei Teile der Sätze als Einheiten ansahen. Manchmal sind die beiden Teile miteinander konsistent und manchmal nicht.

Die beiden anderen Tests mit einiger Beziehung zu EMU waren „Produktwahl" und „Nützliche Veränderungen", bei denen Beurteilungen von Objekten als Einheiten eine Rolle spielten. Sie waren beide für EMT entwickelt worden, aber es ist offenkundig, daß bei diesen Tests nicht die Transformation an sich beurteilt werden muß; es sind vielmehr die Ergebnisse von Transformationen beim ersten und die an Transformationen beteiligten Objekte im zweiten Fall.

Das Versagen der beiden Wortergänzungstests auf dem Faktor EMU und ihre Ladung auf den Faktor CMU ist ein überraschendes Ergebnis. „Wortergänzung", der das Ergänzen eines Wortes im Satz verlangt, lud stärker auf CMU als „Synonyme". Das Ergebnis, daß diese Tests mit CMU in Verbindung stehen, trägt einiges zum Begriff von CMU und seinen Tests bei. Bis dahin war bekannt, daß die reine Vertrautheit mit Wörtern, wie bei Wortschatztests, ausreichen könnte um den Status eines Individuums beim verbalen Verständnis anzuzeigen. Wir haben jetzt die Bestätigung dafür, daß die Aufgaben, die genauere Unterscheidung der Wortbedeutung verlangen ebenfalls die Fähigkeit für verbales Verständnis messen.

Der Faktor für EMC wurde durch zahlreiche Tests bestimmt, angeführt von „Auswahl von Klassenbezeichnungen" und „Beste Wortklasse". Der dritte für EMC entwickelte Test, „Beste Wortpaare", ging signifikant eher auf CMC als auf EMC. Ein Grund dafür muß darin bestehen, daß zu viele Vpn Schwierigkeiten beim Erkennen der Klassen von Vorstellungen hatten. Ein anderer könnte darin zu suchen sein, daß, wenn die Vpn informiert werden, die beste Klasse auszuwählen, sie kein klares Kriterium für die „beste Klasse" haben. Mit diesen und anderen Ergebnissen wird klar, daß bei einem guten Evaluationstest die Vp ein deutliches Kriterium haben muß. Die anderen zusätzlich benötigten Bedingungen werden später besprochen.

Von den vier Tests, die für EMR entwickelt wurden, führten drei die Liste für diesen Faktor an, einschließlich „Verbale Analogien III", „Beste Trendbezeichnung" und „Zuordnung verbaler Beziehungen". Der vierte Test „Wortverbindungen" war ein starker Test für den parallelen Faktor CMR. Das dabei beteiligte Erkennen der Beziehungen war offensichtlich der wesentliche Beitrag zu Unterschieden in den Werten dieses Tests.

Von der schwachen aber signifikanten Ladung von „Logischem Denken" auf diesen Faktor wurde angenommen, daß sie einen starken Hinweis für eine Neuformulierung der früheren Identifikation des Strukturfaktors der logischen Evaluation geben würde. „Logisches Denken" ging stark auf EMI bei dieser Lösung, teilte aber seine Varianz etwa gleich auf EMR und EMI bei der späteren gezielten Lösung.

Von den hypothetischen Tests für EMS kann gesagt werden, daß „Unwahrscheinliche Dinge" stark und „Wortsysteme" schwächer einen Faktor bestimmt haben. Die übrigen drei Tests versagten dabei. Wir haben dabei bereits erwähnt, daß „Satzsinn" auf den Faktor für EMU

ging, aus offensichtlich ausreichenden Gründen. „Wichtige Tatsachen"
ging aus unzureichenden Gründen auf EMC. Der Test verlangt von der
Vp, daß sie die wichtigsten und die am wenigsten wichtigen Tatsachen
bei der Lösung eines praktischen Problems herausfindet. Es ist möglich, daß bei der Verwendung eines Problems als eine Art System bei
einem EMS - Test die gesamte Problemstruktur beurteilt werden muß
und nicht einzelne Tatsachen, die sich darauf beziehen. „Vollständige
Gedanken" gingen auf EMI, was nahelegt, daß die Vp bei der Bearbeitung dieses Tests mit Implikationen zu tun hat. Die Entscheidung darüber ob eine Aussage einen vollständigen Satz darstellt oder nicht kann
bedeuten, daß das Subjekt eines Satzes ein Prädikat impliziert und umgekehrt. Bei diesem Test kommt es darauf an ob der implizierte Teil
vorhanden ist oder nicht.

Eines der wichtigen und endgültigen Ergebnisse einer Analyse bestand darin, daß die beiden Tests der Sensitivität von Problemen, von
Tests, die speziell für EMI konstruiert waren, abwichen. Sie gingen
stattdessen mit dem Markierungstest für CMI „Treffende Fragen". Die
Schlußfolgerung daraus ist, daß die Sensitivität gegenüber Problemen
ihren Grund im E r k e n n e n der Implikationen und nicht in der Evaluation hat. Im Hinblick auf den Prozeß des Problemlösens verbrei-
tert das etwas die Rolle der Kognition und engt die Bedeutung der Evaluation etwas ein. Der Bezug auf das von MILLER, GALANTER und
PRIBRAM (1960) vorgeschlagene TOTE- Modell (test-operate - test -
exit) des Verhaltens legt nahe, daß das anfängliche T einen anderen
Prozeß als das zweite T (und alle weiteren) darstellt. Sie hatten alle
T behandelt als wären sie gleich, während das gerade erwähnte Ergebnis nahelegt, daß sie verschieden sind.

Als beste Tests für EMI erwiesen sich „Satzauswahl", ein Schlußfolgerungstest und „Logisches Denken". „Wortausdehnung" kam zu
mehr als einer minimalen Ladung, was eine gerinfügige Bestätigung
der Erwartung darstellt. Die Anwesenheit von „Vollständigen Gedanken" auf diesem Faktor war nicht erwartet worden, kann aber begründet werden.

Fünf der semantischen Kognitionsfähigkeiten waren in der Analyse
enthalten und daher kann gesagt werden, daß im allgemeinen die fünf
semantischen Evaluationsfähigkeiten erfolgreich von den Fähigkeiten
der semantischen Kognition getrennt werden konnten. Es zeigte sich
eine starke Beteiligung von Kognitionsvarianz bei den Evaluationstests,
aber das war auf wenige Tests beschränkt. Die bei dieser Analyse ge-
wonnene Erfahrung ermöglichte später die Konstruktion von Evaluationstests, die frei von Kognitionsvarianz waren.

Die gezielte Lösung

Im Allgemeinen änderte die gezielte Lösung das oben beschriebene
Bild sehr wenig, mit der Ausnahme, daß einige Tests schärfer getrennt wurden, mit höheren Ladungen dort, wo sie hingehörten und
mit niedrigeren, wo sie nach der Theorie auch nicht auftreten durften.
Einige Details werden besprochen.

„Logisches Denken", das signifikant auf EMI nur bei der ursprünglichen Lösung geladen hatte, teilte seine Varianz zwischen EMR und
EMI bei der gezielten Analyse, was mehr in Übereinstimmung mit
früheren Ergebnissen war. „Wortausdehnung" teilte seine Varianz
zwischen diesen beiden Faktoren bei beiden Lösungen. Es gab andere
Beispiele dafür, daß Tests sowohl Relationen und Implikationen als
auch Produkte erfassen. Diese Unsicherheit kann daher kommen, daß
eine Beziehung oft die Grundlage einer Implikation darstellt, das Ergebnis einer Aufgabe führt zum nächsten Begriff. Implikationen ergeben sich auch aus anderen Gründen und daher sollte es möglich sein,
Tests für Schlußfolgerungen zu entwerfen, die keine signifikanten Verbindungen zu den Bezugsfaktoren haben. Diese Möglichkeit wurde durch
die Tests „Satzauswahl" und „Vollständige Gedanken" nachgewiesen.

Es wurden zwei gezielte Analysen durchgeführt: eine bevor die Ergebnisse der Transformationsstudie (vgl. Bericht 41 oder Kapitel 6)
bekannt und die andere nachdem diese Informationen verfügbar waren.
Bei der ersten gezielten Lösung, bei der „Nützliche Änderungen" auf
einen speziellen Faktor (für EMT) angesetzt war, ergab sich ein starker Einzelfaktor für diesen Test. Bei der Transformationsstudie ging
„Nützliche Änderungen" mit anderen Tests auf einen Faktor für NMT. Bei
der zweiten gezielten Analyse dieser Untersuchung, bei der „Nützliche
Änderungen" auf NMT gezielt wurden, mit keinem zusätzlichen für
EMT rotierten Faktor, paßte dieser Test in die NMT-Gruppe. Daraus
wurde geschlossen, daß der Faktor EMT bei der Untersuchung der
semantischen Evaluationsfähigkeiten möglicherweise nicht nachgewiesen wurde.

Symbolische Evaluationsfähigkeiten

Die Untersuchung der sechs Fähigkeiten der symbolischen Evaluation
(3), die im Strukturmodell enthalten sind, wurde aufgenommen, bevor
die Ergebnisse der korrespondierenden Untersuchung der semantischen Evaluation bekannt war. Konsequenterweise waren auch die
meisten Probleme bei der Konstruktion der Tests und die eingesetzten
Strategien gleich.

Ein neuer Ansatz wurde jedoch deutlich, der einige Aufmerksamkeit
auf sich zog. Bei der Entwicklung des Begriffs der „Evaluation" als
Operation, ergaben sich zwei Hauptaspekte. Einer bezog sich auf Evaluation als einer Sensitivität für Fehler, während der zweite so breit
definiert wurde, daß er Defekte, Mängel und Inkonsistenzen einschloß.
Dieser Aspekt war bei der Planung der semantischen Studie erkannt
worden, bevor bestätigt war, daß Sensitivität für Probleme eher in
den Bereich der Kognition als in den der Evaluation gehört. Operational legte der Aspekt der Sensitivität für Fehler nahe, daß die Tests

---

3 vgl. Bericht 33, ebenso HOEPFNER, NIHIRA und GUILFORD (1966).

absolute Urteile verlangen: Entscheidungen, daß Objekte richtig oder falsch sind. Entscheidungen sind vom Typ Ja - Nein.

Bei den anderen Aspekten werden Abstufungen der „Güte" der Information betont. Wenn Informationen unvollständig sind oder von einem Standard abweichen, können einige mehr abweichen als andere. Diese „Schätzung" verlangt relative Urteile, z.B. eine Aussage, welche von mehreren Informationen von einem gegebenen Standard am meisten und möglicherweise auch am wenigsten abweicht. Tatsächlich können beide Aspekte logisch in die gleiche Definition von „Evaluation" eingebracht werden. Die für die Untersuchung akzeptierte Definition geht davon aus, daß die Evaluation eine Entscheidung darüber darstellt, ob ein Kriterium erfüllt wird. In Übereinstimmung damit wurde bei dieser Untersuchung mehr Aufmerksamkeit auf die Art der Kriterien als früher gerichtet und eine Variation der Kriterien eingeführt.

Eine andere Quelle der Variation zwischen Tests ergab sich aus der Erkenntnis, daß Symbole in der Form von Buchstaben, Zahlen, Silben und Wörtern vorliegen können. Es wurde der Weg dafür offengelassen, daß sich die Faktoren auf zwei oder mehr verschiedene Arten, in Übereinstimmung mit der Art von Symbolen spezialisieren. Die Kombination der Symbolart mit der Art des Kriteriums und die Unterscheidung zwischen absoluten und relativen Urteilen, könnte zu einer großen Zahl von Tests führen, zu drei oder mehr für jeden möglichen Faktor. Die Gesamtzahl der Tests mußte relativ klein gehalten werden, aber durch Stichprobenverfahren war es möglich verschiedene Kombinationen der Bedingungen, die irgendwie bei den sechs Strukturfähigkeiten auftraten, zu überprüfen. Von den 25 Tests, die für die sechs Faktoren entwickelt wurden, waren 13 der „Sensitivitätskategorie" und 12 der „Schätzkategorie" zuzurechnen. Sechs Tests hatten mit Zahlsymbolen, sieben mit Buchstaben zu tun; neun benutzen Wörter und drei bestanden aus Kombinationen von Buchstaben und Zahlen. Es gab drei Beispiele dafür, daß zwei oder mehr Tests mit der gleichen Art von Symbolen bei der gleichen Hypothese für Strukturfaktoren auftraten.

Hypothesen und Tests

Evaluation symbolischer Einheiten (ESU). Die fünf Tests für ESU zeigten beträchtliche Verschiedenheiten. „Rechtschreibung" repräsentierte den Sensitivitätsaspekt mit Wörtern als symbolische Einheiten. Der Test besteht aus 60 der am häufigsten falsch geschriebenen englischen Wörter, die Hälfte davon mit Fehlern und die andere Hälfte ohne. Die Vp muß dabei jeweils „richtig" oder „falsch" sagen.

Von Anagrammtests war nachgewiesen worden, daß sie die Strukturfähigkeit CSU repräsentieren. Z.B. gibt der Test „Ableitungen" ein ziemlich langes Wort vor, etwa GENERALISATIONEN, das von einer Liste kurzer Wörter gefolgt wird, von denen die Hälfte dadurch abgeleitet werden kann, daß die Buchstaben dieses Wortes verwendet wurden, bei der anderen Hälfte nicht. Die Vp soll sagen, welche richtig abzuleiten sind. Es ist interessant anzumerken, daß, weil es sich um einen Anagrammtest handelt, zuerst beabsichtigt war, ihn auf EST anzusetzen, da Transformationen (Neuanordnung von Buchstaben) beteiligt sind. Aber die Ergebnisse der Vortests zeigten eine Verbindung mit den ESU - Tests. Wie bei einigen für EMT entwickelten Tests der der semantischen Studie zeigt sich, daß das Endprodukt, die Einheit, evaluiert wird und nicht die Transformation.

„Identität von Symbolen" wurde in Analogie zu erfolgreichen Tests der angenommenen Fähigkeit EFU konstruiert. Bei derartigen Tests soll die Vp feststellen, ob die vorgegebenen Zeichen identisch sind oder nicht. „Identität von Symbolen" besteht aus Aufgaben wie:

748 102 . . . .   749 102
tmipoty . . . .   timpoty
L.R. Cowan. . . . L.R. Cowan

Die Vp schreibt „G" für gleich und „V" für verschieden in die dafür vorgesehenen freien Stellen. Diese Art von Tests erfreut sich beträchtlicher Popularität als Teil von Verfahren, die Eignung für Büroarbeiten messen.

Durch Analogie zu „Doppelte Beschreibungen", einen Test der für EMU entwickelt und früher beschrieben wurde, war der Test „Buchstabe „U"" entwickelt worden. Eine lange Liste von Wörtern wird gegeben, von denen die Hälfte diesen Buchstaben enthält und die andere nicht. Das Prinzip besteht darin, daß die Spezifikation einer Klasse gegeben ist und daß die Vp sagen soll, ob eine vorgegebene Einheit dieser Spezifikation genügt oder nicht.

„Bekannte Buchstabenkombinationen" wurde eingeführt, um eine andere Art von Kriterium zu untersuchen, das der Bekanntheit. Die Aufgaben bestanden aus Drei - Buchstaben - Silben, die mehr oder weniger häufig in Wörtern auftreten. Die Vp soll beurteilen, welche Silben in englischen Texten häufiger auftreten. Die Häufigkeit mit denen die Silben üblicherweise auftreten ist aus den Zählungen von UNDERWOOD und SCHULTZ (1960) bekannt. Silben von sehr verschiedenen Häufigkeiten sind miteinander gepaart, um dem Test einen angemessenen Grad der Schwierigkeit zu verleihen. Es ist noch anzumerken, daß relative Urteile verlangt werden.

Evaluation symbolischer Klassen (ESC). Vier experimentelle Tests wurden für diese hypothetische Fähigkeit entwickelt, drei davon waren völlig neu. „Beste Zahlenklasse" gibt vier definierte Klassen vor - GERADE VIELFACHE, UNGERADE VIELFACHE, QUADRATE und PRIMZAHLEN -, denen willkürlich Zahlen von 1 - 4 zugeordnet werden. Die Vp soll jede aus einer gegebenen Liste von Zahlen so klassifizieren, daß sie die meisten Punkte erhält, was bedeutet, daß jede Zahl wahrscheinlich mehr als einer Klasse zugeordnet werden kann. Z.B. ist die Zahl 100 sowohl eine gerade Vielfache als auch eine Quadratzahl. Sie sollte als Quadratzahl klassifiziert werden, um mehr Punkte zu erhalten.

Ein anderer Zahlentest, der für ESC benutzt wurde, war „Beste Zahlenpaare". Die Aufgabe der Vp besteht darin, das Zahlenpaar auszuwählen, das die beste Klasse bildet. Drei Paare werden vorgegeben. Die Ordnung der Klassen von der besten zur schlechtesten ist spezifiziert als „Quadrate, Vielfache, Gerade - Ungerade" und eine vierte Kategorie ist „keine gemeinsame Eigenschaft". Gegeben sind die drei Zahlenpaare

A. 6 - 4   B. 4 - 9   C. 9 - 6

Dabei sollte die Vp B wählen, da diese Zahlen Quadratzahlen sind. Der Test „Wortwahl" verlangt von der Vp die Auswahl von einem von drei alternativen Wörtern, das am besten mit einem Satz von dreien übereinstimmt, die eine Klasse aufgrund ihrer Schreibweise bilden. Wenn der Satz lautet

school   fleet   doomsday

ist das ziemlich offensichtliche gemeinsame Merkmal die Wiederholung eines Buchstabens. Welches der folgenden Wörter besitzt das gleiche Merkmal?

A. delete   B. relate   C. expect

Keines davon weist eine unmittelbare Wiederholung irgendeines Buchstabens auf. Alle haben wiederholte „e", die nur bei A völlig gleich sind, daher ist A die richtige Lösung.

Als vierter Test für ESC wurde THURSTONE's Test „Laute Gruppieren" adaptiert. Dieser Klassifikationstest vom Ausschlußtyp wurde bereits beschrieben. Die Vp soll das Wort herausfinden, das nicht wie die übrigen drei Mitglieder einer Klasse klingt. Es gab einige Wahrscheinlichkeit dafür, daß dieser Test eher mit auditiv - figuraler Information zu tun hat, als mit visuell - symbolischer Information, die bei den Tests für ESC eine Rolle spielte, aber dieses Risiko wurde eingegangen.

Evaluation symbolischer Beziehung (ESR). Die Beziehung zwischen Wörter oder Zahlen bei Tests für ESR beziehen sich auf korrekte Schreibung und numerische Eigenschaften. „Ähnliche Paare" verlangt von der Vp eine Aussage darüber, ob zwei Wortpaare die gleiche innere Beziehung besitzen, z.B. bei den Paaren

1. kire	-	lire	fora	-	gora	(ja)
2. brake	-	rake	freed	-	reed	(ja)
3. moan	-	naom	toes	-	seot	(nein)

„Verbundene Wörter I" ist ein Mehrfach-Wahltest ähnlicher Art. Welches der folgenden drei Wortpaare besitzt eine innere Beziehung, die der des gegebenen Standardpaares am ähnlichsten ist?

Gegeben: GRAND - RAN
A. country - cot   B. respite - sit   C. loving - log

Bei keinem Paar ist die Beziehung genau gleich, aber B kommt dem vorgegebenen am nächsten. Daher ist „Verbundene Wörter I" ein Test für Schätzungen, der relative Urteile erfordert, während „Ähnliche Paare" absolute Urteile verlangt.

Von zwei Tests, die bei früheren Analysen verwendet wurden, war anzunehmen, daß sie für ESR erfolgversprechend seien. Beide waren als Tests für symbolisches Denken konstruiert worden. „Zeichenänderungen II" gibt eine numerische Ungleichung, wie etwa $3 + 1 = 6 \times 2$ vor. Dieser Ausdruck kann zu einer Gleichung werden, wenn bei den Operationszeichen eine Änderung vorgenommen wird. Wenn der Vp alternative Zeichenänderungen angeboten werden, könnte es sich dabei um eine Evaluationsaufgabe handeln: ein Akt des Annehmens oder Zurückweisens ist bei jeder Alternative erforderlich. Für die angeführte Ungleichung sind die gegebenen Alternativen

A. anstelle von + setze -
B. anstelle von + setze x
C. anstelle von x setze -
D. sowohl als A als auch C

Der andere Test „Symbolmanipulation" wurde häufig in Kapitel 5 erwähnt und eine Beispielaufgabe dort gegeben. Im allgemeinen Sinn handelt es sich dabei um einen Syllogismustest bei dem die Prämissen und die Schlußfolgerungen Aussagen von Gleichheit oder Ungleichheit darstellen. Eine Prämisse wird gegeben und dann folgen einige mögliche Schlußfolgerungen, die von der Vp jeweils danach beurteilt werden, ob sie richtig oder falsch sind. Die Tatsache, daß verbal formulierte Syllogismustests wiederholt eine Beziehung zu einer vorsichtig als EMR identifizierte Fähigkeit aufweisen, unterstützte die Wahl dieses Tests für ESR.

Evaluation symbolischer Systeme (ESS). Ein System von Symbolen ist eine Art organisierter Struktur mit bedeutsamen inneren Beziehungen. Systeme können untereinander im Hinblick auf Identität oder Ähnlichkeit verglichen, ein einzelnes System kann auf innere Konsistenz untersucht werden.

„Beste Buchstabengruppen" fragt die Vp danach, welche der aus drei Buchstaben bestehenden Kombination einer vorgegebenen Standardgruppe am ähnlichsten ist, z.B.

Standardgruppe: EKN
Alternativen: A. JFI   B. PAQ   C. EBT

C ist die richtige Antwort, da diese Gruppe, wie die vorgegebene, mit einem Vokal beginnt.

„Zahlenreihen" und „Buchstabenreihen" sind Beispiele für symbolische Systeme, weil jede Reihe ein oder zwei Prinzipien vertritt. Bei einem Evaluationstest muß die Vp nicht das Prinzip entdecken, was bei einem Kognitionstest der Fall wäre. Sie erhält eine Formulierung des Bildungsgesetzes und muß dann sagen ob eine gegebene Reihe diesem Prinzip genügt oder nicht.

Bei „Richtige Buchstabenordnung" lautet eine gegebene Regel „Alternative Buchstaben des Alphabets (einen auslassen)". Einige Buchstabenreihen werden dann zur Beurteilung vorgelegt, etwa

1. M O Q S U W   (richtig)
2. P R S U W Y   (falsch)

Bei „Richtige Zahlenreihen" wird ebenfalls eine Regel formuliert, z.B. „Abwechselnd 1 addieren und mit 3 multiplizieren". Läßt sich diese Regel auf die folgenden Reihen anwenden?

1. 2   3   9   10   30   31   (ja)
2. 4   5   15   16   49   50   (nein)

„Reihenbeziehungen" ist ebenfalls eine Art Zahlenreihentest. Die Vp erhält eine Gruppe von drei Zahlen, bei der jede Zahl mit jeder vorausgehenden in ähnlicher, aber nicht gleicher Weise in Beziehung steht. Gegeben ist die Gruppe 1 7 9 2. Welche der folgenden Alternativen kommt der Beschreibung dieser Beziehung oder des Bildungsgesetzes am nächsten?

A. - 8   B. - 2   C. - 7

Der Vp wird darüber hinaus noch gesagt, daß die unterstrichene Zahl in der Gruppe einen festen Wert darstellt, daher wird die Antwort A bei dieser Aufgabe als richtig anerkannt. Diese Regel würde Zahlen liefern, die der vorgegebenen Gruppe am nächsten kommen.

Bei dem Test „Zahlenauswege" erhält die Vp eine Liste mit vier geordneten Zahlen und sie soll entweder die erste oder die letzte der Liste auswählen, die am weitesten von den übrigen Zahlen ihrer Meinung nach entfernt ist. Wenn zum Beispiel die Liste aus folgenden Zahlen besteht

31   36   45   47
A   B

ist A die richtige Lösung. Die Instruktionen verlangen ein schnelles, intuitives Urteil und die Geschwindigkeit ist bei diesem Test eine wichtige Bedingung.

Evaluation symbolischer Transformationen (EST). Bei den drei für EST entwickelten Tests wurde die symbolische Transformation entweder als Veränderung von einem Symbol zu einem anderen, wie beim

Dekodieren von Informationen, oder der Änderung des Symbols angesehen, die bestimmte Forderungen erfüllen muß.

Der Test „Dekodieren" hat einen einfachen Schlüssel nach dem Buchstaben in die Zahlen von 1 bis 5 umgesetzt werden, der jedoch eine ganze Menge Doppeldeutigkeiten zuläßt. Die Aufgaben des Tests bestehen jeweils aus zwei Wörtern von denen die Vp feststellen soll, welches leichter zu dekodieren ist, wenn beide in dem numerischen Kode vorliegen. Eine dritte alternative Antwort kann gegeben werden, wenn beide gleich leicht zu dekodieren sind.

„Durcheinandergeratene Wörter" benutzt Anagramme als Aufgaben. Das bedeutet, daß ein einfaches Wort wie etwa TORTE vorgegeben wird und drei alternative Wörter:

1. RATTE   2. ROSTE   3. ROTTE[*]

Nur drei kann gebildet werden, wenn alle Buchstaben von TORTE und nur diese Buchstaben verwendet werden.

Bei „Tippfehler" wird der Vp ein falsch geschriebenes Wort vorgegeben. Anhand der Abbildung der Tastatur der Schreibmaschine soll die Vp aus alternativen und realen Wörtern das heraussuchen, das wahrscheinlich vom Schreiber beabsichtigt war, das z.B. den wahrscheinlichsten Tippfehler enthält, wenn die Tastatur so wie auf der Abbildung angeordnet ist. Die Erfahrung im Umgang mit Schreibmaschinen wurde mit den Werten dieses Tests korreliert um festzustellen ob sie eine Auswirkung auf den Erfolg bei diesem Test hat. Die Korrelation war nahe Null.

Evaluation symbolischer Implikationen (ESI). Eine implizierte Information folgt natürlich aus einer anderen Information. Wörter können aufgrund ihrer Schreibweise impliziert sein und daher im Test für ESI verwendet werden. „Abkürzungen" gibt der Vp eine abgekürzte Schreibung eines bekannten Wortes und drei alternative vollständige Wörter vor, von denen eines am deutlichsten durch die Abkürzung nahegelegt wird. Eine Beispielaufgabe lautet:

crnt   A. crescent   B. coronation   C. current

„Buchstabenprobleme" wurde parallel zu dem erfolgreichen NSI - Test „Denken in Formen" entwickelt. Bei diesem Test wird der Vp zuerst gesagt, daß bestimmte Paare geometrischer Figuren anderen, einzelnen, Symbolen äquivalent sind. Durch Ersetzen der Symbole durch Symbolpaare in gegebenen Gleichungen kann die Vp die Gleichung lösen. Beim Evaluationstest „Buchstabenprobleme", werden Buchstaben anstelle der geometrischen Formen verwendet, und die Vp löst nicht jede Gleichung sondern entscheidet, ob die Gleichung (A) leicht gelöst, (B) mit einigen Schwierigkeiten (wie durch Umstellungen) gelöst oder (C) überhaupt nicht gelöst werden kann. Zum Beispiel wird die Vp in

---

[*]In Anlehnung an das Original (Anm. d. Ü.)

einem Satz von „Definitionen" unter anderem darüber informiert, daß TZ = U und daß UU = T ist. Bei dem gegebenen Problem TZU sollte sie sagen, daß es leicht gelöst werden kann, indem man die beiden Definitionen miteinander kombiniert und TZU entspricht T. Für einige Probleme, wie etwa UVW, gibt es keine Definition für die Kombination UV und daher kann das Problem nicht gelöst werden.

„Denken in Symbolen" hat mit Aussagen über Gleichheit und Ungleichheit zu tun, die aus Symbolen bestehen. Alternative Aussagen sollen danach beurteilt werden, ob sie richtig aus den gegebenen Aussagen abgeleitet werden können. Ein Beispiel lautet:

Gegeben: $2 x < 3 y < 2 z$

Welche der folgenden Aussagen sind richtig, falsch oder unbestimmt?

1. $2 \ x \ = \ 2 \ z$ (falsch)
2. $y < z$ (richtig)
3. $x = y$ (unbestimmt)

Der Test beinhaltet deutlich quantitative B e z i e h u n g e n und es könnte daher erwartet werden, daß er einigen Zusammenhang mit ESR aufweist. Er ähnelt auch dem semantischen Test „Logisches Denken", der seine Hauptvarianz zwischen EMR und EMI aufteilt. Von „Denken in Symbolen" könnte daher übereinstimmend erwartet werden, daß er seine Varianz zwischen ESI und ESR aufteilt.

Der „S - Test" wurde bei dieser Analyse verwendet, weil er als Vertreter für ESI infrage kam, aber ohne viel Hoffnung, daß er mit den ESI - Tests zusammen gehen würde. Ein ähnlicher Test (F - Test) war für die Hypothese der Sensitivität für Probleme bei der ersten Analyse der kreativen Fähigkeiten entwickelt worden. Eine Beispielaufgabe für den „F - Test" ist „G H I J", womit die Vp alles tun kann, was ihr einfällt. Die ursprüngliche Theorie ging dahin, anzunehmen, daß die Vp ihr eigenes Problem entwickelt, aber die Erfahrung hat gezeigt, daß alles, was sie hinzufügt, ihre Implikationen sind. Der Test lud nicht auf den gleichen Faktor wie der „Apparat-Test" und „Soziale Institutionen", die einen Faktor der Sensitivität für Probleme bestimmen. Es wurde später erkannt, daß die mangelnde Beziehung des „F - Test" zu diesem Faktor in seiner symbolischen Zusammensetzung zu suchen ist; fast alle Aussagen gehören in diese Symbolkategorie. Aber da der Faktor der Sensitivität für Probleme schon der Fähigkeit EMI zugeordnet worden war, bestand einige Wahrscheinlichkeit, daß der „S - Test" auf den Faktor ESI laden würde. Es war noch nicht bekannt, daß Sensitivität für Probleme sich eher auf CMI als auf EMI bezieht. Aber die Möglichkeit, daß der „S - Test" mit Tests für CSI zusammen gehen könnte, bestätigte die Notwendigkeit von Markierungstests für den Faktor CSI, um zu sehen, in welche Richtung der Test gehen würde.

Die ursprüngliche Analyse

Zuerst sollte erwähnt werden, daß die Analyse den Nachweis für alle sechs symbolische Evaluationsfähigkeiten erbrachte, die sich voneinander und von den fünf parallelen Kognitionsfähigkeiten, die in der Analyse vertreten waren, unterscheiden. Außerdem wurden eine Ge-Gedächtnisfähigkeit (MSI), eine divergente Produktionsfähigkeit (DSC), drei konvergente Produktionsfähigkeiten (NSS, NST und NSI) und eine andere Evaluationsfähigkeit (EFU) getrennt. Die Trennung von ESU von EFU ist besonders bemerkenswert, weil die beiden häufig bei früheren Analysen anderer Untersucher miteinander vermischt waren.

Als die führenden Tests für ESU erwiesen sich „Identität von Symbolen" und „Buchstabe „U"". Der erste ist dem besten Test für EFU parallel und der zweite folgt dem Prinzip eines guten Tests für EMU (Doppelte Beschreibung). „Ableitungen" war wenig erfolgreich für ESU, aber sehr stark für ESR, aus keinem erkennbaren Grund. Der relative Fehlschlag für ESU kann auf den Mangel eines deutlichen Kriteriums für die Evaluation zurückgeführt werden, wie etwa die Kriterien, die bei zwei erfolgreichen Tests zur Anwendung kommen, in einem Fall Identität und im anderen Zugehörigkeit zu einer Klasse. Der gleiche Grund könnte die Ursache des vollständigen Fehlschlags von „Bekannten Buchstabenkombinationen" sein, aber nicht bei „Rechtschreibung". Dieser erwies sich als ziemlich guter Test für CSU; es ist eher ein Kognitions - als ein Evaluationstest. In diesem Fall scheint die Sensitivität für Fehler nicht auf Evaluation hinzuweisen. Wir erfahren daraus, daß CSU (visuell) sich in der Bewußtheit der richtigen Schreibweise genauso manifestieren kann wie bei Erkennen von Wörtern aufgrund geringfügiger Hinweise wie im Test „Wörter ohne Vokale".

Die vier für ESC entwickelten Tests gingen alle zusammen und halfen bei der Bestimmung dieses Faktors, aber sehr viele Tests, die nicht für ESC entwickelt waren, erschienen ebenfalls auf diesem Faktor, sodaß damit das Bild dieser Fähigkeit etwas verschwommen blieb. Tatsächlich wurde die Liste der Tests durch einen Test angeführt (Zeichenänderungen II), der für ESR konstruiert worden war. Die Rolle der Klassen in diesem Test war nicht klar.

Drei der für ESR entwickelten Tests bestimmten die Interpretation dieses Faktors mit einem ESU - Test zusätzlich auf der Liste. Der fehlende Test „Zeichenänderungen II", lud auf ESC, wie bereits erwähnt. Der Störenfried war „Ableitungen", der Entscheidungen darüber verlangte, ob jedes gegebene kurze Wort als Anagramm aus den Buchstaben eines langen Wortes gebildet werden kann. Die Beziehung dieses Tests zu ESR kann der Relation Teil - Ganzes zugeschrieben werden, die zwischen jedem kurzen Wort und dem langen Wort existieren (oder nicht existieren) kann.

Vier der fünf Tests, die für ESS entwickelt worden waren, gingen zusammen und definierten einen derartigen Faktor. „Reihenbeziehungen", eine Art Zahlenreihentest, führte die Liste an, gefolgt von „Zahlenauswege". Die anderen Reihentests - „Richtige Buchstabenanordnung" und „Richtige Buchstabenreihen" waren nur mäßig erfolgreich. Bei diesen beiden Tests werden die Regeln oder Prinzipien der Reihen verbal gegeben und die Aufgabe der Vp besteht darin die Reihen mit einem Konzept der Regeln zu vergleichen. Der Test, der versagte - Bester Buchstabensatz - ist von den anderen ziemlich verschieden, die Vp soll sagen welcher von drei Sätzen von jeweils drei Buchstaben einem vorgegebenen Satz am ähnlichsten ist. Möglicherweise waren die Regeln zu einfach, wie sie in beschränkten Trigrammen sein müssen. Der Test müßte logischerweise auf ESC gehen, aber er lud aus keinem offensichtlichen Grund stark auf ESI.

Die drei Tests für EST, und nur diese drei, kamen auf dem gleichen Faktor zusammen, der für EST stehen mußte. „Durcheinandergeratene Wörter" ist derjenige, der aufgrund der logischen Analyse am besten für EST wäre, er führte die Liste an und hatte keine signifikante sekundäre Ladung. „Dekodieren" hatte eine fast genauso starke Ladung auf ESC wie auf EST. „Tippfehler" war nur schwach vertreten, aber er war einheitlich auf EST. Drei von vier Tests, die versuchsweise der Hypothese für ESI zugeordnet waren, luden zusammen auf einen Faktor. Ein für ESS bestimmter Test (Bester Buchstabensatz") führte die Liste an. Es gab einige Erwartungen, daß der „S - Test", der für eine mögliche Sensitivität für symbolische Probleme entwickelt worden war, mit den ESI - Tests gehen würde. Die alternative Erwartung ging dahin, daß er auf die Markierungstests für CSI laden würde. Er tat das letztere. Von den erfolgreichen ESI - Tests erwies sich „Abkürzungen" als stärkster Test für diesen Faktor und er war einheitlich. Die Beurteilung von Schlußfolgerungen bei den anderen beiden erfolgreichen Tests ging in die Richtung von ESI, aber es ist offensichtlich, daß sie für diesen Zweck verbessert werden müßten. Die Beziehung von „Denken in Symbolen" zu ESR, die etwas erwartet worden war, trat nicht auf.

Die gezielte Lösung

Die gezielte Analyse veränderte die endgültigen Ergebnisse nur so wenig, daß keine Notwendigkeit für eine Besprechung besteht. Die numerischen Ergebnisse sind in Tabelle 7.2 zu finden. Eine Verbesserung, im Fall des Faktors für ESC bestand in der Verringerung der Zahl der Tests, die nicht zu ESC gehören, von sieben auf drei, was das empirische Bild des Faktors etwas klärte. Das Bild für ESS wurde jedoch etwas weniger klar, weil ein anderer, logisch irrelevanter Test (ITED Verbalteil) zu der Liste hinzu kam.

Allgemeine Diskussion

Neben dem Nachweis der Trennbarkeit der sechs hypothetischen Fähigkeiten der symbolischen Evaluation von einander und von parallelen Fähigkeiten der Kognition und anderer Operationskategorien enthüllte diese Untersuchung etwas mehr vom Wesen der Evaluation, und wie sie am besten zu messen ist. Es ist daran zu erinnern, daß einige Verfahren beiläufig in dieser Studie untersucht wurden.

Sowohl Tests für Sensitivität als auch für Schätzung mit absoluten und relativen Urteilen waren bei der Messung der gleichen Evaluationsfähigkeit erfolgreich. Im Ganzen gesehen, führten die Tests, die absolute Urteile verlangten, zu Faktorenladungen, die im Mittel etwas höher waren als bei den Tests, die relative Urteile erforderten. Im Ganzen tendieren Tests, die absolute Urteile fordern, dazu, einfacher zu sein und wie anderswo scheinen auch einfachere Tests einheitlicher für ihre speziellen Faktoren zu sein.

Es gab die allgemeine Frage nach den Arten der Kriterien für das Urteil bei Evaluationstests. Es sieht so aus, daß die Ergebnisse besser sind, wenn die Kriterien logisch und eindeutiger sind - z.B. bei Urteilen über Identität, Klassenzugehörigkeit und Konsistenz. Unbestimmte Kriterien wie die Wahrscheinlichkeit des Auftretens ausgewählter Silben in einem englischen Text, waren nicht angemessen. Die Bedingungen scheinen am besten zu sein, wenn es bestimmte Modelle für den Vergleich gibt, wie bei wahrgenommener Information, obwohl bei einigen Fällen der Vergleich mit erinnerten oder vorgestellten Modellen ausreicht. Wegen der Betonung von logischen Formen der Kriterien scheint es unwahrscheinlich, daß ästhetische oder ethische Urteile in der Operationskategorie Evaluation, so wie sie sich jetzt darstellt, befinden. Die Begrenzung auf Vergleich und Beurteilung nach logischen Kriterien setzt dem Konzept einer weiteren Kategorie deutliche Grenzen.

Wie in anderem Zusammenhang - z.B. Kognition oder Gedächtnis - sind Zahlen, Buchstaben und Tests aus Wörtern (wobei die Schreibweise eine Rolle spielt) in gleicher Weise für die Messung symbolischer Fähigkeiten geeignet.

Figurale Evaluationsfähigkeiten

Mit den aus drei Analysen im gleichen Bereich gewonnenen Erfahrungen war es leichter, eine Definition zu entwickeln, die deutlicher die Bedeutung der Evaluation als Strukturkonzept festlegte (vgl. Bericht 40). Eine Bestätigung der Definition war offensichtlich notwendig, da sich bei den zwei früheren Analysen gezeigt hatte, daß zu viele für Evaluation entwickelte Tests auch Varianzen bei den Kognitionsfähigkeiten hatten. Es gab auch zu viele Tests, die, obwohl evaluativ und in der richtigen Inhaltskategorie ganz oder teilweise das falsche Produkt erfaßten. Die bestätigte Definition lautet: Evaluation ist der „Prozeß des Vergleichens von Informationen nach bekannten Spezifikationen mit gegebenen Standardinformationen auf der Basis logischer Kriterien wie Identität und Konsistenz" (Bericht 40, S. 7). Der wichtige Aspekt dieser Definition besteht in der Veränderung der Betonung vom Treffen von Entscheidungen, was eine komplexere Aktivität darstellt (GUILFORD 1969) zum Vergleich von zwei oder mehr Informationen. Die Definition verlangt darüber hinaus vollständige Spezifikationen als Grundlage für den Vergleich und der Kriterien, die zu erfüllen sind.

Bei jedem neuen Test, der für eine Evaluationsfähigkeit entwickelt wurde, wurde der Versuch gemacht, alle Bestandteile dieser Definition zu berücksichtigen. Die logische Strenge, die in der Definition impliziert ist, führt noch deutlicher zu der Schlußfolgerung, daß bei der Beurteilung figuraler Informationen ästhetische Kriterien wahrscheinlich nicht hinreichend objektiv wären. Um diese Schlußfolgerung empirisch zu überprüfen, wurden drei Tests, die subjektivem Standard einigen Raum lassen, berücksichtigt, um zu sehen, ob sie in signifikanter Weise mit irgendwelchen Evaluationsfähigkeiten in Beziehung stehen. Sie werden zusammen mit anderen neuen Tests beschrieben.

Hypothesen und Tests

Evaluation figuraler Einheiten (EFU). Eine lange Geschichte, wie bei anderen faktoriellen Untersuchungen, liegt hinter dem Faktor, der möglicherweise mit EFU identifiziert wurde und der früher als „Wahrnehmungsgeschwindigkeit" bekannt war. Bei seiner ersten klassischen Analyse fand THURSTONE (1938) einen Faktor, den er einfach „Wahrnehmungsfähigkeit" nannte, obwohl einige nicht figurale Tests signifikant darauf luden. Einer der dafür stärksten Tests war „Identische Formen". Bei diesem Test soll die Vp sagen, welche Figuren genau gleich sind.

THURSTONE und andere widmeten diesem Faktor einige Aufmerksamkeit und fanden neue Tests, die darauf luden. Darunter befand sich eine beträchtliche Anzahl nicht figuraler Tests, so daß der von ihnen aufgefundene Faktor jetzt als eine Art von Mischung aus EFU, ESU und EMU aufgefaßt werden kann (vgl. die Untersuchungen von COOMBS, 1941 und BECHTOLDT, 1947). Die Untersuchungen der Luftwaffe (GUILFORD und LACEY, 1947) ergaben jedoch, daß ein Faktor wie der bei THURSTONE's „Identische Formen" mehr und mehr auf figurale Tests eingeschränkt wurde. Er wurde als „Wahrnehmungsgeschwindigkeit" bezeichnet, da in dafür typischen Tests die Vp sehr leichte Vergleiche von Objekten nach Identität vornimmt, etwa in dem sie Flugzeuge, Luftbilder und Karten bei Tests mit sehr eingeschränkter Bearbeitungszeit vergleicht.

Bei der Planung der Analyse der Fähigkeiten figuraler Evaluation ergab sich die Frage ob die Geschwindigkeit ein notwendiges Merkmal von Tests für EFU und ESU - Tests sei. Könnten Tests, die schwierige Zuordnungen verlangen und bei denen mehr Zeit zur Verfügung steht, auch dazu benutzt werden, die gleiche Fähigkeit zu erfassen? In Übereinstimmung damit wurden zwei Tests für EFU konstruiert, die eine eingeschränkte Arbeitszeit in einem Fall und reichlich Zeit im anderen Fall aufwiesen. Es wurde auch die Frage gestellt, ob das Kriterium der Identität das einzige ist, das benutzt werden kann. Zwei andere

Tests verwendeten ein anderes Kriterium - Zugehörigkeit zu spezifizierten Klassen.

Bei den Tests mit dem Identitätskriterium werden gewöhnlich Zuordnungen zwischen Figuren identischer Größe vorgenommen. Die Variablen, die bei der Zuordnung berücksichtigt werden sollen, sind Form und innere Details. Könnten Identitätsurteile im Hinblick auf die Größe ebenfalls erfolgreich bei einem EFU - Test benutzt werden? Bei „Beurteilung der Größe" werden nur Zuordnungen nach der Größe gemacht. Bei jeder Aufgabe wird eine einfache Standardumrißfigur vorgegeben, die von vier anderen umgeben ist, die sich, mit Ausnahme von einer, in der Größe unterscheiden. Die Größenunterschiede sind so gering, daß reichlich Arbeitszeit zugestanden werden konnte; es ist kein Speed - Test.

Es fällt auf, daß „Beurteilung der Größe" Aufgaben mit im wesentlichen psychophysikalischen Urteilen stellt. Es muß weiter erwähnt werden, daß zwei andere Tests, die in der Vorphase ausprobiert werden, ebenfalls psychophysikalische Urteile erforderten, aber als erfolgversprechende Tests für EFU ausschieden. Einer verlangte Urteile über die Länge von Linien und der andere Beurteilungen der Zahl kleiner Objekte im rechteckigen Rahmen. Die Reliabilitäten waren sehr niedrig, ebenso die Korrelationen mit bekannten Tests für EFU. Es kann daher nicht angenommen werden, daß alle Arten psychophysikalischer Beurteilung mit dem Strukturfaktor EFU zusammenhängen. Wir werden später sehen, daß ein Test, der Urteile über Winkel erforderte, mäßig erfolgreich für EFR war.

Ein Test, der das Kriterium der Klassenzugehörigkeit benutzte, war „Beurteilung spezifizierter Figuren", der in Analogie zu „Doppelte Beschreibungen", einem erfolgreichen Test für EMU, entwickelt wurde. Das Prinzip beider Tests besteht darin, ein oder zwei Merkmale der Klasse vorzugeben und danach zu fragen zu potentielle Mitglieder der vorgeschriebenen Klasse die Bedingungen erfüllen. Bei „Beurteilung spezifizierter Figuren" könnte die Beschreibung lauten: „Das Objekt enthält mindestens ein Quadrat und eine punktierte Linie". Eine Anzahl verschiedener Figuren folgt dann und die Vp hat festzustellen, welches Objekt in die Klasse gehört.

Von „Beurteilung figuraler Kombinationen" kann gesagt werden, daß er vom gleichen Typ ist. Der Unterschied besteht darin, daß die Spezifikationen bildlich, anstelle von verbalen Beschreibungen, gegeben sind. Er verlangt von der Vp den Vergleich von Sätzen kleiner Figuren, die sich in der Zusammenstellung unterscheiden. Die Figuren innerhalb der Sätze differieren in Größe oder Form. Die Vp muß entscheiden ob zwei Sätze die gleichen Figuren in gleicher Größe und Form enthalten, während die Positionen in den Sätzen abweichen dürfen. Der Test hatte einen mäßigen Geschwindigkeitsanteil.

Um die Kontinuität mit früheren Untersuchungen über Faktoren der Wahrnehmungsgeschwindigkeit zu wahren, wurde THURSTONE's Tests „Identische Figuren" als Markierungstest in die Analyse einbezogen.

Evaluation figuraler Klassen (EFC). „Beste Figurenklasse" ist „Beste Zahlenklasse" analog, der für ESC bei der Studie der symbolischen Fähigkeiten erfolgreich war. Jede von vier Klassen ist definiert und erhält eine willkürliche Gewichtung von 1 bis 4 Punkten. Bei jeder Aufgabe soll eine Figur der Klasse zugeordnet werden, die am meisten Punkte bringt.

„Beste Figurenpaare" ist dem semantischen Test „Beste Wortpaare" analog. Die Vp muß angeben, welches von drei gegebenen Paaren die beste Klasse bildet, wobei die „beste Klasse" durch die Rangreihe der Eigenschaften, die jede Klasse definieren, bestimmt wird. Im Gegensatz zu „Beste Wortpaare" gibt es bei „Beste Figurenpaare" nicht die Alternative „keine der vorgegebenen". Von dieser Antwort wurde angenommen, daß sie einer der Gründe für eine stärkere Ladung auf CMC als auf EMC bei früheren Analysen gewesen sei.

Bei „Beste Trennung von Figurenklassen" soll die Vp das Paar figuraler Eigenschaften herausfinden, das ihr illustriert wurde und das die beste Grundlage für die Bildung von zwei Klassen aus den gegebenen Figuren liefert. Die Klassifikation muß vollständig sein. Es wurde erwartet, daß die Vp zwei oder mehr mögliche A r t e n der Klassifikation der Figuren miteinander vergleichen muß.

„Figurenzuordnung" war ursprünglich als nichtverbaler Denkfähigkeitstest konstruiert worden. Er war in der Geschichte des Projekts häufig analysiert worden, ohne daß er konsistent auf einen Faktor geladen hätte. Später wurde angenommen, daß das der Tatsache zuzuschreiben war, daß keine anderen EFC - Tests in irgendeiner früheren Analyse waren und daß er auf EFC bei der gegenwärtigen Untersuchung laden könnte. Bei jeder Aufgabe sind eine Standardfigur und fünf Alternativen vorgegeben. Die Vp soll herausfinden, welche der Alternativfiguren der Standardfigur am ähnlichsten ist. Im wesentlichen besteht die Aufgabe darin, eine Klasse aus jeweils zwei Figuren zu bilden. Da die Instruktion, zu sagen welche Figur einer anderen am ähnlichsten ist, nicht vollständig festgelegt ist (es gibt einigen Raum für die persönliche Wahl, welche Attribute oder Variablen am wichtigsten sind), bestanden einige Zweifel ob der Test so stark auf den Faktor EFC laden würde, wie ursprünglich angenommen. Ein Schritt zu einer klaren Festlegung bestand in der Änderung der Instruktion. Die Vp soll die Figur herausfinden, die die meisten Eigenschaften mit der Standardfigur gemeinsam hat. Sie könnte zumindest die gemeinsamen Eigenschaften zählen, wenn sie von ihr alle erkannt werden.

Evaluation figuraler Beziehungen (EFR). Recht verschiedene Tests, insgesamt sechs, werden für die Hypothese einer EFR - Fähigkeit analysiert. „Winkelschätzung" hat einige Ähnlichkeit mit Aufgaben der psychophysikalischen Beurteilung. Er verlangt von der Vp den Vergleich von Winkeln, die jeweils aus zwei kurzen geraden Linien gebildet sind, und eine Aussage darüber, welche der gegebenen Alternativen einem Standardwinkel am nächsten komme. Die Hypothese bestand darin anzunehmen, daß ein Winkel eine Form der Beziehung zwischen zwei Linien darstellt.

278

Bei früheren Tests, die Beziehungen beinhalteten, wurde erfolgreich Verwendung von Trends irgendwelcher Art gemacht. Bei „Beurteilung von Wahrnehmungsbeziehungen" wurden Trends bei einfachen Objekten wie Linien, Dreiecken und ähnlichem verwendet. Stellen Sie sich eine Reihe von fünf senkrechten Strecken vor, die von links nach rechts kleiner werden, aber nicht im gleichen Maß. Wenn die Linien mit A bis E bezeichnet werden, können vier Paare von Verhältnissen (Beziehungen) gebildet werden, als ob sie Aufgaben in Analogieform seien, z.B.

A : B =   B : C =   C : D =   D : E

wenn die Verhältnisse gleich sind. Die Vp soll feststellen, welche Analogien richtig sind. Sie vergleicht Beziehungen im Hinblick auf Identität.

„Richtige figurale Trends" benutzt ebenfalls progressive Reihen, wie der Titel nahelegt, aber die Figuren sind komplex und die Beziehungen nicht einfache Verhältnisse. Das Wesen des Trends wird der Vp verbal beschrieben, so daß nur eine geringe oder gar keine Kognitionsprobleme auftreten. Ein Trend wird folgendermaßen beschrieben: „Die geschlossene Figur wird bei jedem Schritt offener und die offene Figur geschlossener". Das Problem besteht darin zu entscheiden, ob beide Änderungen bei allen Schritten äquivalent sind. Dazu wird eine Reihe von fünf Figuren vorgelegt.

„Vorgeschriebene Beziehungen" ist ein anderer Test, der viel früher als potentielles Maß für nichtverbale Denkfähigkeit verwendet wurde, aber der vorher nicht auf irgendeinem Faktor angesiedelt war. Die Vp erhält eine Standardfigur und eine Beschreibung der Änderungen, die bei dieser Figur vorzunehmen sind. Alternative Figuren werden vorgegeben, von denen eine das Endergebnis der Veränderungen darstellt. Die Beziehungen werden durch die Änderungen dargestellt. Obwohl Änderungen gewöhnlich als Transformationen angesehen werden, wurde von der Aufgabe bei diesem Test angenommen, daß sie die wahrgenommenen Bedingungen „vorher" und „nachher" betont, die in bestimmter Weise miteinander in Beziehung stehen.

„Nahe figurale Beziehungen" ist einer der drei Tests mit subjektiver Beurteilung, die früher erwähnt wurden, und die unter der Voraussage, daß sie schwach, wenn überhaupt, auf EFR gehen würden, analysiert wurden. Von der Vp wird verlangt, daß sie aus alternativen Figurenpaaren das Paar heraussucht, das eine ähnliche Beziehung wie ein Standardpaar hat. Der subjektive Aspekt spielt eine Rolle, weil keine Alternative genau die gleiche Beziehung wie das gegebene Paar aufweist und die Vp keine Spezifikation darüber erhält, welche Variablen beim Prozeß des Vergleichens wichtig sind. Das Kriterium der Identität läßt sich nicht anwenden, auch nicht irgendein anderes gut definiertes Kriterium.

„Identische Figurbeziehungen" verwendet ein Kriterium, nämlich das der Gleichheit. Die Vp soll feststellen ob zwei Figuren die gleiche Beziehung wie ein Standardpaar haben oder nicht. Dieser Test ist

„Ähnlichen Paaren" analog, der teilweise erfolgreich für die Repräsentation von ESR war.

Evaluation figuraler Systeme (EFS). Bei „Beurteilung figuralen
Gleichgewichts" soll die Vp sagen, welches von drei Arten des Gleichgewichts durch eine Skizze einer zweidimensionalen Anordnung von
Objekten und Linien repräsentiert wird. Ohne deutliche Definitionen
des Gleichgewichts würde eine derartige Aufgabe wahrscheinlich in die
Kategorie des ästhetischen Eindrucks mit subjektiven Aspekten gehören. Die drei Arten des Gleichgewichts werden als „symmetrisch",
„informell" und „vollständig" bezeichnet. Die Vp soll bei jeder Aufgabe
feststellen, welcher der drei Typen am besten repräsentiert ist. Es
wurde erkannt, daß es wegen der Ähnlichkeit dieses Tests mit „Beste
Figurenklasse" einige Wahrscheinlichkeit dafür gab, daß EFC anstatt
EFS oder zusätzlich zu EFS erfaßt werden könnte. Die Ergebnisse be-
seitigten diesen Zweifel.

„Beste Landkartenplazierung" gibt den Plan einer mittelalterlichen
Stadt vor, aus dem kleine Quadrate geschnitten sind. Alternative Quadrate, die teilweise von den gleichen Stellen der Karte stammen, teilweise nicht, sollen den leeren Stellen zugeordnet werden. Das Kriterium für die beste Plazierung besteht in der Konsistenz mit den Merkmalen der Umgebung auf der Karte. „Intern konsistente Figuren" gibt
mögliche dreidimensionale Skizzen vor, die aus miteinander verbundenen Ebenen bestehen. Die Vp muß die Figuren dreidimensional wahrnehmen, bevor sie die Frage beantworten kann, ob jede Figur so orga-
nisiert ist, wie es nach der dreidimensionalen Anordnung der Ebenen
sein sollte. Die Hälfte davon besteht aus kompakten Körpern, die nicht
realisierbar sind. Der Test entspricht logisch der Definition der Evaluation mit den Kriterium der inneren Konsistenz, aber wie zu berichten sein wird, ging er bei der Analyse in eine ganz andere Richtung.
Bei „Nahe räumliche Reihenfolge" besteht jede Aufgabe aus vier Fotografien von Szenen oder Gebäuden. Jede Serie besteht aus sukzessiven
Bildern, die ein Betrachter wahrnehmen könnte, wenn er die Straße
entlanggeht oder um die Gebäude herum. Das Problem für die Vp besteht darin festzustellen, ob der Unterschied zwischen Bild 1 und 2
größer oder kleiner ist als der zwischen Bild 3 und 4. Der Test ist
ein Analogon zu „Zahlenauswege", der für die parallele Fähigkeit ESS
zufriedenstellend war.

„Ähnliche Orientierungen" stimmt mit dem vorhergehenden Test
überein, mit der Ausnahme, daß die Fotos von der gleichen Szene,
aber aus unterschiedlichen Richtungen stammen. Er unterscheidet
sich weiter dadurch, daß die Szene aus einer Sammlung von Holzklöt-
zen unterschiedlicher Formen besteht, die auf einem Tisch verteilt
wurden und daß nur zwei Bilder davon vorliegen. Die Aufgabe für die
Vp ist ebenfalls anders. Sie erhält drei andere derartige Paare von
Bildern und soll feststellen, ob die Änderung des Blickwinkels bei
jedem der drei Paare genauso ist, wie bei einem Standardpaar.

Die beiden letzten Tests benutzen räumliche Systeme, bei denen
der Beobachter ein Teil des Systems ist, während andere Tests Sy-

steme verwenden, bei denen der Beobachter nicht beteiligt ist. Die
Gelegenheit für diese Art der Variation bestand darin, daß bei der
Kognitionskategorie der figuralen Fähigkeiten die Faktoren für CFS und
CFT oft dadurch unterschieden werden konnte, daß CFS - Tests den
Beobachter in die Systeme einschließen, während das bei CFT nicht
der Fall ist.

Evaluation figuraler Transformationen (EFT). Verschiedene Arten
der Veränderungen waren bei möglichen Tests für diese Fähigkeit beteiligt. Änderungen werden sowohl bei zwei - als auch bei drei dimen-
sionalen figuralen Objekten aus dem Grund verwendet, weil festgestellt
worden war, daß zweidimensionale Änderungen gewöhnlich erfolgreich
bei Tests für Fähigkeiten der Beziehungen verwendet werden, während
dreidimensionale Änderungen erfolgreich für Tests der Transformationsfähigkeiten sind. Es bestand ebenfalls einiges Interesse daran,
mögliche Unterschiede bei figurzentrierten gegenüber beobachterzen-
trierten Systemen, die bei dem Faktor EFS erwähnt wurden, zu untersuchen.

   „Beurteilung von Neuanordnungen" gibt meistens zweidimensionale
Figuren vor, die sich durch Änderung von Teilen unterscheiden. Dabei
werden figurzentrierte Systeme benutzt. Die Aufgabe der Vp besteht
darin festzustellen, ob die angeblich neu geordnete Figur eine mögliche
Transformation der gegebenen Figur ist. Der Test ist ein Analogon zu
„Durcheinandergeratene Wörter", bei denen ein Wort eines Paares
eine neue Anordnung der Buchstaben eines anderen Wortes darstellt
oder nicht.

   „Künstlerische Interpretationen" wurden als einer der drei Tests
vorbereitet, die eine unvollständige Spezifikation der Aufgabe enthielten. Eine Skizze eines benannten Objekts wird als Standard gezeigt,
z.B. ein Regenschirm in einem bestimmten Stil. Die Vp soll sagen,
welcher von vier alternativen Darstellungen eines Regenschirms die
geringste Veränderung des Stils repräsentiert. Da eine Änderung beurteilt werden muß, sollte der Test, wenn überhaupt, auf einen figuralen Evaluationsfaktor, auf EFT laden. Es wurde erwartet, daß er auch
eine niedrige, aber nicht signifikante Ladung auf CFT haben würde.

   „Geringste Bewegung" geht von Rotationen eines festen Körpers im
dreidimensionalen Raum aus. Als Gegenstand wird die Fotografie eines
Bügeleisens verwendet. Eine Ausgangsposition des Bügeleisens wird
gezeigt, zusammen mit drei anderen Fotografien, die sich in ihrer
Orientierung unterscheiden. Herauszufinden welches der verschiedenen
Fotos die geringste Änderung in der Orientierung hat, ist Aufgabe der
Vp. Das räumliche System schließt wahrscheinlich in den meisten Fäl-
len den Beobachter nicht ein.

Evaluation figuraler Implikationen (EFI). Ein spezielles Problem spielte bei der Auswahl der Tests für EFI eine Rolle. Die Schwierigkeit
entstand aus dem Verdacht, daß das, was als Faktor für CFI oder
früher als „perzeptuelle Voraussicht" angesehen wurde, stattdessen
als EFI hätte identifiziert werden sollen. Zwei der Markierungstests,

besonders „Planung von Routen", bei denen alle möglichen Wege explizit gezeigt werden und nichts durch Implikation von Linien auf seiten der Vp entstehen muß, erfordert die Beurteilung alternativer Wege und damit Evaluation. Die beiden Tests waren „Planung von Routen", ein Labyrinth - Test, und „Planung eines Stromkreises", die als „Wichtige Labyrinthwege" und „Wirkungsvollste Wege" neu benannt wurden. Der dritte erfolgreiche Test für das, von dem angenommen wurde, daß es CFI sei, war „Widerstreitende Planung" gewesen, bei dem die Vp ein Spiel für zwei Teilnehmer spielt, bei dem unvollständige Quadrate so ergänzt werden sollen, daß die Werte für beide Spieler möglichst hoch werden. Da die Vp die Quadrate vervollständigen muß, um die „Züge" zu zeigen, die bei verschiedenen Schritten impliziert sind, wurde angenommen, daß dieser Test auf CFI bleiben würde. Die Ergebnisse zeigten jedoch, daß er bei den beiden anderen Tests blieb und, daß alle drei auf den neuen Faktor für EFI luden. Der Faktor wurde als EFI durch die Anwesenheit von drei neuen Tests identifiziert, die deutlicher für diese Fähigkeit konstruiert waren.

Von diesen drei Tests war „Beste Zugwahl" entwickelt worden, um die Vp zu zwingen, Implikationen zu vergleichen. Jede Aufgabe besteht aus einer Anordnung von wenigen Quadraten. Die Vp erhält vier Spielsteine, von denen jeder bestimmten Regeln beim Ziehen unterliegt. Die Vp wird gefragt, welcher Stein benutzt werden kann, um sich von Quadrat zu Quadrat zu bewegen, um die gegebene Anordnung am besten auszunutzen.

„Beurteilung figuraler Ausarbeitungen" gibt bei jeder Aufgabe ein oder zwei Ausgangslinien neben einigen Symbolen vor, die zeigen wie Hinzufügungen vorgenommen werden können. Fünf vollständige Figuren sind in Verbindungen mit allen Aufgaben zu benutzen. Symbole deuten den Mittelpunkt einer Linie, einen Schnittpunkt oder einen Punkt an, wo eine einfache Linie hinzugefügt werden kann. Wenn diese Information gegeben ist, soll die Vp sagen, welche vollständige geometrische Figur nach den Regeln der Kodierung hergestellt werden könnte.

„Beurteilung von Plakaten" ist ein ganz unterschiedlicher Test. Bei jedem Problem soll die Vp feststellen, welche Schriftart benutzt werden könnte, um einen gedruckten Satz in einer beschränkten rechteckigen Fläche des Plakats unterzubringen. Es wurde angenommen, daß die Vp die Implikationen der Größe und des Zwischenraums der Buchstaben bei den verschiedenen Schriftarten mit den Implikationen vom Satz und dem verfügbaren Platz vergleichen muß.

Die Analyse mit Hilfe der gezielten Rotation

Zum Zeitpunkt dieser Untersuchung wurden nur gezielte Lösungen angewendet. Die numerischen Ergebnisse für die Evaluationsfaktoren sind in Tabelle 7.2 angegeben. Im allgemeinen war die Trennung der neuen Evaluationsfaktoren von den sechs figuralen Kognitionsfaktoren und untereinander außerordentlich erfolgreich. Es gab eine große Anzahl von Evaluationstests, die hinsichtlich ihrer Faktoren homogen waren und fast keine anderen Tests hatten Ladungen auf ihren Faktoren.

Es gab zwei bemerkenswerte Versager bei Tests, die für bestimmte Evaluationsfaktoren konstruiert waren, die aber vollständig auf andere Faktoren gingen. „Beurteilung spezifizierter Figuren", entwickelt für EFU, ging stattdessen auf EFC. Der Test hatte figurale und evaluative Merkmale, aber das Ergebnis unterschied sich vom erwarteten. Diese Änderung war nicht völlig überraschend, da bekannt war, daß Klassen eine Rolle bei den Aufgaben des Tests spielen. Uns bleibt jedoch die Frage übrig, warum „Beurteilung figuraler Kombinationen" nicht ebenfalls auf EFC lud; er ging, wie beabsichtigt auf EFU. Der deutlichste Unterschied zwischen diesen beiden Tests besteht in der verbalen Spezifikation der Klassen beim ersten und der figuralen Spezifikation der Klassen beim zweiten. Es könnte natürlich sein, daß verbale Spezifikationen wie bei „Doppelte Beschreibungen", einen Test zu EMI und nicht zu EFU führen. Andererseits wirkten die verbalen Spezifikationen im Fall des Tests „Buchstabe „U"" als Maß für ESU, eine nichtverbale Variable.

Ein anderer, deutlicherer Verlust eines Tests, der für eine bestimmte figurale Evaluationsfähigkeit beabsichtigt war, ereignete sich im Fall „Intern konsistente Figuren", der aus der Evaluationskategorie hinausging und auf NFT landete. Offensichtlich liegt das Hauptproblem in der Transformation einer zweidimensionalen Darstellung in eine dreidimensionale bei jeder Aufgabe des Tests durch die Vp. Wenn das geschehen ist, kann die interne Konsistenz leicht beurteilt werden. Wenn die Darstellung jedoch als eine zweidimensionale Figur angesehen wird, ist jede Aufgabe intern konsistent.

Der einzige bemerkenswerte Fall eines Tests, der nicht für einen Evaluationsfaktor konstruiert war, aber hoch auf einen Evaluationsfaktor lud, war „Blöcke". Bei diesem Test wird eine organisierte Menge von quaderförmigen Klötzen vorgegeben. Einige Klötze können fast vollständig wahrgenommen werden, andere nur teilweise, möglicherweise nur eine Ecke. Für jeden bezeichneten Klotz muß die Vp feststellen, von wievielen Klötzen er berührt wird. „Blöcke" war als Test für figurzentrierte Systeme zu der Kognitionsfähigkeit CFS entwickelt worden. Seine höchste Ladung (.41) lag bei EFI, kleinere, aber signifikante Ladungen, bei CFT und CFI. Da zwei Implikationsfähigkeiten bei diesen Tests auftreten, sollten wir feststellen, wie und warum. Es muß so sein, weil die Klötze, die sich berühren und die zu zählen sind, zum großen Teil aus dem, was zu sehen ist, gefolgert werden müssen. Die meisten der Berührungspunkte liegen außerhalb des Blickfeldes. Die Vp muß nicht nur die Implikationen erkennen, sondern wegen der EFI - Varianz sieht es so aus, daß es noch wichtiger ist, die Schlußfolgerungen zu überprüfen. Mit anderen Worten: die Vp evaluiert ihre Schlußfolgerungen.

Die Tests mit subjektiven Aspekten. Von den drei Tests, die einige subjektive Komponenten in den Akt des Vergleichens einbrachten, verfehlten zwei knapp die signifikanten Ladungen auf den wahrscheinlichsten Evaluationsfaktoren, aber diese Ladungen waren die höchsten von allen anderen. „Nahe figurale Relationen" war konstruiert wie ein EFR - Test. Die Vp hat nur die vage Anweisung ein Figurenpaar zu finden, das eine Beziehung aufweist, die der eines Standardpaares am ähnlichsten ist. Die Ladung auf EFR beträgt .29.

„Künstlerische Interpretation", entwickelt für EFT, hatte auf diesen Faktor eine Ladung von .28. Es war seine höchste bei der Analyse. Das Problem für die Vp besteht darin, die alternative Darstellung eines Objekts auszuwählen, das die geringste Änderung im Stil von einer Standardzeichnung des gleichen Objekts aufweist. Es ist anzumerken, daß diese Aufgabe der im Test „Geringste Bewegung" ähnlich ist, bei der die Vp feststellen soll, welche Alternative die geringste Bewegung zeigt. Dieser Test war ziemlich erfolgreich. Bei „Geringste Bewegung" ist die Art der Veränderung festgelegt - eine Rotation oder sukzessive Rotation des gleichen Objekts. Bei „Künstlerischen Interpretationen" besteht die Änderung oder die Änderungen in Form und Stil bei einem Teil des Objekts oder bei einem anderen; und es bleibt der Vp überlassen, welche Unterschiede sie benutzt und wie sie gewichtet werden.

Der dritte „subjektive" Test war „Figurenzuordnung". Bei jeder Aufgabe wurde die Frage gestellt: „Welche alternative Figur hat die meisten Eigenschaften mit der Standardfigur gemeinsam?" Die „meisten gemeinsamen Eigenschaften" sind ein Schritt in Richtung einer definierten Grundlage für den Vergleich, was für die Ladung von .39 auf EFC in Rechnung gestellt werden muß. Ein weiterer Beitrag zum Erfolg dieses Tests, wo ein Fehlschlag hätte erwartet werden können, besteht darin, daß zwei Aufgabenanalysen zur Vorbereitung der Analysen durchgeführt wurden und daß dabei Aufgaben ersetzt oder revidiert wurden, um die innere Konsistenz zu erhöhen.

Tests mit psychophysikalischen Urteilen. Von den drei Tests, von denen gesagt werden kann, daß sie Urteile psychophysikalischer Art verlangen, führte einer die Liste für seinen Faktor an, aber die anderen beiden wiesen nur Ladungen auf, die minimal signifikant waren. „Größenbeurteilung" war der erfolgreichste Test. Er lud auf den Faktor EFU. „Winkelschätzung" hatte den Grenzwert .31 für den Faktor CFR und „Beurteilung perzeptueller Relationen" war beim gleichen Faktor nur ein wenig besser.

Es wurde bereits erwähnt, daß die Vortests mit den anderen beiden Tests mit psychophysikalischen Urteilen nicht erfolgversprechend waren. Es kann sein, daß die Tests, die einfache psychophysikalische Urteile erfordern, bessere Maße der Fähigkeiten in der allgemeinen perzeptuellen Kategorie als in der intellektuellen darstellen. Es gab einen wiederholt nachgewiesenen Faktor für die Länge von Strecken, der zum Beispiel bei Tests auftritt die Urteile „größer als", „gleich" und „kleiner als" für die Länge von Strecken und Ausdehnungen verlangen (GUILFORD und LACEY, 1947). Es wäre interessant zu untersuchen, ob die Urteilskategorien „gleich" und „nicht gleich" einen

Unterschied in der beteiligten Fähigkeit aufzeigen würden. Die Antwort auf derartige Fragen könnte einen Hinweis darauf geben, ob zwischen Wahrnehmung und Intellekt eine Trennungslinie gezogen werden muß.

Allgemeine Schlußbemerkungen

Die wenigen Ausführungen über die Geschichte der Faktoren, die sich in diesem Kapitel auf die Evaluationsfähigkeiten bezogen, repräsentieren einen Trend in der Definition einer Operationskategorie und illustrieren wie wichtig es ist eine genaue Vorstellung von der Kategorie zu haben. Am Anfang stand der übliche Begriff des „Urteilens" der zahlreiche Nebenbedeutungen hat. Die Ersetzung durch den besser zu definierenden Ausdruck „Evaluation" half etwas, aber nicht sehr viel. Schritt für Schritt wurde in drei aufeinander folgenden Analysen deutlich, was getan werden mußte, um die Operationen der Vpn bei den Tests zu kontrollieren, sowohl mit Hilfe von eindeutigen und vollständigen Instruktionen, als auch durch die Entwicklung von Aufgaben, die die Strategie der Vp in der richtigen Weise einschränken. Sogar eine leichte Lockerung der Struktur der Aufgabe reicht manchmal aus um die Ladung auf einen Evaluationsfaktor zu verringern, in einigen Fällen sogar unter den Grenzwert der Signifikanz. Die Definition, die bei der letzten Analyse erreicht wurde, scheint angemessen zu sein: Evaluation ist der Prozeß des Vergleichens von Informationen im Hinblick auf bekannte Spezifikationen auf der Basis von logischen Kriterien wie Identität und Konsistenz.

Da 18 der 24 Evaluationsfähigkeiten mit Hilfe von Tests und der Faktorenanalyse nachgewiesen wurden, bleiben die sechs hypothetischen Fähigkeiten der Evaluation von Verhalten zu untersuchen. Es wurde nachgewiesen, daß die sechs Produkte der Strukturtheorie sich auf die Bereiche der Kognition von Verhalten und der divergenten Produktion von Verhalten anwenden lassen, daher sollte man erwarten, daß das auch für den Bereich der Evaluation von Verhalten gilt. Die Notwendigkeit strengerer Spezifikationen für Tests zur Messung der Evaluationsfähigkeiten bei den anderen Inhaltskategorien tritt auch bei den Kognitionsfähigkeiten des Verhaltens auf. Diese Forderung legt die Frage nach den Beziehungen der Evaluation zu ethischen und moralischen Urteilen nahe. Die Existenz derartiger Urteile kann nicht infrage gestellt werden. Es besteht weiter die Frage, welche Art moralischer oder ethischer Logik es gibt oder entwickelt werden kann. Damit ist nicht gesagt, daß bei den täglichen Aktivitäten die Beurteilung von Evaluation des Verhaltens keine Auswirkungen auf die Führung haben, denn sie haben Auswirkungen auf das Verhalten und Führung ist Verhalten. Aber die Informationsverarbeitung durch intellektuelle Funktionen zielt auf das was ist, nicht auf das was sein sollte. Das letztere Ziel gehört zum Bereich der Ethik.

Kapitel 8
Gedächtnisfähigkeiten

Wie im Fall der Evaluationsfähigkeiten bildet der Bereich der Gedächtnisfähigkeiten eine einzige Operationskategorie in der Strukturtheorie der Intelligenz. Wie bei allen Operationskategorien sollten hier 24 Fähigkeiten unterschieden werden können. Ähnlich wie bei den späteren Analysen des Projekts bestand die Strategie innerhalb einer Operationskategorie darin, an den Fähigkeiten einer einzigen Inhaltskategorie zu arbeiten und abwechselnd die semantischen, symbolischen und visuell-figuralen Gedächtnisfähigkeiten zu untersuchen. Dieses Vorgehen schien wünschenswert, da die Erfahrung zeigte, daß die Fähigkeiten, die sich nur in den Produktionskategorien unterscheiden, am schwierigsten durch die Faktorenanalyse zu trennen sind.

Es wurden einige Anstrengungen unternommen, um die Trennung zwischen den Gedächtnisfähigkeiten und den parallelen Kognitionsfähigkeiten einerseits, und zwischen den Gedächtnisfähigkeiten und den parallelen Fähigkeiten der divergenten Produktion andererseits, nachzuweisen. Die parallelen Fähigkeiten dieser beiden Operationskategorien waren in den Analysen durch entsprechende Markierungstests vertreten. Kognitionstests sind im wesentlichen Tests für „W i e d e r - e r k e n n e n", wobei „Wiedererkennen" in weitem Sinn gemeint ist, da Kognition sehr stark vom Gedächtnisspeicher abhängt. Tests der divergenten Produktion stellen im wesentlichen Erinnerungsaufgaben, da die produzierte Information hauptsächlich aus dem Gedächtnisspeicher stammt (1).

An dieser Stelle ist es wichtig, deutlich zwischen Gedächtnis als Operation und dem Gedächtnisspeicher zu unterscheiden. Der Gedächtnisspeicher hängt von allen vergangenen Kognitionen ab und davon, wie gut ihre Nachwirkungen gespeichert wurden. Individuelle Unterschiede im Ausmaß des Gedächtnisspeichers hängen jedoch von dem Ausmaß der Möglichkeiten und aktuellen Expositionen von Informationen genauso wie von der Speicherfähigkeit ab. Individuelle Unterschiede bei Leistungen in Tests divergenter Produktion reflektieren teilweise das Ausmaß der Information in Gedächtnisspeicher (GUILFORD und

---

1 Konvergente Produktion hängt ebenfalls vom Gedächtnisspeicher ab, aber nicht so extensiv wie divergente Produktion. Bei konvergenter Produktion sorgt die gegebene Information für Restriktionen, die die Suche nach bestimmten Informationen leiten. Das legt ein geringeres Gewicht auf den Reichtum der gespeicherten Information und auf die Produktivität des Erinnerns.

HOEPFNER 1966), aber zusätzlich gibt es individuelle Unterschiede in der Effektivität wie die Informationen herausgezogen werden, die wichtigere Beiträge zu den Unterschieden in Leistungen der divergenten Produktion leisten.

Operational unterscheiden sich Tests für Gedächtnisfähigkeiten von Kognitionstests dadurch, daß sie versuchen, einen hohen Grad an Aquivalenz der Exposition von Informationen bei den Individuen sicherzustellen. Die Informationen sind so ausgewählt, daß angenommen werden kann, daß alle Vpn einen ähnlichen Grad an Kognition für das exponierte Material aufweisen. Der Behaltenstest für diese Informationen sollte dann möglichst vollständig die individuellen Unterschiede in der Speicherfähigkeit für diese Information aufzeigen. Tests für Wiedererkennen und Erinnern sind etwa gleich gut als Maße für die Speicherfähigkeit unter den Bedingungen der Gedächtnistests geeignet. Keiner sollte Unterschiede in der Exposition der Information wie Tests der Kognition und der divergenten Produktion widerspiegeln.

Analyse der semantischen Gedächtnisfähigkeiten (2)

Vor der Untersuchung der semantischen Gedächtnisfähigkeiten durch das Projekt hatte es einige Hinweise auf ein oder zwei Fähigkeiten gegeben, die in diese Kategorie passen. H.P. KELLEY (1964) konnte eine Fähigkeit nachweisen (etwa zehn Jahre früher), die als MMU identifiziert wurde und eine andere, die einige Merkmale der Strukturfähigkeit MMS aufwies, aber auch einige Hinweise, daß der Faktor eine Mischung mit MMI darstellte. CHRISTAL (1958) fand Beweise für Faktoren, die mögliche Vertreter der Strukturfähigkeiten MMS und MMI waren.

Zusätzlich zu den Hypothesen hinsichtlich der Trennbarkeit der sechs semantischen Gedächtnisfaktoren als Faktoren widmete diese Untersuchung sekundären Ansätzen einige Aufmerksamkeit, von denen hier zwei wichtig sind. Die moderne Unterscheidung zwischen Kurz- und Langzeitgedächtnis mußte untersucht werden. Es gibt zwischen den verschiedenen Untersuchern keine allgemeine Übereinstimmung darüber, wo die Grenze zwischen Kurz- und Langzeitgedächtnis nach der Behaltenszeit zu ziehen ist. Die vorherrschende Vorstellung scheint das Kurzzeitgedächtnis auf ein bis zwei Sekunden nach der Stimulation zu begrenzen. Für das Langzeitbehalten oder das längere Behalten scheint eine Zeit benötigt zu werden, die mindestens in Minuten gemessen wird und während der die Fixation stattfindet. Die Zeit für das Einprägen bei den Tests für die Analyse des semantischen Gedächtnisses, die bei dieser Untersuchung benutzt werden, variierte von wenigen Sekunden (die Zeit, die benötigt wird, um eine Seites des Testhefts umzudrehen und auf der nächsten Seite weiter zu machen) bis zu zwei Minuten (der gesamten Arbeitszeit, die gewöhnlich für

2 Vgl. Bericht 37; ebenso BROWN, GUILFORD und HOEPFNER (1968).

eine Seite zur Verfügung stand). Die am offensichtlichsten untersuchten Fähigkeiten betrafen daher das sehr kurze Langzeitgedächtnis, außer wir akzeptieren die Vorstellung einer Zwischenform des Gedächtnisses. Es ist wahrscheinlich, daß eine hohe Korrelation zwischen diesem Gedächtnis und dem Langzeitgedächtnis besteht, da Informationen, die nicht während der ersten zwei Minuten behalten auch wahrscheinlich nicht in der folgenden Zeit festgehalten werden. Auf der Grundlage dieser Untersuchung können wir jedoch nicht sagen, ob es andere Gedächtnisfähigkeiten gibt, die außerhalb der Fixationszeit wirksam werden. Möglicherweise ist es am besten, die Fähigkeiten, die in der üblichen faktorenanalytischen Untersuchung repräsentiert sind, als Lernfähigkeiten zu betrachten, wobei das Lernen von der Art ist, die als Memorieren zu beschreiben ist.

Um zu bestimmen, ob sowohl Tests für Wiedererkennen als auch für Erinnerung beim Behalten die gleichen Fähigkeiten messen, wurden beide Arten von Tests gewöhnlich als Maß jeder hypothetischen Fähigkeit verwendet, um zu sehen, ob sie zusammengehen oder sich für jede hypothetische Gedächtnisfähigkeit in zwei Gruppen trennen würden. FRENCH (1951) hatte vorausgesagt, daß es zwei Faktoren geben würde oder zwei Arten von Faktoren für die beiden Testtypen.

Die hypothetischen Gedächtnisfähigkeiten und ihre Tests

Gedächtnis für semantische Einheiten (MMU). Unter semantischen Einheiten versteht man im allgemeinen Sprachgebrauch Bedeutungen, Vorstellungen oder Gedanken in Form von Ganzheiten. Die Stimulation semantischer Kognitionen geschieht bei Tests gewöhnlich über die auditiven oder visuellen Eingänge, in der Form von Bildern realer Objekte oder Ereignissen oder gedruckten Wörtern in einem Fall, und gesprochenen Wörtern im anderen. Diese Situation schafft einige Probleme für die Konstruktion semantischer Gedächtnistests. Für jede der Gedächtnisfähigkeiten, die in dieser Studie vertreten sind, ist es wichtig, daß die Vp etwas in semantischer Form wahrnimmt und erinnert. Wir möchten nicht, daß die Vp bei irgendeiner Aufgabe mit Hilfe der Wahrnehmung oder Erinnerung figuraler oder symbolischer Aspekte dessen, was gezeigt wird, zum Erfolg kommt. Wenn gedruckte Wörter gegeben werden und die Vp zeigt, daß sie die gleichen Wörter erkennt oder erinnert, tut sie es indem sie jedes Wort visualisiert oder indem sie sich an seine Zusammensetzung aus Buchstaben erinnert?

Einige Kontrollen der figuralen und symbolischen Aspekte der gegebenen Informationen sind daher notwendig. Eine Methode, von der erwartet wurde, daß sie diese Kontrolle ermöglichen könnte, bestand darin, auf der Behaltenstestseite Synonyme oder kurze Definitionen der Wörter zu geben, die die Vp auf der Übungsseite findet. Zum Beispiel werden beim Test „Gedächtnis für Wortbedeutungen" zum Einprägen die Wörter MESSER und WINTER vorgegeben und die Vp muß die Definitionen „Schneidewerkzeug" und „Jahreszeit" auf der Testseite wiedererkennen.

Es bestand die Möglichkeit, zu sehen, was geschehen würde, wenn die Bedingungen anders sind, da zwei Tests das Behalten dadurch erfaßten, daß die gleichen Wörter auf der Testseite wiederholt werden. Einer war ein Wiedererkennungstest und der andere ein Erinnerungstest. Es war bekannt, daß Vpn in Gedächtnisexperimenten es leichter finden, semantisches oder sinnvolles Material zu behalten als nichtsemantisches Material, und wenn ihnen die Möglichkeit gegeben wird, bevorzugen sie die sinnvolle Art, indem sie manchmal figurale oder symbolische Information in semantische Form übertragen.

Ein Test, „Bildgedächtnis", gibt die Objekte in bildlicher Form vor und verlangt eine geschriebene Liste der Objektbezeichnungen beim Behaltenstest. Diese Art von Behaltenstest schließt die Verwendung visuell-figuraler Hilfen durch die Vp nicht aus, aber es wurde wieder angenommen, daß die meisten Vpn das semantische Gedächtnis bevorzugen würden.

Obwohl bei dieser Untersuchung die Hypothese nicht überprüft wurde, daß es inzidentelle Gedächtnisfähigkeiten getrennt von intentionalen Gedächtnisfähigkeiten geben könnte, gehört der Test für MMU „Erinnerung von Testnamen" zur Kategorie inzidentelles Gedächtnis. Nachdem die Vpn gewöhnlich sechs oder sieben Tests in einem bestimmten Testheft bearbeitet hatten, wurden die Namen der Tests in einer Paarvergleichsanordnung präsentiert, um speziell das Behalten der Reihenfolge zu überprüfen und damit die Fähigkeit MMS. Danach wurden die Vpn sofort für MMU getestet, indem sie gebeten wurden, bei einem anderen Test für inzidentelles Gedächtnis eine Liste der Tests zu schreiben, an denen sie gerade gearbeitet hatten.

Gedächtnis für semantische Klassen (MMC). MMC hängt mit dem Erinnern von Klassenvorstellungen oder Begriffen zusammen. Bei der Entwicklung von Tests für MMC bestand die Strategie darin, kleine Sätze von Beispielen zu geben, je einen Satz für eine leicht erkennbare Klasse, leicht erkennbar, um die mögliche Varianz der parallelen Fähigkeit CMC zu minimieren. Auf der Testseite ist die zu erinnernde Klasse durch einen neuen Satz von Beispielen vertreten. Auf diese Weise wurde der Versuch unternommen das Gedächtnis für Ganzheiten als mögliche Hilfe bei der Erinnerung von Klassen zu kontrollieren. Die Vorstellung von der Klasse sollte auch bei dem neuen Satz von Beispielen leicht zu erkennen sein. „Klassifizierte Information" basiert auf den gerade beschriebenen Prinzipien. Zum Beispiel könnte die Vp auf der Übungsseite den Satz SEIDE WOLLE NYLON finden und die zu erkennende Klassenvorstellung auf der Testseite vertreten durch KUNSTSEIDE BAUMWOLLE FILZ. Ein Satz auf der Testseite, der nicht irgendeine Klasse der Übungsseite repräsentiert könnte SCHNEE EIS GRAUPEL sein. Ein ähnlicher Test für das Wiedererkennen, der die gleichen Prinzipien in bildlicher Form aufweist, ist „Bilderklassengedächtnis".

Ein Test für MMC anderer Art, „Erinnern von Klassen", verlangt von der Vp, Klassen zu erkennen, die sie auf der Übungsseite bemerkt hat, indem sie die richtigen Bezeichnungen dafür auf der Testseite auswählt. Bei einem anderen Test für MMC, der als „Begriffserinnerung" bekannt ist, soll die Vp für jede Klasse, an die sie sich erinnert, ein oder zwei Mitglieder benennen. Bei „Gelernte Informationen (Klassen)" liest die Vp einen kurzen Aufsatz und unterzieht sich dann einem Erinnerungstest, bei dem sie die Vorstellungen, die in dem Aufsatz übermittelt wurden, reproduziert. Der Rohwert besteht in der Zahl der Elemente, die von der Vp unter allgemeineren Begriffen als im Aufsatz wiedergegeben werden.

Gedächtnis für semantische Relationen (MMR). Bei der Vorbereitung von Tests für MMR wurde das gleiche Prinzip der Transponierbarkeit angewendet wie im Fall der MMC-Tests, um das Gedächtnis für Einheiten zu kontrollieren. Bei „Gedächtnis für Wortbeziehungen" findet die Vp auf der Übungsseite Wortpaare, die eine jeweils unterschiedliche Beziehung aufweisen, z.B. ALLEE - AUTOBAHN. Auf der Testseite wird der Vp eines dieser Wörter mit vier alternativen Paaren vorgegeben, von denen eines die gleiche Beziehung enthält, die in Zusammenhang mit diesem Wort aufgetreten war, z.B. „Autobahn" mit den alternativen Paaren:

A. Löwe - Kätzchen B. Bach - Fluß C. Boot - Fluß D. Gleise - Zug

Alternative B ist die richtige Antwort.
    Bei „Erinnerte Beziehungen" enthält jeder Satz, der auf der Übungsseite gegeben wird, eine Beziehung, z.B.

Teer ist dunkler als Zement

wobei „dunkler als" die Beziehung darstellt. Auf der Testseite befindet sich eine korrespondierende Mehrfachwahlaufgabe. Dabei wird die Beschreibung gegeben, aber die Beziehung ausgelassen. Manchmal wird die Beziehung umgekehrt, z.B.

Zement ist _____ als Teer.
mit den alternativen Ergänzungen
A. härter   B. heller   C. nützlicher   D. keines davon

Die als Alternativen gegebenen Beziehungen können für sich genommen alle richtig sein oder bei einigen Aufgaben ist „keines davon" richtig.
    Analogietests werden bevorzugt, wenn es um Relationen geht. Bei „Erinnerte Analogien" werden auf der Übungsseite einige unvollständige Analogien, wie etwa

Eingeborener : Tourist   : :   Einwohner : ____?____

gegeben. Es wird angenommen, daß die Beziehung von allen oder fast allen Vpn erkannt wird und daß die Analogie leicht ergänzt werden kann. Danach unterzieht sich die Vp einem Erinnerungstest, bei dem nur das dritte Wort der Analogie gegeben wird und die Vp soll die richtige Ergänzung finden. Für die angegebene Analogie lautet die Aufgabe „Einwohner : _____ ". Die Vp muß sich an die Beziehung erinnern, um die Analogie richtig zu ergänzen.

Der vierte Test für MMR war „Gedächtnis für Definitionen", der auf der Annahme beruhte, daß ein Wort und seine Definition durch eine Beziehung miteinander verknüpft sind. Auf der Übungsseite werden der Vp Paare vorgegeben, die jeweils aus einem Wort und einer bestimmten Definition dieses Wortes bestehen, z.B. SKIM - eine Art Milch. Eine entsprechende Aufgabe auf der Testseite hat vier für SKIM vorgeschlagene Definitionen, die alle richtig sind (für jeden, der das Paar vorher nicht gesehen hat), z.B.

SKIM - A. entfernen B. eine Flüssigkeit C. schnell lesen
       D. übergehen

Die richtige Definition ist nicht genauso formuliert wie auf der Übungsseite, um die MMU - Varianz zu kontrollieren.

Gedächtnis für semantische Systeme (MMS). Bei anderen Operationskategorien als dem Gedächtnis war die lineare Ordnung eines Satzes von Einheiten eine verwendbare Form des Systems, obwohl es nicht die einzige Form war, die benutzt wurde. Einige Tests, die für MMS entwickelt wurden, verwenden die Ordnung von Vorstellungen in Sätzen oder Abschnitten als eine Art System. Bei „Gelernte Informationen (Systeme)", ein Aufsatzreproduktionstest, der auch bei Klassen, wie früher beschrieben, verwendet wird, stellt der Rohwert das Maß dafür dar, in welchem Ausmaß die Schlüsselbegriffe in der richtigen Reihenfolge durch die Vp behandelt werden.

Bei „Gedächtnis für Tatsachen" werden der Vp Sätze vorgegeben, zu denen später Fragen gestellt werden. Es wurde erwartet, daß, je besser die Vp sich an die Reihenfolgen der Wörter erinnert, sie die Fragen beantworten kann. Bei „Satzgedächtnis" hört die Vp Sätze unterschiedlicher Länge. Sie versucht, jeden nach der Darbietung richtig zu wiederholen. Er ist daher auch eine Art von Test der Gedächtnisspanne mit semantischem Material.

„Gedächtnis für Testreihenfolge" gibt der Vp eine Paarvergleichsanordnung der sechs oder sieben Tests, die sie gerade vorher bearbeitet hat. Der Paarvergleich wurde dem Aufschreiben der Testbezeichnungen durch die Vp vorgezogen, weil diese Aufgabe (das Aufschreiben) auch vom Gedächtnis für Einheiten abhängt. Es wurde einer Neuanordnung vorgezogen, bei der alle Titel in zufälliger Reihenfolge auftreten und die Vp dann die richtige Reihenfolge festlegen soll, weil damit einige schwierige Bewertungsprobleme verbunden sind.

Gedächtnis für semantische Transformationen (MMT). Die Quelle der üblichen semantischen Transformationen wurde bei doppelten Bedeutungen, Wortspielen, Homonymen und Redefinitionen gesucht. „Doppelte Bedeutungen" ist ein Wiedererkennungstest mit zwei Wahlmöglichkeiten, bei dem die Vp Paare kurzer Sätze lernt. Beide Sätze enthalten das gleiche Wort, das unterstrichen ist, um die Aufmerksamkeit darauf zu lenken. Die Bedeutung des Wortes ist in beiden Sätzen unterschiedlich, wie in den Sätzen:

She brought some groceries home in a bag.
The hunter planned to go out and bag a deer.

Auf der Testseite soll die Vp das Paar von Definitionen oder Synonymen auswählen, das das Wortpaar repräsentiert, das ihr auf der Übungsseite gegeben wurde. Zum Beispiel enthält unter den gegebenen Paaren

a letter - a beverage   name - summons   sack - obtain

das dritte die Wortbedeutungen, die in dem obigen Satz enthalten sind.
    „Homonyme" ist ein Wiedererkennungstest mit vier Wahlmöglichkeiten, bei dem die Vp Sätze lernt, die Worte enthalten, die nur im Klang gleich sind, z.B.

There is a hole in the wall.
He ate the whole pie.

Eine Bedeutung, die einem der Wörter des homonymen Paares entspricht, wird bei einer Aufgabe auf der Testseite zusammen mit möglichen begleitenden Bedeutungen gegeben. Für die zwei obigen Sätze lautet die Testaufgabe:

ENTIRE - A. nut   B. ship   C. hollow space   D. operation

„Erinnern von Wortspielen" ist ein strukturierter Erinnerungstest. Die Bezeichnung „strukturiert" bedeutet, daß ein Hinweis auf der Testseite gegeben wird, während bei einem „freien Erinnerungstest" keine spezifischen Hinweise gegeben sind. Auf der Übungsseite von „Erinnern von Wortspielen" werden einfache Sätze gegeben, bei denen jeder ein unterschiedliches Wortspiel enthält. Ein Beispielsatz lautet:

The bird-loving bartender was arrested for contributing to the delinquency of a mynah.
Auf der Testseite ist die entsprechende Erinnerungsaufgabe
MYNAH - _____

Wortspiele werden als Quelle von Humor geschätzt, wenn die Individuen sie verstehen, und diese Art Verständnis bedeutet die Fähigkeit CMT. Produktion von Wortspielen hängt von der Fähigkeit DMT ab wie bei den Analysen, die die Fähigkeiten der divergenten Produktion untersuchten, gezeigt werden konnte. Viele Antworten auf die Fragen in

Test Geschichtentitel, der in Kapitel 6 beschrieben ist, werden als „schlagfertig" bewertet, weil sie Wortspiele beinhalten.

Andere Beispiele von Redifinitionen oder Änderungen in der Bedeutung vor allem, wenn sie plötzlich auftreten, können eine Quelle von Humor sein, z.B. in Verbindung mit Rätseln. Ein anderer Test für MMT ist „Ungewöhnliche Antworten", der Rätsel benutzt. Der Zweck der Aufgaben dieses Tests besteht darin, festzustellen, ob die Vp die Pointe des Rätsels noch kennt, nachdem sie eine schlagfertige Antwort darauf gegeben hat. Auf der Übungseite stehen Rätsel mit den Antworten, z.B.

Was kann niemals geschlagen werden?
Antwort: Eine zerbrochene Trommel
Die entsprechende Aufgabe auf der Testseite lautet:
Was hat es Besonderes mit einer zerbrochenen Trommel auf sich?

Der Test „Substitutionen" benutzt eine andere Art der Redefinition im Hinblick auf die Verwendung der Objekte. Auf der Übungsseite gibt jeder Satz eine ungewöhnliche Verwendung für ein vertrautes Objekt an, z.B.

Ein gummiertes Etikett kann als Verband benutzt werden.
Ein Zigarettenfilter kann als Nadelkissen verwendet werden.
Ein Mop kann als Perücke benutzt werden.

Auf der Testseite wird in Form eines Zuordnungstests mit einer Liste der Objekte in zufälliger Reihenfolge von der Übungsseite und eine Liste der Verwendungsmöglichkeiten, die auf der Übungsseite erscheinen (in umschriebener Form), überprüft, ob die Vp die Zuordnungen vornehmen kann.

Gedächtnis für semantische Implikationen (MMI). Von den traditionellen Verfahren, die sich mit dem verbalen Gedächtnis beschäftigen, hängt das der Paarassoziationen am offensichtlichsten mit dem Gedächtnis für Implikationen zusammen. Das Erlernen der Wortpaare und die Überprüfung nach der Stärke der „Assoziationen" zwischen den Teilen der Paare beschreibt die Aufgabe der Vp. Die Verwendung von sinnvollen Wörtern sollte die Aufgabe in die semantische Kategorie bringen, die Verwendung von sinnlosen Silben müßte die Aufgabe in die symbolische Kategorie schieben. Obwohl das Erlernen von Verbindungen zwischen den Gliedern der Paare offensichtlich einen Teil der Aufgabe darstellt, bestand der Verdacht, daß am Lernen ebenfalls die wachsende Vertrautheit mit den Einheiten beteiligt ist (vgl. z.B. ASCH und LINDNER, 1963).

Vertrautheit mit den Gliedern der Paare bedeutet Beteiligung von MMU. Um diese Hypothese zu prüfen, wurde einer der Tests für MMI in der Form des traditionellen Paarassoziationsexperiments gegeben. Nachdem die Vp die Paare gelernt hat, wird auf der Testseite das erste

Glied jedes Paares gegeben und die Vp soll das zweite Glied aufschreiben. Ein wichtiger Unterschied zwischen der traditionellen Methode und der bei „Erinnerung von Paarassoziationen" besteht darin, daß beim ersten die Exposition Paar für Paar stattfindet mit einer genau festgelegten Zeit für jedes Paar. Beim letzteren kann die Vp die Zeit der Exposition für jedes Paar frei festlegen, genauso wie die Reihenfolge des Lernens. Bei beiden wird in einem strukturierten Erinnerungstest das erste Glied (A) eines Paares gegeben und die Vp soll mit dem zweiten Glied (B) antworten. Die Zahl der richtigen B-Antworten liefert den Rohwert des Tests.

Um den Anteil der Fähigkeit MMU zu kontrollieren, wurden bei einem anderen Test, „Verbundene Alternativen", Mehrfachwahlaufgaben verwendet, wobei die auszuwählende alternative Implikation offensichtlich ist. Auf der Übungsseite sind Familiennamen mit Beschäftigungen gepaart, z.B. SMITH - Maurer. Auf der Testseite lautet die entsprechende Aufgabe:

SMITH - A. Klavier B. Mikrophon C. Backstein D. Schreibmaschine

Die Alternativen sind keine Berufsbezeichnungen, auch nicht die richtige „Maurer", um das Gedächtnis für Einheiten entweder semantisch oder symbolisch zu kontrollieren. Es ist anzumerken, daß das erste Glied eines Paares tatsächlich eine symbolische Einheit, nämlich ein Familienname ist. Aber das zu erinnernde B-Glied ist eine semantische Einheit, für die ein sinnvolles Objekt gegeben wird, um das Wiedererkennen nachzuweisen. Es wurde angenommen, daß der Inhaltsbereich des zweiten Glieds darüber entscheiden würde, welche Fähigkeit eine Rolle spielt. Es bestand jedoch keine Gelegenheit, zu überprüfen, ob der Test auf den Faktor MSI laden würde, es gab nur die Möglichkeit, festzustellen, ob er MMI messen würde.

Ein Test, der eine strukturierte Erinnerung einer Implikation verlangt, aber nicht in der üblichen Weise, wurde „Bücher und Autoren" genannt. Auf der Übungsseite wird der Familienname eines Autors mit dem Titel eines Buches, das er angeblich geschrieben hat, zusammengebracht. Der Titel des Buches legt deutlich einen Beruf nahe, z.B. „Brooks: Bilder, die ich malte". Auf der Testseite soll die Vp die Berufsbezeichnung angeben, die dem Autorennamen entspricht. Die entsprechende Testaufgabe für das angegebene Paar ist „Brooks: ____" auf die sie erwartungsgemäß mit „Maler" oder „Künstler" antworten sollte.

Um noch einen anderen MMI Test zu haben, wurde „Beschreibungen" entwickelt. Bei diesem Test soll die Vp eine deutliche Implikation zweier gegebener Wörter erkennen, z.B. SPITZEN - PARFÜM. Die Vp soll dabei an „weiblich" oder etwas in dieser Kategorie denken. Auf der Testseite wird das Substantivpaar nicht als Hinweis wiederholt. Stattdessen wird eine Liste von Adjektiven für Ja-Nein-Entscheidungen vorgelegt, von denen die Hälfte den erwarteten Implikationen entsprechen und die die Vp erkennen sollte, wenn das Lernen erfolgreich war. Wenn die Vp nicht auf die wahrscheinlichsten Implikationen beim Lernen der Wortpaare kommt, so wird doch von allen gegebenen Adjektiven beim Behaltenstest erwartet, daß sie dem nahe kommen, was die Vp gefolgert hat und dienen daher als Test für das Behalten der Vp.

Hypothetische Bezugsfaktoren und ihre Tests

Die Bezugsfaktoren waren alle semantisch und außerhalb der Gedächtniskategorie. Die anderen vier Operationskategorien waren mindestens durch jeweils eine Strukturfähigkeit vertreten. Kognition hatte zwei Fähigkeiten - CMU und CMS, konvergente Produktion und Evaluation jeweils eine Fähigkeit - NMS und EMC; divergente Produktion war durch den vollen Satz der sechs semantischen Fähigkeiten vertreten. Die Entscheidung, diese sechs Tests in die Batterie aufzunehmen, fiel aus Nachgiebigkeit gegenüber den Lehrern der High Schools, an denen der Test durchgeführt wurde. Sie hatten besonderes Interesse daran, Informationen hinsichtlich des kreativen Potentials ihrer Schüler zu erhalten. Wenn auch viele Gedächtnistests vollständig frei von Vorgaben waren, war es doch wichtig, zu überprüfen, wie eng die Beziehung zu den „Erinnerungstests" ist, die für die Fähigkeiten der divergenten Produktion verwendet wurden. Die Hauptunterschiede zwischen den beiden Typen von Erinnerungstests bestehen darin, daß bei Gedächtnistests eine Restriktion auf ausgewählte Informationseinheiten vorgenommen wird, denen alle Vpn kurz vorher in gleichem Maß ausgesetzt waren, während bei Tests für divergente Produktion alle relevanten Informationseinheiten aus dem Gedächtnisspeicher der Vpn herausgezogen werden und die früheren Expositionen unkontrolliert waren und länger zurück liegen.

Die Beschreibungen der Fähigkeiten und die üblichen Tests in den Kategorien außerhalb des Gedächtnisses finden sich in den betreffenden früheren Kapiteln - Kapitel 5 für die Fähigkeiten CMU, CMS und NMS; Kapitel 6 für die sechs Fähigkeiten der divergenten Produktion und Kapitel 7 für EMC. Tabelle 6.2 zeigt die Ladungen der Tests der Fähigkeiten der divergenten Produktion, die bei der Analyse des semantischen Gedächtnisses erhalten wurden.

Ergebnisse der gezielten Rotationen (3)

Die ursprünglichen und die gezielt rotierten Lösungen waren nahezu identisch, so daß nur die Ergebnisse der letzteren hier zu behandeln sind. Nur die Ergebnisse der Gedächtnisfaktoren und Tests werden besprochen und es ist lediglich festzustellen, daß die 10 Fähigkeiten außerhalb des Gedächtnisses so gut wie erwartet unterstützt wurden außer dem Einzelfaktor, der DMS repräsentierte.

---

3 Informationen über die Vpn der drei Gedächtnisanalysen enthält Tabelle 8.1.

Tabelle 8.1 Populationen und Stichproben der Analysen der Gedächtnisfähigkeiten

Bericht Nr.	Kurztitel der Analyse	N	Population
37	semantische Gedächtnis-fähigkeiten	175	Schüler der 11. Klasse
38	symbolische Gedächtnis-fähigkeiten	266	Schüler der 10. Klasse
43	visuell-figurale Ge-dächtnisfähigkeiten	202	Schüler der Klassen 9 bis 12

Nur die allgemeinen Merkmale der Ergebnisse müssen diskutiert werden. Einzelheiten, die die signifikanten Faktorenladungen betreffen, können Tabelle 8.2 entnommen werden. Die Haupthypothese, daß die sechs semantischen Gedächtnisfähigkeiten, definiert in Eigenschaften der Strukturtheorie, unterschieden werden können, wurde deutlich bestätigt, zumindest durch jeweils einen einfaktoriellen Test für jede Fähigkeit. „Einfaktoriell" bedeutet keine signifikante Ladungen (≥ 30) auf anderen Faktoren. Von den 28 Tests, die für die Gedächtnisfähigkeiten entwickelt worden waren, hatten nur fünf keine signifikante Ladungen auf den beabsichtigten Faktoren aufzuweisen und von ihnen luden 3 signifikant auf andere Gedächtnisfaktoren.

Die Unterscheidung der Gedächtnisfähigkeiten von den 10 anderen Fähigkeiten war ausgezeichnet. Nur ein anderer Test wies eine etwa signifikante Gedächtnisvarianz auf. Dieser Test war „Satzordnung", bei dem die Vp drei gegebene Sätze, die Aussagen über drei miteinander verbundene Ereignisse machen, und die eine natürliche Reihenfolge haben, in die richtige Reihenfolge bringt. Es kann sein, daß das Kurzzeitgedächtnis bei diesem Test eine Rolle spielt. Die signifikante Ladung dieses Faktors ging auf den Faktor MMS, der parallel zu NMS ist, für den der Test eine Markierung darstellt.

Drei Gedächtnistests hatten starke Ladungen auf verbales Verständnis (CMU). „Satzgedächtnis", der für MMS entwickelt worden war, ging ausschließlich auf CMU mit einer Ladung von .59. „Gedächtnis für Tatsachen", ebenfalls für MMS entwickelt, hatte seine höchste Ladung von .40 auf CMU und teilte seine weitere Varianz etwa gleichmäßig zwischen MMU und MMS auf. „Gedächtnis für Definitionen", entwickelt für MMU, hatte seine einzige signifikante Ladung von .34 auf CMU. In diesen Fällen deuten die Ergebnisse auf individuelle Differenzen im Verständnis oder der Kognition der semantischen Konzepte in diesen Tests hin. Für einen guten Gedächtnistest ist es notwendig, daß alle Vpn im wesentlichen ein volles Verständnis der gelernten Information haben. Diese Fehler bei den drei Tests können der nicht adäquaten Testkonstruktion zugeschrieben werden, bei der der Leichtigkeit des Verstehens nicht Rechnung getragen wurde.

Ein weniger erfolgreicher Aspekt der Untersuchung bestand in der Tatsache, daß 18 der Gedächtnistests zweite signifikante Ladungen auf Gedächtnisfaktoren aufwiesen, für die sie nicht beabsichtigt waren. Die ausgeprägteste Liste von Tests gab es für die Fähigkeiten MMU,

MMR und MMS mit zwei, einer und einer signifikanten Ladung auf Tests, die für andere Gedächtnisfähigkeiten entworfen waren, und die auch auf diese drei Faktoren luden. Die anderen drei Gedächtnisfaktoren hatten mehr unerwartete Gedächtnistests, die auf sie luden. In einigen Fällen konnten diese Diskrepanzen erklärt werden, in anderen nicht. Die Mängel der Testkonstruktion könnten möglicherweise bei einer Wiederholungsuntersuchung korrigiert werden.

Tabelle 8.2 Faktoren und ihre Tests mit signifikanten Ladungen in der Kategorie der Gedächtnisfähigkeiten[*]

Faktor Test	37	38	39	40	41	43
MFU						
Wiedererkennen von Figuren	-	-	-	-	-	57
Erinnern von Gesichtern	-	-	-	-	-	52
Wiedererkennen figuraler Buchstaben	-	-	-	-	-	46
Wiedererkennen von Objekten	-	-	-	-	-	36
Wiedererkennen figuraler Klassen (MFC)±	-	-	-	-	-	44
Erinnern von Paaren Hand-Objekt (MFI)	-	-	-	-	-	40
MFC						
Erinnern von Figurenklassen	-	-	-	-	-	58
Figurenerinnerung	-	-	-	-	-	51
Gedächtnis figuraler Klassen	-	-	-	-	-	34
Wiedererkennen figuraler Klassen	-	-	-	-	-	33
Gedächtnis für Objektklassen	-	-	-	-	-	32
Erinnern figuraler Relationen (MFR)	-	-	-	-	-	40
Gedächtnis für versteckte Figuren (MFT)	-	-	-	-	-	34
MFR						
Erinnern von Matrixtrends	-	-	-	-	-	75
Gedächtnis figuraler Analogien	-	-	-	-	-	46
Erinnern figuraler Relationen	-	-	-	-	-	38
Erinnern figuraler Trends	-	-	-	-	-	33
Erinnern figuraler Subtraktionen (MFT)	-	-	-	-	-	36
MFS						
Wiedererkennen von Systemformen	-	-	-	60	-	46
Erinnern von Monogrammen	-	-	-	50	-	48
Orientierungsgedächtnis	-	-	-	56	-	43
Erinnern von Objektorientierungen	-	-	-	45	-	43
Gedächtnis für Visualisationen (MFT)	-	-	-	-	-	39
MFT						
Wiedererkennen von Frontalansichten	-	-	-	-	-	59
Erinnern räumlicher Änderungen	-	-	-	-	-	47
Gedächtnis für Visualisationen	-	-	-	-	-	44
Gedächtnis für versteckte Figuren	-	-	-	-	-	43

Faktor	Test	37	38	39	40	41	43
	Erinnern figuraler Subtraktionen	-	-	-	-	-	32
	Erinnern figuraler Relationen (MFR)	-	-	-	-	-	39
	Gedächtnis figuraler Analogien (MFR)	-	-	-	-	-	35
	Erinnern von Monogrammen (MFS)	-	-	-	-	-	33
MFI							
	Erinnern von Figurenpaaren	-	-	-	-	-	48
	Erinnern von Paaren aus Flaggen und Buchstaben	-	-	-	-	-	47
	Zuordnung von Gesichtern zu Wappen	-	-	-	-	-	42
	Erinnern von Paaren Hand - Objekt	-	-	-	-	-	33
	Bücher und Autoren (MMI)	-	-	-	-	-	41
	Zahl-Buchstabenassoziation (MSI)	-	-	-	-	-	36
MSU							
	Gedächtnis für Listen sinnloser Wörter	-	56	-	-	-	58
	Gedächtnis digitaler Einheiten	-	46	-	-	-	-
	Erinnern sinnloser Wörter	-	40	-	-	-	48
	Verbundene Zahlassoziationen	-	32	-	-	-	-
	Erinnerte Wörter (MMU)	-	-	-	-	-	36
	Zahl-Buchstabenassoziationen (MSI)	-	-	-	-	-	35
	Gedächtnis für Klassen sinnloser Wörter (MSC)	-	34	-	-	-	-
	Gedächtnis für Namen und Wörterklassen (MSC)	-	32	-	-	-	-
MSC							
	Gedächtnis für Wörterklassen	-	-	63	-	-	-
	Gedächtnis für Klassen sinnloser Wörter	-	38	82	-	-	-
	Gedächtnis für Zahlenklassen (Erinnern)	-	45	-	-	-	-
	Gedächtnis für Namen und Wörterklassen	-	41	-	-	-	-
MSR							
	Gedächtnis für Namenbeziehungen	-	57	-	-	-	-
	Gedächtnis für Buchstabenserien	-	42	-	-	-	-
	Durchstreichen ähnlicher Wortänderungen	-	41	-	-	-	-
	Gedächtnis für Wort-Zahl-Beziehungen	-	32	-	-	-	-
	Verbundene Zahlassoziationen (MSU)	-	36	-	-	-	-
MSS							
	Gedächtnis für die Reihenfolge aufgelisteter Zahlen	-	50	-	-	-	-
	Gedächtnis für Wort-Zahl-Verbindungen	-	44	-	-	-	-
	Gedächtnisspanne für Konsonanten, Zahlen und unsinnige Wörter	-	42	-	-	-	-

Fortsetzung Tabelle 8.2

Faktor Test	37	38	39	40	41	43
Gedächtnis für die Reihenfolge unsinniger Wörter	-	40	-	-	-	-
Gedächtnis für Transpositionen	-	34	-	-	-	-
MST						
Gedächtnis für Rechtschreibfehler	-	43	-	-	67	-
Gedächtnis für Worttransformationen	-	41	-	-	63	-
Gedächtnis für versteckte Transformationen	-	42	-	-	54	-
MSI						
Zahl-Buchstaben-Assoziation	-	60	-	-	49	36
Symbole und Buchstaben, Zahlen und Symbole	-	42	-	-	-	-
Numerische Operationen	-	35	-	-	50	-
Erinnern symbolischer Kodes	-	-	-	-	-	35
Erinnern sinnloser Wörter (MSU)	-	40	-	-	-	-
Symbolvergleich und Zahlordnung (ESU)	-	40	-	-	-	-
Erinnern von Objekt- orientierungen (MFS)	-	-	-	-	-	38
MMU						
Erinnern von Testnamen	51	-	-	-	-	-
Gedächtnis für Bedeutungen	-	-	-	-	-	50
Bildgedächtnis	49	-	-	-	-	43
Erinnerte Wörter	46	-	-	-	-	-
Wiedererkennen von Wörtern	42	-	-	-	-	-
Erinnern symbolischer Kodes (MSI)	-	-	-	-	-	43
Gedächtnis für Fakten (MMS)	37	-	-	-	-	-
Substitutionen (MMT)	34	-	-	-	-	-
Erinnern von Paarassoziationen (MMI)	-	-	-	-	-	34
Gedächtnis für aufgelistete sinnlose Wörter (MSU)	-	-	-	-	-	33
MMC						
Klassifizierte Information	48	-	40	-	-	-
Bilderklassengedächtnis	40	-	40	-	-	-
Gelernte Informationen (Klassen)	37	-	-	-	-	-
Erinnern von Konzepten	33	-	-	-	-	-
Doppelte Bedeutungen (MMT)	38	-	-	-	-	-
Gedächtnis für Wortbedeutungen (MMU)	34	-	-	-	-	-
Gedächtnis für Wortbeziehungen (MMR)	33	-	-	-	-	-
MMR						
Erinnerte Relationen	51	-	-	-	-	-
Beschreibungen	45	-	-	-	-	-
Gedächtnis für Wortbeziehungen	44	-	-	-	-	-

Faktor Test	37	38	39	40	41	43
MMR						
Ergebnisse	39	-	-	-	-	-
Erinnerte Analogien	39	-	-	-	-	-
Klassifizierte Information (MMC)	30	-	-	-	-	-
MMS						
Gelernte Information (Systeme)	51	-	-	-	-	-
Gedächtnis für die Reihenfolge von Tests	47	-	-	-	-	-
Gedächtnis für Fakten	36	-	-	-	-	-
Satzgedächtnis	30	-	-	-	-	-
Satzordnung (NMS)	37	-	-	-	-	-
Ungewöhnliche Antworten (MMT)	36	-	-	-	-	-
Erinnern von Testnamen (MMU)	35	-	-	-	-	-
Beschreibungen (MMR)	31	-	-	-	-	-
Gelernte Informationen (Klassen) (MMC)	31	-	-	-	-	-
MMT						
Ungewöhnliche Antworten	55	-	-	-	-	-
Homonyme	36	-	-	-	-	52
Doppelte Bedeutungen	49	-	-	-	-	36
Erinnern von Wortspielen	42	-	-	-	-	40
Substitutionen	38	-	-	-	-	-
Gelernte Information (Klassen) (MMC)	38	-	-	-	-	-
Gedächtnis für Wortbedeutungen (MMU)	36	-	-	-	-	-
Gedächtnis für die Reihenfolge von Tests (MMS)	36	-	-	-	-	-
Erinnern von Konzepten (MMC)	35	-	-	-	-	-
Erkennen von Buchstabenänderungen (CST)	-	-	-	-	35	-
Ergebnisse (MMR)	33	-	-	-	-	-
MMI						
Verbundene Alternativen	59	-	-	-	-	49
Bücher und Autoren	56	-	-	-	-	60
Erinnern von Paarassoziationen	58	-	-	-	-	44
Klassifizierte Information (MMC)	32	-	-	-	-	-
Gedächtnis figuraler Klassen (MFC)	-	-	-	-	-	32

* Dezimalstellen weggelassen
+ Faktor, auf den der Test bei Achsenrotation gezielt wurde.

Symbolische Gedächtnisfähigkeiten (4)

Einige Ansätze, die bereits bekannte Faktoren berücksichtigen

Das Hauptziel der Analyse des symbolischen Gedächtnisses bestand darin, wie bei der Analyse des semantischen Gedächtnisses, zu untersuchen, ob die sechs Fähigkeiten dieser Art sich empirisch von einander unterscheiden und von den Fähigkeiten außerhalb des Gedächtnisses getrennt werden könnten. Es gab aber auch einige Fragen, die auf frühere faktoren-analytische Untersuchungen in diesem Bereich zurückgingen. Einige Versuche wurden gemacht, um diese Fragen als zweites Ziel zu lösen.

Die Zahlfaktoren. Bei seiner ausführlichen Zusammenfassung von Faktoren berichtet FRENCH (1951) von drei angenommenen Primärfähigkeiten, die von einiger Bedeutung für diesen Bereich sind. Am bekanntesten davon ist der Zahlfaktor, oder Leichtigkeit im Umgang mit Zahlen, den FRENCH als den ansah, der am besten nachgewiesen ist. Zwei ziemlich neue Untersuchungen führten zuerst zu einigen Fragen zu diesem allgemein akzeptierten Faktor (DARIS 1956; de MILLE 1962). In beiden Fällen wurde ein Test numerischer Operationen in einer Batterie analysiert, die neben anderen Tests auch Tests der Wechsler-Skala enthielt. Bei drei Analysen half dabei der Zahlentest einen Faktor zusammen mit Test „Zahlen Nachsprechen" von WECHSLER zu bestimmen. Da der letztere aus einigem Grund als Gedächtnistest angesehen werden kann, ist daraus zu schließen, daß die Faktoren dieser drei Analysen der Strukturfähigkeit Gedächtnis symbolischer Implikationen (MSI) entsprechen. Man kann vernünftigerweise nicht behaupten, daß der „Zahlensymboltest", eine Substitutionsaufgabe, ein Zahlfaktortest ist, da keine numerischen Operationen beteiligt sind. Wenn die MSI-Interpretation richtig ist, ist es interessant, daß der Test für numerische Operationen gut geübte Implikationen von lange Gefestigtem verwendet, während beim „Zahlensymboltest" zum größten Teil das Kurzzeitgedächtnis beteiligt ist. Bei einer darauf folgenden Analyse (GUILFORD, HOEPFNER und PETERSEN, 1965) teilte der Test „Numerische Operationen" seine Faktorenvarianz mit den Fähigkeiten MSI und NSI (konvergente Produktion symbolischer Implikationen). Beide Fähigkeiten erfordern Implikationen und beide Beziehungen sind einsichtig. Die Beweise für die Beziehungen eines Tests numerischer Operationen zu MSI wurden jedoch als schwach angesehen, da bei früheren Analysen nicht mehr als ein Gedächtnistest verwendet wurde, um anzudeuten, daß der Faktor auf MSI ging. Es wurden ebenfalls Zweifel darüber geäußert, ob der Zahlensymboltest wirklich Gedächtnis erfaßt (LUCHINS und LUCHINS 1953). bei der hier berichteten Analyse wurden daher andere potentielle MSI-Tests in die Batterie aufgenommen, zusätzlich zu dem einen des Zahlensymboltyps.

---

4 Vgl. Bericht 38.

Faktoren der Gedächtnisspanne. Eine Anzahl Analysen hatte bereits früher über Faktoren der Gedächtnisspanne berichtet. Bei ersten Anwendungen des Strukturmodells wurde eine Fähigkeit der Gedächtnisspanne in der Zelle Gedächtnis für symbolische Einheiten (MSU) plaziert, mit dem Argument, daß ein Satz von Zahlen oder Buchstaben in einer Reihenfolge, die von der Vp richtig wiedergegeben wird, eine symbolische Einheit darstellt. Sie nimmt ihn als Ganzes auf und gibt ihn ebenso wieder. Es gab jedoch einigen Verdacht hinsichtlich der Spezifität der berichteten Faktoren der Gedächtnisspanne, da sie üblicherweise nur bei Tests der Gedächtnisspanne gefunden wurden, bei denen die Aufgaben nur von Zahlen zu Buchstaben variierten. Die Erfahrung der Forschung beim Projekt besagt, daß Zahlen und Buchstaben fast vollständig bei Tests für die gleiche Fähigkeit ausgetauscht werden können. Eine andere Variation, die nicht ausreichen würde um die Belastung der Spezifität zu vermeiden, bestand im Wechsel von visueller zu auditiver Präsentation der Zahlen und Buchstaben. In diesem Fall können visuelle und auditive Eingaben ebenfalls austauschbare Bedingungen darstellen. Daher können alle traditionellen Tests für die Gedächtnisspanne als alternative Formen der gleichen psychologischen Aufgabe gesehen werden. Obwohl ein gemeinsamer Faktor daraus leicht zu erhalten ist, könnte er aus einer Mischung eines spezifischen mit einem allgemeinen Faktor bestehen. In der zu besprechenden Analyse war nur ein Gedächtnisspannentest in der Batterie, zusammen mit den neuen für MSU entwickelten Tests.

Eine andere Hypothese, die sich aus der Plazierung der Faktoren der Gedächtnisspanne im Strukturmodell ergab, in dem Ausmaß, in dem sie einen allgemeinen Faktor repräsentieren, bestand darin, daß sie in die Zelle Gedächtnis für symbolische Systeme (MSS) gehörten. Bei Tests der Gedächtnisspanne muß die Vp die Elemente in der richtigen Reihenfolge wiedergeben, und die Reihenfolge ist eine übliche Art eines Systems. Mit anderen MSS-Tests in der Batterie könnte möglicherweise eine Entscheidung darüber herbeigeführt werden, ob ein einziger Test der Gedächtnisspanne auf den Faktor für MSU, den für MSS oder beide gehen würde.

Faktoren des mechanischen Gedächtnisses. Noch eine andere traditionelle Art von Faktor bedurfte der Klärung. Er war von THURSTONE als „mechanisches Gedächtnis" bezeichnet worden, ein ähnlicher Faktor als „assoziatives Gedächtnis" bei der Luftwaffenuntersuchung (GUILFORD und LACEY, 1947) und bei der Übersicht von FRENCH (1951). Die Tests für einen derartigen Faktor bestanden typischerweise aus Aufgaben in der Form von Paarassoziationen. Aber die Untersuchung der verschiedenen Batterien, anhand derer über die Faktoren des mechanischen Gedächtnisses berichtet worden war, zeigt, daß die Art der zu memorierenden Informationen variiert worden war. Die gepaarten Einheiten waren manchmal figural. Außerdem gab es Beispiele für einen gemischten Inhalt innerhalb der Paare. Es gab daher beträchtlichen Zweifel daran, ob alle Faktoren des „mechanischen Gedächtnisses", über die berichtet worden war, tatsächlich ein und dieselbe Fähigkeit darstellten. Auf der Grundlage der Strukturtheorie wäre das nicht zu erwarten.

Die erste Plazierung des mechanischen Gedächtnisses beim Strukturmodell war die Zelle MSR, eine symbolische Fähigkeit, da der Begriff „mechanisch" den Mangel an Bedeutung impliziert, und weil am häufigsten, wie bereits gesagt, die Tests für diese Faktoren symbolisch gewesen waren. Der Grund für den Aspekt „R" der Plazierung bestand in der Annahme, daß die Vp die Relationen, die sie zwischen den Mitgliedern Symbolpaare erkennen kann, als Hilfe bei der Erinnerung der Verbindungen zwischen ihnen benutzt. Eine zweite Vorstellung ist jedoch, daß im Fall der üblichen symbolischen Paare eine begrenzte Grundlage für das Erkennen nützlicher Relationen gegeben ist. Die Tatsache, daß die Glieder der Paare in willkürlicher Weise einander zugeordnet sind, legt nahe, daß wahrscheinlich Implikationen eher als Relationen bei der Kognition und dem Lernen betont werden. Implikationen ergeben sich charakteristischerweise durch zufällige Verbindungen zwischen den Objekten. Durch bestimmte günstige Bedingungen, wie Kontiguität und Wiederholung, werden die Implikationen stärker. Die Erwartung bei der neuen Analyse ging dahin, daß Tests vom Typ der Paarassoziationen den Faktor MSI für „mechanisches" Material gemeinsam haben würden. Aber es wurde auch erwartet, daß Tests, in anderer Form als Paarassoziationen, mit dem gleichen Faktor in Verbindung stehen könnten. Es ist schon gesagt worden, daß ein Test numerischer Operationen und ein Zahlensymboltest früher auf einen als MSI identifizierten Faktor geladen hatten, und es sollte erwartet werden, daß es in der neuen Analyse ebenfalls der Fall sei.

Die hypothetischen Fähigkeiten und ihre Tests

Gedächtnis für symbolische Einheiten (MSU). Einige alternative Vorstellungen von MSU und der Art der Tests, die am treffendsten sein könnten, führten zu einer ungewöhnlichen Vielfalt von Tests für diese Hypothese. Nachdem vorläufige Informationen über ihre Interkorrelationen vorlagen, wurden fünf Tests für die Analyse ausgewählt, einschließlich eines Tests der Gedächtnisspanne, der probeweise MSU zugeordnet wurde.

„Gedächtnis für Listen sinnloser Wörter" verlangt das Lernen einer Liste sinnloser Silben, gefolgt von einem Wiedererkennungstest, der die Silben zusammen mit vielen neuen vorgibt. „Erinnern sinnloser Wörter" erfordert das Memorieren von Silben, denen ein freier Erinnerungstest folgt, bei dem die Silben in beliebiger Reihenfolge aufgeschrieben werden können. Bei „Gedächtnis digitaler Einheiten" wird ein Satz zweistelliger Zahlen mündlich präsentiert, und dieser Satz soll fünfmal mit geänderter Reihenfolge wiedergegeben werden. Danach folgt ein Wiedererkennungstest. Bei „Anstreichen sinnloser Wörter" liest die Vp eine ziemlich lange Reihe sinnloser Silben. Einige dieser Silben wiederholen sich, und die Vp soll diese Silben anstreichen, wenn sie sie findet. Die Bearbeitungszeit wird kurz gehalten, um zu verhindern, daß die Vp sich jedesmal vergewissert, welche Silbe schon aufgetreten ist.

Die Verwendung sinnloser Silben bei MSU-Tests sollte das semantische Gedächtnis kontrollieren, abgesehen davon, daß die Vp ihre eigenen Deutungen verwendet. Der Einsatz zweier mündlich gegebener Tests und drei visueller Tests könnte möglicherweise entscheiden, ob es eine auditive MSU-Fähigkeit getrennt von einer visuellen MSU-Fähigkeit gibt, eine Unterscheidung, die nur auf der Art der Eingabe basiert. Man würde jedoch Symbole, die nicht ausgesprochen werden können, für die Tests der visuellen Eingabe benötigen, und Laute für Symbole, die keine entsprechenden konventionellen visuellen Gegenstücke haben, bei den auditiven Tests haben müssen um nachzuweisen, daß es getrennt visuell-symbolische Einheiten und auditiv-symbolische Gedächtnisfähigkeiten gebe. Die Verwendung von drei Tests des Wiedererkennens und von zwei Erinnerungstests könnte möglicherweise bestimmen, ob es getrennte Fähigkeiten des Wiedererkennens und der Erinnerung gibt, soweit symbolische Einheiten betroffen sind. Obwohl mehr Tests für MSU benötigt würden, als eingesetzt waren, um die Effekte dieser beiden Variationen angemessen zu überprüfen, wäre das Ergebnis in beiden Fällen negativ, wenn alle vier Arten von Tests auf den gleichen Faktor laden.

Eine ganz andere Art von Test für MSU (und ebenfalls für MSS) war „Symbolvergleich" und „Reihenfolge von Zahlen", die ursprünglich als zwei verschiedene Tests entwickelt worden waren (5). Jede Aufgabe des ersten Teils verlangt von der Vp den Vergleich eines Satzes von Symbolen auf der Vorderseite eines Blattes mit einem entsprechenden Satz auf der Rückseite. Vom Umdrehen der Seite durch die Vp wird erwartet, daß dadurch genug Zeit vergeht, um den Test zumindest teilweise zu einem Gedächtnistest zu machen. Bei „Symbolvergleich" werden Sätze wie 6669A und Z, 397 verwendet, während „Reihenfolge von Zahlen", der andere Test, fünfstellige Zahlen benutzt. Dabei kann sich nur die Reihenfolge von der Vorder- zur Rückseite ändern. Weil das Gedächtnis für die Reihenfolge bei diesem Test eine Rolle spielt, wurde angenommen, daß der Gesamtwert des Tests sowohl eine Ladung auf MSS wie auf MSU haben könnte. Die beiden Tests wurden wegen ihrer ungewöhnlichen hohen Interkorrelation miteinander kombiniert. Es stellte sich jedoch heraus, daß diese Beziehung mehr einer gemeinsamen Fähigkeit außerhalb des Gedächtnisses - ESU - zuzuschreiben war, ein Ergebnis, das später besprochen wird.

Gedächtnis symbolischer Klassen (MSC). Symbolische Klassen können von Namen, anderen Wörtern oder sinnlosen Silben gebildet werden, die in ihrer Schreibweise Gemeinsamkeiten aufweisen, oder von Zahlen, die numerische Eigenschaften gemeinsam haben. Bei vorläufigen

---

5 Mit Genehmigung der Psychological Services, Inc. , Los Angeles, von einem ihrer Tests adaptiert.

Untersuchungen (TENOPYR, 1966) wurde festgestellt, daß ein Test, der aus Sätzen von Namen, und ein Test, der aus Sätzen von Wörtern besteht, sehr hoch miteinander korrelieren. Daher wurden beide in einem Test „Gedächtnis für Namen und Wörterklassen" kombiniert. Auf der Übungsseite liest die Vp Sätze von Namen wie IRIS, IRENE, IRVING, bei denen das gemeinsame Merkmal ziemlich offensichtlich ist. Auf der Testseite sollte sich die Vp ausreichend an die Klasse erinnern, um „Ira" als Mitglied der Klasse zu akzeptieren, die sie repräsentiert sah, aber „Ida" zurückweisen, weil er nicht dazugehört. Auf der Übungsseite eines anderen Testteils liest die Vp den Satz von Wörtern PAN RAN CAN, und auf der Testseite soll sie erkennen, daß „fan" zur beobachteten Klasse gehört, aber „fun" nicht. Es ist noch anzumerken, daß keine Namen von Klassen und keine spezifischen Wörter von der Übungsseite auf der Testseite vertreten sind. Daher ist es vermutlich die transponierbare Vorstellung der Klasse, die erinnert werden muß.

„Gedächtnis von Klassen sinnloser Wörter" präsentiert auf der Übungsseite einige Sätze von jeweils drei Silben, wie etwa GUZ GAZ GYZ. Der Behaltenstest unterscheidet sich dadurch vom vorhergehenden Test, daß das Wiedererkennen eines entsprechenden neuen Mitglieds der Klasse in Form einer Mehrfachauswahl vorgenommen werden muß. Die Aufgabe, die der gerade erwähnten Klasse entspricht, lautet:

1. GIS   2. GOZ   3. LOZ   4. MIZ

„Gedächtnis für Zahlenklassen (Erinnerung)" erfordert das Memorieren und das freie Erinnern von Klassenvorstellungen bei Zahlen, die über verbale Beschreibungen zu identifizieren sind. Beispiele für Sätze von Zahlen sind 5, 10, 25; 307, 602, 704 und 621, 821, 521. Die Klassenbegriffe sind nicht nur offensichtlich sondern können leicht verbalisiert werden, was eine Beteiligung von MMC nahelegen könnte. Diese Möglichkeit konnte aus Mangel an MMC-Tests in der Analyse nicht überprüft werden. Dieser Test unterscheidet sich von den anderen in der Gruppe für MSC dadurch, daß er Zahlen verwendet und Erinnerung in Form von Klassennamen oder Beschreibungen verlangt. Vom leichten Benennen der Klassen wurde erwartet, daß eine Varianz vom Faktor NMU, der Benennungsfähigkeit, vermieden werden konnte. Ein ähnlicher Test für CSC hatte diese Fähigkeit vermieden.

Gedächtnis symbolischer Relationen (MSR). Eine Relation ist die definierbare Verbindung zwischen zwei Informationen, gewöhnlich Einheiten; in diesem Zusammenhang symbolischen Einheiten. Solche Relationen können schnell zwischen Gliedern ausgewählter Paare von Wörtern, Silben oder Zahlen gefunden werden.

„Gedächtnis für Namensbeziehungen" gibt die vollen Namen von drei Personen vor. In jedem Fall kann eine bestimmte Relation zwischen der Schreibweise des Vornamens und des Familiennamens erkannt werden, z.B. Sam Martin, Tom McTavish und Pam Merton, bei denen der letzte Buchstabe des Vornamens identisch ist mit dem ersten Buchstaben des Familiennamens. Auf der Testseite lautet die entsprechende Antwort-Auswahl-Aufgabe:

Tim: A. Thompson   B. Traver   C. Mensch   D. Tolman

Es fällt auf, daß die Namen geändert wurden, und daß der Name der Fragestellung und die richtige Alternative (C) die Relation wiederholen, die früher auf der Übungsseite stand. Der Endbuchstabe des ersten und der erste des zweiten Namens sind mit denen auf der Übungsseite identisch, um die Relation auf der Testseite mit einer bestimmten auf der Übungsseite zu verbinden.

„Gedächtnis für numerische Relationen" gibt auf der Übungsseite zwei Zahlenpaare vor, bei denen die gleiche Relation auftritt, z.B. 4-9 und 12-17. Beim Behaltenstest soll die Vp so viele Relationen wie möglich beschreiben, an die sie sich, von den vorher gezeigten, erinnern kann. Der Test ist dabei im wesentlichen ein freier Erinnerungstest. Für die Beispielrelation könnte die Vp „fünf größer" auf eine der vorgesehenen Zeilen schreiben.

Die zweite Zahl ist _____ als die erste.

In „Gedächtnis für Wort-Zahl-Relationen" haben wir ein Beispiel für einen Test, bei dem sowohl Wörter als auch Buchstaben, verwendet werden. Dabei wird von den Wörtern erwartet, daß sie in Relation zu den Zahlen gesehen werden. Auf der Übungsseite könnten die Paare stehen „tot - 285, rot - 785". Die entsprechenden Auswahlaufgaben würden lauten

not -   A. 382   B. 984   C. 486   D. 685

Dabei ist zu einem gewissen Grad Transposition beteiligt, die dadurch das Gedächtnis für bestimmte Informationen kontrolliert. Die schwachen Verbindungen enthielten jedoch das Risiko MSI, genauso wie MSR oder stattdessen, zu messen.

„Ausstreichen ähnlicher Zahlenrelationen" entspricht dem früher erwähnten Ausstreichtest (Ausstreichen sinnloser Wörter, der für MSU entwickelt war). In einer langen Liste paarweise angeordneter Zahlen soll die Vp beim Durchlesen die ausstreichen, die bereits in der Liste aufgetreten sind. Bei diesem Test ist die Relation ebenfalls transponiert. Vpn, die sich besser an die Beziehungen erinnern, und die deshalb nicht in der Liste zurückzugehen brauchen, sollten bei diesem Test besser abschneiden.

Bei einem ähnlichen Test „Ausstreichen ähnlicher Wortbedeutungen" wird eine Seite mit Wortpaaren vorgegeben. Bei jedem Paar wurde in der Schreibweise des ersten Wortes eine kleine Veränderung vorgenommen, die zum zweiten Wort führt. Von dieser „Änderung" bei jedem Paar wurde angenommen, daß sie als Relation eher als als Transformation erkannt wird. Die gleiche Art der Änderung, mit neuen Wörtern, taucht später auf der Seite auf, und die Vp soll sie anstreichen, wenn sie sich daran erinnert. Wenn sie zum Beispiel das Paar „brink - brine" sieht und später zu „sink - sine" kommt, sollte sie das zweite ausstreichen. Wenn zuerst in der Liste „nit - tin" auftritt, sollte sie das später auftretende „rat - tar" anstreichen.

Gedächtnis symbolischer Systeme (MSS). Die Hypothese für MSS geht davon aus, daß die in einer komplexen symbolischen Information festgestellte Struktur - zum Beispiel bei einem algebraischen Ausdruck oder einer Gleichung - als System erinnert werden kann und wird. Bei allen Tests für MSS, mit einer Ausnahme, stellt die Reihenfolge der Elemente das benutzte System dar. Weil die Reihenfolge bei Tests der Gedächtnisspanne wichtig ist, gehören die Tests zu dieser Kategorie. Vorarbeiten (TENOPYR, 1966) zeigten, daß Tests der Gedächtnisspanne dahin tendierten mit den neuen MSS-Tests zusammen zu gehen. Um nur einen einzigen Test der Gedächtnisspanne zu haben und um eine Vermischung mit den diesen Tests Spezifischem zu vermeiden, wurde ein einzelner repräsentativer Test der Gedächtnisspanne aus einer Kombination von Tests, die Konsonanten, Zahlen und Silben verwendeten, zusammengestellt. Er wurde als „Gedächtnis für Konsonanten, Zahlen und sinnlosen Silben" bezeichnet. Sowohl visuelle als auch auditive Präsentationen der kurzen Serie von Elementen wurden vorgenommen, und die Vp hatte die Elemente unmittelbar nach der Exposition in der Reihenfolge der Präsentation aufzuschreiben. Die Kombination der Tests der Gedächtnisspanne ließ sich statistisch dadurch rechtfertigen, daß ihre Interkorrelationen in der Nähe ihrer Reliabilitätskoeffizienten lagen.

„Gedächtnis für die Reihenfolge sinnloser Wörter" gibt in jedem Teil eine Liste von sinnlosen Silben vor, die in der gegebenen Reihenfolge memoriert werden müssen. Die Länge der Liste (15 Silben) ist weit jenseits der normalen Gedächtnisspanne. Der Behaltenstest wird in Form eines Paarvergleichs durchgeführt, wo die Vp bei gegebenen Paaren von Silben feststellen soll, welches Glied zuerst kam. Es wurde angenommen, daß lediglich das Gedächtnis der Reihenfolge überprüft wird.

Bei „Gedächtnis für Transpositionen" werden auf Band aufgenommene mündliche Präsentationen von zwei paarweise angeordneten Reihen vierstelliger Zahlen vorgegeben, die unmittelbar danach vom Untersucher wiederholt werden. Bei der zweiten Präsentation der beiden Reihen ist eine Transposition von zwei Zahlen möglich, die manchmal in der ersten Serie, manchmal in der zweiten Serie und manchmal gar nicht auftritt. Die Vp soll feststellen, welche der drei Alternativen zutrifft.

Ein MSS-Test, bei dem die Reihenfolge nicht als System verwendet wurde, war „Gedächtnis für Buchstabenserien". Auf der Übungsseite werden Serien wie die folgenden vorgegeben:

```
z      zz     zzz    zzzz    zzzzz
xxxxxxx   xxxx   xxxxxx   xx     xxxx
```

Der Behaltenstest liegt in Antwortauswahlform mit vier Alternativen vor. Dabei wird der gleiche Buchstabe in Verbindung mit der gleichen Regel oder dem gleichen Prinzip wie auf der Übungsseite verwendet. Das bedeutet, daß es eine Aufgabe mit vier alternativen Serien mit dem Buchstaben z geben würde, von denen eine in ihrem Aufbau der auf der Übungsseite gleicht. Obwohl sie dem gleichen Prinzip folgt, könnte die Serie mit einem anderen Element beginnen, z.B. mit drei z anstelle von einem.

Gedächtnis symbolischer Transformationen (MST). Einige Arten von Transformationen wurden bei den für MST bestimmten Tests verwendet. Die Änderungen umfassen Wechsel in der Position von Dezimalstellen bei einem Zahlentest, Rechtschreibfehler bei einem verbalen Test, Neugruppieren von Buchstaben, um neue Wörter aus alten zu machen, und Anagramme bei jeweils einem von vier Tests.

„Gedächtnis für die Änderung der Dezimalstelle" gibt eine Veränderung der Dezimalstelle vor, wie etwa 8.163 verändert zu 81.63 bei einem Paar. Bei der Aufgabe auf der Testseite wird die gleiche Zahlenkombination wieder in Paarordnung vorgegeben mit einer Änderung der Dezimalstelle. Die Vp soll feststellen, ob der W e c h s e l der gleiche wie auf der Übungsseite ist oder nicht. Nachträgliche Einsicht legt nahe, daß die Veränderung lediglich eine Positionsveränderung des Markierungselementes ist, daß die Transformation eher figural als symbolisch ist.

„Gedächtnis für Rechtschreibfehler" gibt eine Liste bekannter Wörter zum Lernen vor, von denen jedes falsch geschrieben, aber noch als das beabsichtigte Wort zu erkennen ist, z.B. die Wörter „boan" und „ketl". Auf der Testseite findet sich jedes verwendete Wort richtig geschrieben, und die Vp soll die falsche Form angeben, um zu zeigen, daß sie die Transformation erkannt hat und sich an sie erinnert.

Bei „Gedächtnis für versteckte Transformationen" werden im Material auf der Übungsseite Sätze vorgegeben, in denen Wörter versteckt sind. Diese Wörter sind in den Sätzen markiert, wie bei „Die Gabel zeigte in die beabsichtigte Richtung"[*] und „Der Opernsänger steckte schon in seiner Rüstung"[*]. Auf der Testseite sind neue Sätze mit den gleichen eingebetteten Wörtern, aber in der Hälfte der Fälle ist zur Bildung der neuen Wörter aus den vorgegebenen die gleiche Transformation erforderlich und bei der anderen Hälfte der Fälle nicht. Bei dem Satz „Die blauen Fahnen flatterten im Wind"[*] ist die Transformation gleich, aber im Satz „Da ging erst ein Lächeln über sein Gesicht"[*] ist die Transformation anders. Die Vp sollte entsprechend mit „gleich" oder „verschieden" antworten.

Der Test „Gedächtnis für Worttransformationen" gibt auf der Übungsseite eine Folge von Buchstaben vor, die durch einen Schrägstrich in zwei Wörter geteilt sind, z.B. BIND/ARE und EAR/NICE. Auf der Testseite sind die Buchstabenfolgen bei der Hälfte der Aufgaben in der

---

[*]Änderung der Originalaufgaben (Anm. d. Ü.).

gleichen Weise getrennt und bei der anderen Hälfte anders. Die Trennung EARN/ICE wäre nicht gleich, aber die von BIND/ARE ist die gleiche. In jedem Fall ist es möglich durch die Trennung zwei Wörter zu bilden. Da die Trennung reale Wörter ergibt unterscheidet sich dieser Test von „Gedächtnis für die Änderung der Dezimalstelle"; andererseits ist es die Änderung oder Nichtänderung der Position eines Schrägstrichs gegenüber der einer Dezimalstelle.

Gedächtnis symbolischer Implikationen (MSI). Es ist daran zu erinnern, daß die Erwartung bestand, daß ein einziger Test für numerische Operationen bei einer Analyse signifikante Beziehungen zu dem hypothetischen Faktor MSI aufweisen würde, wenn andere Tests für MSI in der Analyse sind. In Übereinstimmung damit wurde ein zusammengesetzter Test numerischer Operationen, der alle vier Grundoperationen umfaßte, verwendet. Bei der Voruntersuchung von TENOPYR (1966) waren die vier Tests getrennt eingesetzt worden. Sie lieferten einen starken Zahlfaktor, der in erster Linie als spezifisch für die numerischen Operationen angesehen werden kann, und nur einer von ihnen hatte (zusätzlich) eine signifikante Ladung auf den Faktor für MSI. Diese Ladung war klein. Die vier Zahlentests korrelierten miteinander von .61 bis .79, was ihre Kombination bei der späteren Analyse zu einer einzigen experimentellen Variablen rechtfertigte, von der erwartet wurde, daß sie signifikant auf MSI ohne einen Zahlfaktor laden würde.

„Zahl-Buchstaben-Assoziation" liegt in der typischen Form der Paarassoziationen vor. Jedes Paar besteht aus einer zweistelligen Zahl, der ein Buchstabe folgt. Bei dem strukturierten Erinnerungstest werden die Zahlen in zufälliger Reihenfolge dargeboten, und die Vp soll den zur Zahl gehörigen Buchstaben aufschreiben. Es bestand die Erwartung, daß die Verwendung eines einzigen implizierten Buchstabens dazu führen könnte die Beziehung dieses Tests zu MSU zu verhindern, da gewöhnlich mehr als ein Buchstabe notwendig ist um eine symbolische Einheit, z.B. eine Silbe zu bilden.

Der Test „Verbundene Zahlenassoziationen" weist ebenfalls Paarassoziationsform auf der Übungsseite auf, indem Zahlenpaare wie 7-10 und 3-6 vorgegeben werden. Der Behaltenstest findet jedoch in Vierfachwahlform statt. Da die zweite Zahl eines Paares eine deutliche Beziehung zur ersten hat, wurde vermutet, daß darin der Grund dafür liegt, daß der Test auf MSR gehe. Es bestand jedoch Interesse daran, einige Vorstellungen über die Trennung zwischen Tests für MSR und MSI zu erhalten.

Zwei Tests, die dem Zahlensymboltest von WECHSLER ähnlich sind, wurden konstruiert; der eine wurde „Symbole und Buchstaben", der andere „Zahlen und Symbole" genannt. Die Vp schreibt Buchstaben, die in einem sichtbaren Kode im ersten Fall Symbolen zugeordnet sind und im zweiten Fall Zahlen. Bei derartigen Tests wird erwartet, daß die Vp die Assoziationen (Implikationen) lernt und sich daran erinnert, so daß sie nicht mehr auf den Kode zu schauen braucht. Sie gewinnt dabei an Geschwindigkeit und erhält einen hohen Punktwert. Die beiden

Tests korrelierten so hoch, daß sie in Kombination als eine Variable in die Faktorenanalyse eingingen.

Andere Fähigkeiten und ihre Tests

Fünf der symbolischen Kognitionsfähigkeiten waren jeweils durch zwei oder mehr Tests vertreten, mit Ausnahme der Strukturfähigkeit CST, die zu diesem Zeitpunkt noch nicht nachgewiesen worden war.

Die Lehrkräfte an der Schule, wo die Testbatterie durchgeführt wurde, baten darum eine Anzahl von Kognitionstests für Verhalten einzuschließen um Informationen für den eigenen Gebrauch zu erhalten. Aus diesem Interesse wurde der Vorteil gezogen in größerem Umfang eine frühere Untersuchung in diesem Bereich (vgl. Bericht 34 und Kapitel 9) zu wiederholen. Dieser Schritt schloß den Einsatz von Tests für symbolische Faktoren in den Produktionskategorien aus. Aber diese Fähigkeiten waren so reichlich bei der Analyse des semantischen Gedächtnisses vertreten gewesen, daß sie indirekte Beweise erbrachten, die sich auf den symbolischen Bereich anwenden ließen.

Ein Faktor der symbolischen Evaluation wurde aus besonderen Gründen in die Analyse aufgenommen. Dieser Faktor stand für die Fähigkeit ESU, von der erwartet wurde, daß sie deutlich bei den Tests des Zahlensymboltyps vertreten sei. Bei diesen Tests kontrolliert die Vp sehr viel, bezieht sich beim Schreiben der Antworten auf den Kode, zumindest so lange, bis sie ausreichendes Vertrauen in ihr Gedächtnis für die entsprechenden Substitutionen hat. Es gab sogar die Erwartung, daß ESU bei den Tests „Symbolvergleich" und „Zahlordnung" beteiligt sein könnte, da die Vp dabei Serien von Zahlen oder Buchstaben auf Identität zwischen Vorder- und Rückseite des gleichen Blattes überprüft. Der führende Test für ESU, „Identität von Symbolen", verlangt den Vergleich von derartigen Paaren auf der gleichen Seite.

Ergebnisse der gezielten Rotationen

Zu der Zeit, in der die statistische Analyse der symbolischen Gedächtnisfähigkeiten durchgeführt wurde, wurden nur noch gezielte Rotationen verwendet. Daher ist auch nur über eine Lösung zu berichten. Im allgemeinen zeigt die Lösung die Verschiedenheit der sechs erwarteten Gedächtnisfähigkeiten auf, die sich von einander, von den fünf symbolischen Kognitionsfähigkeiten, von den fünf Kognitionsfähigkeiten des Verhaltens und von der einen Evaluationsfähigkeit unterscheiden. Von den sechs Tests, die nicht wie erwartet funktionierten, hatten zwei keine signifikanten Ladungen auf irgendeinen der Faktoren. Der eine war „Gedächtnis für numerische Relationen", der nahezu signifikante Ladungen auf die drei Kognitionsfaktoren für CSC CSR und CSI hatte. Das legt Schwierigkeiten beim Erkennen der Beziehungen zwischen den Zahlen nahe, wie sie im Test verwendet wurden. Der zweite war „Gedächtnis für die Änderung von Dezimalstellen", der bei allen Faktoren schwach war. Bei der früheren Beschreibung dieses Tests wurden einige Zweifel ausgedrückt. Die entscheidende Fähigkeit bei diesem Test könnte entweder CFS oder MFT sein, oder beide, eher als MST, da er die visuelle Kognition der Lokalisation und Gedächtnis für die Änderung der Lokalisation erfordert.

Es gab sechs Fälle, in denen Gedächtnistests signifikante Ladungen auf Kognitionsfaktoren hatten, was auf Schwierigkeiten mit der Kognition bei diesen Tests hindeutet. „Gedächtnis für Rechtschreibfehler", für MST konstruiert, ging stattdessen stark auf CSU. Wir können daraus ableiten, daß die Vpn wirklich Schwierigkeiten hatten zu erkennen für welches reale Wort das falschgeschriebene steht. Es ist bemerkenswert, daß ein anderer Test, „Richtige Schreibweise", ebenfalls ziemlich hoch auf CSU lädt. Bei diesem Test ist die Hälfte der Wörter richtig und die andere Hälfte falsch geschrieben. Eine spätere Revision von „Gedächtnis für Rechtschreibfehler", gezielt auf die Verbesserung der Kognitionsschwierigkeit, ergab eine enge Beziehung zu MST und eine nicht signifikante zu CSU (vgl. Bericht 41). Die Ladung des revidierten Tests für MST kann Tabelle 8.2 entnommen werden.

Einige der anderen Fehlschläge von Tests sind ebenfalls rational zu erklären. Zwei Gedächtnistests gingen an den Evaluationsfaktor ESU, ein Ergebnis, das vorausgesehen wurde. „Symbolvergleich" und „Zahlenordnung" sollten nach der Erwartung ihre Hauptvarianz zwischen den Faktoren für MSU und MSS teilen, aber sie zeigten fast keine Beziehung zu diesen Faktoren. Der andere Gedächtnistest, der auf ESU so stark wie auf den beabsichtigten Faktor MSI lud, war „Symbole und Buchstaben, Zahlen und Symbole". Die Ladung des Tests auf ESU war signifikant. Die Hypothese, daß die Vergleiche der ergänzten Symbole mit den Kodeelementen des Tests durch die Vp, ESU erfordern würde, war gerechtfertigt. Das Auftreten von „Zahlenoperationen" auf ESU, zusammen mit anderen Tests, bei denen es auf Geschwindigkeit ankommt, legt nahe, daß der erhaltene ESU-Faktor in dieser Analyse eine Mischung mit einer Geschwindigkeitsvariable oder irgendeiner Motivationsvariablen sein könnte. Es ist nicht sehr wahrscheinlich, daß das Ausführen numerischer Operationen eine Beteiligung von ESU erfordert.

Es gab nur vier Fälle, bei denen ein Gedächtnistest für ein bestimmtes Produkt signifikant auf einen Gedächtnisfaktor für ein anderes Produkt lud. In dieser Hinsicht war die Analyse deutlicher als die der semantischen Fähigkeiten, was darauf hinweist, daß die Kontrolle der Tests über die Produkte besser erreicht wurde. Zwei Tests für MSC - „Gedächtnis für Klassen sinnloser Wörter" und „Gedächtnis für Namen- und Wörterklassen" - hatten sekundäre Ladungen auf MSU, während ihre primären Ladungen auf MSC lagen. Diese Ergebnisse legen nahe, daß das Gedächtnis für Einheiten, die die Klassen auf der Übungsseite repräsentieren, von einiger Hilfe war, und daß die Kontrolle von MSU durch die Verwendung von Transpositionen der Klassen nicht vollständig erfolgreich war. Das Auftreten von MSR bei „Verbundenen Zahlassoziationen", der für MSI entwickelt worden war, war keine Überraschung. Seine nicht signifikante Ladung auf MSI (.17) legt nahe, daß, wenn Relationen bei einem Test mit Paarassoziationen erkannt werden, sie von den Vpn beim Memorieren benutzt werden. Tests für MSI sollten daher, wenn möglich, frei von Relationen bleiben. Das Erscheinen des gleichen Tests auf MSU deutet darauf hin, daß das Erinnern von Zahlen allein eine Hilfe war.

Visuell-figurale Gedächtnisfähigkeiten

Nur zwei Untersuchungen, beide außerhalb des Projekts, konnten für sich in Anspruch nehmen visuell-figurale Gedächtnisfähigkeiten des Strukturmodells nachgewiesen zu haben. Die Luftwaffenuntersuchungen hatten einen visuell-figuralen Gedächtnisfaktor ergeben (GUILFORD und LACEY, 1947, der möglicherweise zu Recht als Repräsentant von MFS angesehen wurde, es hätte aber auch MFU sein können. Die Tests dafür betonten das Gedächtnis für Objekte und ihre Anordnung innerhalb von Karten bestimmter Gebiete. Bei einer größeren Untersuchung, die auf visuelle Gedächtnisfähigkeiten gerichtet war, fand CHRISTAL (1958) eine Fähigkeit der Erinnerung von Lokalisationen von Objekten auf Druckseiten. Diese Fähigkeit könnte ebenfalls mit der Strukturfähigkeit MFS identifiziert werden. Ein anderer Faktor, der am stärksten durch Tests für das Gedächtnis von Farben vertreten war, hätte sich für die Fähigkeit MFU qualifizieren können, wenn es stärkere Beweise für das Gedächtnis von Figuren und Objekten auf dem gleichen Faktor gegeben hätte. Es könnte im wesentlichen eine spezielle Farbengedächtnisfähigkeit gewesen sein, eher perzeptuell als intellektuell.

Hypothetische Fähigkeiten und ihre Tests

Die Strategie der Untersuchung der sechs visuell-figuralen Gedächtnisfähigkeiten beim Strukturmodell war durch die Erfahrungen mit Studien der parallelen semantischen und symbolischen Fähigkeiten ziemlich festgelegt. Die üblichen Formen der Testentwicklung wurden hier eingesetzt. Auf die Auswahl der anderen Fähigkeiten, die durch Referenzfaktoren repräsentiert sein sollten, wird später eingegangen.
   Wie bei den anderen beiden Gedächtnisbereichen gab es Überlegungen hinsichtlich der Notwendigkeit sowohl Erinnerungs- als auch Wiedererkennungstests für jede der sechs Fähigkeiten dieser Untersuchung einzusetzen. Die Verwendung von Erinnerungstests war jedoch stärker eingeschränkt, da sie in der figuralen Kategorie Skizzen der Antworten durch die Vp verlangen. Da sich die Vpn beträchtlich in ihren Zeichenfertigkeiten unterscheiden, konnte von ihnen nicht mehr als die Skizze sehr einfacher Objekte verlangt werden. Es stellte sich heraus, daß es nur einen Erinnerungstest für jede der sechs Fähigkeiten gab, mit einer Ausnahme, bei der es zwei waren. Diese Verhältnisse hätten die Bestimmung von getrennten Fähigkeiten des Er-

innerns und des Wiedererkennens nicht zugelassen, außer in dem einen Fall, aber sie würden die Schlußfolgerung ermöglichen; ob der einzige Erinnerungstest Beziehungen zu den gleichen Fähigkeiten wie die Wiedererkennungstests aufweisen würden.

Gedächtnis figuraler Einheiten (MFU). Bei „Figur-Buchstaben-Wiedererkennen" studiert die Vp eine Seite mit darüber verstreuten, unterschiedlichen Buchstaben, die sich auch in der Schriftart unterscheiden. Bei jeder Auswahlaufgabe auf der Testseite wird jeder Buchstabe, der auf der Übungsseite vertreten ist, in vier verschiedenen Schriftarten vorgegeben, von denen eine mit der auf der Übungsseite verwendeten identisch ist.

Auf der Übungsseite von „Figurerinnerung" untersucht die Vp 10 ziemlich leichte geometrische Formen. Sie soll sie auf der Testseite reproduzieren. Die Qualität der Zeichnungen wird dabei nicht berücksichtigt. Die Vp hat nur zu zeigen, daß sie sich an die Merkmale jeder Figur erinnert.

Beim „Wiedererkennen von Figuren" studiert die Vp komplexere geometrische Figuren. Auf der Testseite sind die Figuren mit der gleichen Anzahl von neuen gemischt und die Vp soll sagen welche sie vorher gesehen hat und welche nicht.

Ein bekanntes Beispiel zur Illustration des figuralen Gedächtnisses ist das Erinnern von Gesichtern. Bei „Erinnern von Gesichtern" sind auf der Übungsseite die Skizzen der Gesichter 10 verschiedener Leute, 5 Männern und 5 Frauen. Sie lassen sich leicht von einander unterscheiden. Auf der Testseite sind diese 10 Gesichter mit vielen neuen Gesichtern in einem Ja-Nein-Wiedererkennungstest gemischt.

Bei „Wiedererkennen von Objekten" sind auf der Übungsseite Skizzen von 15 bekannten Objekten zu finden, z.B. ein Schlips, ein Schraubenzieher oder ein Kneifer, jeder in einem bestimmten Stil. Auf der Testseite ist eine Auswahlaufgabe mit vier Antworten für jedes Objekt in vier unterschiedlichen Stilen.

Gedächtnis figuraler Klassen (MFC). Bei figuralen Klassen bestehen die gemeinsamen Merkmale in der Form der figuralen Eigenschaften oder Elemente. Bei jedem MFC-Test soll die Vp die gemeinsamen figuralen Vorstellungen aus Sätzen von jeweils drei Figuren erkennen. Das Erkennen wird dabei sehr einfach gemacht, um die Kognitionsvarianz, in diesem Fall CFC, klein zu halten. Die Vp soll an einer Aufgabe nicht deswegen scheitern, weil sie das Konzept der Klasse nicht erkannt hat.

„Erinnern von Figurenklassen" gibt Sätze von jeweils drei Figuren auf der Übungsseite vor, die gemeinsame Elemente wie einen Punkt, einen rechten Winkel oder eine gestrichelte Line haben. Auf der Testseite erhält die Vp, unabhängig von den studierten Formen, Raum für die Antwort, die zeigen soll, daß sie sich an eine Klasse, die sie auf der Übungsseite bemerkt hat, erinnert. Der Raum für die Antwort besteht im Umriß eines Kreises oder Quadrats, wobei der Umriß punktiert ist. Die Vp soll in dem für die Antwort vorgesehenen Raum das gemeinsame Element einer Klasse auf der Übungsseite eintragen.

Bei „Gedächtnis figuraler Klassen" erhält die Vp, nachdem sie Sätze von jeweils drei Figuren studiert hat, doppelt so viele einfache Figuren auf der Testseite, von denen die Hälfte zu den Klassen auf der Übungsseite gehört.

Auf der Übungsseite von „Gedächtnis von Objektklassen" werden Sätze von jeweils drei bekannten Objekten vorgegeben. Die Objekte sind gruppiert, aber nicht nach einem gemeinsamen realistischen Merkmal, sondern nach Ähnlichkeiten in der Form, z.B. ovale Objekte, längliche Objekte oder Objekte ähnlicher Projektion. Danach wird ein Ja-Nein-Wiedererkennungstest vorgegeben, der einzelne Objekte umfaßt, die den Erfordernissen der Klassenzugehörigkeit zu Gruppen auf der Übungsseite genügen oder nicht.

„Wiedererkennen figuraler Klassen" ist den beiden gerade erwähnten Tests in einigen Aspekten ähnlich. Die Hauptunterschiede bestehen in der Art der Figuren und der Art der gemeinsamen Eigenschaften.

Gedächtnis figuraler Relationen (MFR). Der eine Erinnerungstest für MFR (Erinnern figuraler Relationen) gibt 12 Paare von Dreiecken ähnlicher Größe und Form vor, die sich hinsichtlich der inneren Struktur so unterscheiden, daß gesagt werden kann, daß das zweite Dreieck mit dem ersten in einer erkennbaren Weise verbunden ist. Beim Behaltenstest wird der Vp das erste Glied des Paares gegeben und sie soll das zweite Glied skizzieren. Es wurde erkannt, daß die Vp den Unterschied zwischen den zwei Gliedern eines Paares als Änderung von einem zum anderen und daher als Transformation ansehen kann. Die Ergebnisse gaben dieser Auffassung einige Unterstützung.

„Gedächtnis figuraler Analogien" gibt zum Lernen 10 Paare mit einander in Verbindung stehender Figuren vor. Der Behaltenstest präsentiert die gleiche Relation, jedoch auf zwei neue Figuren transponiert, und mit zwei falschen Antworten bei der Mehrfachauswahlform.

„Erinnern von Matrixtrends" gibt eine 4 x 4-Matrix zum Studium vor, bei der in jeder Zelle eine entsprechende Figurenart zu finden ist. Eine bestimmte Relation gilt für alle Zeilen und eine andere für alle Spalten. Wenn sie die Relationen verstanden hat, sollte die Vp in der Lage sein zu sagen, welche Art von Figuren in die markierten Zellen gehören. Unter der Testmatrix stehen 20 Figuren, jede mit einer Zahl versehen, mit der die Vp zeigen kann welche Figur in jede Zelle gehört, indem sie die entsprechende Zahl in die Zelle schreibt.

„Erinnern figuraler Trends" gibt 10 fünfstufige Trends auf der Übungsseite vor. Die Vp soll die gleichen Trends bei neuen Figurenserien auf der Testseite erkennen. Wenn Trends in der Form von Quadraten auf der Übungsseite vorgegeben sind, sind sie auf der Testseite in der Form von Kreisen und benutzen dabei die Transponierbarkeit der Relationen.

Gedächtnis figuraler Systeme (MFS). Figurale Systeme, die bei den Tests für die Strukturtheorie verwendet werden, haben gewöhnlich die Form von Anordnungen von Linien oder Objekten. Bei „Erinnern von Monogrammen" enthält jede Übungsseite fünf verschiedene Anordnungen von drei gegebenen Großbuchstaben, die Monogramme bilden. Auf der Testseite werden der Vp die gleichen drei Buchstaben vorgegeben, und sie soll sie so wie auf der Übungsseite anordnen, indem sie die Anordnungen skizziert.

Bei „Orientierungsgedächtnis" soll die Vp die Anordnung von 10 ziemlich verschiedenen Häusern oder anderen Gebäuden memorieren, die auf einem Ausschnitt einer Straßenkarte gezeigt werden. Die gleichen 10 Gebäude werden auf der Testseite mit Zahlen vorgegeben und die Vp soll die Zahlen in eine Kopie der Karte eintragen.

„Erinnern von Objektorientierungen" gibt Skizzen bekannter Objekte in fünf Zeilen und drei Spalten auf der Übungsseite vor. Die Vp wird darauf hingewiesen, sich die relative Position der Objekte zu merken. Bei ausgewählten Paaren dieser Objekte auf der Testseite wählt die Vp einen von acht Pfeilen aus, der die Richtung der zweiten Figur in der Orientierung zur ersten andeutet, wie sie auf der Übungsseite angeordnet waren. Die spätere Analyse zeigte, daß zu einem gewissen Grad die Richtungspfeile das Wesen von Symbolen annehmen; der Test hatte einige Varianz von MSI.

„Wiedererkennen von Systemformen" gibt auf der Übungsseite neun außergewöhnlich geformte Objekte, länglich, einfach und gekrümmt, vor. Auf der Testseite präsentiert jede Aufgabe drei derartige Figuren, die in einem kleinen Rechteck angeordnet sind. Die Vp soll entscheiden, ob die Kombination und die Anordnung die gleiche, wie für drei entsprechende Figuren auf der Übungsseite, ist.

Gedächtnis figuraler Transformationen (MFT). Eine Art figuraler Transformationen, die bei einem Test verwendet wird, ist die Subtraktion eines bestimmten Teils von einer relativ komplexen Figur. „Erinnern figuraler Subtraktionen" zeigt der Vp wie ein Teil entfernt wird und einen bestimmten Teil übrig läßt. Auf der Testseite führt die Vp eine ähnliche Subtraktion bei einer neuen komplexen Figur durch, die in punktierten Linien gezeichnet ist, indem sie den Rest skizziert.

„Wiedererkennen von Frontalansichten" verlangt von der Vp die Vorstellung einer Rotation eines dargestellten dreidimensionalen Objekts, so daß sie es von vorn sehen könnte. Die Testseite gibt richtige und falsche Frontalansichten und verlangt das Wiedererkennen der Frontalansicht, die die Vp sich vorgestellt haben sollte.

Auf der Übungsseite von „Gedächtnis für versteckte Figuren" wird der Vp mit Hilfe von Zeichnungen gezeigt, wie eine einfache Figur in einer größeren, komplexeren Figur versteckt worden ist. Auf der Testseite wird die komplexere Figur punktiert gezeigt und die Vp soll die versteckte Figur finden und anzeichnen.

„Gedächtnis für Visualisationen" verwendet ungewöhnlich geformte Blöcke als Objekte, die zweidimensional dargestellt sind. Die Übungsseite zeigt eine Transposition der gleichen Drehung bei einem neuen Objekt. „Erinnern von räumlichen Änderungen" ist ein ähnlicher Test, aber er verwendet reale Objekte wie einen Stuhl oder eine Kamera.

Gedächtnis figuraler Implikationen (MFI). Die Fähigkeiten im Bereich des Gedächtnisses für Implikationen verlangen nach Lernaufgaben vom Typ der Paarassoziationen, die den Rahmen der meisten MFI-Tests abgeben. Die Aufgabe des Memorierens ist immer von dieser Art, aber der Behaltenstest ist gewöhnlich eine Wiedererkennungsaufgabe, um zu vermeiden, daß die Vp die Einheiten des präsentierten Materials als solche wiedererkennt. Ein strukturierter Erinnerungstest traditioneller Art führt zu Varianz durch Gedächtnis für Einheiten. Die Zuordnungstests für das Behalten bei MFI schlossen drei Formen ein. „Zuordnung von Gesichtern zu Wappen" verlangt das Memorieren von Verbindungen zwischen Familienwappen und Gesichtern. „Erinnern von Paaren von Paaren aus Flaggen und Buchstaben" gibt eine Flagge einer bestimmten Art mit einem Buchstaben eines bestimmten Schrifttyps bei jedem Paar vor. „Erinnern von Paaren Hand-Objekt" gibt eine Hand in verschiedenen Positionen zusammen mit bekannten Objekten, jede in einem bestimmten Stil, vor.

Bei einem Erinnerungstest (Erinnern von Figurenpaaren) wurde die traditionelle Paarassoziationsaufgabe auch für den Behaltenstest verwendet. Die Vp erhält das erste Glied des Paares und soll das zweite als Antwort skizzieren.

Bezugsfaktoren und Markierungstests. Wie bei den früheren Analysen des Gedächtnisses wurde einige Aufmerksamkeit auf mögliche Varianzen von Kognitionsfähigkeiten gerichtet, trotz der Versuche diese Quellen zu kontrollieren. Markierungstests für die Fähigkeiten CFC, CFT und CFR wurden verwendet, um die drei parallelen Fähigkeiten einzuschließen.

Nicht sehr viel war früher getan worden, um zu bestimmen, ob Gedächtnisfähigkeit für eine Inhaltsart leicht von denen anderer Inhaltsarten getrennt werden können. Tests, die MSU und MMU repräsentieren wurden daher eingeschlossen, so daß die drei Fähigkeiten des Gedächtnisses für Einheiten in der gleichen Analyse waren. Ähnlich gab es Tests für MSI und MMI für die experimentellen Verfahren Verfahren von MFI.

Es war früher gefunden worden, daß nur eine geringe Gefahr der Vermischung von parallelen Gedächtnisfaktoren mit Faktoren der divergenten oder konvergenten Produktion bestand, aber Tests, die DFU, NFT und NMS repräsentieren, wurden in die Analyse aufgenommen, mehr um bestimmte Tests des figuralen Gedächtnisses zu überprüfen, als die Operationskategorien zu untersuchen.

Ergebnisse der gezielten Lösung

Von den 26 Tests, die signifikante Ladungen auf die erwarteten Faktoren hatten, luden jedoch 5 höher auf andere Faktoren des figuralen Gedächtnisses als erwartet. Einige dieser Fehlschläge können erklärt werden. „Wiedererkennen figuraler Klassen", für MFC beabsichtigt, lud mit .44 auf MFU, gegenüber .33 auf MFC. Es wurde angenommen, daß bei diesem speziellen Test das gemeinsame Element jeder Klasse so leicht als figurale Einheit wahrgenommen wurde, daß es häufig so war, daß eine Klassenidee erinnert wurde.

„Erinnern von Paaren Hand-Objekt" war für MFI entwickelt worden, aber er lud mit .40 auf MFU und mit .33 auf MFI. Diese Störung war möglicherweise dadurch verursacht, daß die Positionen der Hand bei den ersten Gliedern der Paare so schwierig in der Erinnerung zu unterscheiden waren, daß viel von der Schwierigkeit des Behaltenstests auf dem Gedächtnis der Einheiten beruhte. Daher kann es bei MXI-Tests Einheiten-Varianz geben, weil die Notwendigkeit für das Erinnern der ersten Glieder von Paaren genauso besteht, wie für die zweiten Glieder. Der zweite Fall wurde ebenfalls nachgewiesen.

Es gab Beispiele für Fehlschläge, bei denen MFR und MFT-Tests beteiligt waren. „Erinnern figuraler Subtraktionen", ein MFT-Test, lud ein wenig höher auf MFR, und ein MFR-Test, „Erinnern figuraler Relationen", lud ungefähr gleich auf MFT. Die Schwierigkeit abzusichern, daß die Vpn Relationen als Relationen und Transformationen als Transformationen wahrnehmen, wurde für die Präsentation von figuralem Material an anderer Stelle kommentiert (Bericht 40). Ein dritter Test zeigte die gleichen Schwierigkeiten, nämlich „Gedächtnis für figurale Analogien" ein anderer Test für MFR, der sekundär auf MFT lud.

Trotz dieser fünf Beispiele für Fehlschläge und weiterer sechs, bei denen sekundäre, signifikante, Ladungen auf MFT-Tests auftraten, (davon zwei auf nichtfigurale Faktoren), gab es 16 Fälle von einheitlichen Tests für Faktoren des figuralen Gedächtnisses, eine ausreichende Zahl um die Schlußfolgerungen annehmen zu können, daß die sechs Fähigkeiten sich von einander unterscheiden. Nachträglichich läßt sich feststellen, wie einige Tests verbessert werden könnten, um die Zahl der Fehlschläge zu verringern.

Die Verwendung von vier anderen Gedächtnisfähigkeiten, zwei symbolischen und zwei semantischen, parallel zu den Fähigkeiten des figuralen Gedächtnisses, zeigte mehr Überschneidungen im Inhalt, als vorausgesehen worden war, und deutete auf die Notwendigkeit weiterer Untersuchungen hin, bei denen derartige Ergebnisse auftreten können. Die Überschneidungen gehen nicht alle in Richtung auf das semantische Gedächtnis, wie man erwarten könnte. Zum Beispiel hatte „Bücher und Autoren", trotz einer Ladung von .65 auf den beabsichtigten Faktor MMI, eine Ladung von .41 auf MFI. Das legt nahe, daß viel von dem vorgestellten visuellen Inhalt memoriert wurde und das Funktionieren des Behaltenstests beeinflußte. Eine derartige Übertragung des Inhalts lag bei den anderen MMI-Tests nicht vor.

Ein anderer Fall hing mit dem Test „Erinnerte Wörter" zusammen. Als er nur mit den Tests für das semantische Gedächtnis analysiert wurde (Bericht 37), hatte er eine signifikante Ladung auf MMU. Bei dieser Analyse ging er mit einer Ladung von .36 auf MSU, aber nicht signifikant auf MMU. Das deutet auf eine Präferenz des Gedächtnisses für die literale Zusammensetzung der Wörter über die Bedeutungen, die sie tragen, bei der MFX-Analyse hin.

Translationen in die andere Richtung, d.h. zu semantischem Inhalt, kamen offensichtlich in drei Fällen vor, bei zwei von ihnen auf den Faktor MMU. Einer davon war der MSU-Test „Gedächtnis für Listen sinnloser Wörter", der eine sekundäre Ladung auf MMU aufwies. Die beiden Ladungen betrugen .58 bzw. .33. Der neue Test für MSI, „Erinnern von Symbolkodes", ging auf MMU mit einer Ladung von .43, bei einer Ladung von .35 auf den beabsichtigten Faktor. Wenn eine Komponente des semantischen Gedächtnisses bei einem nichtsemantischen Gedächtnistest auftritt, besteht die voreilige Erklärung darin, daß die Vpn häufig aus Gewohnheit die Information in eine semantische Form übertragen, als Versuch sie sicher zu erinnern. Daß sich dieses Prinzip nicht immer anwenden läßt wurde bei früheren Beispielen gezeigt.

Zusammenfassung und Schlußfolgerungen

Der Nachweis der 18 Strukturfähigkeiten des Gedächtnisses bei drei Analysen, läßt nur die 6 hypothetischen Gedächtnisfähigkeiten für das Verhalten unberücksichtigt. Die erzielten Erfolge unterstützen die Erwartung, daß diese sechs Fähigkeiten nachgewiesen werden können. Die sechs parallelen Kognitionsfähigkeiten und die sechs Fähigkeiten der divergenten Produktion, mit Verhalten als Inhalt, weisen direkt darauf hin, daß das was wahrgenommen wird, möglicherweise in den gleichen Formen erinnert und wieder hervorgeholt wird. Lernen und Behalten sind die verbindenden Glieder.

Die Erfahrung mit Gedächtnistests, die mit Tests außerhalb des Gedächtnisses analysiert wurden, deutet darauf hin, daß nur geringe Gefahr besteht die beiden mit einander zu vermischen. Die größte Gefahr wurde früh erkannt, die Varianz der Kognitionsfähigkeiten von den Gedächtnistests fern zu halten. Die Beteiligung der Kognitionsfähigkeiten konnte, durch die Reduktion des Schwierigkeitsgrades für die Kognition, bis zu einem Punkt gebracht werden, bei dem nur wenig Fehler in den Lernteilen auftraten. Trotz der Tatsache, daß Behaltenstests das Abrufen der Information aus dem Speicher erfordern, was ebenfalls für die Produktionstests, gleichgültig ob divergent oder konvergent, gilt, gibt es keine Vermischung der Tests in irgendeiner Richtung. Es wurde darauf hingewiesen, daß die Bedingungen für Gedächtnis- und Produktionstests sehr verschieden sind. Es besteht außerdem die Möglichkeit, daß die Lokalisation oder der Mechanismus für die Speicherung über kürzere Zeit, wie bei Gedächtnistests, und die Speicherung über längere Zeit nicht gleich ist. Sehr wenig ist getan worden um die Unterschiede zwischen Tests des Gedächtnisses und der Evaluation zu überprüfen. Die beiden Operationen sind so verschieden, daß nur eine geringe Überlappung zwischen den Tests zu erwarten wäre. Bei den wenigen sich bietenden Gelegenheiten zeigte sich keine Überschneidung.

Im Vergleich zu den anderen Operationskategorien scheint der Bereich des Gedächtnisses mehr als die üblichen Schwierigkeiten aufzuweisen, die Tests für ein Produkt davon abzuhalten, Verbindungen mit anderen Produktkategorien zu zeigen. Es ist richtig, daß diese Art der Abweichung bei der faktoriellen Richtung der Tests auch bei den anderen Bereichen zu berücksichtigen ist, aber sie scheint beim Gedächtnis besonders problematisch. Die begrenzte Zahl der Fälle, bei denen Gedächtnistests für verschiedene Inhalte zusammen analysiert wurden, zeigen ebenfalls Abweichungen hinsichtlich der Parameter des Strukturmodells. Die Verhinderung von Abweichungen dieser Art kann nur über experimentelle Kontrollen der Strategien und Taktiken, die die Vpn auf die Testaufgaben anwenden, erreicht werden. Derartige Kontrollen können in den Anweisungen, in der Wahl des Antwortmodus, in der Art wie die Aufgaben geschrieben sind und in der Festsetzung einer Zeitbegrenzung für den Test bestehen. Die Verfeinerung der Kontrollen kann Vorabanalysen erfordern, bevor akzeptable Bedingungen erreicht sind. Das Problem der Kontrolle ist bei Gedächtnistests schwerwiegender, teilweise wegen ihres Zweiphasencharakters. Zu viele Möglichkeiten bleiben den Vpn, sowohl im Übungs- und Lernteil als auch beim Behaltenstest. Kontrollen müssen auf beide Phasen angewendet werden. Dafür stehen Labortechniken zur Verfügung, aber dabei muß individuell getestet werden, was undurchführbar ist, bis nicht die von Computern in großer Zahl gesteuerte Administration von Tests Realität geworden ist.

Obwohl die Tests für Erinnern und Wiedererkennen üblicherweise zusammen auf die gleichen Faktoren gingen, zeigte die Erfahrung, daß während der Rotation der Achsen bei einigen Fällen Schwierigkeiten auftraten, die beiden Tests zusammen zu halten. Eine ausreichende Zahl von Faktoren, die groß genug gewesen wäre, um eine Trennung der beiden Testarten zuzulassen, selbst wenn eine Tendenz dazu bestanden hätte, lag nicht vor. Was gesagt werden kann ist, daß die beiden Testarten für einen Strukturfaktor viel gemeinsam haben, genug um sie auf dem gleichen Faktor zu halten. Aber es ist notwendig dieses Problem besonders zu untersuchen, wenn genauere Antworten erhalten werden sollen.

Im allgemeinen haben sich einige der Gedächtnisfaktoren, die bei Untersuchungen vor dem Projekt gefunden wurden, als weit von Repräsentanten des Strukturmodells oder den „Primärfähigkeiten" entfernt gezeigt. Der Faktor des mechanischen Gedächtnisses stand offensichtlich für drei Strukturfähigkeiten - MFI, MSI und MMI - in verschiedenen Graden und Kombinationen, die manchmal das Gedächtnis für Einheiten genauso wie das für Implikationen einschlossen. Die Faktoren der Gedächtnisspanne waren bei dieser Art von Tests sehr spezifisch, aber die Strukturfähigkeit, die sie üblicherweise vertrat, war MSS. Die Faktoren des visuellen Gedächtnisses, die früher berichtet wurden, waren möglicherweise MFS oder MFU oder Mischungen aus beiden. Es war ursprünglich nicht angenommen worden, daß die verschiedenen Zahlfaktoren, über die berichtet wurde, eine Verbindung mit den Gedächtnisfähigkeiten aufwiesen, da sie hauptsächlich

zahlspezifisch waren, aber teilweise die Gedächtnisfähigkeit MSI einbezogen. Ohne die Anwendung der Strukturtheorie hätte keine dieser
Klärungen bei den Gedächtnisfähigkeiten so schnell erbracht werden
können.

Kapitel 9
Fähigkeiten des Verhaltens

Dieses Kapitel weicht von den vorangegangenen dadurch ab, daß es einem bestimmten Inhaltsbereich eher gewidmet ist als einer Operationskategorie. Das erste Kapitel über die Ergebnisse bei intellektuellen Fähigkeiten als Faktoren (Kapitel 5), obwohl für die vorläufigen Kategorien des Denkens und den Fähigkeiten des Problemlösens bestimmt, stellte sich in erster Linie als Behandlung der Fähigkeiten der Kognition und der konvergenten Produktion dar. Kapitel 6 war auf das gerichtet, was als die Fähigkeiten des kreativen Denkens und Planens wahrgenommen wurde, und es stellte sich heraus, daß sie in erster Linie mit den Fähigkeiten der divergenten Produktion zu tun hatten. Kapitel 7 und 8 waren primär für die Fähigkeiten der Evaluation und des Gedächtnisses bestimmt und fielen damit mit den beiden Operationskategorien gleichen Namens in der Strukturtheorie der Intelligenz zusammen. Zwei Hauptanalysen waren für die Kategorie der Fähigkeiten des Verhaltens bestimmt. Dabei spielte der neue gemeinsame Charakter dieser Fähigkeiten und ihre Bedeutung bei der sozialen Intelligenz eine Rolle.

Soziale Intelligenz

Von den beiden in Frage stehenden Analysen kann gesagt werden, daß sie das Eis im wichtigen Bereich der sozialen Intelligenz gebrochen haben. Probleme des Verstehens von Verhalten von Menschen bei unmittelbaren Kontakten, von „Empathie", von „Personwahrnehmung" und von „sozialer Sensitivität" und Probleme der Beeinflussung und Steuerung des Verhaltens anderer waren lange Zeit erkannt, aber sehr wenig auf der Grundlage des Verstehens dieser Phänomene systematisch untersucht worden. E.L. THORNDIKE hatte (1920) ausgeführt, daß es einen Aspekt der Persönlichkeit gibt, der als „soziale Intelligenz" bezeichnet werden kann und der sich von dem unterscheidet, was er als „konkrete" und „abstrakte" Intelligenz auffaßte. Seine „konkrete" Intelligenz stimmt sehr gut mit dem inhaltlichen Bereich der figuralen Information bei der Strukturtheorie überein, aber seine „abstrakte" Intelligenz könnte für die symbolischen oder semantischen Inhaltskategorien oder beide gelten. Wie immer das auch sein mag, der Vorschlag daß die soziale Intelligenz als vierte Informationskate-

gorie zu berücksichtigen ist (GUILFORD, 1958), machte neue empirische Ansätze für die Probleme der sozialen Intelligenz möglich. Der
Vorschlag hat die Implikation, daß es 30 Fähigkeiten im Bereich der
sozialen Intelligenz gibt, wie in der Strukturtheorie festgelegt, je
6 Fähigkeiten, die sich mit den verschiedenen Informationsprodukten
beschäftigen, innerhalb jeder der 5 Operationskategorien. Die Fähigkeiten des Verhaltens, die in diesem Kapitel behandelt werden, liegen
in der Operationskategorie der Kognition und der divergenten Produktion. Die Fähigkeiten im ersten Bereich wurden in drei und die im
zweiten nur in einer Analyse nachgewiesen.

Fähigkeiten der Kognition von Verhalten

Da Kognition die Grundlage aller anderen Operationen ist, wurde entschieden den Bereich der Verhaltensfähigkeiten durch die Bestimmung,
ob sechs dieser Fähigkeiten von einander und von parallelen Fähigkeiten in anderen Inhaltsbereichen unterschieden werden können, anzugehen (1). Der menschliche Organismus erhält das meiste an Input,
das zur Information über das Verhalten von anderen Menschen führt,
über das was er sehen kann oder hört, und dadurch was gesagt oder
nicht gesagt wird. Die Hinweise über Aufmerksamkeit, Wahrnehmung,
Denken, Gefühle, Emotionen und Absichten kommen indirekt über figurale und symbolische Vermittler. Diese Tatsache macht die Präsentation von Materialien in figuraler und verbaler Form, daher auch
in gedruckten Tests, möglich. Die Vp kann uns wissen lassen, welche
Information über Verhalten sie bekommen hat, indem sie in sprach-
lichen Symbolen antwortet. Tests wurden entwickelt, die Aufgaben in
figuraler Form, auditiv ebenso wie visuell, und auch in gedruckter
Form vorgaben. Es bestand jedoch einige Sorge, ob durch die Verwendung von verbaler Präsentation und Verbalantworten der Test nicht
stark mit semantischem Inhalt geladen wäre. Konsequenterweise wurde bildliches Material sehr bevorzugt, und ebenso nichtverbale Antworten, wie etwa Auswahl von bildlich dargestellten Informationen.

Hypothesen und Tests

Auch hier gab es die üblichen Hauptstrategien für die Entwicklung von
Tests für jede der erwarteten hypothetischen Fähigkeiten. Der offensichtlichste Anfangspunkt war die Definition der Fähigkeit in Begriffen
nach der Lokalisation im Strukturmodell. Zum Beispiel würde man
bei der hypothetischen Fähigkeit der Kognition von Beziehungen beim
Verhalten (CBR) zuerst darüber nachdenken, was Beziehungen beim
Verhalten sein könnten. Die Relation der Opposition scheint anwendbar
zu sein, da es beim Verhalten entgegengesetzte Einstellungen, Ge-

---

1 vgl. Bericht 34.

fühle und Absichten gibt. Der Test, der entworfen wurde, um festzustellen, ob die Vp erkennen kann wo Gegensätze vorkommen, bestand aus Strichfiguren. Wenn eine Strichfigur gegeben ist, die eine Person darstellt, die ausgeruht und aktiv ist, welche andere Strichfigur steht für jemand, der müde und nicht aktiv ist? Wenn eine Figur Optimismus repräsentiert, welche der drei anderen steht für Pessimismus? Die Beschränkung auf eine Beziehung war ein gewisses Risiko, aber der Test ging mit anderen Tests für Beziehungen bei der Analyse zusammen.

Die andere Hauptquelle für Testideen waren die erfolgreichen Tests paralleler Strukturfähigkeiten. Ein Test für CBU wurde durch Imitation eines Tests für CMU beispielsweise entwickelt. Ein gutes Maß für CMU ist ein Mehrfachwahl-Wortschatztest. Der parallele CBU-Test gibt die Fotografie eines Gesichts mit einem bestimmten Ausdruck vor - zum Beispiel einem Ausdruck des Verdrusses. Vier alternative Gesichter werden gegeben, unter denen die Antwort auszuwählen ist, wobei eines der vier Verdruß in etwas anderer Form zeigt. Um zu verhindern, daß die figurale Ähnlichkeit die richtige Antwort verrät, ist das Gesicht bei den Aufgaben vom anderen Geschlecht als bei den Antworten.

Zwei Arten von expressiven Reizen sind gerade erwähnt worden, Strichfiguren im einen Fall und Fotografien im anderen Fall. Andere Reizmuster bestanden aus Strichzeichnungen nicht nur von Gesichtern, sondern auch von Händen, Armen und Füssen, Körpern mit Armen oder dem gesamten Körper in verschiedenen Stellungen. Andere Skizzen stellten Menschen oder Teile von Menschen dar und zeigten mögliche Beziehungen des Verhaltens zwischen ihnen, wie Freundlichkeit, Feindschaft, Dominanz des einen über den anderen, usw.. Komplexere Reizfigurationen wurden in Form von Comics oder Fotografien von drei Leuten in sozialen Situationen dargestellt. Auditive Präsentationen bestanden in Bandaufnahmen von Stimmen unterschiedlicher Äußerungen, entweder bei kurzen Ausrufen oder einfachen verbalen Aussagen.

Filmmaterial hätte zweifellos den Bereich der Möglichkeiten ausgeweitet, aber diese Art von Testmaterial wurde aus verschiedenen Gründen verworfen. Gefilmte Handlungen von Personen, die eine gewisse Zeit dauern, haben die Gefahr, daß der Eindruck sich ändert und dadurch mehrdeutig wird. Einige Kontrollmöglichkeiten bestünden vielleicht darin Trickfilme zu verwenden. Aber die Hauptgründe für den Ausschluß von Filmen waren die prohibitiven Kosten und die erforderliche Zeit, um zufriedenstellende Aufgaben zu entwickeln. Die Entscheidung ging dahin möglichst weit mit gedrucktem oder auf Band geschnittenem Material zu kommen, was sich später als positiv erwies.

Es wurden einige Anstrengungen unternommen Testmaterialien verschiedener Art für jede hypothetische Fähigkeit zu verwenden, z.B. Fotografien, Wörter, Geräusche, Skizzen und Comics, um die mögliche spezifische Überlappung zwischen Tests eines Faktors, die auf das gemeinsame Material zurückzuführen wäre, zu vermeiden. Fotografien wurden für fünf der erwarteten Faktoren verwendet, verbales Material für alle sechs, Geräusche für drei, Skizzen für vier und

Comics für fünf Faktoren. Manchmal wurden zwei der Medien kombiniert verwendet. Einige Male wurde das gleiche Medium bei der Präsentation der Aufgabe und der Antwort benutzt, manchmal verschiedene Medien.

Kognition von Verhaltensbereichen (CBU). Vier Tests wurden für die Kognition von Einheiten entwickelt. Der „Gesichter" genannte Test wurde bereits beschrieben. Er liegt in der Form von Mehrfachwahlaufgaben vor und verlangt die Zuordnung von Gesichtern nach der Ähnlichkeit des Gefühlszustandes. Im Gegensatz zu vielen früheren Untersuchungen des Gesichtsausdrucks ist auf seiten der Vp keine Verbalisation erforderlich. Dieses Merkmal sollte die Gefahr einer semantischen Beteiligung bei der Aufgabe verringern. Die Fotografien wurden den Serien von Majorie Lightfoot und Frois-Wittman entnommen (HULIN & KATZ, 1935; SCHLOSBERG, 1952; LEVY & SCHLOSBERG, 1962), die bei einer Anzahl experimenteller Untersuchungen Verwendung fanden. Zuerst waren die Testaufgaben so entworfen, daß die einander zuzuordnenden Gesichter ähnliche Werte auf der Schlosberg-Skala hatten. Diese Zuordnungen erwiesen sich aber allgemein als zu leicht. Schwierigere Zuordnungen wurden daher vorbereitet, um eine gute Verteilung der Testrohwerte zu erreichen.

Der Test „Ausdrücke" ist dem Test „Gesichter" analog. Er verwendet Skizzen von verschiedenen Körperteilen und von Stellungen des ganzen Körpers als Aufgaben. Die Antwortalternativen bei den Vierfachwahlantworten präsentieren Körperteile, die sich von denen bei der Aufgabenstellung unterscheiden.

Bei „Modulation" wählt die Vp einen von vier skizzierten Gesichtsausdrücken aus, der dem gleichen Gefühl entspricht wie einem auf Band aufgenommenen stimmlichen Ausdruck. Die stimmlichen Ausdrucksformen wurden auf sechs Wörter und Sätze angewendet, z.B. „ja", „Mutter", „Ich habe es getan", „gut", „wirklich" und „Das ist gut". Jede dieser Formulierungen wurde mit unterschiedlicher Modulation vorgetragen, wie sie in fünf verschiedenen sozialen Situationen auftreten könnte. Drei verschiedene Schauspieler wurden beauftragt die Wörter und Sätze in einer Vielzahl von Möglichkeiten aufzunehmen. Aus diesem Material wurden die Testaufgaben ausgewählt. Bei jeder Aufgabe wurde die Aufnahme wiederholt abgespielt, so daß die Vp sie viermal hörte und es ihr dadurch möglich wurde, die Aufnahme mit jeder der vier Alternativen zu vergleichen. Die Hälfte der aufgenommenen Stimmen und die entsprechenden Gesichter stammten von Männern, die andere von Frauen. Die Aufgabe der Vp bestand darin zu entscheiden zu welchem Gesicht der stimmliche Ausdruck am besten paßt.

Bei „Fragen II" soll die Vp feststellen welche von vier gegebenen Fragen vermutlich einen fotografierten Gesichtsausdruck provoziert hat. Die Fotos wurden aus einer von HALSMAN (1949) vorbereiteten Sammlung adaptiert. HALSMAN hatte seine Sammlung mit dem ausdrucksstarken Schauspieler FERNANDEL zusammengestellt. Dieser Test wurde zuerst für die Fähigkeit CBI entwickelt, mit dem Gedanken, daß das Bewußtsein der Ursache eines gegebenen Effekts die Kognition einer Implikation darstellen würde. Vortests zeigten aber, daß dieser Test eher zu CBU-Tests als zu CBI-Tests tendierte, so daß er nach einiger Umarbeitung mehr auf CBU gezielt war, und aus dem experimentellen Test Fragen wurde Fragen II. Wenn die Vp die Frage auswählt, die zu einem bestimmten Gesichtsausdruck paßt, teilt sie mit, wie sie den Gesichtsausdruck interpretiert, ohne daß sie die Interpretation verbalisiert.

Kognition von Verhaltensklassen (CBC). Klassen von Informationen über Verhalten können durch S ä t z e von ausdrucksstarken Reizen angedeutet werden. Um die Beteiligung von semantischen Klassenvorstellungen zu vermeiden, schien es jedoch notwendig Sätze repräsentativer Ausdrücke zu bilden, deren Klassenvorstellung schwer verbalisiert werden kann. Verschiedene Formen von Tests, die sich als erfolgreich für die Kognition von Klassen in anderen Inhaltsbereichen erwiesen hatten, wurden verwendet. Diese Formen wurden als Inklusionstests bezeichnet, wenn die Vp eine Information in die angemessene und vorgegebene Klasse einordnet, als „Exklusionstests", wenn die Vp eine von vier oder fünf Informationen findet, die nicht zur gleichen Klasse wie die übrigen gehört, und als „Benennungstest", wenn die Vp die Klassenvorstellung verbalisiert. Bei der letzten Art besteht ein zweifaches Risiko, einmal, daß der Test auf den Faktor CMC lädt, wenn diese Dimension durch andere CMC-Tests in der Analyse vertreten ist, und zum zweiten, daß er auf den Faktor für NMU, den Benennungsfaktor, geht.

Nach größeren experimentellen Bemühungen blieben vier CBC-Tests für die Verwendung in der Analyse übrig, „Gruppieren von Ausdrücken" ist vom „Inklusionstyp". Die Vp wählt einen von vier alternativen Ausdrücken aus, der mit einem Satz von dreien zusammengeht, die eine Klasse bestimmen. Die Ausdrücke sind in Form von Skizzen dargestellt, die verschiedene Teile des Körpers oder bei einigen Fällen fast den ganzen Körper repräsentieren.

Bei „Bilderexklusion" wählt die Vp einen von vier vorgegebenen Ausdrücken aus, der nicht in die Klasse gehört, die von den anderen drei gebildet wird. In jedem Satz befinden sich zwei Brustbilder, die mehr oder weniger zufällig nach Geschlecht gemischt wurden. Ein Foto bestand nur aus Händen und eines war ein Bild des ganzen Körpers, bei dem das Gesicht nicht zu erkennen war. In diesem Fall stammten die Fotos von Schauspielschülern (Männern und Frauen) mit athletischer Figur, die unterschiedliche Haltungen eingenommen hatten.

Bei „Aussondern von Cartoons", einem Test des Exklusionstyps, waren die Vertreter der Klasse oder Muster in der Form von Systemen gegeben. Es war bei anderer Gelegenheit festgestellt worden, daß Klassen von Systemen von den Vpn erkannt werden können. Jedes System beim Test besteht aus einem Comic-strip, der den Sonderling Ferd´nand zeigt. Bei jeder Aufgabe werden drei Comics vorgegeben. Bei zwei davon reagiert Ferd´nand in einer bestimmten Art und beim dritten anders. Die Vp soll den Comic identifizieren, der nicht dazu gehört, weil das Verhalten anders ist. Zum Beispiel handelt Ferd´- nand bei zwei der drei Comics einer Aufgabe so, daß deutlich wird, daß er die Gefühle anderer vergißt oder nicht beachtet, beim dritten Comic tut er es nicht (2).

Der Test „Bedeutungen von Geräuschen" gibt ausdrucksstarke Vokalisationen wie Seufzer, Lachen, Schreie und Pfiffe vor, die von Männern und Frauen geäußert werden, die keine Schauspieler sind. Jede Testaufgabe besteht aus einem Satz von drei derartigen Bandaufnahmen. Die Vp deutet ihre Kognition der Klasse dadurch an, daß sie eines von vier beschreibenden Wörtern auswählt. Breite Klassen von Gefühlen oder Emotionen sind dabei vertreten. Zum Beispiel besteht eine Aufgabe aus den drei Geräuschen: schweres Atmen, überraschtes Lachen und Wimmern. Die alternativen Antworten lauten: „müde", „überrascht", „niedergeschlagen" und „furchtsam". Die Wörter zu einem Satz sind in ihrer semantischen Bedeutung sehr verschieden und werden gewöhnlich verstanden. Dadurch sollten Diskriminationen der Wortbedeutungen ausgeschlossen sein und damit auch die Fähigkeit CMU. Die Vp muß die Benennungen nicht selbst finden, so daß auch die Fähigkeit NMU ausgeschlossen sein sollte. Jede alternative Antwort kann die Klasse von zwei der drei Geräusche beschreiben, aber nur eine Bezeichnung läßt sich auf alle drei anwenden.

Kognition von Verhaltensrelationen (CBR). Wenn man an eine Verhaltensrelation oder eine soziale Beziehung denkt, tritt wahrscheinlich eine Verbindung zwischen zwei miteinander agierenden Menschen auf. Zwei Tests für CBR umfassen Beziehungen zwischen zwei Menschen. Einer davon, „Soziale Beziehungen" genannt, basiert auf Profil- oder Teilprofildarstellungen, die früher von CLINE (1956) verwendet wurden. Gesichter, die ihre eigenen Ausdruckswerte haben, wenn sie allein gesehen werden, wie etwa vorsichtig, überrascht oder niedergeschlagen, nehmen andere Qualitäten an, wenn sie einem Gesicht gegenüberstehen, das einen anderen Ausdruck zeigt. Jede Aufgabe des Tests „Soziale Beziehungen" besteht aus zwei Gesichtern, die sich gegenüberstehen. Mit ihnen werden drei Aussagen gegeben, die eine Person zur anderen sagen oder die sie in Gegenwart der anderen denken könnte. Das Gesicht der Person, das einen der drei Kommentare denkt oder äußert ist durch einen Pfeil gekennzeichnet. Die drei Aussagen könnten lauten:

A. „Ich stimme mit Dir nicht überein."
B. „Was ein langweiliger Mensch."
C. „Was glaubt er wohl, wer er ist."

---

2 Ein sehr nützliches Merkmal der Comics mit Ferd´nand (Autor: MIK, COPYRIGHT: United Feature Syndicate) besteht darin, daß die Handlung pantomimisch dargestellt ist und psychologische Bedeutung besitzt. Diese Comics konnten bei einigen Tests dieser Studie gut verwendet werden.

Alle könnten vielleicht nicht zu dem markierten Gesicht passen, wenn man den Gesichtsausdruck dieser Person berücksichtigt. Wenn man aber den Ausdruck der beiden Gesichter zusammen berücksichtigt, ist nur eine Aussage einleuchtend. Die alternativen Aussagen wurden konstruiert, indem die Paare der Gesichter einer Gruppe von Vpn bei einer Voruntersuchung in Ergänzungsform vorgelegt wurden und die Vpn Kommentare für das markierte Gesicht aufschrieben.

Bei „Beziehungen von Silhouetten" besteht jede Aufgabe aus einem Paar von Silhouetten - eines Mannes und einer Frau, die Gesicht und Schulter zeigen, wobei die Gesichter einander zugewandt sind. Die Figuren wurden aus KNAPP (1963) adaptiert. Die Position und Haltung einer der Figuren allein würde sehr wenig im Hinblick auf die Bedeutungs des Verhaltens aussagen. Wenn jedoch beide gegenüberstehen, nehmen sie eine Bedeutung in einer gegenseitigen Beziehung an. Variationen der Relation wurden dadurch eingeführt, daß eine Figur höher oder niedriger gesetzt wurde oder daß eine Figur zur anderen gekippt oder weggedreht wurde. Die Vp gibt ihre Beurteilung des Gefühls der einen Person, indem sie sagt, welches von drei fotografierten Gesichtern dazu paßt. Bei der Hälfte des Tests stammen die Gesichter von Frauen, bei der anderen Hälfte von Männern und die Vp soll angeben, was die Frau (der Mann) fühlt.

Die richtige Antwort erfordert, daß beide Personen berücksichtigt werden. Die dargestellte Beziehung ist schwer zu verbalisieren, und die Vpn sagen häufig wie unsicher sie bei ihren Antworten sind. Die Testwerte bewegen sich jedoch über den Zufallswerten und deuten an, daß die Vpn die dargebotene Beziehung erkennen.

Bei der Kognition von Relationen in anderen Inhaltsbereichen hat sich herausgestellt, daß Analogietests ziemlich günstig waren. Es lag daher auf der Hand, daß ein Analogietest für CBR ausprobiert werden sollte. Er wurde „Karikatur-Analogien" genannt, obwohl nicht Karikaturen sondern Ausdrücke verwendet wurden. Wie bei typischen Analogietests soll ein viertes Glied (ein Ausdruck) gefunden werden, der sich zum dritten verhält wie der zweite zum ersten. Die Vorgabe alternativer Antworten sollte die hypothetische Fähigkeit der konvergenten Produktion NBR minimal, und die erwartete Kognitionsfähigkeit CBR maximal repräsentieren. Das Herstellen von Verhaltensrelationen, die abstrakt begriffen werden, wie es bei Analogietests erforderlich ist, stellt keine leichte Aufgabe dar. Die Zahl der Beziehungen, die benutzt werden können, scheint zumindest auf Ursache-Wirkung, Aktion-Reaktion und Opposition begrenzt. Bei einer Aufgabe zeigen die Gesichter zum Beispiel einen drohenden Ausdruck, dem ein beschützender Ausdruck zugeordnet ist, als Beispiel der Ursache - Wirkungs-Beziehung.

„Gegensätzliche Strichfiguren" beschränkt sich auf eine Relation, die früher beschrieben wurde. Es hatte einen Vorgänger für einen Test mit einer Beziehung gegeben: „Erfinderische Gegensätze", bei dem die Vp zwei Wörter angeben soll, die einen Gegensatz oder fast einen Gegensatz zu einem gegebenen Wort darstellen. Dieser Test lud auf den Faktor für semantische Relationen zusammen mit Tests, bei denen eine Vielzahl von Beziehungen verwendet wurde (vgl. Bericht 17). Von den vier für CBR entwickelten Tests beinhalteten einige Beziehungen zwischen Personen und einige Beziehungen zwischen Gefühlszuständen.

Kognition von Verhaltenssystemen (CBS). Für die Zwecke der Testkonstruktion wurde ein Verhaltenssystem entweder als zeitliche Reihenfolge von Ereignissen, bei denen menschliche Interaktionen die wichtigen Glieder zwischen den Ereignissen darstellen, oder als Querschnitt einer Situation mit menschlichen Interaktionen begriffen. Beide Arten von Systemen erwiesen sich bei CBS-Tests als nützlich. Zwei oder mehr Personen sind bei jeder Aufgabe beteiligt. Wenn es nur zwei sind, besteht mehr als eine Beziehung zwischen den beiden, eine dritte Person kann impliziert sein.

Bei „Fehlende Karikaturen" basiert jede Aufgabe auf einem vollständigen Comic mit Ferd´nand als Hauptperson. Eines der vier Bilder des Comics bleibt frei. Vier alternative Szenen werden präsentiert, wobei die Vp diejenige auswählt, die den meisten Sinn im Hinblick auf die beteiligten Personen gibt. Sie werden sich daran erinnern, daß die Comics pantomimische Darstellungen sind. Die vier alternativen Antworten sind alle semantisch sinnvoll, aber eine ist, im psychologischen Sinn, am besten. Die freie Stelle erscheint an allen Positionen der vier Bilder der Comics.

„Fehlende Bilder" ist ein Analogon zu „Fehlende Karikaturen" in fotografischer Form. Szenen interpersonaler Handlungen in Folgen von jeweils vier Bildern wurden geplant, in Szene gesetzt und fotografiert. Die Darsteller waren meistens College-Studenten ohne schauspielerische Erfahrung, aber der Regisseur der Szenen und der sozial prägnanten Ereignisse hatte Erfahrung bei der Regie von Fernsehshows.

Bei „Situationen in Gesichtern" wurden die Fotografien der Gesichter von zwei Personen verwendet und zwar wurde ein Gesicht von Lightfoot (Frauen) mit einem Gesicht von Frois-Wittman (Männer) bei jeder Aufgabe zusammengestellt. Manchmal war die Blickrichtung gleich, manchmal nicht. Andere Personen waren oft durch alternative Aussagen impliziert, die entwickelt wurden, um die Situation zu erklären und als alternative Aussagen zu dienen. So sind zum Beispiel für eine Aufgabe, bei der die Frau glücklich und mütterlich und der Mann stolz aussieht, die alternativen Aussagen:

1. Ihm wurde gesagt, daß das Kind ihm ähnlich sieht.
2. Sie nahmen die Einladung an.
3. Er erhielt die Promotion.

Kognition von Verhaltenstransformationen (CBT). Bei der Kognition von Transformationen muß einem bewußt werden, daß eine Änderung irgendeiner Art stattfindet oder stattgefunden hat, und man muß ebenfalls das Wesen dieser Änderung begreifen. Fünf Tests wurden für die Fähigkeit CBT entworfen.

„Karikaturentausch" ist in gewissem Grad „Fehlenden Karikaturen" ähnlich. Ein Comic mit Ferd´nand wird gezeigt, bei dem ein Bild, anstelle des fehlenden, mit einem Pfeil gekennzeichnet ist. Unter dem Comic finden sich vier alternative Möglichkeiten der Substitution für das markierte Bild. Davon soll eines ausgewählt werden, durch das das Wesen der Geschichte am stärksten verändert wird. Bei einer für „Karikaturentausch" ziemlich typischen Aufgabe bemerkt Ferd´nand ein hübsches Mädchen, und er benutzt einen kleinen Reifen, mit dem er gespielt hat als Mittel, um mit ihr bekannt zu werden. Drei der vier alternativen Ergänzungen ändern die Absicht von Ferd´nand nicht. Das vierte Bild ändert die Geschichte so, daß er in ihr eine alte Freundin erkennt und zu ihr geht, um mit ihr zu sprechen.

„Bildertausch" ist „Karikaturentausch" parallel. Er besteht aus fotografierten Szenen in vier Bildern. Vier alternative Szenen werden als Ergänzung für die markierte Szene der Serie angeboten, die die Geschichte erzählt. Eine davon ändert die Geschichte am meisten.

Es gab einen weiteren „Austauschtest" eines anderen Typus, der als „Ausdruckstausch" bekannt ist. Zuerst wird bei jeder Aufgabe ein Gesicht mit einem skizzierten Ausdruck vorgegeben. Zweitens gibt es dazu Zeichnungen von Händen, Armen oder einem Körper, wobei dieser Ausdruck mit dem des Gesichts übereinstimmt. So deuten etwa die beiden Ausdrucksformen bei einer Aufgabe an, daß etwas abstoßend ist. Drei alternative Gesichter sind gegeben, von denen die Vp aussuchen soll, das die Bedeutung des zweiten Ausdrucks am meisten ändert. Es muß natürlich zum zweiten Ausdruck passen, aber aus einem anderen Grund.

„Soziale Übertragungen" stellt eine ganz andere Testart dar. Seine Aufgaben sind vollständig verbal, tragen aber Bedeutung hinsichtlich des Verhaltens. Bei jeder Aufgabe wählt die Vp eines von drei Paaren von Menschen aus, zwischen denen eine gegebene Aussage unterschiedliche intentionale Bedeutung hat. Die Situation, in der eine Aussage gemacht wird, kann ihre psychologische Bedeutung zu einem großen Maß beeinflussen. Wenn ein Elternteil zu einem Kind sagt „Das glaube ich nicht", impliziert es möglicherweise wenig Emotion. Wenn aber ein Schüler zu einem Lehrer sagt „Das glaube ich nicht" kann es Ungläubigkeit und eine Herausforderung bedeuten.

„Wer sagte es?" stellt noch eine andere Art von Test dar. Das Bildmaterial besteht aus Fotos von Babygesichtern, die einen starken Ausdruck haben. Wenn eine Aussage, die für einen Erwachsenen charakteristisch ist, einem Baby zugeordnet wird, wie in dem Buch von BANNISTER (1950) gezeigt, ist es häufig humorvoll, da eine Transformation beteiligt ist. Die Zuordnung von Emotionen Erwachsener und ihrer Denkweise zu einem Kind ist eine Transformation. Bei jeder Testaufgabe ist eine Aussage gegeben, z.B. „Noch ein Martini? Oh, ich glaube, besser nicht". Eines der Babybilder, die zusammen mit dieser Aussage gegeben werden, macht den Eindruck unter einer gewissen Wirkung zu stehen, natürlich aus anderen Gründen.

Kognition von Verhaltensimplikationen (CBI). Eine Implikation wird durch gegebene Information nahegelegt, wie bei der Voraussage eines zukünftigen Ereignisses von einem gegenwärtigen aus. Bei „Karikaturenimplikationen" wird ein einziges Bild aus einem Comic mit Ferd´nand bei jeder Aufgabe gegeben. Die Vp soll sagen, was sich ihrer Meinung nach unmittelbar vorher oder nachher abspielt. Dabei bestand die Annahme, daß sowohl das vorhergehende als auch das folgende Ereignis, an das man denkt, eine Implikation des gegenwärtigen ist. Die Vp soll eine von vier Aussagen, die die folgende oder die vorhergehende Situation spezifizieren, auswählen. Die Vp muß die Situation erfassen und das führte in die Irre.

„Voraussage bei Karikaturen" benutzte nur die folgenden Ereignisse, die durch das gegenwärtige impliziert sind. Das eine Bild eines Comics und die Alternativbilder, die als mögliche Implikationen vorgegeben werden, stammten von einem Karikaturisten. Das Voraussagen von Verhalten ist natürlich eine im täglichen Leben sehr verbreitete Tätigkeit. Kommt die Strukturfähigkeit des Erkennes von Verhaltensimplikationen hauptsächlich für den Erfolg bei dieser Tätigkeit in Frage?

Im Verlauf der Untersuchungen des Projekts wurde eine Fähigkeit, die zuerst als Sensitivität für Probleme erkannt wurde, mit der Strukturfähigkeit CMI identifiziert, die der Strukturfähigkeit CBI parallel ist. Ein Test, der feststellen sollte, wie schnell die Vp Verhaltensprobleme erkennen kann, sollte CBI erwarten lassen. Ein Psychotherapeut muß oft das wirkliche Gefühl oder die Absicht seines Patienten und ihre Bedeutung spüren, „zwischen den Zeilen dessen lesen", was der Patient sagt. Die Aufgaben im Test „Erwägungen" waren entsprechend aus Aussagen ausgewählt, die Patienten gegenüber Beratern machen. Die Vp soll aus den Alternativen die wählen, die der Aussage des Patienten vermutlich am ehesten entspricht. Eine gegebene Aussage könnte lauten: „Ich frage mich, wie ich handeln werde; ich meine wie es sich ergeben wird". Die drei alternativen Implikationen sind:

1. Sie sieht dem Ereignis entgegen.
2. Sie sorgt sich um das Ereignis.
3. Sie ist daran interessiert wie es sich ergeben wird.

Antwort 2 wurde als richtig angesehen. Bei den Vortests erwies sich dieser Test als viel zu schwer. Um der Vp mehr Hinweise bei den Aufgaben zu geben, wurden die Aussagen der Patienten den Vpn mit Hilfe eines Tonbandes vorgespielt, mit stimmlichem Ausdruck, der mit der Aussage und der richtigen Implikation übereinstimmt. Dieses Verfahren lieferte eine viel bessere Verteilung der Testwerte.

<u>Einige Bezugsfaktoren.</u> Um festzustellen, ob die neuen Verhaltenstests dabei erfolgreich waren, den Einfluß der semantischen Fähigkeiten zu minimieren, wurden Markierungstests für fünf der semantischen Kognitionsfähigkeiten in die Batterie aufgenommen, das heißt alle, mit Ausnahme von CMT, für den die verfügbaren Tests zu dieser Zeit unklar hinsichtlich ihres faktoriellen Gehaltes waren. Tests für zwei

figurale Kognitionsfähigkeiten, CFU und CFR, wurden berücksichtigt, um diese Inhaltskategorie zu repräsentieren, weil viele Verhaltenstests von figuralen Hinweisen abhingen.

Unter der Annahme, daß bei der Lösung der neuen Verhaltenstests die Vp manchmal von einer guten Position bei der semantischen und figuralen Flüssigkeits- und den Flexibilitätsfähigkeiten profitieren könnte, wurden Markierungstests für Vorstellungflüssigkeit (DMU), semantische adaptive Flexibilität (DMT) und Flexibilität beim Erkennen von Figuren (NFT) verwendet. Unter der Annahme, daß das Benennen der Ausdrücke einigen Individuen helfen könnte, trotz der Tatsache, daß bei der Aufgabenkonstruktion diese Aktivität sorgfältig vermieden wurde, wurden Markierungstests für NMU, die Benennungsfähigkeit, verwendet. Mit der entfernten Möglichkeit, daß die beträchtliche Anzahl von Tests mit Comics einen eigenen „Comicfaktor" schaffen könnte, der dieser speziellen Materialart entsprechen würde, wurde ein zusätzlicher Comictest eingeschlossen, der „Bilderanordnung" genannt wurde. Jede Aufgabe besteht aus vier Zeichnungen in zufälliger Reihenfolge, und die Vp soll feststellen, wie die richtige Reihenfolge sein soll. Dieser Test ist eine Markierung für die konvergente Produktion semantischer Systeme (NMS). Ein begleitender Markierungstest für das Ordnen von formulierten Ereignissen (Satzordnung) wurde verwendet um diesen Faktor zu markieren. Andere Markierungstests sind in Bericht 34 aufgeführt, zusammen mit weiteren Gründen für die Representation bestimmter Bezugsfaktoren.

Tabelle 9.1 Stichproben der Vpn bei den Analysen, die primär den Verhaltensfähigkeiten gewidmet waren

Bericht Nr.	Kurztitel der Analyse	N	Population
34	Kognition von Verhalten	236	Schüler der 11. Klasse
42	Divergente Produktion von Verhalten	192	Schüler der Klassen 10 bis 12

Testbedingungen

Ein paar Bedingungen wurden bei der Auswahl einer Stichprobe von Vpn für die Batterie der Kognition von Verhalten berücksichtigt. Da sich die Ausdrucksmaterialien auf die Mittelklasse der weißen Population beziehen, wurden die Testwerte von Vpn, die einer Minderheitsgruppe angehören, nicht berücksichtigt. Als weitere Kontrolle der Unterschiede, in bezug auf die semantische Fähigkeit, wurden nur Vpn verwendet, deren IQ in der Nähe des Durchschnitts oder darüber lag. Eine Gruppe von 52 begabten Schülern wurde auf Wunsch der Schule, bei der der Test durchgeführt wurde, ebenfalls untersucht. Der IQ-Mittelwert lag bei 117,7 auf der Henmon-Nelson-Skala. Die Vpn hatten ein mittleres Alter von 16,7 Jahren, was ausreichendes Verständnis

Tabelle 9.2 Signifikante Faktorenladungen von Tests für die Faktoren der Kognition von Verhalten und der divergenten Produktion von Verhalten[+]

Faktor Test	Analyse		
	34	38	42
CBU			
Ausdruck von Strichfiguren	–	–	50
Gesichter	37	–	51
Ausdrücke	35	–	47
Fragen II	40	–	–
Stimmodulationen	37	–	–
Fehlende Karikaturen (CBS)	37	–	–
CBC			
Gruppieren von Ausdrücken	61	43	–
Bilderexklusion	38	54	–
Voraussage bei Karikaturen (CBI)	–	48	–
Ausdrücke (CBU)	33	–	–
CBR			
Beziehung von Silhouetten	36	40	48
Soziale Beziehungen	43	33	41
Karikaturanalogien	35	–	–
Gegensätzliche Strichfiguren	33	–	–
Gruppieren von Ausdrücken (CBC)	–	40	–
CBS			
Fehlende Karikaturen	53	52	64
Fehlende Bilder	60	43	57
Heraussuchen eines Comics	52	–	–
Situationen in Gesichtern	32	–	–
Karikaturimplikationen (CBI)	42	–	–
CBT			
Soziale Übertragungen	54	38	–
Bilderaustausch	44	43	–
Ausdrucksaustausch	42	–	–
Karikaturaustausch	36	–	–
Heraussuchen eines Comics (CBS)	32	–	–
CBI			
Voraussage bei Karikaturen	53	–	–
Erwägungen	40	39	–
Karikaturenimplikationen	31	–	–
Fehlende Karikaturen (CBS)	33	–	–

Faktor Test	Analyse		
	34	38	42
DBU			
Alternative Bildbedeutungen	–	–	67
Ausdrücken gemischter Emotionen	–	–	55
Multiple emotionale Ausdrücke	–	–	52
Schaffen sozialer Beziehungen (DBR)	–	–	36
Vorgeschlagene Gefühle und Handlungen (DBI)	–	–	36
Alternative Bedeutungen von Linien (DBT)	–	–	32
DBC			
Multiple Verhaltensgruppierung	–	–	60
Alternative Ausdrucksgruppen	–	–	43
Alternative Gruppierung von Gesichtern	–	–	30
DBR			
Alternative Relationen in Gesichtern	–	–	65
Multiple Ausdrucksänderungen	–	–	63
Variationen emotionaler Relationen	–	–	58
Bilden alternativer Gesichter	–	–	48
Schaffen sozialer Beziehungen	–	–	37
Alternative Gruppierung von Gesichtern (DBC)	–	–	42
Alternative Bedeutung von Linien (DBT)	–	–	31
DBS			
Schreiben von Geschichten über Verhaltensweisen	–	–	52
Schaffen sozialer Situationen	–	–	43
DBT			
Multiples Einsetzen bei Karikaturen	–	–	49
Multiple Handlungen bei Geschichten	–	–	43
Alternative Ergänzung von Karikaturen	–	–	42
Konsequenzen (entfernt) (DMT)	–	–	36
Konsequenzen (offensichtlich) (DMU)	–	–	31
DBI			
Multiple soziale Probleme	–	–	53
Ausarbeitung von Verhalten	–	–	38
Vorgeschlagene Gefühle und Handlungen	–	–	36
Alternative soziale Lösungen	–	–	32
Multiple emotionale Ausdrücke (DBU)	–	–	43
Alternative Ergänzungen von Karikaturen (DBT)	–	–	40
Geschichtentitel (schlagfertig) (DMT)	–	–	39
Schaffen sozialer Situationen (DBS)	–	–	35
Geschichtentitel (nicht schlagfertig) (DMU)	–	–	33
Multiple Handlungen bei Geschichten (DMS)	–	–	33

[+] Dezimalstellen wurden weggelassen

für die sozialen Situationen erwarten ließ, die in den Tests vorgegeben wurden. Weitere Informationen finden sich in Tabelle 9.1.

Die gezielte Lösung

Die gezielten Rotationen lieferten eine Lösung, die eine sehr gute Anpassung an die Theorie darstellt (vgl. Tabelle 9.2 mit Einzelheiten der Faktorenladungen für die Faktoren der Kognition von Verhalten). Von den 23 Tests für Kognition von Verhalten luden 20 signifikant auf die beabsichtigten Faktoren und nur drei nicht. Nur ein Test, „Erwägungen", der für CBI konstruiert war, hatte eine signifikante Ladung auf einen Faktor außerhalb des Verhaltensbereichs, und zwar auf CMR. Es gibt keinen eindeutigen Grund für diese unerwartete Verbindung, da CMR nicht parallel zu CBI und die Rolle der semantischen Beziehungen nicht klar ist.

Im Ganzen ist die Trennung der Verhaltensfähigkeiten und Tests, von denen in anderen Inhaltsbereichen, eine deutliche Bestätigung der Annahme einer vierten Informationsart in der Strukturtheorie. Sogar die Varimax-Rotationen, die als Nebenprodukt bei dem verwendeten Programm der Faktorenextraktion anfielen, brachten Verhaltenstests zusammen und trennten sie von den anderen Tests. Sie versagten aber bei der zufriedenstellenden Trennung der Tests voneinander.

Einige Gründe für dieses Versagen tauchen in den Ergebnissen der gezielten Lösung auf, bei der sechs Verhaltenstests auf Faktoren des Verhaltens luden, für die sie nicht beabsichtigt waren; vier davon sekundär und zwei substitutiv. Die Untersuchung dieser Tests legt einsichtige Erklärungen nahe. „Heraussuchen eines Comics", der zuerst für CBC entwickelt wurde, verlangt die Klassifikation von S y s t e m e n. Die Systeme müssen erkannt werden, bevor die Klassen deutlich werden können, und der Schritt der Systemkognition war offenkundig schwer genug, um individuelle Unterschiede der Vpn in bezug auf CBS zu reflektieren. Daher lud der Test mit .52 auf CBS und nicht signifikant auf CBC; deswegen wurde er bei den Rotationen auf dem möglichen Faktor CBS gezielt.

„Karikaturenimplikationen" war für CBI konstruiert worden, aber seine höchste Ladung von .42 hatte er auf CBS und lud nur mit .31 auf CBI. Das Erkennen des Systems von Situationen in der Karikatur ist notwendig, um die richtige Implikation zu sehen; daher die enge Beziehung des Tests zu CBS.

„Fehlende Karikaturen" hatte die höchste Ladung auf seinem beabsichtigten Faktor CBS, aber er hatte zwei signifikante Ladungen eine auf CBU und eine auf CBI. Die erste dieser beiden sekundären Ladungen deutet an, daß das Erkennen von Informationseinheiten (individuellen geistigen Dispositionen) beim Erkennen von vollständigen Situationen von einiger Hilfe ist. Die Ladung auf CBI könnte bedeuten, daß das zu ergänzende Bild durch eines oder mehrere, die unmittelbar vorausgehen, impliziert ist. Das vorausgehende Bild wird hier als der am meisten wahrscheinliche Ansatzpunkt der Implikation herausgestellt, da an anderer Stelle gefunden wurde, daß Implikationen immer nach vorwärts gerichtet sind. Beispiele für dieses Prinzip waren bei dieser Untersuchung die Fehlschläge von „Fragen" und von „Karikaturenimplikationen", die keine enge Beziehungen zu CBI aufweisen, für die sie ursprünglich geschrieben worden waren.

Von den 24 Tests, die nicht für Verhaltensfähigkeiten konstruiert waren, lud keiner signifikant auf Faktoren der Kognition von Verhalten. Dieses Ergebnis ist ein weiterer empirischer Grund anzunehmen, daß die Verhaltensfähigkeiten als eigenständige Kategorie existieren.

Divergente Produktion von Verhalten

Die zweite größere Untersuchung im Bereich der Information über Verhalten oder sozialer Intelligenz beschäftigte sich mit den Fähigkeiten der divergenten Produktion (3). Der Erfolg der Studie der Kognitionsfähigkeiten war eine mehr als ausreichende Ermutigung, die Hypothesen über Fähigkeiten in einer anderen Operationskategorie zu überprüfen. Wegen der Bedeutung der Fähigkeiten der divergenten Produktion für das kreative Denken und wegen der Wichtigkeit dieser Tätigkeit wurden diese Fähigkeiten als nächste untersucht. Die Funktionen der Kognition von Verhalten dienen dazu, uns darüber zu informieren welches Verhalten vorliegt, und ermöglichen es zu interpretieren. Die parallelen Fähigkeiten der divergenten Produktion sollten für die Auseinandersetzung mit anderen Individuen in kleinen und großen Gruppen wichtig sein.

Beide Arten von Fähigkeiten liefern wichtige Beiträge zur Lösung zwischenmenschlicher Probleme. Die Kognitionsfähigkeiten sollten, wie in anderen Bereichen, die Person befähigen Probleme zu entdecken und sie zu analysieren. Die Fähigkeiten der divergenten Produktion sollten aus dem Gedächtnisspeicher die Information beschaffen, die für Lösungen gebraucht wird. Die Formen, in denen die Informationen über Verhalten ursprünglich wahrgenommen und gespeichert werden, und die Formen, in denen sie für die Verwendung bei der Problemlösung abgerufen werden, sollten zu den gleichen sechs Fähigkeiten führen, die anderswo bei intellektuellem Vorgehen gefunden wurden.

Tests für die sechs hypothetischen Fähigkeiten

Viel, von dem was bei der Analyse der Kognitionsfähigkeiten gelernt wurde, konnte vorteilhaft bei der neuen Studie angewendet werden, aber es gab einige neue Probleme, die in Angriff genommen werden mußten. Die frühere Untersuchung hatte gezeigt, daß Wortsymbole ziemlich allgemein für die Verhaltensinformation verwendet werden

3 vgl. Bericht 42.

können, so wie sie immer für semantische Informationen standen. Es ist dann nicht notwendig verbale Tests zu vermeiden, wenn dafür gesorgt wird, daß die Wörter den Inhalt des Verhaltens deutlich repräsentieren. Wenn es deutlich formuliert wird: Wörter übermitteln Verhaltensinformationen ziemlich direkt. Bei Tests der divergenten Produktion müssen die Aufgaben jedoch in Ergänzungsform vorliegen und sollten die Antworten der Vpn ermöglichen, Verhaltensinhalt zu reflektieren. Wenn die Vp keine Verhaltensinformation liefert, und wenn nur Aussagen, die diese Information implizieren, bei der Wertung zugelassen sind, hat die Vp ihre Zeit verschwendet und erhält einen niedrigen Wert, der ihren wahren Status in bezug auf die Verhaltensfähigkeit nicht repräsentieren kann.

Die Sicherung von Verhaltensinhalten, bei den Antworten der Vpn auf die Aufgaben, wurde über das bei der Testanweisung angewendete Verfahren erreicht. Dadurch, daß einige alternative Antworten zu einer Beispielaufgabe gegeben wurden, konnte der Testautor auf einige nicht akzeptable Antworten hinweisen; nicht akzeptabel, obwohl semantisch realistisch, weil sie keinen Verhaltensinhalt hatten. Dieser Schritt geschah zusätzlich zur Betonung, daß Antworten notwendig sind, die sich auf Gedanken, Gefühle oder Absichten der Personen beziehen, die in der Aufgabe erwähnt werden.

Das andere Problem betrifft die Bewertung der Antworten der Vpn. Die Auswerter müssen sich sehr genau in der Verwendung der Begriffe in einer bestimmten Population, bei der der Test durchgeführt wird, auskennen, und sich der Nuancen der Bedeutungen hinsichtlich des Verhaltens, die in dieser Population geteilt werden, bewußt sein. Diese Art der Sensitivität ist ebenfalls wichtig, wenn es darum geht zu entscheiden, ob eine Vp doppelte Antworten gibt. Die ausgewählten Helfer bei der Auswertung sollten zuallererst gut bei den Kognitionstests für Verhalten abschneiden.

Es wäre möglich gewesen, die Vp zu bitten, alternative Skizzen als Antworten auf die Testaufgaben zu geben, aber diese Idee wurde verworfen. Die Zeichenfertigkeiten variieren stark; das Skizzieren ist dort zeitaufwendig, wo Geschwindigkeit zählt, und viele Vpn würden Skizzen als eine Art der Beantwortung nicht akzeptieren. Wenn man die Vpn um stimmliche Ausdrucksformen oder Ausdrücke bitten würde, die mit Gesicht oder Körperteilen dargestellt werden, müßten die Untersucher individuell testen, was bei einer größeren Testbatterie, die einer großen Stichprobe für die Faktorenanalyse vorgelegt werden muß, nicht infrage kommt. Vier derartiger Tests, zwei mit mimischem Ausdruck und zwei mit stimmlichem Ausdruck der Vp, wurden bei einer kleinen Stichprobe für zwei der hypothetischen DBX - Fähigkeiten zusammen mit gedruckten Tests für die gleichen Fähigkeiten ausprobiert, um Informationen über die Nützlichkeit derartiger Antwortformen zu erhalten. Die Tests mit Ausdrucksantworten schienen weder die gleichen Fähigkeiten wie die gedruckten Tests zu messen, noch waren die Ausdruckstests Maße der gleichen Fähigkeit (vgl. Bericht 42).

Divergente Produktion von Verhaltensweisen (DBU). Für alle sechs
der DBX - Hypothesen (dabei steht „X" abwechselnd für jedes Produkt)
mußten die Tests völlig neu konstruiert werden, da kein einziger vorhanden war. Wie in anderen Bereichen variierte, obwohl die meisten
Antworten verbale Aussagen sein mußten, die der Vp vorgegebene Information. Manchmal waren es Bilder, manchmal verbale Aussagen.

Bei der Inspektion erfolgreicher Tests für die parallele Fähigkeit
DMU fanden wir, daß eine gute Form darin besteht, der Vp zwei Spezifikationen einer Klasse vorzugeben, die gemeinsamen Eigenschaften
zu benennen und die Vp aufzufordern Dinge aufzuzählen, die in die
Klasse gehören. In Kapitel 6 wurde darauf hingewiesen, daß Untersuchungen nachweisen konnten, daß zwei festgelegte Eigenschaften die
optimale Zahl darstellen und besser sind als eine oder drei. „Ausdrükken gemischter Emotionen" stellt diese Art von Test dar. Zum Beispiel könnte gefragt werden, was jemand sagen würde, der beunruhigt
und amüsiert wäre. Die angegebenen Antworten könnten lauten:

„Sie haben etwas Gutes absichtlich zurückgehalten, nicht wahr?"
„Das ist spaßig, aber tun Sie es nicht wieder."
„Au; ha, ha."

Dem gleichen Prinzip, mit dem Unterschied, daß nur eine Eigenschaft
der Klasse vorgegeben ist, folgt der Test „Multiple emotionale Ausdrücke". Zum Beispiel könnte eine Vp gebeten werden einige Aussagen
anzugeben, die jemand äußern könnte, der ärgerlich ist.

Bei „Alternative soziale Bedeutungen" wird die Spezifikation nicht
dadurch gegeben, daß ein geistiger Zustand benannt wird, sondern indem offenkundiges Verhalten beschrieben wird. Eine Beispielaufgabe
lautet:

„Was könnte eine Person denken oder fühlen, die einer anderen zublin-
zelt?"
Mögliche Antworten wären:
„Er weiß nicht, was wir wissen."
„Ich versuche ihn anzuführen."
„Du bist schlau."

„Alternative Bildbedeutungen" spezifiziert die Antwortklasse durch die
Vorgabe eines bestimmten Ausdrucks in einer Skizze. Die Vp soll Aussagen angeben, die die Person machen, oder die Gedanken und Gefühle,
die sie erleben könnte. Das Bild eines Gesichts mit einer Hand über
der Nase, wobei Daumen und Zeigefinger die Augen geschlossen halten, tritt in einer Beispielaufgabe auf. Zu diesem Bild könnte die Vp
antworten:

„Ich kann heute nichts mehr lernen."
„Ich wünschte, Du hättest mir das nicht gesagt."
„Nun, wenn x = a^2 ....."

Wie die Beispielaufgaben zeigen, fordert diese Art von Problem die Vp eher dazu auf, von Klasse zu Klasse zu gehen, als in einer einzigen Klasse zu bleiben. Daher würde man einige DMC-Varianz erwarten. Die Antworten liegen in einer breiteren Klasse - die emotionalen Zustände gehen mit dem jeweiligen Bild zusammen.

Divergente Produktion von Verhaltensklassen (DBC). Die Fähigkeiten, die parallel zu DBC sind, z.B. DFC, DSC und DMC beziehen sich auf den schnellen Wechsel von einer Klasse zu einer anderen beim Liefern von Informationen, was eine Art Flexibilität darstellt, die zuerst als „spontan" bezeichnet wurde. Eine DXC - Fähigkeit kann mit einem Test gemessen werden, der die Produktion einer Anzahl alternativer Klassen verlangt, in die gleiche Dinge eingeordnet werden sollen. Die Bereitschaft Dinge neu zu klassifizieren ist der kritische Aspekt derartiger Tests.

Unter den Tests, die für DBC entwickelt wurden, bestanden die auf alternative Weise zu klassifizierenden Informationen aus verbalen Kommentaren über Gefühlszustände, Fotos von verschiedenen Gesichtern mit unterschiedlichem Ausdruck und Skizzen. Die zu klassifizierenden Informationen müssen hinsichtlich des Verhaltens mehrdeutig sein, aber nicht zu sehr. Bei der Auswahl der Aufgaben wurde die Mehrdeutigkeit dadurch bestimmt, daß jede Aufgabe einer Anzahl von Beurteilern vorgelegt wurde, die gebeten waren den repräsentierten emotionalen Zustand zu benennen. Eine Aufgabe wurde akzeptiert, wenn ihr mindestens zwei Bezeichnungen zugeordnet waren. Aufgaben mit vier oder mehr Bedeutungen wurden als zu allgemein ausgeschlossen. Eine andere Forderung bestand darin, daß die ausgewählten Aufgaben nicht zu schnell nach dem Inhalt zu klassifizieren sein sollten, als figural bei den Bildern und als semantisch im Fall von Aussagen.

Bei „Alternative Ausdrucksgruppen" wurden Sätze von acht Skizzen vorgegeben, die sich aus Darstellungen von Gesichtern, Händen, Füssen oder ganzen Körpern zusammensetzten. Aus jedem Satz soll die Vp so viele Gruppen wie möglich bilden, die mindestens aus jeweils drei Ausdrucksformen bestehen sollten, und jede Gruppe soll eine andere Klasse repräsentieren.

„Alternative Gruppierung von Gesichtern" gehört zur gleichen Art von Tests wie „Alternative Ausdrucksgruppen" mit der Ausnahme, daß die zu gruppierenden Elemente Fotos von Gesichtern sind, wobei acht zu einem Satz gehören. Einige Sätze enthalten Bilder eines Geschlechts, andere sind gemischt.

„Multiples Gruppieren von Verhalten" gibt einen Satz von acht Aussagen vor, von denen jede kurz und emotional geladen ist. Die Vp soll so viele Gruppen wie möglich bilden, indem sie die Aussagen auf verschiedene Arten gruppiert. Bei der folgenden Beispielaufgabe sind sechs Aussagen gegeben:

1. Du mußt hier heraus
2. Bist Du sicher
3. Wie langweilig

4. Wie konntest Du das tun
5. Hast Du mir nicht zugehört
6. Ich frage mich wieviel Uhr es ist

Eine Gruppe könnte hier die Kombination von 1, 3 und 4 sein, die auf eine negative Einstellung, sogar auf eine Zurückweisung hindeuten könnte. Eine andere mögliche Gruppierung ist 2, 4 und 5, die eine allgemeine Fragesituation beschreiben. Es ist anzumerken, daß im Test alle Satzzeichen weggelassen wurden, um die Hinweise auf das, was gesagt wird, einzuschränken.

Divergente Produktion von Verhaltensbeziehungen (DBR). Bei der Untersuchung der Fähigkeiten der Kognition von Verhalten (Bericht 34) wurde gefunden, daß einige erfolgreiche Tests für Beziehungen sich mit Relationen von Paaren von Individuen befaßten, die bestimmte Ausdrücke zeigten. Sie stehen in Interaktion und der Ausdruck des einen erhält seine Bedeutung teilweise vom Ausdruck des anderen. Einer könnte dem anderen einen Verweis erteilen, einer könnte versuchen den anderen zu überreden, oder der eine könnte denken, daß der andere ihn langweilt, aber höflich zuhören. Solche Verbindungen sind Verhaltensbeziehungen, wie die früheren Ergebnisse andeuten. Ein erfolgreicher Test für Beziehungen beschäftigte sich nicht mit Verbindungen zwischen zwei Menschen, sondern mit Paaren von Ausdrücken, die von der gleichen Person hätten sein können.

Bei jedem Problem des DBR-Tests „Alternative Relationen von Gesichtern" werden acht Fotos von Gesichtern vorgegeben, jedes mit einem besonderen Ausdruck. Die Aufnahmen stammen alle von der gleichen Personen, einem Mann und einer Frau bei zwei verschiedenen Aufgaben, von zwei Personen einem Mann und einer Frau, bei einem dritten Problem. Mit jedem Satz von Fotos wird eine Aussage gegeben, die von der Vp auf irgendein ausgewähltes Gesicht und alle übrigen angewendet werden kann. Die Aussage könnte lauten: „Warte, das ist nicht das, was ich wirklich gemeint habe." Die Vp soll verschiedene Paare von Gesichtern auswählen, bei denen das erste die Aussage gegenüber dem zweiten macht. Wenn sie die Gesichter B und D auswählt, macht B die Aussage zu D; wenn sie G und B wählt, macht G die Aussage zu B. Bei jeder Auswahl hat der Kommentar eine andere Bedeutung für das Verhalten, das von den beiden Ausdrücken abhängt.

„Bilden alternativer Gesichter" verwendet eine neue Technik. Die Vp kann die Skizze eines Gesichts bilden, indem sie eine gegebene obere Hälfte mit einer ausgewählten unteren Hälfte kombiniert. Auf jeder Seite des Tests werden 12 untere Hälften präsentiert, jede mit einem anderen Ausdruck des Mundes, dem unteren Teil der Nase und des Kinns. Ein Papierstreifen, der vom Testheft gelöst werden kann, weist die obere Hälfte von drei Gesichtern, einschließlich der Augen und Augenbrauen in verschiedenen Ausdrücken auf. Die Vp soll verschiedene Kombinationen auswählen, um verschiedene Gesichter zu vervollständigen, von denen sie annimmt, daß sie zu einer beschriebenen Situation passen. Wenn ihr zum Beispiel gesagt wird: „Ted hat gerade schlechte Nachrichten bekommen," versucht die Vp so viele Kombinationen wie möglich zu finden (vollständige Gesichter), die aus verständlichen Gründen zu der Situation passen.

Dieser Test wurde ursprünglich für DBU geschrieben, unter der Annahme, daß die Vp alternative Einheiten bildet. Bei Vortests korrelierte er jedoch eher mit DBR - als mit DBU - Tests; daraus resultiert der Wechsel der Hypothese. Bei der Inanspruchnahme von DBR für diesen Test könnte man darauf hinweisen, daß die beschriebenen Situationen eine andere Person implizieren, die in Beziehung zu Ted steht. Eine Aussage lautet: „Ted wurde von seinem Lehrer gescholten, weil er zu spät kam." und eine andere: „Ted erhielt gerade ein Strafmandat wegen Überschreitung der Geschwindigkeitsbegrenzung." Eine implizierte zweite Person ist jedoch nicht immer deutlich, wie bei der folgenden Aussage: „Ted hat gerade einen Unfall gesehen." und eine weitere: „Ted hat gerade herausgefunden, daß seine Brieftasche gestohlen wurde". Eine weitere Hypothese für DBR als Komponente des Tests könnte die Beziehung zwischen der oberen und der unteren Gesichtshälfte herausheben, die von der Vp hergestellt werden muß.

„Variierte emotionale Relationen" gibt bei jedem Problem neun Skizzen vor, von denen jede einen anderen Ausdruck hat. Die meisten Expressionen finden sich in Gesichtern, aber einige sind bei Händen, Armen, dem Körper oder Kombinationen dieser Teile zu finden. Die Vp soll sich mit der gleichen Beziehung - Ursache und Wirkung - während des ganzen Tests befassen. D.h. sie soll Paare von Ausdrükken auswählen, sodaß ein Ausdruck und das Verhalten, das damit einhergeht, bei einem Glied eines Personenpaares die Ursache des Verhaltens ist, und bei der zweiten Person die Wirkung. Bei einer Beispielaufgabe mit drei Gesichtern, ist eins davon das eines pfeifenden Mannes. Ein anderes zeigt das Gesicht eines Mädchens mit schüchternen Ausdruck. Diese beiden könnten in einer üblichen Form von Ursache und Wirkung zusammengehören. Das dritte Gesicht ist das eines Mädchen mit hochgezogener Nase. Sie könnte das Glied „Wirkung" bei einem anderen Paar darstellen, bei dem sie einen Annäherungsversuch zurückweist. Die beiden Mädchen könnten ein Paar bilden, wenn die Vp annimmt, daß das schüchterne Mädchen dem ablehnenden eine unangenehme Geschichte erzählt.

Ein DBR-Test, der verbale Antworten anstelle der Paarung von abgebildeten Ausdrücken verlangt, ist „Schaffen sozialer Beziehungen". Zwei Menschen werden in Skizzen mit Ausdrücken gezeigt, die verschiedene Beziehungen zwischen ihnen nahe legen. Eine Beispielaufgabe zeigt eine Frau von der Taille aufwärts, mit erhobenem Arm und nach vorn zeigendem Finger. Die andere Person ist ein Mann, von dem Gesicht und Schulter zu sehen, und dessen Augen zur Decke gerichtet sind. Die Vp soll Alternativen für das vorschlagen, was der Mann in dieser Situation sagen oder denken könnte. Sie könnte schreiben:

„Ich konnte nichts dafür."

„Wirst du jemals aufhören zu reden."

„Ich werde Dir die erste Runde überlassen."

Divergente Produktion von Verhaltenssystemen (DBS). Ein gutes Beispiel für ein komplexes Verhaltenssystem wäre ein psychologischer Roman. Auf einer viel engeren Skala hätte die Entwicklung von Handlungen für Kurzgeschichten, vorausgesetzt, daß zwischenmenschliche Gefühle und Einstellungen die kritischen Glieder in der Struktur der Handlung darstellen, die gleiche Bedeutung. Diese Art von Aufgabe wurde bei mehr als einem Test für DBS verwendet.

Bei „Schaffen sozialer Situationen" werden die Gefühlszustände von drei Personen beschrieben, z.B. eine furchtsame Frau, ein ärgerlicher Mann und ein überraschtes Kind. Die Vp soll diesen Dispositionen Rechnung tragen und sie in einer kurzen Episode miteinander kombinieren. Die Personen sollen mehr aufeinander reagieren als auf irgendetwas oder jemanden außerhalb der Gruppe. Bei den drei gerade erwähnten Personen könnte die Vp sagen, daß das Kind ein unbefriedigendes Zeugnis mit nach Hause gebracht hat, und es nun über die heftige Reaktion des Vaters überrascht ist. Die Mutter fürchtet um die Sicherheit des Kindes.

„Schreiben von Geschichten über Verhaltensweisen" ähnelt dem Thematischen Apperzeptionstest in Aufgabe und Art der Administration. Die Vp wird mit dem Bild einer Szene konfrontiert, das drei mit einander in Beziehung stehende Menschen zeigt, z.B. einen jungen Mann und zwei junge Frauen in verschiedenen Haltungen und Ausdruck. Die Vp wird gefragt: „Was fühlen oder denken diese Menschen und warum?" Sie soll dann eine Anzahl verschiedener Geschichten aufschreiben. Die Anzahl der verschiedenen Systeme, die sie erfinden kann, ist der Testwert.

„Multiples Einsetzen von Karikaturen" gibt das erste und das letzte Bild eines dreiteiligen Comics vor, bei dem zwei oder drei Personen an jeder Szene beteiligt sind. Die Vp soll verbalisieren, was sich zwischen den beiden Szenen ereignet haben könnte, damit verschiedene vollständige Geschichten entstehen. Die Darstellungen sind pantomimisch, was für verschiedene Grade an Mehrdeutigkeit bei verschiedenen Geschichten sorgt. Bei einer Beispielaufgabe zeigt das erste Bild Ferd´nand im Wartezimmer eines Arztes oder Zahnarztes. Die Krankenschwester nähert sich einem anderen Mann und bringt ihn in das Behandlungszimmer. Auf dem letzten Bild sitzt Ferd´nand unter einem Tisch, und die Krankenschwester sucht nach ihm. Die Vp könnte Sätze wie die folgenden aufschreiben, um zu verschiedenen Ergänzungen zu kommen:

Ferd´nand glaubt, daß sein Ring unter den Tisch rollte und er sucht ihn jetzt.
Er hörte den anderen Mann vor Schmerzen schreien und versteckt sich.
Er neckt die Krankenschwester.

Divergente Produktion von Verhaltenstransformationen (DBT). Die Änderungen in jedem Informationsbereich können in der Modifikation einer Einheit oder eines Systems bestehen, und möglicherweise auch

Änderungen bei anderen Produktkategorien sein. Ein Wechsel in der Interpretation eines bestimmten Ausdrucks wäre eine Transformation einer Verhaltenseinheit. Ein Wechsel in der Handlung einer Geschichte wäre die Transformation eines Systems. Diese Art der Änderung schien am leichtesten in die Form eines Tests zu bringen sein.

„Alternative Karikaturergänzung" gibt bei jedem Problem zwei aufeinanderfolgende Bilder eines Comics ohne Schluß vor. Die Vp soll alternative Schlüsse vorschlagen, durch die das Wesen der Geschichte jedesmal geändert wird. Bei einer Beispielaufgabe ist Ferd'nand wie ein Gruppenführer der Pfadfinder gekleidet, und zwei Pfadfinder helfen einer alten Frau über die Straße. Die Jungen bieten dann einer hübschen jungen Frau ihre Hilfe an, aber Ferd'nand hebt drohend seine Hand. Wie könnte die abschließende Episode aussehen? Die Vp soll alternative Ergänzungen angeben, die das Wesen der Geschichte im Hinblick auf die Gefühle, Gedanken und Einstellungen der Teilnehmer ändern. Die Vp könnte sagen:

Er wird fragen, ob die Jungen sie belästigen.
Er wird versuchen sich mit ihr zu verabreden.
Das Mädchen wird sagen „Dad, wo hast du diese Hose her?"

„Multipler Wechsel von Ausdrücken" hat ebenfalls mit einer Folge von Ereignissen zu tun. Drei Schritte sind dabei festgelegt, wie etwa

1. Ein Mann stellt einer vorbeigehenden Frau ein Bein.
2. Sie fällt und der Mann entschuldigt sich bei ihr.
3. Die Frau wird ärgerlich.

Von einer Seite mit den Gesichtern von 15 Männern, jedes mit einem anderen Ausdruck, soll die Vp Sätze von jeweils dreien auswählen, die mit den beschriebenen Ereignissen übereinstimmen. So könnte der Mann, wenn er der Frau ein Bein stellt, überrascht, amüsiert oder betrübt aussehen. Wenn er sich bei ihr entschuldigt, könnte er entweder aufrichtig betrübt, besänftigend oder oberflächlich sein. Als sie Ärger zeigt, könnte er Überraschung, Belustigung oder Kummer zeigen. Es wurde erwartet, daß die Änderungen in Sätzen von Reaktionen, die von der Vp herzustellen sind, ein Maß der hypothetischen Fähigkeit darstellen würden. Wir werden sehen, daß etwas schief ging.

„Alternative Bedeutung von Linien" stellt eine ganz andere Art von Test dar. Sein Entwurf trug der Tatsache Rechnung, daß Transformationen Neudefinitionen sind. In diesem Test wird die Vp aufgefordert einige Neudefinitionen zu produzieren. Die Vorlagen bestehen aus einfachen Linien in verschiedenen Formen, Neigungen und Dicken oder Schwärzegraden. Aus einer etwas älteren Untersuchung (GUILFORD & GUILFORD, 1931) war bekannt, daß einfache Linien dazu benutzt werden können menschliche Gefühle und Emotionen in einer Weise auszudrücken, die für viele Beobachter interpretierbar ist. Diese Verbindung wurde beim Test „Alternative Bedeutung von Linien" verwendet. Wenn eine helle, schwache, horizontale Welle vorgegeben ist, sagen die meisten Beobachter wahrscheinlich, daß sie eine sanfte Bewegung, Ruhe oder Entspannung ausdrückt. Wenn eine kräftige Zickzack-Linie gegeben ist, die nach oben rechts gerichtet ist, stimmen viele Beobachter darin überein, daß sie entweder Macht oder Ärger ausdrückt. Beim Test, der diese Verbindungen für die Messung von DBT adaptierte, soll die Vp so viele verschiedene Verhaltensinterpretationen wie möglich geben. Dadurch, daß neue Bedeutungen die alten ersetzen, wird angenommen, daß die Vp Transformationen vornimmt. Da sie auf psychologische Dispositionen eingeengt ist, definiert sie Verhaltenseinheiten neu.

Bei „Multiple Handlungen von Geschichten" wird von der Vp angenommen, daß sie Systeme ändert. Bei jeder Aufgabe erhält die Vp den Anfang einer Geschichte mündlich, z.B.:

Zwei Schwestern A und B fühlen sich zum gleichen jungen Mann hingezogen. Eines Tages kommt er unerwartet zu ihrem Haus.
Die Vp soll die Geschichte von hier aus beginnen und jede Ergänzung anders vornehmen. Sie könnte etwa folgende Ergänzungen geben:

A sagt C, daß B ihn nicht zu sehen wünsche. Anstatt ihn zu entmutigen sorgt es dafür, daß C noch mehr an B interessiert wird.
A und B setzen sich gegenüber C in ein besonders günstiges Licht.
C wird dadurch noch mehr verwirrt, welche er lieber mag.

Der Unterschied zwischen diesem Test und einem Systemtest für DBS ist subtil. Es blieb offen, ob er Beziehungen zu DBS aufweisen würde.

Divergente Produktion von Verhaltensimplikationen (DBI). Der Unterschied zwischen dem Erkennen von Implikationen, wie bei der Fähigkeit CBI, und der Produktion von Implikationen, wie bei DBI, ist gering, aber bedeutsam. Es ist richtig, daß einige Tests, zum Beispiel für semantische Implikationen, Beziehungen in beide Richtungen, Kognition und divergente Produktion, aufweisen. Der Unterschied scheint darin zu liegen, wie weit die Vp gehen muß um die implizierte Information zu finden. Die ersten beiden Implikationen können einfach das Erkennen von Implikationen bedeuten, die bereits im Gedächtnisspeicher verfügbar sind, wobei das Gedächtnis mit der gegebenen Information verknüpft wird. Bei der divergenten Produktion ist zumindest etwas Erfindungsgabe bei den meisten produzierten Antworten dabei, etwas Erinnerungstransfer.

Der Test „Vorgeschlagene Gefühle und Handlungen" ist möglicherweise das deutlichste Beispiel dafür, was DBI bedeutet, d.h. er entspricht eindeutig der Definition dieser Fähigkeit. Dieser Test gibt der Vp die Beschreibung einer Situation und verlangt die Angabe einer Anzahl verschiedener Gefühle, die in dieser Situation erwartet werden könnten, und zusammen mit den Gefühlen eine Handlung, die ebenfalls stattfinden könnte, ergeben. Die Angabe implizierter Handlungen barg jedoch die Möglichkeit in die semantische Fähigkeit DMT hineinzugeraten.

Bei anderen Inhaltsbereichen werden die DXI-Fähigkeiten häufig als „elaborativ" bezeichnet. Elaborationen sind Zusätze zu dem, was bereits vorhanden ist, und sie werden als Implikationen aus dieser Quelle angesehen. Ein Test für DBI wurde „Elaboration von Verhalten" genannt. Bei jedem Teil dieses Tests soll die Vp sagen was eine Person tun würde, wenn eine andere Person in ihrer Gegenwart etwas tut, was sich auf sie bezieht. So wird z.B. die Frage gestellt:

„Wenn eine Person A B zublinzelt, was wird B tun?
Die Vp soll eine Anzahl naheliegender Handlungen angeben, wie etwa
B wird verlegen und errötet.
B gibt vor das Blinzeln nicht zu sehen.
B blinzelt ebenfalls.

Es wird erwartet, daß die multiplen Antworten, die die Vp gibt, schnell über die verfügbaren Implikationen und damit über die Kognition hinausgehen.
Der Test „Multiple soziale Probleme" gehört in die Kategorie, die als „Sensitivität für Probleme" bekannt ist. Um die Vp mit bekannten Problemsituationen zu konfrontieren, wird bei jeder Aufgabe eine Frage gestellt, z.B.:

Welche persönlichen Probleme können ein BRUDER und eine SCHWE-STER mit einander haben?

Bei anderen Fragen werden andere Familienmitglieder ins Spiel gebracht, auch ein Junge und seine Freundin. Jedes Problem enthält bekannte Strebungen, Interaktionen, Konflikte und andere Ereignisse, bei denen zwei Menschen einer Familie oder der Verwandtschaft beteiligt sind.
Bei „Alternative soziale Lösungen" soll die Vp Lösungen für Probleme finden, wobei jede Lösung durch das Problem und seine Interpretation impliziert ist. Die Probleme sind sozialer Art, mit Menschen, die miteinander in Beziehung stehen. Die Vp muß nicht eine Lösung auswählen oder verteidigen, sondern sie soll ihre Vorstellungen von möglichem Verhalten frei äußern. Bei einer Beispielaufgabe soll die Vp sich vorstellen, daß sie mit anderen einen Wochenendausflug macht. Die anderen möchten alle auf die Jagd gehen, aber die Vp möchte lieber angeln. Welche verschiedenen Strategien oder Lösungen wären möglich? Sie könnte

vorschlagen eine Münze hochzuwerfen, um die Angelegenheit zu entscheiden.
versprechen morgen mit auf die Jagd zu gehen, wenn sie heute angeln gehen würden.
die Mehrheit entscheiden lassen.

Bezugsfaktoren und ihre Tests

Die Fähigkeiten außerhalb der DBX-Liste mußten durch Bezugsfaktoren und ihre Tests repräsentiert werden. Drei von ihnen waren CBX-Fähigkeiten (CBU, CBR und CBS) und vier DMX-Fähigkeiten (DMU, DMC, DMT und DMI). Tests wurden für CMU hinzugefügt, die als Repräsentanten des verbalen IQ dienten. Es bestand ein besonderes Interesse daran, die neuen Fähigkeiten mit dem IQ in Verbindung zu bringen. Die Ergebnisse der CBX-Tests sind in Tabelle 9.2 zu finden und die der DMX-Tests in Tabelle 6.2.

Ergebnisse der gezielten Rotationen

Die Haupthypothese hinsichtlich der sechs unterschiedlichen Fähigkeiten der divergenten Produktion von Verhaltensinformationen wurde voll bestätigt. Sechs derartige Fähigkeiten wurden durch orthogonale Faktoren repräsentiert. 19 der 22 Tests, die für diese Fähigkeit bestimmt waren, luden signifikant auf die Faktoren, für die sie konstruiert waren. Nur in zwei Fällen waren die Ladungen auf andere Faktoren unter den sechs höher.

„Multiple Veränderungen des Ausdrucks" war für DBT bestimmt, lud aber stattdessen auf DBR. Danach sieht es so aus, als ob die Aufgaben dieses Tests, bei denen zwei Personen beteiligt sind, die Herstellung einer Folge von Beziehungen zwischen den beiden verlangen. Die Änderung in der Form der Geschichte könnte durch die analytische Ausrichtung der Vp auf bestimmte Ereignisse in der Geschichte verlorengegangen sein.

„Multiples Einsetzen von Karikaturen" war für DBS entwickelt worden, lud aber auf DBT. Die erfolgreichen Tests für DBS verlangen von der Vp die Erfindung eines eigenen Rahmens für eine Geschichte, ein System von Verhalten. Bei „Multiples Einsetzen von Karikaturen" muß die Vp nur eine Geschichte ergänzen, deren Rahmen im wesentlichen durch das erste und letzte Bild des Comics bereits gegeben ist. Sie ändert nur ein Ereignis in einer Folge und daher liegt die Betonung auf Transformation.

Die sechs DBX-Fähigkeiten stehen im wesentlichen nicht mit den traditionellen IQ in Verbindung, was durch die Tatsache angedeutet wird, daß die Tests der DBX-Fähigkeiten keine signifikanten Ladungen auf den Faktor CMU, die dominante Komponente verbaler IQ-Tests, hatten. Sie unterscheiden sich auch von den Fähigkeiten der Verhaltenskognition, was dadurch gezeigt wird, daß keiner der CBX-Tests eine signifikante Ladung auf einen DBX-Faktor und kein DBX-Test eine signifikante Ladung auf CBX-Faktoren hatte, von denen drei vertreten waren.

Die DBX-Fähigkeiten unterscheiden sich von den semantischen Fähigkeiten der divergenten Produktion, trotz der Tatsache, daß zwei DBX-Tests signifikante Ladungen auf DMX-Faktoren hatten und vier Testvariablen von DMX signifikant auf zwei DBX-Faktoren luden. Diese Abschweifungen der Tests können logisch begründet werden. Zum Beispiel hatten die beiden Werte von „Geschichtentitel" (schlagfertig und nicht schlagfertig für DMT bzw. DMU) sekundäre Ladungen auf DBI. Die Untersuchung der Geschichten, die bei diesem Test vorgegeben werden zeigt, daß Verhaltensinformationen beteiligt sind. Die Geschichten haben mit Interaktionen zwischen Menschen zu tun. Die Titel reflektieren natürlich diesen Inhalt. Die Geschichtentitel sind durch die Geschichten impliziert, und daher werden bei multiplen Antworten Implikationen von Verhalten produziert. Bei dem anderen Beispiel für das Abschweifen von Tests hatten die beiden Werte von „Konsequenzen" (offensichtlich und entfernt, primär für DMU bzw. DMT) sekundäre Ladungen auf DBT. Die Untersuchung der Aufgaben von Konsequenzen zeigt, daß sich einige auf Verhalten beziehen, wie etwa auf soziale Veränderungen. Wenn Änderungen der Lebensweise beteiligt sind, könnten die Antworten sehr gut Transformationen von Verhalten widerspiegeln. Änderungen der Lebensweise erfordern offensichtlich Transformationen, gleichgültig, ob es sich dabei um entfernte oder offensichtliche Konsequenzen handelt, was durch die DBT-Varianzen in beiden Werten nahegelegt wird.

Gegenwärtiger Wissensstand über Soziale Intelligenz

Der erfolgreiche Nachweis der sechs Fähigkeiten der Kognition von Verhalten und der sechs Fähigkeiten der divergenten Produktion gibt beträchtliche Ermutigung ähnliche Untersuchungen der Verhaltensfähigkeiten in den anderen drei Operationskategorien- Gedächtnis, konvergente Produktion und Evaluation - durchzuführen. Von den 22 Fähigkeiten des Strukturmodells, die noch nicht nachgewiesen wurden, liegen 18 im Bereich des Verhaltens. Die Entwicklung von Tests für das Gedächtnis von Verhalten scheint keine neuen Probleme aufzuwerfen. Der Vergleich und die Beurteilung von Verhalten nach logischen Kriterien wäre mit Hilfe von Evaluationstests zu bewältigen. Streng logische Deduktionen bei Informationen über Verhalten, in der Form von Aktivitäten der konvergenten Produktion, scheint zuerst mit Schwierigkeiten verbunden. Der alltägliche Bereich, in dem diese Aktivitäten eine Rolle spielen, ist der der Rechtsprechung, bei der Schlußfolgerungen hinsichtlich Schuld und Verantwortung zu erreichen sind. Dieser Bezug läßt die Vorstellung der Untersuchung von Fähigkeiten der konvergenten Produktion von Verhalten noch annehmbarer erscheinen.

Die Intellektualisierung eines großen Teils des Verhaltens, das mit dem Verständnis und dem Kontakt mit Menschen zu tun hat, verspricht kein volles Wissen der Organisation des sozialen Verhaltens, aber sie sollte diesen Aspekt des Lebens bedeutungsvoller machen und zu neuen Techniken führen. Die Grenzen sollten ebenfalls erkannt werden. Das Verständnis des Verhaltens anderer und die Möglichkeit, verschiedene Vorstellungen für die Lösung zwischenmenschlicher Beziehungen zu entwickeln, läßt noch die Notwendigkeit von Gewohnheiten und Fertigkeiten offen, die diese Vorstellungen realisieren können. Für den letzten Schritt hat GUILFORD eine Gruppe hypothetischer Exekutivfunktionen postuliert, was ebenfalls eine Gruppe von Exekutivfähigkeiten und -fertigkeiten bedeutet (vgl. Bericht 42, ebenfalls GUILFORD, 1967). Aber die gleichen Grenzen gibt es auch in anderen Inhaltsbereichen, wo unmittelbare Ergebnisse verlangt werden. Das Verhalten ist in dieser Hinsicht nicht allein.

Kapitel 10
Einige außerintellektuelle Beziehungen zu Fähigkeiten

Der Inhalt dieses Kapitels ist heterogen, aber er bezieht sich nur auf zwei allgemeine Probleme. Das eine betrifft die Validierung der Faktorenwerte für die Voraussage von schulischen oder schulähnlichen Leistungen. Die Antworten auf derartige Probleme liefern auch einige Information über die allgemeine Bedeutung oder die Konstruktvalidität der Vorstellungen über die intellektuellen Fähigkeiten. Das andere allgemeine Problem hat mit den möglichen Beziehungen zwischen den Persönlichkeitsdimensionen der intellektuellen Fähigkeiten und den Persönlichkeitsdimensionen, die keine Fähigkeiten sind - Temperament und Motivation - zu tun. Das letzte Problem ist von allgemeinerem Interesse im Hinblick auf die psychoanalytisch inspirierte Theorie über die Annahme, daß sich intellektuelle Fähigkeiten als Folge angeborener Persönlichkeitsdimensionen entwickeln (HAYES, 1962).

Bei einigen Validitätsstudien wurden Kurszensuren als Kriterien verwendet (Bericht 13, 15 und 31); eine verwendete Leistungseinschätzungen (ebenfalls Bericht 15), eine benutzte systematisch konstruierte Leistungsprüfungen (Bericht 31) und zwei verwendeten Lernmaße (Bericht 39 und 41). Eine weitere Validitätsuntersuchung benutzte Einschätzungen der erwarteten Leistungen bei militärischen Kommandos (Bericht 21). Eine weitere verwendete sowohl allgemeine als auch analytische Lehrerurteile über die kreativen Aspekte des Verhaltens von Schülern (Bericht 28). Bei einer Studie schätzten Berufstätige die Bedeutung beschriebener faktorieller Fähigkeiten für ihre Arbeit ein (Bericht 25). Zwei Untersuchungen beschäftigten sich mit den Korrelationen zwischen Faktorenwerten von Fähigkeiten und Einschätzungen von Persönlichkeitsdimensionen außerhalb der Fähigkeiten, wobei entweder Werte von Fragebogen oder Einschätzungen von Beobachtern als Kriterien verwendet wurden (Bericht 20 und 28).

Mit den Testwerten der intellektuellen Fähigkeiten wurden bei fünf der Studien (Bericht 13, 21, 31, 39 und 41) Faktorenanalysen gerechnet. Die Stichproben der beteiligten Vpn sind in Tabelle 10.1 kurz beschrieben. Die Faktorenladungen, die sich bei den Analysen ergaben, sind zum größten Teil in den verschiedenen Tabellen der Faktorenladungen in den vorangegangenen Kapiteln dargestellt worden. Ein Ziel jeder Faktorenanalyse bestand darin zu untersuchen, ob die Tests ihre Faktoren bei den beteiligten Populationen repräsentierten. In einigen Fällen bestand das zweite Ziel darin die Erforschung der Intelligenzstruktur in neue Richtungen zu bringen (Bericht 39 und 41). In anderen

Fällen bestand der Wunsch die Testwerte durch Faktorenwerte zu ersetzen.

Tabelle 10.1: Populationen und Stichproben der Analysen, die Validitätsuntersuchungen darstellten

Bericht Nr.	Kurztitel der Analyse	N	Population
13	Validitätsuntersuchung Küstenwache	178	Kadetten der Küstenwache
15	Validität Höhere Mathematik	146	Fortgeschrittene Mathematikstudenten
21	Validitätsuntersuchung bei Marine-offizieren	204	Marineoffiziere
27	Konstruktvalidität von DP - Tests	443	Schüler der 7. Klasse
31	Validität von Mathematik in der 9. Klasse	428	Schüler der 9. Klasse
39	Fähigkeiten beim Begriffslernen	177	Schüler der Klassen 11 und 12
41	Transformationsfähigkeiten	197	begabte Schüler der Klassen 10 bis 12

Vorraussage der Lehrerbeurteilung von Kreativität

Ein Aspekt bei den Untersuchungen des Projekts bestand in der Konstruktvalidierung, was Korrelationen von Faktorenwerten mit Lehrerbeurteilungen einschloß (Bericht 28). Diese Untersuchung wurde mit Schülern der 7. Klasse durchgeführt und war den semantischen Fähigkeiten der divergenten Produktion gewidmet, von denen angenommen wurde, daß sie durch die entsprechenden Tests vertreten waren. Ein anderer Aspekt der Untersuchung hing mit den Beziehungen zwischen den Fähigkeiten der divergenten Produktion und Beurteilungen, und Testwerten außerhalb des Bereichs der Fähigkeiten zusammen, über die später in diesem Kapitel berichtet wird.

Die Fähigkeiten und ihre Tests

Die sechs semantischen Fähigkeiten der divergenten Produktion waren jeweils mit einem Test vertreten, mit der Ausnahme von DMU und DMT, für die es jeweils zwei Werte gab. Die Fähigkeiten und die Tests sind in Tabelle 10.2 aufgeführt. Die gebräuchlichste Bezeichnung des Tests, der ursprünglich für Erwachsene bestimmt war, ist dabei zuerst, und der Name für die Schülerform als zweiter angegeben. Die Schülerform enthielt die gleichen Aufgaben, aber die Instruktionen waren überarbeitet worden, um die Tests besser an das Niveau der

sechsten Klasse anzupassen (vergl. Bericht 27). Die Vpn dieser Vali-
dierungsstudie waren die gleichen wie bei der Analyse der Fähigkeiten,
über die in diesem Rahmen berichtet wurde. Doch der Test wurde
nochmals, ein Jahr später, kurz nach Anfang des Schuljahres, in der
siebten Klasse, durchgeführt. Es ist nicht bekannt, wie gut die nach
einem Jahr wiederholten Tests noch die Strukturfähigkeiten repräsentierten, da die Faktorenanalyse bei der stark reduzierten Testbatterie
nicht wiederholt werden konnte.

Die Beurteilungsvariablen

Die Lehrer wurden gebeten, jeden Schüler nach 13 definierten Merkmalen zu beurteilen. Sechs davon stimmten etwa mit den Strukturfähigkeiten überein, die übrigen waren für Merkmale nicht kognitiver
Art bestimmt, die hier nicht von Bedeutung sind. Die beiden Kategorien
waren für die Beurteilung gemischt, und der Lehrer wurde gebeten
alle Schüler der Klasse nach jedem Merkmal zu beurteilen, bevor das
nächste an die Reihe kam. Eine vertikal angeordnete graphische Skala
wurde zusammen mit dem Merkmal vorgegeben, gewöhnlich mit einigen Ausführungen. Die kognitiven Variablen schlossen ein:

Kreativität: „Die Fähigkeit, das Interesse und die Persönlichkeit,
die benötigt wird, um viele verschiedene erfinderische und originelle
Vorstellungen zu produzieren, und die Fähigkeit von einer Aufgabe zu
einer anderen zu wechseln." (Das ist ein offensichtlicher Versuch eine
globale Beurteilung aller Fähigkeiten zu bekommen, die in das kreative Verhalten eingehen.)
Erkennen von Implikationen: „Das Ausmaß, in dem der Schüler viele wichtige Details einer Situation oder Handlung erkennen kann."
(Diese Variable könnte sich auf die Fähigkeit CMI oder möglicherweise
DMI beziehen).
Spontane Flexibilität: „Das Ausmaß in dem der Schüler typischerweise seinen Antwortmodus oder die Methode der Annäherung
an ein Problem ändert."
Adaptive Flexibilität: „Das Ausmaß, in dem der Schüler von
einer Methode zu einer anderen wechseln kann, wenn der Wechsel not-
wendig ist, weil das ursprüngliche Verfahren nicht funktioniert."
Originalität: „Das Ausmaß, in dem der Schüler schlagfertig ungewöhnliche oder „erfinderische" Vorstellungen produzieren kann."
Flüssigkeit: „Das Ausmaß, in dem der Schüler viele Vorstellungen
produzieren kann."
Es ist anzumerken wie die Definitionen von denen abweichen, die gegeben wurden, nachdem die endgültige Lokation der Fähigkeit im
Strukturmodell feststand. Die letzten beiden Variablen können mit den
Fähigkeiten DMT bzw. DMU zusammengebracht werden, aber die bei-
den Merkmale der Flexibilität scheinen einander zu ähnlich und möglicherweise außerhalb der Definition zu liegen, die in Richtung auf
DMC bzw. DFT gehen sollte.

Tabelle 10.2: Fähigkeiten und die sie bei der Konstruktvalidierungsstudie repräsentierenden Tests

Strukturfähigkeit	übliche Bezeichnung	Bezeichnung für die Schüler
DMU_1	Geschichtentitel (nicht schlagfertig)	Namen für Geschichten (nicht schlagfertig)
DMU_2	Konsequenzen (offensichtlich)	Was könnte geschehen? (offensichtlich)
DMC	Alternative Verwendungsmöglichkeiten	Verschiedene Verwendungsmöglichkeiten
DMR	Assoziationsflüssigkeit	Ähnliche Wörter
DMS	Ausdrucksflüssigkeit	Vier-Wort-Sätze
DMT_1	Geschichtentitel (schlagfertig)	Namen für Geschichten (schlagfertig)
DMT_2	Konsequenzen (entfernt)	Was könnte geschehen? (entfernt)
DMI	Ausarbeitung von Plänen	Mache einen Plan

Trotz eines eingehenden Trainings der Beurteiler lagen die Interkorrelationen der Schätzungen der sechs oben aufgeführten Fähigkeitsvariablen in etwa der gleichen Größenordnung wie die Reliabilitätskoeffizienten. Als Beurteiler fungierten die Klassen- und die Fachlehrer der Schüler. Die Fachlehrer sahen die Schüler seltener, aber sie hatten sie im Unterricht. Die Reliabilitätsschätzungen ergaben sich aus den Korrelationen der Beurteilungen, die im Herbst und im Frühjahr gegeben wurden. Die Einschätzungen der Jungen wurden von denen der Mädchen getrennt, ebenfalls die Beurteilungen der Klassen- und Fachlehrer. Bei den sechs Fähigkeitsvariablen lag der Median der Reliabilitäten zwischen .61 und .74, mit einem Mittelwert von .67. Der Median der Interkorrelationen der sechs Variablen der Fähigkeitsschätzungen lag bei den gleichen Gruppen zwischen .58 und .73, ebenfalls mit einem Mittelwert von .67. Es liegt auf der Hand, daß nur sehr wenig Unterschiede zwischen den Variablen existierten. Wir würden Korrelationen zwischen diesen Kriteriumsvariablen und den Prädiktorvariablen erwarten, die für alle Prädiktoren innerhalb des Universums der betroffenen Fähigkeiten gleich wären.

Interkorrelationen zwischen Prädiktoren und Kriteriumsvariablen

Da die Beurteilungen der Kriteriumsvariablen mehr oder weniger austauschbar sind, wird hier nur die „globale" Variable der Kreativität berücksichtigt, mit ausgewählten Korrelationen, die in Tabelle 10.3 dargestellt sind. Die Prädiktorvariablen werden durch Symbole darge-

Tabelle 10.3 Korrelationen der Testwerte für kreatives Denken und des
CTMM-IQ mit Lehrerurteilen über Kreativität und IQ*

Prädiktor	Klassenlehrer-Beurteilung		Fachlehrer-Beurteilung		CTMM-IQ	
	Jungen	Mädchen	Jungen	Mädchen	Jungen	Mädchen
DMU_1	.04	-.03	-.03	-.04	-.12	-.15
DMU_2	.21	.25	.03	.23	.12	.22
DMC	.29	.40	.06	.33	.30	.46
DMR	.33	.41	.23	.24	.35	.44
DMS	.23	.31	.21	.19	.42	.30
DMT_1	.31	.42	.12	.23	.31	.44
DMT_2	.21	.26	.20	.26	.28	.31
DMI	.31	.40	.07	.29	.25	.37
IQ	.38	.48	.30	.46	1.00	1.00
DPC	.47	.53	.32	.41	-	-
AC + TC	.56	.61	.40	.54	-	-
$(AC + TC)_c$	.50	.56	.29	.48	-	-

* Die letzten drei Zeilen enthalten multiple Korrelationen, bei Zusammenfassungen
mit optimalen Gewichten für die Prädiktoren. Die ersten acht Zeilen stehen für
die einzelnen Tests der Fähigkeiten der divergenten Produktion. Schlüssel für die
Prädiktoren: DMU_1 - Geschichtentitel (nicht schlagfertig); DMU_2 - Konsequenzen
(offensichtlich); DMC - Alternative Verwendungsmöglichkeiten; DMR - Assoziationsflüssigkeit; DMC - Ausdrucksflüssigkeit; DMT_1 - Geschichtentitel (schlagfertig); DMT_2 - Konsequenzen (entfernt); DMI - Ausarbeitung von Plänen; DPC -
Zusammenfassung der divergenten Produktion; AC - Zusammenfassung von Fähigkeiten, einschl. DPC und IQ; AC + TC Zusammenfassung von Fähigkeiten und
Merkmalen; $(AC + TC)_c$ - mit AC + TC gleich, aber mit multiplen R´s, korrigiert nach der Zahl der Prädiktoren. CTMM - California Test of Mental Maturity.

stellt, die unter der Tabelle erklärt sind. Zusätzlich zu den acht Tests
der divergenten Produktion, die sechs semantische Fähigkeiten repräsentieren, wurde der CTMM-IQ aus den Schulakten und weitere zusammengesetzte Prädiktoren verwendet. Die Stichprobengröße lag bei 227
für die Jungen und bei 216 für die Mädchen, so daß Koeffizienten von
.13 und .18 als signifikant von Null verschieden auf dem Niveau von
.05 bzw. .01 angesehen werden können. Die zusammengesetzten Prädiktoren sind multiple Korrelationen und die verwendeten Prädiktoren
wurden unterschiedlich, durch multiple Regressionsgleichungen, gewichtet.
Einige Verallgemeinerungen, die sich aus Tabelle 10.3 ergeben,
scheinen möglich zu sein. Mit Ausnahme eines einzigen Tests für
DMU (Geschichtentitel - nicht schlagfertig), korrelierten alle Tests
signifikant mit den Kriterienschätzungen der Klassenlehrer. Es gab
vier weitere Ausnahmen, wenn die Einschätzungen der Fachlehrer berücksichtigt werden. Im Ganzen scheinen die Beurteilungen der „Kreativität" mit allen Prädiktoren der divergenten Produktion in Verbindung
zu stehen, mit der Ausnahme von DMU, für die das Ergebnis fraglich
ist, da ein Test für DMU (Konsequenzen - offensichtlich) in drei von
vier Fällen Beziehungen zeigte, aber ein Test keine. Bei dieser spe-

352

ziellen Gruppe von Vpn sind die beiden Tests, die gewöhnlich DMU repräsentieren, offensichtlich faktoriell verschieden.

Im Allgemeinen waren die Voraussagen der Beurteilungskriterien bei Mädchen etwas höher als bei Jungen und bei Klassenlehrern höher als bei Fachlehrern. Einige Validitätskoeffizienten einzelner Tests lagen in der gleichen Größenordnung wie der des IQ. Mit einer Ausnahme bei den vier Gruppen korreliert die Zusammenfassung der Fähigkeiten der divergenten Produktion (DPC) etwas höher mit den Kriterien als der IQ. Die Korrelationen in den letzten beiden Spalten geben die Korrelationen zwischen den Tests und dem IQ an. Sie zeigen, daß es offensichtlich eine Möglichkeit für die Lehrer gibt, die Schüler hinsichtlich der Kreativität in der Richtung ihrer Intelligenz zu beurteilen. Die Korrelationen zwischen der Lehrerbeurteilung der sechs Fähigkeiten und dem IQ sind von ähnlicher Größenordnung - zwischen .30 und .40.

Der Fehler der Lehrer, zwischen den Beurteilungsvariablen nicht zu differenzieren, kann bis zu einem gewissen Grad durch die Tatsache entschuldigt werden, daß die Tests, die die Faktoren repräsentieren, ebenfalls positiv miteinander korrelieren. bis zu .51 bei den Jungen, mit einem Median von .28, bis zu .55 bei den Mädchen, mit einem Median von .40. Die Korrelationen zwischen diesen Tests lagen etwas niedriger als bei den gleichen Vpn, die an der Durchführung der viel größeren Testbatterie für die Faktorenanalyse ein Jahr früher beteiligt waren (Bericht 27). Es gibt keinen bekannten Grund dafür, diese höheren Interkorrelationen auf die Bedingungen des Retests zurückzuführen.

Voraussage von Leistungen bei der Akademie der US-Küstenwache

Die ursprüngliche Faktorenanalyse (Bericht 13) (1) basierte auf einer Testbatterie, die 20 Markierungstests des Projekts enthielt, 9 Variablen aus der Fähigkeitsbatterie der Akademie und den Noten in neun Kursen. Die Interkorrelationen der Notenvariablen waren so hoch, daß sich zwei starke, nicht interpretierbare Leistungsfaktoren ergaben, die das Bild verwischten. Mit der Entwicklung des Strukturmodells wurde erkannt, daß eine Anzahl der Strukturfähigkeiten unterrepräsentiert waren. Eine zweite Analyse, die Rotationen auf die Strukturfähigkeiten als Ziele verwendete, basierte auf einer kleineren Testbatterie, die nur vier Leistungsvariablen der Akademie, zusätzlich zu den 20 Tests des Projekts, berücksichtigte. Das Ergebnis bestand in 16 Strukturfähigkeiten, von denen 7 Einzelfaktoren waren. Die besten Tests, die diese Fähigkeiten repräsentieren, sind die Prädiktoren für den vorliegenden Bericht.

Die Tests für die verschiedenen Faktoren sind in Tabelle 10.4 näher bezeichnet. Nur neun Faktoren sind dabei vertreten, da die Fak-

---

1 Vgl. KETTNER, GUILFORD & CHRISTENSEN (1959).

toren, die nicht mindestens eine signifikante Korrelation mit den Noten in den Kursen hatten, weggelassen wurden. Bei einem N von 110 (für die alle Daten vorlagen) ist ein r von .20 auf dem 5% - und ein r von .25 auf dem 1% - Niveau signifikant. Die Anzahl der signifikanten Korrelationen, bezogen auf die beiden Niveaus, übersteigt bei weitem die Zahl, die zufällig zu erwarten gewesen wäre. Die Faktoren, deren Tests keine signifikanten Korrelationen zu den Noten aufwiesen, standen für die Fähigkeiten CSI, CMT, NSI, NMR und NMS. Der einzige überraschende Aspekt ist dabei, daß die vier Fähigkeiten, die Implikationen erfordern, mit den Noten in allen 10 Kursen nicht in Beziehung standen. Das legt nahe, daß die Beurteilung in diesen Kursen nicht auf Informationen beruht, die zeigen, daß die Studenten Implikationen erkennen oder produzieren. Die Fähigkeiten, die mit Relationen oder Transformationen zusammenhängen, scheinen signifikante Korrelationen mit den Noten aufzuweisen (vgl. Tabelle 10.4). Von den neun Fähigkeiten, die signifikante Korrelationen aufweisen, hängen zwei mit Relationen und drei mit Transformationen zusammen. Zwei haben scheinbar mit Einheiten zu tun, aber diese Folgerung wird später modifiziert.

Die Fähigkeit zur Visualisierung (CFT) ist bei drei Noten beteiligt, am stärksten bei Technischem Zeichnen und Darstellender Geometrie (r = .41), wo man sie auch erwartet. Ihre kleinere Varianz bei den Noten in Physik ist verständlich, aber ihr Auftreten bei „Grundlagen der modernen Welt", einem Geschichtskurs, ist es nicht, außer wenn die grafische Darstellung beim Kurs und bei den Prüfungen eine große Rolle gespielt hat.

Von den Tests, die am stärksten auf CMU luden, hatte „Wortschatzergänzung" keine signifikanten Korrelationen, während „Leseverständnis" sieben aufwies. Es ist überraschend, daß der Wortschatz wie so oft, nicht konsistente Quelle der Varianz bei den Kursen ist. Weiterhin ist die stärkste Komponente eines Tests für Leseverständnis gewöhnlich CMU. Aus dem unterschiedlichen prädiktiven Verhalten dieser beiden CMU-Tests muß gefolgert werden, daß es eine andere faktorielle Komponente bei Leseverständnis gibt, die für den Unterschied verantwortlich ist. Die zweitstärkste Komponente eines Leseverständnistests ist üblicherweise der Faktor für CMS. Wenn das in diesem Fall zutrifft, dann sieht es so aus, daß bei den Kursen und Prüfungen der Akademie weniger das Lernen von isolierten Begriffen (Einheiten) betont wird, sondern mehr das Verständnis für organisierende Regeln oder Prinzipien (Systeme).

Die Fähigkeit CMR hat nur signifikante Korrelationen mit „Aufsatz und Sprache", beide Tests geben in dieser Hinsicht das gleiche an. Die Korrelationen mit „Nautischer Astronomie" und „Grundlagen der modernen Welt" sind nahezu signifikant. Obwohl die allgemein niedrigen Korrelationen, auch wenn sie signifikant sind, nicht sehr viel für die Prognose von Noten aus einzelnen Tests erwarten lassen, weisen sie auf genuine faktorielle Komponenten der Noten hin und lassen auf praktisch nutzbare multiple Vorhersagen dort hoffen, wo zwei oder mehr Faktoren signifikante Korrelationen mit der gleichen Notenvariablen aufweisen. Multiple Korrelationen wurden bei dieser Untersuchung nicht berechnet. Eines der Ziele bestand darin nach wichtigen Faktoren zu suchen, die in der Testbatterie der Akademie nicht vertreten waren.

„Streichholzprobleme", der die Fähigkeit DFT, eine figurale Fähigkeit, repräsentiert, hatte drei signifikante Korrelationen mit Kursen, bei denen sie erwartet werden konnte, „Himmelsnavigation", „Technisches Zeichnen" und „Darstellende Geometrie", „Physik". Bei den Prüfungen mußte es sich für die Studenten bezahlt machen figurale Tranformationen zu produzieren, wie etwa Bewegungen und Veränderungen von Strukturen und auch verschiedene alternative Lösungen für Probleme zu versuchen.

Die beiden Tests, die Vorstellungsflüssigkeit (DMU) repräsentieren, stimmten hinsichtlich der Korrelationen mit Noten nicht sehr gut überein. „Verwendungsmöglichkeiten eines Ziegelsteins" (Flüssigkeit) wies zwei signifikante Korrelationen mit „Aufsatz und Sprache" und „Grundlagen der modernen Welt" auf, während „Geschichtentitel" (nicht schlagfertig) keine hatte. Von allen Kursen, bei denen Schreiben und Sprechen beteiligt sind, wäre anzunehmen, daß sie die größten Möglichkeiten für divergente Produktion, eine kreative Fähigkeit, bieten würden. Die Möglichkeiten in einem Geschichtskurs könnten davon abhängen, in welcher Art unterrichtet wird und wie die Prüfungen durchgeführt werden.

Von den beiden Tests für DMR und NMR, war „Assoziationsflüssigkeit" signifikant mit „Aufsatz und Sprache" verbunden, genauso mit dem Geschichtskurs, was die Hypothese der Rolle der divergenten Produktion bei diesen beiden Kursen bestätigt. Außerdem bestand noch eine gewisse Beziehung zu Geographie. Der andere Test, „Assoziationen IV", weist nur eine Beziehung zu einem der Kurse - „Grundlagen der modernen Welt" - auf. Die niedrigeren Korrelationen dieses Tests mit den Noten legen eine geringere Bedeutung der Fähigkeit der konvergenten Produktion, verglichen mit der parallelen divergenten Fähigkeit, nahe.

Die andere Fähigkeit der divergenten Produktion - Originalität (DMT) - wies signifikante Korrelationen mit den gleichen drei Kursen wie „Assoziationsflüssigkeit" auf. Der einzige starke Test war dabei „Geschichtentitel" (schlagfertig). Der schwächere Test „Alternative Verwendungsmöglichkeiten", hatte nur eine signifikante Korrelation mit dem Geschichtskurs. Daher kann angenommen werden, daß von allen Kursen derjenige, der sich auf Geschichte bezog, die besten Gelegenheiten für das divergente Denken bot und diese Art des Denkens belohnt haben könnte. Es ist vielleicht ein problemorientierter Kurs gewesen.

Zwei Tests für NSR, die in ihrem Inhalt sehr ähnlich sind, hatten relativ hohe Korrelationen mit zwei Kursen - „Himmelsnavigation" und „Englisch" -; der zweite Test zeigte außerdem noch eine gewisse Beziehung zu „Nautischer Astronomie". Es ist von Interesse, daß zumindest im Hinblick auf die Navigation zwei dieser Kurse ähnliche Inhalte hatten. „Korrelatergänzung II" bestand nur aus symbolischen Aufgaben, während „Korrelatergänzung" auch noch semantische Auf-

Tabelle 10.4 Korrelationen zwischen ausgewählten Faktorentests und den Noten der US-Küstenwache

Faktor	Tests	Algebra und Ebene Geometrie	Analytische Geometrie	Himmels-navigation	Nachrichten-wesen	Technisches Zeichnen und Darstellende Geometrie	Aufsatz und Sprache
CFT	Räumliche Fähigkeit	12	11	-05	00	41**	04
CMU	Wortschatzergänzung	-06	-02	11	11	07	15
CMU+	Leseverständnis	19	23*	22*	-01	04	34**
CMR	Verbale Analogien (Fähigkeit)	08	01	06	01	-05	28**
CMR	Verbale Gegensätze (Fähigkeit)	11	09	13	08	-01	40**
DFT	Streichholzprobleme	-09	15	22*	16	22*	14
DMU	Verwendungsmöglich-keiten eines Ziegelsteins (Flüssigkeit)	00	01	00	11	04	25**
DMU	Geschichtentitel (nicht schlagfertig)	16	11	07	16	03	12
DMC	Alternative Verwen-dungsmöglichkeiten	-02	-06	04	09	00	06
DMR	Assoziationsflüssigkeit	-05	00	-01	04	03	26**
DMT	Geschichtentitel (schlagfertig)	00	15	18	13	13	22*
NSR	Korrelatergänzung II	18	08	23*	05	08	26**
NSR	Korrelatergänzung	12	11	21*	08	08	18
NMU	Ergänzung verbaler Beziehungen	12	10	09	-07	-04	24*
NMR	Assoziationen IV	-04	-03	16	08	00	14

Faktor	Tests	Grundlagen der modernen Welt	Geographie	Nautische Astronomie	Physik I und II
CFT	Räumliche Fähigkeit	-24*	-10	-03	20*
CMU	Wortschatzergänzung	05	01	19	06
CMU+	Leseverständnis	33**	26**	21*	21*
CMR	Verbale Analogien (Fähigkeit)	15	10	17	04
CMR	Verbale Gegensätze (Fähigkeit)	19	10	18	09
DFT	Streichholzprobleme	09	04	18	23*
DMU	Verwendungsmöglichkeiten eines Ziegelsteins (Flüssigkeit)	21*	14	-05	-03
DMU	Geschichtentitel (nicht schlagfertig)	13	12	03	12
DMC	Alternative Verwendungsmöglichkeiten	21*	17	-01	06
DMR	Assoziationsflüssigkeit	31**	23*	00	04
DMT	Geschichtentitel (schlagfertig)	30**	20*	16	11
NSR	Korrelatergänzung II	-05	-06	06	08
NSR	Korrelatergänzung	11	08	20*	14
NMU	Ergänzung verbaler Beziehungen	14	11	25**	16
NMR	Assoziationen IV	32**	16	10	03

Dezimalstellen weggelassen
* auf dem 5%-Niveau signifikant
** auf dem 1%-Niveau signifikant

gaben enthielt. Dieser Unterschied könnte Grundlage der unterschiedlichen Korrelationen der Tests mit den Noten sein.

Der eine Test für NMU, „Ergänzung verbaler Beziehungen", hatte signifikante Korrelationen mit den beiden Kursen „Englisch" und „Nautischer Astronomie". Die mit den Fähigkeiten NSR, NMU und NMR verbundenen Ergebnisse deuten darauf hin, daß die konvergente Produktion nur von geringer Bedeutung für drei der Kurse war. Fähigkeiten der konvergenten Produktion könnten bei Mathematikkursen sehr wichtig gewesen sein, aber diese Fähigkeiten waren nicht sehr gut durch Tests vertreten und daher konnte diese Hypothese nicht genau überprüft werden.

Wenn man Tabelle 10.4 den Spalten nach durchgeht, in denen die Korrelationen mit den Fähigkeiten angegeben sind, die einige Bedeutung für bestimmte Kurse aufweisen, ist zu erkennen, daß die Englischnoten am besten vorhersagbar sind, da sieben Fähigkeiten möglicherweise zu der Varianz der Note beitragen. Der multiple Korrelationskoeffizient könnte für diesen Kurs sehr hoch sein. Am zweitbesten vorhersagbar sind die Noten bei „Grundlagen der modernen Welt", bei dem 5 Fähigkeiten beteiligt sind. Am wenigsten vorhersagbar wären die Noten in „Algebra", „Ebener Geometrie" und „Nachschub". Das weist deutlich darauf hin, daß Strukturfähigkeiten außerhalb der 16, die in dieser Studie vertreten waren, in Verbindung damit untersucht werden sollten, da die Noten einen bestimmten Grad an Zuverlässigkeit aufweisen und ein erheblicher Teil der wahren Varianz im intellektuellem Bereich liegen muß.

Was die allgemeine Zufriedenheit mit Voraussagen der Fähigkeitsbatterie der Akademie betrifft, so zeigen die vier Tests, die in Tabelle 10.4 vertreten sind (einschließlich Leseverständnis), jeweils mindestens eine signifikante Korrelation mit den Noten in den Kursen. In etwa das gleiche kann für die anderen vier Fähigkeitstests gesagt werden, die in der Tabelle nicht enthalten sind (der neunte Test war ein Maß für etwas anderes als eine Fähigkeit). Drei der vier anderen Tests bestanden hauptsächlich aus mathematischen Aufgaben und dekken konsequenterweise einige Kurse ab, die schlecht durch die in Tabelle 10.4 vertretenen Tests erreicht werden. Es ist sehr unwahrscheinlich, daß irgend ein Fähigkeitstest die vier Fähigkeiten der divergenten Produktion von Tabelle 10.4 repräsentiert. Daher könnte es bei einigen Kursen signifikante Gewinne bei der Vorhersage geben, wenn zur Batterie die Fähigkeiten dieser Kategorie hinzugenommen werden. Ob die Faktoren der konvergenten Produktion NSR, NMU und NMR in der Batterie der Akademie vertreten sind bleibt eine offene Frage.

Im Ganzen kann abgeleitet werden, daß zum Zeitpunkt der Untersuchung die Kurse der Akademie faktoriell komplex waren und zu sehr verschiedenen Formen der Strukturfähigkeiten in Beziehungen standen. Die Aussicht für eine zutreffende Voraussage der Noten wäre am größten, wenn die richtige Kombination der entsprechend gewichteten Testwerte benutzt wird.

Sehr viel Platz war dem Beitrag der Validitätskoeffizienten und

Spekulationen über die Kurse gewidmet, um das allgemeine Prinzip zu unterstützen. Wie die vorausgesagten Leistungen kombiniert werden sollten, um eine vollständige Voraussage des schulischen Erfolges bei der Akademie der Küstenwache zu gewährleisten, ist ein anderes Problem, das leicht in einer praktikablen Weise gelöst werden kann.

Ein ganz anderes Leistungskriterium für die Kadetten der Akademie ergab sich aus einer Sommerkreuzfahrt, an der sie teilnahmen. Die „Beurteilung" der Reise war offensichtlich ziemlich komplex. In erster Linie war sie die Kombination eines „Adaptivitätswertes" und eines Wertes für „Bevorzugung". Der erste war zusammengesetzt aus fünf Beurteilungsvariablen, die die Anpassung an die militärischen und beruflichen Regeln und Sitten betonten. Der zweite basierte darauf, in welchem Maß der Vorgesetzte jedes einzelnen Mannes (Offiziere und höhere Unteroffiziere) den betreffenden in seiner Gruppe haben wollte. Trotz der Betonung der Konformität, betrug die einzige signifikante Ladung .32 auf Vorstellungsflüssigkeit. Das würde nahelegen, daß das Deutlichwerden von Vorstellungen zu den Eindrücken beiträgt, die jemand auf seine Vorgesetzten macht, obwohl sie die Konformität beurteilen sollten.

Die Voraussage der Leistung bei Kursen in höherer Mathematik

Die zweite Validitätsstudie schulischer Leistung war ausschließlich Mathematikkursen in höheren Abteilungen und der Stufe der Graduierten von drei Weiterbildungsinstitutionen im Bereich von Los Angeles gewidmet (Bericht 15) (2). Die meisten der Kriterienvariablen waren Indikatoren für die Leistung in verschiedenen Niveaus von Berechnungen.

Die Versuchspersonen

Insgesamt waren 148 Vpn beteiligt, von denen die meisten Freiwillige waren. Die Motivation muß daher als ausreichend angesehen werden. Es wurde festgelegt, daß die Gruppe der Freiwilligen sich nicht signifikant in wichtigen Aspekten, wie etwa der Eintrittszeit in das College, von denen unterschied, die nicht am Experiment teilnahmen. Von den drei Institutionen kamen 56, 22 und 70 Vpn. 32 hatten sich für fortgeschrittene Mathematik, 16 für Physik und 100 für Ingenieurwesen eingeschrieben.

Die Fähigkeiten und ihre Tests

Diese Untersuchung wurde in den ersten Tagen des Projekts initiiert, als nur eine kleine Zahl von Intelligenzfaktoren gefunden war. Fünf der

---

2 Vgl. HILLS (1957).

ausgewählten Strukturfähigkeiten, die in die Batterie aufgenommen wurden, waren früher bekannt, vier waren neu. Die Auswahl der Fähigkeiten wurde nach Konsultationen mit den Lehrern, die an den Mathematikkursen beteiligt waren, vorgenommen, mit der Ausnahme, daß die Lehrer die Bedeutung des Faktors der Wichtigkeit im Umgang mit Zahlen (der jetzt als Repräsentant der Kombination von MSI und NSI angesehen wird) bei ihren Kursen nicht einsahen. Wären ihnen die Fähigkeiten MSI und NSI erklärt worden, wären ihre Entscheidungen ganz anders ausgefallen. Der Fähigkeit CMU wurde ebenfalls nur ein niedriger Rang durch die Lehrer zugestanden, aber es handelt sich dabei um eine so dominante Komponente der Schulleistungstests, daß der Untersucher daran interessiert war zu sehen, wie sie zum Lernen höherer Mathematik in Verbindung stehen würde.

Die ausgewählten Fähigkeiten und ihre Tests waren:

Räumliche Orientierung (CFS): Räumliche Orientierung (Teil V des GUILFORD-ZIMMERMAN - Aptitude Survey, GZAS)
Räumliche Visualisierung (CFT): Räumliche Visualisierung Teil VI des GZAS)
Erkennen symbolischer Strukturen (CSS): Denken mit Kreisen.
Sprachverständnis (CMU): Wortschatz.
Allgemeines Denken (CMS): Schiffsbestimmung.
Wichtigkeit im Umgang mit Zahlen (MSI - NSI): Numerische Operationen (Teil III des GZAS)
Adaptive Flexibilität (DFT): Streichholzprobleme.
Originalität (DMT): Geschichtentitel (schlagfertig)
Logische Evaluation (EMI - EMR): Syllogismen I.

Bei der Auswertung der Tests wurde besonders auf Zeichen geachtet, die auf mangelhafte Mitarbeit dieser fortgeschrittenen Schüler schliessen ließen. Nur bei Wortschatz und Numerischen Operationen, bei beiden kleinen Gruppen, reichten diese Hinweise aus, um die Ergebnisse für die weitere Verwendung bei dieser Untersuchung auszuschließen.

Die Kriterien

Die Leistungskriterien bestanden aus drei Arten - Noten, Leistungsprüfungen und Lehrerbeurteilungen. Einige Kriterien waren eingeschränkt auf das erste Jahr, das zweite Jahr und fortgeschrittene Berechnungen, während andere Durchschnittswerte von Noten bei ausgewählten Kursen in höherer Mathematik waren (in Tabelle 10.5 mit M G P A bezeichnet). Die Beurteilungen wurden in kleineren Klassen abgegeben. Studenten der Physik und des Ingenieurwesens wurden nach der Fähigkeit, mit Mathematik in ihrem Bereich umzugehen, beurteilt. Die Mathematiker wurden nach der erwarteten Abschlußleistung und nach der Fähigkeit Forschungen im Bereich der Mathematik

Tabelle 10.5 Prädiktive Validitätskoeffizienten, die Tests der Strukturfähigkeiten mit Leistungskriterien bei Kursen in höherer Mathematik verbinden

Institutionen	Kurs	Kriterium	N	CFS Räumliche Orientierung	CFT Räumliche Visualisation	CSS Denken in Kreisen	CMU Wortschatz	CMS Schiffsbestimmung	MSI-NSI Numerische Operationen	DFT Streichholzprobleme	DMT Geschichtentitel	EMI-EMR Syllogismen I
A	P&E[a]	Noten bei Berechnungen I[b]	33–40	.26	.34[d]	.11	.28	.00	.27	.39[d]	-.07	.14
A	P&E	Noten bei Berechnungen II	34–41	.38[d]	.31[d]	.14	.05	.07	.18	.54[e]	-.14	.04
A	P	Noten bei fortgeschr. Berechnungen	11–12	.17	.44	.38	.03	-.05	.27	.56	-.46	.42
C	E	Noten bei Berechnungen	55	.24	.14	-.19	-.03	-.09	.19	-.08	-.02	.25
B	M	MGPA (Durchschnittsnote)	19–21	.02	.28	.17	–[c]	-.09	–	.05	-.10	.38
C	E	Leistungstest	71	.26[d]	.06	-.04	.17	.20	.03	-.10	.06	.39[e]
A	P	Beurteilungen	13–16	.22	.34	.05	-.26	-.16	.11	.68[e]	-.33	.20
A	E	Beurteilungen	20–22	.35	.16	.23	.11	.23	.39	.33	-.20	.14
B	M	Beurteilungen	17–19	.68[e]	.36	.20	–	.29	–	.30	.20	.72[e]

a) P – Physik, E – Ingenieurwesen, M – Mathematik
b) Erstes Jahr
c) Testwerte nicht verwendet
d) signifikant bei .05
e) signifikant bei .01

durchzuführen, eingestuft. Die Leistungsprüfung bei einer Ingenieur-
schule deckte analytische Geometrie, Berechnungen und die Anwendung des Rechenschiebers ab.

Indikatoren der Validität

Da die Fähigkeitstests gewöhnlich im gleichen Jahr durchgeführt wurden, in der auch die Informationen über das Kriterium erhoben wurde,
waren sowohl die gleichlaufende als auch die prädiktive Validität beteiligt. Bei den daraus resultierenden Koeffizienten, die hier berichtet werden (Tabelle 10.5), sind die Daten aus den drei Institutionen
getrennt gehalten, genau wie die Daten für die verschiedenen Arten
der Kriterien. In zwei Ausnahmefällen wurden die Daten der Physik-
und Ingenieurstudenten miteinander kombiniert, weil die erste Gruppe
ziemlich klein war.

Nachdem die Strukturtheorie entwickelt war, zeigte es sich, daß
die größeren Möglichkeiten für die Voraussage von Leistungen in
Mathematik über die Arithmetik hinaus unter den Tests der symbolischen Fähigkeiten zu finden gewesen wären, wie die nächste zu be-
sprechende Untersuchung zeigen wird. Nur zwei Tests der besproche-
nen Untersuchung lagen in dieser Kategorie. Diese Verallgemeinerung
trifft auch dann noch zu, wenn in Tabelle 10.5 festzustellen ist, daß
diese beiden Tests keine signifikante Korrelationen aufweisen. Auf die
fehlende Bedeutung der MSI - NSI Kombination hatten die Mathematik-
lehrer hingewiesen.

Es kann von Bedeutung sein, muß aber nicht, daß die höheren Korrelationen in Tabelle 10.5 in Verbindung mit den Ingenieurstudenten
auftreten, unabhängig von der Tatsache, daß diese Stichprobe größer
ist. Der vollständige Mangel an Bedeutung von CSS ist überraschend,
möglicherweise für Mathematiker ebenso wie für Psychologen. Das
Erfassen oder Verstehen mathematischer Ausdrücke muß wichtig sein.
Ein möglicher Grund für nicht signifikante Korrelationen von „Denken
in Kreisen" könnte darin bestehen, daß dieser Test für die Mathema-
tikstudenten viel zu leicht war. Es kann auch gesagt werden, daß seine
Ladung auf CSS manchmal niedrig war, auch in Gruppen ohne mathematisches Vorwissen. Ein schwierigerer Test für CSS könnte zeigen,
daß diese Fähigkeit in Wirklichkeit für Studenten höherer Mathematik
von Bedeutung ist.

Die beiden bekannten räumlichen Fähigkeiten zeigen ihre Bedeutung
bei zwei oder mehr Gruppen. Dieses Ergebnis scheint etwas abhängig
von der Institution und der Art des Kriteriums, aber dieser Aspekt
bedarf weiterer Untersuchung. Der dritte visuell-figurale Test,
„Streichholzprobleme", zeigt sogar stärkere Grade an Validität, aber
das ist auf eine Institution beschränkt. Es ist interessant, daß, obwohl
dieser Test, der auf eine Art der Flexibilität bei visuellen Strukturen
hinweist, einige Anzeichen der Validität hat, während die korrespondierende semantische Fähigkeit, DMT, völlig irrelevant erscheint,
was durch die Überzahl an negativen Koeffizienten deutlich wird. Wenn

dieses Ergebnis überhaupt von Bedeutung ist, dann deutet es darauf hin, daß die Flexibilität im Hinblick auf semantische Information eher ein Handicap als ein Aktivposten beim Lernen höherer Mathematik ist. Wir haben keine Information hinsichtlich des Wertes der Flexibilität beim Umgang mit symbolischer Information, da kein Test DST repräsentierte. Diese Fähigkeit sollte von großer Bedeutung für die Flüssigkeit und Flexibilität bei der Produktion symbolischer mathematischer Vorstellungen sein.

Es war keine Überraschung, daß ein CMU - Test allein keine Bedeutung für irgendeine Gruppe hatte, da der verbale Testwert von Schulleistungstests nicht für die Voraussage bei Mathematikkursen wichtig ist. Es war jedoch etwas überraschend, daß der CMS - Test, „Schiffsbestimmung", keine signifikanten Validitätskoeffizienten aufwies. Er hat enge Beziehungen zu arithmetischen Leistungstests, die aus verbal dargestellten Problemen bestehen. Es kann sein, daß die Studenten der höheren Mathematik nicht in semantischen, sondern nur in figuralen und symbolischen Begriffen denken. Bei der Untersuchung, die sich mit Algebra beschäftigte und über die im Anschluß berichtet wird, wurde gefunden, daß CMS relativ an Bedeutung bei Algebra auf der High School, verglichen mit seiner Bedeutung für höhere Arithmetik, verlor.

Der eine Test der Evaluationskategorie, „Syllogismen I", zeigte deutliche und signifikante Beziehungen bei zwei Gruppen, bei Ingenieuren und Mathematikern; in einer Gruppe mit einem Leistungstest - Kriterium und bei der anderen mit einem Beurteilungskriterium. Da der Test sowohl EMI als auch EMR repräsentierte, bestand er aus semantischer Information. Das legt nahe, obwohl Studenten der höheren Mathematik ihre Probleme, wie oben dargestellt, in symbolischen Begriffen wahrnehmen, sie das semantische Denken verwenden, wenn sie die Ergebnisse ihrer Operationen evaluieren. Wir sollten ebenfalls Informationen über die Bedeutung der Fähigkeiten ESR und ESI, und der Fähigkeiten EFR und EFI bekommen, damit die Untersuchung in diesem Teil des Strukturmodells vollständig ist.

Einige allgemeine Schlußfolgerungen

Eine positive Folgerung aus den Daten von Tabelle 10.5 besteht darin, daß sich etwas allgemeiner, unter den Strukturfähigkeiten, die von Bedeutung für Leistungen in höherer Mathematik sind, CFS, CFT, DFT und entweder EMI oder EMR oder beide finden. Die Möglichkeit für CSS als relevante Funktion sollte nicht vollständig zurückgewiesen werden, trotz der schlechten Repräsentation dieser Komponente durch „Denken in Kreisen". Die drastischen Differenzen der Koeffizienten in Verbindung mit verschiedenen Institutionen und verschiedenen Kriterien deuten darauf hin, daß wir nicht sehr viel von einer Situation zu einer anderen verallgemeinern können, und daß Validitätsstudien für jede Situation benötigt werden. Weiter sollte eine weit größere Zahl von Fähigkeiten berücksichtigt werden, besonders diejenigen, die sich auf symbolische Produkte von Informationen beziehen. Es kann möglich sein, recht hohe multiple Korrelationskoeffizienten als Indices der prädiktiven Validität in Kursen höherer Mathematik zu finden.

Validierung der Strukturfähigkeiten bei Schülern der neunten Klasse

Ziele der Untersuchung

Der Hauptteil dieser Untersuchung (3) bestand darin die Beziehungen einer Anzahl von Strukturfähigkeiten, die bis 1960 nachgewiesen waren, zu Leistungen in Algebra in der neunten Klasse zu bestimmen und festzustellen, wie erfolgreich multivariate Voraussagen der Leistung sein könnten. Es war erkannt worden, daß einer der größten Vorteile der Verwendung von Faktorfähigkeiten in multiplen Regressionsgleichungen in der Berücksichtigung psychologischer Variablen liegt, die gewöhnlich in einem faktoriell komplexen Kriterium enthalten sind. Der andere Vorteil liegt in den minimalen Korrelationen zwischen den Komponenten der Prädiktorgleichungen, der daher maximale oder nahezu maximale multiple Korrelationen für die Zahl der Prädiktoren erlaubt. Weiter gibt es einiges über die rationale Grundlage zu sagen, die durch die Kenntis der relevanten Fähigkeiten des Strukturmodells als Bezugsrahmen geliefert wird. Die Operationen der Untersuchung dienen als Muster der zu empfehlenden Validitätsstudie, die so weit wie möglich geht.

Die Bedingungen an der High School, an der die Vpn gefunden wurden, waren Grundlage für einige untergeordnete Ziele. Der Lehrplan der Schule berücksichtigte vier Niveaus des mathematischen Unterrichts in der neunten Klasse, zwei für allgemeine Mathematik und zwei für Algebra. Die schwächste Gruppe der Schüler, gemessen an der allgemeinen Fähigkeit, nahm an dem Kurs „Grundlagen der Mathematik" teil, der sich mit fortgeschrittener Arithmetik, Gleichungen und einigen algebraischen Begriffen befaßte. Der Kurs auf der nächsthöheren Ebene wurde „Non-College Algebra" genannt und ging etwas weiter in Bezug auf elementare Algebra. Der niedrigere Algebra-Kurs wurde einfach „Regular Algebra" genannt und der höhere „Accelerated Algebra" der auf intermediäre Algebra ausgeweitet wurde. Die Validitätsstudie wurde daher zu einer vierfachen und bot die Möglichkeit herauszufinden, wie sich die Struktur der wichtigen Fähigkeiten von einem Kurs zum anderen ändern könnte, und wie die für den Erfolg wichtigen Fähigkeiten in Algebra sich von denen in Arithmetik unterscheiden. Da die Schule das Problem der Zuweisung der Schüler zum einen oder anderen Kurs hatte, wurde entschieden zu untersuchen, welche Fähigkeiten möglicherweise zwischen erfolgreichen Algebraschülern und erfolgreichen Schülern allgemeiner Mathematik diskriminieren. Das verlangte nach einer Analyse der Diskriminanzfunktionen.

---

3 Vgl. Bericht 31; ebenso GUILFORD und PETERSEN (1965).

Eine andere Möglichkeit ergab sich, weil in der Schule drei Standardtests allgemeiner Fähigkeit mit den Schülern durchgeführt wurden: der California Test of Mental Maturity (CTMM), der Differential Aptitude Test (DAT) und der Iowa Test of Basic Skills (Iowa). Die Tests wurden entweder am Ende der 8. oder zu Beginn der 9. Klasse eingesetzt. Da diese Tests manchmal als Prädiktoren des Erfolges in den Kursen eingesetzt werden, einschließlich derer in Mathematik, bestand die Möglichkeit festzustellen, wie gut derartige Tests diesen Zweck, verglichen mit Komposita aus Werten der Strukturfähigkeiten, erfüllen.

Auswahl der Strukturfähigkeiten

Da es in höchstem Maß unpraktisch gewesen wäre, Tests aller bekannten Strukturfähigkeiten zu verwenden (wegen der begrenzten Testzeit), mußte für eine Art „Schrotschuß"-Ansatz eine beträchtliche Selektion der Fähigkeiten und Tests vorgenommen werden. Berichte von vier früheren Untersuchungen wurden nach möglichen relevanten Informationen analysiert (WEBER 1953, KLIER 1956, WERDELIN 1958 und CANISIA 1962). Obwohl es Ihnen möglich gewesen wäre, - die Untersucher verwendeten zusammen 26 Strukturfähigkeiten bei ihren Studien, wie in ihren Faktorenanalysen angedeutet wird -, fanden sie keinen Hinweis auf die Validität von anderen Fähigkeiten als diejenigen, die gewöhnlich bei allgemeinen Schulleistungstests dominieren - CMU und CMS. Die Hauptquelle der Auswahl von Fähigkeiten für diese Untersuchung war dann die Kenntnis der Stukturfähigkeiten selbst und ihre offensichtliche logische Bedeutung für Mathematik auf den hier zu untersuchenden Niveaus.

Zuerst scheint es, daß der bedeutendste Inhaltsbereich symbolisch ist, da Operationen mit Zahlen und Buchstaben in Mathematik eine Rolle spielen. Das trifft eher auf Algebra als auf Arithmetik zu. Von den Produktkategorien des Strukturmodells, schienen Einheiten und Klassen dort am ehesten entbehrlich (4), wo eine Auswahl getroffen werden mußte. Aber Relationen, Systeme, Transformationen und Implikationen schienen wichtig. Relationen und Implikationen waren möglicherweise am wichtigsten für die Niveaus der Mathematik, die hier untersucht wurden. Alle fünf Operationskategorien schienen von Bedeutung. Aber innerhalb des vollständigen Satzes der so verbleibenden symbolischen Fähigkeiten, die zu berücksichtigen waren (5 Operationen mal 4 Produkte), waren nur 11 nachgewiesen und standen als Faktorentests für die Messung zur Verfügung.

Von den 11 Fähigkeiten wurden 8 als besonders wichtig angesehen: CSS, CSI, MSI, DSR, NSR, NSS, NST und NSI. Zwei andere, für die es frühere Faktorenanalysen gegeben hatte - CSR und DSI - wurden ebenfalls verwendet, obwohl die Hinweise wie diese Faktoren gemes-

4 Die „neue" Mathematik war an dieser High School noch nicht eingeführt. Die Fähigkeiten der Produktkategorie Klasse sollten einige Bedeutung in dieser Verbindung haben.

sen werden könnten, ziemlich dürftig waren. In der Zeit als die Validitätsstudie für Mathematik geplant wurde, sind Tests für eine Analyse der symbolischen Evaluationsfähigkeiten entwickelt worden, von denen einige erfolgversprechend erschienen und deren mögliche Fähigkeiten wichtig waren: ESR, ESS, EST und ESI. Die Tests für diese Fähigkeiten wurden erst spät in der Untersuchung eingesetzt. Einige von ihnen wurden später bei anderen Studien analysiert. Zwei nichtsymbolische Fähigkeiten, die zu beachten waren, waren CMU und CMS, da sie als dominante Komponenten von Schulleistungstests auftreten.

Da eine Anzahl der beteiligten Fähigkeiten nur bei jungen Erwachsenen nachgewiesen war, wurde es als notwendig angesehen, festzustellen, ob diese Fähigkeiten bei Schülern der neunten Klasse nachgewiesen werden könnten und ob alle Tests die erwarteten Faktoren adäquat repräsentieren. Dieses Vorgehen verlangte neue Faktorenanalysen für die bei dieser Untersuchung verwendeten Tests. Die Analysen wurden mit allen Tests, mit Ausnahme der erwähnten neuen Tests der symbolischen Evaluation, durchgeführt.

Die Tests und ihre erwarteten Faktoren

Da die Tests den Bezug zu den Strukturfähigkeiten darstellen, denen bei dieser Untersuchung Aufmerksamkeit geschenkt wurde, sind kurze Beschreibungen angegeben. Jedem Testnamen folgt das Trigramm für den erwarteten Faktor. Ein einziger Satz soll dazu dienen den Test für den Leser hier ausreichend zu charakterisieren. Dabei wird gesagt, was dei Vp bei jedem Test zu tun hat.

Zu analysierende Faktorentests. Fünfundzwanzig Tests für ausgewählte Strukturfähigkeiten waren in der Analyse:

1. Alternative Additionen (DSR) - Zeige auf verschiedene Arten wie Zahlen in einem gegebenen Satz miteinander verbunden werden können (mit numerischen Operationen), um ein spezifiziertes Endergebnis zu liefern.
2. Beste Trendbezeichnung (EMR) - Wähle das Wort aus, das am besten die Ordnung von vier gegebenen Wörtern beschreibt, wobei die Ordnung eine Variable wie Zeit darstellt.
3. Versteckte Wörter (NST) - Suche innerhalb eines sinnvollen Satzes eine Gruppe aufeinanderfolgender Buchstaben, die in der gegebenen Reihenfolge die Bezeichnung einer Sportart oder eines Spieles ist.
4. Denken in Kreisen (CSS) - Entdecke das gemeinsame Prinzip nach dem jeweils ein Kreis in jeder von vier Reihen von Kreisen und Punkten geschwärzt ist.
5. Korrelatergänzung II (NSR) - Suche ein Wort, das die gleiche Beziehung zu dem einzelnen Wort beinhaltet, wie die Beziehung zwi-

schen Wörtern in zwei gegebenen Paaren. Die Beziehung beruht eher auf Buchstabenkombinationen als auf den Wortbedeutungen.

6. Denken in Formen (NSI) - Mit Hilfe einer Tabelle von Gleichungen, die aus geometrischen Formen bestehen, sollen Gleichungen gelöst werden, bei denen die gleichen Formen auftreten.

7. Buchstabe - Zahl (NSI) - Suche die Beziehungen zwischen Buchstaben und Zahlen und benutze jede Zahl herauszufinden, die einem neuen Buchstaben entspricht.

8. Buchstabenserien (NSR) - Suche die Ordnungsregel in einer Buchstabenserie und trage dann an der freien Stelle die Buchstaben ein, die der Regel genügen.

9. Buchstabendreieck (CSS) - Wenn Buchstaben systematisch in einem Dreieck angeordnet sind, welcher Buchstabe sollte an einer markierten, freien Stelle stehen?

10. Zugeordnete verbale Relationen (EMR) - Wähle aus einem von vier Paaren das aus, das die gleiche Beziehung wie beim gegebenen Paar aufweist.

11. Notwendige Fakten (CMS) - Bestimme welche Information benötigt wird, um Lösungen für vorgegebene arithmetische Probleme zu finden, bei denen notwendige Fakten fehlen.

12. Zahlregeln (DSR) - Beginne mit der gegebenen Zahl und komme auf verschiedene Arten zu einer zweiten, indem einfache arithmetische Operationen bei jedem Schritt durchgeführt werden.

13. Numerische Operationen (GUILFORD-ZIMMERMAN-Aptitude-Survey, Teil III) (MSI) - Wende einfache angezeigte Operationen auf Zahlen an.

14. Bilderanordnung (NMS) - Gegeben sind vier Bilder eines Comics in falscher Reihenfolge. Sie sollen in die richtige zeitliche Folge gebracht werden.

15. Richtige Ordnung (NSS) - Beginne mit einer gegebenen Zahl, führe dann drei gegebene numerische Operationen in der richtigen Reihenfolge durch, um eine zweite festgelegte Zahl zu erreichen.

16. Erkennen von Trends II (CSR) - Beschreibe einen Trend mit einer Serie von Wörtern, bei denen eine bestimmte Beziehung zwischen den Buchstaben den Trend festlegt.

17. Satzordnung (NMS) - Ordne drei gegebene Sätze in einer sinnvollen Folge von Ereignissen an.

18. Schiffsbestimmung (CMS) - Stelle fest wie viele Meilen ein Schiff von einem Punkt zu einem anderen zurücklegt, wenn die Variablen Entfernung, Richtung, Wind, Strömung und Startposition berücksichtigt werden.

19. Zeichenänderungen (NSI) - Löse einfache arithmetische Gleichungen, bei denen die Operationszeichen entsprechend den Regeln geändert werden müssen.

20. Gruppieren von Symbolen (CSI) - Ordne durcheinandergeratene Symbole in einer spezifizierten systematischen Ordnung so effizient wie möglich.

21. Wortänderungen (NSS) - Gegeben ist ein Satz von Wörtern von denen als erstes und eines als letztes festgelegt ist. Die verblei-

benden Wörter sollen so angeordnet werden, daß nur ein Buchstabe von einem zum nächsten geändert werden muß.

22. Wortverbindung (EMR) - Wähle aus einer Liste von drei Wörtern das eine aus, das mit den gegebenen Wörtern durch zwei verschiedene Bedeutungen verbunden ist.
23. Wortformen (CSI) - Ordne eine Liste kurzer Wörter möglichst effizient in eine Art Kreuzworträtsel ein.
24. Wortbeziehungen (CSR) - Erkenne die gleiche Beziehung in der Schreibweise zwischen den Wörtern bei jedem von zwei Paaren und vervollständige dann ein drittes Paar, bei dem die gleiche Beziehung benutzt werden soll.
25. Worttransformationen (NST) - Gruppiere die Buchstaben der Wörter in einem Satz neu, so daß daraus ein anderer Satz entsteht.

Teile von Standard - Tests. Teile von einigen der Standard - Tests, die bereits mit der Vpn durchgeführt worden waren, versprachen bestimmte Strukturfähigkeiten zu repräsentieren. Aus dieser Tatsache wurde dadurch Vorteil gezogen, daß drei der folgenden Tests (26, 28 und 32) für diesen Zweck adaptiert wurden (dominante hypothetische Strukturfähigkeiten in Klammern):

26. CTMM Language MA (CMU)
27. CTMM Non-Language MA (MSI und CMU)
28. Iowa Leseverständnis - Test R - (CMU)
29. Iowa Arithmetische Begriffe - Test A - 1 (CMU und MSI)
30. Iowa Arithmetisches Problemlösen - Test A - 2 (MSI - CMS)
31. DAT Verbales Denken (CMU, CMR und NMR)
32. DAT Numerische Fähigkeit (MSI)
33. DAT Abstraktes Denken (CFR)
34. DAT Geschwindigkeit und Genauigkeit bei Büroarbeiten (ESU)

Tests der Strukturfähigkeiten, die bei dieser Studie nicht analysiert wurden. Tests, die für bestimmte symbolische Evaluationsfähigkeiten entwickelt wurden, waren:

38. Abkürzungen (ESI) - Wähle das Wort aus, das die gegebene ungewöhnliche Abkürzung am ehesten impliziert.
39. Zusammenziehungen (EST) - Wähle die bessere von zwei Kurzschriftalternativen, dabei soll die Wahl auf unverwechselbaren Bedeutungen beruhen.
40. Buchstaben - Zahlen - Skalen (ESS) - Wenn die numerischen Werte von zwei Buchstaben des Alphabets gegeben sind, soll der numerische Wert eines dritten Buchstabens aus drei Alternativen geschätzt werden, von denen keine völlig richtig sein kann.
41. Begrenzte Wörter (DSI) - Gegeben sind zwei Wörter. Mache daraus zusätzlich Paare von Wörtern, bei denen alle Buchstaben des gegebenen Paares neu angeordnet sind, aber keine anderen.
42. Ähnliche Sätze (EST) - Stelle fest welche von zwei Buchstaben - Zahlen-Sätzen dem gegebenen Satz am ähnlichsten sind.

43. Zahlenkombinationen (DSS) - Schreibe mehrere verschiedene Gleichungen, bei denen nur die gegebenen Zahlen und die gegebenen Operationszeichen verwendet werden dürfen.
44. Zeichenänderungen II (ESR) - Entscheide welche Zeichenänderungen notwendig sind, um einen numerischen Ausdruck in eine Gleichung zu verwandeln.

Die Kriterien

Die Noten, die in den vier Kursen vergeben wurden, sind als eine Art Kriteriumsvariablen verwendet worden, aber am meisten bewertet wurden zwei besonders vorbereitete Leistungstests, einer für die Kurse in allgemeiner Mathematik und einer für die Kurse in Algebra. Die Testaufgaben wurden so ausgewählt, daß sie nach den Angaben der Lehrer die spezifischen Lernziele der Kurse abdeckten.

Verfahren

Testdurchführung. Die 25 mit der Faktorenanalyse zu analysierenden Tests wurden bei etwa 600 Schülern im Frühherbst 1961 durchgeführt. Eine kleine Testbatterie mit den Verfahren 38 bis 44 wurde im Mai 1962 angewendet, kurz bevor die Kriteriumstests gegeben wurden.

Die Faktorenanalyse. Die Faktorenanalyse schloß die Strukturtests 1 bis 25 und die Tests 26, 28 und 32 aus der Standard-Test-Liste ein. Die letzte Gruppe wurde analysiert um die Fähigkeiten CMU und MSI identifizieren zu können. Zwei Analysen wurden durchgeführt, eine für die kombinierten Gruppen Allgemeine Mathematik, eine für die kombinierte Algebragruppe. Beide Geschlechter wurden eingeschlossen, nachdem festgestellt worden war, daß Analysen der beiden Geschlechtergruppen keine bemerkenswerten Unterschiede in der Faktorenstruktur zeigten. Die beiden Gruppen für die Analyse hatten ein N von 211 bzw. 217. Bei jeder Analyse wurden die Hauptkomponenten extrahiert und Varimax - Rotationen unterworfen, denen graphische Rotationen folgten, um die Anpassung an die Strukturtheorie zu verbessern.

Zusätzlich zu dem Ziel nachzuweisen, daß die Tests als Meßinstrumente wie erwartet funktionierten, bestand die Absicht Faktorenwerte von den Tests zu erhalten, um die Anzahl der Prädiktorvariablen zu verringern und um lineare Einschränkungen bei der multiplen Regressionsanalyse zu vermeiden. Faktorenwerte wurden über das einfache Verfahren, die Aufsummierung von Standardwerten für die Tests, die am stärksten auf den Faktor luden, erreicht. Dieses Verfahren ist nicht gegen minimale Interkorrelationen der Faktorenwerte gesichert, obwohl kein Test bei mehr als einem zusammengesetzten Wert für die gleiche Mathematikgruppe auftrat. Die maximale Korrelation zwischen jedem Paar von Faktorenwerten betrug .50. Die Tests, die die Faktoren repräsentierten, unterschieden sich etwas für die beiden Mathematikgruppen, aber es gab bei beiden Fällen mindestens einen gemeinsamen Test für den Wert des gleichen Faktors.

Multiple Regressionslösungen. Multiple Regressiongleichungen und multiple Korrelationen wurden für 56 verschiedene Vorhersagegleichungen berechnet, wobei das angemessene Kriterium die abhängige Variable innerhalb jeder der vier Kursgruppen darstellte. Die Größe der Gruppen reichte von N = 73 bis N = 101. Kombinationen aus den unabhängigen Variablen (den Prädiktoren) schlossen 13 Faktorenwerte, die sieben besonderen Strukturtestwerte (Tests 38 bis 44) 2 CTMM - Werte, 3 Iowa - Test - Werte und 4 ausgewählte DAT - Werte ein. Eine Kombination aller neun Schulleistungstestwerte wurde ebenfalls verwendet.

Um zu bestimmen ob die Faktorenwerte der Strukturfaktoren signifikant etwas zu den multiplen Voraussagen beitragen, die von den Schulleistungstests allein zu erhalten sind, wurden multiple Regressionen gerechnet, die 13 Faktorenwerte und jeweils drei Sätze von Schulleistungstests einschlossen. Daran anschließend wurden F - Tests durchgeführt um die Signifikanz der Vergrößerung der multiplen Korrelationen in jedem Fall zu berechnen.

Ein zweiter Satz von Analysen multipler Regressionen verwendete ein schrittweises Rechenprogramm, das mit dem besten Einzelprädiktor beginnt, dann den zweitbesten Prädiktor bei jedem Schritt hinzunahm und mit einem F - Test bestimmte, ob der Gewinn in der Voraussage signifikant war. Der Prozeß des Hinzufügens von Prädiktoren wurde abgebrochen gerade bevor ein auf dem 10% - Niveau signifikantes F überschritten wurde. Bei diesem Vorgehen wurden die beiden Gruppen von Prädiktoren (20 Strukturvariablen und 9 Schulleistungsprädiktoren) getrennt in verschiedenen Gleichungen kombiniert. Obwohl die Werte der Schulleistungsprädiktoren gewöhnlich durch einfache Addition für die schulische Praxis kombiniert wurden, wird ein eher angemessener Vergleich hinsichtlich der potentiellen Voraussagemöglichkeit durch die optimale Gewichtung dieser Faktoren, genauso wie bei den Strukturvariablen, erreicht. Für die Regressionsgleichungen wurden keine Kreuzvalidierungen vorgenommen, da Unterteilungen der Stichproben im Vergleich zu der Zahl der Prädiktoren zu klein geworden wären.

Diskriminanzanalyse. Um festzustellen ob gewichtete Testkombinationen effektiv verwendet werden können, um zwischen erfolgreichen Schülern in allgemeiner Mathematik und erfolgreichen Schülern in Algebra zu unterscheiden, wurde eine Diskriminanzanalyse durchgeführt. Dabei wurden die Standard - Tests nicht berücksichtigt, da sie teilweise dazu gedient hatten die Schüler auf die verschiedenen Kurse zu verteilen. „Erfolgreich" waren in jedem Fall die Schüler, die Leistungstestwerte oberhalb des Medians bei den Kriteriumstests in allgemeiner Mathematik und Algebra erhielten. Die ursprünglichen Testwerte wurden dabei eher als die Faktorenwerte verwendet, da die

Tabelle 10.6 Korrelationen der Faktorenwerte mit den Werten zweier
Mathematikleistungstests*

Faktor	Test	Korrelationen mit den Testwerten	
		Allgemeine Mathematik	Algebra
CSR	Wortbeziehungen	.32	.13
CSR	Erkennen von Trends II	.36	.20
CSS	Buchstabenserien	.32	.30
CSS	Buchstabendreieck	.23	.18
CSI	Wortformen	.27	.12
CSI	Gruppieren von Symbolen	.24	.31
CMU	CTMM Language MA	.42	.16
CMU	Iowa Leserverständnis	.32	.18
CMS	Schiffsbestimmung	.27	.45
CMS	Notwendige Fakten	.35	.11
MSI - NSI	Numerische Operationen (G Z A S)	.39	.06
MSI +	DAT Numerische Fähigkeit	.63	.11
DSR	Alternative Additionen	.40	.11
DSR	Zahlregeln	.43	.21
NSR	Korrelatergänzung II	.42	.33
NSR	Buchstabe - Zahl	.12	.20
NSS	Wortänderungen	.20	.30
NST	Versteckte Wörter	.23	.12
NST	Worttransformationen	.31	.23
NSI	Zeichenänderungen	.43	.10
NMS	Satzordnung	.29	.09
NMS	Bildanordnung	.30	.08
EMR	Zugeordnete verbale Beziehungen	.29	.30
EMR	Beste Trendbezeichnung	.29	.00

* Korrelationen von .14 und .18 sind auf dem 5%- bzw. 1%-Niveau signifikant.

letzteren Standardwerte waren (standardisiert innerhalb der einzelnen
Mathematikgruppen) und daher die Mittelwerte für beide Gruppen, die
zu unterscheiden waren, gleich gewesen wären. Daher wurden 25
Strukturtestwerte bei einer Diskriminanzanalyse und 7 bei der anderen
verwendet.

Ergebnisse

Korrelationen der Strukturtests mit den Kriterien. Evidenz für prädiktive Validität, wie sie bei früheren Studien erwähnt wurde, findet sich
in Tabelle 10.6. Die Tests, die Faktoren repräsentieren, wurden ausgewählt, wenn sie in beiden Mathematikgruppen, bei neuen gezielten
Faktorrotationen der Achsen auf die Strukturtheorie, übereinstimmten.
Von den 24 Korrelationen mit den Kriterien für allgemeine Mathematik waren alle, mit einer Ausnahme, auf dem 1% - Niveau signifikant,
von den Korrelationen mit dem Kriterium in Algebra waren 12 in ähnlicher Weise signifikant. Wie wir aus anderen Hinweisen sehen wer-

den, ist die Voraussagbarkeit des Kriteriums in Algebra für die Gruppe in „Accelerated Algebra" wesentlich besser als für die Gruppe „Regular Algebra", ein Unterschied, der von den Daten in Tabelle 10.6 aufgedeckt wird und der dazu führt, daß die Korrelationen in der zweiten Spalte generell niedriger sind. Die Voraussagen des Kriteriums „Allgemeine Mathematik" waren in den beiden Gruppen etwa gleich gut und ebenfalls besser als die Voraussagen des Algebra-Kriteriums im Fall der Gruppe „Regular Algebra".

Die Unterschiede in den Validitätskoeffizienten zwischen den beiden Spalten der Tabelle sind sehr auffällig. Für mindestens 15 der 24 Tests ist der Koeffizient bei der Gruppe „Allgemeine Mathematik" wesentlich höher. Die daran beteiligten Fähigkeiten sind CSR, CMU, MSI, DSR, NST, NSI und NMS. In keinem Fall ist bei der Algebragruppe die Korrelation konsistent und deutlich höher. Die wichtigste Implikation ist die große faktorielle Komplexität jedes Kriteriums und die daraus folgende Möglichkeit für gute Voraussagen über die multiple Regression.

Tabelle 10.7 Ladungen und Prozentanteile an der Varianz, die den Faktoren bei den Kriteriumswerten zugeschrieben werden können

Fähigkeit	Allgemeine Mathematik		Algebra	
	Ladung	Varianz (%)	Ladung	Varianz (%)
CSR	.20	4	.04	0
CSS	.08	1	.25	6
CSI	.07	0	.18	3
CMU	.22	5	.09	1
CMR	-.21	4	-.12	1
CMS	.14	2	.14	2
MSI	.35	12	-.10	1
DSR	.40	16	-.02	0
NSR	.13	2	.08	1
NSS	-.02	0	.18	3
NST	.08	1	.17	3
NSI	.24	6	.26	7
NMS	.15	2	-.10	1
EMR	.30	9	.10	1
Gesamtvarianz (%)		64		30

Faktorladungen der Kriteriumsvariablen. Ein deutlicheres Bild von der Bedeutung jeder Strukturfähigkeit für den Kriteriumswert entsteht durch die Faktorladungen, die in Tabelle 10.7 angegeben sind. Die beiden Kriterien wurden nicht zusammen mit den Tests analysiert, aber nachdem die rotierte Faktorenmatrix nach der Analyse der Tests berechnet war, wurde ein Vektor für jede Kriteriumsvariable innerhalb des Bezugssystems der Faktoren ermittelt. Dieser Schritt war durch die Kenntnis der Korrelationen der Kriteriumsvariablen mit den Tests, nach dem in Kapitel 4 beschriebenen Verfahren, möglich.

Es fällt zuerst auf, daß die Ladungen in Tabelle 10.7 deutlich kleiner sind, als die Korrelationen der Tests, die in Tabelle 10.6 zu finden sind. Der Grund ist, daß die Korrelation zwischen einem Test und einem Kriterium nicht auf das Produkt der zwei Faktorenladungen beschränkt ist, die für den Faktor, den der Test am besten repräsentiert. Eine Korrelation zwischen Kriterium und Test ist die Summe aller entsprechender Ladungen der beiden Variablen auf allen in Betracht gezogen Faktoren.

Wie zu erwarten war, gibt es viel höhere Ladungen für das Kriterium „Allgemeine Mathematik". In der Reihenfolge des Beitrags, kann die Varianz des Testwertes in Allgemeiner Mathematik durch die Faktoren DSR, MSI, EMR, NSI, CMU, CMR und CSR erklärt werden, bei einer negativen Ladung auf CMR. Der Prozentsatz der aufgeklärten Varianz beträgt 64 (die Kommunalität liegt bei .64). Für das Algebrakriterium ist die Rangreihe der Wichtigkeit der Fähigkeiten: NSI, CSS, dann in gleicher Weise CSI, NSS und NST. Alle sind symbolische Fähigkeiten, während bei Allgemeine Mathematik drei semantisch sind. Die kombinierten Beiträge zur Gesamtvarianz betragen beim Algebratest nur 30 Prozent. Dieses schlechte Ergebnis ist der geringen Voraussagbarkeit des Kriteriums bei der „Regular Algebra" - Gruppe zuzuschreiben.

Tabelle 10.8 Multiple Korrelationen für die Voraussage der Mathematikleistungstestwerte durch gewichtete Kombinationen von Standardtests und von Faktortests[*]

	Mathematikkurs			
Prädiktor Zusammensetzung	Grundlagen der Mathematik	Non-College Algebra	Regular Algebra	Accelerated Algebra
9 Standard - Tests	.60	.53	.22	.74
2 CTMM Werte	.34	.40	.18	.37
3 Iowa -Tests	.53	.31	.20	.62
4 DAT - Tests	.57	.53	.24	.70
7 Faktor - Tests	.42	.56	.27	.51
13 Faktorwerte	.46	.45	.39	.75
20 Faktorprädiktoren	.48	.54	.38	.74

* Die multiplen Korrelationen sind erwartungstreue Schätzungen, z.B. minderungskorregiert.

Multiple Korrelationen. Tabelle 10.8 faßt die wichtigsten Daten als Antwort auf die Frage zusammen, wie gut die Voraussagen im Vergleich zwischen dem Standardtest - Prädiktoren und den Strukturtest - Prädiktoren sind. Von den drei Standardtest - Zusammenfassungen sind die für die vier DAT - Tests in der Voraussage am besten und die der CTMM - Werte allgemein am schlechtesten. Die Standardtest - Zusammenfassungen funktionierten im allgemeinen besser als die Strukturtests bei der Voraussage der Leistung in allgemeiner Mathematik, während die Strukturtestvariablen die Leistungen in Algebra voraussagten, besonders bei Accelerated Algebra. Alle Korrelationskoeffizienten wurden minderungskorrigiert, um besser die erwarteten Populationswerte zu repräsentieren.

Nachweis der Voraussage aus Faktorenwerten. Multiple Korrelationen wurden berechnet aus den 13 Strukturfaktorwerten und den Standardtestwerten bei der multiplen Prädiktion des entsprechenden Kriteriums jeder der vier Gruppen hinzuaddiert. Die Ergebnisse sind in Tabelle 10.9 gegeben. Dieses Verfahren wurde auf jeden der drei Standardtests getrennt angewendet.

Tabelle 10.9 Erhöhungen der multiplen Korrelationen (R) durch die Addition von 13 Faktorenwerten zu jedem der drei Standardtests und F-Werten für die Signifikanz der Erhöhung

Prädiktor	Basic Mathematics		Non-College Algebra		Regular Algebra		Accelerated Algebra	
	R	F	R	F	R	F	R	F
CTMM (2 Werte)	.35		.41		.21		.38	
CTMM + 13 Werte	.59	1.58	.59	1.60	.54	2.25*	.80	6.06**
Iowa (3 Werte)	.55		.34		.24		.63	
Iowa + 13 Werte	.65	1.05	.58	1.94*	.54	2.10*	.82	3.23**
DAT (4 Werte)	.59		.55		.29		.72	
DAT + 13 Werte	.64	0.46	.59	0.48	.55	2.07*	.85	3.36**

Die multiplen Korrelationen sind nicht erwartungstreu.
* Signifikant bei α = .05.
** Signifikant bei α = .01.

Es ist anzumerken, daß es unterschiedliche Erhöhungen bei den Korrelationskoeffizienten gibt, wobei die Unterschiede bei allen Algebrakursen signifikant sind. Die allgemeine Schlußfolgerung daraus ist, daß jede Quelle, Standardtest und Strukturtest, etwas zur Varianz beiträgt, was nicht in der anderen enthalten ist, zumindest bei der Voraussage der Algebraleistung.

Faktorbeiträge zur multiplen Prädiktion. Die relative Bedeutung der Prädiktorvariablen kann am besten dadurch gesehen werden, daß die Beta-Koeffizienten verglichen werden, da diese Werte das widerspiegeln was jeder Prädiktor beiträgt, wenn die anderen berücksichtigt werden. Obwohl wenige der Standardtestwerte der Repräsentation einzelner Fähigkeiten nahe kommen - z.B. enthält der DAT-Test Abstraktes Denken möglicherweise CFR und der DAT-Test Geschwindigkeit und Sorgfalt kommt ESU nahe - sind andere in Bezug auf die faktoriellen Fähigkeiten nicht so einheitlich. Wenn sie in einer Regressionsgleichung zusammengebracht werden, sind einige faktorielle

Komponenten bestimmter Tests etwas unterdrückt durch die Werte, die die gleichen Komponenten bei anderen Tests ausdrücken, manchmal so stark, daß die Beta-Gewichte negativ werden. Einige der gleichen Effekte können bei den Faktorenwerten auftreten, wenn diese Variablen nicht völlig einheitlich für die jeweiligen Faktoren sind.

Betrachten wir die Testvariablen, die statistisch signifikante Beta-Koeffizienten bei der Anwendung der früher erwähnten schrittweisen multiplen Regressionsanalyse haben. Derartige Regressionsgleichungen wurden für die neuen Standardtest-Prädiktoren auf der einen Seite und für die 20 Faktorrepräsentanten auf der anderen, für jeden der vier Mathematikkurse abgeleitet. Die Auflistung der signifikanten Prädiktoren in der Reihenfolge des Auftretens in den Gleichungen ist in Tabelle 10.10 gegeben, zusammen mit den multiplen Korrelationen, die sich mit den Gleichungen ergeben.

Tabelle 10.10 Prädiktoren, die signifikant (F bei α = .10) in den multiplen Regressionsgleichungen auftreten, Multiple Korrelationskoeffizienten für gewichtete Zusammensetzungen von Standardtests, Faktortests und Faktorenzusammensetzungen

Kurs	Standardtestwerte	Prädiktor	Faktortests u. Zusammengesetzte Faktorwerte		
	Test	R	Variable	R	N
Grundlage der Mathematik	DAT Numerische Fähigkeit	.59	MSI	.59	77
	Iowa Leseverständnis		DSI		
			NMS		
Non-College	DAT Numerische Fähigkeit	.49	ESR	.62	95
	DAT Abstraktes Denken		NSR (ESS)*		
			MSI		
			EMR		
Regular Algebra	DAT Numerische Fähigkeit	.29	DSR	.45	101
	CTMM Non-Language MA		MSI		
Accelerated Algebra	Iowa Leseverständnis	.76	NSR	.78	73
	DAT Numerische Fähigkeit		EMR		
	DAT Geschwindigkeit u. Sorgfalt		DSR		
	DAT Abstraktes Denken		NSS (ESS)*		

*Faktorsymbole in Klammern weisen darauf hin, daß der Test für diesen Faktor konstruiert war, aber nicht faktoranalysiert wurde.

An erster Stelle ist darauf hinzuweisen, daß der Test „DAT Numerische Fähigkeit" signifikant bei allen vier Gleichungen auftrat, die nur die Standardtests einschlossen, und daß er als der führende Prädiktor bei allen Kursen mit Ausnahme von Accelerated Algebra auftrat. Ob diese Ergebnisse nur auf die MSI - Komponente oder auf eine andere faktorielle Komponente zurückgeführt werden können, oder ob mehrere Komponenten dazu beitrugen, wissen wir nicht, da der Test nicht analysiert wurde. Andere Tests mit numerischen Operationen zeigen z.B. ebenfalls Varianz bei der Fähigkeit NSI. Obwohl der Faktorwert für MSI signifikant bei drei der vier Gleichungen auftrat, die als Faktorvariablen - Prädiktoren zusammengesetzt waren (vgl. Tabelle 10.10), führte es nur die Liste für „Grundlagen" an. Er trat bei Accelerated Algebra überhaupt nicht auf. Das ist ein verständliches Ergebnis. Die Schlußfolgerung daraus ist, daß der Test „DAT Numerische Fähigkeit" eine unbekannte Komponente zusätzlich zu MSI enthält.

Der Iowa Leseverständnistest trug signifikant zur Voraussage bei zwei Kursen bei, bei Grundlagen und Accelerated Algebra. Das ist recht merkwürdig, weil es sich dabei um zwei sehr disparate Kurse handelt. Obwohl die führende Komponente eines Tests CMU gewesen sein könnte, gibt es keine Bestätigung, daß dies die Quelle der Validität ist, da keine einheitliche CMU - Variable in einer der vier Faktorvariablengleichungen auftritt, die in Tabelle 10.10 vertreten sind.

Das Auftreten des Tests „DAT Abstraktes Denken" bei zwei der Listen von validen Standard-Prädiktoren deutet an, daß die Fähigkeit CFR bei zwei Kursen relevant ist, bei: Non - College - Algebra und Accelerated Algebra. Er könnte auch in der Liste für Regular Algebra aufgetreten sein, wenn das Kriterium in diesem Kurs genau so gut hätte vorausgesagt werden können wie bei den anderen. Die Bedeutung von CFR für die Algebra - Kurse könnte der Verwendung von graphischen Repräsentationen in karthesischen Koordinaten bei diesen Kursen, im Gegensatz zu Grundlagen zuzuschreiben sein.

Die Untersuchung der Faktorenvariablen, die signifikante Beiträge liefern, zeigt, daß neun der zwanzig in dieser Studie repräsentierten mindestens einmal auftreten. MSI erscheint dreimal und vier andere (DSR, NSS, ESS und EMR) je zweimal. Von den fünf Kognitionsfähigkeiten erscheint keine in der Liste für irgendeinen der vier Kurse. Da nur eine Gedächtnisfähigkeit in der Untersuchung vertreten war, kann nichts über Beiträge der Gedächtniskategorie gesagt werden. Aber die beiden Produktionskategorien (divergent und konvergent) und die Evaluationskategorie waren ziemlich gut repräsentiert. Die relevanten Fähigkeiten waren nicht auf diejenigen symbolischen Inhalts beschränkt, da zwei von vier semantischen Fähigkeiten wichtig waren und es eine figurale Fähigkeit gab (CFR), die durch einen DAT - Test, erfaßt wurde. Sieben von elf Fähigkeiten, die mit Relationen oder Systemen zu tun haben, waren relevant, während Fähigkeiten für andere Produktkategorien seltener auftraten. Jedoch waren mit Ausnahme von Implikationen die Produktkategorien bei dieser Untersuchung schlecht repräsentiert.

Die Diskriminanzanalyse. Wie bereits erwähnt, war die Diskriminanzanalyse auf die Tests der Strukturfaktoren beschränkt. Eine Analyse wurde mit den fünfundzwanzig Tests, die faktoranalysiert wurden, die andere mit den sieben Tests, die nicht analysiert wurden, durchgeführt. Tests der folgenden Faktoren zeigten die größten Beiträge zur ersten Diskriminanzfunktion, mit Anteilen über 3%: NSS, DSR, CMS und NST in absteigender Reihenfolge der Bedeutung. Bei 102 erfolgreichen Algebra - Schülern, die von 105 erfolgreichen Schülern in allgemeiner Mathematik unterschieden werden sollten, gab es in jeder Gruppe nur zwölf Fehlklassifikationen. Aus der 2 x 2 Kontingenztabelle ergab sich ein Phi-Koeffizient von .77.

Bei der Analyse, die die sieben nicht analysierten Tests verwendete, kamen die höchsten Beiträge von den Fähigkeiten DSI, ESS und DSS. Nur der ESS - Test wurde später nicht analysiert; die faktoriellen Beiträge der beiden anderen Tests wurden durch die Analyse bestätigt. Bei der Anwendung der zweiten Diskriminanzgleichung wurden in jeder Gruppe nur neun Schüler falsch klassifiziert, bei einem Phi-Koeffizienten von .83. Wenn man die beiden Diskriminanzanalysen berücksichtigt, kann gesagt werden, daß Tests für Fähigkeiten, die möglicherweise nicht in Standardtests, mit Ausnahme von CMS, vertreten sind, eine sehr gute Grundlage für die Klassifikation der Schüler in Kurse mit Algebra bzw. allgemeiner Mathematik abgeben. Dabei liegt die Genauigkeit bei ungefähr 90%. Obwohl es einige Überlappungen zwischen der Liste signifikant prädiktiver Variablen innerhalb der Kursgruppen und den starken Diskriminanzvariablen z w i s c h e n den Kursgruppen bei der Diskriminanzanalyse gab, bestanden einige Unterschiede. Die gleiche Kombination von Prädiktoren kann nicht beide Ziele optimal erreichen.

Diskussionen und Schlußfolgerungen

Diese Untersuchung zeigt, wie eine Batterie multipler Prädiktoren mit einem hohen Grad an Erfolg für die Voraussage faktoriell komplexer Kriteriumsvariablen, einschließlich Leistungskriterien von Kursen, entwickelt werden kann. Weiter demonstriert sie wie die Arbeitsschritte bei Kenntnis der zugrundeliegenden Fähigkeitsvariablen ablaufen, so daß verallgemeinerte Schlußfolgerungen gezogen werden können, die sowohl theoretische als auch praktische Konsequenzen haben. Diese Studie könnte das Modell für die Untersuchung jedes Unterrichts abgeben. Es wird jedoch empfohlen, daß, wo immer möglich, das Verfahren der Kreuzvalidierung angewendet werden sollte, um eine größere Verallgemeinerung der Schlußfolgerungen und Anwendungen zu erreichen. Es ist ebenfalls zu empfehlen, alle möglicherweise relevanten Strukturfähigkeiten in die Untersuchung aufzunehmen, wenn es möglich ist.

Im Einzelnen wurde gefunden, daß

1. Batterien von Faktorwerten bessere Prädiktoren der Leistung sind

als jede von drei Standardtestkombinationen, besonders bei der Voraussage der Leistung in Algebra.

2. die Addition von Werten bestimmter Faktoren zu den Komponenten der Standardfähigkeitstests zu einer verbesserten Voraussage der Leistung führt, signifikant bei den Algebrakursen.

3. Kombinationen von Faktortestwerten zwischen erfolgreichen (oberhalb des Medians) Algebraschülern und erfolgreichen Schülern in allgemeiner Mathematik mit einer Genauigkeit von etwa 90% unterschieden.

4. wenn nur Prädiktoren berücksichtigt werden, die signifikant zur multiplen Prädiktion beitragen, zwölf verschiedene Strukturfähigkeiten wichtig sind. Andere Fähigkeiten, die bei dieser Studie nicht vertreten waren, können später zu dieser Liste hinzukommen. Kognitionsfähigkeiten scheinen relativ weniger wichtig zu sein, während Evaluationsfähigkeiten zusammen mit Fähigkeiten der divergenten und konvergenten Produktion als am erfolgversprechendsten erscheinen. Die Gedächtnisfähigkeiten wurden zum größten Teil bei dieser Untersuchung ignoriert.

5. einige Fähigkeiten sowohl für die Voraussage der Leistung innerhalb der Kursgruppe als auch für die Diskriminanz zwischen ihnen wichtig zu sein scheinen, während andere Fähigkeiten nur für eines dieser Ziele von Bedeutung sind.

Die Rolle der Strukturfähigkeiten beim Begriffslernen

Ein großer Teil von Zeit und Energie, die dem Lehren und Lernen gewidmet ist, wird für den Erwerb von Begriffen durch den Lernenden verwendet. Die Erkenntnis dieses Sachverhalts führte dazu, daß eine Validitätsstudie des Projekts teilweise zu einer mehr analytischen Betrachtung der Strukturfähigkeiten mit dem Lernen einer bestimmten Art von Begriffen in Beziehung gebracht wurde (5). Die vorauszusagenden Kriterien waren Werte bei Lernaufgaben, die von einer Gruppe von Vpn im Lauf der Entdeckung und des Behaltens der Begriffe erreicht wurden.

Ein Begriff ist ein geistiges Konstrukt, von dem es verschiedene Arten gibt, die als Informationsprodukte identifiziert werden. Ein Begriff kann eine Einheit mit einer Kombination von Attributen sein; eine Klasse mit einem Satz gemeinsamer Eigenschaften, die zu einer Sammlung von Objekten oder Ereignissen gehören oder ein System mit einer besonderen Organisation. Wie auch immer die Form ist, ein Begriff wurde als Klassenvorstellung gelernt, was bedeutet, daß die Strukturfähigkeiten, die sich auf Klassen beziehen, logischerweise zuerst Anspruch auf Bedeutung beim Begriffslernen haben.

---

5 Vgl. Bericht 39; ebenfalls DUNHAM, GUILFORD und HOEPFNER (1968).

Die Aufgaben des Begriffslernens

Drei Aufgaben für das Lernen der Begriffe wurden entwickelt. Sie gleichen sich in vieler Hinsicht, unterscheiden sich aber in der Art der verwendeten Information - figural, symbolisch und semantisch. Bei jeder Aufgabe werden der Vp einzeln in gemischter Reihe 24 Darstellungen von je vier Begriffen vorgegeben. Bei der figuralen Begriffslernaufgabe waren vier verschiedene Begriffe zu entdecken. Die Darstellungen für Begriff A bestanden aus sich schneidenden Linien, die für Begriff B aus rechten Winkeln, für C aus gepunkteten Linien und für D aus parallelen Linien. In einem „Lehrbuch" stand auf einer Seite eine Darstellung. Die Vp versuchte den Begriff zu erraten, indem sie mit einem der vier Buchstaben A-D antwortete, von denen einer umkreist werden sollte. Auf der nächsten Seite wurde die Darstellung mit den Buchstaben wiederholt, den die Vp hätte angeben sollen. Dadurch erhielt sie eine unmittelbare Rückmeldung über Erfolg oder Mißerfolg hinsichtlich der richtigen Lösung. Auf der gleichen Seite wurde eine neue Darstellung gegeben, zu der die Vp einen Buchstaben als Antwort geben sollte usw., über insgesamt 96 Seiten hinweg. Der Vp wurde gesagt, sie solle die Seite auf ein Signal hin umdrehen, das alle fünf Sekunden gegeben wurde, und einen Buchstaben aufschreiben, auch dann, wenn es sich nur um eine Vermutung handelte. Das Verfahren mit dem „Lehrbuch" sollte den Erfordernissen der Gruppentests entsprechen, bei denen etwa 200 Vpn beteiligt waren.

Die anderen beiden Begriffsaufgaben waren von der gleichen Art. Die Darstellungen der symbolischen Begriffe bestanden aus Sätzen von jeweils vier Buchstaben, z.B. E J M C, bei denen die Vp das Prinzip oder die Klasseneigenschaft entdecken sollte. Die vier Klassenvorstellungen waren (A) der Satz enthält einen wiederholten Buchstaben, z.B. M V H V, (B) jede Darstellung enthält den Buchstaben „A"; (C) der Satz beginnt mit einem Vokal und (D) die vier Buchstaben sind in alphabetischer Reihenfolge gegeben, folgen aber nicht unmittelbar aufeinander.

Jeder semantische Komplex bestand aus vier bekannten Wörtern, von denen eines die gemeinsame Eigenschaft der Klasse repräsentierte, z.B. aus den Wörtern „smile, garden, chief, storm". Die vier Klassenvorstellungen waren (A) Arten der Führung (der gerade gegebene Satz gehört zu diesem Begriff); (B) Bezeichnung von Teilen, z.B. „Rad"; (C) Bezeichnung von Geräuschen, die von Tieren gemacht werden, z.B. „knurren" und (D) Bezeichnungen für Lebensmittel.

Tests und ihre Fähigkeiten

Da die Vorstellungen der Klassen so offensichtlich wichtige Rollen bei den drei Lernaufgaben spielen, wurde den Fähigkeiten, die mit Klassen zusammenhängen, die höchste Priorität bei der Auswahl potentieller Prädiktoren eingeräumt. Im Strukturmodell gibt es 20 derartige Fähigkeiten. Da keine Lernaufgabe Informationen über Verhalten präsentierte, konnten 5 der 20 Fähigkeiten für diese Studie eliminiert werden. Wegen der Notwendigkeit die Testbatterie innerhalb realistischer Zeitgrenzen zu halten, wurde auf die Fähigkeiten der Evaluation von Klassen verzichtet. Das reduzierte die Zahl der Fähigkeiten bei Klassen auf 12 - für drei Arten der Information jeweils vier Operationsformen. Eine zusätzliche Fähigkeit mußte aus Mangel an verfügbaren und analysierten Tests weggelassen werden. Es handelte sich dabei um Gedächtnis für figurale Klassen (MFC).

Einige der Fähigkeiten bei Klassen, die eingesetzt werden sollten, waren vorher noch nicht nachgewiesen worden und es bestand auch die Notwendigkeit, neue Tests für bereits nachgewiesene Fähigkeiten zu konstruieren. Daher wurde eine Faktorenanalyse benötigt, um die angemessene Funktion dieser neuen Tests nachzuweisen und um die neuen Fähigkeiten zu bestätigen. Die Analyse wurde aus einem noch wichtigeren Grund benötigt und zwar um eine Faktorenstruktur zu ermitteln, die unabhängig von der Analyse der Testwerte war. Durch ein Verfahren der Ausweitung wurden die Lernwerte als Vektoren in der vorher ermittelten Faktorenstruktur lokalisiert. Die Entscheidung für dieses Vorgehen wurde getroffen, weil anzunehmen war, daß die Lernwerte wahrscheinlich faktoriell komplex seien und daher nur von geringem Nutzen bei der Lokalisation der Faktorenachsen. Sie könnten wirklich sehr verwirrend sein. Es waren Methoden für die Ausweitung der Faktorenstruktur verfügbar, die es ermöglichten, zusätzliche experimentelle Variablen zu berücksichtigen, wenn die Korrelationen mit den analysierten Variablen bekannt sind (vgl. Kapitel 4).

Für die Zwecke der Faktorenanalyse wurde es als notwendig erachtet, vier Fähigkeiten zusätzlich einzusetzen, die nichts mit Klassen zu tun hatten, zusammen mit Markierungstests für diese Faktoren. Die davon betroffenen Fähigkeiten waren CMU, CMS, DSU und NMU. Es wäre möglich, daß diese Fähigkeiten zu einem gewissen Grad in den Tests für Klassen repräsentiert sind und das war zu berücksichtigen. Ein zweiter Grund für das Hinzunehmen von CMU und CMS als Referenzfaktoren war, daß sie häufig bei Schulleistungstests dominierten. Würden sie auch eine nachweisbare Rolle bei der eingeschränkten Aufgabe des Begriffslernens spielen?

Tests für die Klassenfähigkeiten. Um der Untersuchung eine Bezugsbasis zu geben, sind hier ein oder zwei Tests, die für jede Fähigkeit bestimmt waren, zusammen mit einer Kurzbeschreibung aufgeführt. Wir beginnen mit Tests für die Kognition von Klassen:

Figurklassifikation (CFC) - Die Vp soll die Figur auswählen, die zu einem Satz von drei anderen paßt. Es handelt sich dabei um Zuordnungsaufgaben.
Einschluß figuraler Klassen (CFC) - Wähle eine von fünf alternativen Figuren aus, die zu einer Klasse von zwei Figuren gehört.

Buchstabenklassifikation (CSC) - Wähle den Satz von vier Buchstaben aus, z.B. L S U G, der zu jeder Klasse gehört, die durch drei derartige Sätze von Buchstaben repräsentiert ist. Es handelt sich um Zuordnungsaufgaben.

Zahlklassifikation (CSC) - Wähle eine von fünf Zahlen aus, die zu jeweils einem Satz von drei Zahlen gehört. (Zuordnungsaufgaben)

Verbale Klassifikation (CMC) - Ordne jedes von mehreren Wörtern einer oder zwei Klassen zu, die jeweils durch fünf Begriffe beschrieben sind, oder gar keiner.

Satzklassifikation (CMC) - Stelle fest, ob jeder Satz (A) eine Tatsache, (B) eine Möglichkeit oder (C) einen Begriff übermittelt.

Gedächtnis für Klassen sinnloser Wörter (MSC) - Wähle aus einem Satz vier alternativer sinnloser Silben auf der Testseite diejenige aus, die zu einer Klasse gehört, die durch drei Silben auf der Übungsseite vertreten war.

Klassifizierte Information (MMC) - Stelle fest, ob jeder Satz von drei sinnvollen Wörtern auf der Testseite die gleiche Klasse repräsentiert wie ein anderer Satz von Wörtern, der vorher auf der Übungsseite war.

Alternative Buchstabengruppen (DFC) - Gegeben sind eine Anzahl von Großbuchstaben, die auf verschiedene Weise nach ihren figuralen Eigenschaften klassifiziert werden sollen.

Multiple figurale Ähnlichkeiten (DFC) - Gegeben sind drei komplexe Figuren, die als Repräsentanten unterschiedlicher Klassen angesehen werden können. Es sind alternative einzelne Figuren auszuwählen, die ihnen zugeordnet werden können, aber jede aus einem anderen Grund.

Gruppieren von Namen (DSC) - Gegeben sind die Vornamen einer Anzahl von Personen. Sie sollen auf verschiedene Arten nach den Buchstaben, die sie enthalten, klassifiziert werden.

Multiple Buchstabenähnlichkeiten (DSC) - Gegeben sind drei Sätze aus je vier Buchstaben, die als Repräsentanten verschiedener Klassenvorstellungen angesehen werden können. Ihnen sollen einer von mehreren vorgegebenen Buchstabensätzen zugeordnet werden. Immer nur einer zu einem Zeitpunkt und aus unterschiedlichen Gründen.

Multiples Gruppieren (DMC) - Gegeben sind die Bezeichnungen einiger Objekte. Daraus sollen alternative Untergruppen von drei oder vier gebildet werden, dabei ist jedes Objekt auf verschiedene Weise einzugruppieren.

Nützlichkeitstest (DMC) - Schreibe verschiedene Verwendungsmöglichkeiten für einen gewöhnlichen Ziegelstein (oder einen Bleistift) auf. Die Liste wird nach der Anzahl der Wechsel der Klasse der Verwendung bewertet.

Gruppieren von Figuren (NFC) - Gegeben ist ein Satz von 12 Figuren, der in vier sich gegenseitig ausschließende Klassen aufzugliedern ist. Alle Figuren sind zu verwenden.

Gruppieren nach Figurbegriffen (NFC) - Gegeben ist eine Zielfigur und eine Aufstellung anderer Figuren. Dabei sollen die Figuren der Liste den Zielfiguren zugeordnet werden, wobei jede Gruppe ihr eigenes gemeinsames Merkmal haben muß.

Gruppieren von Buchstaben (NSC) - Gegeben sind 12 sinnlose Silben, die in vier sich gegenseitig ausschließende Gruppen zu gliedern sind. Alle Silben müssen verwendet werden.

Gruppieren von Wörtern (NMC) - Gegeben sind 12 sinnvolle Wörter, die in vier sich gegenseitig ausschließende Gruppen zu gliedern sind. Alle Wörter müssen verwendet werden.

Gruppieren von Begriffen (NMC) - Gegeben ist ein Zielwort und eine Liste anderer Wörter. Ausgewählte Wörter der Liste sollen dem Zielwort zugeordnet werden, wobei jede Gruppe auf einem anderen Attribut des Zielwortes basieren soll.

Markierungstests für Bezugsfaktoren. Die Markierungstests, die für die Bezugsfaktoren verwendet wurden, sind im allgemeinen bekannter. Für CMU waren es Verständnis für Verbales Material und Wortergänzung - Mehrfachauswahl und Wortschatztests in Ergänzungsform. Für CMS waren es „Problemlösen (arithmetische Denkaufgaben)" und „Schiffsbestimmung", für DSU „Wortflüssigkeit" und „Nachsilben", für NMU „Benennen von Figurengruppen", „Benennen von Wortgruppen" und „Benennen sinnvoller Trends (früher bekannt als „Erkennen von Trends")".

Die Lernwerte und ihre Verwendung

Drei verschiedene Arten von Lernwerten wurden bei den Aufgaben des Begriffslernens verwendet. Ein „Zustandswert" berücksichtigte die individuelle Leistung in Form der Zahl der richtigen Antworten bei jeder der Aufgaben zu 12 verschiedenen Zeitintervallen innerhalb der vollständigen Lernzeit, die 96 Versuche umfaßte. Jeder Zustandswert basierte daher auf acht einander folgenden Versuchen. „Kriteriumswerte" wurden für jedes Konzept erhalten, in dem bestimmt wurde, bei welchem Versuch von der Vp angenommen werden konnte, daß sie den Begriff beherrscht, wie es bei einem richtigen Durchgang in den folgenden Versuchen gezeigt wird. Der Wert für die „Begriffsverbalisation" für jede Aufgabe basierte auf der Zahl der Begriffe, die die Vp am Ende der Lernaufgabe definieren oder beschreiben kann.

Jeder Lernwert wurde mit den allgemeinen Faktoren dadurch verbunden, daß der Bezugsrahmen ausgeweitet wurde, um diese Variable einzuschließen. Mit der Verwendung der Zustandswerte war es möglich, zu bestimmen, ob es irgendwelche systematische Veränderungen oder Trends in den Ladungen auf bestimmte Faktoren als Funktion der

Übung und des Lernens gibt. In Übereinstimmung mit den Ergebnissen von FLEISHMAN (1966) und seinen Mitarbeitern würden wir erwarten, daß einige Fähigkeiten relativ wichtiger zu Beginn der Lernperiode sind und systematisch an Bedeutung verlieren, während andere frühzeitig weniger wichtig sind und später an Bedeutung gewinnen. Noch andere könnten ihre maximalen Ladungen bei mittleren Positionen der Lernsequenz haben. Zum Beispiel könnten die Fähigkeiten der divergenten Produktion früher wichtiger sein, wo die Generierung alternativer Hypothesen vorkommt, während die Fähigkeiten der konvergenten Produktion später wichtig werden könnten, wenn die Erfahrung zu einer richtigen Antwort bei jedem Versuch führt. Es wäre zu erwarten, daß die Inhaltskategorie jeder Aufgabe, figural, symbolisch oder semantisch, die Inhaltskategorie der wichtigeren Fähigkeit zu jedem Zeitpunkt des Lernens bestimmt.

Der Kriteriumswert wird üblicherweise bei Laborexperimenten verwendet und gibt Auskunft darüber, mit welcher Geschwindigkeit die Vpn das Lernen jeder Aufgabe oder Teilaufgabe abschließen. Er ermöglicht nicht die Verbindung des Ausmaßes des Lernens mit jedem Faktor, wie es beim Zustandswert möglich ist. Der Wert für die Begriffsverbalisation gibt ebenfalls die Effizienz bei der Lernaufgabe an. Er sollte etwa die gleichen Ergebnisse wie der Kriteriumswert liefern, mit der Ausnahme, daß der Aspekt des Benennens ein zusätzliches Merkmal darstellt. Das könnte einige Varianz bei der Fähigkeit NMU, der Benennungsfähigkeit, einbringen.

Faktorielle Verbindungen zu den Lernwerten

Faktorenladungen der Zustandswerte. Die vollständige Tabellierung der Ladungen der 12 Zustandswerte für jede der drei Aufgaben findet sich in Bericht 39. Hier kommen wir nur auf die wichtigeren Ergebnisse zu sprechen.

Bei der Interpretation der Faktorenladungen, die durch das beschriebene Verfahren für Lernwerte jeder Art erhalten werden, muß berücksichtigt werden, daß es eine Tendenz zu niedrigeren Werten gibt. Daher kann das Finden einer nicht zufälligen Faktorladung für einen Faktor als Beweis für eine Rolle dieses Faktors genommen werden, während, wenn keine Ladung gefunden wird, das kein Beweis für die Abwesenheit dieses Faktors ist. In Übereinstimmung damit können Faktorenladungen, die nicht Null sind, Unterschätzungen des Ausmaßes sein, zu dem bestimmte Fähigkeiten oder Funktionen bei der Lernaufgabe wichtig sind. Faktorenladungen könnten keine Überschätzungen dieser Rollen sein mit der Ausnahme des Zufalls.

Die Schwierigkeitsniveaus der Aufgaben sind an diesem Phänomen beteiligt. In der Nähe des Anfangs des Lernens einer Aufgabe, bei dem die Testwerte zum großen Teil vom Zufall abhängen, gibt es nur eine geringe Reliabilität und wenig Gelegenheit für irgendeinen Faktor, seinen Einfluß zu zeigen. In der Nähe des Endes des Lernens, wenn die Vpn perfekte Werte erreicht haben, liegt die reliable Varianz ebenfalls in der Nähe von Null und die Faktorenladungen können nicht weit von Null sein. Bei den Aufgaben dieser Untersuchung begannen die Werte im Mittel etwa bei 4.0, wobei ein Zufallswert von 2.0 zu erwarten war, was für Variationen und die Entdeckung faktorieller Komponenten günstig ist. Diese Aspekte gelten am strengsten für die Zustandswerte, sie lassen sich nur in einer weniger direkten Weise auf die anderen beiden Testwerte anwenden.

Zurück zu den Ergebnissen. Zuerst ist anzumerken, daß die Faktorenladungen aller Lernwerte ziemlich klein sind. Sehr wenige liegen oberhalb der Signifikanzgrenze der Interpretierbarkeit, die auf Faktorenladungen angewendet wird (.30.). Es gibt keine Möglichkeit, den Standardfehler der Faktorenladungen zu berechnen, aber CLIFF und PENNELL (1967) haben mit Monte-Carlo-Verfahren gezeigt, daß die Stichprobenfehler bei Faktorenladungen in etwa denen bei Korrelationskoeffizienten vergleichbar sind. Bei einer Stichprobe von 177 Schülern, die bei dieser Untersuchung verwendet wurde, können wir mit einigem Vertrauen sagen, daß Ladungen von .20 oder höher Beachtung geschenkt werden sollte.

Die große Mehrzahl der Ladungen war positiv, in Übereinstimmung mit den allgemein positiven Korrelationen zwischen den Testwerten und den Lernwerten. Die Werte gingen von .40 für die figurale Begriffsaufgabe, bis zu .35 für die symbolische Aufgabe und bis zu .48 für die semantische Aufgabe. Die Kommunalitäten lagen bei der figuralen Aufgabe zwischen .11 und .39 bei den 12 Variablen, für die symbolische Aufgabe zwischen .10 und .31 und für die semantische Aufgabe zwischen .12 und .48. Das Reliabilitätsniveau der Lernwerte (geschätzt über Korrelationen benachbarter Zustandswerte) war etwas höher als diese Werte, was andeutet, daß etwas der allgemeinen Faktorvarianzen, die auftraten, nicht über die 15 Fähigkeitsfaktoren des Experiments erfaßt werden konnte. Die zusätzliche „wahre" Varianz könnte durch einige intellektuelle Fähigkeiten verursacht sein, die bei dieser Untersuchung nicht abgedeckt wurden.

Eine andere allgemeine Aussage, die gemacht werden kann, ist die, daß Faktorenladungen bei einer Aufgabe mit einem bestimmten Inhalt nicht bei den Faktoren höher war, die den gleichen Inhalt betrafen. Die figurale Aufgabe hatte definitiv höhere Ladungen auf CFC als auf CSC und CMC, aber im Bereich der divergenten Produktion waren die Ladungen auf NFC, NSC und NMC in etwa gleich. Bei den Produktionsbereichen hatte die symbolische Aufgabe die höchsten Ladungen auf DSC und NSC, aber im Bereich des Gedächtnisses waren die Ladungen auf MMC deutlicher höher als auf MSC. Dieses Ergebnis scheint darauf hinzudeuten, daß die Vpn im allgemeinen dazu tendieren, die Information über die symbolischen Klassen in semantische Form zu übertragen und sie in einer „Sprache" behalten. Obwohl es realistisch erscheint, daß die Vpn die Begriffe in verbalisierter (semantischer) Form behalten, wie wir es häufig bei Laborversuchen finden, da diese Art von Gedächtnis scheinbar am besten ist, ergibt sich für die semantische Aufgabe, daß die Vpn genauso von der Fähigkeit MSC wie von MMC als Hilfe für das Begriffslernen abhängen. Es ist möglich, daß einige Vpn mehr als eine „Sprache" als Gedächtnisstütze verwenden. Die Abhängigkeit von den Fähigkeiten DFC und DSC schien ebenfalls größer als die von DMC. Die Art der Lernstrategie, die dem zugrunde liegt, kann nur vermutet werden. Im Fall der Fähigkeiten der konvergenten Produktion hing das Lernen bei der semantischen Aufgabe später in der Lernphase mehr von NMC ab (Versuche 5 bis 12), aber früher mehr von NSC (Versuche 2 bis 4).

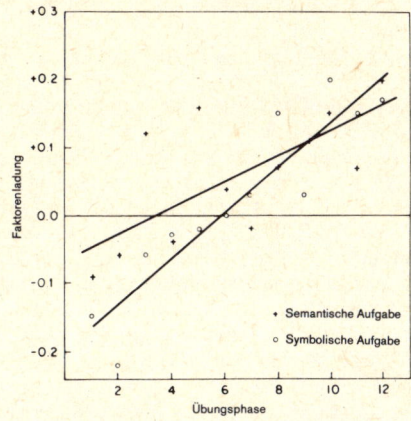

Abb. 10.1: Faktorenladungen der Zustandswerte als Funktion des Übungsbetrages für die Faktoren CSC und CMC bei symbolischen und semantischen Aufgaben.

Trends der Faktorenladungen beim Lernen. Die Inspektion der Liste der Ladungen zeigt, was an symbolischen Änderungen als Funktion der Versuche auftritt. Zwei der interessantesten sind in Abbildung 10.1 dargestellt. Die Punkte repräsentieren die Faktorenladungen für den Faktor CSC als Funktion der Versuche bei symbolischen Aufgaben und für den Faktor CMC als Funktion der Versuche bei der semantischen Aufgabe. Die Ladungen auf CFC als Funktion der Versuche bei der figuralen Aufgabe (nicht abgebildet) begannen nahe 0 und sprangen dann auf ein Plateau von etwa .17 bei den Versuchen 6 bis 12. Die Trends der Ladungen bei CSC und CMC in Abbildung 10.1 sind im wesentlichen linear und Geraden passen sich den jeweiligen Punktmengen mit einem Pearson-r von .73 bzw. .93 an.

Was der Erläuterung bedarf sind die systematischen Erweiterungen der Ladungen unterhalb von 0 bei den ersten Versuchen. Eine negative Ladung sollte bedeuten, daß über je mehr der betreffenden Fähigkeit jemand verfügt, desto schlechter schneidet er wahrscheinlich bei der Aufgabe ab. Diese Beziehung kann dadurch verdeutlicht werden, daß bei gut ausgeprägter Fähigkeit CSC oder CMC die Vp zu sehr geneigt ist, mögliche falsche Begriffe zu erkennen. Diejenigen, die weniger dazu tendieren, mögliche Begriffe zu erkennen, gehen nach dem Zufall, was zu Faktorenladungen von Null führen würde. Bei späteren Versuchen ist die Fähigkeit für jeden eine Hilfe beim Erkennen des richtigen Begriffs und die Ladungen werden zunehmend positiv. Wenn das Lernexperiment so weit durchgeführt wird bis die Vp alle vier Begriffe kennt, würden die Ladungen wieder Null werden. Aber dieser Zustand wurde nicht erreicht. Der Mittelwert beim Abschluß des Versuchs lag unter der Maximalzahl von 8 Punkten, auch beim letzten Versuch, was einigen Raum für die Varianz der Lernwerte ließ.

Die Ladungen der Zustandswerte auf die Faktoren der divergenten Produktion lagen nahe bei einer einheitlichen Größe über die gesamte Lernphase hinweg. Die Ladungen bei der figuralen Aufgabe auf DFC hatten einen Mittelwert von .05, die für die semantische Aufgabe auf DMC einen Mittelwert von .09, beide im wesentlichen Null. Bei beiden Aufgaben sieht es so aus, als ob die divergente Produktion von Klassen ohne Auswirkungen sei. Das ist für die figurale Aufgabe verständlich, da die Variationsmöglichkeit möglicher Klassenvorstellungen bei dieser Aufgabe sehr eingeschränkt ist. Die Ladungen für die symbolische Aufgabe auf DSC hatten einen Mittelwert von .18, was eine allgemein positive Beziehung andeutet. Bei der symbolischen Aufgabe ist die Zahl möglicher Klassenvorstellungen wahrscheinlich wesentlich größer als bei der figuralen Aufgabe. Es ist nicht leicht, eine Aussage über die mögliche Zahl alternativer Klassenvorstellungen bei der semantischen Aufgabe zu machen, aber sie ist, verglichen mit der für die symbolische Aufgabe, klein.

Die Ladungen der Zustandswerte auf die Faktoren NFC, NSC und NMC begannen allgemein niedrig und stiegen unregelmäßig an, aber nur für die semantische Aufgabe in Beziehung zu NMC überstiegen die Ladungen deutlich .20 für sechs Versuche. Die früher entwickelte Hypothese, daß divergente Produktion früh im Lernprozeß wichtiger sei und die konvergente Produktion später an Bedeutung gewinne, wurde für den zweiten Teil bestätigt, aber nicht für den ersten. Die Beziehungen der NSC - Ladungen zu den Zustandswerten bei der symbolischen Aufgabe waren für die ersten Versuche nahe Null und danach ziemlich einheitlich hoch.

Die Trends für die Gedächtnisfaktoren MSC und MMC waren von besonderem Interesse, weil in dieser Operationskategorie relativ hohe Ladungen lagen. Abbildung 10.2 zeigt die Trends für die Werte bei den symbolischen und semantischen Aufgaben, beide für den Faktor MMC als Funktion der Zahl der Versuche. Die Werte der symbolischen Aufgabe hatten nur geringe Ladungen auf die korrespondierende Gedächtnisfähigkeit MSC. Die mögliche Umformung der Klassenvorstellungen in semantische Form für das Gedächtnis wurde bereits erwähnt. Die Kurven wurden durch das Verfahren der gleitenden Mittelwerte für aufeinander folgende Punkte iterativ ermittelt. Die nichtlinearen Korrelationen lagen bei .88 bzw. .86 für die symbolischen bzw. semantischen Aufgaben. Es ist deutlich, daß die Kurve für die semantischen Aufgaben durchgehend höher liegt, wie zu erwarten war, obwohl die Unterschiede gering sind.

Die Zustandswerte für die figurale Aufgabe hatten ihre höchsten La-

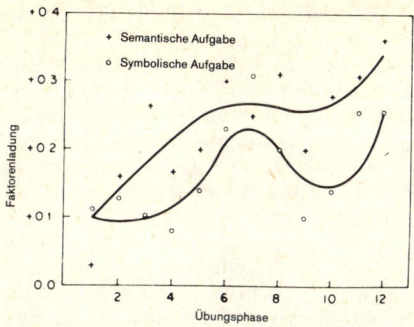

Abb. 10.2 Trends der Faktorenladungen für den Faktor MMC bei symbolischen und semantischen Aufgaben als Funktion der Übungszeit.

dungen nicht auf MMC, wie zu erwarten gewesen wäre, sondern auf MSC. Für die Versuche von 5 bis 11 lagen die Ladungen alle über .10. Dieses Ergebnis legt nahe, daß die Vpn „Etiketten" benutzten, um Vorstellungen der figuralen Klassen zu repräsentieren und sie in dieser Form zu behalten. Möglicherweise benutzten sie die „Etiketten" A, B, C und D, aber vielleicht auch etwas, das sie selbst erfanden.

Faktoren der Kriteriumswerte. Die Kriteriumswerte deuten die Lerngeschwindigkeit über die ganze Übungszeit an. Daher enthalten sie weniger detaillierte Information als die Zustandswerte. Jedoch wird Information anderer Art durch die Tatsache gewonnen, daß es einen eigenständigen Wert für jeden Begriff gibt und daß einige Begriffe leichter zu lernen waren als andere. Das letztere würde erwarten lassen, daß Unterschiede in der Faktorenstruktur in Abhängigkeit von der Schwierigkeit auftreten. Jeder Begriff, der entweder zu leicht oder zu schwer zu lernen ist, könnte nur zu geringer Varianz und daher zu kleineren Faktorenwerten führen, wenn die Mittelwerte sich der unteren (0) oder oberen Grenze (24) nähern.

Die Faktorenladungen der 12 Kriteriumswerte tendieren dazu kleiner als für die Zustandswerte zu sein, aber die höchsten Ladungen lagen nahezu vollständig auf den gleichen Faktoren bei den gleichen Aufgaben. Für die figuralen Begriffe lagen die Ladungen für CFC zwischen .13 und .23, mit einem Mittelwert von .18. Die Ladungen für die gleichen Begriffe auf MSC gingen jedoch von .18 bis .27, mit einem Mittelwert von .21. Die Ladungen der gleichen Begriffe auf die Faktoren DFC und NFC waren niedriger.

Für die symbolischen Begriffe lagen die einzig erwähnenswerten Ladungen auf den Faktor DSC, in Übereinstimmung mit den allgemein höheren Ladungen der Zustandswerte für die gleiche Aufgabe auf DSC. Auf MMC hatten zwei dieser Begriffe Ladungen über .20, aber zwei hatten Null-Ladungen, was nur eine Teilübereinstimmung darstellt. Die Ladungen der vier semantischen Begriffe waren bei zwei Faktoren höher bei denen die Zustandswerte ebenfalls allgemein höher waren.

Die Ladungen auf MMC gingen von .13 bis .25, mit einem Mittelwert von .18. Auf NMC lagen die Ladungen zwischen .24 und .33, mit einem Mittelwert von .28. Es gab keine offensichtliche Beziehung zwischen Faktorenladungen und dem Schwierigkeitsniveau der Begriffe, zumindest nicht innerhalb eines Satzes von vier Begriffen der gleichen Art. Die höchste der vier Ladungen könnte augenscheinlich bei jedem der Begriffe auftreten, sowohl beim leichtesten als auch beim schwierigsten. Eine systematischere Untersuchung dieses Sachverhalts könnte eine Beziehung aufzeigen.

Faktoren bei den Werten der Begriffsverbalisierung. Es gab nur drei Werte der Verbalisierung, einen für jede Aufgabe. Die Ladungen dieser Werte tendierten dazu, ein wenig höher als für andere Werte zu liegen und sie unterstützen die Ergebnisse, die durch die Zustandswerte erhalten wurden, eher als die Kriteriumswerte. Eine frühere Erwartung bestand darin, daß Varianz auf einem zusätzlichen Faktor, NMU erwartet werden könnte, was die Bedingung, daß die Vp jeden Begriff am Ende der Lernphase benennen oder beschreiben muß, entspricht. Die Antwort auf diese Hypothese war ziemlich klar. Die drei Ladungen auf NMU waren positiv, aber sehr klein, durchschnittlich .11. Es ist möglich, daß dadurch, daß eine „Beschreibung" zugelassen wird, es von der Vp nicht sehr viel Anstrengung erfordert; sie kann zeigen, daß sie jeden Begriff kennt, in dem sie eine vage Aussage macht.

Die drei Aufgaben hatten signifikante Ladungen ($\geq .20$) auf den jeweiligen Kognitionsfaktor CFC, CSC und CMC, wie zu erwarten war, allgemein niedrigere Ladungen auf andere Kognitionsfaktoren, mit der Ausnahme, daß die semantische Aufgabe eine höhere Ladung auf CSC als die CSC-Aufgabe hatte (.28 gegenüber .23), wenn so eine geringe Differenz überhaupt von Bedeutung ist. Die Ladung der semantischen Aufgabe auf CMC lag bei eindrucksvollen .41, aber die figurale Aufgabe hatte eine ähnliche Ladung von .40 auf CMC, was höher war als ihre Ladung von .20 auf CFC. Die Hypothese, daß die Vpn ihre figuralen Begriffe verbalisieren, wenn sie beim Lernen weitergehen, scheint gestützt, aber merkwürdigerweise liegt die Ladung der figuralen Aufgabe auf MMC nur bei .09. Wenn die Vpn ihre figuralen Begriffe in semantische Form übertragen, dann sieht es so aus, als ob sie sie kaum in dieser Form behalten. Die Ergebnisse aus den Zustandswerten legen nahe, daß die Vpn wahrscheinlich eine Art Etikett für die figuralen Begriffe erinnern, aber auch, daß diese Erinnerung teilweise über semantische Formen geschieht. In diesem Punkt weichen die beiden Werte scheinbar voneinander ab.

Daß die semantischen Begriffe in semantischer Form erinnert werden wird durch eine Ladung von .36 für den Verbalisationswert auf MMC angedeutet. Aber die Erwartung, daß der gleiche Wert für die symbolische Aufgabe ebenfalls stark auf MMC laden würde, wurde nicht erfüllt, da die Ladung nur bei .10 lag. Wie bei den Zustandswerten gefunden, ist die einzige signifikante Rolle eines Faktors der divergenten Produktion, die von DSC bei der symbolischen Aufgabe, mit einer Ladung von .32. Für die Fähigkeiten der konvergenten Produktion lag die einzige signifikante Ladung bei semantischen Aufgaben auf NMC, in Übereinstimmung mit den Ergebnissen bei den anderen Werten.

Die Rollen der vier Bezugsfaktoren. Bei den Bezugsfaktoren waren auch die Fähigkeiten CMU und CMS, die bevorzugten Schulleistungsfähigkeiten. Ist das Lernen von Begriffen, wie sie bei den Aufgaben dieser Untersuchung verwendet wurden, mit diesen Fähigkeiten verbunden? Bei den Zustandswerten hatte CMU nur zwei signifikante Ladungen von 36, wenn die drei Aufgaben miteinander kombiniert werden, und diese Ladungen ergaben sich für die semantische Aufgabe. Von den 12 Kriteriumswerten gab es ebenfalls zwei signifikante Ladungen von .26 für zwei der semantischen Konzepte, die anderen Ladungen lagen bei .15 und .04. Von den drei Verbalisationswerten war einer mit .23 bei der semantischen Aufgabe signifikant. Daraus läßt sich folgern, daß die Kenntnis von Wörtern eine Hilfsquelle oder eine Beschränkung beim Lernen von Begriffen darstellt.

CMS ist die Fähigkeit Organisationen zu erkennen. Sie hatte vier signifikante positive Ladungen bei späteren Versuchen der symbolischen Aufgabe. Das legt nahe, daß das Erkennen semantischer Systeme bei Sätzen von vier Buchstaben von einiger Hilfe sein könnte. CMS hatte bei der Verwendung von Kriteriumswerten signifikante Ladungen für zwei der figuralen Begriffe und bei den symbolischen Begriffen; eine Ladung von .20 bei der figuralen Aufgabe bei der Verwendung des Verbalisationswertes. Es gab offensichtlich kein organisatorisches Problem bei der semantischen Aufgabe bei dem die Fähigkeit CMS von Nutzen sein konnte.

Der Bezugsfaktor DSU hatte zwei verstreute Ladungen von .20 und .23 unter den 36 Zustandswerten, die möglicherweise ohne jede Bedeutung sind. Er hatte nur kleine Ladungen bei den 12 Kriteriumswerten und bei den drei Verbalisationswerten, vom vierten Bezugsfaktor NMU wurde erwartet, daß er nur signifikante Ladungen bei den Verbalisationswerten habe, aber es wurde bereits erwähnt, daß diese Erwartung nicht eintraf. Die Ladungen waren bei den anderen beiden Werten, wie zu erwarten, allgemein klein.

Einige Verallgemeinerungen

Zahlreiche Kommentare sollten in Form einer Zusammenfassung und durch Schlußfolgerungen aus den Ergebnissen gemacht werden. Am allgemeinsten ist die Bestätigung der vielversprechenden Eigenschaften des Verfahrens Lernwerte zu analysieren, besonders durch die Methode Vektoren die diese Werte repräsentieren, in ein vorher erreichtes Bezugssystem zu integrieren, das durch gute, repräsentative Strukturtests bestimmt wurde, wenn die erwarteten Fähigkeitsdimensionen im intellektuellen Bereich liegen. Bei der Anwendung dieses Ansatzes ist zu erkennen, wie wichtig es ist, daß die Schwierigkeit der Aufgabenkomponenten über einen größeren Bereich streut und daß die Übung kurz bevor die Vpn die Maximalwerte erreichen, abgebrochen

wird. Die Tatsache, daß die ausgewählten Fähigkeiten, die mit Lernwerten verbunden wurden, nicht alle reliablen Varianzen der Lernwerte
erklären konnten, deutet die Notwendigkeit an, eine größere Zahl möglicherweise relevanter Fähigkeiten abzudecken. Derartige Aufgaben
und die Lernwerte sind ziemlich sicher faktoriell komplex.

Die Tatsache, daß die Ladungen der Lernwerte allgemein klein sind,
sollte nicht allzuviel Zweifel darüber aufkommen lassen, daß einige der
Fähigkeiten relevant sind. Die Größe der Korrelationen zwischen den
Faktorenzeitwerten und Lernwerten sollten allein als Beweis dafür dienen, daß den beiden Sätzen von Daten Variablen gemeinsam sind. Man
braucht keine Faktorenanalyse um diese allgemeine Schlußfolgerung zu
rechtfertigen. Ein anderer Ansatzpunkt für einen Beweis besteht in der
Form klarer Trends der Faktorenladungen für die Lernwerte als Funktionen der Übung, sogar dann, wenn die Ladungen sehr niedrig sind und
in zwei Fällen die Nullachse schnitten. Trends implizieren, wenn sie
echt sind, ein System und ein System bedeutet Regelmäßigkeit, keine
Zufälligkeit, bei Ereignissen.

Die Bedeutung der Klassenfähigkeiten. Die Vermutung, daß Klassenfähigkeiten sich als relevant erweisen würden, scheint bestätigt. Obwohl
es nur vier Fähigkeiten gab, die nicht mit Klassen zu tun hatten, waren
ihre Beziehungen zu den Lernwerten allgemein schwächer. Es wurde
erwartet, daß die Fähigkeiten CFC, CSC und CMC von besonderer Bedeutung seien, da, gleichgültig was die Vp sonst tut, Klassenvorstellungen notwendigerweise erkannt werden müssen. Die Lernwerte hatten eine Tendenz, mit diesen Faktoren zusammen zu gehen, aber standen in engerer Beziehung zu anderen. Die negative Beziehung bei den
ersten Zustandswerten für die symbolischen und semantischen Aufgaben
zu CSC bzw. CMC hielt die Mittelwerte dieser Ladungen sehr niedrig.
Obwohl die Möglichkeit besteht, daß in diesem Fall die Werte systematisch zu niedrig sind, war nirgendwo sonst ein Trend in dem negativen
Bereich deutlich. Daher sind diese negativen Ladungen glaubwürdig.

Die beiden Gedächtnisfaktoren weisen einen konsistenten und posi-
tiveren Einfluß auf die Aufgabenwerte auf als die meisten Faktoren,
obwohl keine Möglichkeit bestand, das für den Faktor MFC zu bestätigen. MMC zeigte relativ starke Beziehungen (bis zu 10 Prozent) zu der
semantischen Aufgabe, aber auch zur symbolischen Aufgabe. Es ist
möglich, daß der Einsatz von einigen anderen Gedächtnisfähigkeiten
die Liste der relevanten Fähigkeiten verlängert hätte, da Informationseinheiten genauso wie Klassen und ebenfalls Systeme (im Fall der Wörter aus vier Buchstaben bei der symbolischen Aufgabe) erinnert werden
mußten. Das Gedächtnis für symbolische Implikationen könnte bei allen
Aufgaben beteiligt sein, da die Vp eine Assoziation zwischen jedem Begriff und einem Buchstaben herzustellen hatte, was einer Aufgabe eines
Tests für das Gedächtnis von Implikationen ähnlich ist.

Von einem anderen wichtigen Gesichtspunkt aus, ist es nicht überraschend, daß die Gedächtnisfähigkeiten bedeutende Rollen bei den Aufgaben spielen, da operational sehr viele Gemeinsamkeiten zwischen
diesen Aufgaben und den Tests der Gedächtnisfähigkeiten bestehen. Bei

den Tests muß Lernen stattfinden und hinterher gibt es eine Prüfung des Zustandes der Individuen nach dem Lernen, um festzustellen, wieviel Information von der Exposition behalten wurde.

Beobachtbare Effekte der divergenten Produktion waren klein, unsicher und ohne beobachtbaren kontinuierlichen Trend für die figuralen und semantischen Aufgaben. Es gab Hinweise auf Beiträge bis zu 9 Prozent bei der symbolischen Aufgabe, die offensichtlich Möglichkeiten für die divergente Produktion bietet. Die Erwartung, daß die divergente Produktion in der ersten Phase des Lernens wichtiger wäre und die konvergente Produktion in späteren Phasen, konnte nicht definitiv bestätigt werden, mit der Ausnahme, daß NMC bei späteren Lernphasen der semantischen Aufgabe sehr stark wurde. Diese Aufgabe war die schwierigste mit mittleren Zustandswerten noch unter 6.0 bei den Versuchen 8 bis 12.

Die Übertragung zwischen Inhalten. Es wurden einige Beispiele erwähnt, bei denen eine Aufgabe mit einem bestimmten Inhalt unerwartet hohe oder höhere Ladungen auf Faktoren anderen Inhalts hatten. Diese Änderung zeigte nicht immer eine Präferenz für die Verarbeitung der Information in semantischer Form, manchmal ging es gleicherweise in die umgekehrte Richtung. Dieses Ergebnis steht im Widerspruch zu dem Verhalten von Tests, die speziell für die Faktorenanalyse der Strukturfähigkeiten in bestimmten Inhaltskategorien entwickelt wurden. Derartige Tests gehen sehr selten über die Grenzen eines Inhalts. Der Unterschied muß der besseren Kontrolle der Informationsverarbeitung bei den Strukturtests zuzuschreiben sein. Bei einer weniger kontrollierten Aufgabe, wie bei den Aufgaben des Begriffslernens, kommt zum Vorschein, daß die Vp bestimmte Präferenzen hat und daß ausreichend große Teile der Vpn diese Präferenzen zwischen Inhalten teilen, die von der Art der Information abweichen, die in der Aufgabe präsentiert wird.

Komplexität der zu lernenden Aufgabe. Diejenigen, die Lernwerte bei einer Aufgabe analysiert haben, finden gewöhnlich, daß mehrere Faktoren beteiligt sind. Die Aufgaben sind faktoriell komplex. Sie können alle Operationskategorien des Strukturmodells umfassen, mehr als eine Art des Produkts und sogar mehr als eine Art des Inhalts, wie gerade besprochen. Von diesem Gesichtspunkt aus gleicht die Aktivität bei Aufgaben des Begriffslernens dem Problemlösen, wie es in dem von GUILFORD (1967) beschriebenen Modell dargestellt wird. Die Struktur der beteiligten Fähigkeiten hängt von den Strategien und der Taktik derjenigen ab, die das Problem lösen. Den Vpn wird gewöhnlich nicht im Detail mitgeteilt, wie sie die Lösung des Problems angehen sollen. Selbst wenn es getan würde, würden sie möglicherweise vom vorgeschriebenen Programm in einer bedeutenden Zahl von Fällen abweichen.

Beziehungen zwischen verschiedenen Lernwerten. Es wurde ausgeführt, daß, im Ganzen gesehen, die Faktoren, die die größten Rollen bei einem Wert spielen, dies auch bei den anderen Arten von Werten tun.

Dieses Ergebnis sollte diejenigen beruhigen, die sich im Laboratorium mit Problemen des Begriffslernens befassen und die fragen, ob eine Art von Werten die gleichen Aspekte des Verhaltens repräsentiert wie eine andere Art. Aber man sollte von diesem Hinweis nicht so weit gehen auf ähnlichen faktoriellen Inhalt verschiedener Werte zu schließen, noch sollte man als gesichert annehmen, daß verschiedene Werte austauschbar sind. Bemerkenswert ist in diesem Zusammenhang das Versagen der Verbalisationswerte als Indikator für NMU. Das Verfahren, Lernwerte in ein faktorielles Bezugssystem zu setzen, ist die einzige Methode, über die man bestimmen kann, was die Variablen der Werte gemeinsam haben. Die Interkorrelationen dieser Werte geben lediglich an, wieviel gemeinsame Varianz sie haben, aber nicht, aus welchen Gründen. Ein weiterer informativer und evaluativer Schritt bestünde darin, die von den Vpn angewendeten Strategien bei den Lernaufgaben zu untersuchen.

Die Rolle der Transformationsfähigkeiten beim Lernen in der Schule

Die Untersuchung der Beziehungen der Transformationsfähigkeiten zum Lernen in der Schule wurde in Verbindung mit einer größeren Faktorenanalyse, an der 10 Transformationsfähigkeiten beteiligt waren, durchgeführt. Genauso wurden die Klassenfähigkeiten in Verbindung mit dem Begriffslernen im vorausgehenden Abschnitt analysiert. Die Ergebnisse der Faktorenanalyse werden in Kapitel 6 zusammengefaßt, wo auch die verwendeten Verfahren beschrieben sind. Es ist daher nicht notwendig diese Informationen hier zu wiederholen. Das Kriterium war sehr allgemein und repräsentativ. Da ein überwältigender Anteil des Lernens in der Schule mit dem Lesen und dem anschließenden Festhalten der Information zu tun hat, die aus Büchern entnommen wird, wurde als Kriterium ein Test für Lernen und Erinnern verwendet.

Hypothesen hinsichtlich der Transformation beim Lernen

Ein theoretischer Grund für die Erwartung, daß Transformationsfähigkeiten einige Beziehung zum Lernen haben, ergab sich aus dem Nachdruck, mit dem Gestaltpsychologen darauf bestehen, daß ein großer Teil des Lernens in einer Neudefinition dessen besteht, was man bereits weiß. Neudefinition ist eine Art Transformation, was dadurch bestätigt wird, daß einige Tests, von denen festgestellt wurde, daß sie Transformationsfähigkeiten repräsentieren, Neudefinitionen erfassen. Zum Beispiel verlangt ein repräsentativer Test für die Fähigkeit NMT die Neudefinition von Objekten dadurch, daß die Verwendung oder die Funktion des Objekts verändert wird. Bevor das Strukturmodell entwickelt war, wurde auf die gleiche Fähigkeit als „Fähigkeit zur Neudefinition" Bezug genommen und die Tests dafür basierten auf der Gestalttheorie. Einer der besseren Tests wurde als „Gestalttransformation" bezeichnet. Es wurde später erkannt, daß es andere wichtigere Arten der Transformation gibt als die Neudefinition.

Die empirische Quelle zur Unterstützung der Hypothese bestand aus einigen signifikanten Korrelationen, die zwischen Transformationsfähigkeiten und Maßen für die Schulleistung ermittelt werden (CLINE, RICHARDS & ABE, 1962; GETZELS & JACKSON, 1962). Beiläufige Informationen dieser Art finden sich auch bei den Validitätsstudien, die früher in diesem Kapitel zitiert wurden. Bei einer neuen Untersuchung der Leseleistung fand KLUEVER (1968), daß die Tests MST und MMT sehr gut zwischen der Gruppe der guten und der schlechten Schüler beim Lesen unterschieden und mit der Leseleistung in den Gruppen korrelierten. Der Validitätsaspekt der hier zu untersuchenden Studie schien demnach vielversprechende Vorläufer zu haben. Weiterhin wurde eine größere Stichprobe der Transformationsfähigkeiten verwendet als bei jeder früheren Untersuchung dieser Art.

Der Kriteriumstest

Der Lern- und Behaltenstest bestand aus drei Teilen. Jeder begann mit einem Aufsatz von etwa 400 Wörter über ein zeitgemäßes Thema, von dem angenommen wurde, daß es für die Schüler der High School interessant sei. Die Themen waren: Verwendung von Drogen, die Bedeutung der Proteine für die eigene Ernährung, das Wesen der Börse. Mit einem Vorversuch wurde festgestellt, ob die Schüler, die diese Aufsätze gelesen hatten, in einem Mehrfachwahltest über die Inhalte besser abschnitten als eine Gruppe, die sie nicht gelesen hatte. Ein Test mit 10 Aufgaben und vier Wahlmöglichkeiten wurde nach jedem Aufsatz gegeben, der nach dem Lesen den Schülern nicht mehr vorlag. Die drei Teile wurden an verschiedenen Tagen bearbeitet, führten aber zu einem Gesamtwert.

Multivariate Voraussage des Kriteriumswertes

Bei der Bestimmung der relativen Werte der verschiedenen Fähigkeiten, die sie als Beitrag zur Voraussage des Kriteriumswertes, dem Wert des Lern- und Behaltenstests, leisteten, wurde BARTLETT's Verfahren (1937) zur Bestimmung der Faktorenwerte aus den Testwerten verwendet. Dieses Verfahren minimiert die Interkorrelation der Faktorenwerte. Eine schrittweise multiple Regressionsanalyse wurde durchgeführt, um die Rangfolge der Bedeutung der Faktorenwerte in einem gewichteten Kompositum festzustellen.

Der beste einzelne Prädiktor war der Wert für die Fähigkeit CMU, was hätte vorausgesagt werden können. Der Gedächtnisspeicher der Schüler für semantische Konzepte ist fast immer beim Lernen in der Schule beteiligt. Unmittelbar nach dem CMU-Prädiktor mit seinem Beta-Gewicht von .40, kam der Wert für die Fähigkeit MMT mit einem Beta von .32 und danach kam der Wert für CMT mit einem Beta von

.22. Diese Ergebnisse weisen auf die Bedeutung des Erkennens von Revisionen von Begriffen hin, wenn neues Material gelesen wird und was möglicherweise wichtiger ist, das Behalten dieser Revisionen. Es kann angenommen werden, daß während der Schüler liest, jede Revision ein wenig von einem „Schockwert" hat, der das Erinnern der Revision und damit das Erinnern der neuen Vorstellung begünstigt, was beim anschließenden Test gezeigt wird. Diese Hypothese sollte das Auftreten von zusätzlichen Revisionen, während der Schüler den Behaltenstest durchführt, nicht ausschließen, da dabei CMT ebenfalls beteiligt ist.

Wenn wir die Liste der signifikanten Beiträge zur Voraussage fortsetzen finden wir dabei andere Transformationsfähigkeiten. Das schrittweise Verfahren liefert einen F-Test für die Signifikanz jeder Verbesserung der Voraussage. Sieben Prädiktoren wurden in die Gleichung eingesetzt bevor die Verbesserung unter dem 5%-Niveau lag. Der vierte Prädiktor nach denen für CMU, NMT und CMT war der für DST mit einem Beta von .20. Der symbolische Aspekt dieser Fähigkeit könnte sich aus der Tatsache ergeben, daß zwei der Aufsätze numerische Angaben erhielten. Die Mehrfachwahlaufgaben könnten dazu geführt haben, daß die Produktion von Revisionen vermutlich bereits bekannter numerischer Angaben leicht gefallen ist. Der fünfte Prädiktor war der für EST, der parallelen Evaluationsfähigkeit. Dieses Ergebnis würde die gerade angeführte Hypothese für DST unterstützen. Die Vp könnte Problemlösen mit numerischen Daten durchführen, mit alternativen Folgerungen und diese Schlußfolgerungen dann überprüfen, daher die Fähigkeiten DST und EST. Die sechste signifikante beteiligte Fähigkeit war die für DMC, die Leichtigkeit des Wechsels von einer semantischen Klasse zu einer anderen. Möglicherweise ordnet der Schüler, während er liest, die Dinge ihren angemessenen Klassen zu und wenn er weiter liest, muß er in neue Klassen überwechseln. Die siebte Fähigkeit war die für die konvergente Produktion semantischer Transformationen (NMT). Dieses Ergebnis legt nahe, daß die Vp einige Revisionen vornehmen muß, wenn sie sich dem Test unterzieht, Revisionen, die ihr durch das, was sie weiß, aufgezwungen werden, um zur richtigen Antwort zu kommen.

Fünf der sieben gerade erwähnten Fähigkeiten liegen in der Transformationskategorie, aber 10 der 16 Fähigkeiten in der Untersuchung lagen ebenfalls in dieser Kategorie. Die multiple Korrelation bei sieben Prädiktoren lag bei .58. Es ist möglich, daß Fähigkeiten, die bei dieser Untersuchung eingesetzt waren, zusätzliche signifikante Beiträge zur Voraussage liefern könnten. Die Korrelationen des Wertes für CMU mit dem Kriterium lagen bei .40, was nahe an dem Niveau zu liegen scheint, das von den heutigen Schulleistungstests erreicht wird, denen wahrscheinlich alle Komponenten für Gedächtnis und Transformation fehlen. Dem zusammengesetzten Wert bei dieser Untersuchung fehlten alle Prädiktoren, die auf Fähigkeiten wie CMS, andere Gedächtnisfähigkeiten als MST und MMT und solche Implikationsfähigkeiten wie NMI und EMI zurückgehen. Andere Tests für die Erfassung von Resten der Übung könnten zusätzliche Fähigkeiten ins Spiel bringen.

Die Bedeutung der Strukturfähigkeiten beurteilt von kreativen Individuen

Eine Untersuchung des Projekts wurde nicht als Validitätsstudie angesehen, sondern als eine Art von Exploration, die der Untersuchung der prädiktiven Validität vorausgehen könnte (Bericht 25). Wenn man bestimmen möchte, welche Fähigkeiten bei den erfolgreichen Wissenschaftlern in der Forschung von Bedeutung sind, kann man kaum einen beträchtlichen Teil der Arbeitszeit dieser Personen in Anspruch nehmen und eine längere Testbatterie einsetzen. Selbst wenn es möglich wäre, die Zahl der Strukturfähigkeiten durch logisches Vorgehen einzuengen, könnte die Zahl der Tests noch beträchtlich sein. Es wurde angenommen, daß eine bessere und weiter eingeengte Liste der abzudeckenden Fähigkeiten dadurch erreicht werden könnte, daß Wissenschaftler danach befragt werden, wie wichtig ihrer Ansicht nach verschiedene intellektuelle Fähigkeiten bei ihrer Arbeit sind. Beiläufig angemerkt skizziert dieses Verfahren eine Technik der Berufsanalyse, bei den die Strukturfaktoren als Bezugsrahmen verwendet werden.

Verfahren

Der Ansatz die Meinungen von Wissenschaftlern und anderen, von denen man kreatives Verhalten von einiger Bedeutung zu erwarten konnte, zu erfassen, bestand darin, Individuen in diesen Gruppen zu befragen und sie beschriebene Strukturfähigkeiten nach ihrer relativen Bedeutung für ihre Arbeit einschätzen zu lassen. Ein persönliches Interview wurde mit jedem durchgeführt, bevor er gebeten wurde, die Beurteilungen vorzunehmen. Jede der 28 Strukturfähigkeiten wurde so definiert, wie es zur Zeit der Untersuchung am besten möglich war und ein spezifisches Beispiel für eine Aktivität, an der die Fähigkeit stark beteiligt ist, wurde ebenfalls gegeben. Beispiele für Definitionen und Aktivitäten sind:

„CMI: Bedürfnisse oder Konsequenzen einer Situation antizipieren. Beispiel: Ein Verwaltungsangestellter erwägt eine vorgeschlagene Änderung für das Formular der Lohnliste hinsichtlich möglicher Konsequenzen."

„NMT: Funktionen eines Objekts oder Teile eines Objekts ändern und auf neue Weise verwenden. Beispiel: Einen Block Trockeneis unter eine schwere Maschine legen, so daß sie an die richtige Stelle kommt, wenn das Eis verdampft."

Die Stichprobe der Fähigkeiten. Die Auswahl der zu beurteilenden Fähigkeiten wurde auf die 46 Strukturfähigkeiten beschränkt, die zu dieser Zeit nachgewiesen waren. Die Mitarbeiter des Projekts reduzierten diese Zahl, indem sie darüber übereinstimmten, daß 18 wahrscheinlich nur geringe Chancen hatten als relevant beurteilt zu werden.

Innerhalb der verbleibenden 28 Fähigkeiten war die Auswahl weder zufällig noch systematisch; nicht zufällig, weil die Fähigkeiten begünstigt wurden, von denen man annahm sie seien von Bedeutung; nicht systematisch, weil die 46 bekannten Fähigkeiten keine repräsentative Stichprobe aus dem Strukturmodell darstellten. Die stärkste Repräsentation lag in der Kategorie der Kognition und der divergenten Produktion (Operationskategorien) und nur eine Fähigkeit stand für die Gedächtniskategorie. Die drei Inhaltskategorien (der Bereich des Verhaltens wurde ausgelassen) waren gleichmäßig vertreten. Alle sechs Produktkategorien waren repräsentiert, die der Relationen und Transformationen wurden etwas bevorzugt.

Die Probanden. Die Hauptergebnisse wurden über zwei Berufsgruppen erhalten. Eine setzte sich aus 35 Wissenschaftlern, einschließlich Physikern, Ingenieuren und Betriebspsychologen zusammen. Alle wurden von ihren Kollegen als herausragend angesehen. Sie arbeiteten in verschiedenen Teilen des Landes. Unter den 50 Probanden, die nichts mit Forschung zu tun hatten, waren Pädagogen, Trainer, Personalarbeiter und Leute die militärische Angelegenheiten bearbeiteten.

Das Beurteilungssystem. Bei der Beurteilungsaufgabe wurden Karten verwendet, auf denen jeweils die Definition einer Strukturfähigkeit und das zugehörige Beispiel standen. Die Kodierung der Fähigkeiten wurde nicht erwähnt. Die Vpn sollten die Karten in sieben Gruppen aufteilen und sie nach der Bedeutung der Fähigkeiten für ihre Arbeit ordnen. Am Schluß sollten drei bis fünf Fähigkeiten in jeder Gruppe sein. Dadurch wurde die Verteilung einer rechteckigen Form angenähert und die Möglichkeit der Diskrimination erhöht. Den Gruppen wurden numerische Worte von 1 bis 7 zugeordnet, die benutzt wurden um Mittelwerte und Standardabweichungen für grobe Vergleiche zu finden.

Ergebnisse

Die Mittelwerte der Beurteilungen reichten von 2,0 bis 6,4, was ein indirekter Hinweis auf eine beträchtliche Übereinstimmung unter den Beurteilern ist. Die Stabilität der Mittelwerte wird durch Standardfehler angedeutet, die gewöhnlich bei .25 einer Skaleneinheit lagen. Die Rangkorrelation zwischen den Mittelwerten der Wissenschaftlergruppe und der anderen Gruppe betrug .87. Trotz einer allgemein hohen Übereinstimmung, gab es bei einigen Fähigkeiten bemerkenswerte Unterschiede.
    Der höchste Mittelwert der Beurteilungen, der bei der Gruppe der Wissenschaftler vorkam, fand sich bei DFT. Transformationsfähigkeiten hatten allgemein hohe Mittelwerte bei dieser Gruppe. Von den sieben Transformationsfähigkeiten sind fünf unter den acht, die als am wichtigsten beurteilt werden. Nach DFT kommen der Reihenfolge der Bedeutung nach CMT, NST, NMT und NFT. CFT taucht erst an 12. Stelle und DMT an 18. Stelle auf. Mit der Ausnahme, daß DFT bei

allen Fähigkeiten vorn lag wurden die Fähigkeiten der konvergenten Produktion der Tendenz nach als besser eingestuft als die Fähigkeiten der divergenten Produktion.

Bei der Gruppe, die sich nicht aus Wissenschaftlern zusammensetzte, wurden die Fähigkeiten der divergenten Produktion relativ besser beurteilt, besonders DMC, die an dritter Stelle stand (gegenüber 14.5 bei der Gruppe der Wissenschaftler) und DMU, die auf Rangplatz 6 auftauchte (gegenüber 19 bei der Gruppe der Wissenschaftler). DMT wurde unerwartet schlecht eingestuft (Platz 18 bei den Wissenschaftlern und Platz 15 bei der anderen Gruppe). Ingenieure als Untergruppe stuften DMU an zehnter Stelle, DMC an achter und DMI an neunter Stelle ein (DMI hatte den 17. Platz bei den Wissenschaftlern).

Die besondere Berücksichtigung der Transformationsfähigkeiten durch die Forscher hätte erwartet werden können und deutet möglicherweise auf das erkannte Bedürfnis nach Flexibilität hin. Daß höherer Wert auf die konvergente Produktion als auf die divergente Produktion gelegt wurde, kam unerwartet. Es sollte jedoch darauf hingewiesen werden, daß diejenigen Fähigkeiten der konvergenten Produktion, die am besten abschnitten die waren, die mit Flexibilität zu tun haben. Es kann sein, daß, wie die Forscher nach „richtigen" Antworten suchen, sie den Anteil der divergenten Produktion, die notwendig ist und die tatsächlich eine Hilfe auf dem Weg zu richtigen Antworten ist, übersehen. Um einen richtigen Vergleich zwischen den Fähigkeiten der konvergenten und divergenten Produktion vornehmen zu können, müßten sie nach Inhalt und Produktkategorien gleich sein. Es gab drei derartige Fähigkeiten, die einander zugeordnet werden können - DMR mit NMR, DFT mit NFT und DMT mit NMT. Bei diesem Vergleich wiesen die beiden Beurteilergruppen einen Wert oberhalb des Durchschnitts für die drei Fähigkeiten der konvergenten Produktion auf und einen knapp über dem Durchschnitt liegenden bei den divergenten Fähigkeiten.

Ein wichtiger Aspekt sollte angesprochen werden, da er möglicherweise Auswirkungen auf die Einstufungen der Fähigkeiten hatte. Er hängt mit der Form der Erklärung der Bedeutung der Fähigkeiten für die Beurteiler zusammen, sowohl in der Form der Definitionen als auch in der Form der ausgewählten Aktivitäten. Die volle Bedeutung der Strukturbegriffe war nicht rechtzeitig erkannt worden, um die Definitionen zu beeinflussen. Die Einstufung von DFT an erster Stelle bei den Wissenschaftlern und an zweiter Stelle bei der anderen Gruppe könnte zumindest teilweise durch die attraktive Beschreibung zustande gekommen sein. Die Beschreibung lautet:

„DFT: Verlassen konventioneller Methoden des Problemlösens, die nicht angewendet werden können und ausdenken origineller Lösungen. Beispiel: Die Aufmerksamkeit auf die Spitze der Nadel lenken, um die Erfindung der Nähmaschine zu machen."

Die Einschränkung auf figurale Information wurde nicht erwähnt. Die Definition könnte genauso für DMT gelten, da nichts auf die Einschränkung auf figurale Informationen hinweist. Das Beispiel ist, zumindest teilweise, ein figurales Problem, aber es hat eine Beziehung zu einer sehr wichtigen Erfindung. Auf der anderen Seite könnte die Beschreibung von DMU die Beurteiler in die andere Richtung beeinflußt haben:

„DMU: Produktion vieler Ideen, wobei die freie Aussprache erleichtert wird und die Qualität der Ideen nicht wichtig ist. Beispiel: Produktion so vieler Ideen wie möglich für die Verbesserung eines Produkts oder neue Anwendungsmöglichkeiten."

Für Beurteiler, die gewöhnlich nach Ideen hoher Qualität suchen, könnte diese Definition, obwohl sie in Hinsicht auf DMU - Tests sehr genau ist, möglicherweise weniger attraktiv sein, als sie sein sollte.

THOMAS A. EDISON hätte wahrscheinlich DMU sehr hoch eingestuft, da sie eine seiner bekannten herausragenden Fähigkeiten war. Die beiden Beispiele für die Beeinflussung der Beschreibungen, die gerade angeführt wurden, waren möglicherweise die extremsten Fälle.

Ein anderes Merkmal, das einigen Einfluß gehabt haben könnte, war die Art der für die Beispiele gewählte Aktivität. Einige Beispiele bezogen sich auf technische Probleme, einige auf soziale Probleme des Managements usw..

Der Beurteiler könnte einer Fähigkeit, für die ein Beispiel aus seinem eigenen Arbeitsgebiet stammt positiver gegenüber stehen und sie daher als wichtiger beurteilen. Alle diese möglichen Einflußquellen sind als Hinweis für andere Untersucher zu verstehen, die den gleichen Ansatz wählen könnten. Bessere Beispiele für die Beurteiler könnten aus Beispielaufgaben von Tests bestehen, die die fragliche Fähigkeit gut repräsentieren.

Die Bedeutung ausgewählter Fähigkeiten für die Leistung von Offizieren

Die Untersuchung, die Gegenstand von Bericht 21 war, hatte als Ziel sowohl die gleichlaufende Validität als auch die Konstrukt-Validität zu bestimmen. ALVIN MARKS, der Reserveoffizier der Marine war, initiierte die Untersuchung und trug am meisten zur Durchführung bei. Es wurde erwartet, daß eine Anzahl intellektueller Fähigkeiten erkannt würde, die für die Handlungen von Marineoffizieren wichtig sind, und daß Möglichkeiten der Voraussage gefunden würden, die über das hinausgehen, was bei den militärischen Prüfungen zu erfahren ist.

Die Prädiktor- und die Kriteriumsvariable

Die Tests. Nach einigen Besprechungen mit Marineoffizieren bestand einige Übereinstimmung, die zur Auswahl der folgenden Fähigkeiten führte, die hier in Form der späteren Struktur-Spezifikationen angegeben sind: CMU, CMS, CMT, CMI, DFT, DMU, DMC, DMT, EFI und

EMS (6). Die Markierungstests, die für diese Fähigkeiten ausgewählt wurden, sind in Tabelle 10.11 aufgeführt. Es muß angemerkt werden, daß diese Untersuchung durchgeführt wurde, bevor das Strukturmodell eingeführt war und daß die Fähigkeiten damals mit anderen Bezeichnungen versehen waren, die sich aus der angenommenen Natur dieser Fähigkeiten ergaben. Es ist ebenfalls zu erwähnen, daß die Auswahl der Fähigkeiten aus einer größeren Zahl und nach ihren Struktureigenschaften zu einem späteren Zeitpunkt anders gewesen wäre. In den meisten Fällen wurde mehr als ein Test für jede Fähigkeit ausgewählt, wobei antizipiert wurde, daß eine Faktorenanalyse das angemessene Funktionieren dieser Tests bei der Population der Marineoffiziere überprüfen und die Basis für die Kombination von Tests für Faktorenwerte liefern würde. In Tabelle 10.11 sind sowohl die Strukturbezeichnungen als auch der ursprüngliche Name für jede Fähigkeit angegeben.

Kriterienvariablen. Da eine mehr analytisch orientierte Evaluation von seiten der Offiziere gewünscht wurde, als sie über den üblichen Index möglich war und die Evaluation dem Status der ausgewählten Fähigkeiten Rechnung tragen sollten, versuchten die Untersuchungsleiter ein treffenderes Beurteilungssystem zu entwickeln. Einschätzungen wurden sowohl von den Vorgesetzten wie Gleichgestellten für jede der 11 angenommenen Faktorenfähigkeiten und eine zwölfte Einstufung auf dem hypothetischen Merkmal der Führerschaft verlangt. Jede von vier Aufgaben einer Variablen mußte auf einer fünfstufigen Skala beurteilt werden. Die Aufgaben wurden in Mehrfachwahlform entwickelt mit fünf Beschreibungen als Auswahlmöglichkeiten. Bei den meisten Aufgaben wurde eine bestimmte militärische Aufgabe oder ein Ereignis beschrieben, wobei die Alternativen aus Möglichkeiten bestanden, wie ein Offizier mit der Situation fertig werden könnte. Jede Aufgabe war dazu bestimmt individuelle Unterschiede bei einer der Strukturfähigkeitsvariablen widerzuspiegeln. Vom Gesichtspunkt der späteren Plazierung jeder Fähigkeit im Strukturmodell sind einige Aufgaben und Alternativen, logisch betrachtet, nicht sehr zentral. Ein Beispiel einer in dieser Hinsicht guten und einer schlechten Aufgabe werden zitiert; ebenso eine Aufgabe für die Einschätzung der Variablen „Führerschaft".

Eine Aufgabe, die deutlich mit der Strukturfähigkeit CMU übereinstimmt, ist: wenn die Wörter EFFACE, FURTIVE, ADHESIVE, IRASCIBLE und ESOTERIC gegeben sind, von wievielen würde dieser Offizier die Bedeutungen kennen?

a) von einem
b) von allen
c) von zweien

---

6 Die elfte Fähigkeit, bekannt als „Sensitivität für Probleme" die als das Strukturmodell aufkam, zuerst als EMI identifiziert wurde, konnte später mit CMI gleichgesetzt werden. Daher gibt es in Tabelle 10.11 zwei CMI-Fähigkeiten, wobei CMI$_2$ der Variable Sensitivität für Probleme bei dieser Untersuchung entspricht.

d) von vier
e) von drei

Die fehlende Übereinstimmung zwischen der Anordnung der Alternativen hinsichtlich der Fähigkeit bei den Aufgaben liegt darin begründet, daß es den Beurteilern dadurch erschwert wird nach der Position der Alternativen zu urteilen. Eine Aufgabe, die eine Strukturfähigkeit wegen drastischer Veränderungen in der Interpretation nach der Plazierung im Strukturmodell verfehlte, wurde für „Penetration", jetzt CMT geschrieben. Sie lautet:

Eine Gruppe von Offizieren wird gebeten Vorschläge für die Verbesserung eines Trainingsprogramms zu machen. Dieser Offizier würde wahrscheinlich vorschlagen:

a) nur sofort mögliche und offensichtlich benötigte Veränderungen vorzunehmen.
b) überwiegend langfristige und nicht so offensichtlich notwendige Veränderungen vorzunehmen.
c) einige sofort mögliche, einige langfristige, einige offenkundig notwendige und einige nicht so offensichtliche Veränderungen vorzunehmen.
d) nur langfristige und nicht zu offensichtlich notwendige Veränderungen.
e) meist sofort durchführbare und offensichtlich notwendige Änderungen.

Die Antworten d, b, c, e und a würden die Punkte von 5 bis 1 bekommen. Die Antworten passen nur zur Bedeutung von Penetration, aber nicht sehr gut zur Bedeutung der Kognition semantischer Transformationen (CMT), die sich mit Veränderungen der Bedeutung beschäftigt, wie beim Verstehen eines Wortspieles.

Die spezielle Führerschaftsvariable wurde mit folgenden Aufgaben, wie eine aus vier zeigt, erfaßt:
Ihrer Meinung nach ist dieser Offizier

a) kein so guter Offizier, wie die meisten anderen.
b) einer der hervorragendsten Offiziere, die ich jemals kennengelernt habe.
c) ein sehr guter Offizier.
d) ein durchschnittlicher Offizier.
e) ein überdurchschnittlicher Offizier.

48 Aufgaben wurden für den Kriteriumstests vorbereitet. Die Aufgaben für verschiedene Merkmale wurden gemischt und ohne nähere Kennzeichnung vorgegeben. Zwei Vorgesetzte und zwei gleichgestellte Offiziere beurteilten jeden Probanden. Die Reliabilitätsschätzungen (SPEARMAN - BROWN) für die Beurteilungen der Vorgesetzten lagen zwischen .37 und .63 für die zwölf Variablen und für die Beurteilungen der gleichgestellten Offiziere zwischen .18 und .53. Diese niedrigen Reliabilitäten sollten bei der Interpretation der später zitierten Validitätsdaten berücksichtigt werden.

Tabelle 10.11 Strukturfähigkeiten und Tests, die sie bei der Validitätsstudie bei Marineoffizieren repräsentierten

Fähigkeit	Test	Fähigkeit	Test
CMU	(Verbales Verständnis) 19. Verbales Verständnis	DMU	(Vorstellungsflüssigkeit) 6. Konsequenzen (offensichtlich) 11. Geschichtentitel (nicht schlagfertig)
CMS	(allgemeines Denken) 15. Schiffsbestimmung		
CMT	(Penetration) 16. Ähnlichkeiten 17. Soziale Einrichtungen	DMC	(spontane Flexibilität) 3. Verwendungsmöglichkeiten eines Ziegelsteins 21. Alternative Verwendungsmöglichkeiten
CMI_1	(voraussichtliche Begriffe) 1. Alternative Methoden 8. Treffende Fragen	DMT	(Originalität) 5. Konsequenzen (entfernt) 10. Geschichtentitel (schlagfertig)
CMI_2	(Sensitivität für Probleme)** 2. Apparat-Test 13. Erkennen von Mängeln 14. Erkennen von Problemen	EFI	(Voraussicht in der Wahrnehmung)* 4. Planung von Routen 12. Widerstreitende Planung (Evaluation über Erfolg) 18. Soziale Situation 20. Ungewöhnliche Details
DFT	(adaptive Flexibilität) 7. Streichholzprobleme II 9. Planung von Flugmanövern		

** Ursprünglich als Strukturfähigkeit EMI vermutet, aber später als CMI identifiziert (Bericht 32).
* Ursprünglich als CFI angesehen, aber später als EFI identifiziert (Bericht 40).

Die Faktorenanalyse und die Faktorkomposita

Drei Faktorenanalysen wurden durchgeführt, eine für die 21 Fähigkeitstests, eine für die 12 Variablen der Vorgesetztenbeurteilung und eine für die Beurteilung durch die Gleichgestellten. Die elf erwarteten Fähigkeitsfaktoren wurden gefunden, wobei die Tests meistens so wie erwartet funktionierten. Mit Ausnahme des Tests „Erkennen von Problemen", wurden die Faktorkomposita aus den repräsentativen Tests, wie sie in Tabelle 10.11 aufgeführt sind, zusammengesetzt. Dieser Test verteilte die Faktorenvarianz wenig ausgeprägt auf mehrere Fakren.
Die Beurteilungsvariablen wurden faktorenanalysiert, nicht mit der Vorstellung irgendwelche neuen Informationen über intellektuelle Fähigkeiten zu erhalten, da diese Fähigkeiten bereits durch einen besseren Ansatz, die Analyse von Testvariablen, verifiziert worden waren. Außerdem zielte jede Beurteilungsvariable auf einen einzigen Fähigkeitsfaktor und es hätte daher so viele Faktoren wie Experimentalvariablen geben sollen. Im allgemeinen wird von der Analyse von einge-

stuften Merkmalen erwartet, daß sie eher etwas darüber aussagt, was in den Köpfen der Beurteiler vorgeht, als über das Wesen dieser Merkmale. So könnten die Beurteiler zum Beispiel eine kleinere Zahl von Fähigkeitsdimensionen als 11 unterschieden haben. Der Vorteil, der von der Analyse der Beurteilungsvariablen erwartet wurde, hatte unmittelbare Bedeutung: damit sollte die Zahl der Kriteriumsvariablen herausgefunden werden, die kleiner als 11 ist und die das repräsentiert, was die Beurteiler versuchten über die Vpn auszusagen. Die Interkorrelationen der Beurteilungsvariablen zeigten diese Möglichkeit sofort, da sie von einigem Gewicht, bis zu .74 waren. Ein Faktor, der gewöhnlich in Sätzen von Beurteilungen von Merkmalen erwartet wird, ist allgemeiner Natur, interpretierbar als „Halo".

Die beiden Analysen der Beurteilungen gaben sehr ähnliche Ergebnisse. Bei beiden gab es einen ziemlich allgemeinen (vollständig bei einer Analyse) Halo-Faktor. Von den drei anderen Faktoren wurde einer als „Einsatzfähigkeit" bezeichnet. Er wurde bestimmt aus den Beurteilungvariablen für adaptive Flexibilität (DFT), Voraussicht in der Wahrnehmung (EFI) und allgemeine Denkfähigkeit (CMS). Die Untersuchung der Aufgaben, die nach diesen Merkmalen beurteilt wurden, zeigt, daß sich einige davon auf Streßsituationen, wie im Einsatz, beziehen und daß sie die Organisation und die Neuinterpretation von Aspekten betreffen. Ein zweiter Faktor wurde durch die Variable Führerverhalten angeführt, zusammen mit Evaluation durch Erfahrung (EMS) und allgemeiner Denkfähigkeit (CMS). Die zu beurteilenden Aufgaben gingen in die Richtung der Betonung von Entscheidungen aufgrund von Erfahrung. Der dritte nicht allgemeine Faktor wurde „Ideation" genannt, weil diese Aufgaben das verbale Wissen und die Flexibilität betonten. Die Variablen, die signifikante Ladungen auf diesen Faktor bei beiden Gruppen hatten, schlossen verbales Verständnis (CMU), Originalität (DMT) und spontane Flexibilität (DMC) ein.

Die Beurteilungskomposita, die die drei Faktoren außer dem Halofaktor repräsentierten, setzten sich aus den Variablen mit den höchsten Ladungen auf jeden Faktor zusammen. Einige Variablen wurden überhaupt nicht verwendet, da sie ebenfalls recht hohe Ladungen auf den Halo-Faktor hatten. Keine Variable wurde bei mehr als einem Kompositum verwendet.

Korrelationen zwischen Komposita aus Tests und den Komposita aus Beurteilungen

Tabelle 10.12 gibt die Korrelationen zwischen den Testfaktoren und den drei Beurteilungsfaktoren sowohl für die Beurteilung durch die Vorgesetzten als auch durch die Gleichgestellten. Die Koeffizienten sind relativ klein, was teilweise den niedrigen Reliabilitäten der Beurteilungvariablen zugeschrieben werden kann. Von den 66 Koeffizienten in der Tabelle sind jedoch 17 zumindest auf dem 5%-Niveau signifikant, eine Zahl die weit über dem Zufall liegt.

Tabelle 10.12 Korrelationen zwischen den Komposita der Fähigkeitsfaktoren und den Komposita der Beurteilungsfaktoren

| | Komposita der Beurteilungsfaktoren | | | | | |
| | Vorgesetztenbeurteilung | | | Beurteilung durch Gleichgestellte | | |
Komposita von Fähigkeiten	Einsatzfähigkeit	Führerverhalten	Ideation	Einsatzfähigkeit	Führerverhalten	Ideation
CMU (verbales Verständnis) (19[+])	.07	.07	.17*	.01	.14*	.19**
CMS (allgemeine Denkfähigkeit) (15)	.08	.05	.22**	.08	.07	.14*
CMT (Penetration) (16, 17)	.09	.07	.19**	.06	.07	.12
CMI$_1$ (begriffliche Voraussicht) (1, 8)	.06	.01	.08	.03	.00	.11
CMI$_2$ (Sensivität für Probleme) (2, 13)	.12	.17*	.27**	.07	.11	.16*
DFT (adaptive Flexibilität) (7, 9)	-.03	-.07	.13	.09	.11	.19**
DMU (Vorstellungsflüssigkeit) (6, 11)	-.06	.05	.00	.03	-.01	.03
DMC (spontane Flexibilität) (3, 21)	.03	.08	.17*	.03	-.13	.23**
DMT (Originalität) (5, 10)	.18**	.17*	.18**	.07	.14*	.19**
EFI (Voraussicht bei der Wahrnehmung) (4, 12)	-.04	.01	.12	.04	.00	.08
EMS (Evaluation durch Erfahrung) (18, 20)	.07	.00	.11	.12	.10	.10

[+] Zahl des Tests, der verwendet wurde um den Faktor zu repräsentieren (die genaue Bezeichnung des Tests findet sich in Tabelle 10.11).

* signifikant auf dem 5%-Niveau
** signifikant auf dem 1%-Niveau

Es gibt zu einem gewissen Grad ein System für die Lokation der signifikanten r ' s. Zwischen den Beurteilungen durch Vorgesetzte und Gleichgestellte gibt es 12 Übereinstimmungen, aber 5 davon sind nur in der einen Gruppe signifikant, in der anderen nicht. Der zusammengesetzte Wert für Einsatzfähigkeit wies eine signifikante Korrelation auf (für DMT) und das bei der Beurteilung durch Vorgesetzte. Die Variable Führerverhalten hatte zwei signifikante Korrelationen bei den Daten der Vorgesetzten (für CMI_2 und DMT) und zwei bei den Daten der Gleichgestellten (für CMU und DMT). Die Mehrzahl der signifikanten Korrelationen findet sich in der Spalte Ideation bei beiden Beurteilergruppen. Die beiden Gruppen stimmten bei dieser Variablen hinsichtlich CMU, CMS, CMI_2, DMC und DMT überein.

Wenn man die verschiedenen Fähigkeiten betrachtet ist festzustellen, daß die meisten signifikanten Korrelationen bei DMT liegen und daß CMI_2 an zweiter Stelle steht. CMU, CMS und DMC hatten jeweils zwei signifikante Korrelationen und DMU, EFI und EMS gar keine.

Es erwies sich, daß zwischen den drei Beurteilungsvariablen und den zusammengesetzten Werten aus den Fähigkeitstests, von denen angenommen wurde, daß sie die gleichen Fähigkeiten repräsentieren, nur geringe oder gar keine Beziehung bestand. So wurde zum Beispiel angenommen, daß die Beurteilungsvariable der Einsatzfähigkeit die Fähigkeiten DFT und EFI repräsentieren würde, aber die Korrelationen mit den DFT- und EFI-Testwerten waren bei beiden Beurteilergruppen nahe Null. Die zusammengesetzte Beurteilungsvariable Führerverhalten schloß Beurteilungen ein, die für die Fähigkeit EMS bestimmt waren, aber dieser Korrelation mit dem Testwert für die gleiche Fähigkeit fehlte die statistische Signifikanz. Die „Ideation" genannte Variable hatte Komponenten, die auf die Fähigkeiten CMU, DMC und DMT zielten. Obwohl sie mit Null mit dem Testwert korrelierte, der CMU bestimmt war, lagen die Korrelationen bei .17 und .23 für den zusammengesetzten Wert für DMC und bei .18 und .19 für den Wert von DMT bei den Beurteilungen der Vorgesetzten bzw. der Gleichgestellten.

Es ist die Frage welche Variablen, Testwerte oder Beurteilungen, die vorauszusagenden Kriterien sein sollten und welche die Prädiktoren. Wenn man annimmt, daß die Testvariablen die Skala der Konstruktvalidität bei mehr als einer Faktorenanalyse erfolgreich abgeschlossen hatten, scheinen die Hinweise anzudeuten, daß die Beurteilungen der Offiziere in den meisten Fällen weit vom Kern der Sache entfernt waren.

Ein direkter Hinweis auf die gleiche Schlußfolgerung wurde durch die Schätzung der Faktorenladungen der 11 Fähigkeitsfaktoren in den einzeln genommenen Beurteilungsvariablen gefunden. Das geschah über die Ausweitung des Bezugsrahmens für die Fähigkeitstests um die Beurteilungsvariablen, wie in Kapitel 4 beschrieben, einzuschliessen. Für die Beurteilungen der Gleichgestellten lagen die Korrelationen (erweiterte Faktorenladungen) zwischen den Beurteilungsvariablen und den intendierten Faktoren zwischen -.12 und .18, mit einem Median von .06. Die korrespondierenden Korrelationen für die Beurteilungen der Vorgesetzten lagen zwischen -.07 und .14 mit einem Median von ebenfalls .06. Was noch über die mangelnde Relevanz der beiden Datensätze zu sagen ist ergibt sich daraus, daß die Korrelationen der korrespondierenden Beurteilungsvariablen zwischen Vorgesetzten und Gleichgestellten für die 12 Variablen zwischen .08 und .40 lagen, mit einem Median von .19. Die höchste Korrelation betraf das Führerverhalten. Es gibt zwar keine negative Beziehungen aber die Beurteilungen von Vorgesetzten und Gleichgestellten hatten bei einigen Merkmalen sehr wenig gemeinsam.

Einer der Gründe für die Fehlschläge bei den Beurteilungen könnte in der Unfähigkeit des Untersuchers zu finden sein den Beurteilern über die entsprechenden Aufgaben die Variablen zu vermitteln, die erfaßt werden sollten. Ein anderer könnte in dem Fehlen von Beobachtungsmöglichkeiten des zu evaluierenden Verhaltens, an dem Mangel an Gelegenheit oder dem Mangel an Aufmerksamkeit für Verhalten zuzuschreiben sein, das den Status auf dem abstrahierten Merkmal anzeigt. Das beste was zu den zusammengesetzten Beurteilungsvariablen gesagt werden kann ist, daß sie Abstraktionen andeuten, die von den Beurteilern zu einem gewissen Grad unterschieden wurden. Die drei Komposita waren nicht von einem „Halo-Effekt" frei, was zu den Korrelationen in Tabelle 10.12 beigetragen haben könnte. Sie waren von diesem Effekt nicht frei, weil fast alle ihrer Komponenten einige Ladungen auf dieser Variablen hatten. Daß die Korrelationen in der Tabelle nicht vollständig dem Halo-Effekt zuzuschreiben sind, wird durch die Tatsache angedeutet, daß die Zahl und die Lokation der signifikanten Korrelationen in der Tabelle von einer Beurteilungsvariablen zu einer anderen und von einer Fähigkeitsvariablen zur anderen variiert. Es kann gesagt werden, daß die Lokation der signifikenten Korrelationen innerhalb der Zeilen uns einige Information darüber gibt, welche Strukturfähigkeiten die Beurteiler betonten, ob sie das nun realisierten oder nicht. Daraus könnten wir folgern, daß sie, bewußt oder unbewußt, die Fähigkeit DMT und CMI_2 berücksichtigen.

Die Beziehungen der Strukturfähigkeiten zu anderen Persönlichkeitszügen bei Erwachsenen

Im Verlauf der Forschungsvorhaben ergaben sich Fragen nach den möglichen Beziehungen von einigen Strukturfähigkeiten zu anderen Merkmalen, den Kategorien Temperament und Motivation, wobei die letztere Bedürfnisse, Interessen und Attitüden einschließt. Es gab einige Gründe für das Auftauchen dieser Frage. Sie traten besonders im Zusammenhang mit den Fähigkeiten der divergenten Produktion auf, von denen einige die unsystematischen Etiketten „Flüssigkeit", „Flexibilität" und „Originalität" erhalten hatten. Es könnte logische Gründe für die Zuordnung dieser Qualitäten zum Temperament geben. Aus operationalen Gründen wurden ihnen der Status von Fähigkeiten einge-

räumt, da sie bei Tests gefunden wurden, deren Werte anzeigen w i e
g u t eine Person ist, wenn sie wahrscheinlich versucht ihre Bestes
zu geben.

Gründe für die Erwartung von Beziehungen

Es gab empirische Hinweise auf offensichtliche enge Zusammenhänge,
wenn nicht sogar Identität, zwischen zwei Arten von Flexibilität und
entsprechenden Persönlichkeitsmerkmalen. Es war gefunden worden
(Bericht 18), daß Tests, die zur Messung von Perseveration beim Denken entwickelt waren, substantiell bipolare Beziehungen zu spontaner
Flexibilität aufwiesen, d. h. zur Strukturfähigkeit DMC. Tests, die
für Erfassung der Richtungsbeständigkeit beim Denken bestimmt
waren, zeigen substantiell negative Beziehungen zu Tests der adaptiven Flexibilität, d. h. der Strukturfähigkeit DFT.
    Es gab logische Gründe für die Erwartung, daß bestimmte Fähig-
keiten des Denkens mit einigen faktoriell nachgewiesenen Interessen
verwandt seien. Drei Interesseneinrichtungen beim Denken waren
nachgewiesen worden (GUILFORD, CHRISTENSEN, BOND und SUTTON,
1954) im Einzelnen: Interesse an logischem Denken, an meditativem
Denken und an autistischem Denken. Es wurde angenommen, daß es
noch andere geben könnte und, daß einige davon auf einer eins - zu
eins - Basis mit bestimmten Fähigkeiten des Denkens, die mit der
Faktorenanalyse nachgewiesen worden waren, in Verbindung gebracht
werden könnten.
    Frühere Studien, die auf die Beziehungen zwischen Interesse und
Fähigkeiten angesetzt waren, fanden nur allgemein sehr niedrige Korrelationen zwischen beiden Arten von Merkmalen. Dabei wurden jedoch keine Maße von faktoriellen Merkmalen irgend einer Art berücksichtigt, da diese Untersuchungen das Wissen über faktorielle Fähigkeiten und Interessen hätten vorwegnehmen müssen. In jüngerer Zeit,
zumindest mit der Verwendung von faktoriellen Werten für die Fähigkeiten, die durch die PMA - Tests von THURSTONE repräsentiert
waren und der Variablen des Interessentests von KUDER, von denen
einige den faktoriellen Status erreichen und Korrelationen zwischen
Profilpaaren (einem Profil für Fähigkeiten und einem für Interessen)
der Personen wurden deutlich signifikante Ergebnisse erhalten (WES-
LEY, COREY und STEWART, 1950).
    Einige theoretische Hintergrundinformationen sollten ebenfalls zur
Untersuchung dieses Problems führen. Von der psychoanalytischen
Theorie her würden wir erwarten, daß bestimmte Motivationen sehr
viel mit der Entwicklung von Fähigkeiten zu tun haben. Wenn es inter-
individuelle Unterschiede in den Triebprofilen gibt, sollte es interindi-
viduelle Unterschiede in den Fähigkeitsprofilen geben. (MAYMAN,
SCHAFER und RAPAPORT, 1951). HAYES (1962) hat die These vertreten, daß Motivationsprofile ererbt sind, aus denen sich korrespondierende Profile von Fähigkeiten entwickeln.

Neue hypothetische Interessen. Da anzunehmen war, daß die drei Interessen am Denken nicht die potentielle Liste derartiger Züge abdecken, unternahm das Projekt weitere Explorationen in dieser Richtung. Die Kenntnis der verschiedenen Fähigkeiten des Denkens half beträchtlich bei der Vorstellung möglicher neuer Interessenfaktoren (7).

Der schnellste Weg zur Erfassung von Interessenvariablen geht über einen Fragebogen oder ein Interesseninventar. Neue Items wurden in Übereinstimmung mit den Hypothesen hinsichtlich der erwarteten Interessenfaktoren geschrieben. Da eine Trennung zwischen der divergenten und konvergenten Produktion gefunden worden war, wurden zwei korrespondierende Interessen angenommen. Als Hauptunterschied wurde an ein Interesse auf ein allgemeines Ziel hin gegenüber einem speziellen Ziel gedacht. Zwei Gruppen von Aufgaben für das Interesse an divergentem Denken wurde als „Phantasievolles Denken" und „Übergangsdenken" (das sich leicht mit vielen Gedanken beschäftigt) bezeichnet. Zwei andere Gruppen von Ideen wurden „Adaptives divergentes Denken" (Ausdenken von vielen Ideen um einer Situation gerecht zu werden) und „Spontanes divergentes Denken" (ungerichtete Produktion vieler Ideen) genannt. Eine fünfte Variable, die in den Bereich der divergenten Produktion gehört, wurde als „Launenhaftes Denken" bezeichnet (schließt die Wertschätzung von Wortspielen, humorvolle Inkongruitäten und komischen Handlungen ein). Es ist anzumerken, daß einige dieser Variablen die Flüssigkeit und andere die Flexibilität relativ mehr betonen, was nahelegt, daß zwei Faktoren im gleichen divergenten Bereich gefunden werden könnten.

Für das hypothetische Interesse an konvergentem Denken wurden zwei Ansätze gewählt, die zu den Variablen Entschiedenheit bei anderen (Bewunderung entscheidungsfreudiger Menschen), Eigene Entschiedenheit (selbst gern etwas entscheiden) und Zielgerichtetes Denken (Bevorzugung von direkten systematischen Ansätzen) führten.

Für den hypothetischen Faktor der Ambiguitätsintoleranz waren die Testvariablen Schwarz - Weiß - Denken (Bevorzugung absoluter Begriffe beim Denken) und Bedürfnis nach Entschiedenheit (Ablehnung von Unsicherheit).

Die drei älteren Interessen, die bereits erwähnt wurden, waren ebenfalls durch kleine Sätze von Items für alternative Hypothesen in jedem Fall vertreten. Einige andere Motivationsvariablen in der Kategorie „Bedürfnisse" waren ebenfalls repräsentiert, um ihren Anspruch auf faktorielle Existenz und ihre Verschiedenheit von den neuen Interessenvariablen nachzuweisen. Diese Variablen waren von GUILFORD, CHRISTENSEN, BOND und SUTTON (1954) gefunden worden. Unter diesen Bedürfnissen waren die für Verschiedenheit, Freiheit, kulturelle Konformität, Abenteuer, Disziplin, Allgemeine Aktivität und Genauigkeit.

---

7 Vgl. Bericht 20: ebenfalls GUILFORD, CHRISTENSEN, FRICK und MERRIFIELD, (1961), MERRIFIELD, GUILFORD, CHRISTENSEN und FRICK (1961).

Einige Persönlichkeitszüge. Ein paar Persönlichkeitsfaktoren waren vertreten, die nach ihrer theoretischen Bedeutung in Verbindung mit den Arten des Denkens im divergenten und konvergenten Bereich von Fähigkeiten ausgewählt wurden. Es gab in der Analyse kurze Fragebogenvariablen für die Persönlichkeitszüge Depression, Nervosität, Emotionalität, Machtstreben und Selbstvertrauen. Bereits erwähnt wurde das Merkmal Persistenz in Verbindung mit der adaptiven Flexibilität. Nach Kenntnis der Untersucher war von einem Persistenzfaktor bei früheren Analysen von Fragebogenwerten nicht berichtet worden. Zwei Variablen wurden bei der neuen Analyse verwendet: Rationelle Persistenz (Bevorzugtes Festhalten an einem Ansatz beim Problemlösen) und Irrationale Persistenz (Fortsetzung des Denkens über die Anforderungen hinaus).

Einige Hypothesen über die Beziehungen. Einige Bemerkungen sind notwendig um die Auswahl der Persönlichkeits- und Motivationsvariablen zu rechtfertigen, die Beziehungen zu bestimmten Fähigkeitsvariablen zeigen könnten. Die Grundlagen waren meistens rational, da es nur wenige Berichte über die Verbindungen von Variablenpaaren aus empirischer Quelle gibt. Einige Persönlichkeitszüge, von denen erwartet wurde, daß sie negative Beziehungen mit den Fähigkeiten der Flüssigkeit und Flexibilität aufweisen würden, waren Depression und Nervosität (die bei dieser Untersuchung durch den zusammengefaßten Wert der neurotischen Tendenz vertreten waren), Bedürfnis nach übertriebener Genauigkeit, Bedürfnis nach Disziplin und Bedürfnis nach Sorgfalt, die alle restringierende Einflüsse auf Geschwindigkeit und Verschiedenheit der Ideenproduktion haben könnten. Positive Einflüsse auf die Fähigkeiten könnten von anderen Merkmalen erwartet werden, einschließlich Impulsivität, Selbstvertrauen, Ambiguitätstoleranz, Wertschätzung ästhetischen Ausdrucks, Wertschätzung der Originalität, Bedürfnis nach allgemeiner Aktivität, nach Freiheit und nach Verschiedenheit.

Von den Fähigkeitsvariablen wurde erwartet, daß Vorstellungsflüssigkeit (DMU) und Originalität (DMT) eher durch den Status bei den Persönlichkeitszügen beeinflußt würden, wobei spontane Flexibilität in dieser Hinsicht die dritte Stelle einnehmen würde. Von Wortflüssigkeit (DSU) und adaptiver Flexibilität (DFT) wurde erwartet, daß sie die kleinste Zahl signifikanter Beziehungen aufweisen würden. Beide schienen mehr spezialisiert, da sie inhaltlich gesehen nicht semantisch sind. Keine Voraussagen wurden hinsichtlich der Beziehung zu Fähigkeiten außerhalb der divergenten Produktion gemacht, aber es gab Gelegenheiten derartige Beziehungen zu finden.

Die Faktorenanalyse. Insgesamt umfaßte die Testbatterie außerhalb der Fähigkeiten 250 Aufgaben in 40 kleinen Gruppen, die ebensoviele Testwerte lieferten. Die Batterie wurde zusammen mit ausgewählten Tests der Flüssigkeit bei 212 Studenten der Akademie der US - Küstenwache zur gleichen Zeit wie die Aufnahmeprüfung durchgeführt. Die Ergebnisse der Analyse sind in etwa in Tabelle 10.13 enthalten. Nach der Inspektion der erhaltenen Faktoren und ihrer Ladungen auf die verschiedenen Testvariablen stellten die Untersucher eine Liste von nichtintellektuellen Faktorvariablen zusammen, die mit Fähigkeitsfaktoren verbunden werden sollten. Diese Variablen und ihre grundlegenden Komponenten sind in Tabelle 10.13 aufgeführt.

Die erste Variable, neurotische Tendenz, repräsentiert eine Kombination von Merkmalen, die ursprünglich als zwei Faktoren angesehen worden waren - Depression und Nervosität - die bei der Analyse nicht

Tabelle 10.13 Testvariablen, die benutzt wurden um die verschiedenen Faktoren der Bedürfnisse, Interessen und Persönlichkeitszüge zu bestimmen

Faktor	Testvariable
1. Neurotische Tendenz	Pessimismus, Niedergeschlagenheit, Nervosität
2. Bedürfnis nach Freiheit	Unabhängigkeit
3. Bedürfnis nach Verschiedenheit	Nonkonformität, Bedürfnis nach Verschiedenheit
4. Wertschätzung autistischen Denkens	Berühmte Personen, Reichtum und Macht
5. Wertschätzung logischen Denkens	Logische Prozesse, Problemlösen
6. Emotionalität	Emotionale Unreife, emotionale Erregbarkeit
7. Bedürfnis nach Konformität	Moralische Konformität - allgemein, Moralische Konformität - individuell
8. Bedürfnis nach Abenteuer	Risikoverhalten
9. Bedürfnis nach peinlicher Ordnung	Peinliche Ordnung, Ordentlichkeit
10. Impulsivität	Impulsivität
11. Wertschätzung konvergenten Denkens	Zielgerichtetes Denken
12. Bedürfnis nach Entschiedenheit	persönliche Entschiedenheit
13. Machtstreben	Machtstreben
14. Persistenz	rationale Persistenz, irrationale Persistenz
15. Bedürfnis nach Disziplin	allgemeine Disziplin, individuelle Disziplin
16. Wertschätzung divergent-adaptiven Denkens	adaptives divergentes Denken
17. Wertschätzung divergent-spontanen Denkens	Übergangsdenken, spontanes divergentes Denken
18. Ambiguitätstoleranz	Schwarz-Weiß-Denken, Bedürfnis nach Deutlichkeit
19. Wertschätzung ästhetischen Ausdrucks	Kreativer Ausdruck, Interpretativer Ausdruck
20. Wertschätzung der Originalität	Phantasievolles Denken, Launenhaftes Denken
21. Wertschätzung meditativen Denkens	Meditatives Denken
22. Bedürfnis nach allgemeiner Aktivität	Allgemeine Aktivität
23. Selbstvertrauen	Selbstvertrauen
24. Bedürfnis nach Genauigkeit	Genauigkeit

getrennt werden konnten. Zwei Variablen der divergenten Produktion (Merkmal 16 und 17) traten auf, da die experimentellen Variablen, die für diese Art des Denkens bestimmt waren bei der Analyse nicht zusammen gingen. Nicht alle Testvariablen wurden als Hilfe für die Bestimmung der Faktorenwerte verwendet, da die Faktorenladungen in einigen Fällen niedrig waren. Keine Testvariable repräsentierte mehr als einen Faktor.

Fähigkeitsfaktoren und ihre Tests

Zur Zeit dieser Untersuchung wurde den Fähigkeiten der divergenten Produktion, insbesondere den semantischen Fähigkeiten, viel Aufmerksamkeit geschenkt. Eine Testbatterie für die Faktoranalyse, die Flüssigkeitsfähigkeiten in den Vordergrund stellte, wurde bei 221 Marineflugschülern durchgeführt (Bericht 17) und eine Testbatterie primär für Flexibilitätsfähigkeiten bei 208 Luftwaffenkadetten. Bei der ersten Gruppe wurde außerdem die vollständige Batterie der Persönlichkeitszüge verwendet, bei der zweiten Gruppe eine verkürzte Version. Es ist bereits erwähnt worden, daß die Kadetten der Küstenwache einige Tests der Flüssigkeit und Flexibilität bei der vollständigen Untersuchung dabei hatten. Tests außerhalb der Kategorie der divergenten Produktion wurden bei den drei Testadministrationen ebenfalls verwendet. Es war daher möglich die Korrelationen von Persönlichkeitsdimensionen zu zusätzlichen Fähigkeitsvariablen zu untersuchen. Wenn man von der Korrelation zwischen Persönlichkeitszügen spricht muß berücksichtigt werden, daß die empirischen Indikatoren dieser Merkmale miteinander korreliert werden. Die Liste der Strukturfähigkeiten, die in dieser Studie vertreten waren und ihre repräsentativen Tests finden sich in Tabelle 10.14.

Beziehungen zwischen Maßen der Fähigkeiten und der Persönlichkeitszüge

Ein Ansatz um zu erkennen was beiden Arten von Merkmalen gemeinsam ist, bestünde darin alle zugrundeliegenden Variablen zusammen einer Faktorenanalyse zu unterwerfen. Aber nach einer Untersuchung der vollständigen Korrelationsmatrizen, die beide Variablenarten enthielten, war klar, daß die beiden Sätze der Variablen nahezu orthogonal waren. Eine Faktorenanalyse würde offensichtlich nicht die Antworten liefern, die gewünscht sind. Es wurde daher vorgezogen die Repräsentanten der Persönlichkeitszüge in Form von zusammengesetzten Werten aus beiden Quellen zu korrelieren. Die in Tabelle 10.14 aufgeführten zusammengesetzten Fähigkeitswerte wurden mit den zusammengesetzten Werten der Persönlichkeitsvariablen, die in Tabelle 10.13 enthalten sind, korreliert, wo immer das möglich war.

Tabelle 10.14 Fähigkeitstests, die Strukturfähigkeiten repräsentieren und die in Verbindung mit Persönlichkeitsvariablen untersucht wurden

Struktur-bezeichnung	Fähigkeit	Test
CMU	Verbales Verständnis	Verbales Verständnis
CMS	Allgemeine Denkfähigkeit	Schiffsbestimmung, Kreis Quadrat Dreieck
DFT	Adaptive Flexibilität	Streichholzprobleme II, Quadrate
DSU	Wortflüssigkeit	Reime, Nachsilben, Wortlisten I
DMU	Vorstellungsflüssigkeit	Verwendung eines Ziegelsteines (Flüssigkeit), Geschichtentitel (nicht schlagfertig), Rätsel (offensichtlich), Liste von Objekten II
DMC	Spontane Flexibilität	Verwendung eines Ziegelsteines (Wechsel), Benennen von Objekten (Gruppen)
DMR	Assoziationsflüssigkeit	Kontrollierte Assoziationen II Kontrollierte Assoziationen IIIa Einsetzen von Ähnlichem
DMS	Ausdrucksflüssigkeit	Ausdrucksflüssigkeit, Interpretation von Ähnlichem, Wortanordnung
DMT	Originalität	Karikaturen, Konsequenzen (entfernt) Geschichtentitel (schlagfertig)
NFT - MST		Versteckte Figuren, Getarnte Wörter,
NMR		Erfindung von Gegensätzen, Wortschatzergänzung
EMI	Logische Evaluation	Logisches Denken, Puzzles

Die zusammengesetzten Werte der Fähigkeiten und der Persönlichkeitszüge. Jeder zusammengesetzte Wert für eine Fähigkeit war einfach die Summe von zwei oder mehr Testwerten, mit Ausnahme der Strukturfähigkeit CMU und einigen Tests, die in einer oder mehreren Testbatterien nicht vertreten waren. Die Reliabilitätsschätzungen für die zusammengesetzten Werte lagen zwischen .53 und .89, mit einem Median von .81. Reliabilitätsschätzungen für die Persönlichkeitszüge wurden grober erhalten. Die Schätzungen nach KUDER - RICHARDSON 21 für die grundlegenden Variablen lagen zwischen .20 und .83. Da die Kommunalitäten aus der Faktorenanalyse systematisch höher lagen, handelt es sich bei diesen Werten um Unterschätzungen. Die Reliabilitäten der zusammengesetzten Werte sollten höher liegen.

Interkorrelationen der Komposita

Die Korrelationen zwischen den beiden Arten der Komposita wurden aus den bekannten Interkorrelationen ihrer Komponenten berechnet, indem die Formel für die Korrelationen von Summen verwendet wurde (GUILFORD, 1965, S. 545). Es wurden nur Korrelationskoeffizienten nach PEARSON oder rationale Schätzungen davon zwischen den grundlegenden Variablen verwendet, einige waren biseriale Korrelationen, da einige Persönlichkeitsvariablen in der Nähe der Medianwerte aufgeteilt wurden. Die Mehrzahl der in Tabelle 10.15 gegebenen Korrelationen sind Mittelwerte der Koeffizienten, die bei den drei Stichproben von Vpn erhalten wurden, d.h. dort, wo alle drei Gruppen die entsprechenden Daten geliefert hatten. Einige Koeffizienten repräsentieren nur zwei Stichproben und einige sogar nur eine. Einige Werte bei den Persönlichkeitszügen waren bei den Luftwaffenangehörigen nicht verfügbar, was durch die freien Stellen angedeutet wird, die auch darauf hinweisen wo Testwerte der Fähigkeiten bei den anderen Gruppen fehlen. Bei den Gruppen aus der Marine und der Küstenwache fehlten die Werte für DFT, DMC, NFT - NST und EMI, während bei den Luftwaffenangehörigen die Werte für die Persönlichkeitszüge 1, 2, 5, 8, 10, 13, 22, 23 und 24 fehlten (vgl. Tabelle 10.13).

Nur Koeffizienten, die statistische Signifikanz beanspruchen können, sind in Tabelle 10.15 enthalten. Obwohl Formeln für die Signifikanz der Korrelationen von Summen den Autoren unbekannt sind, wurde als grober Richtwert der Standardfehler eines biserialen r von 0 (Null) verwendet, wobei die Freiheitsgrade aus den drei Quellen addiert wurden. Unter diesen Bedingungen können die gegebenen r als auf den 5%-Niveau signifikant angesehen werden. Obwohl einseitige Tests dort gerechtfertigt gewesen wären, wo die Richtungen der Korrelationen hätten vorausgesagt werden können, wurden durchweg zweiseitige Tests angewendet.

Obwohl die Fähigkeitsvariablen in Tabelle 10.15 in der Reihenfolge des Auftretens im Strukturmodell aufgeführt sind, betrachten wir die Fähigkeiten der divergenten Produktion zuerst. Wir sehen, daß die zusammengesetzten Werte für DFT keine signifikanten Korrelationen mit irgendeinem Persönlichkeitszug aufweisen, obwohl es 14 Gelegenheiten für die Korrelationen gab. Das Fehlen einer Korrelation mit dem Merkmal Persistenz ist am auffallendsten, da Verhaltenstests, die auf Persistenz beim Denken abzielten, eine starke (negative) Beziehung zu DFT bei einer früheren Analyse aufwiesen (Bericht 18). Für dieses Fehlen gibt es zwei mögliche Gründe. Das Merkmal, das mit dem Verhaltenstest gemessen wird, könnte von dem im Fragebogen sehr verschieden sein. Es könnte sein, daß die beiden Merkmale gleich sind, aber, daß verschiedene Arten von Messungen (Merkmalsindikatoren) schlecht miteinander korrelieren. Das kann im Fall der Variation sein, die auf unterschiedliche Instrumente zurückgeht, wie von CAMPBELL und FISKE (1959) ausgeführt wird. Die erste Interpretation ist vorzuziehen. Wenn das Merkmal gleich ist und wenn beide Instrumente valide sind, sollten die Werte zumindest eine signifikante Korrelation aufweisen. Dieser Gesichtspunkt bedeutet, daß meistens alle Persönlichkeitszüge der Messung durch alle Methoden zugänglich sind. Sogar wenn sie mit verschiedenen Methoden erfaßt werden können, sind einige bessere Maße als andere. Der Unterschied bei den Persistenzmerkmalen wird durch die Tatsache nahegelegt, daß die Fragebogenitems sich auf Persistenz im allgemeinen beziehen und nicht auf das Denken beschränkt sind. Die Persistenztests zielten auf den beschränkten Bereich des Denkens.

412

Wortflüssigkeit (DSU) hatte zwei signifikante Korrelationen, eine negative mit dem Bedürfnis nach kultureller Konformität und eine positive mit dem Bedürfnis nach Freiheit. Die Vorzeichen liegen in sinnvoller Richtung, aber es ist schwierig diese Merkmale mit DSU logisch in Verbindung zu bringen, um so mehr als bei anderen Flüssigkeitsfähigkeiten in der semantischen Kategorie siginifikante Korrelationen mit diesen beiden Merkmalen nicht auftreten.

DMU war mit sechs Persönlichkeitszügen korreliert, negativ mit neurotischer Tendenz, wie vorausgesagt, und positiv mit Wertschätzung logischen Denkens, Impulsivität, Machtstreben, Wertschätzung von Originalität, Wertschätzung ästhetischen Ausdrucks und Selbstvertrauen. Die Beziehung zu Wertschätzung von logischem Denken war nicht vorausgesehen worden, da letztere Evaluation impliziert, was einige Restriktionen für die Quantität der Produktion bedeutet. Die Beziehung zu Wertschätzung von Originalität könnte der Tatsache zuzuschreiben sein, daß die meisten Tests für DMU und Tests für DMT waren, z.B. Geschichtentitel, Konsequenzen und Reime, die auch nach Originalität bewertet wurden und die Aufgaben können für die Vpn wie Originalitätstests aussehen.

DMC hatte nur eine signifikante Korrelation, und die lag bei der Wertschätzung meditativen Denkens, wo sie nicht erwartet wurde. Von allen Persönlichkeitsmerkmalen sollte DMC mit dem Bedürfnis nach Abwechslung in Verbindung stehen, da der Wechsel von Klasse zu Klasse das Wesen dieser Fähigkeit darstellt. Meditatives Denken kann Freiheit im Umherschweifen bei den Ideen bedeuten und in diesem Sinne relevant sein. Wir werden sehen, daß Wertschätzung meditativen Denkens mit einer Reihe von Strukturfähigkeiten in Verbindung steht und daher vermutlich von a l l g e m e i n e r Bedeutung für die intellektuelle Aktivität ist - Vpn, die bei diesem Merkmal hoch liegen könnten für viele intellektuelle Aufgaben besser motiviert sein.

DMR zeigt in Tabelle 10.15 zwei Korrelationen, eine mit Bedürfnis nach Abenteuer und eine mit Ambiguitätstoleranz, keine wurde vorausgesagt. Der gewöhnlich führende Test für DMR war Assoziationsflüssigkeit, bei dem die Vp Wörter auflisten muß, die die gleiche Bedeutung wie ein gegebenes Wort haben. Die Vp könnte längere Listen bekommen, wenn sie die Unsicherheit von Antworten, die in zweifelhafter Weise mit dem gegebenen Wort verbunden sind, toleriert. Es ist festzustellen, daß je abenteuerlicher die Vp ihre Suche gestaltet desto mehr riskante Antworten können nur metaphorische Antworten sein, da die Items des Bedürfnisses für Abenteuer sich auf geographische Erkundungen und Risiken persönlicher Gefahr nicht auf Risiken im Denken beziehen.

Drei Merkmale - Impulsivität, Wertschätzung ästhetischen Ausdrucks und Wertschätzung meditativen Denkens - sind einsichtigerweise mit dem Wert für DMS verbunden. Tests für DMS verlangen gewöhnlich die Produktion von Sätzen in einer beschränkten Zeit. Bei Speed - Tests sollte es sich auszahlen impulsiv zu sein, vorausgesetzt, daß die Wahrscheinlichkeit von Fehlern gering ist. Schreiben kann eine Kunst sein, wobei die Verbindung mit der Wertschätzung ästhetischen

Tabelle 10.15 Signifikante Interkorrelationen zwischen Fähigkeitstestwerten und Persönlichkeitsfaktoren*

Fähigkeitsvariablen (Strukturfähigkeiten)

Faktor	CMU	CMS	DFT	DSU	DMU	DMC	DMR	DMS	DMT	NFT NST	NMR	EMI
1. neurotische Tendenz			+		-14	-				-		-
2. Bedürfnis nach Freiheit			-	12		-				-		-
3. Bedürfnis nach Abwechslung												
4. Wertschätzung autistischen Denkens	-17		-									
5. Wertschätzung logischen Denkens		15			11							21
6. Emotionalität	-21	-14	-	-14		-				-		-
7. Bedürfnis nach kultureller Konformität												-
8. Bedürfnis nach Abenteuer						-	13			-20		-
9. Bedürfnis nach Genauigkeit	-33								-14	-		
10. Impulsivität			-		22	-		25				-
11. Wertschätzung konvergenten Denkens		23								-25		
12. Bedürfnis nach Entschiedenheit											18	
13. Machtstreben			-		16	-						-
14. Persistenz	-22											
15. Bedürfnis nach Disziplin									-17			
16. Wertschätzung divergent-adaptiven Denkens									16			
17. Wertschätzung divergent-spontanen Denkens												
18. Ambiguitätstoleranz	21						15		12			
19. Wertschätzung ästhetischen Ausdrucks	25		-			-		16	26	-		-
20. Wertschätzung der Originalität					16							
21. Wertschätzung meditativen Denkens	18					22		21	25			20
22. Allgemeine Aktivität	-22		-			-						-
23. Selbstvertrauen			-		20	-			13.	-		-
24. Bedürfnis nach übertriebener Genauigkeit			-			-				-		-

*Dezimalstellen weglassen
+Persönlichkeitstestwerte nicht verfügbar

Ausdrucks natürlich ist. Die allgemeine Anwendbarkeit von Wertschätzung meditativen Denkens wurde bereits erwähnt. Sie ist mit 5 der 12 Fähigkeiten in der Liste verbunden.

DMT, der zuerst das Etikett „Originalität" gegeben wurde, scheint ein Auszug der Aktivitäten des kreativen Denkens zu sein, und das sollte auch der durchschnittlichen, gebildeten Person offensichtlich sein. Im Strukturmodell liegt sie ebenfalls sowohl in der Kategorie der divergenten Produktion als auch der Transformation und hat daher einen doppelten Anspruch auf das kreative Potential. Die gleiche Unterscheidung in der Lokalisation im Strukturmodell gilt auch für DFT, die, wie bereits erwähnt, von Wissenschaftlern als am wichtigsten beurteilt wurden. Man könnte daher eine größere Anzahl von Beziehungen zu Persönlichkeitsmerkmalen für diese Fähigkeiten und ihre Tests erwarten. DFT zeigte nur zwei derartige Beziehungen (in getrennten Populationen), aber es lagen Einschränkungen vor, die möglicherweise das Auftreten von anderen verhinderten.

Jedenfalls wies DMT sieben Beziehungen auf, die alle einsichtig waren. Es gab zwei negative Beziehungen mit Bedürfnis nach peinlicher Ordnung und Bedürfnis nach Disziplin; beide waren vorausgesagt worden. Die stärksten positiven Beziehungen bestanden zu Wertschätzung ästhetischen Ausdrucks und Wertschätzung meditativen Denkens, die beide erwartet wurden. Andere Beziehungen bestanden zu Wertschätzung divergent-adaptiven Denkens, Ambiguitätstoleranz und Selbstvertrauen. Eine der Beziehungen, die am natürlichsten gewesen wäre, zu Wertschätzung von Originalität, trat nicht auf, zumindest nicht in der durchschnittlichen Korrelation. Eine Korrelation von .27 ergab sich in einer Stichprobe, in der beide Variablen vertreten waren. Es könnte sein, daß das Merkmal Wertschätzung von Originalität falsch interpretiert und schlecht benannt wurde. Es wies eine signifikante durchschnittliche Korrelation mit DMU auf, dessen Wert von drei Tests abgeleitet wurde, bei denen auch DMT beteiligt ist, wenn sie anders ausgewertet werden.

Der zusammengesetzte Wert, an dem die beiden Fähigkeiten der konvergenten Produktion NFT und NST beteiligt waren, korrelierte mit zwei Persönlichkeitsmerkmalen negativ, wo positive Korrelationen einsichtiger gewesen wären. Die beiden Merkmale waren Bedürfnis nach peinlicher Ordnung und Wertschätzung konvergenter Produktion. Es kann sein, daß für die Vp der Aspekt der konvergenten Produktion bei beiden Tests für den zusammengesetzten Wert durch den Transformationsaspekt überschattet wird. Beide Tests verlangen eine richtige Antwort, aber die Vp muß sozusagen einen Umweg machen um zu dieser Antwort zu kommen, einen Umweg, den sie nicht gern beim Verfolgen des Ziels macht, wenn sie konvergentes Denken bevorzugt. Die negative Beziehung zum Bedürfnis nach peinlicher Ordnung ist leichter zu erklären. Eine pedantische Person wünscht die Dinge in Ordnung zu halten. Das Aufbrechen einer offensichtlichen Gestalt um eine neue bei den NFT- und NST-Tests zu erhalten führt die Person durch Unordnung. Die pedantische Person zieht es möglicherweise vor die Ordnung beizubehalten, die sie zuerst wahrnimmt.

Vom Bedürfnis nach Entschiedenheit war angenommen worden, daß es eine Beziehung zum konvergenten Denken hat und diese Erwartung ist richtig, wenn man von der Korrelation mit dem zusammengesetzten Wert für NMR ausgeht. Eine Korrelation von .19 zwischen der gleichen Fähigkeit und dem Wert für Bedürfnis nach peinlicher Ordnung bei einer Stichprobe und ein r von -.18 mit Wertschätzung spontanen divergenten Denkens in der gleichen Stichprobe legt implizit die Auffassung nahe, daß die NMR - Aufgaben ihrem Wesen nach konvergent sind.

Der zusammengesetzte Wert für EMI (in den wahrscheinlich auch EMR eingeht) korreliert mit Wertschätzung logischen Denkens, was keine sinnvolle Wahl sein kann, und mit Wertschätzung meditativen Denkens, was eher einem allgemeinen intellektuellen Interesse entspricht, wie bereits gesagt. Keine Annahme wurde über den Zusammenhang zwischen Persönlichkeitsmerkmalen und den Evaluationsfähigkeiten oder ihren Tests gemacht. Bedürfnis nach peinlicher Ordnung könnte in dieser Kategorie erwartet werden, aber es bestand keine Gelegenheit diese Hypothese bei dieser Studie zu untersuchen.

Wenn wir zu den Kognitionsfähigkeiten CMU und CMS zurückgehen, finden wir, daß das Maß für CMU recht signifikante Korrelationen mit den Merkmalen in Tabelle 10.15 aufweist. Drei Korrelationen waren positiv und fünf negativ. Positive Korrelationen bestanden mit Ambiguitätstoleranz, Wertschätzung ästhetischen Ausdrucks und Wertschätzung meditativen Denkens. Wir haben zuvor gesehen, daß das letztere Merkmal mit einer ganzen Reihe von intellektuellen Fähigkeiten einhergeht. Wertschätzung autistischen Denkens scheint diese Allgemeinheit nicht zu teilen, wie seine negative Korrelation mit CMU zeigt. Die anderen Fälle negativer Korrelation deuten an, daß Personen, die bei CMU gut abschneiden niedrige Werte bei Bedürfnis nach kultureller Konformität, Bedürfnis nach allgemeiner Aktivität haben. Da CMU gewöhnlich bei der Messung des verbalen IQ und der verbalen Schulleistung dominiert, führen diese Korrelationen zu ähnlichen Schlußfolgerungen hinsichtlich des Begriffs der „allgemeinen Intelligenz", wie er gewöhnlich gesehen wird.

Die Korrelationen mit dem zusammengesetzten Wert für CMS sind weniger zahlreich. Personen, die bei der wichtigen Fähigkeit arithmetische Probleme zu lösen gut sind, tendieren dazu, logisches Denken und konvergentes Denken zu schätzen, was natürlich scheint. Wie diejenigen, die bei CMU gut abschneiden, liegen sie hinsichtlich des Bedürfnisses nach kultureller Konformität niedrig. Es ist merkwürdig, daß, obwohl geringe kulturelle Konformität gewöhnlich mit kreativen Menschen in Verbindung gebracht wird, es nur eine negative Korrelation bei sieben Fähigkeiten der divergenten Produktion gibt und daß es zwei bei den beiden Kognitionsfähigkeiten in der Liste sind.

Einige allgemeine Schlußfolgerungen

Das allgemeine Ergebnis der Korrelationsstudien besteht darin, daß nur eine geringe Beziehung zwischen Strukturfähigkeiten einerseits und den Merkmalen von Temperament und Motivation andererseits besteht, wenn die letzteren mit Fragebogen gemessen werden. Die Beziehung ist sicher nicht eng genug um irgendeine Theorie, daß ein Satz von Merkmalen sich systematisch als Konsequenz des anderen entwickelt, zu unterstützen. Neben den niedrigen Korrelationen gibt es keinen Satz von motivationalen Merkmalen, die den Strukturfähigkeiten auf einer eins - zu - eins Basis entsprechen. Wenn signifikante Korrelationen bestehen, scheint es den Autoren, daß die beste Interpretation darin besteht, daß die Persönlichkeitsmerkmale kleine Beiträge zu den Varianzen der Testwerte bei den Fähigkeitstests liefern. Es wäre weniger einsichtig zu folgern, daß die Strukturfähigkeiten kleine Beiträge zu den Varianzen bei den Persönlichkeitszügen liefern, obwohl diese Schlußfolgerung ohne weiteren Beweis nicht ausgeschlossen werden kann.

Es muß daran gedacht werden, daß, weil beide Arten von Messungen keine vollständige Reliabilität aufweisen, die erhaltenen Koeffizienten der Interkorrelation nicht sehr gut das Ausmaß der Beziehungen repräsentieren, die wirklich bestehen. Wenn die Koeffizienten minderungskorrigiert werden, wird jedoch geschätzt, daß sie sich lediglich um ein Drittel vergrößern. Ein Koeffizient von .15, der um ein Drittel erhöht wird, ist immer noch eine niedrige Korrelation.

Wenn man die Korrelationen mit den erhaltenen Werten verwendet, kann man nur sagen, daß die gemeinsamen Varianzanteile bei beiden Variablen in der Größenordnung zwischen 1 und 10 Prozent liegen, wobei die meisten Überlappungen etwa 4 Prozent oder weniger betragen. Es ist gut möglich, daß Korrelationen zwischen Profilen der beiden Sätze von Merkmalen innerhalb der Individuen höher wären, als die Korrelationen zwischen den Merkmalen über verschiedene Populationen hinweg. Bei der Korrelation von Profilen wäre es jedoch sehr schwer zu beurteilen, welche Fähigkeiten mit welchem Persönlichkeitsmerkmal gepaart werden sollte. Es könnte sein, daß außerhalb der Testsituation, wo die Bedingungen weniger eingeschränkt sind, die Persönlichkeitsmerkmale engere Beziehungen zur intellektuellen Leistung aufweisen. Aber die Erwartung derartiger Ergebnisse ist nur eine Mutmaßung.

Was ist mit den substantiellen Beziehungen zwischen den Testwerten der Fähigkeiten DMC und DFT auf der einen Seite und den Verhaltenswerten für Perservation bzw. Persistenz auf der anderen, wie in Bericht 18 gezeigt? Bei der Untersuchung, die gerade besprochen wurde, gab es nur Ergebnisse in der Form von Korrelationen zwischen Fragebogenwerten für Persistenz und Werten für DFT, da keine Fragebogenitems für Perseveration vorbereitet wurden. Aus den verfügbaren Ergebnissen wäre am besten zu folgern, daß Testwerte für Persistenz beim Denken DFT in umgekehrter Form messen und daß, durch Implikation, Testwerte für Perseveration beim Denken umgekehrt DMC messen. Eine Änderung der Polarität der Skalen würden diesen beiden Tests positive Ladungen in beiden Fällen geben. Die Variablen der Perseveration und Persistenz, erfaßt über Fragebogen, sind möglicherweise verschiedene Merkmale. Man muß vorsichtig bei der Annahme sein, daß zwei Variable, die irgendwie den gleichen Namen erhalten deswegen gleich sind.

Beziehungen zwischen Strukturfähigkeiten und anderen Persönlichkeitszügen bei Kindern

Eine ähnliche Untersuchung, wie die gerade berichtete bei Männern, wurde bei Jungen und Mädchen in der siebten Klasse durchgeführt (vgl. Bericht 28). Neben den Unterschieden im Alter und Geschlecht war die Studie auf die sechs Fähigkeiten der semantischen divergenten Produktion beschränkt. Zusätzlich zu den Testwerten für diese Fähigkeiten und Werten aus Persönlichkeitsfragebogen für ausgewählte Merkmale wurden Beurteilungen der Kinder durch die Lehrer für eine Anzahl vergleichbarer, wenn nicht paralleler Merkmale, sowohl für Fähigkeiten als auch für Persönlichkeitsmerkmale, verwendet. Die beteiligten Variablen schlossen daher Werte aus Fähigkeitstests und aus Persönlichkeitsfragebogen, ebenso wie Beurteilungen der Lehrer in bezug auf die gleichen Merkmale, ein. Die Beziehungen zwischen Fähigkeitswerten und Beurteilungen wurden bereits in diesem Kapitel diskutiert. Hier beschäftigen wir uns mit den Beziehungen zwischen den Fähigkeitswerten und den Werten und Beurteilungen der Persönlichkeitsmerkmale.

Die Variablen und ihre Maße

Die Tests, die verwendet wurden um die sechs Strukturfähigkeiten zu erfassen, sind in Tabelle 10.2 aufgeführt. Es ist hier notwendig, die anderen Variablen zu beschreiben.

Die Fragebogenvariablen. Vor der Auswahl von Persönlichkeitsmerkmalen, die durch Fragebogenitems abgedeckt werden sollten, wurde eine Serie von vier Faktorenanalysen einzelner Items als Experimentalvariablen für jedes Geschlecht durchgeführt. Die Items wurden zuerst ausgewählt weil sie logischerweise Persönlichkeitsmerkmale repräsentierten, die mit den Strukturfähigkeiten in Verbindung stehen könnten oder Interesse an verschiedenen Arten des Denkens vertreten. Die Ergebnisse einer früheren Studie bei Erwachsenen wurden ebenfalls berücksichtigt (Bericht 20). Einige der resultierenden Faktoren schienen für Jungen und Mädchen gleich zu sein, aber andere schienen zu etwas zu differieren, daher werden ihnen entsprechend unterschiedliche Interpretationen gegeben. In folgendem werden die interpretierten Persönlichkeitsfaktoren, die in den Fragebogenitems gefunden wurden, für Jungen und Mädchen angegeben. Wenn die Faktoren ähnlich, aber nicht identisch sind, werden sie mit gemeinsamen Nummern aufgeführt.

1 PERSISTENZ - Die Disposition bei einer Aufgabe zu bleiben, bis sie vollendet ist, trotz verschiedener Hindernisse, die im Verlauf auftreten.

2 J SPONTANEITÄT - Die Disposition ohne langes Überlegen oder Planung zu handeln, dem ersten Eindruck folgend; zu handeln, ohne auf viel Information zu warten.

2 M INITIATIVE - Die Disposition für den Wunsch nach Änderung, Unabhängigkeit und Entschiedenheit.

3 J IMPULSIVITÄT - Die Disposition mit geringer bewußter Kontrolle über Impulse zu handeln, unverantwortlich zu sein oder aufgrund dieser unzureichenden Beurteilung, zu handeln.

3 M MANGEL AN ZURÜCKHALTUNG - Impulsiver Ausdruck, der zu nicht reflektierten Handlungen führt, zu einer Unfähigkeit Aufgaben fertigzustellen und ein Mangel an Vorsicht in sozialen Beziehungen.

4 J BEDÜRFNIS NACH REGELN - ein Bedürfnis nach expliziten und absoluten Regeln und Gesetzen und nach strenger Durchsetzung von Regeln.

4 M BEDÜRFNIS NACH AUTORITÄT - Bedürfnis nach expliziter, absoluter, strenger und nicht flexibler Strukturierung genauso wie ein nicht hinterfragter Respekt für Autorität.

5 WERTSCHÄTZUNG VON ORIGINALITÄT - Wertschätzung von wilden, humorvollen, dummen und originellen Ideen; die Wahrnehmung des Selbst als humorvolle Person.

6 SELBSTVERTRAUEN - Vertrauen in die eigene Fähigkeit, Optimismus in die Zukunft und Zuversicht, daß andere an einem selbst interessiert sind und einem akzeptieren.

7 J ADAPTIVE FLEXIBILITÄT - Die Disposition in der Einstellung und beim Problemlösen beweglich zu sein, wobei der Glaube beteiligt ist, daß die Änderung nützlich ist, um zu Lösungen zu kommen.

7 M AMBIGUITÄTSTOLERANZ - Flexibilität in Einstellungen; die Bereitschaft alternative Lösungen und unterschiedliche Ansätze zu berücksichtigen mit dem Glauben, daß die Menschen Strukturen und Einschränkungen nicht brauchen.

8 J VORSTELLUNGSFLÜSSIGKEIT - Die Disposition eine Menge von Ideen zu produzieren; die Wahrnehmung des Selbst als Ideenproduzent.

8 M MORALISCHER RELATIVISMUS - Wunsch nach weniger strengen, weniger absoluten und weniger restriktiver Autorität und der Glaube an Milde wenn die Bedingungen das Brechen der Regeln verlangen.

Die Faktorenskalen wurden auf vier bis jeweils acht Items beschränkt, daher waren die Reliabilitäten (innere Konsistenz) nicht hoch. Die Schätzungen reichten von .28 bis .58 für die Skalen bei den Jungen und von .19 bis .64 bei den Skalen der Mädchen. Diese niedrigen Reliabilitäten müssen bei der Interpretation der Korrelationen dieser Skalen mit den Fähigkeitswerten berücksichtigt werden.

Tabelle 10.16 Signifikante Korrelationen zwischen Fragebogenwerten für Persönlichkeitsvariablen und Testwerten für Fähigkeiten der divergenten Produktion

Variable	Korrelationen für Jungen								Korrelationen für Mädchen							
	DMU_1	DMU_2	DMC	DMR	DMS	DMT_1	DMT_2	DMI	DMU_1	DMU_2	DMC	DMR	DMS	DMT_1	DMT_2	DMT
1. Persistenz	–	–	–	-15	-21				–	15	–	20	16	19	–	28
2 J. Spontaneität	–	–	–	–	–	–	–	–	–	–	–	–	–	–	–	+
2 M. Initiative	–	–	–	–	–	–	–	–	–	–	–	–	–	–	–	–
3 J. Impulsivität	–	–	–	–	–	–	–	–	–	–	–	–	–	–	–	–
3 M. Mangel an Zurückhaltung	–	–	–	–	–	–	–	–	–	–	–	-18	–	-19	–	-13
4 J. Bedürfnis nach Regeln	–	–	–	–	–	-14	-13	–	–	–	–	–	–	–	–	–
4 M. Bedürfnis nach Autorität	–	–	–	–	–	–	–	–	–	-15	-28	-20	–	-15	-24	-22
5. Wertschätzung von Originalität										-15	13					
6. Selbstvertrauen	–	–	–	–	–	15	14	–	–	–	15	18	–	20	17	18
7 J. Adaptive Flexibilität	–	–	–	15	13	15	–	–	–	–	–	–	–	–	–	–
7 M. Ambiguitätstoleranz	–	–	–	–	–	–	–	–	–	–	–	–	–	–	–	–
8 J. Vorstellungsflüssigkeit	–	–	–	13	–	–	–	–	–	–	–	–	–	–	–	–
8 M. Moralischer Relativismus	–	–	–	–	–	–	–	–	–	-15	-15	-18	–	-18	–	-16

* Dezimalstellen weggelassen.
+ keine Korrelationen berechnet, diese Persönlichkeitsvariable läßt sich nicht anwenden.

Schätzvariablen für Persönlichkeitszüge. In der folgenden Liste sind sieben Persönlichkeitsmerkmale und ihre Definitionen, wie in Bericht 28 angedeutet, angegeben:

1. IMPULSIVITÄT - Die Tendenz zu handeln oder Entscheidungen zu treffen ohne zuerst einen Plan zu machen.
2. BEDÜRFNIS NACH VERSCHIEDENHEIT - Bedürfnis nach häufigen Änderungen und nach neuen Erfahrungen.
3. SELBSTVERTRAUEN - Vertrauen in die eigenen Fähigkeiten.
4. WERTSCHÄTZUNG VON NICHT EINGESCHRÄNKTEM DENKEN - Die Tendenz Ideen zu produzieren, die nicht direkt oder offensichtlich mit den Situationen verbunden sind.
5. PERSISTENZ - die Tendenz den Ablauf von Gedanken oder Handlungen zu verfolgen bis eine Aufgabe beendet ist.
6. BEDÜRFNIS NACH STRUKTURIERUNG - ein Bedürfnis nach klaren expliziten Beschreibungen von Situationen und nach Wissen für die spezifischen Anforderungen der Aufgaben.
7. WERTSCHÄTZUNG VON ORIGINALITÄT - Wertschätzung von einzigartigen, schlagfertigen oder ungewöhnlichen Ideen, Standpunkten oder Aktivitäten.

Resultierende Interkorrelationen

Korrelationen mit Fragebogenwerten. Wir betrachten zuerst die Korrelationen zwischen Fragebogenwerten und den Werten der Fähigkeitstests. Diese Daten wurden für Jungen und Mädchen getrennt ermittelt.
Der erste Eindruck bei Tabelle 10.16 ist der, daß es mehr signifikante Korrelationen gibt als nach Zufall zu erwarten wären (ein r von .13 sollte auf dem 5% Niveau und ein r von .18 auf dem 1% signifikant sein). Ein zweiter Eindruck ist der, daß es mehr signifikante Korrelationen für Mädchen als für Jungen gibt. Dieses Ergebnis, daß die Fähigkeitstestwerte von Mädchen eher vorausgesagt werden können als die von Jungen, stimmt mit den Resultaten in Tabelle 10.3 überein.
Um weiter zu verallgemeinern, wo eine Persönlichkeitsvariable negative Korrelationen mit Testwerten hat, sind alle gegebenen Korrelationen negativ, mit der Ausnahme, daß die Ergebnisse für Jungen und Mädchen beim Merkmal Persistenz in entgegengesetzter Richtung liegen. Erfahrung und Logik sollten uns dazu führen negative Korrelationen mit dem Persönlichkeitsmerkmal Bedürfnis nach Regeln zu erwarten und für Jungen sind sie negativ. Ein ähnlicher Persönlichkeitszug bei Mädchen hatte negative Korrelationen mit allen Fähigkeiten mit Ausnahme von DMS.
Aber zusätzlich zu der unerwarteten Umkehr der Richtung der Korrelationen bei Persistenz bei den Mädchen korrelieren die Variablen Mangel an Zurückhaltung und Moralischer Relativismus dort negativ wo Grund besteht eine positive Beziehung zu erwarten. Freiheit von Zurückhaltung würde im Fall der Mädchen eher als Hindernis als als Hilfe erscheinen. Bei den Jungen bestand keine signifikante Korrela-

tion mit Impulsivität. „Moralischer Relativismus" war definiert als ein Wunsch nach Lockerung moralischer Regeln, was in Übereinstimmung mit einer populären Auffassung dazu führen sollte, daß positive Korrelationen zwischen dieser Variable und den Tests der divergenten Produktion auftreten. Die Abweichungen von der Erwartung legen den Verdacht nahe, daß die Mädchen Persistenz als wünschenswerte Eigenschaft ansehen und daß die fähigeren bei den Tests der divergenten Produktion dazu neigen, die Aussagen, die das eigene Verhalten beschreiben, mehr in der Richtung von Persistenz beantworten. Die Mädchen tendieren dazu den Mangel an Zurückhaltung und den moralischen Relativismus als ungünstige Persönlichkeitszüge anzusehen und diejenigen, die bei den Tests der divergenten Produktion besser abschneiden, neigen dazu die Frage in dieser ungünstigen Richtung zu beantworten.

Es ist von Interesse die Ergebnisse der Jungen und Mädchen mit denen zu vergleichen, die in vorangegangenem Abschnitt berichtet wurden. Das kann nur für fünf semantische Fähigkeiten der divergenten Produktion, es fehlt DMI, geschehen und für die Fragebogenvariablen, die als logisch äquivalent oder ähnlich angesehen werden können. Die Erwachsenenstichprobe zeigte keine signifikanten Korrelationen für Persistenz, während bei Jungen und Mädchen signifikante Korrelationen, aber mit entgegengesetzten Vorzeichen, auftraten. Impulsivität und Mangel an Zurückhaltung, zwei ähnliche Persönlichkeitszüge, hatten keine signifikanten Korrelationen bei den Jungen, aber positive Korrelationen für DMR und DMS bei den Erwachsenen. Während Wertschätzung von Originalität bei den Jungen keine signifikanten Korrelationen aufwies, gab es bei den Mädchen zwei, aber mit entgegengesetzten Vorzeichen und bei den Männern gab es eine positive Beziehung zu DMU. Selbstvertrauen hatte eine signifikante Korrelation mit beiden DMT - Tests bei den Jungen, Korrelationen mit fünf Fähigkeiten bei den Mädchen und Beziehungen mit DMU und DMT bei den Männern. Ambiguitätstoleranz wurde für Jungen nicht erfaßt, bei den Mädchen zeigten sich keine signifikanten Korrelationen, aber bei den Männern bestanden Korrelationen zu DMS und DMT. Daraus folgt, daß nur bei Selbstvertrauen die Korrelationen in den drei Gruppen ähnlich waren. Bei den Mädchen und den Männern waren die Korrelationen bei ähnlichen Persönlichkeitsmerkmalen in Vorzeichen häufig entgegengesetzt, wie es in einem Fall bei Vergleich von Jungen und Mädchen war.

Beziehungen von Persönlichkeitsbeurteilungen zu Fähigkeitswerten. Tabelle 10.17 gibt die Ergebnisse von Korrelationen zwischen sieben Beurteilungsvariablen und den acht Tests der divergenten Produktion bei Jungen und Mädchen an. Hier sind die Zahlen und Größenordnungen der Koeffizienten wesentlich höher als bei den Fragebogenwerten. Das Geheimnis für diesen Trend liegt möglicherweise in den Halo - Effekten der Lehrerbeurteilungen, bei denen Temperament und motivationale Züge im Allgemeinen mit den Fähigkeiten der divergenten Produktion vermischt sind.

Tabelle 10.17 Signifikante Korrelationen zwischen Beurteilungen von Persönlichkeitsmerkmalen und Testwerten von Fähigkeiten der divergenten Produktion*

Beurteilte Variablen	Korrelationen für Jungen								Korrelationen für Mädchen							
	DMU_1	DMU_2	DMC	DMR	DMS	DMT_1	DMT_2	DMI	DMU_1	DMU_2	DMC	DMR	DMS	DMT_1	DMT_2	DMI
Impulsivität											13	14				
Bedürfnis nach Verschiedenheit		-13									26	27	13	28	21	
Selbstvertrauen		16	17	19	22	26	20	20		20	35	32	27	38	31	
Wertschätzung uneingeschränkten Denkens			25	24	15	25	16	17		13	39	39	32	40	33	26
Persistenz		19		21	22	19	15	19			26	31	28	28	21	25
Bedürfnis nach Strukturierung			-15		-23	-22	-17			-14	-15	-19		-29	-17	-23
Wertschätzung von Originalität		13	15	21	20	22		22		19	37	34	27	41	30	29

* Korrelationen für die Beurteilungen durch Klassenlehrer; Dezimalstellen weggelassen.

Der Mangel an Korrelationen für Impulsivität bei den Jungen stimmt mit den Ergebnissen für die Fragebogenvariable gleichen Namens in Tabelle 10.16 überein. Bei den Mädchen jedoch korrelierte das ähnliche Merkmal Mangel an Zurückhaltung, gemessen mit einem Fragebogen, negativ mit drei Fähigkeiten während die beiden Korrelationen in Tabelle 10.17 positiv sind. Selbstvertrauen gewinnt wiederum fast alles.

Die Lehrer müssen bemerkt haben, daß Selbstvertrauen und divergente Produktion, möglicherweise beobachtet als gute Leistung beim Problemlösen, miteinander verbunden sind. Eine andere Verbindung muß zwischen der Wertschätzung uneingeschränkten Denkens und Leistungen gleicher Art festgestellt worden sein. Die fast überall zu findende positive Korrelation zwischen geschätzter Persistenz und den Fähigkeitswerten kann einen Halo - Effekt andeuten - eine angenommene Verbindung zwischen zwei vermutlich günstigen Merkmalen. Auf der anderen Seite kann eine etwa konsistente Verbindung negativer Art zwischen den Leistungen der divergenten Produktion und dem geschätzten Bedürfnis nach Strukturierung festgestellt werden. Möglicherweise liegt der Unterschied in der logischen Ungleichheit von uneingeschränktem Denken und Bedürfnis nach Strukturierung. Zum ersten Mal korrelierte die beurteilte Variable Wertschätzung von Originalität allgemein mit den Fähigkeitswerten. Vielleicht war der Halo - Effekt wieder daran beteiligt oder es wurde eine Ähnlichkeit zwischen den Merkmalen Wertschätzung uneingeschränkten Denkens und Wertschätzung von Originalität festgestellt.

Zusammenfassung und Schlußfolgerungen

Dieses Kapitel war primär mit Validierungsproblemen befaßt, mit dem Interesse an der Konstruktvalidierung der Strukturfähigkeiten durch Beweise außerhalb der Faktorenanalysen, aber mit mehr Interesse für die prädiktive Validität mit Schulleistungen und anderen Leistungen als Kriterien. Besonderes Gewicht wurde auf die Beziehungen der Strukturfähigkeiten zu Temperament und motivationalen Merkmalen gelegt, im Hinblick auf das gelegentliche Auftreten, das auf ständige Erwartungen von Überlappungen dieser Art hinweist, das von Psychologen ausgedrückt wird, die sich mit der Persönlichkeit beschäftigen.

Zwei Untersuchungen schlugen den Weg ein, Tests und Faktorenwerte von ausgewählten Strukturfähigkeiten mit Beurteilungen zu korrelieren, die dazu bestimmt waren die gleichen Leistungen zu erfassen. Eine wurde bei Schülern der 7. Klasse durchgeführt, die andere bei Marineoffizieren. Die erste war auf sechs semantische Fähigkeiten der divergenten Produktion beschränkt, während bei der anderen 11 Fähigkeiten in breiterem Rahmen untersucht wurden. In beiden Fällen wurden die üblichen Schwierigkeiten mit Beurteilungen abstrakt definierter Merkmale deutlich - niedrige Reliabilitäten mit hohen Interkorrelationen zwischen den erfaßten Merkmalen, was auf starke

Halo - Effekte hinweist. Die Korrelationen zwischen den Werten der Strukturfähigkeiten und den Beurteilungen waren sehr niedrig, obwohl die Zahl der signifikanten Korrelationen über dem Zufallsniveau lag. Die Korrelationen zwischen einander zugeordneten Maßen der gleichen Merkmale waren gewöhnlich nicht höher als die bei nicht zugeordneten Maßen. Die Ergebnisse dieser beiden Beurteilungsstudien waren deutlich negativ.

Die Anstrengungen die Bedeutung bestimmter Strukturfähigkeiten in Verbindung mit bestimmten Bereichen schulischer Leistungen zu bestimmen lieferten viele positive Ergebnisse. In dem Fall, wo die Kriteriumsvariablen Noten der Akademie der US-Küstenwache waren, korrelierten eine Anzahl von Strukturvariablen, bis zu einer Höhe von .4 mit den Noten. Von einem Test für irgendeine einzelne faktorielle Fähigkeit kann nicht erwartet werden, daß er mit den Noten irgendeines Kurses sehr hoch korreliert, was der faktoriellen Komplexität der Noten zuzuschreiben ist. Die besten Voraussagen komplexer Kriterien werden über multiple Regressionsgleichungen erreicht, bei denen die Faktoren optimal gewichtet werden.

Bei einer Untersuchung der Fähigkeiten im Bereich der höheren Mathematik (Rechenkurse) ragten die Strukturfähigkeiten als beste Schätzer von Noten, Beurteilungen oder Leistungstestwerten unter neun Fähigkeiten, die vertreten waren, heraus. Es handelt sich dabei um räumliche Orientierung (CFS), räumliche Visualisierung (CFT), divergente Produktion figuraler Transformationen (DFT) und Evaluation semantischer Implikationen (EMI). EMR war im letzten Fall möglicherweise auch beteiligt. Drei dieser Fähigkeiten liegen im Bereich des visuell - figuralen Inhalts, zwei von ihnen erfordern Transformationen. Es sieht so aus als ob der Erfolg der Schüler dieser Kurse sehr stark von visuell - räumlichen Denken und der Flexibilität des Denkens abhängt. Es besteht die Möglichkeit, daß sie zu semantischen Denken übergegangen waren, als es zu einer Evaluation der Ergebnisse kam.

Bei einer größeren Untersuchung der mathematischen Leistung in der neunten Klasse waren mehr als 15 Strukturfähigkeiten durch Tests des Projekts vertreten und 4 Strukturfähigkeiten durch Teilwerte aus drei Standardleistungstests. Vier Niveaus des Unterrichts waren beteiligt, zwei in allgemeiner Mathematik und zwei in Algebra. Als Kriterien wurden die Ergebnisse von zwei speziellen Leistungstests verwendet, die am Ende des Schuljahres eingesetzt wurden. Von 24 Tests des Projekts korrelierten 23 signifikant mit dem Kriterium bei allgemeiner Mathematik und 13 mit dem Algebrakriterium. Bei der Verwendung von Werten für 13 faktorielle Fähigkeiten lagen die multiplen Korrelationen bei .46 bzw. .45 in den beiden Kursen in allgemeiner Mathematik und bei .39 und .75 bei den Algebrakursen, wobei die Koeffizienten minderungskorrigiert wurden. Mit den Testwerten der drei Standardleistungstests, die zusätzlich in die Regressionsgleichungen eingesetzt wurden, ergaben sich multiple Korrelationen von .59 bis .65 bei allgemeiner Mathematik und .54 bis .85 bei Algebra. Verschiedene Faktoren waren bei beiden Testarten vertreten, was zu der signifikanten Vergrößerung der Koeffizienten durch die Kombination der beiden führte.

Die Analyse der Diskriminanzfunktion für die Voraussage ob Schüler erfolgreich (oberhalb des Medians der Leistungstestwerte) in allgemeiner Mathematik oder in Algebra sind, führte zu Voraussagen von 90% Genauigkeit. Bei den Prädiktoren wurden lediglich zusammengesetzte Testwerte aus Strukturfähigkeitstests des Projekts verwendet.

Zwei andere Kriteriumsuntersuchungen fanden im Bereich des Lernens statt, wobei spezielle Kriterien für das Lernen benutzt wurden. Da ein großer Teil des schulischen Lernens dem Lernen neuer Begriffe gewidmet ist, wurden drei Aufgaben des Begriffslernens entwickelt, bei denen jeweils vier Begriffe (Regeln) zu lernen waren. Eine Aufgabe war dabei jeweils ihren Inhalt nach figural, symbolisch oder semantisch. Das Ziel bestand darin zu untersuchen welche von ausgewählten Strukturfähigkeiten bei diesen Lernaufgaben beteiligt waren. Die Ladungen für 12 „Zustandswerte" bei jeder Lernaufgabe wurden nach 15 Faktoren für Strukturfähigkeiten geschätzt.

Die Ladungen und Kommunalitäten waren klein. Dieses Ergebnis, in Verbindung mit Schätzungen der Reliabilität, deutet an, daß Fähigkeiten außerhalb der 15 Fähigkeiten ebenfalls etwas mit dem Erfolg bei den Lernaufgaben zu tun haben. Unter den Faktoren, die die stärksten Ladungen aufwiesen, waren die für Gedächtnis, besonders für Gedächtnis semantischer Klassen (MMC). Unter den kleinsten Ladungen waren die für die Fähigkeiten der divergenten Produktion, was nahe legt, daß, wenn es sehr viel Versuchs- und Irrtums-Verhalten bei den Aufgaben gibt, das für den Erfolg von geringer Bedeutung ist. Unter den nächsthöchsten Ladungen waren die für konvergente Produktion, besonders unter den Zustandswerten am Schluß des Lernens. Die Kognitionsfähigkeiten lieferten die interessantesten Ergebnisse. Sowohl bei den symbolischen wie auch bei den semantischen Aufgaben waren die Ladungen bei den ersten Zustandswerten für die jeweiligen Faktoren negativ. Mit dem Fortschreiten des Lernens vergrößerten sich die Ladungen in beiden Fällen linear mit der Übung und waren am Ende des Experiments am stärksten, wobei das Lernen noch nicht ganz abgeschlossen war.

Zwei Strukturfähigkeiten, die gewöhnlich Schulleistungstests dominieren, CMU und CMS, hatten wenige signifikante Korrelationen in Verbindung mit den Lernwerten. Die allgemeine Schlußfolgerung besteht darin, daß Lernen dieser Art am stärksten mit Kognitions- und Gedächtnisfähigkeiten zusammenhängt, die mit Klassen zu tun haben.

Eine andere Art einer üblichen Lernaufgabe ist die Information zu lesen und sie zu erinnern. Eine derartige Aufgabe wurde als Kriterium bei einer Untersuchung verwendet, bei der die Transformationsfähigkeiten im Vordergrund standen. Die Hypothese, ursprünglich von der Gestaltpsychologie aufgestellt, war daß ein großer Teil des Lernens in der Form von Revision bereits vorhandener Information vor sich geht. Bei der multiplen Regressionsanalyse hatte der Faktorenwert für CMU den höchsten Beta - Koeffizienten, aber danach folgten die Werte für Gedächtnis semantischer Transformationen (MMT) und Kognition semantischer Transformationen (CMT), wobei auch andere Transformationsfähigkeiten signifikante Beiträge zur Voraussage lieferten. Die multiple Korrelation für einen zusammengesetzten Wert aus sieben Prädiktoren betrug .58; alle Prädiktoren lieferten signifikante Beiträge. Die Gestalthypothese erhielt dadurch starke Unterstützung. Ein großer Teil des Lernens geschieht durch Revision dessen was bereits bekannt ist. Es kann richtig sein, daß das Erinnern dieser Änderungen auch dabei hilft die anderen Informationsprodukte zu erinnern.

Eine völlig andere Untersuchung sollte bestimmen wie kreative Wissenschaftler und andere kreative Menschen die Bedeutung verschiedener Fähigkeiten für ihre Arbeit beurteilen. 28 ausgewählte Strukturfähigkeiten wurden für die Beteiligten definiert und sie wurden gebeten sie nach ihrer Bedeutung einzustufen. Die Wissenschaftler hielten die Fähigkeiten für am wichtigsten, die mit Transformationen zusammenhängen - mit anderen Worten, diejenigen, die mit Flexibilität zu tun haben. Sie beurteilten die Fähigkeiten der konvergenten Produktion allgemein besser, als die Fähigkeiten der divergenten Produktion und die Kognitionsfähigkeiten. Die Gruppe derjenigen, die nichts mit Wissenschaft zu tun haben, beurteilte jedoch die Fähigkeiten der divergenten Produktion relativ besser.

In drei Untersuchungen mit männlichen, erwachsenen Vpn wurden 12 Strukturfähigkeiten, wobei das Schwergewicht auf der divergenten Produktion lag, mit 24 Persönlichkeitsvariablen in der Form von Fragebogenwerten korreliert. Die Persönlichkeitsvariablen umfaßten sowohl Aspekte des Temperaments als auch der Motivation. Die Motivationen gingen in Richtung auf Interesse an verschiedenen Arten des Denkens. Alle 24 Persönlichkeitsmerkmale waren mindestens einmal durch Faktorenanalyse nachgewiesen worden.

Die Interkorrelationen über die beiden Hauptgruppen der Persönlichkeitsvariablen hinweg waren ziemlich niedrig, typischerweise unter .20, aber mit einer deutlichen Überzahl an signifikanten Korrelationen. Fünf der Persönlichkeitsvariablen hatten 3 oder mehr signifikante Korrelationen, bei 11 möglichen Korrelationen. Zwei dieser Variablen hatten nur negative Korrelationen - Bedürfnis nach kultureller Konformität und Bedürfnis nach peinlicher Ordnung. Daraus läßt sich folgern, daß die weniger guten Vpn bei den Strukturfähigkeiten dazu neigen höhere Werte bei diesen Dimensionen zu haben. Die anderen drei Variablen hatten nur positive Korrelationen mit den Fähigkeiten - Ambiguitätstoleranz, Wertschätzung ästhetischen Ausdrucks und Wertschätzung meditativen Denkens.

Bei einer Untersuchung mit Schülern der siebten Klasse wurden 13 Fragebogenwerte für Faktorenmerkmale mit Maßen von sechs semantischen Fähigkeiten der divergenten Produktion korreliert. Die Mädchen hatten mehr signifikante Korrelationen als die Jungen. Bei den Mädchen gab es vier oder fünf signifikante Korrelationen der Fragebogenwerte mit vier Fähigkeiten, während Jungen drei derartige Korrelationen bei zwei Fähigkeiten hatten. Die Fähigkeit DMS hatte keine signifikante Korrelation bei einer Geschlechtsgruppe, während DMR und DMT einige Beziehungen für beide Geschlechter zeigten.

Als sieben definierte Persönlichkeitsmerkmale durch Lehrer bei Kindern eingeschätzt wurden, waren die signifikanten Korrelationen mit den Maßen der gleichen sechs Strukturfähigkeiten zahlreich und gingen bis zu .4. Die Beurteilungen waren offensichtlich mit einem Halo geladen und der Halo stand in enger Beziehung zum IQ. Dieses Ergebnis legt nahe, daß die Lehrer alle Merkmale, die sie als gut ansahen in Übereinstimmung mit dem beurteilten, was sie über den IQ jedes Kindes wissen. Wie bei den Schätzungen der Variablen, die zu Beginn dieser Zusammenfassung erwähnt wurden, erwiesen sich die Beurteilungen abstrakter Variablen als von geringem Wert.

Durch allgemeine Schlußfolgerungen kann gesagt werden, daß es wenig oder gar keinen Beweis gibt, die den Glauben unterstützen würden, daß verschiedene Fähigkeiten genetisch oder in anderer Weise von Motivationen- oder Temperamentsdispositionen abhängen. Die geringen Beziehungen, die zwischen den beiden Arten von Messungen gefunden werden, bedeuten möglicherweise, daß die Persönlichkeitsvariablen differentiell zu den Leistungen bei Fähigkeitstests weniger als 10% beitragen.

Die wenigen Untersuchungen, die hier über Beziehungen von Strukturfähigkeiten zu Leistungen in verschiedenen Kursen dargestellt wurden, deuten an, daß sehr viele mögliche Ergebnisse erwartet werden können, wenn die Leistungsprädiktoren verwendet werden, die über die beschränkte Zahl von Strukturfähigkeiten weit hinausgehen, die jetzt in Schulleistungstests enthalten sind. Nur eine geringe Zahl derartiger Fähigkeiten wurde in Verbindung zu einer begrenzten Zahl von Kursen untersucht. Die Verwendung multipler Voraussagen mit verschiedenen Kombinationen von Strukturfähigkeiten scheint die beste Antwort auf die Frage der Voraussage schulischer Leistungen.

In Verbindung mit Lernaufgaben, die in der Schule üblich sind, sieht es so aus, daß andere Fähigkeiten als die, die jetzt bei Standardfähigkeitstests auftreten, mindestens genauso wichtig sind oder sogar wichtiger - zum Beispiel Fähigkeiten, die sich auf das Gedächtnis und andere Operationen beziehen und die Produkte von Klassen und Transformationen. Der Weg für weitere Untersuchungen von Lernaufgaben innerhalb der Pädagogik ist offen.

Kapitel 11
Einige allgemeine Betrachtungen

Um die Geschichte der 20 Jahre Untersuchungen der intellektuellen Fähigkeiten oder Funktionen durch das Aptitudes Research Project vollständiger zu machen, ist es wünschenswert weitere Gedanken auf die Erfahrungen anzuwenden, die aus diesen Vorhaben gewonnen wurden. Die meisten der hier betrachteten Fragen sind allgemeiner Natur, wie die Rolle der Faktorenanalyse als wissenschaftliche Methode, die Bedeutung von Taxonomien in der Wissenschaft, die Implikationen der Erfahrungen aus dem Projekt für die Psychologie und die Strategien und die Praxis des Testens.

Faktorenanalyse als wissenschaftliche Methode

Diejenigen die Faktorenanalysen durchführen um fundamentale Variablen im Verhalten oder den geistigen Funktionen zu entdecken, müssen den Umstand anerkennen, daß ihre Ergebnisse keinen besonderen Eindruck auf diejenigen machen, die das nicht tun. Tatsächlich sieht vieles bei ihren Ergebnissen fragwürdig aus, aus hinreichenden, in vielen Fällen jedoch nicht immer aus den richtigen Gründen. Die Wahrheit scheint zu sein, daß einige von denen, die Faktorenanalysen durchführen, zu viel erwartet haben und zu viele Ansprüche an ein Verfahren gestellt haben, das nicht automatisch zu überzeugenden Ergebnissen führt. Und diejenigen, die keine Faktorenanalysen durchführen, erkennen die Sensitivität und die Beeinflußbarkeit hinsichtlich der Art der psychologischen Ergebnisse nicht, die das Verfahren anbieten kann. Es kann ein sehr gutes Mittel zum Testen von Hypothesen sein, das sehr produktiv ist, wie die vorangegangenen Kapitel gezeigt haben sollten. Seine beste Möglichkeit für die Psychologie lag bislang in der Entwicklung von Taxonomien.

Das Bedürfnis nach Taxonomien des Verhaltens

Während einige andere Wissenschaftler beträchtliche Aufmerksamkeit der Entwicklung von Taxonomien in ihrem Tätigkeitsbereich gewidmet haben, wurde dieser Aspekt in der Psychologie vernachlässigt. Es wurde zu oft versucht die Frage nach dem „Wie" und dem „Warum" zu beantworten, ohne zuerst die Fragen nach dem „Was" zu beantworten. Es wurden viele Untersuchungen auf der Basis einer Art „Catch - as - catch - can" gemacht, mit Begriffen von dem „was", die kurzlebig waren. Als eine Konsequenz ist die Armut an beständigen, allgemeinen Gesetzen offenkundig und das in einer Gesellschaft, die Prinzipien des Verhaltens für die Lösungen von Problemen dringend benötigt. Eine eingeschränktere Konsequenz ist eine Atmosphäre wie beim Turmbau in Babel in der Organisation der Psychologie und ihre Tendenzen zur wissenschaftlichen Schizophrenie.

Taxonomien in den Naturwissenschaften. Im Gegensatz dazu können wir leicht sehen wie andere Wissenschaften aufblühten, nachdem sie sich Taxonomien zuwandten. Dieses Vorgehen fand sich zuerst in der Biologie mit ihren hierarchischen Systemen bei Pflanzen und Tieren. Um einen Beweis für den Wert dieser Aktivität in der Biologie zu erbringen, muß nur ein Name erwähnt werden - CHARLES DARWIN.

Bei der Betrachtung der logischen Konsequenzen von Taxonomien, ist es interessant im Vorbeigehen einige Strukturbegriffe der Intelligenz auf das anzuwenden was die Wissenschaftler tun. Beobachtungen von Ähnlichkeiten von E i n h e i t e n innerhalb eines Bereichs von Informationen führen zu Kategorien und K l a s s e n vorstellungen. Beobachtungen von Unterscheidungen oder Differenzen verschiedener Art führen zu R e l a t i o n e n und Variablen. Beobachtungen von Regelmässigkeiten bei komplexen Phänomenen führen zu Prinzipien oder S y s t e m e n der Information. Beobachtungen von Abhängigkeiten führen zu Gesetzen des Typs „Y ist eine Funktion von X" oder des Typs „Wenn X, dann Y", was eine I m p l i k a t i o n darstellt. Die Produktkategorien der Strukturtheorie sind also bei der Konstruktion von Taxonomien durch Wissenschaftler und der Ableitung wichtiger Informationen daraus beteiligt.

Physik und Chemie haben ebenfalls Taxonomien. Die Physik wuchs durch die Erkenntnis der verschiedenen Manifestationen der Energie und durch die Erfindung der drei Variablen des CGS - Systems. Es gibt offensichtlich noch Raum für weitere Anstrengungen im Hinblick auf Taxonomien. Die Chemie gewann enorm durch die systematische Ordnung der Elemente. Beide Wissenschaften gewinnen weiter durch die Entdeckungen von Arten von Kernteilen und dem Wissen, das über ihre Eigenschaften erworben wird.

Taxonomien in der Psychologie. Es gab natürlich einige wenige Versuche Taxonomien in der Psychologie zu konstruieren, aber einige Ergebnisse sind rein historisch. Der älteste Ansatz stammt von „Vermögenspsychologen" mit ihrer kleinen Liste „geistiger Vermögen". Die Vermögenspsychologie bekam so einen schlechten Ruf, daß mehr als eine Generation von Psychologiestudenten gedankenlos dagegen konditioniert wurde. Es war nicht die Art von Denken, die bei den Vermögenspsychologen verurteilt werden sollte. Sie irrten sich bei der Wahl ihrer Vorstellungen der Vermögen und betrachteten sie als einheitliche Kräfte oder Funktionen, obwohl sie es eindeutig nicht waren.

Die Hauptschwierigkeit mit der Vermögenspsychologie besteht darin, daß ihr die empirischen Methoden für die Entdeckung einheitlicher oder einzigartiger Funktionen und die Kontrolle der Hypothesen hinsichtlich dieser Funktionen fehlten.

Während das Vermögen „Gedächtnis" als einheitlich angesehen wurde, gibt es nach der Strukturtheorie 24 Arten von Fähigkeiten, von denen 18 untersucht und nachgewiesen wurden, wie in Kapitel 8 beschrieben. Während das Vermögen „Denken" traditionell ist, verlangt die Strukturtheorie 24 Kognitionsfähigkeiten, von denen viele als einzigartige Fälle induktiven Denkens gelten können und 24 Fähigkeiten der konvergenten Produktion, die im Bereich des deduktiven Denkens liegen. Alle 24 Kognitionsfähigkeiten wurden nachgewiesen und 15 der Fähigkeiten der konvergenten Produktion, alle die untersucht wurden (vgl. Kapitel 5). Während es ein Vermögen „Urteil" gibt, haben moderne faktorenanalytische Untersuchungen 18 der erwarteten 24 Evaluationsfähigkeiten nachgewiesen (vgl. Kapitel 7). Anstelle des Vermögens „Kreative Vorstellung" können wir jetzt einen Satz von 24 Funktionen der divergenten Produktion setzen, von denen 23 untersucht und nachgewiesen wurden (vgl. Kapitel 6).

Zurück zur Geschichte. Taxonomien sehr verschiedener Art wurden durch WUNDT und TITCHENER untersucht und vorgeschlagen. Dazu gehören die drei Arten des Bewußtseins - Empfindungen, Vorstellungen und Gefühle und TITCHENER's fünf Dimensionen der Sinneserfahrung. TITCHENER legte auch Gewicht auf geometrische Modelle, die der Verschiedenheit der Sinneserfahrungen im Bereich der Wahrnehmung, des Geschmacks, des Geruchs und anderer Sinne gerecht wurden. Derartige Taxonomien waren innerhalb ihres begrenzten Bereiches nützlich.

Ein anderer Bereich, in dem Taxonomien versucht wurden, waren die Instinkte. Die Taxonomien fanden ihren Höhepunkt in der von Mc DOUGALL vorgenommenen Zuordnung von Instinkten und Emotionen. Mit Ausnahme neuerer Dimensionsstudien der Gefühle und Stimmungen wurde dieser Ansatz als altmodisch angesehen, vielleicht zu schnell. WUNDT's Modell der Dimension von Gefühlen scheint von OSGOOD und seinen Mitarbeitern (OSGOOD, SUCI und TANNENBAUM 1957) wiederentdeckt worden zu sein. Die Emotionen können ein anderes Modell benötigen.

Die Suche der Psychoanalyse nach „Mechanismen" oder „Komplexen" sollte auch als Versuch eine Liste taxonomischer Kategorien zu finden zitiert werden. Nach dem Wissen der Autoren wurden bislang keine genauen Verfahren der Prüfung von Hypothesen angewendet, um zu bestimmen, ob derartige Konzepte valide sind. Aber die Anstrengungen in dieser Richtung sind andere Beispiele für das wahrgenommene Bedürfnis nach einem grundlegenden Wortschatz.

Die Erörterung des offensichtlichen Mangels an Interesse und das Fehlen einer abgestimmten Aktivität zur Entwicklung von Taxonomien auf der Seite der Psychologen legt drei mögliche Gründe nahe. Bereits erwähnt wurde der Mangel an natürlichen empirischen Verfahren durch die taxonomische Hypothesen untersucht werden können. Die Verfahren der Beobachtung und die Möglichkeit der Reduktion von Daten bei der modernen Faktorenanalyse und multivariaten Skalierungsverfahren stehen jetzt zur Verfügung. Die zunehmende Möglichkeit Computer einzusetzen erlaubt die Anwendung dieser Verfahren.

Eine große Ablenkung war die Beschäftigung mit den Einzelheiten der Reiz - Reaktions - Psychologie und die Art des damit verbundenen Denkens. Die Bevorzugung der Untersuchung von Handlungen ist verständlich. Theorien über Verhalten erfordern eher operationale als taxonomische Modelle, aber taxonomische Konzepte können von hohem Wert bei der Konstruktion operationaler Modelle sein, wie bei GUILFORD's Modell des Problemlösens (GUILFORD, 1967) zu sehen ist.

Ein anderer hindernder Einfluß war der allgemeine Drang nach Übersimplifizierung. Es ist lächerlich anzusehen, daß der ungeheure Bereich und die Verschiedenheit des Verhaltens mit zwei oder drei Begriffen oder Prinzipien, universell angewendet, erfaßt werden kann, sei es in der Form der klassischen Konditionierung, des operanten Lernens oder SPEARMAN's g - Faktor. Die Psychologen haben die Forderung nach Occams Rasiermesser viel zu ernst genommen. Zu viele haben nach dem „Stein der Weisen" ohne Erfolg gesucht. Sie müssen sich mit einer Vielzahl von Konzepten abfinden. Wie groß auch immer die Zahl, sie ist immer noch deutlich kleiner als die Zahl der psychologischen Ereignisse, für die diese Zahl steht. Jeder einsichtige Unterschied zwischen der Zahl der Konzepte und der Zahl der Ereignisse könnte noch der Forderung nach Einfachheit genügen.

Wo Taxonomien gebraucht werden. In seinem Buch über Persönlichkeit (1959a) versuchte GUILFORD zu zeigen, wie weit faktorenanalytische Verfahren gekommen sind, um Persönlichkeitszüge aller Art zu unterscheiden. Faktorielle Persönlichkeitszüge werden als relativ überdauernde Dispositionen angesehen, die jeweils von besonderem Charakter sind. Solche Dispositionen legen das Verhalten in bestimmter Weise vorher fest, in Verbindung mit Modifikatoren in der Form vorübergehender Dispositionen, wie etwa Stimmungen, Gefühle und Emotionen und natürlich als Antwort auf bestimmte Situationen. Verhaltenszüge wurden in die Hauptmodalitäten der Fähigkeiten, einschließlich psychomotorischer Fähigkeiten, Wahrnehmungsfähigkeiten und intellektuelle Fähigkeiten, Temperamentsdimensionen und Motivationsdimensionen (hormetische Dimensionen) einschließlich Bedürfnisse, Interessen und Einstellungen eingeteilt. Taxonomische Modelle wurden für die Bereiche des Temperaments und der psychomotorischen Fähigkeiten genauso wie für die Modalität der intellektuellen Fähigkeiten vorgeschlagen. Während das Strukturmodell der Intelligenz eine dreidimensionale Matrix ist, sind die Modelle für Temperament und die psychomotorischen Fähigkeiten zweidimensionale Matrizen oder Kreuzklassifikationen. Für die Motivationsdimensionen wurde kein Modell vorgeschlagen, aber es sieht so aus als ob ein hierarchischer Typ realistischer wäre. Die zitierten Beispiele zeigen die Möglichkeiten, die vorhanden sind, die über Faktorenanalysen isolierten Variablen in sinnvolle und systematische Modelle zu integrieren, die Möglichkeiten bieten weitere psychologische Bedeutung zu gewinnen.

Der multidimensionale Ansatz für die vorübergehenden Dispositionen der Gefühle, Emotionen und Stimmungen wurde bereits erwähnt. In Verbindung damit sollte jedoch hier Offenheit für andere als dimensionale Modelle bestehen, die vielleicht realistischer sind. Andere Dispositionen, die durch die Faktorenanalyse untersucht wurden, sind bekannt als „kognitive Stile". Es besteht wenig Zweifel, daß bei der intellektuellen Informationsbearbeitung, auf die viele Untersucher den Begriff „Kognition" anwenden, der Umgang mit derartigen Prozessen oder Fähigkeiten etwas ist, was berücksichtigt werden muß. Dabei treten bestimmte intellektuelle Gewohnheiten auf, die Auswirkungen darauf haben, w i e das Individuum Probleme verschiedener Art angeht, ebenso wie darauf w a s es denkt. Nach taxonomischen Untersuchungen verlangen auch die Arten von Strategien, die von den Individuen beim Problemlösen benutzt werden, einschließlich dem Lösen von Problemen beim Bearbeiten von verschiedenen Tests intellektueller Fähigkeiten.

Intellektuelle Fähigkeiten, kognitive Dispositionen und Strategien sind beim Treffen von Entscheidungen beteiligt, aber das Verhalten hört damit nicht auf, es sind weitere Schritte notwendig um die Entscheidungen in Handlung umzusetzen. In dieser Verbindung kann es eine Gruppe von „Exekutivfunktionen" geben, wie es an anderer Stelle (GUILFORD, 1967) erörtert wurde. Es gab die Möglichkeit, daß diese grundlegenden Funktionen bei einer Faktorenanalyse der Produktion emotionaler Ausdrücke auftreten könnten (Bericht 42).

Faktorenanalytische Untersuchungen müssen nicht bei allgemeineren Dispositionen wie Persönlichkeitszügen, Stilen oder Strategien aufhören. Bestimmte persönliche Gewohnheiten vieler Art können auch die Möglichkeit bieten, taxonomische Konzepte und Kategorien zu suchen. Gewohnheiten sind Antworten auf bestimmte Situationen, was nahelegt, daß es auch Taxonomien von Situationen, oder weiter gefaßt, Taxonomien der Umgebung geben könnte. In Berichten behavioristischer Untersuchungen sind die Situationen, sogar bestimmte Reize häufig schlecht beschrieben. Das ist möglicherweise auf den Mangel an effektiven deskriptiven Begriffen oder Konzepten über die stimulierenden Bedingungen zurückzuführen. Solche Beschreibungen, wie sie häufig gegeben werden, sind oft unsystematisch ohne Beziehung zu Variablen oder Kategorien, die von Bedeutung für das Verhalten sind, das sollte verbessert werden. Es gab gelegentlich Hinweise auf Bedürfnisse in dieser Richtung, aber wenig wurde unternommen, mit Ausnahme bei der pädagogischen Forschung, bei der Heim, Schule und der Klassenraum beim Versuch derartige Bedingungen mit den Leistungen in der Schule zu verbinden mehr oder weniger erfolgreich gemessen und kategorisiert wurden.

Bedürfnis nach multivariaten Verfahren

Es ist eine Binsenwahrheit, daß das menschliche Verhalten außerordentlich komplex ist. Die Zahl der unabhängigen und abhängigen Variablen ist sehr groß, die meisten von ihnen sind unbekannt, nicht erfaßt und werden häufig unrichtigerweise ignoriert. Es gibt eine Verallgemeinerung, die in den Stand eines „Gesetzes" gehoben wurde (VAN HEERDEN, 1968), nämlich, daß alles komplizierter ist als es aussieht. Analysen und weitere Analysen stützen diese Behauptung. Sogar Nuklearteilchen können weiter aufgeteilt werden. VAN HEERDEN erwähnt auch ein Gegenstück zu diesem Gesetz, nämlich, daß alles einfacher ist als es aussieht. Es ist vielleicht sicher zu sagen, daß das einfachere Bild angemessener ist, wenn es abgeleitet wird, nach dem das komplexe Bild aufgestellt wurde.

GUILFORD (1967) hat teilweise die relativen Vorteile von multivariat - experimentellen Ansätze über bivariat - experimentelle ausgearbeitet, wenn komplexe Phänomene des Verhaltens zu behandeln sind, bei denen die Kenntnis von Grundbegriffen und Variablen beschränkt ist. Es genügt die Punkte hier nochmals hervorzuheben. Ausser der Unangemessenheit für komplexe Probleme beschränkt sich der bivariate Ansatz auf offene Variablen wie Zeit und Reaktion. Dieses Verfahren dient daher wahrscheinlich dazu den Untersucher auf einen fruchtbaren Empirismus einzugrenzen, ohne den Nutzen einer allgemeinen Theorie und zu häufig auf die Entdeckung von Trivialitäten. Im Gegensatz dazu liefert der multivariate Ansatz Gelegenheiten die grundlegenden Variablen zu finden, die häufig am wichtigsten und am wissenswertesten sind und die eher für die Konstruktion grundlegender Theorien verwendet werden können.

Optimale Einsatzmöglichkeiten der Faktorenanalyse bei der psychologischen Grundlagenforschung

Wie in früheren Kapiteln angemerkt, ist die Faktorenanalyse kein magisches Verfahren mit dem die „Wahrheit" aus numerischen Daten herausgezwungen werden kann. Eine derartige Erwartung ist viel zu häufig deutlich geworden. Die Frage wie die Achsen für die extrahierten Faktoren zu rotieren sind läßt der Unsicherheit einen Spielraum. THURSTONE schlug das Konzept der Einfachstruktur als ein Naturgesetz, das auf die Rotation der Achse angewendet werden kann, vor. Aber die Erfahrung zeigt, daß die Einfachstruktur weder eine sichere Richtschnur ist noch zur Wiederholbarkeit der rotierten Strukturen führt. Die Definition der Einfachstruktur in der Form eines mathematischen Modells oder Kriteriums macht die Dinge nur noch schlimmer (GUILFORD und HOEPFNER, 1969). Oblique Rotationen erleichtern vielleicht das Finden einer besser aussehenden Einfachstrukturlösung, aber sie können auch den Untersucher psychologisch in die Irre führen.

Es wurde bereits erwähnt, daß die Faktorenanalyse ein Verfahren zur Überprüfung von Hypothesen sein kann und die Erfahrungen des Projekts haben diese Annahme bestätigt. Man muß dabei erkennen, daß diese Hypothesenprüfung anderer Art ist als es bei der Varianzanalyse und ähnlichen statistischen Verfahren üblich ist. Für die meisten Vorhaben muß man die Vorteile von Wahrscheinlichkeitsaussagen über die numerischen Ergebnisse einer Faktorenanalyse aufgeben. Aber der aufdeckende Wert der Faktorenanalyse stellt mehr als einen fairen Ausgleich dafür dar.

Bei einer Anzahl von Gelegenheiten wies THURSTONE darauf hin, daß seine Forschungsgruppe mehr Zeit damit verbrachte über die Natur des Bereichs, in dem die Analyse stattfinden sollte, und die Planung der experimentellen Variablen und die notwendigen Schritte nachzudenken, als über die Reduktion der Daten in der eigentlichen Faktorenanalyse. Da die heutigen Computer die Reduktion der Daten in einem Bruchteil der früher üblichen Zeit erledigen, kann das Zeitverhältnis sehr gut in einer Größenordnung von 10 zu 1 oder sogar 100 zu 1 zugunsten Zeit für Entwicklung von Hypothesen und Tests liegen, die benötigt wird um die Hypothesen einer empirischen Inspektion zu unterziehen. Die vorausgegangenen Kapitel zeigen das Ausmaß in dem hypothetische Fähigkeiten in Betracht gezogen wurden, besonders bevor das Strukturmodell der Intelligenz als Quelle von Hypothesen verfügbar war. Auch nachdem das Modell zur Verfügung stand, erforderte die Übersetzung der abstrakten Begriffe der Fähigkeiten in operationale Variablen zur Messung Erfindungsgabe und Beurteilungsfähigkeit. Man könnte sogar sagen, daß die faktoriellen Fähigkeiten durch das Nachdenken des Untersuchers vor der Faktorenanalyse entdeckt wurden. Ist das nicht für viele Entdeckungen in der Wissenschaft typisch? Die experimentellen Operationen prüfen dann die Entdeckungen auf ihre Plausibilität. Das Testen statistischer Hypothesen in großem Umfang liefert keine neuen Vorstellungen über die Natur.

Während der letzten Jahre der Untersuchungen des Projekts waren die charakteristischen Schritte im wesentlichen folgende. Zuerst wurde die Frage gestellt, welche Eigenschaften eine Fähigkeit nach ihrer Lokation im Strukturmodell haben müßte und ob sie als einzigartige Funktion existiert. Dieser Frage folgten andere hinsichtlich bestimmter Tests, wie etwa: Gibt dieser Test in einem relativ hohen Maß in den Testwerten individuelle Unterschiede in dieser Fähigkeit wieder? Vermeidet er gleichzeitig in deutlichem Umfang die Erfassung von Unterschieden in anderen Fähigkeiten? Von der Faktorenanalyse wird erwartet, daß sie Informationen liefert um diese Frage mit Ja oder Nein zu beantworten. Die Praxis der Faktorenrotationen nach Zielmatrizen bei denen die Zielladungen die Faktorenmatrix repräsentieren, die zu erwarten ist, wenn die Hypothesen stimmen, reduziert das Gewicht der Ja - Nein - Antworten. Die daraus resultierenden Faktorenladungen weisen darauf hin ob wir die Ausgangshypothesen akzeptieren können. Die negativen Antworten sind entschiedener als die positiven Antworten. Aber die Tatsache, daß die Ladungen der gleichen Tests auf die gleichen Faktoren zu verschiedenen Zeiten von ähnlicher Größenordnung sind, vergrößert das Vertrauen in die positiven Antworten.

Die Konsistenz mit der Theorie und die Invarianz der Faktorenstrukturen trotz einiger Variationen in den Populationen der Individuen und der Tests wurden daher zum Kriterium erfolgreichen Nachweises der intellektuellen Fähigkeiten oder Funktionen, wie in Kapitel 3 beschrieben. Die Erfahrung zeigte den großen heuristischen Wert einer allgemeinen Theorie oder eines Modells, und es ist sehr zu empfehlen eine Theorie irgendeiner Art so früh wie möglich bei Untersuchungen in verschiedenen psychologischen Bereichen zu entwickeln. Die Strukturtheorie wurde erst auf der Grundlage von 40 erkannten intellektuellen Fähigkeiten konstruiert. Nachdem sie zur Entdeckung weiterer hypothetischer Fähigkeiten angewendet wurde, gab es nur in einem einzigen Fall einen völligen Fehlschlag eine erwartete Fähigkeit nachzuweisen und das weil die falschen Tests dafür entwickelt wurden. Nach 20 Jahren der Forschung sind 98 Zellen des Modells mit nachgewiesenen Fähigkeiten besetzt. Die Fähigkeiten für die verbleibenden 22 Zellen bleiben noch zu untersuchen.

Einige Ergebnisse von allgemeiner psychologischer Bedeutung

Die Erörterungen auf welche Art die Konzepte der Intelligenzstruktur von großer Bedeutung für die allgemeine psychologische Theorie sind, finden sich in Kapitel 2 und eine ausführlichere Diskussion bei GUILFORD (1967). Die Kapitel 5 bis 9 können als Grundlage für den gerade erwähnten Anspruch angesehen werden. Ein Punkt, der zu betonen ist, besteht darin, daß eine Taxonomie kein Selbstzweck ist. Der größte Wert besteht darin, daß sie zu Begriffen führt, die für das Verständnis eines weiten Bereichs von Ergebnissen von Bedeutung sind. Die taxonomischen Konzepte der Strukturtheorie haben den großen Vorteil, daß sie empirischen Bezug haben und daß sie daher willkommener Ersatz für viele ehrwürdige Begriffe sein sollten, die niemals eine derartige Definition hatten.

Einige ersetzte Begriffe

Es kommt vor, daß die ersetzten Begriffe in der allgemeinen Kategorie liegen, die als „mentalistisch" bezeichnet wird, aber der historische Bestand dieser mentalistischen Begriffe hat das Bedürfnis nach einem deskriptiven Vokabular für Phänomene bestätigt, die nicht bestritten werden können. Kein Vokabular, entwickelt aus einer nahezu völlig objektiven Quelle von Beobachtungen unter dem Gesichtspunkt des Behaviorismus, hat in ähnlicher Weise die Phänomene abgedeckt und wird es vielleicht niemals können.

<u>Induktives und deduktives Denken.</u> Selbst unter der Gefahr einiger Redundanz mit den Erörterungen in Kapitel 2 sollten die hauptsächlichen Begriffe, die die traditionellen ersetzen, unter der allgemeinen theoretischen Sicht, die als „operational-informational" bezeichnet wurde, diskutiert werden. Es wurde aus der Tatsache, daß „Denken" deutlich in zwei Kategorien gegliedert ist - induktiv und deduktiv, gefolgert, daß das erste besser in der Form von Kognitionsfunktionen und das zweite besser in der Form von Fuktionen des konvergenten Denkens

beschrieben werden kann. In jeder Operationskategorie gibt es 24 Funktionen, weil es 24 Arten von Informationen in der Psycho - Epistemologie des Strukturmodells gibt. Die Psycho - Epistemologie wird aus den Verbindungen der sechs Produktarten mit den vier Inhaltskategorien gebildet. Psychologen, die es vorziehen die Begriffe „induktiv" und „deduktiv" für die beiden Arten des Denkens zu verwenden, akzeptieren möglicherweise die breiteren Vorstellungen, die von der Strukturtheorie geliefert werden, nicht, aber das bedeutet nur, daß sie zahlreiche Möglichkeiten in dem Repertoire des psychologischen Funktionierens übersehen haben.

Assoziation. Der beständigste und durchdringendste Begriff der „Assoziation" wurde zum großen Teil durch das Produkt „Implikation" in der Strukturtheorie ersetzt. Theoretiker, die der Assoziation ein „Erwartungsmerkmal" zugerechnet haben, sind dieser Ansicht sehr nahe gekommen. Die Vorstellungen der „Implikation" ging jedoch einen Schritt weiter, in dem der Begriff in einem weiteren Sinn innerhalb der P s y c h o l o g i k gebraucht wird. Der Begriff „Assoziation" trägt zu viele theoretische Bürden, an zu vielen Stellen wo er offensichtlich überstrapaziert ist. Glücklicherweise gibt es in der Liste der Strukturtheorie noch weitere fünf Produkte, die Funktionen übernehmen, die früher alle auf den Begriff „Assoziation" bezogen wurden. Wir müssen nicht länger komplexere geistige Konstrukte als zusammengesetzt aus Elementarteilen ansehen, die von Assoziationen zusammengehalten werden. Die Produkte der Klassen, Relationen und Systeme zum Beispiel haben ihre ganzheitlichen Merkmale, die bei der Anstrengung sie zu reduzieren verloren gehen könnten, eine Position, die von den Gestaltpsychologen stark vertreten wurde.

Kreatives Denken. Es kann nicht gesagt werden, daß „kreatives Denken" ein weitverbreiteter Begriff im psychologischen Wortschatz ist. In früheren Jahren gab es Bezüge zur „kreativen Imagination", aber dem wurden keine Untersuchungen gewidmet. Offenkundig hatte keiner operationale Hypothesen über die Natur des „kreativen Denkens" oder erkannte wie dieses Phänomen zu untersuchen sei. Kapitel 6 zeigt wie der multivariate Ansatz dieses Phänomens innerhalb des Bereichs empirischer Untersuchungsmethoden eine Möglichkeit eröffnet.

Es stellte sich heraus, daß kreative Aktivität in Begriffen der Flüssigkeit der Produktion von Informationen, Flexibilität von Informationen und der Ausarbeitung des Gegebenen beschrieben werden kann. Solche Prozesse gehören am deutlichsten in die größere Kategorie der divergenten Produktion - der Schaffung logischer Alternativen - und der Flexibilität wird in der Form bestimmter Produktwerte Rechnung getragen, die als „Transformation" bezeichnet werden. Die „Transformationen" finden sich bei jeder Art von Operationen. Obwohl kreative Leistungen von einem reich ausgestatteten Gedächtnisspeicher abhängt, der wiederum von früheren erworbenen Kognitionen und der Fixierung und dem Behalten dieser Kognitionen, hängen sie mehr von der Operation der divergenten Produktion und dem Produkt der Transformation ab.

Problemlösen. „Problemlösen" als Begriff wurde ausführlicher in den Kapiteln 2 und 5 besprochen. Es ist hier nur notwendig den Leser auf den extrem heterogenen Bereich der Phänomene hinzuweisen, auf die der Begriff angewendet wird. Probleme variieren von sehr einfach bis sehr komplex. Sie erstrecken sich, allein oder in Kombination auf alle vier Inhaltskategorien. Der Prozeß des Problemlösens erfordert gewöhnlich alle fünf Operationen der Strukturtheorie. GUILFORD's Modell des Problemlösens (SIPS) zeigt wie gut alle taxonomischen Konzepte der Strukturtheorie effektiv bei einem operationalen Modell verwendet werden können (GUILFORD, 1967).

Lernen. Es war ein verbreiteter Fehler Lernen als eine Standardaktivität der Funktion des Verhaltens zu betrachten. Das vollständige beobachtbare Verhalten, wenn der Prozeß des Lernens abläuft, wird am besten in der Form einer Anzahl von Strukturoperationen beschrieben, ähnlich wie beim Problemlösen. Was sich in der Lernphase ereignet, läßt sich vom operational-informationalen Standpunkt so beschreiben, daß neue Information erkannt und fixiert wird, um behalten zu werden. Diese beiden Operationen sind Minimalerfordernisse. Etwas willkürlich könnte man das Lernen auf den Schritt der Fixierung beschränken, was Lernen mit der Operation des Gedächtnisses nach der Strukturtheorie in Verbindung bringen würde. Das würde auch bedeuten, daß es 24 Lernfähigkeiten gibt, auf die der Begriff der „Lernfähigkeit" bisher niemals angewendet wurde.

Aber „Lernen" wird gewöhnlich weiter gefaßt. Sogar die Sequenz Kognition-Gedächtnis die vorgeschlagen wurde, beschreibt das Ereignis nicht so, wie es allgemein bekannt ist. Viele Beispiele für Lernen sind wirklich Akte des Problemlösens. Viele der neuen Informationen, die beim Problemlösen gewonnen werden, kommen über die Operationen der konvergenten oder divergenten Produktion zustande. WOODWORTH und SCHLOSBERG (1954) treffen eine nützliche Unterscheidung zwischen „Lernen einer Lektion" und „Lernen beim Problemlösen". Das erste erfordert nur Memorieren (Kognition und Fixierung im Gedächtnis); das zweite erfordert alle Strukturoperationen einschließlich Evaluation, die bei der Selbstüberprüfung, während das Problemlösen fortschreitet, ins Spiel kommt. In Kapitel 10 werden einige Beispiele gegeben, wie bestimmt werden kann, welche Strukturfähigkeiten eine Rolle beim Begriffslernen und beim Lesen spielen, um Informationen erinnern zu können. Beide Aktivitäten, besonders die erste, liefern Gelegenheiten zum Problemlösen. Von beiden konnte nachgewiesen werden, daß sie von mehreren Strukturfähigkeiten abhängen. Bei beiden ist anzumerken, daß Gedächtnisfähigkeiten eine sehr wichtige Rolle spielen.

Urteilen. „Urteilen" wurde nie als systematisches Konzept in der Psychologie akzeptiert, aber es tauchte in einer Vielzahl von Verbindungen auf. Das Phänomen des Urteils wurde in Würzburg studiert, es war ein weitverbreiteter Begriff bei denen, die sich mit Psychophysik beschäftigten und es fand Eingang in einige der früheren Modelle, die für das Problemlösen vorgeschlagen wurden. Nur im ersten Fall bestand ernsthaftes Interesse an seiner psychologischen Natur. Das Projekt unternahm es einige Aufklärung über dieses Phänomen zu bekommen, zog es aber vor den Begriff „Evaluation" zu verwenden. Dieser Begriff schien mehr Vorschläge für Aufgaben nahe zu legen, die bei Tests verwendet werden konnten. Mit wiederholten Analysen kam dieses Konzept zunehmend besser in den Blickpunkt und es resultierte daraus eine Vorstellung, die den Vergleich von Informationen miteinander oder mit spezifizierten Standards einschließt. Evaluation erweist sich als in hohem Maße logische Aktivität in bezug auf das, was evaluiert werden soll (welches Produkt der Information), die Variable oder Variablen oder das Kriterium. Persönliche Vorlieben liefern keine ausreichend feste Basis. Evaluation kann nicht als Treffen von Entscheidungen identifiziert werden, da Treffen von Entscheidungen jeder Komplexität in die Kategorie des Problemlösens gehört (GUILFORD, 1969), Evaluation spielt bei diesem Phänomen eine Rolle.

Logik und Psychologie. Der Bezug zur Logik lenkt die Aufmerksamkeit auf die allgemeine Frage der Beziehung von Psychologie zur Logik. Die formale Logik wurde traditionell als ein Beispiel für von Menschen aufgestellte Regeln betrachtet, die nützlich sind um das Denken zu korrekten Schlußfolgerungen zu bringen. Andere Beziehungen zur divergenten Produktion als Entwicklung logischer Alternativen und zur konvergenten Produktion als Entwicklung logischer Notwendigkeiten, legen Verbindungen zwischen logischen Prinzipien und psychologischen Funktionen nahe. Können derartige Prinzipien durch empirische Untersuchungen entdeckt werden?

Es scheint einsichtig genug eine konvergent produzierte Information als logisch zu bezeichnen, da es die „eine richtige Antwort" ist, sie ist „richtig". Aber einige Vorsicht ist angebracht bei der Verwendung des Ausdruckes „logische Alternativen" in Verbindung mit der divergenten Produktion. Die Untersuchung von spezifischen Beispielen zeigt, daß Flüssigkeitstests die Produktion von Mitgliedern einer Klasse als Antwort auf Spezifikationen der Klasse oder die Produktion von Relationen als Antwort auf gegebene Einheiten oder Korrelate als Antwort auf gegebene Relationen und Einheiten fordern. Elaboration verlangt nach der Produktion implizierter Information. Mit anderen Worten, diese Alternativen sind Produkte und die Produkte sind logische Konzepte. Wir können dieses Denken auf Einheiten, Systeme und Transformationen ausdehnen und auf dieser Grundlage können wir sagen, daß die sechs Produkte die Basis für eine empirisch abgeleitete Psychologik sind. Mehr darüber wurde von GUILFORD (1967) gesagt. Unter dem Aspekt der strengen Implikation der Logik in Verbindung mit der Strukturtheorie, kann Intelligenz als die Sammlung von Fähigkeiten für die Informationsverarbeitung in Übereinstimmung mit den Prinzipien der Psychologik definiert werden. Ein Vorschlag, der aus dieser Definition abgeleitet werden kann, besteht darin, daß alles Verhalten in Übereinstimmung mit den Prinzipien der Psychologik vor sich geht und daß es in der

Verantwortlichkeit des Psychologen liegt diese Prinzipien zu entdek-
ken.

Die Zukunft der Intelligenzmessung

Leser, die mit der Feststellung des intellektuellen Niveaus von Individuen zu tun haben, entweder durch die Testanwendung oder die Festlegung der einzusetzenden Verfahren, werden fragen, welche Auswirkungen das neue Wissen von den intellektuellen Fähigkeiten auf die
Messung der Intelligenz in Zukunft haben wird. Einige der deutlicheren
Implikationen und einige, die nicht so deutlich sind, werden besprochen
um die Frage beantworten zu helfen.
    Die Notwendigkeit der Intelligenzmessung ergab sich für BINET aus
dem Kontext der formalen Erziehung und in diesem Bereich haben Intelligenztests (einschließlich der Schulfähigkeitstests) ihre größte Anwendung. Gleich dahinter folgt das Bedürfnis und der Einsatz derartiger Verfahren in der Zuständigkeit von ziviler Verwaltung, dem Mili-
tär und in der Industrie. Gleichgültig ob die Tests, die dabei verwendet werden, das Etikett „Intelligenz" haben oder nicht, sie haben sehr
oft mit intellektuellen Fähigkeiten zu tun, so wie sie sich unter dem
breiteren Blickwinkel der Strukturtheorie der Intelligenz darstellen.

Die Rolle der Intelligenzmessung in der Erziehung. Um zu einer Antwort auf die oben gestellte Frage zu kommen, sollten wir uns zuerst
dem offensichtlichen Bedürfnis nach Kenntnis der grundlegenden intellektuellen Fähigkeiten von Individuen zuwenden. Wir beginnen dabei mit
dem pädagogischen Bereich.
    Der traditionelle Einsatz von Tests bei der Erziehung hängt mit der
Zulassung von Schülern zu verschiedenen kritischen Stufen des Erzie-
hungssystems zusammen, bei dem die Praxis „Weiterkommen nach
dem Alter" nicht angewendet wird. Vom Test wird dabei erwartet, daß
er die Frage beantwortet, ob das Individium in der Lage ist das zu lernen, was in dem Rahmen neu gelernt werden soll oder nicht. Der Eintritt in die erste Klasse, das College oder die postgraduierte Ausbildung waren die kritischen Punkte und hingen am meisten von der Information durch Tests ab. In der High School und auf dem College ist die
Zulassung oder Auswahl von bestimmten Curricula ebenfalls eine Gelegenheit für eine Entscheidung, für die Testergebnisse benutzt werden
können. Es muß eine Wahl zwischen vorbereitenden und abschließenden
Kursen getroffen werden. Wenn die Wahl auf ein abschließendes Cur-
riculum gefallen ist muß weiter einer von verschiedenen derartigen
Wegen ausgewählt werden. Bei einem vier Jahre dauernden Collegebe-
such müssen Entscheidungen zwischen den Geistes- und Naturwissenschaften und einer Berufsausbildung getroffen werden. Wenn das erste
der Fall ist müssen weitere Entscheidungen über die Hauptbereiche
fallen. Obwohl Tests nicht in Verbindung mit dieser Art von Entscheidung verwendet werden, könnte die viel detailliertere Information hin-

sichtlich der differentiellen Fähigkeiten die Tests zu einer realen Möglichkeit werden lassen. Das gleiche gilt für die Wahl der Spezialisierung nach der Graduierung.

Zusätzlich zur Verwendung der Information aus einem Test als Entscheidungshilfe bei der Zulassung zu bestimmten Erziehungsprogrammen kann der Lehrer weitere Einsatzmöglichkeiten finden, in dem er etwa die Lernschwierigkeiten von Schülern diagnostiziert. Es kann sein, daß eine derartige Schwierigkeit von einer Schwäche bei einer oder mehrerer Strukturfähigkeiten abhängt. Wenn das der Fall ist könnte ein Wechsel des Curriculums oder des Kurses angebracht sein, um eine bessere Anpassung des Fähigkeitsprofils des Schülers an die Erfordernisse des Curriculums zu erreichen. Die Behandlung könnte aber auch in gezielten intellektuellen Übungen bestehen, die mit der Hoffnung durchgeführt werden, daß die schwache Fähigkeit oder die Fähigkeiten dadurch stärker werden. Es wäre für den Lehrer von großem Wert, wenn er einen kumulativen Bericht über die intellektuelle Entwicklung jedes Schülers hätte, einen Bericht, der Informationen über den Status und die Entwicklung aller relevanten Fähigkeiten enthält. MARY N. MEEKER (1969) hat bereits viel getan um eine Verbindung zwischen Strukturfähigkeiten und der pädagogischen Praxis herzustellen.

Die Rolle der Intelligenzmessung im Personalmanagement. Die Anwendung von Tests bei der Selektion, Klassifikation und Einstufung von Personal sind allgemein bekannt. In dieser Verbindung ist das Bedürfnis über einen einzelnen Wert einer Intelligenzskala hinauszugehen deutlicher, aber er reicht nicht aus. Der bedeutende Erfolg des Klassifikationsprogrammes der US-Luftwaffe liefert den besten Beweis um diese Aussage zu unterstützen. Bei der Selektion und Klassifikation von Auszubildenden für Flugzeugbesatzungen während des zweiten Weltkrieges und danach, und von Auszubildenden für eine technische Ausbildung beim Bodenpersonal in den letzten Jahren, wurden relativ große Testbatterien verwendet. Verschiedene Kombinationen von Testwerten wurden differentiell gewichtet, um einen zusammengesetzten Fähigkeitsindex für die verschiedenen Ausbildungsaufgaben zu bekommen. Es wurde darauf hingewiesen (GUILFORD, 1948), daß die 20 Tests der Batterie 8 faktorielle Fähigkeiten (es gab viel Redundanz bei der Messung der Fähigkeiten) abdeckten, von denen die meisten im intellektuellen Bereich lagen. Die multiplen Korrelationen für die zusammengesetzte Fähigkeit „Eignung zum Piloten" mit den Kriterien erfolgreiches Absolvieren des Trainings zum Beispiel, lag in der Gegend von .55. Dieses Ergebnis ergab sich bei einem eingeschränkten Bereich von Auszubildenden, von denen die Hälfte vorher bei der Qualifikationsuntersuchung ausgelesen wurden, die einige der gleichen Fähigkeiten betonte. Es wurde geschätzt, daß bei der Verwendung von Tests für zusätzliche Fähigkeiten, von denen bekannt ist, daß sie die gleiche Verbindung mit dem Kriterium haben, in der Testbatterie, oder wenn einige der redundanten Tests dadurch ersetzt würden, die multiple Korrelation eine Größenordnung von mehr als .72 erreichen könnte. Unter den gegebenen Voraussetzungen betrug die Durchfallquote allein bei Piloten 35% zu Beginn des Krieges und schrumpfte auf 10% am Ende des Krieges, was der Selektion auf der Grundlage der Tests zuzuschreiben war. Durch Verkleinerung der Selektionsrate hätte die Zahl möglicherweise auf 4% herabgesetzt werden können.

Als Konsequenz ergibt sich daraus, daß bei Tests für die Einstellung von Personal, der rationale Weg darin besteht Analysen der Beschäftigung und der Aufgabe anzufertigen und dabei die volle Aufmerksamkeit auf die Strukturfähigkeiten im intellektuellen Bereich, auf andere faktorielle Fähigkeiten und faktorielle Persönlichkeitszüge in anderen Bereichen zu sichten und gewichtete Komposita von Testwerten als Prädiktoren zu benutzen. Dieses Ziel und die Operationen, die nötig sind um es zu erreichen erfordern Aufwand von Zeit und Anstrengung von geschulten Psychometrikern um das Verfahren durchzuführen. Es sollten sich dabei jedoch entsprechende Ergebnisse nicht nur in Form ökonomischer Werte, sondern auch hinsichtlich der menschlichen Zufriedenheit ergeben.

Die Unangemessenheit gegenwärtiger Tests

Die Analyse der gegenwärtigen Tests, einschließlich derjenigen, die als „Intelligenztests" oder „Schulfähigkeitstests" bezeichnet werden, zeigt viele Beschränkungen, besonders, wenn sie unter dem Bezugssystem der Strukturtheorie angesehen werden. Von der Zeit von BINET an wurden IQ-Tests für lediglich einen bestimmten Zweck entwickelt: sie sollen der Schulverwaltung mitteilen, welche Kinder nicht normal die Grundschule durchlaufen können. Die Tatsache, daß Lesen und Rechnen die kritischen Schulfächer sind, hat das Schwergewicht auf bestimmte Strukturfähigkeiten in den Tests geschoben. Bis zum heutigen Tag haben die vorherrschenden IQ-Tests die Strukturfähigkeit CMU in überwältigender Weise verwendet, wobei CMS an nächster Stelle steht - gerade zwei der Strukturfähigkeiten.

Die Stanford - Binet - Skala. Die Intelligenzskala, in die in vergangenen Jahren das meiste Vertrauen gesetzt wurde, ist die Stanford-Binet-Skala. Die neueste Form LM wurde vor mehr als 10 Jahren publiziert (TERMAN und MERRILL, 1960). Sie enthält 140 Aufgaben oder Teiltests und deckt einen Altersbereich von 2,5 Jahren bis zum Erwachsenen ab. Die Untersuchung der Aufgaben zeigt leicht, welche Strukturfähigkeiten möglicherweise stärker vertreten sind, wobei jede Aufgabe eine oder mehrere Fähigkeiten abdeckt. Eine Übersicht in der Form von Parametern des Strukturmodells zeigt, daß die Kategorien des Modells sehr ungleichmäßig vertreten sind. Von den repräsentierten Operationskategorien dominiert bei etwa zwei Dritteln der Items die Kognition. Gedächtnisfähigkeiten sind bei einem Sechstel der Aufgaben beteiligt, wobei die Tests der Gedächtnisspanne die populärste Form sind. Das verbleibende Sechstel der Aufgaben teilt sich auf die anderen Operationskategorien auf, wobei nur 5 der 140 Aufgaben so etwas wie eine Messung der Fähigkeiten der divergenten Produktion darstellen.

442

Im Hinblick auf den Inhalt der Aufgaben sind mehr als zwei Drittel der Aufgaben semantisch und ein Viertel visuell-figural. Nur 11 der 140 Aufgaben sind in symbolischer Form, eine Anzahl davon sind Aufgaben zur Erfassung der Gedächtnisspanne. Keine Aufgaben beziehen sich auf das Verhalten; der Bereich der sozialen Intelligenz bleibt daher unberührt.

Ein Überblick über die Aufgaben nach der Art der Produkte der Information zeigt, daß sich etwa die Hälfte mit Einheiten und ein Drittel mit Systemen befaßt. Das verbleibende Sechstel verteilt sich auf die anderen Produkte, einschließlich einiger Aufgaben, die mit Transformationen zu tun haben, am häufigsten bei der Fähigkeit CFT (Visualisation). Nur eine unter den 140 Aufgaben befaßt sich mit Klassen, was im Hinblick auf die logische Bedeutung dieser Kategorie als ernster Mangel erscheint. Der Leser wird sich daran erinnern, bei der Untersuchung des Begriffslernens in Kapitel 10 die Fähigkeiten, die mit Klassen zu tun haben unter den wichtigsten waren.

Wenn man den Stanford-Binet-Test aus einem anderen Blickwinkel ansieht und dabei der Inspektion vertraut, kann gesagt werden, daß 28 der Strukturfähigkeiten i r g e n d w i e in der Gesamtskala vertreten sind, aber viele davon nur in jeweils einer Aufgabe. Diese Repräsentation ist praktisch nutzlos, um diesen Fähigkeiten irgendein Gewicht für den Gesamtwert zu geben. Wie zu erwarten, sind CMU und CMS am stärksten vertreten, aber sie fehlen vollständig bei einigen Skalen, die für bestimmte Altersgruppen bestimmt sind. Andere Fähigkeiten, die weniger häufig vertreten sind, erscheinen in einer Altersgruppe und in einer anderen nicht in zufälliger Weise. Diese wechselnde Repräsentation bedeutet, daß verschiedene Fähigkeiten bei unterschiedlichen Altersstufen der Skala gemessen werden. MEEKER (1969) hat betont, welche dürftigen Möglichkeiten es gibt, um rohe Schätzungen einiger Strukturfähigkeiten zusätzlich zu CMU und CMS bei einer verfeinerten Anwendung der Stanford-Binet-Skala zu bekommen.

Die Wechsler-Skalen: WAIS und WISC. Obwohl die beiden Wechsler Skalen (WECHSLER, 1958) - die Wechsler Adult Intelligence Scale und die Wechsler Intelligence Scale for Children - die gleichen Arten von Tests allen Altersstufen vorgeben und damit einen der Mängel der Stanford-Binet-Skala korrigieren, sind sie ebenfalls auf die effektive Messung weniger Strukturfähigkeiten beschränkt. Bei 11 Tests in jeder Skala sind offensichtlich 11 Strukturfähigkeiten vertreten, aber nicht auf einer 1 zu 1 - Basis. Es gibt einige Redundanz - so ist z.B. CMU in zwei und möglicherweise in drei Tests vertreten - und es gibt einige faktorielle Komplexität dadurch, daß in einigen Fällen ein Test zwei oder mehr Strukturfähigkeiten repräsentiert. Die Schwergewichte liegen ähnlich wie bei der Stanford-Binet-Skala, wobei Kognition die dominante Operation, semantische und figurale Information inhaltlich am stärksten vertreten sind und mit Einheiten und Systemen als am meisten repräsentierten Produkten. WECHSLER's zwei zusammengesetzte Werte für Verbalteil und Handlungsteil sind psychologisch nicht sehr gut getrennt, obwohl der erste den semantischen Inhalt mehr betont und der zweite den figuralen Inhalt. Es gibt etwas an symbolischem Inhalt in beiden Werten und es gibt einen semantischen Test im Handlungsteil. Es ist möglich, daß dieser Test (Bilder Ordnen) in gleicher Weise den Inhalt Verhalten repräsentiert.

WECHSLER unternahm einen empfehlenswerten Schritt in Richtung auf eine differentielle Messung, die logischerweise Testprofile anstelle von einzelnen Summenwerten verlangt. Trotz der mangelnden Reliabilitäten wurden einzelne Werte aus seinen 11 Tests für die Anwendung empfohlen und sie wurden eingesetzt (ebenfalls mißbraucht), aber eindeutige Interpretationen in der Form von Strukturfähigkeiten sind allgemein nicht möglich wegen der Ambiguität, die aus der faktoriellen Komplexität resultiert. Die faktorielle Komplexität ergibt sich aus der Tatsache, daß WECHSLER auch Tests in seiner Skala haben wollte, die hoch miteinander korrelieren, um das traditionelle Konstrukt der „allgemeinen Intelligenz" mit einem einzigen zusammengesetzten Wert den IQ zu messen, zu realisieren. Seine beiden Ziele waren operational einfach widersprüchlich. Das eine verlangt nach niedrigen Interkorrelationen und das andere nach hohen Interkorrelationen. Es liegt auf der Hand, daß es unmöglich ist, beides zu bekommen.

Für differentielle Messungen sind Faktorenwerte ideal. Ihre Interkorrelationen sind sehr niedrig, wenn nicht Null, so daß Differenzen im Status bei verschiedenen Fähigkeiten innerhalb der Personen auffallen und die Interpretationen sind relativ frei von Mehrdeutigkeiten, da ein Test eine Fähigkeit mißt. Zusammengesetzte Werte sollten verwendet werden, wenn gezeigt wurde, daß ihre gewichtete Kombination optimal dazu dient, einige bestimmte, komplexe Kriterien, wie etwa die Leistung bei einem Kurs, einer Aufgabe oder einem Beruf vorauszusagen. Wenn es einen zusammengesetzten Wert gibt, der das Konstrukt „allgemeine Intelligenz" repräsentiert, sollte die faktorielle Zusammensetzung dieser Variablen bekannt sein und diejenigen, die sie anwenden, sollten darin übereinstimmen. Es ist zu erwarten, daß ein derartiger Wert, was für den gegenwärtigen IQ zutrifft, nicht in gleicher Weise für alle Anwendungen und alle Situationen nützlich ist.

Vorschläge für Testprogramme in der Erziehung

In Übereinstimmung mit der letzten Aussage kann kein einziger Satz von Tests oder ein bestimmtes Vorgehen in allen Erziehungssituationen mit dem gleichen Erfolg eingesetzt werden. Die überschwängliche Anwendung von Standard-IQ-Tests wurde zunehmend in Frage gestellt und ihre Verwendung wurde an einigen Stellen in den letzten Jahren eingestellt, meistens jedoch aus den falschen Gründen. Eine derartige radikale Änderung ist unglücklich, denn richtig angewendet und richtig interpretiert bleiben die Testwerte bei einigen Fragestellungen nützlich. Es sind die Fehlinterpretationen und Mißbräuche, denen vorgebeugt werden muß und die notwendigen Ergänzungen sollten eingeführt werden. Wenn die IQ-Tests verbannt worden sind, werden sie sicher vermißt. Die Zeit ist reif für neue experimentelle Einsätze differentieller Tests der intellektuellen Fähigkeiten.

444

Tests im Vorschulbereich. Gesellschaftliche Ereignisse haben jüngst dazu geführt, daß die Aufmerksamkeit auf die Notwendigkeit, die intellektuelle Entwicklung zu fördern, gerichtet wurde. Das gilt besonders für den Bereich der Vorschule, wo die Entwicklung am schnellsten verläuft und wo offensichtlich am meisten getan werden kann, um die negativen Einflüsse ungünstiger sozialer Einwirkungen zu überwinden. Die Vorstellung, daß der IQ eines Kindes durch einen Test in frühem Alter festgestellt und ein fixes Merkmal für das Leben ist und die sich selbst erfüllenden Prophezeiungen, zu denen sie häufig führte, weicht auf.

Die Betonung der Entwicklung in den Vorschuljahren verlangt nach Analyse, ob die Strukturfähigkeiten, die in der High School und bei Erwachsenen gefunden werden auch bei niedrigeren Altersstufen auftreten. Es gibt eine größer werdende Zahl von Untersuchungen, die nachweisen, daß es tatsächlich eine Differenzierung der intellektuellen Fähigkeiten sogar im Alter von einem Jahr gibt (vgl. besonders STOTT und BALL, 1963). Darüber hinaus können viele dieser faktoriellen Fähigkeiten logisch als Strukturfähigkeiten identifiziert werden. Die allgemeine Schlußfolgerung daraus besteht darin, daß das Testen in der Vorschule sich auf der Linie der nachgewiesenen Fähigkeiten bewegt und daß die Messungen in Zeitabständen wiederholt werden muß, damit der Verlauf der Entwicklung dieser Fähigkeit zu verfolgen ist. Die Auswahl der Fähigkeiten, denen am meisten Aufmerksamkeit gewidmet wird, sollte nach den Kenntnissen über den Status dieser Fähigkeiten vorgenommen werden. Wenn zum Beispiel der Eintritt in die Schule bevorsteht, ist es wichtig zu wissen, ob das Kind für das Erlernen des Lesens und die Arbeit mit Zahlen weit genug ist.

Besondere Schulfächer. Wenn das Kind mit neuen Fächern konfrontiert wird - mit Rechtschreibung oder Fremdsprachen - ist die Kenntnis des Status bei anderen Fähigkeiten wichtig. Auf der Junior High School wird Algebra ein neues und kritisches Fach. Im Kapitel 10 findet sich ein Bericht über die relevanten Strukturfähigkeiten, die bei der Beherrschung von Algebra eine Rolle spielen. Diese Untersuchung war hinsichtlich der Zahl von möglicherweise wichtigen Strukturfähigkeiten nicht vollständig, da nicht alle zu der Zeit bekannt und durch Tests repräsentiert waren. Aber die Studie zeigt, wie man bei der Ableitung von gewichteten Komposita vorgehen kann, um die Leistung in einem bestimmten Schulfach vorauszusagen. In der Senior High School ergeben sich ähnliche Probleme und Lösungen in Verbindung mit Geometrie, höherer Mathematik und anderen Fächern.

Die Spezialisierung auf Darstellende Kunst, Musik oder kaufmännische Fächer verlangt zweifellos nach ziemlich verschiedenen Kombinationen von Strukturfähigkeiten und weiter die Summation verschiedener Zusammensetzungen. Für weitere Spezialisierungen im College und der Graduate School sind noch andere Prädiktoren erforderlich. Es stört dabei nicht, daß sich die Prädiktoren zu einem bestimmten Teil überlappen. Die Tatsache, daß sie sich nicht vollständig überlappen, macht differentielle Voraussagen möglich. Sie können alle die wenigen Komponenten enthalten, die durch die heutigen Leistungstests betont werden, aber es besteht kein ausreichender Grund das Testen auf die bekannten Komponenten zu beschränken. Das Übergewicht dieser Komponenten in der Vergangenheit war für die Schüler, die sich etwa auf Kunst und Musik spezialisieren wollten, in höchstem Maß ungerecht. Es ist nicht bekannt, wie vielen potentiellen Genies in diesen Bereichen der Zutritt zum College verweigert wurde.

Schlußfolgerungen

Diese gekürzte Behandlung der Ansätze und der Verästelungen der Strukturtheorie und der Fähigkeiten, die sie umfaßt, hat versucht, eine Anzahl von Punkten zu betonen. Sie deutete den großen Wert von Taxonomien der Wissenschaft an und die Art, wie multivariate experimentelle Ansätze wie die Faktorenanalyse, die Entstehung und die Prüfung systematischer Begriffe, die so notwendig in der Psychologie gebraucht werden, begünstigt.

Die Konsequenzen aus den Vorstellungen, die ein Strukturmodell für die allgemeine psychologische Theorie und Untersuchungsprogramme enthält, werden noch nicht sehr geschätzt. Konzepte liefern Werkzeuge für das Denken. Die Strukturbegriffe bieten zahlreiche Gelegenheiten für das Erkennen von neuen Problemen und für neue Gesichtspunkte, bei den alten Problemen der Untersuchung von „höheren geistigen Prozessen" in menschlichem Verhalten. Abweichungen vom rein behavioristischen Standpunkt haben zu Anstrengungen weg von „mentalistischen" Problemen geführt, die aber nie verschwunden sind, und alle Anstrengungen haben nie zu Ansätzen geführt, die der Untersuchung dieser Phänomene entsprechen. Neue objektive Wege sind möglich, wenn das Gehirn als Informationsverarbeitungszentrale angesehen wird. Die Strukturbegriffe helfen, einen passenden Bezugsrahmen und systematischen Katalog der grundlegenden Informationsarten und der grundlegenden Arten der Operationen oder Funktionen aufzustellen.

Zum ersten Mal hat die Untersuchung der Intelligenz eine breite Grundlage und zum ersten Mal gibt es eine enge operationale Definition der Intelligenz. Die Schätzung der intellektuellen Mittel der Menschheit kann jetzt Züge eines „Psychoingenieurwesens" annehmen. Es ist wahrscheinlich, daß die umfassende Erfassung der Fähigkeiten, die sich auf die logische Informationsverarbeitung beziehen, die benötigten Quellen in weiten Bereichen der menschlichen Aktivitäten aufdeckt. Talente vieler Arten können bei Individuen entdeckt werden; ihre Entwicklung könnte unterstützt werden, weil ihre Eigenschaften bekannt sind. Optimale Entwicklung durch Erziehung und optimale Einstufung des Individuums können jetzt besser erreicht werden und diese Schritte sollten dazu beitragen, daß alle Beteiligten zufrieden sind.

Anhang

Berichte des Aptitude Research Projekts[1]

1. Guilford, J. P., Comrey, A. L., Green, R. F., & Christensen, P. R. A factor-analytic study of reasoning abilities. I. Hypotheses and description of tests, 1950.
3. Guilford, J. P., Green, R. F., & Christensen, P. R. A factor-analytic study of reasoning abilities. II. Administration of tests and analysis of results, 1951.
4. Guilford, J. P., Wilson, R. C., Christensen, P. R., & Lewis, D. J. A factor analytic study of creative thinking. I. Hypotheses and description of tests, 1951.
6. Guilford, J. P., Green, R. F., Christensen, P. R., Hertzka, A. F., & Kettner, N. W. A factor-analytic study of Navy reasoning tests with the Air Force Aircrew Classification Battery, 1952.
7. Guilford, J. P., Hertzka, A. F., Berger, R. M., & Christensen, P. R. A factor-analytic study of evaluative abilities. I. Hypotheses and description of tests, 1952.
8. Guilford, J. P., Wilson, R. C., & Christensen, P. R. A factor-analytic study of creative thinking. II. Administration of tests and analysis of results, 1952.
9. Guilford, J. P., Hertzka, A. F., & Christensen, P. R. A factor-analytic study of evaluative abilities. II. Administration of tests and analysis of results, 1953.
10. Guilford, J. P., Berger, R. M., & Christensen, P. R. A factor-analytic study of planning. I. Hypotheses and description of tests, 1954.
11. Guilford, J. P., Kettner, N. W., & Christensen, P. R. A factor-analytic study across the domains of reasoning, creativity, and evaluation. I. Hypotheses and description of tests, 1954.

---

[1] Der allgemeine Titel dieser Serie war „Berichte aus dem Psychologischen Laboratorium der University of Southern California". Die Berichte 2 und 5 stammen nicht vom Projekt und sind konsequenterweise hier nicht aufgeführt. Mit Ausnahme dieser beiden Berichte können die übrigen als Kopien vom Photo-Duplication Department der University of Southern California Library, Los Angeles, 90 007 bezogen werden.

12.　Guilford, J. P., Berger, R. M., & Christensen, P. R. A factor-analytic study of planning. II. Administration of tests and analysis of results, 1955.

13.　Guilford, J. P., Kettner, N. W., & Christensen, P. R. The relation of certain thinking factors to training criteria in the U.S. Coast Guard Academy, 1955.

14.　Guilford, J. P., Kettner, N. W., & Christensen, P. R. A factor-analytic investigation of the factor called general reasoning, 1955.

15.　Hills, J. R. The relationship between certain factor-analyzed abilities and success in college mathematics 1955.

16.　Guilford, J. P., Kettner, N. W., & Christensen, P. R. A factor-analytic study across the domains of reasoning, creativity, and evaluation. II. Administration of tests and analysis of results, 1956.

17.　Guilford, J. P., & Christensen, P. R. A factor-analytic study of verbal fluency, 1956.

18.　Guilford, J. P., Frick, J. W., Christensen, P. R., & Merrifield, P. R. A factor-analytic study of flexibility in thinking, 1957.

19.　Guilford, J. P. A revised structure of intellect, 1957.

20.　Guilford, J. P., Christensen, P. R., Frick, J. W., & Merrifield, P. R. The relations of creative-thinking aptitudes to non-aptitude personality traits, 1957.

21.　Marks, A., Guilford, J. P., & Merrifield, P. R. A study of military leadership in relation to selected intellectual factors, 1959.

22.　Merrifield, P. R., Guilford, J. P., Christensen, P. R., & Frick, J. W. A factor-analytic study of problem-solving abilities, 1960.

23.　Guilford, J. P., Merrifield, P. R., Christensen, P. R., & Frick, J. W. An investigation of symbolic factors of cognition and convergent production, 1960.

24.　Guilford, J. P., & Merrifield, P. R. The structure of intellect model: Its uses and implications, 1960.

25.　Allen, M. S., Guilford, J. P., & Merrifield, P. R. The evaluation of selected intellectual factors by creative research scientists, 1960.

26.　Guilford, J. P., Merrifield, P. R., & Cox, Anna B. Creative thinking in children at the junior high school levels, 1961.

27.　Merrifield, P. R., Guilford, J. P., & Gershon, A. The differentiation of divergent-production abilities at the sixth-grade level, 1963.

28.　Merrifield, P. R., Gardner, S. F., & Cox, Anna B. Aptitudes of personality measures related to creativity in seventh-grade children, 1963.

29.　Gershon, A., Guilford, J. P., & Merrifield, P. R. Figural and symbolic divergent-production abilities in adolescent and adult populations, 1963.

30.　Guilford, J. P., & Hoepfner, R. Current summary of structure-of-intellect factors and suggested tests, 1963.

31.　Petersen, H., Guilford, J. P., Hoepfner, R., & Merrifield, P. R. Determination of "structure-of-intellect" abilities involved in ninth-grade algebra and general mathematics, 1963.

32. Nihira, K., Guilford, J. P., Hoepfner, R., & Merrifield, P. R. A factor analysis of semantic-evaluation abilities, 1964.
33. Hoepfner, R., Guilford, J. P., & Merrifield, P. R. A factor analysis of the symbolic-evaluation abilities, 1964.
34. O'Sullivan, Maureen, Guilford, J. P., and de Mille, R. The measurement of social intelligence, 1965.
35. Hoepfner, R., & Guilford, J. P. Figural, symbolic, and semantic factors of creative potential in ninth-grade students, 1965.
36. Guilford, J. P., & Hoepfner, R. Structure-of-intellect factors and their tests, 1966.
37. Brown, S. W., Guilford, J. P., & Hoepfner, R. A factor analysis of semantic memory abilities, 1966.
38. Tenopyr, Mary L., Guilford, J. P., & Hoepfner, R. A factor analysis of symbolic memory abilities, 1966.
39. Dunham, J. L., Guilford, J. P., & Hoepfner, R. Abilities pertaining to classes and the learning of concepts, 1966.
40. Hoffman, Kaaren I., Guilford, J. P., Hoepfner, R., & Doherty, W. J. A factor analysis of the figural-cognition and figural-evaluation abilities, 1968.
41. Hoepfner, R., Guilford, J. P., & Bradley, P. A. Identification of transformation abilities in the structure-of-intellect model, 1968.
42. Hendricks, Moana, Guilford, J. P., & Hoepfner, R. Measuring creative social intelligence, 1969.
43. Bradley, P. A., Guilford, J. P., & Hoepfner, R. A factor analysis of figural-memory abilities, 1969.

Literaturverzeichnis

ADKINS, D. C., & LYERLY, S. B. *Factor analysis of reasoning tests.* Chapel Hill: University of North Carolina, Department of Psychology, 1951.

ASCH, S. E. & LINDNER, M. A. A note on "strength of association." *Journal of Psychology*, 1963, **55**, 199–209.

BANNISTER, C. *Baby: A photographic inquiry into certain private opinions.* New York: Simon and Schuster, 1950.

BARTLETT, M. S. The statistical conception of mental factors. *British Journal of Psychology*, 1937, **28**, 97–104.

BECHTOLDT, H. P. Factorial investigation of the perceptual speed factor. *American Psychologist*, 1947, **2**, 304–305.

BERGER, R. M., GUILFORD, J. P., & CHRISTENSEN, P. R. A factor-analytic study of planning. *Psychological Monographs*, 1957, **71** (6, Whole No. 435).

BLAKEY, R. I. A factor analysis of a nonverbal reasoning test. *Educational and Psychological Measurement*, 1941, **1**, 187–198.

BOE, E. E., GOCKA, E. F., & KOGAN, W. S. The effect of group therapy on interpersonal perceptions of psychiatric patients. *Multivariate Behavioral Research*, 1966, **1**, 177–195.

BOTZUM, W. A. A factorial study of the reasoning and closure factors. *Psychometrika*, 1951, **16**, 361–386.

BROWN, S. W., GUILFORD, J. P., & HOEPFNER, R. Six semantic-memory abilities. *Educational and Psychological Measurement*, 1968, **28**, 691–717.

BURT, C. The structure of mind: A review of the results of factor analysis. *British Journal of Educational Psychology*, 1949, **19**, 100–111, 176–199.

BUTLER, J. M. Simple structure reconsidered: Distinguishability and invariance in factor analysis. *Multivariate Behavioral Research*, 1969, **4**, 6–28.

CAMPBELL, D. T., & FISKE, D. W. Convergent and discrimination validation by the multitrait-multimethod matrix. *Psychological Bulletin*, 1959, **56**, 81–105.

CANISIA, SISTER M. Mathematical ability as related to reasoning and use of symbols. *Educational and Psychological Measurement*, 1962, **11**, 105–127.

CARROLL, J. B. A factor analysis of verbal abilities. *Psychometrika*, 1941, **6**, 279–307.

CATTELL, R. B. A universal index for psychological factors. Urbana, Ill.: Laboratory of Personality Assessment and Group Behavior, 1953.

CATTELL, R. B. The scree test for the number of factors. *Multivariate Behavioral Research*, 1966, **2**, 245–276.

CHRISTAL, R. E. Factor analytic study of visual memory. *Psychological Monographs*, 1958, **72** (13, Whole No. 466).

CHRISTENSEN, P. R., & GUILFORD, J. P. An experimental study of verbal fluency factors. *British Journal of Statistical Psychology*, 1963, **16**, 1–26.

CLIFF, N. Orthogonal rotation to congruence. *Psychometrika*, 1966, **31**, 33–42.

CLIFF, N., & HAMBURGER, C. D. The study of sampling errors in factor analysis by means of artificial experiments. *Psychological Bulletin*, 1967, **68**, 430–445.

CLIFF, N., & PENNELL, R. The influence of communality, factor strength, and loading size on the sampling characteristics of factor loadings. *Psychometrika*, 1967, **32**, 309–326.

CLINE, M. G. The influence of social context on the perception of faces. *Journal of Personality*, 1956, **25**, 142–158.

CLINE, V. B., RICHARDS, J. M., JR., & ABE, C. The validity of a battery of creativity tests in a high school sample. *Educational and Psychological Measurement*, 1962, **22**, 781–784.

COOMBS, C. H. A factorial study of number ability. *Psychometrika*, 1941, **6**, 161–189.

CURETON, E. E. A factor analysis of project TALENT tests and four other batteries. Pittsburgh, Pa.: American Institutes for Research, 1968.

DAVIS, P. C. A factor analysis of the Wechsler-Bellevue Scale. *Educational and Psychological Measurement*, 1956, **16**, 127–146.

DE MILLE, R. Intellect after lobotomy in schizophrenia. *Psychological Monographs*, 1962, **76** (16, Whole No. 535).

DEWEY, J. *How we think*. Boston: Heath, 1910.

DIXON, W. J. *Biomedical computer programs*. Los Angeles: Health Science Computing Facility, University of California, 1965.

DUDEK, F. J. The dependence of the factorial composition of aptitude tests upon differences among pilot trainees. I. The isolation of factors. *Educational and Psychological Measurement*, 1948, **8**, 613–634.

DUDEK, F. J. The dependence of factorial composition of aptitude tests upon differences among pilot trainees. II. The factorial composition of tests and criterion variables. *Educational and Psychological Measurement*, 1949, **9**, 95–104.

DUNHAM, J. L., GUILFORD, J. P., & HOEPFNER, R. Multivariate approaches to discovering the intellectual components of concept learning. *Psychological Review*, 1968, **75**, 206–221.

DWYER, P. S. The determination of the factor loadings of a given test from the known factor loadings of other tests. *Psychometrika*, 1937, **2**, 173–178.

452

FLEISHMAN, E. A. *Human abilities and the acquisition of skills.* Washington, D.C.: American Institutes for Research, 1966.

FLEISHMAN, E. A. & FRUCHTER, B. Factor structure and predictability of successive stages of learning Morse code. *Journal of Applied Psychology,* 1960, **44**, 97–101.

FLEISHMAN, E. A., & RICH, S. Role of kinesthetic and visual-spatial abilities in perceptual-motor learning. *Journal of Experimental Psychology,* 1963, **66**, 6–11.

FRENCH, J. W. The description of aptitude and achievement tests in terms of rotated factors. *Psychometric Monographs,* 1951, No. 5.

FRENCH, J. W., EKSTROM, R. B., & PRICE, L. A. *Manual for kit of reference tests for cognitive factors.* Princeton, N.J.: Educational Testing Service, 1963.

FRICK, J. W., & GUILFORD, J. P. An analysis of a form of the Water Jars test. *American Journal of Psychology,* 1957, **70**, 427–431.

FRICK, J. W., GUILFORD, J. P., CHRISTENSEN, P. R., & MERRIFIELD, P. R. A factor-analytic study of flexibility of thinking. *Educational and Psychological Measurement,* 1959, **19**, 469–496.

FRUCHTER, B. The nature of verbal fluency. *Educational and Psychological Measurement,* 1948, **8**, 33–47.

GAMES, P. A. A factorial analysis of verbal learning tasks. *Journal of Experimental Psychology,* 1962, **63**, 1–11.

GARNETT, J. C. M. On certain independent factors in mental measurement. *Proceedings of the Royal Society of London,* 1919, **46**, 91–111. (a)

GARNETT, J. C. M. General ability, cleverness, and purpose. *British Journal of Psychology,* 1919, **9**, 345–366. (b)

GETZELS, J. W., & JACKSON, P. W. *Creativity and intelligence.* New York: Wiley, 1962.

GIBSON, W. A. Remarks on Tucker's inter-battery method of factor analysis. *Psychometrika,* 1960, **25**, 19–25.

GREEN, R. F., GUILFORD, J. P., CHRISTENSEN, P. R., & COMREY, A. L. A factor-analytic study of reasoning abilities. *Psychometrika,* 1953, **18**, 135–160.

GUILFORD, J. P. Factor analysis in a test-development program. *Psychological Review,* 1948, **55**, 79–94.

GUILFORD, J. P. Les dimensions de l'intellect. In H. Laugier (Ed.), *L'analyse factorielle et ses applications.* Paris: Centre National de la Recherche Scientifique, 1956. Pp. 53–74. (a)

GUILFORD, J. P. The structure of intellect. *Psychological Bulletin,* 1956, **53**, 276–293. (b)

GUILFORD, J. P. New frontiers of testing in the discovery and development of human talent. In *Seventh Annual Western Regional Conference on Testing Problems.* Los Angeles: Educational Testing Service, 1958. Pp. 20–32.

GUILFORD, J. P. *Personality.* New York: McGraw-Hill, 1959. (a)

GUILFORD, J. P. Three faces of intellect. *American Psychologist*, 1959, **14**, 469−479. (b).

GUILFORD, J. P. Basic conceptual problems in the psychology of thinking. In E. Harms (Ed.), *Fundamentals of psychology: The psychology of thinking. Annals of the New York Academy of Sciences*, 1960, **91**, Art. 1. Pp. 6−21.

GUILFORD, J. P. Factorial angles to psychology. *Psychological Review*, 1961, **68**, 1−20.

GUILFORD, J. P. Zero intercorrelations among tests of intellectual abilities. *Psychological Bulletin*, 1964, **61**, 401−406.

GUILFORD, J. P. *Fundamental statistics in psychology and education.* (4th ed.) New York: McGraw-Hill, 1965.

GUILFORD, J. P. Intelligence: 1965 model. *American Psychologist*, 1966, **21**, 20−26.

GUILFORD, J. P. *The nature of human intelligence.* New York: McGraw-Hill, 1967.

GUILFORD, J. P. Intellectual aspects of decision making. In A. T. Welford and J. E. Birren (Eds.), *Decision making and age: Interdisciplinary topics in gerontology.* Vol. 4. Basel: Karger, 1969. Pp. 82−102.

GUILFORD, J. P., CHRISTENSEN, P. R., BOND, N. A., & SUTTON, M. A. A factor analysis of human interests. *Psychological Monographs*, 1954, **68** (4, Whole No. 375).

GUILFORD, J. P., CHRISTENSEN, P. R., FRICK, J. W., & MERRIFIELD, P. R. Factors of interest in thinking. *Journal of General Psychology*, 1961, **65**, 39−56.

GUILFORD, J. P., DUNHAM, J. L., & HOEPFNER, R. Roles of intellectual abilities in the learning of concepts. *Proceedings, National Academy of Sciences*, 1967, **58**, 1812−1817.

GUILFORD, J. P., FRUCHTER, B., & ZIMMERMAN, W. S. Factor analysis of the Army Air Forces Sheppard Field Battery of experimental aptitude tests. *Psychometrika*, 1952, **17**, 45−68.

GUILFORD, J. P., GREEN, R. F., CHRISTENSEN, P. R., HERTZKA, A. F., & KETTNER, N. W. A factor-analytic study of the Navy reasoning tests with the Air Force Aircrew Classification Battery. *Educational and Psychological Measurement*, 1954, **14**, 301−325.

GUILFORD, J. P., & GUILFORD, R. B. A prognostic test for students in design. *Journal of Applied Psychology*, 1931, **15**, 335−345.

GUILFORD, J. P., & HOEPFNER, R. Creative potential as related to measures of IQ and verbal comprehension. *Indian Journal of Psychology*, 1965, **41**, 7−16.

GUILFORD, J. P., & HOEPFNER, R. Sixteen divergent-production abilities at the ninth-grade level. *Multivariate Behavioral Research*, 1966, **1**, 43−66.

GUILFORD, J. P., & HOEPFNER, R. Comparisons of varimax rotations with rotations to theoretical targets. *Educational and Psychological Measurement*, 1969, **29**, 3−22.

454

GUILFORD, J. P., HOEPFNER, R., & PETERSEN, H. Predicting achievement in ninth-grade mathematics from measures of intellectual-aptitude factors. *Educational and Psychological Measurement*, 1965, **25**, 659–682.

GUILFORD, J. P., KETTNER, N. W., & CHRISTENSEN, P. R. A factor-analytic study of the factor called general reasoning. *Educational and Psychological Measurement*, 1956, **16**, 438–453.

GUILFORD, J. P., & LACEY, J. I. (Eds.) Printed classification tests. *Army Air Forces Aviation Psychology Research Program Reports.* No. 5 Washington, D.C.: GPO, 1947.

GUILFORD, J. P., MERRIFIELD, P. R., CHRISTENSEN, P. R., & FRICK, J. W. Some new factors of symbolic cognition and convergent production. *Educational and Psychological Measurement*, 1961, **21**, 515–541.

GUILFORD, J. P., & ZIMMERMAN, W. S. Some variable-sampling problems in the rotation of axes in factor analysis. *Psychological Bulletin*, 1963, **60**, 289–301.

GUTHRIE, G. M. Structure of abilities in a non-Western culture. *Journal of Educational Psychology*, 1963, **54**, 94–103.

GUTTMAN, L. Some necessary conditions for common-factor analysis. *Psychometrika*, 1954, **19**, 149–161.

HALSMAN, P. *The Frenchman.* New York: Simon and Schuster, 1949.

HARGREAVES, H. L. The "faculty" of imagination. An enquiry concerning the existence of a general "faculty" or group factor, in imagination. *British Journal of Psychology Monographs*, 1927 (Suppl. 10).

HARMAN, H. H. *Modern factor analysis.* Chicago: University of Chicago Press, 1960.

HARRIS, C. W. On factors and factor scores. *Psychometrika*, 1967, **34**, 363–379.

HAYES, K. J. Genes, drives, and intellect. *Psychological Reports*, 1962, **10**, 299–341.

HERTZKA, A. F., GUILFORD, J. P., CHRISTENSEN, P. R., & BERGER, R. M. A factor-analytic study of evaluative abilities. *Educational and Psychological Measurement*, 1954, **14**, 581–597.

HILLS, J. R. Factorized abilities and success in college mathematics. *Educational and Psychological Measurement*, 1957, **17**, 615–622.

HOEPFNER, R., NIHIRA, K., & GUILFORD, J. P. Intellectual abilities of symbolic and semantic judgment. *Psychological Monographs*, 1966, **80** (16, Whole No. 624).

HOTELLING, H. Analysis of a complex of statistical variables into principal components. *Journal of Educational Psychology*, 1933, **24**, 417–441, 498–520.

HULIN, W. S., & KATZ, D. The Frois-Wittman pictures of facial expression. *Journal of Experimental Psychology*, 1935, **18**, 482–498.

KAISER, H. F. The varimax criterion for analytic rotation in factor analysis. *Psychometrika*, 1958, **23**, 187—200.

KARLIN, J. E. Music ability. *Psychometrika*, 1941, **6**, 61—65.

KARLIN, J. E. A factorial study of auditory function. *Psychometrika*, 1942, **7**, 251—279.

KELLEY, H. P. Memory abilities: A factor analysis. *Psychometric Monographs*, 1964, No. 11.

KELLEY, T. L. *Crossroads in the mind of man.* Stanford, Calif: Stanford University Press, 1928.

KETTNER, N. W., GUILFORD, J. P., & CHRISTENSEN, P. R. The relation of certain thinking factors to training in the U.S. Coast Guard Academy. *Educational and Psychological Measurement*, 1959, **19**, 381—394.

KLINE, W. E. A synthesis of two factor analyses of intermediate algebra. *Technical Report.* Princeton, N. J.: Educational Testing Service, 1956.

KLUEVER, R. C. A study of Guilford's memory factors in normal and reading disabilities children. Unpublished doctoral dissertation, Northwestern University, 1968.

KNAPP, R. H. Group and individual differences in the interpretation of diadic silhouettes. Paper read at the Western Psychological Association convention, April, 1963.

LEVY N., & SCHLOSBERG, H. Woodworth scale values of the Lightfoot pictures of facial expression. *Journal of Experimental Psychology*, 1960, **60**, 121—125.

LEYDEN, F. The identification and invariance of factors. *British Journal of Statistical Psychology*, 1953, **6**, 119.

LUCHINS, A. S., & LUCHINS, E. H. *Rigidity of behavior: A variational approach to the effect of Einstellung.* Eugene: University of Oregon Press, 1953.

LYKKEN, D. T. Statistical significance in psychological research. *Psychological Bulletin*, 1968, **70**, 151—159.

MACDONALD, R. P., & BURR, E. J. A comparison of four methods of constructing factor scores. *Psychometrika*, 1967, **32**, 381—401.

MAYMAN, M., SCHAFER, R., & RAPAPORT, D. Interpretations of the Wechsler-Bellevue Intelligence Scale in personality appraisal. In H. H. Anderson and G. L. Anderson (Eds.), *Introduction to projective techniques.* Englewood Cliffs, N.J.: Prentice-Hall, 1951.

MEEKER, M. N. *The structure of intellect: Its interpretation and uses.* Columbus, Ohio: Charles E. Merrill, 1969.

MEREDITH, W. Rotation to achieve factorial invariance. *Psychometrika*, 1964, **29**, 187—206.

MERRIFIELD, P. R., GUILFORD, J. P., CHRISTENSEN, P. R., & FRICK, J. W. Interrelationships between certain abilities and certain traits of motivation and temperament. *Journal of General Psychology*, 1961, **65**, 57—74.

MERRIFIELD, P. R., GUILFORD, J. P., CHRISTENSEN, P. R., & FRICK, J. W. The role of intellectual factors in problem solving. *Psychological Monographs*, 1962, **76** (10, Whole No. 528).

MICHAEL, W. B. Factor analysis of tests and criteria: A comparative study of two AAF pilot populations. *Psychological Monographs*, 1949, **63** (3, Whole No. 298).

MILLER, G. A., GALANTER, E., & PRIBRAM, K. H. *Plans and the structure of behavior.* New York: Holt, 1960.

MOONEY, C. M. A factorial study of closure. *Canadian Journal of Psychology*, 1954, **8**, 51–60.

MOSIER, C. I. Determining a simple structure when loadings for certain tests are known. *Psychometrika*, 1938, **3**, 149–162.(a)

MOSIER, C. I. A note on Dwyer: The determination of the factor loadings of a given test. *Psychometrika*, 1938, **3**, 297–299. (b)

OSBORNE, R. T., ANDERSON, H. E., JR., & BASHAW, W. L. The stability of the WISC factor structure at three age levels. *Multivariate Behavioral Research*, 1967, **2**, 443–451.

OSGOOD, C. E., SUCI, G. J., & TANNENBAUM, P. H. *The measurement of meaning.* Urbana: University of Illinois Press, 1957.

PEARSON, K. On lines and planes of closest fit to systems of points in space. *The Philosophical Magazine*, 1901, **6**, 559–572.

PEMBERTON, C. The closure factors related to other cognitive processes. *Psychometrika*, 1952, **17**, 267–288.

PIAGET, J. *Logic and psychology.* (Tr. by W. Mays and T. Whitehead.) Manchester: Manchester University Press, 1953.

PINNEAU, S. R., & NEWHOUSE, A. Measures of invariance and comparability in factor analysis for fixed variables. *Psychometrika*, 1964, **29**, 271–281.

RIMOLDI, H. J. A. The general intelligence factor. *Psychometrika*, 1951, **16**, 75–101.

ROFF, M. A factorial study of tests in the perceptual area. *Psychometric Monographs*, 1952, No. 8.

SCHLOSBERG, H. A description of facial expressions in two dimensions. *Journal of Experimental Psychology*, 1952, **44**, 229–237.

SPEARMAN, C. "General Intelligence," objectively determined and measured. *American Journal of Psychology*, 1904, **15**, 201–293.

SPEARMAN, C. *Abilities of man.* New York: Macmillan, 1927.

STOTT, L. H., & BALL, R. S. *Evaluation of infant and preschool tests.* Detroit: Merrill-Palmer, 1963.

TAYLOR, C. W. A factorial study of fluency in writing. *Psychometrika*, 1947, **12**, 239–262.

TENOPYR, M. L. A factor-analytic study of symbolic-memory abilities. Doctoral dissertation, University of Southern California, 1966.

TERMAN, L. M., & MERRILL, M. A. *Stanford-Binet Intelligence Scale: Manual for the third revision, Form LM.* Boston: Houghton Mifflin, 1960.

THORNDIKE, E. L. Intelligence and its uses. *Harper's Magazine*, 1920, **140**, 227–235.

THORNDIKE, E. L., et al. *The measurement of intelligence.* New York: Teachers College, 1927.

THURSTONE, L. L. Primary mental abilities. *Psychometric Monographs*, 1938, No. 1.

THURSTONE, L. L. A factor analysis study of perception. *Psychometric Monographs*, 1944, No. 4.

THURSTONE, L. L., & THURSTONE, T. G. Factorial studies of intelligence. *Psychometric Monographs*, 1941, No. 2.

THURSTONE, L. L., & THURSTONE, T. G. *SRA Primary mental abilities technical supplement.* Chicago: Science Research Associates, 1954.

TUCKER, L. R. A method for synthesis of factor analysis studies. *Personnel Research Section Report*, No. 984. Washington, D.C.: Department of the Army, 1951.

TUCKER, L. R. An inter-battery method of factor analysis. *Psychometrika*, 1958, **23**, 111−136.

TUCKER, L. R. Three-mode factor analysis of Parker-Fleishman complex tracking behavior data. *Multivariate Behavioral Research*, 1967, **2**, 139−151.

TUCKER, L. R., KOOPMAN, R. F., & LINN, R. L. *Evaluation of factor analytic research procedures by means of simulated correlation matrices.* Urbana: University of Illinois, 1967.

UNDERWOOD, B. J., & SCHULTZ, R. W. *Meaningfulness and verbal learning.* Philadelphia: Lippincott, 1960.

VAN HEERDEN, P. J. *The foundation of empirical knowledge.* Wassenaar, The Netherlands: Wistik, 1968.

VANDENBERG, S. G. The primary mental abilities of South American students: A second comparative study of the generality of a cognitive factor structure. *Multivariate Behavioral Research*, 1967, **2**, 175−198.

VERNON, P. E. *The structure of human abilities.* New York: Wiley, 1950.

WEBER, H. Untersuchungen über die Faktor Structur numerischer Aufgaben. *Zeit. f. exp. u. angew. Psychol.*, 1953, **3**.

WECHSLER, D. *The measurement and appraisal of adult intelligence.* (4th ed.) Baltimore: Williams & Wilkins, 1958.

WERDELIN, I. The mathematical ability. Investigationes IX, *Studie Psychol. e. Paed. Lund, Sweden*, 1958.

WESLEY, S. M., COREY, D. Q., & STEWART, B. M. The intra-individual relationship between interest and ability. *Journal of Applied Psychology*, 1950, **34**, 193−197.

WILSON, R. C., GUILFORD, J. P., CHRISTENSEN, P. R., & LEWIS, D. J. A factor-analytic study of creative-thinking abilities. *Psychometrika*, 1954, **19**, 297−311.

WOODROW, H. The common factors in fifty-two mental tests. *Psychometrika*, 1939, **4**, 99−108.

WOODWORTH, R. S., & SCHLOSBERG, H. *Experimental Psychology.* (2nd ed.) New York: Holt, 1954.

ZIMMERMAN, W. S. A revised orthogonal solution for Thurstone's original primary mental abilities test battery. *Psychometrika*, 1953, **18**, 77−93.

Autorenverzeichnis